Heiner Meulemann

Soziologie von Anfang an

Studienskripten zur Soziologie

Herausgeber:
Prof. Dr. Heinz Sahner
begründet von Prof. Dr. Erwin K. Scheuch †

Die Bände „Studienskripten zur Soziologie" sind als in sich abgeschlossene Bausteine für das Grund- und Hauptstudium konzipiert. Sie umfassen sowohl Bände zu den Methoden der empirischen Sozialforschung, Darstellung der Grundlagen der Soziologie als auch Arbeiten zu so genannten Bindestrich-Soziologien, in denen verschiedene theoretische Ansätze, die Entwicklung eines Themas und wichtige empirische Studien und Ergebnisse dargestellt und diskutiert werden. Diese Studienskripten sind in erster Linie für Anfangssemester gedacht, sollen aber auch dem Examenskandidaten und dem Praktiker eine rasch zugängliche Informationsquelle sein.

Heiner Meulemann

Soziologie von Anfang an

Eine Einführung in Themen, Ergebnisse und Literatur

2., überarbeitete Auflage

VS VERLAG FÜR SOZIALWISSENSCHAFTEN

Bibliografische Information Der Deutschen Nationalbibliothek
Die Deutsche Nationalbibliothek verzeichnet diese Publikation in der
Deutschen Nationalbibliografie; detaillierte bibliografische Daten sind im Internet über
<http://dnb.d-nb.de> abrufbar.

1. Auflage Oktober 2001
2., überarbeitete Auflage Oktober 2006

Lektorat: Frank Engelhardt

Der VS Verlag für Sozialwissenschaften ist ein Unternehmen von Springer Science+Business Media.
www.vs-verlag.de

Umschlaggestaltung: KünkelLopka Medienentwicklung, Heidelberg
Druck und buchbinderische Verarbeitung: Krips b.v., Meppel
Gedruckt auf säurefreiem und chlorfrei gebleichtem Papier
Printed in the Netherlands

ISBN-10 3-531-33742-4
ISBN-13 978-3-531-33742-5

Inhalt

Vorwort

Diese Einführung will „Soziologie von Anfang an" darstellen. Die Soziologie befasst sich mit der Gesellschaft als einem Produkt sozialen Handelns. Sie beginnt mit dem Begriff des sozialen Handelns und zielt auf die Gesellschaft. Der Anfang ist gegeben, und das Ziel ist klar. Aber der Weg vom Anfang zum Ziel ist nicht vorgezeichnet und muss doch Schritt für Schritt begründet werden. Diese Einführung versucht, den Weg begründet abzuschreiten. Sie will die wichtigsten Themen der Soziologie gleichsam neu entdecken und im Zusammenhang entwickeln. Sie will die Soziologie systematisch darstellen.

Das Ziel einer systematischen Darstellung verbietet es, Ansätze nebeneinander zu stellen, und erfordert es, die Themen zu finden, die Etappen auf dem Weg vom sozialen Handeln zur Gesellschaft sind. Um Themen der Soziologie zu entwickeln, halte ich mich an die Metatheorie Colemans (1990), die in Deutschland vor allem von Esser (1993) vertreten und ausgearbeitet wurde: Die Soziologie will das Handeln von Individuen in sozialen Situationen verstehen und aus dem Zusammenwirken der Handlungen die Eigenständigkeit sozialer Tatbestände erklären. Zwischen zwei sozialen Tatbeständen der Makroebene vermittelt die Mikroebene handelnder Personen, die sich am ersten Tatbestand orientieren und den zweiten Tatbestand durch ihr Zusammenhandeln produzieren. Die Metatheorie beschreibt die mögliche Form soziologischer Theorien oder solcher Theorien, die soziale Tatbestände erklären sollen; man kann sie als das soziologische Erklärungsschema bezeichnen. Die einzelnen Schritte von Makro zu Mikro und wieder zurück müssen gewiss noch genauer ausgearbeitet werden. Das Schema der Erklärung an sich aber bringt das Arbeitsprogramm der Soziologie, durch Verstehen des Handelns der Menschen soziale Tatbestände zu erklären, auf den Nenner und bettet die Soziologie in den Kontext der Sozialwissenschaften ein, die das Problem teilen, zwischen der Mikroebene des Handelns und der Makroebene sozialer Tatbestände vermitteln zu müssen. Über das Erklärungsschema an sich ist m.E. Streit nicht sinnvoll – erst recht nicht in einer Einführung.

Sinnvoll ist es, über die Handlungstheorie zu streiten, die dem Erklärungsschema auf der Mikroebene zugrunde liegen soll – auch und gerade in einer Einführung. Denn dieser Streit wirft die Frage der Besonderheit einzelner Sozialwissenschaften auf – also auch der Soziologie. Diese Frage wird hier in der zugespitzten Form diskutiert, ob Handeln stärker durch Motivationen oder Intentionen bestimmt wird. Die Antwort ist, dass Intentionen kurzfristig entscheidend sind und Motivationen langfristig bedeutsam bleiben: Das Handeln wird durch die Erwartung der besten Erfüllung des eigenen Interesses auf dem Hintergrund erworbener Werteinstellungen angeleitet. Die Antwort optiert also für die Theorie der rationalen, auf die Nutzenmaximierung zielenden Wahl, die auch in anderen Sozialwissenschaften als *Heuristik* verwendet wird; sie konzediert der Soziologie auch bei der Wahl einer Handlungstheorie *keine* Sonderstellung gegenüber den anderen Sozialwissenschaften. Natürlich kann und wird diese Antwort nicht jede Leserin und jeden Leser überzeugen. Sie verlangt weitere Begründungen; es wäre vermessen zu glauben, in einer Einführung des Faches auf Grundsatzfragen bündige Antworten geben zu können. Auf der anderen Seite aber *muss* eine Einführung eine Antwort geben, wenn sie dem Ziel treu bleiben will, Themen des Faches systematisch zu entwickeln und nicht nur Ansätze nebeneinander zu stellen.

Wenn die Soziologie weder durch das Erklärungsschema noch durch die Handlungstheorie von anderen Sozialwissenschaften unterschieden ist, dann muss sie sich durch ihre *Themen* von ihnen absetzen. Deshalb hat das Fach immer versucht, seine Themen in einer Systematik von Grundbegriffen zu ordnen. Diese Einleitung übernimmt die Themen weitgehend von den soziologischen Grundbegriffen Webers (1980). Sie beginnt mit dem Begriff des *sozialen Handelns*. Wenn das soziale Handeln der Menschen Ausgangspunkt und die Gesellschaft der Zielpunkt der Soziologie sind, dann muss bestimmt werden, wie die Menschen zusammenkommen, die in Gesellschaft handeln. Die Antwort ist, dass die *soziale Ordnung* Menschen als eine Gesellschaft zusammenführt und gegen andere abgrenzt: Eine Gesellschaft besteht als die Ordnung, an der sich eine Reihe von Menschen orientieren. Aber wenn die Ordnung im Wesentlichen gilt, weil mehrere Menschen sich an ihr orientieren, dann wird sie sich mit der Vielfalt der Zwecke, die Menschen entdecken und verfolgen können, differenzieren. Mit der Tatsache der *sozialen Differenzierung* wird spiegelbildlich das Problem der *sozialen Integration* aufgeworfen.

Wenn eine Gesellschaft sich differenziert hat und mehr oder minder stark integriert ist, bilden die Beziehungen zwischen den Teilen die *Sozialstruktur* der Gesellschaft. Die Sozialstruktur gibt der Gesellschaft gleichsam Profil: Mit einem bestimmten Stand der sozialen Differenzierung und einem bestimmten Grad der sozialen Integration ist eine Bandbreite von Sozialstrukturen vereinbar. Erst als Sozialstruktur wird eine Gesellschaft greifbar. Die Sozialstruktur ist daher *das* Thema der Soziologie als einer „Wissenschaft von der Gesellschaft". Sie ergibt sich aus den Relationen zwischen Personen und wird als Verteilung von Ressourcen erfasst. Mit dem Begriff der Sozialstruktur kommt die Soziologie an ihr Ziel, die Gesellschaft; aber sie stößt zugleich an ihre Grenze: die Bewertung der Verteilung von Ressourcen unter dem Gesichtspunkt der *sozialen Ungleichheit*. Soziale Ungleichheit ist eine Perspektive auf viele, aber nicht alle sozialen Gruppierungen; sie lässt sich am besten im Zeitverlauf, an der *sozialen Mobilität* verfolgen. Die Sozialstruktur unterliegt schließlich dem *sozialen Wandel*. Sozialer Wandel besteht in der Veränderung eines sozialen Tatbestands zwischen zwei Zeitpunkten. Die Veränderung ergibt sich wiederum aus dem Zusammenhandeln der Menschen. Das Problem der Erklärung des sozialen Wandels führt zurück zum soziologischen Erklärungsschema und zum Problem der Erklärung des sozialen Handelns überhaupt.

Soweit die *Themen*, die ich in dieser Einführung als Etappen auf dem Weg vom sozialen Handeln zur Gesellschaft betrachte. Die ersten Etappen bestehen aus vorwiegend theoretischen Diskussionen über das soziale Handeln und die soziale Ordnung, während in den späteren Etappen theoretische Diskussionen mit der Darstellung empirischer *Ergebnisse* zur Differenzierung und Integration der Gesellschaft, zur Sozialstruktur und zum sozialen Wandel verknüpft werden. In allen Darstellungen verzichte ich auf Zitate und versuche, Theorien und Ergebnisse knapp zu referieren. An einzelne Abschnitte schließe ich daher Hinweise auf die wissenschaftliche *Literatur* an, die möglichst genaue Angaben zur eigenen „Lektüre" und einige Hinweise auf „weiterführende Literatur" enthalten.

Die „Lektüre" ist eine Handlungsanweisung, die „weiterführende Literatur" ein Hinweis. Aber auch die Anweisungen zur „*Lektüre*" haben unterschiedliche Dringlichkeit. Nach Abschnitten, in denen Theorien referiert oder theoretische Argumente diskutiert wurden, beziehen sie sich auf klassische oder grundlegende Texte. „Lektüre" ist hier wörtlich, als Aufgabe gemeint: Die Texte müssen zur Kontrolle des Referats gelesen werden, das ich gegeben habe;

und ich hoffe, dass der Kontrast zwischen meiner und der eigenen Interpretation die Leserin oder den Leser weiterbringt. Nach Abschnitten, in denen empirische Ergebnisse dargestellt wurden, ist die „Lektüre" hingegen aus einem anderen Grunde – etwas weniger – verpflichtend: Eine Einführung kann empirische Ergebnisse meist nur als Konzentrat, ja oft nur dem Ansatz nach referieren. Wer über die Genese und die Stärke wie Schwächen empirischer Ergebnisse Bescheid wissen will, muss sich einige, aber nicht alle dieser „Lektüren" vornehmen und sollte auswählen, was ihn besonders interessiert. Die *„weiterführende Literatur"* hingegen kann in jedem Fall nach persönlichen Interessen verfolgt werden; die von mir gewählten Angaben dienen nur zur ersten Orientierung. Da klassische Texte oft in verschiedenen Ausgaben oder in Übersetzungen vorliegen, habe ich mich bemüht, hier nicht nach Seiten, sondern nach Kapitelangaben zu zitieren, so dass die Textstellen in unterschiedlichen Ausgaben gefunden werden können.

Die Themen dieser Einführung sind nicht nur Etappen auf dem Weg vom sozialen Handeln zur Gesellschaft, sondern auch auf dem Weg von der soziologischen Theorie zu soziologischen Ergebnissen. Das ist natürlich der Weg jeder soziologischen Forschung. Und das wird der Weg sein, den die Leserin oder der Leser nach der Einführung in das Fach weiter geht. Aber dieser Weg wird über die theoretische Diskussion und die Lektüre von Forschungsergebnissen hinausführen: auf die Aneignung soziologischer Forschungsmethoden einerseits und die inhaltliche Spezialisierung anderseits. Wie es weitergehen kann, wird in einem Ausblick am Schluss dieser Einführung angesprochen.

Heinz Sahner hat das ganze Manuskript durchgelesen und mir viele konstruktive Hinweise gegeben. Ulrich Rosar und Ulrich Schnorrenberg haben Teile des Manuskripts gelesen und kritisch kommentiert. Bei den Literaturrecherchen und der Texterstellung haben mir die Studierenden Dina Bartel, Dagmar Meißner, Christian Loschelder und Arne Uhlendorff geholfen; Helga Rost hat mich bei allen Arbeiten am Manuskript unterstützt. Ihnen allen danke ich sehr herzlich.

Widmen möchte ich dieses Buch meinen Eltern, die sich von ihm noch überraschen lassen können, und meiner Frau Ingeborg, die es erwartet hat.

Köln, August 2001 Heiner Meulemann

Vorwort zur zweiten Auflage

Die zweite Auflage ist im Wesentlichen unverändert. Ich habe die Literatur aktualisiert, den Text an einigen Stellen gestrafft oder deutlicher ausformuliert und Fehler verbessert. Ich danke Johannes Bannwitz, Benjamin Barutzki, Veit-Henning Köster, Jan Malguth, Anna Schirbaum, die mir geholfen haben.

Köln, August 2006 Heiner Meulemann

1 Soziologie: Die Wissenschaft und ihr Gegenstand

„Die Soziologie beschreibt, was jeder weiß, mit Worten, die keiner versteht." Diese spöttische Bemerkung zeigt, dass Worte zur Kennmarke der Soziologie geworden sind. Ihre Begriffe sind aus dem Fach in das alltägliche Leben ausgewandert – sonst würde man sich ja nicht über sie ärgern. Und sie haben im Alltag keine gute Note bekommen – sonst würde man ja nicht glauben, dass sie nicht mehr erbringen, als man sowieso schon gewusst hat. Sie haben viel versprochen und wenig gehalten. So erklärt sich der Spott.

Hat die Soziologie den Spott verdient? Ein Autor, der in die Soziologie einführen will, sollte davon überzeugt sein, dass der Spott unverdient ist; und der Leser würde dieses Buch nicht aufgeschlagen haben, wenn er den Spott für völlig berechtigt hielte. Die Frage ist also praktisch schon negativ beantwortet. Aber sie ist auch falsch gestellt. Nicht um die Berechtigung des Spottes geht es, sondern darum, ob das Bild von der Soziologie zutrifft, das er voraussetzt. Darüber kann man streiten. Ich glaube, dass das Bild von der Soziologie, das in der spöttischen Bemerkung zum Ausdruck kommt, falsch ist. Es ist ein Stereotyp, das mit dem, was Soziologen tun und treiben, mit der Arbeit der Soziologie, wenig zu tun hat. Weder ist die Beschäftigung mit Begriffen steril. Noch hat es die Soziologie vorrangig mit Begriffen zu tun. Noch will sie allein beschreiben. Schließlich will sie mehr mitteilen, als man sowieso schon gewusst hat.

1.1 Stereotype über die Soziologie und Arbeiten des Soziologen

Allerdings ist wahr, dass die Soziologie sich vor allem mit Begriffen ins öffentliche Bewusstsein gebracht hat. Drei davon sind in Deutschland und anderswo als *die* Begriffe der Soziologie aufgenommen worden: Rolle, Schicht und Sozialisation. Sie sind keineswegs *die* Begriffe der Soziologie. Aber ihre genauere Betrachtung kann Aufschluss über die Arbeit des Soziologen geben.

„Rolle" und Begriffsexplikationen

Die Soziologie – so heißt es in Dahrendorfs (1958) berühmter Schrift „Homo Sociologicus" – betrachtet Menschen, insofern sie in Rollen handeln; und Rollen bestehen aus den Erwartungen, die andere an mich nicht als Person, sondern als Träger einer Funktion oder als Inhaber einer Position stellen; „andere" sind dabei nicht nur die, denen ich handelnd gegenüberstehe, sondern auch alle jene, mit denen ich durch Funktion oder Position verbunden bin – also das anonyme „Man" der betroffenen Zuschauer. „Ich in meiner Rolle als..." ist zu einer Redewendung geworden, mit der man sich im Alltag als zuständig oder nicht zuständig, verantwortlich oder nicht verantwortlich, betroffen oder nicht betroffen darstellt. „Lehrer", „Stadtrat", „Schatzmeister eines Vereins" sind Rollen, die du und ich ausfüllen können, aber weder du noch ich gehen in der Rolle auf; vielleicht füllst du sie besser aus, weil du die entsprechenden Funktionen besser beherrschst als ich – aber meine wie deine Person ist nur Träger der Rolle.

So weit, so gut. In der gleichen Weise werden auch „Vater", „Liebhaber" und „Freund" – also jemand, mit dem ich nicht sexuell, sondern aufgrund gemeinsamer Überzeugungen und Erfahrungen „intim" bin – als Rolle betrachtet. Und hier wird es schwierig: Sicher verhalten sich viele Väter ähnlich; aber nur ich bin der Vater meines Kindes, es ist für andere schwierig, hier meine Rolle zu übernehmen. „Vaterschaft" mag zwar noch eine Funktion und eine Position in der Familie sein. Aber was ist die Funktion oder Position eines „Liebhabers" oder „Freunds"? Wozu verpflichten sie ihre Rollen jenseits ihrer Wünsche als Personen? Was erwartet man – also nicht die Geliebte, sondern dritte Personen – vom „Liebhaber"? Was erwartet man – also nicht der Freund, sondern wiederum Dritte – vom „Freund"?

Das sind keine rhetorischen, sondern schwierige Fragen. Es geht um die Brauchbarkeit eines Begriffs – um seinen Anspruch, die Grundlage eines Fachs zu legen. Darüber kann man verschiedener Meinung sein, und erst recht sollte darüber am Anfang eines Einleitungsbuches kein Dogma verkündet werden. Nur darauf kommt es jetzt an: Man kann sinnvoll über Begriffe streiten, *die Diskussion über Begriffe ist nicht steril*. Steril ist nur die gedankenlose Verwendung von Begriffen – wie die Tendenz, jede Eigenschaft einer Person als Basis einer Rolle anzusehen, ohne zu fragen, ob eine Gruppe anderer Personen Erwartungen an den Träger der Funktion oder an den Inhaber der Position und nicht an die Person hegt. Positiv formuliert: Der Begriff Rolle schlüsselt dem Spieler wie dem in die Rolle des Dramaturgen geschlüpften Soziologen eine soziale Realität auf. Als Lehrer sollte ich nicht meine eigenen Kinder in der Klasse haben. Aber wie soll ich mich bei meinem Rendezvous heute Abend verhalten? Der Begriff der Rolle klärt darüber auf, dass jemand, der mit einem anderen zusammen ist, sich an Erwartungen Dritter orientiert – manchmal, häufig, *aber keineswegs immer*. Denn offensichtlich ist „der Liebhaber" zwar auf dem Theater, nicht aber in der Wirklichkeit eine Rolle. Auf dem Theater spielt der Schauspieler eine Person, die eine andere liebt, nach den Anweisungen von Textbuch und Regisseur; in der Wirklichkeit aber muss der Liebhaber selber wissen, was er will und tut. Nicht ein Dritter, sondern die Geliebte erwartet etwas vom Liebhaber; jedenfalls ist die Vorstellung eine sehr anspruchsvolle Konstruktion, dass „der Geliebte" seine Geliebte mit dem bedient, was nicht sie, sondern „die Gesellschaft" aufgrund seiner Position als „Geliebter" von ihm erwartet, dass er gleichsam eine minutiös vorgezeichnete „Gesellschaft" in sich trägt und ausagiert – und vermutlich wäre die Geliebte schnell irritiert durch eine solche Inszenierung. Aber auch wenn „Geliebter" und „Geliebte" keine Rollen sind, so würde man, was sie denken und tun, nicht aus der Betrachtung der Soziologie ausschließen. Denn es handelt sich um ein soziales Geschehen: um eine Folge von Aktion und Reaktion zwischen zwei Menschen.

So oder so – ist das mehr, als „jeder weiß"? Im konkreten Fall gewiss nicht. Auch ohne Soziologie sind Schulverwaltungen darauf gekommen, Kinder nicht in Klassen zu schicken, in denen ihre Eltern lehren; und der beste Soziologe hilft mir nicht über meine Ratlosigkeit für das abendliche Rendezvous hinweg. Aber als Perspektive ist der Begriff Rolle, selbst wenn er nicht zum grundlegenden Begriff der Soziologie erhoben wird, doch mehr, als „jeder weiß". Denn die Perspektive wirft Fragen auf: Inwiefern sind die Vaterschaft und Elternschaft Rollen, inwiefern nicht? Warum geraten sie als Rollen in Konflikt? Gibt es Konflikte zwischen Vaterschaft und Elternschaft auch in anderen Bereichen als in der Schule oder ähnliche Konflikte zwischen anderen Rollen?

„Schicht" und Zusammenhänge

Aber mit dem Hinweise auf die perspektivische Leistung von Begriffen *allein* wird man dem Verächter der Soziologie kaum imponieren. Ist die Idee, dass Menschen oft in einer Rolle handeln, nicht Alltagswissen? Ist sie nicht Dutzende Male in der Literatur und der Philosophie formuliert worden, bevor die Soziologie damit aufkam?[1] Gewiss, aber die Soziologie will mehr als neue und wiederum doch sehr alte Begriffe einführen und mit ihnen Bekanntes verfremdet beschreiben. *Die Soziologie hat es vorrangig nicht mit Begriffen, sondern mit Zusammenhängen zwischen Sachverhalten zu tun.* Die Sachverhalte werden mit Begriffen beschrieben; aber eben darum sind die Begriffe kein Selbstzweck, sondern Instrumente für die Suche nach Zusammenhängen. Zwei Beispiele sollen gegeben werden. *Erstens:* 1998 stellte die „Forschungsgruppe Wahlen" in einem Überblick über die Wahlen von 1953 bis 1994 einen Zusammenhang zwischen „Wahlentscheidung" und „sozialer Schicht" fest: Arbeiter wählen häufiger SPD als Angestellte, Beamte und Selbständige; allerdings hat sich der Zusammenhang etwas abgeschwächt (Emmert u.a. 1998: 64-72). *Zweitens:* 1994 stellten Müller und Haun in einem Vergleich der Geburtsjahrgänge von 1910 bis 1969 einen Zusammenhang zwischen „Schullaufbahnentscheidung" und „sozialer Schicht" fest: Kinder, deren Väter einen Beruf mit hohem Prestige ausüben, entscheiden sich häufiger als Kinder, deren Väter einen Beruf mit niedrigem Prestige ausüben, nach der Grundschule für das Gymnasium und die Realschule und nach dem Abitur für ein Studium; allerdings schwächt sich auch hier der Zusammenhang in jüngeren Geburtsjahrgängen ab.

In beiden Beispielen wird ein Zusammenhang aufgestellt zwischen zwei Begriffen: einer institutionell – durch das Angebot an Parteien oder Schulformen – vordefinierten Entscheidung und der sozialen Schicht. Der erste Begriff, die institutionell vordefinierte Entscheidung, muss nicht weiter begrifflich analysiert werden; die Gesellschaft hat der Soziologie gleichsam die Arbeit schon abgenommen. Der zweite Begriff hingegen, die soziale Schicht, ist eine aus der Geologie entlehnte Metapher für das „soziale Höher und Tiefer" (Bolte 1959), die auch in den alltäglichen Sprachgebrauch eingegangen ist. Die Soziologie hat kein Erstgeburtsrecht auf diesen Begriff – es sei denn, sie definiert ihn analytisch, also mit abstrakten Begriffen jenseits des konkreten Bilds der über einander liegenden Erdformationen – wie z.B. Weber (1980: 179): Schichten sind Gruppen mit gleichen „Lebenschancen" in vielen Bereichen des sozialen Lebens (siehe Kapitel 8.3.1).

In beiden Beispielen aber wird nicht nur ein Zusammenhang behauptet, sondern auch überprüft: Die Wahlentscheidung und die Schullaufbahnentscheidung auf der einen Seite, die soziale Schicht auf der anderen Seite werden von Konzepten in Variable umgeformt. Dazu müssen, der *gedachten* Begriffsexplikation entsprechend, bestimmte *Handlungen* ausgeführt werden: Personen müssen befragt, das Zusammenleben beobachtet, Dokumente gesichtet, kurzum: *Erhebungen* durchgeführt werden. Und die erhobenen Variablen müssen so verfügbar gemacht werden, dass die Verteilungen der einzelnen Variablen und die Zusammenhänge zwischen zwei Variablen mit statistischen Kennziffern dargestellt werden können; kurzum: die erhobenen Daten müssen statistisch *analysiert* werden. Erst dann ist eine Aussage möglich wie die, dass der Zusammenhang der Wahl- und der Schullaufbahnentscheidung mit der sozialen Schicht *schwächer* geworden ist. Solange der Zusammenhang nur behauptet wird, liegt eine

---

1 Siehe Dahrendorf (1958) für die literarischen und philosophischen Zeugnisse zur Idee der Rolle.

Hypothese vor; sobald er überprüft worden ist, wird die Hypothese zu einer *Erkenntnis* der Soziologie.

Der Begriff der sozialen Schicht leistet also mehr als der Begriff der sozialen Rolle. Er schlüsselt nicht nur eine Perspektive auf, sondern leitet auch zur Erhebung von sozialen Sachverhalten an. Deshalb ist er zum Verkaufsschlager der Soziologie geworden. Wenn die Soziologie mehr geboten hat als die Explikation von Begriffen, wenn sie überprüfte Zusammenhänge in der Öffentlichkeit verbreitet hat, dann waren es sehr oft Zusammenhänge der sozialen Schicht mit Entscheidungen in institutionell vordefinierten Alternativen. Mehr noch, die Soziologie überhaupt ist mit der Suche von Zusammenhängen mit der sozialen Schicht identifiziert worden: Wenn die Wahlentscheidung und die Schulwahl von der sozialen Schicht abhängt, dann kann auch die Wahl eines Ferienziels, die Wahl eines Autos der Mittelklasse, die Kinderzahl, die Wahl von Freunden usw. „schichtspezifisch" sein. Aber die Soziologie beschränkt sich nicht auf die stereotype Abfrage jeder Wahl unter Angeboten auf „Schichtspezifität". Sie untersucht Zusammenhänge zwischen der wirtschaftlichen Entwicklung und der sozialen Ungleichheit in Nationalstaaten (Weede 1987), zwischen der Größe von Organisationen und der Beteiligungschancen ihrer Mitglieder (Lipset u.a. 1976), zwischen der Konfession und der Studien- und Berufswahl von Studenten (Weber 1920), zwischen der Einbindung von Mann oder Frau in Verkehrskreise außerhalb der Ehe und dem Grad der Arbeitsteilung in der Ehe (Bott 1971) – um nur einige Zusammenhänge jenseits der „Schichtspezifität" zu nennen. Mit der Untersuchung von „Schichtspezifität" hat die Soziologie zu Recht die Aufmerksamkeit der Öffentlichkeit gewonnen, weil sie Brot statt Steine, Erkenntnisse statt Begriffe geliefert hat. Aber „schichtspezifische" sind keineswegs die einzigen Zusammenhänge, die die Soziologie betrachtet.

Ob mit oder ohne Schicht – ist die Prüfung von Zusammenhängen mehr, als „jeder weiß"? Gewiss. Das gilt schon für die analytische Explikation der Begriffe. Das gilt erst recht für die Erhebung der entsprechenden Variablen durch Operationen wie Befragen, Beobachten und Sichten von Dokumenten und die Analyse der Verteilungen und Korrelationen der erhobenen Variablen. Dass Arbeiter häufiger SPD und Selbständige häufiger CDU oder FDP wählen, wissen Wahlkampfmanager und Durchschnittsbürger natürlich aus Alltagserfahrung – aber sie *können* nicht wissen, wie stark die Korrelation ist und ob sie sich verstärkt oder nachlässt. Deshalb ziehen die Wahlkampfmanager die empirische Sozialforschung zu Rate, um zu erfahren, ob die Neigung der Arbeiter für die SPD nachlässt oder die Neigung einer „Neuen Mitte" für die SPD wächst – und halten die Ergebnisse vor der Konkurrenz und dem Durchschnittsbürger geheim oder plaudern sie aus, je nach ihren strategischen Zielen. Dass es die „Neue Mitte" gibt und dass sie wächst, hat nicht jeder gewusst.

Die Soziologie *bestätigt oder widerlegt*, was *zuvor* nicht jeder gewusst hat – auch wenn es nachträglich selbstverständlich erscheint oder allgemein verbreitet wurde. Sie lebt nicht nur von Begriffen, sondern arbeitet mit ihrem eigenen Handwerkszeug der Erhebung und der Analyse – mit Befragungen, Beobachtungen und Dokumenten, mit Verteilungen und Korrelationen. Und sie versucht, durch wiederholte Prüfung, durch mehrfache Bestätigung und Widerlegung, einen Bestand von Erkenntnissen aufzubauen. Mit der Bestätigung von Zusammenhängen liefert die Soziologie tatsächlich mehr, als „jeder weiß". Aber sie kann auch darüber noch hinausgehen.

„Sozialisation" und Erklärungen

Die Soziologie will Zusammenhänge nicht nur beschreiben, sondern erklären. Wenn Arbeiter häufiger SPD als Angestellte wählen, warum? Antworten wären etwa: Weil die SPD eine Arbeiterpartei ist; weil Arbeiter häufig Gewerkschaftsmitglieder sind und Gewerkschaften der SPD politisch nahe stehen; weil Arbeiter oft in Arbeitervierteln leben, in denen häufiger sozialer Kontakt unter Arbeitern die Neigung zur SPD-Wahl verstärkt. Aber diese Antworten bleiben – wie schon die Worte Arbeiterpartei, Gewerkschaft und Arbeiterviertel zeigen – dem untersuchten Gegenstand verhaftet. Erklärungen *ad hoc* sind notwendig; aber sie sollten in eine allgemeine Erklärungs*strategie* übersetzt werden, die für mehrere Erklärungsgegenstände Geltung beanspruchen kann – also nicht nur die politische Wahl, sondern auch die Wahl der Schulform der Kinder.

Die Soziologie ist in der deutschen Öffentlichkeit mit der Erklärungsstrategie der *Sozialisation* geradezu identifiziert worden: Die Korrelation zwischen der Wahl einer Alternative und der sozialen Schicht wird erklärt durch die Verinnerlichung entsprechender Erwartungen, die an die Menschen als Mitglieder der Schicht herangetragen werden. Zum Beispiel wählen Arbeiter SPD *und* die Haupt- oder Realschule, weil andere es von ihnen erwarten und sie selbst sich diese Erwartungen zu Eigen gemacht haben. In beiden Fällen wird die Entscheidung durch die *Sozialisation* in die Rolle des Arbeiters erklärt, in der bestimmte Entscheidungen selbstverständlich sind. Wie man am Beispiel sieht, fügen sich Rolle und Sozialisation zusammen: Nicht nur einzelne Erwartungen, sondern ein ganzer Komplex von Erwartungen, eben eine Rolle, werden verinnerlicht und steuern dann das Verhalten. Wie man am Beispiel weiterhin sieht, lassen sich Rollen in fast suggestiver Weise mit der Schichtzugehörigkeit verbinden. Die Sozialisation verbindet Schicht und Rolle. Sie schafft die Trias der Begriffe, die zur Erkennungsmelodie der Soziologie geworden sind: Rolle, Schicht und Sozialisation. Die Erklärungsstrategie der Sozialisation hat in der Soziologie eine lange Tradition, die sich auf den französischen Soziologen Emile Durkheim (1858-1917) und auf den amerikanischen Soziologen Talcott Parsons (1902-1979) zurückführen lässt (Münch 1994a: 121-155, 1994b: 3-118).

Aber die Erklärungsstrategie der Sozialisation ist nicht die einzige, die der Soziologie zur Verfügung steht. Statt durch verinnerlichte Motive, die gleichsam die Menschen antreiben, könnte man Verhalten auch durch antizipierte Ziele in einer allgemeinen Weise erklären, die gleichsam die Menschen ziehen. Die Korrelation zwischen der Wahl einer Alternative und der sozialen Schicht wird dann erklärt durch die Erwartung, dass die gewählte Alternative mit einer größeren Wahrscheinlichkeit zu einem gewünschten Ziel führt als eine andere. Zum Beispiel wählen Arbeiter SPD, weil sie glauben, dass die SPD ihre Interessen besser als andere Parteien vertritt; *und* sie schicken ihre Kinder auf die Realschule, weil sie glauben, dass bei den gegebenen Ressourcen ihre Kinder hier eher zu einem Abschluss kommen als auf dem Gymnasium. In beiden Fällen wird die Entscheidung aus dem *Nutzen* erklärt, den der Entscheidende erwartet. Wenn sie auch nicht so stark vorherrschten wie Erklärungen durch Sozialisation, so haben Erklärungen durch den erwarteten Nutzen doch auch in der deutschen Soziologie ihre eigene Tradition, die sich auf Max Weber (1864-1920) zurückführen lässt (Münch 1994a:159-208).

Ob Durkheim oder Weber, Sozialisation oder Nutzenerwartung – ist das mehr, als „jeder weiß"? Gewiss nicht, soweit man die Erklärungsstrategien ohne weitere Ausarbeitung betrachtet. Auch im Alltag suchen wir nach *ad hoc* Erklärungen des Verhaltens unserer Mitmenschen gemäß einer allgemeinen Strategie. Wir unterstellen, dass die Mitmenschen handeln, wie sie es gelernt haben, um ihre Zwecke möglichst günstig zu erreichen. Der Apfel fällt nicht weit vom

Stamm; und jeder ist sich selbst der Nächste – das sind keine Neuigkeiten der Soziologie. Gerade aus ihrer alltäglichen Wirksamkeit gewinnen die Erklärungsstrategien ihre Attraktivität für die Soziologie, die sich ja mit dem alltäglichen Zusammenleben befasst.

Aber die Soziologie geht über das, was „jeder weiß“, hinaus. Sie versucht, diese beiden allgemeinen Erklärungsstrategien begrifflich genauer auszuarbeiten und miteinander zu verbinden. Wie wirken verinnerlichte Erwartungen, dass man so und anders nicht handeln soll, mit der Erwartung zusammen, dass man mit einer bestimmten Handlung einen bestimmten Zweck erreichen wird? Warum sind Menschen manchmal auch ihrem Nächsten und sogar ihrem Fernsten der Nächste? Warum geraten Kinder manchmal nach anderen Leuten?

Zudem versucht die Soziologie, die Erklärungsstrategie auf Zusammenhänge zwischen zwei Variablen anzuwenden und wenn möglich durch eine dritte Variable empirisch zu prüfen. Die Behauptung, jemand habe eine bestimmte Entscheidung getroffen, weil er von ihr den größten Nutzen erwartet hatte, oder weil er so sozialisiert worden sei, genau diese Entscheidungen zu treffen, hilft solange wenig, als man nicht weiß, wie jemand die möglichen Folgen seiner Entscheidung durchkalkuliert hat oder wieso er zu einer bestimmten Neigung erzogen wurde und ihr nun gerade jetzt gefolgt ist. Und dazu muss man nicht nur die Nutzenkalkulation oder die Sozialisation der Person im konkreten Fall kennen, sondern in einer allgemeinen Form, also gemäß einer „Theorie“ wissen, wie die Nutzenkalkulation oder die Sozialisation Entscheidungen bestimmen kann; die Theorie nämlich sollte dem Forscher sagen können, wie er die Variablen der Nutzenkalkulation oder der Sozialisation erheben muss.

Schließlich hat die Soziologie mit der Ausarbeitung und Anwendung einer Theorie die Chance, *mehr zu finden, als man sowieso schon gewusst hat.* „Mehr“ sieht man zunächst, wenn man Parallelen zwischen verschiedenen Zusammenhängen erkennt – wie das Durkheims (1973) Untersuchungen zum Selbstmord zeigen (Stinchcombe 1968). Katholiken begehen seltener Selbstmord als Protestanten, weil die katholische Kirche mit der Forderung des sonntäglichen Kirchgangs auch einen stärkeren Zusammenhalt der Kirchenmitglieder erzwingt und weil das Vertrauen der protestantischen Lehre auf das „freie Urteil“ den Einzelnen in Konfliktsituationen allein lässt. Verheiratete begehen seltener Selbstmord als Alleinstehende, weil die Verpflichtung für die Mitglieder ihrer Familie sie stärker im Leben hält. Beide Zusammenhänge – zwischen Konfession und Selbstmord und zwischen Familienstand und Selbstmord – lassen sich auf einen gemeinsamen erklärenden Nenner bringen: Die Integration von Menschen in soziale Gruppen senkt die Tendenz zum Selbstmord.

„Mehr“ sieht man aber auch dann, wenn man erklären kann, warum bestimmte Handlungen manchmal das Gegenteil von dem bewirken, worauf sie zielen. Das Wissenschaftsministerium in Nordrhein-Westfalen hat eine Höchstzahl von Prüfungsleistungen während des ganzen Studiums festgelegt, um die Studienzeit zu verkürzen. Die begründende Annahme ist: Je weniger Prüfungen verlangt werden, desto mehr Ballast an Lernstoff kann abgeworfen werden, desto mehr werden die Prinzipien statt der Einzelheiten des Lernstoffs gelernt, desto schneller wird studiert. Aber die tatsächliche Wirkung könnte auch sein: Je weniger Prüfungen verlangt werden, desto mehr Stoff müssen sie umfassen und desto schwerer werden sie, desto mehr werden sie von den Studenten mit Angst beladen, desto länger zögern die Studenten die Anmeldung hinaus und desto weniger sind sie durch den Anreiz des Erfolgs zur Beschleunigung oder durch die Erfahrung des Misserfolgs zum rechtzeitigen Abbruch oder Fachwechsel motiviert, mit einem Satz: desto *länger* studieren sie.

Drei Arbeitsschritte der Soziologie

Blicken wir zurück. Die Soziologie beginnt mit Begriffen. Begriffe schlüsseln die Realität auf. Sie sind Instrumente, Lupen oder Fernrohre, mit denen man genauer oder weiter als mit bloßem Auge, also mit alltäglichen, nicht bewusst definierten und gebrauchten Begriffen sehen kann. Das Nachdenken über Begriffe ist keineswegs steril; es führt dazu, Rangordnungen und Überschneidungen, Verweisungen und Widersprüche zwischen Begriffen zu erkennen, und kann so vor ihrer gedankenlosen Anwendung schützen.

Aber die Begriffsexplikation ist nicht genug. Eine noch so fein ausgearbeitete Systematik von Begriffen liefert noch keine Erkenntnis. Um Erkenntnisse zu gewinnen, muss man vom Denken zum Handeln, von der Explikation von Begriffen zur Erhebung von Variablen übergehen: Man muss Zusammenhänge zwischen zwei Variablen, also zwei durch Begriffe aufgeschlüsselten und mit bestimmten Erhebungsverfahren gemessenen Sachverhalten, mit bestimmten statistischen Analyseverfahren überprüfen.

Aber auch die Überprüfung von Zusammenhängen ist nicht genug. Zusammenhänge verlangen nach einer Erklärung durch einen dritten Begriff: Protestanten begehen häufiger Selbstmord als Katholiken, weil sie weniger in ihre Kirche integriert sind. Wenn der erste und zweite Begriff sich auf Institutionen oder soziale Sachverhalte – Kirchen und Selbstmord*raten* – bezieht, so der dritte auf Motivlagen von Personen. Die Integration in die Kirche ist etwas, was die Kirchenmitglieder erfahren und in Handlungen umsetzen – oder nicht. Deshalb erlaubt es der dritte Begriff, den Zusammenhang zu verstehen. Er kann als Ausdruck eines verstehenden Nachvollzugs des Zusammenhangs gleichsam stehen bleiben; er kann aber selbst wiederum als Variable erhoben werden, so dass er zu einer dritten Variablen wird, die den Zusammenhang zwischen Ursache und Wirkung statistisch erklärt: Katholiken sind stärker sozial integriert als Protestanten, und soziale Integration bewahrt vor Selbstmord; wenn man die Unterschiede der sozialen Integration konstant hält, dann *schwindet* der Zusammenhang zwischen Konfession und Selbstmordrate, er wird in mehr oder minder großem Ausmaß aufgeklärt. Ohne verstehenden Nachvollzug mit Hilfe des dritten Begriffs aber bleibt der Weg zur Erhebung einer dritten Variablen unbestimmt. Die Verbindung zwischen den Institutionen oder sozialen Sachverhalten, die mit dem ersten und zweiten Begriff erfasst werden, ergibt sich also nicht wiederum durch Institutionen oder soziale Sachverhalte, sondern aus Motivlagen von Personen: Die Erklärung steigt von Institutionen oder sozialen Sachverhalten gleichsam ab zu Personen und wieder auf; sie verbindet Institutionen oder soziale Sachverhalte über das Verständnis von Motiven und Absichten der Personen, die in ihnen handeln.

Kurzum: Die Arbeit des Soziologen umfasst drei Schritte: die Explikation von Begriffen, die Prüfung von Zusammenhängen und die Entdeckung und Prüfung von Erklärungen. Der erste Schritt ist notwendig, aber nicht hinreichend für eine erfolgreiche Arbeit, also für den Gewinn von Erkenntnissen. Aber der Erfolg im zweiten und dritten Schritt bleibt auf die Vorarbeiten des ersten Schritts angewiesen. Im zweiten Schritt sucht man für eine gegebene Variable einen Zusammenhang nicht mit beliebigen anderen Variablen, sondern mit solchen, die mit dem ersten Begriff, so wie man ihn definiert hat, etwas zu tun haben. Der Selbstmord unterliegt einem moralischen Verdikt, das von den Kirchen unterschiedlich streng mit jenseitigen Strafen geahndet wird; er wird durch die Einbindung in Gemeinschaften eingedämmt, die von den Kirchen in unterschiedlichem Ausmaß bereitgestellt werden: Deshalb sollte die Selbstmordrate sich zwischen Konfessionen unterscheiden – und nicht nach dem Sternbild des Geburtsdatums. Noch stärker greift man im dritten Schritt auf begriffliche Überlegungen zurück; er verlangt eine Theorie, die einzelne Erklärungen, die sich aus dem untersuchten Sachbereich ergeben, unter dem Nenner einer Erklärungsstrategie zusammenbringt, die für alle Sachbereiche der Soziologie gilt. Der Zusammenhang zwischen zwei Variablen muss zunächst mit Hilfe eines dritten Begriffs verstanden werden. Und das Verständnis kann in einer Erklärung überprüft werden, wenn der dritte Begriff als Variable gemessen worden ist.

Das Bild von der Soziologie, das der spöttischen Bemerkung zu Beginn dieses Abschnitts zugrunde liegt, ist also ein Stereotyp, das mit der Arbeit des Soziologen wenig zu tun hat. Aber die drei Arbeitsschritte, die nicht in das stereotype Bild von der Soziologie passen, sind kein Privileg des Soziologen, sondern Gemeingut aller Wissenschaften. Jede Wissenschaft analysiert Begriffe, prüft Zusammenhänge und sucht Erklärungen. Die Soziologie bewahrt sich vor dem Spott, indem sie sich als Wissenschaft darstellt. Was aber ist eine Wissenschaft? Und welche Besonderheit unterscheidet die Soziologie von anderen Wissenschaften? Daum geht es in den beiden folgenden Abschnitten.

Weiterführende Literatur: Einen Überblick über die Begriffe der Soziologie geben Endruweit / Trommsdorff (2002) und Schäfers (2003). Die Methoden der Erhebung und der Analyse werden in Lehrbüchern der empirischen Sozialforschung dargestellt, etwa Diekmann (2006a), Kromrey (2006) oder Schnell u.a. (2005). Eine Einführung in die Logik der Erklärung durch Theorien gibt Stinchcombe (1968). Eine Einführung in die statistische Erklärung des Zusammenhangs zwischen zwei Variablen durch die Messung einer dritten geben Davis (1971) und Kühnel / Krebs (2001: 463-502).

1.2 Wissenschaft: Wahrheit als regulatives Prinzip

Eine Wissenschaft ist eine Art, sich über die Welt in zusammenhängenden Vorstellungen und Sätzen Rechtfertigung zu geben, ein Denksystem. Im alltäglichen Leben haben wir alle eine bestimmte Art, die Welt zu betrachten. Aber in der Regel tun wir nicht, was wir, wenn wir Zeit und Muße hätten, leicht tun könnten: uns Rechenschaft über unsere Weltsicht zu geben, ihre einzelnen Züge zu begründen und mit anderen in Zusammenhang zu setzen. Sobald wir aber dies tun, entwickeln wir ein Denk*system*.

Weil die meisten Menschen unter dem Druck täglicher Anforderungen nicht dazu kommen, Denksysteme zu entwickeln, übernehmen sie die Ergebnisse anderer, die Zeit und Muße hatten oder sogar beruflich darauf spezialisiert waren, Denksysteme zu entwickeln. Sie übernehmen, was die Religion lehrt, die Philosophie analysiert, die Wissenschaft erforscht hat. Die Wissenschaft ist also nicht das einzige Denksystem, das wir zur Rate ziehen. Sie konkurriert mit der Religion und der Philosophie oder allgemein der Weltanschauung. Die Wissenschaft unterscheidet sich von der Weltanschauung durch ihren Begriff von Wahrheit. Während Wahrheit für die Weltanschauung ein fester Bestand von Sätzen – Dogmen – ist, ist Wahrheit für die Wissenschaft eine Handlungsanweisung – eine Regel, mit der man darüber entscheidet, ob bestimmte Sätze wahr sind oder nicht. Die Weltanschauung hat einen substantiellen Wahrheitsbegriff; sie gibt Antworten auf Fragen über die Welt, die in der Welt nicht beantwortet werden können: Woher kommt diese Welt? Wozu sind wir Menschen auf dieser Welt? Was können wir wissen? Was sollen wir tun? Was dürfen wir hoffen?

Fragen über die Welt, die in der Welt nicht beantwortet werden können, sind transzendente Fragen; sie gehen über die Immanenz in der Welt hinaus. Sie können nur durch einen Glauben beantwortet werden. Der Kirchentreue findet die Antworten seines Glaubens im Katechismus; er kann über die Fragen beruhigt sein, solange die Autorität der Kirche und die Festigkeit seines Glaubens ihn vor Zweifeln bewahren, solange es für ihn also keine Wahl gibt. Wer der Kirche nicht traut, findet Antworten in den Angeboten der Philosophie oder der

Weltanschauung; er kann über die Fragen nicht beruhigt sein, weil die Wahl aus dem Angebot ja auch anders hätte ausfallen können. Aber auch er glaubt an etwas, was ihm die Fragen beantwortet. Denn ohne eine transzendente Antwort hätte er kein Ziel für sein diesseitiges Leben, von dem er weiß, dass es mit dem Tode aufhört. Für die Kirchen und die Frommen mag er ein Ungläubiger sein, weil er nicht ihre Antworten teilt; und selber mag er sich als Ungläubigen bezeichnen. Dennoch gibt er sich in einer anderen – wie die Theologen sagen: heterodoxen – Vorstellung Rechenschaft über Anfang und Ende der Welt und seines Lebens: seien es nun die Gesetze der Natur oder die ewige Wiederkehr, die Vervollkommnung des Selbst oder die klassenlose Gesellschaft. In dem allgemeinen Sinne, dass jeder Mensch sich eine Antwort auf transzendente Fragen geben muss, hat jeder Mensch eine Religion und einen Glauben.

Transzendente Fragen können aber nicht wissenschaftlich beantwortet werden. Denn die Wissenschaft hat keinen substantiellen, sondern einen formalen Wahrheitsbegriff. Wahrheiten liegen nicht definitiv fest, sondern müssen ermittelt werden. Wahrheit ist für die Wissenschaft ein regulatives Prinzip: Wahr ist ein Satz, dessen Übereinstimmung mit der Realität festgestellt wurde – oder vorsichtiger: dessen Nichtübereinstimmung mit der Realität nicht festgestellt werden konnte; das ist die sog. *Korrespondenztheorie* der Wahrheit (Brinkmann 1997: 24-25, 91-959).[2] Die Wissenschaft gibt eine vorläufige Antwort auf die Frage, was ist. Sie kann keine Antwort auf die Frage geben, was jenseits dieser Welt ist; denn die Übereinstimmung mit der Realität kann hier ja nicht geprüft werden. Die Wissenschaft gibt aber auch keine Antwort auf die Frage, was in dieser Welt sein soll; denn auch hier ist ja die Prüfung einer Übereinstimmung mit der Realität ausgeschlossen. Was in dieser Welt sein soll, muss nach dem regulativen Prinzip der Politik behandelt werden, das im Falle der Demokratie die Abstimmung nach Mehrheiten ist. Die Position eines Wissenschaftlers verschafft also kein Privileg in der Diskussion dessen, was jenseits dieser Welt ist oder in dieser Welt sein soll (Sahner 2002).

Natürlich kann die Wissenschaft als Antwort auf beide Fragen missbraucht werden. „Die Gesetze der Natur" können als Antwort auf die Frage nach dem Woher und Wohin der Welt und des eigenen Lebens genommen werden – wie etwa „die Bewegungsgesetze der Gesellschaft" im „wissenschaftlichen Sozialismus". Und die gleichen „Gesetze" werden oft zur Rechtfertigung moralischer oder politischer Sollensforderungen zitiert. Aber es handelt sich nicht um Gesetze, die nach ihrer Übereinstimmung mit der Realität überprüft worden sind. Über die religiöse Dignität solcher „Gesetze" muss nur urteilen, wer sie für seine persönliche Antwort auf transzendente Fragen braucht oder ablehnt. Für die Begründung politischer Programme sind sie untauglich – es sei denn zur Rechtfertigung politischer Ansprüche ihrer Anhänger.

Umgekehrt kann natürlich auch die Religion als Antwort auf immanente Fragen missbraucht werden; die Verdammung des von Galileo vertretenen heliozentrischen Weltbilds durch die Kirche und der Aberglauben, dem auch in modernen Gesellschaften viele in der einen oder anderen Form verfallen, sind dafür Beispiele. Wer glaubt, er könne den ersehnten

---

2 Eine andere Fassung des regulativen Prinzips Wahrheit, die sog. *Konsensustheorie* der Wahrheit, wäre: Wahr ist ein Satz, der von allen Beteiligten anerkannt wird. Da ein solches Prinzip an der Realität vorbei führen kann, ist es für die Wissenschaft, die sich um die Realität bemüht, nicht angemessen. Auf der anderen Seite kann Konsens ein regulatives Prinzip in der Politik sein, also zur Beantwortung der Frage, was sein soll.

Regen herbeitanzen oder sein Schicksal durch Befolgen seines Horoskops beeinflussen, versucht ein immanentes Problem mit transzendenten Mitteln zu lösen.

Soviel aber sollte klar sein: Wissenschaft und Religion, also immanente und transzendente Fragen, und Wissenschaft und Politik, also immanente Seins- und Sollensfragen, können getrennt werden. Sie folgen unterschiedlichen Lebensbedürfnissen und sie sind unterschiedlichen Wahrheitskriterien unterworfen. Die Wissenschaft kann wichtige Lebensprobleme, die uns alle bedrängen, nicht beantworten: Sie kann weder sagen, was jenseits dieser Welt ist, noch was in dieser Welt sein soll. Aber sie kann sagen, was in dieser Welt ist und wie wir sie bewältigen können.

Lektüre: Ob die Wissenschaft Fragen, was in dieser Welt sein soll, beantworten kann und darf, wurde unter dem Titel der Werturteilsfreiheit von Max Weber (1917) verneint (siehe auch Diekmann 2006a: 61-76).

Weiterführende Literatur: Zum Verhältnis von Wissenschaft und Forschung siehe Gadenne (2006).

1.3 Der Gegenstand: Zusammenleben der Menschen

Die Arbeit der Soziologie – die Klärung von Begriffen, die Prüfung von Zusammenhängen und die Suche nach Erklärungen – richtet sich also nach dem regulativen Prinzip der Wahrheit als der Übereinstimmung mit der Realität. Das aber teilt sie mit allen Wissenschaften. Was aber ist die Besonderheit der Soziologie? Sie kann nicht mehr in der Arbeitsweise, sie muss im Gegenstand liegen. Was also ist der Gegenstand der Soziologie? Die wörtliche Übersetzung von Soziologie ist die Wissenschaft vom Sozialen – also vom „Zusammenleben der Menschen". „Die Menschen" werden unter der Perspektive „des Zusammenlebens" betrachtet. Was sind „die Menschen"? Was ist „das Zusammenleben"? Die erste Frage ist Gegenstand einer eigenen Wissenschaft, der Anthropologie, aus der in diesem Abschnitt so viel und so wenig, wie für das Verständnis der Definition erforderlich, dargestellt werden soll. Die zweite Frage kann in diesem Abschnitt nur im Vorgriff, als Anzeige, behandelt werden; denn sie ist Gegenstand der Einführung insgesamt und soll in den folgenden Kapiteln Schritt für Schritt untersucht werden.

1.3.1 Der Ausgangspunkt: Die Sozialnatur des Menschen

„Die Menschen" sind von ihren nächsten Verwandten im Tierreich, den Menschenaffen oder Primaten, durch die Kombination einer Reihe anatomischer Besonderheiten ausgezeichnet (Esser 1993: 149-161): durch den aufrechten Gang, der die Hände zur Umweltbearbeitung freigibt; den opponierenden Daumen, der die Konstruktion und den Gebrauch von Werkzeugen ermöglicht; durch zwei frontal stehende Augen, die perspektivische Tiefensicht erlauben; und nicht zuletzt durch ein großes Gehirn und die – nicht nur durch den Sprechapparat, sondern auch durch die Anatomie des Gehirns bedingte (Lenneberg 1967) – Sprechfähigkeit, die die Speicherung von Erfahrungen und ihre symbolische Weitergabe, also Lernen und Kommunikation ermöglichen.

Instinktverunsicherung

Diese Ergebnisse der biologischen Anthropologie sind von der philosophischen Anthropologie unter der Frage diskutiert worden, welche Konsequenzen sich aus ihnen für das Verhalten des

Menschen ergeben. Die Antwort war, lapidar formuliert: Die Menschen unterscheiden sich dadurch von den Tieren, dass ihr Verhalten in geringerem Maß durch Instinkte vorprogrammiert ist. Der Organismus liefert mehr die Antriebskraft als den Antrieb für das Verhalten des Menschen; er liefert Energie für, aber kein Modell des Verhaltens. Der Mensch hat Hunger, aber kein instinktives Verhaltensrepertoire, Hunger zu befriedigen. Mit den bildhaften Ausdrücken Gehlens (1962a: 32-40, 57-61, 332-348, 351): Der Mensch ist das „nicht festgestellte Tier"; er ist – was die Anpassung seiner organischen Ausstattung an die Umwelt betrifft – ein „Mängelwesen" und „instinktverunsichert", nicht durch Instinkte an feste Ausschnitte der Umwelt gebunden, sondern „umweltoffen"; die menschlichen Antriebe sind „plastisch"; die Kette vom Antrieb zur Befriedigung ist durch einen „Hiatus" unterbrochen, so dass die Antriebe sich von instinktiven Zielen lösen und „überschießen" können und der „Antriebsüberschuss" für beliebige Ziele, insbesondere zur Hemmung und bewussten Kontrolle von Antrieben, eingesetzt werden kann. Der Mensch muss daher in großem Umfang sein Verhalten individuell *erlernen*, er muss planen und zwischen alternativen Plänen wählen.

Diese Schlussfolgerung ist zweifellos richtig, aber leicht missverständlich. Ist Mangel und Verunsicherung ein Adel? Ist es die Natur des Menschen, keine Natur zu haben und sich seine eigene Natur schaffen zu müssen? Das wäre eine „negative Anthropologie", die zwar dem Stolz des Menschen schmeicheln mag, aber die Tiere beleidigt – und mit ihnen die Menschen, die *auch* Tiere sind. Sie konstruiert einen Gegensatz, wo ein schrittweiser Übergang vorliegt. Auch Tiere lernen – wie jeder Hundehalter weiß; auch Menschen werden gelegentlich von Instinkten getrieben – wie ein wenig kritische Selbstbeobachtung lehrt. Aber der Mensch ist in einer besonderen Weise Tier, die die Anthropologie „positiv" bestimmen muss. Sie kann das auf zwei Weisen tun: Sie kann erstens für bestimmte, den Menschen und Tieren gemeinsame Merkmale Schwellen bestimmen, die den Übergang von den dem Menschen nächsten Tiergattungen, den Menschenaffen oder Primaten, zum Menschen markieren; sie kann zweitens fragen, ob der Mensch, ausgestattet mit prinzipiell gleichen Instinkten und Organen wie die Primaten, in einer besonderen Weise mit seiner Umwelt umgeht und sich ihr anpasst und dazu seine Instinkte und Organe in besonderer Weise nutzt.

Graduelle Unterschiede zwischen Primaten und Menschen

Für den ersten Weg wurde schon die Instinktsteuerung als Beispiel gegeben. Menschen wie Tiere sind durch Instinkte geleitet, aber die Macht der Instinkte über die Tiere ist größer als über die Menschen. Ein weiteres Beispiel ist der Gebrauch von Werkzeugen: Tiere wie Menschen lernen es, mit Werkzeugen umzugehen; aber die Menschen gebrauchen kompliziertere Werkzeuge, und sie gebrauchen sie häufiger. Die Menschenaffen in den Untersuchungen Wolfgang Köhlers hatten das „Aha-Erlebnis", dass man einen Stock nutzen kann, um eine mit den Händen nicht erreichbare Banane vom Baum abzuschlagen (Stichwort „Einsicht" Brockhaus-Enzyklopädie, 24 Bände, 2001); aber schon die urzeitlichen Menschen nutzten scharfe Steine, um das Fleisch von den Knochen erlegter Tiere abzuschneiden, und speicherten erjagte Tiere auf Vorrat – wie die Kratzer an Tierknochen belegen, die aufgestapelt in Menschensiedlungen gefunden wurden (Rose 1998: 153). Selbst die Bindung von Gattungsgenossen aneinander kann als ein Instinkt verstanden werden, der bei Menschen wie Tieren wirkt. Die „Natur der Solidarität" (Voland 1998) bindet ein Gattungswesen, bei Menschen wie höheren Tierarten, an andere – um so mehr, je enger die Verwandtschaft zwischen beiden ist. Die biologische Verwandtschaft, das „Replikationsinteresse des egoistischen Gens" (Voland 1998: 315), ist so Basis der sozialen Bindungen von Menschen aneinander, und die sozialen Verwandtschaftssysteme sind Basis der sozialen Solidarität überhaupt (siehe Abschnitt 6.1.2.2). Anders als die höheren Tiere aber entwickeln die Menschen Namen für die Verwandtschaft, die den Grad der Verwandtschaft kategorisieren und die sich von der biologischen Verwandtschaft ablösen können (Vowinckel 1995: 66-100).

Wie der Werkzeuggebrauch oder die Solidarität mit Verwandten lassen sich noch weitere spezifische Verhaltensweisen zur Charakterisierung der Besonderheit des Menschen durch eine Schwelle der Stärke der Instinktsteuerung nutzen, etwa die Vorratshaltung von Nahrungsmitteln, die Partnersuche, die Elternfürsorge, die Aggressionsneigung und die Aggressionshemmung. In jedem Fall aber muss man spezifische Instinkte voraussetzen, die Menschen und Tieren gemeinsam sind. So gewiss es derartige Instinkte gibt, so sicher ist es doch, dass nicht alles Verhalten von Instinkten gesteuert ist. Das Eichhörnchen ist instinktiv getrieben, für den Winter Nüsse zu sammeln und als Vorrat in der Erde zu vergraben. Aber der Mensch in einer modernen Industriegesellschaft kauft seinen Lebensmittelbedarf im Supermarkt und hält ihn in der Tiefkühltruhe und im Kühlschrank. Das Eichhörnchen und der Mensch müssen sich an ihre Lebensumwelt anpassen und entwickeln Strategien zum Überleben. Beide folgen ihrem Instinkt der Nahrungsvorsorge. Aber wichtiger sind die Unterschiede. Der Instinkt des Eichhörnchens hat sich in der Naturgeschichte durch die Selektion der am besten angepassten Exemplare herausgebildet, so dass er genetisch programmiert ist und dem heutigen Eichhörnchen befiehlt, was zu tun ist. Der Instinkt des Menschen treibt ihn nur, sich irgendwie zu versorgen. In einer Gesellschaft von Sammlern und Jägern musste er sammeln und jagen – wozu der Instinkt ihn anleitet. In einer Marktgesellschaft kann er kaufen – wozu ihn kein Instinkt anleitet. Den Kauf auf dem Markt bewältigen die Menschen, seit es Marktgesellschaften gibt, also seit etwa 3000 Jahren; den Kauf im Supermarkt, seit es Supermärkte gibt, also seit etwa 50 Jahren; den Kauf über das Internet, seit das Internet für den Handel benutzt wird, also seit etwa 10 Jahren. Gewiss muss gelernt werden, wo der Instinkt nicht leiten kann. Aber es muss immer mehr und immer Spezielleres gelernt werden: Das Feilschen auf dem Markt *und* die Orientierung im Supermarkt *und* die Bedienung eines Computers *und* das Verständnis für Programme. Wenn wirklich nur Erlerntes anstatt Instinkten das menschliche Verhalten steuerte, so wäre das Lernprogramm enorm und wüchse ständig. Instinkte allein durch spezifische Lernprozesse zu ersetzen, würde nur einen Verlust an Sicherheit, aber keinen Gewinn an Effizienz bedeuten. Zum Lernen müssen daher allgemeine Fähigkeiten des Lernens hinzukommen, die dem Menschen die Anpassung und Orientierung in „offenen" Situationen ermöglichen. Der zweite Weg einer „positiven Anthropologie" sucht daher in besonderen Formen des Umgangs mit und der Anpassung an die Umwelt die Besonderheit des Menschen.

Weiterführende Literatur: Dawkins (2004) begründet, dass in der Perspektive der Evolution alle Gattungsunterschiede gradueller Natur sind.

Die besondere Beziehung des Menschen zur Umwelt: Fähigkeit des Lernens

Der Mensch muss wie das Tier lernen, aber er hat anders als das Tier besondere Lernfähigkeiten. An die Stelle der Instinkte tritt nicht das Lernen, sondern die Fähigkeit des Lernens. Der Mensch entwickelt eine besondere Form, sich auf die Umwelt zu beziehen. Er kann, bevor er handelt, verschiedene Handlungen miteinander vergleichen und die auswählen, die ihm in der gegebenen Situation am besten weiterhilft. Er kann sich neuen Situationen anpassen, ohne für sie immer wieder neue Handlungsformen erlernen zu müssen. Er hat das Lernen gelernt – und braucht deshalb kein umfassendes Repertoire erlernter Verhaltensformen für jede denkbare Situation. Während eine Tierart naturgeschichtlich über viele Generationen durch die schrittweise Anpassung zufällig variierender Anlagen sich an die Umwelt anpasst, so dass sich für jedes heutige Gattungsexemplar das gleiche genetische Verhaltensprogramm verfestigt hat, kann der Mensch in der Geschichte des Gattungsexemplars Verhaltensweisen durch Versuch und Irrtum, durch Planung und Auswahl nach dem Maß der besten Anpassung an die Umwelt erwerben. Der Prozess der Umweltanpassung und des Lernens verlagert sich von der Naturgeschichte der Gattung auf die Lebensgeschichte des Individuums, von genetischen und erblichen auf individuelle und der Überlieferung bedürftige Programme (Rose 1998: 174-178).

Voraussetzung dieser Fähigkeiten ist eine außerordentliche Entwicklung des Gehirns. Das menschliche Gehirn ist etwa drei Mal so groß, als man es für einen Primaten gleicher Körpergröße erwarten würde (Rose 1998: 152). Die Größe des Hirns erfordert einen großen Kopf schon des Neugeborenen, so dass die Geburt des Menschenkindes im Vergleich zu Primaten und Säugetieren gleicher Größe früher angesetzt werden musste, um eine allzu hohe Sterblichkeit von Müttern und Kindern zu vermeiden. Die Tatsache der relativ frühen Geburt des Menschenkindes aber ist folgenreich für das Zusammenleben in der Gattung: Anders als auch höhere Tierarten, bei denen ein Neugeborenes nach kurzer Zeit allein existieren kann, ist ein neugeborener Mensch in den ersten zwei bis drei Lebensjahren alleine überhaupt nicht überlebensfähig. Sensorische und motorische Fähigkeiten, die höhere Tierarten schon im Mutterleib erworben haben, entwickelt der Mensch erst nach der Geburt; deshalb spricht der Zoologe Portmann (1956: 68-80) vom „extra-uterinen Frühjahr" des Menschen. Das Kind ist auf einen anderen Menschen angewiesen, um lernen zu können. Es kann ohne eine erwachsene Person, die es nährt und pflegt, die mit ihm lacht und spricht, als Organismus nicht überleben. Die Tatsache, dass das organische Überleben des Individuums beim Menschen – stärker und länger als bei anderen Gattungen – vom sozialen Zusammenleben abhängt, kann man als die *Sozialnatur des Menschen* bezeichnen. Der Mensch ist von Natur sozial, auf andere Menschen angewiesen – und er kann von Natur aus mit dieser Angewiesenheit fertig werden, indem er soziale Fähigkeiten entwickelt (Esser 1993: 161-165). Die allgemeinen Lernprozesse, die beim Menschen spezifische Instinktprägungen ersetzen, müssen also von Anfang an im Zusammenleben erworben werden. Die Lernfähigkeit, die „Intelligenz", des Menschen ist von Anfang nicht nur „technisch", d.h. auf den erfolgreichen Umgang mit der Dingwelt, sondern auch „sozial", d.h. auf den Umgang mit anderen Menschen, eingerichtet.

Lektüre: Gehlen (1962a: 31-46).

1.3.2 Der Zielpunkt: Das Zusammenleben der Menschen

„Das Zusammenleben" ist also für die Gattung Mensch von Natur gegeben – mit dieser Idee hat die Anthropologie einen Standpunkt für die soziologische Perspektive geschaffen. Aber was ist der Fluchtpunkt, wohin soll die Soziologie blicken? „Das Zusammenleben" allein ist noch keine Antwort auf diese Frage; es bildet keine Klasse von Gegenständen, sondern ist eine Perspektive auf sie. Aber durch das Zusammenleben entstehen Gegenstände „des Zusammenlebens" – von Grußformeln bis zu Gesetzen, von der Ehe bis zum Nationalstaat. Sie sind Ergebnis und – wie man sich nachträglich verdeutlichen kann – Ziel und Zweck „des Zusammenlebens". Der Fluchtpunkt der soziologischen Perspektive lässt sich also durch die Zwecke bestimmen, denen „das Zusammenleben" dient. Man kennt den Anfang, und man sucht das

Ende – und gewinnt mit dem Blick vom Anfang auf das Ende eine erste Vorstellung von der Bandbreite dessen, was als „das Zusammenleben der Menschen" Gegenstand der Soziologie ist. Welche Zwecke also erfüllt das biologisch erzwungene Zusammenleben?

Zuerst leben die Menschen zusammen, weil sie nur zusammen *die Gattung reproduzieren*, also sich selbst erhalten und neue Generationen aufziehen können. Diese Bestimmung ist zutreffend, aber nicht ausreichend. Sie gilt nicht nur für die Gattung Mensch, sondern auch für alle Tiergattungen. Die Reproduktion der Gattung Mensch geht über die Erhaltung der Organismen und die Aufzucht von Nachkommen hinaus: Es wird mehr geschaffen, als für die Befriedigung elementarer Bedürfnisse – Wärme, Sicherheit, Hunger, Durst, Liebe – notwendig ist; und es muss mehr gelernt werden, als instinktive Abläufe zur Befriedigung elementarer Bedürfnisse: bei Kälte Unterschlupf und bei Gefahr Schutz finden, nach Nahrung suchen, um Geschlechtspartner werben oder kämpfen. Dieses Mehr hat viele Namen: Technik, Zivilisation, Wirtschaft, Kultur, Tradition. Es wird beim Vergleich mit anderen Gattungen erkennbar, die es nicht oder nur in Rudimenten haben. Die Gemeinsamkeit dieser Erscheinungsformen des Mehr liegt darin, dass es jenseits des einzelnen Menschen in greifbarer Form existiert: als *Regeln* des Zusammenlebens, die sich in der Reaktion eines Menschen auf den anderen äußern oder in Dokumenten niedergelegt sind. Diese Regeln sind (fast) allen bekannt; und sie werden, soweit sie moralische Forderungen enthalten, von (fast) allen anerkannt, die zusammenleben; sie können schriftlich fixiert und mit der Durchsetzungskraft von Autoritäten und Institutionen versehen sein. Sie lassen sich als Bestand, Kapital oder Schatz auffassen, den jeder Mensch erwerben muss. Und dieser Bestand wächst mit der Entwicklungsgeschichte der Menschheit – wie man sieht, wenn man sich als Beispiel die Entwicklung der Kommunikationstechnik von der Schrift über den Druck bis zum Rundfunk und zum Internet vergegenwärtigt.

Das Zusammenleben der Menschen hat also nicht nur die Reproduktion der Gattung, sondern sich selber, d.h. die Reproduktion der Regeln des Zusammenlebens als Gegenstand. Oder mit Bezug auf den einzelnen Menschen formuliert: Das Zusammenleben der Menschen ergibt sich nicht nur daraus, dass jeder einzelne Mensch seine Bedürfnisse befriedigen muss, sondern auch daraus, dass jeder einzelne Mensch sich das aneignen muss, was alle Menschen gemeinsam geschaffen haben und was in der Entwicklungsgeschichte der Menschheit stetig angewachsen ist.

Dieses Mehr ist das Ende des „Zusammenlebens der Menschen", an dessen Anfang die biologische Sozialnatur des Menschen stand. Man kann dieses Mehr, die Gesamtheit der Regeln des Zusammenlebens, „Gesellschaft" nennen. Die Menschen leben zusammen, weil sie nur zusammen die Gattung *und die „Gesellschaft"* reproduzieren können. Aber damit ist zunächst nur ein Wort durch ein anderes ausgetauscht. Was die „Gesellschaft" ist, wie sie entstanden ist, in welchem Sinn sie etwas Eigenständiges jenseits der einzelnen Menschen ist – das soll diese Einführung insgesamt klären. Aber ihr Anfang und ihr Ende sollte hier klar geworden sein. Wenn der Gegenstand der Soziologie „das Zusammenleben der Menschen" ist, dann muss eine Einführung in die Soziologie von der biologischen Sozialnatur ausgehen, die jedem einzelnen Menschen mitgegeben ist, und zu den Regeln des Zusammenlebens führen, in das jeder einzelne Mensch hineinwächst. Dieser Weg soll in den folgenden Kapiteln begangen werden. In Kapitel 2 und 3 wird von dem einzelnen Menschen ausgegangen, der mit anderen Menschen zusammenlebt, um in Kapitel 4 den Zielpunkt zu bestimmen: das Zusammenleben, an dem der einzelne Mensch teilhat. Erst danach soll in den Kapiteln 5 bis 10 untersucht werden, wie sich an diesem Zielpunkt soziale Prozesse und Strukturen genauer erfassen lassen.

2 Soziales Handeln: Definitionen

2.1 Handeln: Zielgerichtete Wahl zwischen Alternativen

Ob beim Menschen oder bei höheren Tiergattungen – „das Leben" beginnt mit den organischen Körperfunktionen und den psychischen Bewusstseinsabläufen. Wenn die Soziologie das Zusammenleben der Menschen zum Gegenstand hat, kann beides nicht ihr Gegenstand, sondern nur Randbedingung ihres Gegenstandes sein. Das Zusammenleben der Menschen ist zunächst einmal das Leben jedes einzelnen Menschen; da organische Abläufe und Bewusstsein Vorbedingung für das Leben jedes Einzelnen sind, sind sie auch Vorbedingung für das Zusammenleben aller.

Erleben und Handeln: Rezeption der Umwelt – Zugriff auf die Umwelt

Viele Körperfunktionen und Bewusstseinsformen laufen unwillkürlich ab, aber keineswegs alle – genau das ist ja mit „Instinktverunsicherung" gemeint. Der Mensch kann Bewegung und Wahrnehmung kontrollieren und sein Bewusstsein nach außen lenken, abstrakter formuliert: er kann auf die Umwelt Bezug nehmen oder „handeln". Ich sitze auf dem Sofa. Ich blicke vor mich hin und ich fühle mich wohl; die Sinneseindrücke von innen und außen strömen auf mich ein. Auf einmal verspüre ich Hunger oder ich höre ein Geräusch in der Küche. Sobald ich vom Sofa aufstehe, um in die Küche zu gehen, handele ich. Ich habe das Ziel, in der Küche mir etwas aus dem Kühlschrank zu holen oder den Ursprung des Geräuschs zu klären. Der Übergang von Ruhe zu Aktivität ist ein Übergang vom Erleben zum Handeln. Ich lasse nicht nur Eindrücke aus der inneren und äußeren Umwelt auf mein Bewusstsein einströmen, sondern ich nehme gezielt Bezug auf meine Umwelt. Ich lasse die Umwelt nicht mehr uneingeschränkt auf mich wirken, sondern konzentriere mich auf bestimmte Ausschnitte der Umwelt: Ich handele. Handeln kehrt die Beziehung zwischen Ich und Umwelt um. Es fügt der passiven Rezeption der Umwelt die aktive Bezugnahme auf die Umwelt hinzu. Man kann Handeln als *Bezugnahme der Person auf die Umwelt* definieren. Das ist eine abstrakte Definition. Sie wird konkret, wenn man ihre Implikationen herausarbeitet.

Handeln wird gegen das Erleben abgesetzt, also gegen die Rezeption der äußeren und inneren Umwelt.[1] Während ich auf dem Sofa sitze, strömen viele Eindrücke auf mich ein: das schwache Licht eines regnerischen Herbsttages, der Essensgeruch aus der Küche, das monotone Rauschen des Straßenlärms usw.; ich spüre leichte Kopfschmerzen, irgendeine alte Geschichte zieht mir durch den Kopf, ich werde müde usw. Für mich sind diese Eindrücke zufällig, „kontingent"; sie können so, aber auch anders sein, sie können sich im nächsten Augenblick ändern: Das Wetter hellt sich auf, statt Essensgeruch dringt Brandgeruch durch die Wohnungstür, das Rauschen wird durch den plötzlichen Schlag eines Unfalls unterbrochen usw.; die Kopfschmerzen lassen nach, eine Melodie kommt mir in den Sinn usw. Sobald ich nun handele, will ich, dass nicht irgendetwas auf mich eindringt, sondern etwas Bestimmtes

---

1 Die Unterscheidung zwischen Erleben und Handeln wird genauer ausgearbeitet bei Luhmann (1991).

passiert. Die Kontingenz der erlebten Umwelt besteht zwar weiter fort, aber ich greife einen Aspekt der Umwelt heraus und versuche auf ihn Einfluss zu nehmen. Statt zu schauen, betrachte ich; statt zu hören, lausche ich; statt meinen Gedanken nachzuhängen, denke ich; statt mich von einer unangenehmen Erinnerung peinigen zu lassen, versuche ich, sie zu verdrängen; statt sitzen zu bleiben, stehe ich auf und gehe auf etwas zu. Handeln zielt auf die Kontrolle der Person über ihre innere und äußere Umwelt. Die Kontrolle über die Umwelt impliziert, dass die Person sich mit einem Ziel auf die Umwelt einstellt. Wenn das Erleben kontingent ist, so ist das Handeln zielgerichtet. Als eine erste Implikation der Definition ergibt sich also, dass Handeln dem *kontingenten* Erleben der Umwelt den *zielgerichteten* Zugriff auf die Umwelt hinzufügt.

Handeln als Wahl von Mitteln und von Zielen

Das Ziel aber kann auf verschiedenen Wegen erreicht werden. Ich gehe in die Küche, weil ich hungrig bin. Aber um meinen Hunger zu stillen, könnte ich auch in meinem Garten Obst pflücken, mir etwas kaufen, in ein Restaurant gehen usw. Nicht die Aktivität macht das Handeln aus, sondern das Ziel, das ich mit ihr verfolge, oder – wie Weber (1980: 1) sagt – „der subjektiv gemeinte Sinn". Umgekehrt kann die gleiche Aktivität verschiedenen Zielen dienen. Ich kann in die Küche gehen, um mir aus dem Kühlschrank etwas zum Essen zu holen oder um dort aus dem Fenster auf die Straße zu schauen, wo meine Kinder spielen, oder um die Ursache des Geräusches aufzuklären, das gerade meine Aufmerksamkeit erregt hat. Im ersten Fall hat der Gang zur Küche ein anderes Ziel als im zweiten; die gleiche Schrittfolge ist eine andere Handlung. Erst das Ziel bestimmt den Sinn der Aktivität – es macht die Handlung aus. Handeln hat also zwei Elemente – ein inneres und ein äußeres, einen Anfang und ein Ende, oder genauer: ein vorgestelltes und ein erreichtes Ende, einen Sinn und einen Ablauf, eine Intention und einen Erfolg, einen Zweck und ein Mittel. Auf dem Weg von hier nach dort aber brauche und verbrauche ich Mittel oder Ressourcen: Betrachtung, Lauschen und Denken erzwingen Konzentration, die für das Schauen, Hören und Träumen nicht notwendig sind; und um vom Sessel aufzustehen, braucht man ein Quäntchen mehr Energie als für das Sitzenbleiben. Aber niemand hat unendliche Fähigkeiten und unendliche Kräfte. Jedes Handeln setzt also begrenzte Ressourcen ein. Als eine zweite Implikation der Definition ergibt sich, dass einzelne Handlungen in der Wahl geeigneter *Mittel* für ein bestimmtes Ziel bestehen.

Wenn Handeln nicht durch die vollzogene Aktivität, sondern durch das verfolgte Ziel definiert ist, dann wird es verständlich, dass man auch ohne Aktivität, ohne sich zu bewegen oder zu sprechen, handeln kann. Ich blicke aus dem Fenster und sehe zufällig, wie meine beiden Nachbarn sich streiten. Sobald ich nicht nur schaue, sondern hinschaue, handele ich. Wie der Übergang von Ruhe zu Bewegung, so ist auch der Übergang vom Schauen zum Beobachten ein Übergang vom Erleben zum Handeln. Ich will gerade dorthin schauen. Wenn eine Wahl bestand, ist schon die konzentrierte Beobachtung Handeln. Wenn eine Wahl zwischen Aktivität oder Nicht-Aktivität bestand, ist weiterhin auch das Unterlassen Handeln. Der Pharisäer, der an dem Mann, der auf der Straße von Jerusalem nach Jericho unter die Räuber gefallen war, achtlos vorbeizog, handelte ebenso wie der Samariter, der ihm die Wunden verband, ihn zur nächsten Herberge brachte und versprach, auch für zukünftige Kosten der Unterkunft aufzukommen. Wie eine unterlassene Tat kann eine unterlassene Rede Handeln sein. Wer an einem Verunglückten vorbeigeht, handelt, indem er Hilfe unterlässt; und wer auf die Frage eines Gremienvorsitzenden auf Einwände gegen einen Vorschlag schweigt, handelt, indem er zustimmt. Denn der Pharisäer weiß, dass er helfen muss, und schaut weg; und der Schweiger weiß, dass Einwände den Beschluss verhindern können, und unterdrückt sie. Wenn eine Wahl besteht, dann können nicht nur Aktivität, sondern auch Ruhe, nicht nur Reden, sondern auch Schweigen Handeln sein. Als eine dritte Implikation der Definition ergibt sich also, dass Handeln Wahlmöglichkeiten, *Alternativen* voraussetzt. Um zu handeln, muss man mehr als ein Ziel gedacht haben und ein Ziel auswählen. Das Ziel gibt dem Handeln seinen spezifischen Sinn. Hat man ein Ziel gewählt, so kann man auch über Mittel entscheiden. Aber nicht die Vielfalt der Mittel, sondern die Vielfalt der Ziele ist grundlegend für die Definition des Handelns.[2]

Handeln ist unvermeidbar

Handeln ist also eine Bezugnahme des Menschen auf seine Umwelt, die sich ihm nicht – wie im Erleben – aufdrängt, sondern von ihm hergestellt wird, indem er nach seinen Intentionen zwischen Alternativen wählt. Warum verlässt der Mensch den angenehmen Zustand des Erlebens und unterzieht sich der Mühsal des Handelns? Die Antwort ist einfach: Um seine Bedürfnisse, also Wünsche, Interessen, Vorlieben zu befriedigen. Der Mensch muss zwar nicht immer handeln, aber er kann nicht dauerhaft auf Handlungen verzichten. An dieser Stelle nun wird der Unterschied zwischen der inneren und der äußeren Umwelt folgenreich: Der Zugriff auf die innere wie äußere Umwelt kostet Mühe, aber nur der Zugriff auf die äußere Umwelt erhält am Leben. Deshalb *muss* der Handelnde sich der äußeren Umwelt zuwenden. Allein im Schlaraffenland reduziert sich das Leben auf das Erleben: Man muss sich Wein und Kuchen nicht holen, sondern sie fallen einem vom Tisch direkt in den Mund, während man auf dem Rücken liegt, alle Viere von sich streckt und sich von der Sonne bescheinen lässt – wie es der ältere Breughel für Fürst, Soldat, Bauer und Schreiber, also die vier Stände der Gesellschaft des 16. Jahrhunderts, ausmalt. Im Schlaraffenland sorgt sich die Umwelt um den Menschen, deshalb braucht er nicht auf sie Bezug zu nehmen; Bedürfnisse werden ohne Handlungen befriedigt. Aber keine Umwelt ist so gnädig, die Bedürfnisse des Menschen vorwegzunehmen. Deshalb ist das Schlaraffenland eine unmögliche Idee vom Menschen – und von der Gesellschaft.

2.2 Orientierung an Anderen: Eingestelltheit auf das Handeln Anderer

Wenn der Gegenstand der Soziologie das Zusammenleben der Menschen sein soll und dieser Gegenstand vom einzelnen Menschen her bestimmt werden soll, dann ist Handeln noch eine zu weite Bestimmung des Gegenstandsbereichs. Denn die Umwelt, auf die der Handelnde zugreift, umfasst die Natur ebenso wie andere Menschen. Wir müssen also den „sozialen" Aspekt des Handelns in einem „sozialen" Aspekt der Umwelt suchen.

---

2 An dieser Stelle kann man Handeln gegen zwei verwandte Begriffe abgrenzen: Entscheiden und Verhalten. Handeln ist ein weiterer Begriff als Entscheiden: Entscheiden beschränkt sich auf den Beschluss über Tun oder Unterlassen, Handeln schließt den Vollzug ein. Handeln ist ein engerer Begriff als Verhalten: Handeln beschränkt sich auf ein Tun oder Unterlassen, für das eine Wahl bestand; Verhalten ist ein Tun oder Unterlassen ohne Wahl, ausgelöst z.B. durch Reflexe oder unkontrollierte Affekte. Allerdings werden Entscheiden und Verhalten häufig mit Handeln synonym gebraucht. Wenn man von der Konsumentenentscheidung spricht, meint man die Entscheidung für und den Vollzug des Kaufs; wenn man vom Konsumentenverhalten spricht, impliziert man, dass der Konsument eine Wahl zwischen verschiedenen Gütern hatte.

Soziale Umwelt – soziales Handeln

„Umwelt" des Handelns ist nicht nur rohe, sondern von Menschen bearbeitete Natur. „Umwelt" des Handelns sind weiterhin andere Menschen und die von Menschen geschaffenen Kulturgegenstände – von Verkehrszeichen bis zu Büchern. Man kann durchaus argumentieren, dass jede Umwelt des Handelns sozial ist, weil sie von Menschen bearbeitet und mit Bedeutungen versehen worden ist: Ein Park bedeutet „Entspannung", ein Hammer „hämmern", ein Verkehrszeichen mit einem auf der Spitze stehenden Dreieck „Vorfahrt beachten"; eine Zeitung enthält Informationen, ein literarisches Buch eine Geschichte. Allerdings gibt es auch in der am weitesten entwickelten Kultur unkontrollierte Bereiche der Natur – wie jeder Sturm, jedes den vertrauten Alltag aufbrechende Naturereignis zeigt. Aber auf die Frage, in welchem Sinn es eine Natur gibt, die von den Bedeutungen unabhängig ist, die der Mensch ihr beilegt, brauchen wir gar nicht einzugehen, um einen sozialen Aspekt der Umwelt zu finden. Selbst wenn jede Umwelt des Handelns insofern sozial wäre, als ihr von Menschen Bedeutungen eingraviert wären, müsste man zwischen Bereichen der Umwelt unterscheiden, die auf das Handeln nur in einer Weise reagieren und die darauf unterschiedliche Reaktionen zeigen können, die also für den Handelnden unbedingt oder nur bedingt voraussagbar sind.

Wenn ich einen Nagel in die Wand schlage, weiß ich, dass er meinen Schlägen folgen wird; wenn ich einen anderen Menschen schlage, kann er zurückschlagen oder nicht. Die Natur, ob roh oder bearbeitet, kennt nur eine Reaktion auf mein Handeln. Gewiss enthält die Natur tausenderlei Unsicherheiten für mich: Ein Unglück kann mir zustoßen, die Technik versagen, das Wetter umschlagen, eine Epidemie ausbrechen usw. Aber diese „Kontingenzen" *erlebe* ich. Sobald ich *handele*, hat die Natur eine und nur eine Reaktionsmöglichkeit auf mein Handeln. Zwar kann ich, auch wenn ich handele, von der Natur „überrascht" werden, weil ich sie nicht meinen Absichten entsprechend „behandelt", also ungeschickt gehandelt habe. Aber sie kann nicht auf mein Handeln in unterschiedlicher Weise reagieren: Der schief eingeschlagene Nagel widersetzt sich nicht meiner Absicht, sondern reagiert auf mein Ungeschick. Aber wenn ich meinem Kind etwas verbiete, kann es mir gehorchen oder sich mir widersetzen.

Die Unterscheidung zwischen einer Umwelt, mit der man als fester Größe rechnen kann, und einer Umwelt, die auf Handeln reagiert, bedenke ich nicht lange vor, sondern ich praktiziere sie routinemäßig: Wenn ich mich schon bei der Planung meines Handelns auf unterschiedliche Reaktionsmöglichkeiten der Umwelt einstelle, handele ich sozial. Kurzum: Die „soziale Umwelt" ist durch unterschiedliche Handlungsmöglichkeiten anderer Menschen bestimmt; und „sozial" ist ein Handeln, in dem der Handelnde sich an den *Handlungsalternativen Anderer orientiert,* oder: mit den lateinischen Pronomina: *Ego* (Ich) an *Alter* (dem oder den Anderen).[3] Diese Definition des sozialen Handelns kann man erläutern, indem man sie mit zwei alltäglichen Verständnisweisen „sozialen" Handelns vergleicht: prosozialem und geselligem Handeln.

Prosoziales und geselliges Handeln

Wenn prosoziales Handeln im Interesse Anderer stattfindet, so richtet sich antisoziales Handeln gegen die Interessen Anderer. Beispiele für prosoziales Handeln sind Hilfe und Almosen. Beispiele für antisoziales Handeln sind unterlassene Hilfe, Ausbeutung, Täuschung, gewaltsa-

---

3 „Der Andere" oder „Die Anderen" im Sinne von Alter werden im Folgenden entgegen den Rechtschreibregeln
   groß geschrieben.

mes Brechen des Willens des Anderen, körperliche Misshandlung des Anderen – also Verhaltensweisen, die letztendlich als „kriminell" bezeichnet werden. Pro- wie antisoziales Handeln ist durch Einstellungen des Handelnden zu Anderen definiert, die man natürlich auch als „Orientierungen auf Andere" bezeichnen kann. Aber nicht die positive oder negative Qualität der Einstellung zu Anderen macht die „Orientierung auf Andere" aus, sondern die Eingestelltheit auf die Tatsache, dass der Andere auf mein Handeln mit verschiedenen Handlungen reagieren kann. So wie ich pro- oder antisozial handeln kann, so kann ich auch zugunsten oder gegen die Natur handeln. Aber ich werde mein Handeln gegenüber der Natur niemals danach ausrichten, ob die Natur mir gegenüber positiv oder negativ eingestellt ist und handelt. Die Orientierung auf andere Menschen aber unterscheidet sich von der Orientierung auf andere Aspekte der Umwelt dadurch, dass der Handelnde, um seine Ziele zu erreichen, die Möglichkeit unterschiedlicher Reaktionen des Anderen mitbedenkt. „Orientierung auf Andere" heißt nicht, dass ich zwischen Gefühlen für die Umwelt – sei sie Mensch oder Natur – wähle, sondern dass ich mein Handeln grundsätzlich auf die Reaktionsmöglichkeiten Anderer einstelle. Wenn ich Hunger habe, kann ich mich auf den Kühlschrank „orientieren", in dem Lebensmittel aufbewahrt sind oder nicht – je nach dem, ob ich richtig Bescheid weiß oder nicht. Ich kann mich, wenn ich als Mann in einer Ehe lebe, wo die Berufsarbeit vom Mann und die Hausarbeit von der Frau erledigt wird, an meiner Frau „orientieren" und sie bitten, mir ein Essen zu kochen – wobei ich überlegen muss, ob sie das tun wird oder nicht. Im ersten Fall heißt „Orientierung" korrekte Wahrnehmung der Umwelt, im zweiten Fall Abwägung der Reaktionsmöglichkeiten des anderen Menschen.

Wie die Einstellungen zu Anderen so ist auch die Anwesenheit Anderer nicht entscheidend für die hier vorgetragene Definition des sozialen Handelns. Wenn für geselliges Handeln die Anwesenheit Anderer Voraussetzung ist, so definiert die Abwesenheit Anderer einsames Handeln. Aber auch Handeln in Abwesenheit Anderer kann „soziales Handeln" sein, wenn es auf die Handlungsmöglichkeiten Anderer eingestellt ist; und die Anwesenheit Anderer ist für diese Orientierung keine Bedingung. Auch der allein, in Abwesenheit Anderer Handelnde orientiert sich an der *Vorstellung* der Reaktionen Anderer. Dabei kann man zwei Fälle unterscheiden.

Erstens: *Gleichartigkeit.* Wenn Andere hier oder anderswo die gleichen Handlungen wie ich planen, kann es sein, dass ich mir eine Vorstellung von der Häufigkeit ihres Handelns machen muss, um selber erfolgreich handeln zu können. Ein Beispiel hierfür ist politischer Protest. Wenn ich gegen eine Regierungsmaßnahme protestieren will, überlege ich, wie viele Andere ebenso wie ich protestieren werden. Sind es „zu wenige", so erscheint mir der Protest aussichtslos und ich bleibe zu Hause; sind es „zu viele", bleibe ich vielleicht auch wieder zu Haus, weil ich glaube, nicht mehr gebraucht zu werden. Ich kann mich über die tatsächliche Zahl der Teilnehmer täuschen und ich kann aus der vermuteten Teilnehmerzahl entgegengesetzte Schlüsse für mein Handeln ziehen; aber indem ich nach der Zahl der Teilnehmer über meine Teilnahme entscheide, orientiere ich mich an Anderen, die nicht anwesend sind und über die ich mir eine Vorstellung bilde.

Zweitens: *Komplementarität.* Der Erfolg meiner Handlung kann von zukünftigen komplementären Handlungen Anderer abhängen, so dass ich sie mit Blick darauf planen muss. Beispiel hierfür ist die Produktion für einen Markt, mit dem Spezialfall der künstlerischen oder wissenschaftlichen Produktion für ein Publikum. Der Fabrikant orientiert sich an der Vorstellung von den Bedürfnissen der Konsumenten, der Künstler an der Vorstellung vom Geschmack des Publikums, der Wissenschaftler „in Einsamkeit und Freiheit" an den Vorstellungen der Neuheit oder Nützlichkeit seiner Ergebnisse für Andere. Sie alle orientieren sich an der Vorstellung von Personen, die sie nicht kennen und in aller Regel nie kennen lernen.[4]

In beiden Fällen gilt, dass ich mein Handeln an den vorgestellten Reaktionen abwesender Anderer orientiere. Umgekehrt aber gilt: Anwesende Personen können für die soziale Qualität des Handelns unerheblich sein, wenn der Handelnde sich nicht an ihnen orientiert. Wer anwesend ist, muss nicht unbedingt für mich anwesend sein. Ich stehe in einer Schlange vor dem Fahrkartenschalter und orientiere mich an den Leuten vor und hinter mir sowie schließlich am Kartenverkäufer; aber die Leute in der Schlange für den Nachbarschalter sind für mich „Wand", solange nicht etwas besonderes passiert, das die Situation von meiner Schlange auf alle Schlangen erweitert, also z.B. meine Schlange sehr viel länger wird als die übrigen oder ich zufällig in einer anderen Schlange einen Bekannten sehe.

Orientierungen – und die Notwendigkeit ihrer Koordination

Die Explikation der beiden umgangssprachlichen Bedeutungen sozialen Handelns – prosozial und gesellig – kann also den Begriff der „Orientierung auf Andere" klären, mit dem soziales Handeln hier definiert wurde. Während prosoziales Handeln durch positive Einstellungen des Handelnden und geselliges Handeln durch Anwesenheit Anderer definiert ist, nimmt die Definition des sozialen Handelns weder auf die Einstellung des Handelnden zu seiner Umwelt noch auf die Anwesenheit Anderer Bezug. Soziales Handeln ist weder durch die positive Einstellung der Handelnden zu diesem oder jenem Ausschnitt der Umwelt noch durch die Anwesenheit Anderer definiert, sondern durch die Eingestelltheit auf die Tatsache, dass Andere in Reaktion auf mein Handeln ebenso wie ich handeln, also zwischen alternativen Zielen wählen können. Sozial handelt man mit Blick auf ein Segment der Umwelt, das – wie man weiß – ebenfalls handeln kann.

Aber ich weiß nie, welche Reaktion der Andere tatsächlich wählt, und das gilt spiegelbildlich für das Handeln des Anderen. Die Entwicklungsmöglichkeiten der sozialen Umwelt potenzieren sich mit jedem Wechsel der Handlungsinitiative zwischen mir und den Anderen. Aber sobald das Zusammenleben bestimmte Zwecke erfüllen soll, müssen die Möglichkeiten beider Seiten so *koordiniert* werden, dass die Erwartungen der einen Seite durch die Taten der anderen erfüllt werden. Die eine Seite erwartet nicht nur etwas, was die andere tut; sie darf es auch erwarten – und die andere strafen, wenn sie nicht folgt. Die eine Seite hat ein Recht und die andere weniger Freiheit; die eine Seite erwartet ein Sollen und die andere folgt einem Müssen. Die Notwendigkeit der Koordination von Orientierungen wird vor allem in zwei Lebensbereichen sichtbar: Die Reproduktion der Gattung Mensch und der von den Menschen geschaffenen „Gesellschaft" wäre ohne eine dauerhafte Regelung der Aufzucht von Kindern

---

4 Man könnte noch den dritten Fall von Gewissensentscheiden hierher rechnen. Ich kann über Handlungen nach einem inneren Dialog mit anderen entscheiden. Ich stelle mir vor, wie andere, die für mich Gewissensinstanz oder Modell sind, also z.B. Eltern oder Lehrer, auf mein Handeln reagieren würden und entscheide mich für oder gegen sie, d.h. so, dass ich ihre Missbilligung vermeide oder sie in Kauf nehme. Anders als in den Fällen der Gleichartigkeit und der Komplementarität aber wird im Fall des Gewissensentscheides das vorgestellte Handeln des anderen niemals real und ist in keiner bestimmten Weise mit meinen Handlungen verknüpft. Die anderen, die ich mir vorstelle, wenn ich über die Teilnahmen am politischen Protest oder die Produktion eines Gutes entscheide, treten irgendwann einmal auf; und wie viele mitmachen oder kaufen, ist entscheidend für den Erfolg meines Handelns. Die im Gewissen vorgestellten Anderen treten jedoch niemals auf, und alles, was ich jemals tun möchte, kann ihrer Billigung oder Missbilligung unterliegen.

und der Produktion von Gütern, ohne irgendeine feste Form der Familie und der Arbeit nicht möglich.

In bestimmten, gewiss nicht allen Bereichen des Zusammenlebens gilt daher: Die Möglichkeit grenzenloser Differenzierung von Orientierungen muss so eingeschränkt werden, dass bestimmte Orientierungen für die Handelnden verbindlich werden. Orientierungen müssen aus der Abhängigkeit von prinzipiell beliebigen Entscheidungen der miteinander Handelnden herausgenommen und in eine Form gegossen werden, die dem Wandel von Eingebungen und Wünschen der Handelnden enthoben ist. *Orientierungen* müssen in *Beziehungen* koordiniert werden. Die Orientierung an Anderen eröffnet den Raum der Möglichkeiten, die Beziehung zu Anderen bestimmt die Wahl einer Form sozialen Handelns.

Lektüre: Weber (1980: Erster Teil, Erstes Kapitel, Soziologische Grundbegriffe § 1)

2.3 Beziehung zu Anderen: Erwartungen und ihre Objektivierung

Orientierung ist die Eingestelltheit auf die Handlungsmöglichkeiten des Anderen. Sie kann sich in einem Prozess zu einer Beziehung stabilisieren, in dem Erwartungen aufgebaut und objektiviert werden.

Erwartungen, Konflikte und die Rolle des Dritten

Zwei Fremde, die sich – auf der Straße, auf einem Fest, in der Kneipe, im Eisenbahnabteil – das erste Mal begegnen, „mustern" einander, d.h. orientieren sich aneinander. Jeder sortiert den Anderen in bestimmte Klassen ein, die für ihn Handlungs- und im nächsten Schritt für den Anderen Reaktionsmöglichkeiten darstellen – Mann oder Frau, alt oder jung, sympathisch oder unsympathisch usw. Jede Einordnung ruft weitere Orientierungen hervor oder blockt sie ab. Aber Orientierung ist noch keine Handlung, sondern die Vergegenwärtigung von Handlungsmöglichkeiten. Einer der beiden Fremden muss seiner Orientierung entsprechend handeln. Er muss den Anderen anschauen, ansprechen oder anstoßen. Damit legt er seine Orientierung dem Anderen gegenüber dar und gibt ihm die Chance, seinerseits zu reagieren – d.h. so zu handeln, dass auch er eine Orientierung darlegt, die mit der Orientierung des ersten übereinstimmt oder nicht.

Die erste Runde eines solchen Austauschs dreht sich darum, ob man überhaupt weiter aufeinander eingehen, sich aneinander orientieren will. Alle weiteren Runden drehen sich darum, ob beide Seiten bestimmte Orientierungen teilen oder nicht. Jede Handlung der einen Seite ist ein Vorschlag für eine Koordination, so dass die eine Seite sich auf die andere Seite so orientiert, wie die andere Seite handelt: Sie ist ein Vorschlag für eine gemeinsame Orientierung, der akzeptiert wird oder nicht. Die ganze Begegnung ist ein kleines Drama, das sich um die Etablierung gemeinsamer Orientierungen dreht.

Wie die erste Runde einer Begegnung sich darum dreht, ob man überhaupt aufeinander eingehen will, so die letzte darum, ob man sich mit den gemeinsamen Orientierungen wieder treffen will. In der zweiten Begegnung aber ist aus der gemeinsamen Orientierung eine *Erwartung* jeder Seite geworden: Man trifft sich wieder, um einen Flirt fortzusetzen, um miteinander Tennis zu spielen oder um eine Seminararbeit zu schreiben usw. Mit jeder weiteren Begegnung wächst dann die Chance, dass jeder nicht nur erwartet, dass der Andere etwas tut, sondern dass er etwas tun soll. Aus der Erwartung eines *faktischen* kann die Erwartung eines *gesoll-*

ten Handelns werden. Mit jeder weiteren Begegnung aber wächst auch die Chance, dass Erwartungen der einen Seite durch die andere enttäuscht werden. Missverständnisse tauchen auf, Vereinbarungen werden vergessen, Interessen ändern sich. Aber nicht alle Missverständnisse lassen sich unter vier Augen ausräumen, nicht alle vergessenen Vereinbarungen eindeutig rekonstruieren, nicht alle neuen Interessenlagen mit den alten auf einen Nenner bringen. Die Partner treiben also unvermeidlich auf einen *Konflikt* zu: Einer der beiden Partner tut nicht, was der andere erwartet hat. Dann aber kommt Streit darüber auf, ob die Erwartung nur aufgrund des faktischen Verhaltens oder aufgrund eines Sollens bestand, das mehr oder minder ausdrücklich vereinbart war, kurz: ob die Erwartung zu Recht bestanden hat.

Wenn die beiden Partner zusammenbleiben wollen und sich in diesem Streit nicht einigen können, sind sie zur Lösung des Konflikts auf einen *Dritten* angewiesen, wie es der deutsche Soziologe Georg Simmel (1858-1918) analysiert hat. Jeder muss seine Version einem Dritten darlegen. Der Dritte muss die Geschichte der beiden Partner unabhängig vom Standpunkt jedes Partners betrachten. Das kann er nur, wenn beide Partner ihn zum Zeugen gemacht haben, wenn er also festgehalten hat, was die beiden Partner vereinbart haben. Wenn er Zeuge der vereinbarten Erwartungen ist, kann er das Patt widersprechender Erinnerungen über implizite Vereinbarungen mit einer Entscheidung über ihre Berechtigung auflösen. Er kann darüber entscheiden, ob ein Partner die Erwartungen des anderen nur deshalb enttäuscht, weil er aufhört etwas weiter zu tun, was er bisher getan hat, oder weil er aufhört etwas zu tun, was er tun sollte.

Erwartungen können sich auf eine Regelmäßigkeit oder ein Sollen beziehen. Normen sind Erwartungen, dass etwas getan oder gelassen werden soll, *Sollen*serwartungen im Gegensatz zu *faktischen* Erwartungen (Opp 1983: 1-20, 59-111). Die Umgangssprache meint mit Erwartungen meist Sollenserwartungen – auch im Folgenden sind mit Erwartungen ohne weitere Qualifikation Sollenserwartungen gemeint. Aber auch dann muss man die Besonderheit von „Erwartungen" im Auge behalten: Das *Sollen* ist mit *Sanktionen* bewehrt. Wenn Alter eine Verhaltensregelmäßigkeit abbricht und die entsprechende Erwartung Egos enttäuscht, wird Ego seine Erwartung ändern; wenn Alter eine normative Erwartung Egos nicht erfüllt, wird Ego seine Erwartung aufrechterhalten und versuchen, ihn mit Druck zu bewegen, der Erwartung in Zukunft wieder nachzukommen. Wenn mein Nachbar nicht mehr wie früher mit der Straßenbahn, sondern mit dem Auto morgens zur Arbeit fährt, ändere ich meine Erwartung; wenn er nicht mehr wie früher nachts Ruhe hält, sondern randaliert, werde ich mich bei ihm beschweren.

Mit dem Dritten haben also die mehr oder minder ausdrücklich vereinbarten Sollenserwartungen eine Instanz jenseits des wandelbaren Willens der beiden Partner gefunden; er verfügt über das Skript der Beziehung beider Partner. „Dritte" können eine oder mehrere Personen, eine schriftliche Vereinbarung oder eine gesetzliche Regelung sein. „Der Dritte" ist eine Metapher für die *Objektivierung* der Erwartungen der Partner zu einer für beide gültigen Norm. Er ist Treuhänder beider Seiten und Notar ihrer Beziehung.

Lektüre: Opp (1983: 1-20)

Weiterführende Literatur: Luhmann (1969: 36-40) erläutert den Unterschied zwischen faktischen (kognitiven) und normativen Erwartungen. Lindemann (2006) beschreibt die Rolle des Dritten für die Objektivierung der Erwartungen als „Emergenzfunktion" und arbeitet heraus, dass schon die Wahrnehmung von Ego und Alter als Interaktionspartner oft der Bestätigung durch einen Dritten bedarf („konstitutive Funktion").

Ehe und Lebensgemeinschaft als Beispiel

Am Beispiel von Ehe und Lebensgemeinschaft lässt sich die Bedeutung des Dritten für die Objektivierung von Erwartungen veranschaulichen. Jedes Paar, das eine Ehe schließen will, hat gemeinsame Orientierungen aufgebaut. In der Eheschließung erklären die Partner vor den Trauzeugen, miteinander leben zu wollen. Sie verpflichten sich, die gemeinsamen Orientierungen, die sie in ihrer Geschichte aufgebaut haben, aufrechterhalten zu wollen, selbst wenn Konflikte auftauchen. Sie verpflichten sich darüber hinaus, in einer bestimmten Beziehung miteinander zu leben, die als Ehe gesetzlich geregelt ist. Die Trauzeugen erfüllen dabei die Aufgabe des Dritten. Sie beglaubigen den Willen beider Seiten, in der Ehe nach deren objektivierten, gesetzlich festgelegten Normen bis hin zu ihrer Auflösung zusammenzuleben. Wenn die Brautleute vor Zeugen eine Ehe eingehen, binden sie sich aneinander und unterwerfen sich Sollenserwartungen. Jede Seite ist durch die Normen der Ehe in der eigenen Willkür eingeschränkt und gegen die Willkür der anderen Seite geschützt. Und die Normen der Eheschließung – vom wechselseitigen Versprechen bis zur Anwesenheit der Trauzeugen – bestätigen für das Paar die Gültigkeit der Normen der Ehe.

Für jedes Paar, das eine nichteheliche Lebensgemeinschaft nicht nur als Probe einer späteren Ehe, sondern als Alternative zur Ehe eingeht, gilt das gleiche – bis auf die Eheschließung. Auf sie verzichten die Partner, weil sie sich ohne *objektivierte* Normen nur durch ihre Persönlichkeit aneinander binden wollen: „Wir lieben uns so sehr, dass wir keine äußerlichen Zeichen dafür brauchen". Aber im Konfliktfall, also spätestens bei der Trennung, braucht auch die Lebensgemeinschaft einen Dritten; spätestens dann muss eine Instanz entscheiden, was zu Recht erwartet werden darf und sein soll. Je mehr die Lebensgemeinschaft sich daher verbreitet, desto stärker wird die Notwendigkeit, sie gesetzlich zu regeln – wie es in Schweden bereits der Fall ist und in jüngsten Vorschlägen auch in Deutschland angestrebt wird (Limbach 1989).

Vom Standpunkt des Dritten also lassen sich die Orientierungen jedes Partners und die Normen der Beziehung trennen – seien sie nun Vereinbarungen der Partner oder Normen für die Beziehung allgemein. Die Beziehung ist ja nur zum Teil eine Schöpfung der beiden Partner – wie es das Beispiel von Ehe und Lebensgemeinschaft zeigt. Aber auch jenseits des Beispiels Ehe und Lebensgemeinschaft gilt: Wenn Personen eine Beziehung aufbauen, entwickeln sie nicht allein für sie gültige Erwartungen, sondern übernehmen allgemein für die Beziehung gültige Normen. Auch die Fremden, die sich zufällig im Eisenbahnabteil oder in der Kneipe treffen, wählen unter objektivierten, mit der Instanz eines Dritten greifbaren Beziehungen: Ihre Begegnung kann folgenlos bleiben oder zu einer Freundschaft, einer Ehe oder einem Arbeitsvertrag führen. Die Beziehungen stehen gleichsam im Hintergrund der aktuellen Begegnungen, in der die Handelnden sich orientieren. Es gibt also Orientierung ohne Beziehung. Umgekehrt gibt es keine Beziehung ohne Orientierung: Wer in einer Beziehung zu einem Anderen steht, muss sich auf ihn orientieren. Er muss sich auf die möglichen Folgen einstellen, die das Handeln des Anderen für ihn hat.

Lektüre: Simmel (1908: 67-71, 75-82), Berger / Luckmann (1970: 56-72)

Weiterführende Literatur: Black (1998: 108-117) gibt eine Übersicht über verschiedene Formen, wie dritte Parteien Konflikte lösen können.

2.4 Weite und enge Definition: Eingestelltheit auf Handeln Anderer und auf die Erwartungen Anderer

Orientierungen und Beziehungen

Eine Orientierung an und eine Beziehung zu Anderen lassen sich als Phasen des Handelns verstehen. Die Orientierung an Anderen bestimmt den Raum der Möglichkeiten, die Beziehung zu Anderen die Wahl konkreter Formen sozialen Handelns. Orientierung ist also das grundlegende, Beziehung ein einschränkendes Kriterium, so dass man soziales Handeln in einem weiten und einem engen Sinne definieren kann. Man kann dazu beide Kriterien im folgenden Schema hintereinander schalten.

Abbildung 2.1 Orientierung und Beziehung als Kriterien für soziales Handeln

Kriterium				Handeln gemäß
Orientierung?	Nein			(1) Bedingungen der Objektwelt
	Ja	Beziehung?	Nein	(2) Alternativen Anderer
			Ja	(3) Erwartungen Anderer

Um Beispiele für die Gruppe (1) zu geben, muss man sich aus der Allgegenwart des sozialen Zusammenlebens zurückversetzen in die Situation eines Individuums, das nur für sich handelt und auf keinen anderen Bezug nimmt. Individuelles *technisches Handeln* gehört hierhin, also der erfolgskontrollierte Umgang mit der Objektwelt, der sich aus der Wahl der angemessenen Mittel für einen gegebenen Zweck ergibt. Natürlich sprechen viele Gründe für die Kooperation. Aber ein Individuum kann alleine technisch handeln; Robinson, der nach dem Schiffbruch allein auf einer Insel gelandet war, musste sogar alleine handeln, sich Nahrung und Schutz verschaffen usw. Ein Sonderfall technischen Handelns ist *scheinbar soziales Handeln*; es ergibt sich daraus, dass sich mehrere Individuen gleichzeitig am gleichen Ausschnitt der Umwelt orientieren, so dass der Eindruck gegenseitiger Orientierung entsteht, obwohl jeder nur mit der Objektwelt umgeht. Weber (1980: Erster Teil, Erstes Kapitel, § 1, Abschnitt II, Absatz 4) bringt dafür das Beispiel, dass jeder bei Regen den Schirm aufspannt: Jeder ist für sich auf den Regen orientiert, aber keiner auf den Anderen. Moderne Beispiele sind Regelmäßigkeiten des Tagesablaufs: 1974 (als es noch nicht mehr als drei Programme gab) ging die Nutzung des Fernsehens zwischen 19 und 20 Uhr sprunghaft von 10% auf fast 65% der bundesdeutschen Bevölkerung hoch (Berg / Kiefer 1992: 56); jeder orientierte sich am Fernsehprogramm, keiner am Anderen; der Beginn der Nachrichtenzeit des Fernsehens, der eine komplizierte soziale und technische Konstruktion ist, wurde wie ein Naturereignis aufgenommen: Wer sich informieren will, muss um 20 Uhr die „Tagesschau" einschalten – genauso wie, wer sich vor Regen schützen will, den Schirm aufspannen muss.

Für die Gruppen (2) und (3) ist die Abstraktion vom Zusammenleben nicht erforderlich. In die Gruppe (2) fallen Handlungen, in denen ich mich an den Handlungsalternativen des Anderen orientiere. Hier sind die beiden Fälle einschlägig, mit denen schon in Abschnitt 2.2 gezeigt wurde, dass auch Handeln, das sich an den Vorstellungen über Andere orientiert, soziales Handeln ist: nämlich *gleichartige Handlungen* (wie Teilnahme oder Nichtteilnahme an einem politischen Protest) und *komplementäre Handlungen* (wie Anbieten und Nachfragen). In die Gruppe (3) fallen Handlungen, in denen ich mich an Erwartungen des Anderen orientiere.

Ich gehe in die Schule, weil meine Eltern es von mir erwarten. Ich koche für meinen Mann das Abendessen, weil er es von mir erwartet. Ich unterstütze meinen in Not geratenen Freund, weil es von mir erwartet wird. In diese Gruppe fallen also durch Normen geregelte Beziehungen.

Man kann nach diesem Schema soziales Handeln bei der Orientierung auf die Handlungsmöglichkeiten des Anderen beginnen lassen, so dass es die Gruppen (2) und (3) umfasst; das ist die weite Definition. Oder man kann soziales Handeln erst nach dem Aufbau gemeinsamer Erwartungen beginnen lassen, so dass es nur die Gruppe (3) umfasst; das ist die enge Definition. Nach der weiten Definition orientiere ich mich an *meinen* Erwartungen, was *der Andere* tun *kann*; nach der engen Definition aber *auch* an den Erwartungen *des Anderen*, dass *ich* etwas tun *soll*. Die weite Definition bezieht sich auf *meine kognitiven* Erwartungen, die enge auf *normative* Erwartungen *des Anderen* – selbstverständlich in meiner Wahrnehmung. Denn meine Erwartung *über* den Anderen richtet sich auf Regelmäßigkeiten seines Handelns, die Erwartungen des Anderen *an* mich richten sich auf ein Sollen des Handelns. Der kritische Unterschied zwischen beiden Definitionen liegt darin, wie sie Normen behandeln – als Zusatzbedingung oder Voraussetzung sozialen Handelns.

Die weite Definition erfasst den allgemeinen Fall intentionalen Handelns

Die weite Definition würde mit der engen zusammenfallen, wenn soziales Handeln immer durch Erwartungen des Anderen, also durch Normen geregelt wäre. Aber das trifft nicht zu – wie die nun schon bekannten Beispiele des kollektiven Protests für gleichartige Handlungen und das Beispiel der Nachfrage auf einem Markt für komplementäre Handlungen zeigen sollen.

Wer an einem politischen Protest teilnehmen will, fragt sich, ob genug Betroffene ebenfalls protestieren werden – aber nicht unbedingt, ob Andere von ihm die Teilnahme erwarten. Zum Beispiel macht jeder Student seine Teilnahme von seiner Einschätzung der Teilnehmerzahl abhängig. Natürlich erwarten Mitglieder einer politischen Studentengruppe oft, dass die anderen Mitglieder mitmachen. Aber diese Erwartung richtet sich nicht auf jeden Betroffenen, also jeden Studenten, sondern nur auf die Mitglieder der politischen Gruppe; nicht die Studentenschaft, sondern die politische Gruppe ist die „Bezugsgruppe" (Merton 1957: 225-280), von der die Erwartung der Teilnahme ausgeht. Weder andere Studenten noch Dritte, mit denen ihr Studium die Studenten verbindet, also akademische Lehrer, erwarten die Teilnahme. Die Norm der Teilnahme kommt also erst *zusätzlich* ins Spiel, wenn jemand Mitglied einer von der Studentenschaft unabhängigen Gruppe ist, die entsprechende Erwartungen hegt. Sie kann gerade dann zur Teilnahme motivieren, wenn die Schätzung der Teilnehmerzahl eher Abstinenz nahe legen würde. Würde die Teilnahme tatsächlich aufgrund der Zugehörigkeit zur Studentenschaft erwartet, so müssten alle Studenten entweder teilnehmen oder sich als Abweichler bloßstellen. – Ebenso hängt der Kauf eines Gutes davon ab, ob das Gut hinreichend billig angeboten wird, d.h. ob genug Interessenten das Gut ebenfalls kaufen – nicht aber von den Erwartungen Anderer, seien sie Käufer oder Verkäufer, dass jemand das Gut kauft. Auch hier können aufgrund von Gruppenmitgliedschaften Erwartungen hinzukommen; vom Mitglied einer ökologischen Gruppe erwarten die übrigen Mitglieder, dass es ökologisch einwandfreie Waren kauft; als Mitglied einer Jugendgruppe muss man die „entsprechende Kleidung" haben usw. Aber auch hier ergeben sich die Erwartungen nicht aus der Zugehörigkeit zum Markt, sondern aus der Mitgliedschaft in einer Gruppe. Andernfalls müssten wiederum alle entweder das Gut kaufen oder sich als Abweichler bloßstellen.

Aber unterliegt nicht der politische Protest wie der Markt Normen, etwa: ehrlich und gerecht zu sein, nicht zu täuschen und zu lügen usw.? Gewiss.[5] Aber diese Normen können nicht – wie die Erwartung der Mitglieder der genannten Gruppen – zu einem bestimmten Handeln motivieren. Sie regulieren das Handeln überall, nicht nur in der Politik und der Wirtschaft, sondern auch in der Familie, der Schule, der Kirche usw. Sie sind allgemeine Normen, die im Hintergrund jedes sozialen Lebensbereichs stehen. Sie verbieten den Verstoß gegen bestimmte Werte – wie Ehrlichkeit und Gerechtigkeit; und provozieren die Missbilligung der Anderen, wenn mein Verstoß entdeckt wird. Dass ich ehrlich und gerecht bin, wird von mir erwartet; ob ich zur Demonstration gehe oder nicht und dies oder das kaufe, entscheide ich. Aber wenn ich vor der Entscheidung stehe, zur Demonstration zu gehen oder nicht, etwas zu kaufen oder nicht, entscheide ich danach, ob „genügend" Andere mitmachen oder nicht bzw. ob das Gut mir „zu teuer" ist oder nicht. Dass jedes Handeln allgemeinen Normen unterworfen ist, heißt noch nicht, dass seine Form durch Normen geprägt ist.

Weder die Tatsache, dass Bezugsgruppen spezifische Erwartungen an mich hegen, in einer bestimmten Weise zu handeln, noch die Tatsache, dass allgemeine Normen den Bereich, in dem ich ohne Missbilligung handeln kann, festlegen, rechtfertigen also den Schluss, dass soziales Handeln grundsätzlich normativ geregelt ist. Die enge Definition verengt also die Perspektive: Sie hält davon ab, die Intentionen des Handelnden nachzuvollziehen, bevor man nach den Erwartungen fragt, denen er sich unterworfen fühlt. Diese Verengung bringt zwei weitere mit sich: Durch die Beschränkung auf Beziehungen wird erstens die Genese von Normen aus faktischen Erwartungen ausgeblendet. Denn aus der Begegnung von Personen mit neuen Orientierungen können neue Normen, neue Beziehungen entstehen. Zweitens wird eine Quelle des sozialen Wandels aus der Betrachtung ausgeblendet. Denn aus der Interdependenz gleichartiger Handlungen kann sozialer Wandel entstehen.

Wir wollen daher die *weite* Definition sozialen Handelns zugrunde legen: *Soziales Handeln ist Handeln, das auf die Handlungsmöglichkeiten Anderer eingestellt ist.* Die Orientierung an den Handlungsmöglichkeiten des Anderen ist also die *grundlegende* Bedingung, mit der wir aus dem Bereich des Handelns, des Wählens unter Alternativen überhaupt, den engeren Bereich des sozialen Handelns ausgegrenzt haben. Soziales Handeln ist wie jedes Handeln zielgerichtet oder intentional. Intentionalität definiert Handeln überhaupt, die Orientierung an Handlungsalternativen Anderer grenzt darin soziales Handeln ein. Jedes bestimmte Handeln ist durch die Intention definiert, jedes bestimmte soziale Handeln durch die Anderen, an deren Handlungsalternativen es sich orientiert. Mit Intention ist die Handlungsabsicht, die bewusst gewordene Innenseite des Handelns gemeint. Über die Intention ist der Handelnde so gut Souverän wie über die Orientierung. Aber die Intention bestimmt der Handelnde selber, während die Orientierung sich auf die mutmaßlichen Intentionen Anderer richtet. Der Begriff der Intentionalität lenkt das Augenmerk auf die Individualität, der Begriff der Orientierung auf die Sozialität des Handelns.

Die enge Definition erfasst den Spezialfall selbstverständlicher Normen

Die enge Definition schränkt soziales Handeln auf Beziehungen ein, die durch Normen geregelt werden. Selbst wenn dies theoretisch ein Spezialfall ist, ist er empirisch häufig und prak-

---

5 Diesen Einwand hat Durkheim (1893: Erstes Buch, Kapitel VII, Abschnitt II) so formuliert, dass jeder Vertrag, z.B. jeder Kaufakt, ein „nichtkontraktuelles Element" enthält, also Normen und Werte, die den Abschluss und die Einhaltung von Verträgen möglich machen.

tisch bedeutsam genug, um auch der engen Definition ihr relatives Recht zu geben. Denn viele Formen des Zusammenlebens werden durch Normen geregelt, die den Beteiligten *selbstverständlich* geworden sind und deren normative Qualität erst im Falle des Konflikts wieder offenbar wird. Wer Erwartungen hegt, muss es nicht begründen; wer Erwartungen nicht erfüllt, muss es begründen.

Im Beispiel einer Ehe, in dem Mann und Frau vereinbart haben, sich Gelderwerb und Hausarbeit so aufzuteilen, dass der Mann im Beruf und die Frau zu Hause arbeitet, kann der Mann die Frau etwa um ein Abendessen bitten und die Frau wird die Bitte erfüllen. Die Erwartung des Mannes ist so selbstverständlich wie die Reaktion der Frau. Der Mann muss seine Bitte nicht begründen; die Frau muss begründen, wenn sie die Bitte nicht erfüllt. Wenn die Frau die Bitte ohne Begründung abschlägt, verlässt sie die normative Regelung der Beziehung und geht zurück auf eine Ebene, auf der sich Orientierungen ohne Bezug auf Normen nach dem Durchsetzungsvermögen, der „Macht" der Partner einspielen. Wenn die Frau die Bitte mit einer Begründung abschlägt, bleibt sie auf der normativen Ebene der Beziehung. Wenn sie z.B. sagt, sie sei überarbeitet, wendet sie die allgemeine Norm, dass Schwäche von der sofortigen Erfüllung einer Verpflichtung entbindet, auf die normativen Vereinbarungen ihrer Ehe an. Das nun muss der Mann akzeptieren. Aber auch der Mann kann eine weitere Runde der Auseinandersetzung eröffnen. Er kann auf seiner Bitte einfach insistieren – und damit seinerseits von der normativen auf die faktische Ebene der Auseinandersetzung wechseln. Oder er kann eine Begründung für sein Insistieren liefern, indem er behauptet, noch stärker überarbeitet zu sein. Mit jeder Runde dieser Auseinandersetzung aber schwindet etwas von der Selbstverständlichkeit der Beziehung; mit jeder Runde steigt die Wahrscheinlichkeit, dass das Handeln beider Seiten entweder durch immer kompliziertere Argumente über Normen oder durch bloße Macht geregelt wird.

Im Regelfall der Übereinstimmung zwischen Erwartung und Handlung also bleibt die Beziehung selbstverständlich; erst wenn Erwartungen nicht erfüllt werden, steht sie zur Debatte. Die vereinbarten Normen der Beziehung bleiben gültig, wenn ihre Nichterfüllung durch Normen jenseits der Beziehung, also mit weniger Selbstverständlichkeit, begründet werden kann – andernfalls wird die Ebene der normativen Regelung der Beziehung überhaupt verlassen und das Zusammenleben der Partner nur noch nach ihrer Macht geregelt. Auf diese Weise entsteht eine Hierarchie der Selbstverständlichkeit der Beziehung. Auf der höchsten Ebene wird das Zusammenleben völlig selbstverständlich durch für die Beziehung spezifische Normen geregelt; auf den niederen Ebenen muss die Selbstverständlichkeit mehr und mehr mit allgemeinen Normen bewahrt werden oder wird mehr und mehr den Ergebnissen eines Machtkampfs ausgeliefert.

Ein großer Teil des sozialen Handelns in der Familie und im Beruf spielt sich nun auf den höheren Ebenen der Selbstverständlichkeit einer Beziehung ab. Das gilt nicht nur für das gegebene Beispiel von Mann und Frau, sondern auch von Eltern und Kindern, Lehrern und Schülern, Vorgesetztem und Untergebenen, und von Arbeitskollegen, Clubkameraden usw. untereinander. Mehr noch: ein großer Teil des sozialen Handelns *muss* auf den höheren Ebenen der Selbstverständlichkeit stattfinden. Jede Diskussion um die Selbstverständlichkeit und jede nur noch auf Macht beruhende Auseinandersetzung über Orientierungen kostet Zeit und Kraft, die von der Realisierung der eigentlichen Ziele abgehen, die jeder Einzelne verfolgt. Jeder hat also ein persönliches Interesse daran, das soziale Handeln durch spezifische Normen einer Beziehung zu regeln und die Selbstverständlichkeit dieser Normen nicht übermäßig in Frage zu stellen. Im Regelfall des selbstverständlichen Handelns in einer Beziehung wird den

Handelnden daher nicht bewusst, dass sie sich dafür entschieden haben, eine Erwartung zu hegen oder zu befolgen. Sie handeln gewohnheits- oder routinemäßig. Im Regelfall ist die Orientierung also in soziale Beziehungen mit ihren Normen eingebettet, ohne dass der Handelnde das bemerkt. Der Handelnde steht in Beziehungen, bevor er über bestimmte Orientierungen entscheidet, und in der Regel trifft er die Entscheidungen im Rahmen der Beziehungen.[6]

Die Einbettung der Orientierung in Beziehungen ist eine zusätzliche Bedingung, mit der sich der häufige Routinefall des sozialen Handelns eingrenzen lässt, der von Auseinandersetzungen *über Normen* des sozialen Handelns entlastet und es jedem erleichtert, seine Ziele zu erreichen: Der Routinefall ist nicht nur häufig, sondern auch praktisch wichtig – daraus gewinnt die enge Definition des sozialen Handelns ihr relatives Recht. Sie grenzt den Spezialfall aus, dass soziales Handeln durch normative Erwartungen geregelt ist. Jeder hegt normative Erwartungen an sein Gegenüber und ist bereit, den normativen Erwartungen seines Gegenübers zu folgen. Auf beiden Seiten kommt zu der Eingestelltheit auf die Handlungsalternativen die Eingestelltheit auf die Erwartungen des Anderen. Im engen Sinne ist soziales Handeln also ein Handeln, das auf die Handlungsmöglichkeiten *und die normativen Erwartungen Anderer* eingestellt ist.

Lektüre: Dahrendorfs (1958) „Homo Sociologicus" stellt die enge Definition des sozialen Handelns dar, ohne ihre Beschränkungen deutlich zu machen: Wenn Personen sozial handeln, schlüpfen sie in Beziehungen; sie sind durch Normen, also durch die Erwartungen von „Bezugsgruppe" geregelt und ihre Verletzung wird von den „Bezugsgruppen" sanktioniert. Coleman (1990: Kapitel 20) kritisiert das als die Verallgemeinerung eines speziellen Falls.

2.5   Gemeinsame Situationsdefinition als Chance des Wandels von Beziehungen

Wenn soziale Beziehungen in den Erwartungen und der Folgebereitschaft der einen wie der anderen Seite bestehen, dann kann der Eindruck entstehen, als ob Orientierungen unvermeidlich ins Netz von Beziehungen laufen und Beziehungen Orientierungen auf Dauer zementieren. Aber so lässt sich nur der Grenzfall der völligen Selbstverständlichkeit einer Beziehung denken. Die Chance der Wahl gerät zwar oft unter der Annehmlichkeit der Routine in Vergessenheit. Aber jeder kann von den selbstverständlich erfüllten Erwartungen zur Wahl zwischen Orientierungen zurück. Weil nämlich das soziale Handeln in einer Beziehung eine Vielzahl von konkreten Begegnungen oder *Situationen* durchläuft, die dem Handelnden immer wieder die Chance geben, neue Intentionen an die Beziehung heranzutragen, kann das gemeinsame Umschalten auf eine andere Orientierung, eine neue *Situationsdefinition* die Routine aufbrechen und die Beziehung verändern.

Im Beispiel der arbeitsteiligen Ehe hat die Frau, die dem Wunsch des Mannes nach einem Abendessen nicht nachkommen will, außer Weigerung und Entschuldigung noch weitere Möglichkeiten: Sie kann etwa vorschlagen, gemeinsam essen zu gehen. Statt der Dienstleistung der Frau für den Mann steht dann ein gemeinsames Freizeiterlebnis zur Debatte. Wenn der Mann nicht nur einmal, sondern öfter dieser Definition zustimmt, so wandelt sich die Beziehung: Das gemeinsame Ausgehen gewinnt auf Kosten der Dienstleistung der Frau an Gewicht in der Beziehung.

---

6 Man kann sogar die Entscheidung zwischen Routine und Nichtroutine als eine Wahl mit dem Ziel der persönlichen Nutzenmaximierung auffassen (Esser 1996).

Die Beziehung wird also durch Situationen interpunktiert, in denen die Partner sich treffen. Wenn die Partner auseinander gehen, bleibt die Beziehung bestehen, aber die Situationsdefinition erlischt. Wenn die Partner sich wieder treffen, wird die Beziehung in einer neuen Situation aktiviert. Die Beziehung durchlebt also mehrere Situationen. Der Reigen möglicher Situationen ist durch den Inhalt der Beziehung abgegrenzt – wie das Beispiel der Ehe zeigt: Ehepaare teilen Tisch und Bett, sie müssen den Haushalt führen, Kinder erziehen und Steuererklärungen ausfüllen usw. Was hier und jetzt getan werden soll, was also die Situation ist, muss von den Partnern definiert werden. Im Routinefall selbstverständlich gehegter und erfüllter Erwartungen definieren beide Partner die Situation gleich.

Dennoch stellt jede neue Situation die Selbstverständlichkeit der Beziehung zur Debatte. An jede neue Situation kann ich mit anderen Intentionen herangehen, als die Erwartung des Anderen es verlangt. Ich kann versuchen, den Anderen zu bewegen, auf meine Intentionen einzugehen und meine neue Definition der Situation zu akzeptieren. Ich werde umso mehr Erfolg haben, je geschickter ich bin und je mehr der Andere seine Intentionen in der vorgeschlagenen Situationsdefinition verwirklichen kann. Erst dann aber, wenn ich Erfolg habe, ist eine Abweichung von der bisherigen Form der Beziehung, ein Wandel möglich. Allein kann man aus der Beziehung ausbrechen, aber verändern muss man sie gemeinsam. Die neue Definition ist nicht Ausdruck eines Willens, sondern Resultante der Willensäußerungen mehrerer Personen – und der Stärke oder Macht, die hinter diesen Äußerungen steht.

Kurzum: Auch wenn Orientierungen auf Andere routinemäßig in Beziehungen zu Anderen eingebettet sind, enthält die Folge von Situationen, die eine Beziehung durchlaufen muss, die Chance des Wandels. Wenn der Handelnde und sein Gegenüber sich auf eine neue Situationsdefinition einigen, können sie sich von der Form ihrer Beziehung lösen, nach der sie zunächst angetreten sind. Sie können die Beziehung so weit verändern, dass sie ihr eine andere Qualität geben.

Lektüre: Thomas (1965: 19-26, 231-236, 296-303)

2.6 Zusammenfassung: Handlungsmöglichkeiten vs. Erwartungen Anderer

Im vorausgehenden Kapitel wurde versucht, soziales Handeln, das zielorientierte Zusammenleben von Menschen, aus dem bloßen Dasein des Menschen, dem Erleben, Schritt für Schritt heraus zu präparieren. Im ersten Schritt wurde innerhalb des Erlebens mit dem Begriff der Intention das Handeln, im zweiten Schritt wurde innerhalb des Handelns mit dem Begriff der Orientierung an den Handlungsmöglichkeiten des Anderen das soziale Handeln eingegrenzt. Das Individuum muss seine vielfältigen Bedürfnisse befriedigen. Dazu muss es zielgerichtet oder intentional handeln, also bestimmte Bedürfnisse auswählen, die es verwirklichen will. Aber nicht alle Bedürfnisse kann es allein verwirklichen, so dass es auf andere Menschen angewiesen ist. Es muss sein Handeln auf die Tatsache einstellen, dass auch die Anderen zwischen bestimmten Handlungen wählen können; es muss sich an den Anderen orientieren oder sozial handeln. Es muss seine persönlichen Intentionen in soziale Orientierungen umsetzen.

Im dritten Schritt wurde innerhalb des sozialen Handelns eine Sonderform eingegrenzt, in der das Individuum sich nicht nur an den Handlungsmöglichkeiten des Anderen orientiert, sondern auch an den Erwartungen des Anderen, was es tun soll. Da die Orientierung an den Erwartungen die Orientierung an den Handlungsmöglichkeiten voraussetzt, wurde diese Sonderform als enge Definition des sozialen Handelns angesehen, wodurch die erste zur weiten

Definition des sozialen Handelns wurde. Die enge Definition beschränkt soziales Handeln auf das Handeln in sozialen Beziehungen. Weil in sozialen Beziehungen bestimmte Orientierungen normativ erwartet werden, also selbstverständlich und nicht begründungspflichtig sind, lassen sich die Intentionen der Personen in Beziehungen leichter verwirklichen. Die Selbstverständlichkeit des sozialen Handelns spart jedem Zeit und Kraft, so dass jeder mit geringeren Kosten seine Ziele erreichen kann, als wenn alle über die Angemessenheit ihrer Orientierungen sich auseinandersetzen müssten. Aber die Selbstverständlichkeit ist nicht kostenlos für das Individuum: Es muss die Vielzahl möglicher Orientierungen auf die einschränken, die in einer Beziehung von Anderen erwartet werden.

Die drei Schritte bewegen sich also in vier zunehmend engeren konzentrischen Kreisen: Aus dem *Erleben* wird durch die Intention *Handeln*; aus dem Handeln durch die Orientierung an den Handlungsmöglichkeiten Anderer *soziales Handeln im weiten Sinn*; aus dem sozialen Handeln im weiten Sinn durch die Orientierung an den Erwartungen Anderer *soziales Handeln im engen Sinn*.

Die Erwartungen der Partner in einer Beziehung können selbstverständlich, ihr Handeln Routine geworden sein. Aber jede Beziehung durchläuft viele Situationen, in denen Ego immer wieder andere als die bisher erwarteten Orientierungen ins Spiel bringen und die Situation anders als bisher definieren kann. Wenn Alter zustimmt, kann kurzfristig die Situation neu definiert und langfristig die Beziehung verändert werden, die in der Folge der Situationen besteht. Die Grenze, die durch soziale Beziehungen zwischen dem sozialen Handeln im weiten und im engen Sinne abgesteckt ist, bleibt also flüssig. Auf der einen Seite werden Orientierungen Egos in Beziehungen eingeschränkt; auf der anderen Seite kann Ego seine Orientierung in eine neue Situationsdefinition einbringen, die, wenn Alter wiederholt zustimmt, die Beziehung verändert.

3 Soziales Handeln: Theorien

Das vorausgehende Kapitel hatte die *Definition* des sozialen Handelns zum Gegenstand. Definitionen sind Konventionen, die festlegen, welche Gegenstände man mit einem Begriff bezeichnen will. Sie können nicht wahr oder falsch, wohl aber für bestimmte Zwecke besser oder schlechter geeignet sein – wie die Diskussion der weiten und engen Definition hoffentlich gezeigt hat. Wahr oder falsch, also an der Realität überprüfbar (siehe Abschnitt 1.2), kann erst eine Aussage über den Zusammenhang eines definierten Sachverhalts mit einem anderen sein. Wenn zudem begründet wird, *warum* der eine Sachverhalt den anderen *verursacht*, dann wird aus einer Aussage über einen Zusammenhang eine Erklärung oder eine Theorie. *Theorien* des sozialen Handelns ist das nächste Kapitel gewidmet.

Warum fährt A mit öffentlichen Verkehrsmitteln zur Arbeit, während B für den gleichen Weg das Auto benutzt? Vielleicht hat A weniger Einkommen und mehr Zeit als B; vielleicht ist A Mitglied einer ökologischen Bewegung, B jedoch nicht. Warum nimmt Student C an der studentischen Protestdemonstration teil, Student D nicht? Vielleicht ist C an Politik interessiert, D jedoch nicht; vielleicht studiert C Sozialwissenschaften, D etwas anderes. Warum verlässt Ehefrau E ihren herrischen Ehemann, während Ehefrau F in ihrer ebenso unerträglichen Ehe verbleibt? Vielleicht hat E keine Kinder, wohl aber F; vielleicht wurde E zu Konfliktfähigkeit, F jedoch zu Fügsamkeit erzogen. Jede dieser Fragen sucht eine Erklärung für ein bestimmtes Handeln, und auf jede gibt es mehr als die zwei vorgeschlagenen Antworten. Die *Theorie* des sozialen Handelns will aber nicht nur bestimmte Handlungen *ad hoc* – aus den Besonderheiten des untersuchten Gegenstands – erklären, sie sucht eine *Strategie* der Erklärung des sozialen Handelns überhaupt durch *Gesetze*. Gesetze sind hypothetische Aussagen über die allgemeinen Ursachen des sozialen Handelns, die sich für besondere Fälle konkretisieren lassen.

Die Theorie des sozialen Handelns bezieht sich auf Handelnde, also Individuen. Das erscheint banal, denn schließlich müssen ja Menschen aus Fleisch und Blut handeln, damit „soziales Handeln" beobachtet werden kann. Aber es ist keineswegs unumstritten. Als Erklärungsebenen des sozialen Handelns jenseits des Individuums wurden vorgeschlagen: „sozialer Zwang" und „soziale Normen".[1] Das Individuum steht vor dem Arsenal sozialer Rollen und muss sich ihnen fügen, wenn es seine Interessen befriedigen will. Das Individuum lebt in sozialen Rollenbeziehungen mit anderen zusammen, die von ihm erwarten, dass es seine Rolle erfüllt, und die Nichterfüllung der Erwartung bestrafen. Wie im letzten Kapitel ausgeführt, orientiert sich soziales Handeln auch, aber nicht allein an Normen und Sanktionen. Aber in jedem sozialen Handeln versucht Ego eine Intention mit Blick auf die Handlungsmöglichkeiten Alters zu verwirklichen; jeder „Zwang" bricht einen „Willen". Dass soziales Handeln mit Bezug auf Individuen erklärt werden soll, ist das Prinzip des „methodologischen Individualismus" (Büschges 1989)[2].

---

1 Derartige Erklärungen gehen auf Durkheim (1895) zurück, der eine unüberbrückbare Kluft zwischen dem individuellen Willen und dem durch Normen ausgeübten Zwang der Gesellschaft konstruiert

2 „Methodologie" mag sich in diesem Zusammenhang seltsam anhören: Gemeint ist nicht die Methode der Erhebung und Analyse von Daten, sondern der Entwicklung von Theorien oder der Metatheorie (Sahner 2002).

Der methodologische Individualismus legt die Erklärungsebene fest, aber er lässt die Erklärungsstrategie offen. Was ist der „Motor" des sozialen Handelns? Man kann die Vielzahl denkbarer Antworten in zwei Gruppen zusammenfassen: Motivationen und Intentionen. *Motivationen* sind zielgerichtete Energien, also Triebe (Hunger, Durst, Liebe), Instinkte (Angst, Anhänglichkeit, Aggression) und Bedürfnisse (Wunsch nach Erhalt des Selbstbildes, Wunsch nach Anerkennung durch andere; Machtstreben, Eitelkeit, Neid, etc.). Sie geben dem Handeln eine Richtung, aber legen kein Ziel fest. Sie stehen gleichsam im Rücken des Handelnden, sie sind die Schubkraft des Handelns. Ich handele, *weil* ich Hunger habe oder Anerkennung suche; Hunger und Suche nach Anerkennung bestimmen *kausal* mein Handeln. Aber ich muss mich entscheiden, wie ich meinen Hunger stille oder wo ich Anerkennung suche; ich muss der Richtung ein Ziel, eine *Intention* geben. Die Entscheidung darüber lässt sich aber nur mit Blick nach vorn treffen, d.h. mit Erwartungen über den Erfolg von Handlungsalternativen durch den Handelnden. Erst wenn man verschiedene Wege zum gleichen Ziel abgewogen und zwischen ihnen eine Entscheidung getroffen hat, ist Handeln möglich. Ich wähle eine bestimmte Handlung, *um* meinen Hunger *zu* stillen oder Anerkennung *zu* finden; Ziele bestimmen *final* meine Handlung. Erst mit der Wahl eines bestimmten Handlungszieles kommt zur Schubkraft der Motivation die Zugkraft der Intention. Die Alternativen müssen nach einem für die Person sinnvollen Maßstab abgewogen werden: der Erfüllung der Motivationen, des Willens oder des Interesses der Person oder allgemein dem Nutzen für die Person.

Kurzum: Handeln ist die Umsetzung von Motivation in Intention – oder die Unterfütterung der Intention mit Motivation. Zum Handeln gehören Motivation und Intention gleichermaßen; aber man kann Theorien des sozialen Handelns danach klassifizieren, ob sie den Schwerpunkt auf die Motivation oder die Intention legen, anders gesagt: ob sie vom Individuum aus stärker zurück oder stärker nach vorne blicken.

3.1 Motivation

Eine Theorie, die soziales Handeln in erster Linie aus Motivationen erklärt, hat Parsons (1964a, 1964b: 52-64) vorgelegt. Ihr ist der folgende Abschnitt gewidmet. Parsons arbeitet im Anschluss an die Psychoanalyse Freuds (1923) heraus, wie soziale Normen in der Person als individuelle Motivationen „internalisiert" werden. Mehrere Menschen können friedlich und produktiv zusammenarbeiten, weil sie bestimmte Werte teilen, „vergesellschaftet" oder „sozialisiert" sind. Motivationen speisen sich zwar aus organischen Antrieben des Individuums, aber ihnen ist eine soziale Qualität eingeprägt, mit Weber (1980: Erster Teil, Erstes Kapitel, § 1) gesprochen: ein besonderer, aber für alle verständlicher „Sinn"; deshalb führen sie die Individuen nicht auseinander, sondern zusammen. Das soziale Handeln wird also *erklärt* durch die „Internalisierung von Werten" im Prozess der „Sozialisation". Um diese Erklärung transparent zu machen, betrachtet Parsons zunächst das einzelne Individuum genauer, das sozial handeln will, und fragt dann, wie der Wille mehrerer Individuen im sozialen Handeln zusammenkommt. Beide Schritte werden im Folgenden nachvollzogen.

Für den ersten Schritt, die Betrachtung des einzelnen Individuums, das sozial handeln will, ist der entscheidende Begriff Parsons' die *Orientierung* – die Eingestelltheit auf die Handlungsmöglichkeiten und die Erwartungen des Anderen, wie im letzten Kapitel ausgeführt. Bevor das Individuum handeln kann, muss es seine Umwelt, in der andere Individuen mit ihm handeln und von ihm etwas erwarten, in bestimmten Kanälen registrieren und auf das, was es registriert, in einer bestimmten Weise zugehen. Die Kanäle, auf denen das Individuum die Umwelt registriert, nennt Parsons Orientierungs*ebenen;* sie beziehen sich auf das Wie der Orientierung. Die Zugangsweisen beschreibt Parsons als Orientierungs*alternativen;* sie beziehen sich auf das Was der Orientierung.

3.1.1 Orientierungsebenen

Kognitive Kategorisierung und affektive Besetzung: Gratifikation nach dem Lustprinzip

Wer handeln will, orientiert sich zunächst auf die gegebene, gegenwärtige Umwelt. Das geschieht auf zwei Weisen: Die Umwelt wird nach Kategorien *wahrgenommen* und mit Affekten *besetzt;* Parsons spricht von der *kognitiven* und der *affektiven* Orientierungsebene. Wahrnehmung und Besetzung sind *Ebenen* der Orientierung, weil sie nicht allein, sondern nur zusammen auftreten; Parsons bündelt sie oft zu *der* kognitiv-affektiven Orientierung.

Um ein Beispiel zu geben: Ein Kind in der elterlichen Wohnung muss auf der einen Seite seine Umwelt in leblose Einrichtungsgegenstände und lebende Personen und die Personen nach Geschlecht und Alter usw. einteilen; auf der anderen Seite muss es Dinge und Personen in geliebte, neutrale und gehasste einteilen, also zwischen der geliebten Schmusedecke und dem gefürchteten Hund und zwischen den geliebten Eltern und den um die Gunst der Eltern konkurrierenden Geschwistern usw. unterscheiden. Es muss also die Umwelt kognitiv einteilen und affektiv besetzen.

Durch Wahrnehmung und Besetzung schneidet Ego also „Objekte" aus der sozialen Umwelt heraus; Ego macht sich gleichsam sein Bild von Alter. Wie Ego ein Objekt kognitiv kategorisiert und affektiv besetzt, bestimmt mit über seine Erfahrungen mit dem Objekt und die *Erwartungen* an es, die Ego aus seinen Erfahrungen aufbaut (Parsons u.a. 1951: 10-12; Parsons / Shils 1951: 68-72). Die Erwartungen bauen auf den Erfahrungen der vergangenen Handlungen Alters auf und richten sich auf zukünftige Handlungen. Wahrnehmung und Besetzung sind keine einmaligen Akte, sie sind erlernt aus Erfahrungen, die zu entsprechenden Erwartungen geführt haben.

Kognitive Orientierungen werden erlernt, indem von einzelnen Objekten auf Objektklassen *generalisiert* und zwischen Objektklassen *differenziert* wird. Ein gebranntes Kind scheut das Feuer, aber nicht alle Hunde beißen. Der kognitive Lernprozess bewegt sich also in der Umwelt nach dem Prinzip der Echternacher Springprozession voran: Zwei Schritt vor, ein Schritt zurück. Vor- und Rückschritte werden von Belohnungen und Bestrafungen – Parsons sagt: *Gratifikationen* und *Deprivationen* – des Organismus gelenkt. Der Fortschritt des Lernens hängt von den positiven und negativen Belohnungen ab, die von bestimmten schwächer oder stärker besetzten Objekten wie Vater oder Mutter, von affektiv kaum besetzten Handlungspartnern und von der nichtmenschlichen Umwelt ausgehen. Er wird vom *Lustprinzip* (Freud 1923) gesteuert, vom Instinkt des Organismus, Gratifikationen zu erreichen und Deprivationen zu vermeiden. Kognitive Orientierungen entwickeln sich zwar nach den Lernmechanismen Generalisierung und Differenzierung, aber ihre Entwicklung hängt von der Balance zwischen Gratifikation und Deprivation ab. Noch sinnfälliger als kognitive werden affektive Orientierungen durch die Gratifikationen und Deprivationen gesteuert, die sich in der für den Handelnden gegebenen Situation anbieten. Sie richten sich ja auf die Besetzung von Objekten; sie zielen also auf Gratifikationen durch Objekte. Die kognitive wie die affektive

Orientierung sind also immer auf eine bestimmte Person und eine bestimmte Handlung gerichtet.

Um zum Beispiel zurückzukommen: Das Kind hat von seiner Mutter immer wieder Nahrung, Hilfe, Zuwendung bekommen, ebenso aber ist ihm all dies auch verweigert worden. Wenn das Kind eine beliebige Situation des Zusammenlebens mit der Mutter – sagen wir: das Vorlesen vor dem Zubettgehen – kognitiv kategorisiert und affektiv besetzt hat, so wird es diese Situation an einem bestimmten Abend herbeisehnen; aber es weiß nicht, ob die Mutter seinen Wunsch erfüllt. Wie bei jedem sozialen Handeln kann es sich der Reaktion des anderen nicht sicher sein. Das Kind muss sich also fragen, ob es jetzt von der Mutter das Ersehnte bekommt oder nicht, allgemein: ob seine Erwartungen über das Handeln der Mutter erfüllt werden und es Gratifikationen oder Deprivationen erhält.

Evaluative Orientierung: Anerkennung von Werten

Die kognitiv-affektive Orientierung zielt auf die Gratifikation Egos durch die Umwelt; aber die Umwelt bietet keineswegs immer die Gratifikation, die Ego am liebsten wäre. Der Handelnde muss damit rechnen, dass er bekommt, was er will – und damit, dass er es nicht bekommt. Er muss *unterschiedliche* Erwartungen aufbauen und zwischen ihnen wählen. Da aber die Unterschiedlichkeit der Gratifikation zu den unterschiedlichen Erwartungen geführt hat, kann die Wahl nicht wieder nach dem Maß der Gratifikation geschehen. Der Handelnde muss zwischen verschiedenen kognitiven Kategorisierungen und affektiven Besetzungen seiner Umwelt, also nach Maßstäben jenseits der Gratifikation wählen. Er muss nicht nur wählen, sondern begründet wählen; die Begründung der Wahl aber ist nur mit Bezug auf Werte möglich, also auf sozial definierte Maßstäbe oder „Vorstellungen des Wünschbaren" (Kluckhohn 1951: 395). Weil Werte Vorstellungen des Wünsch*baren* sind, können sie Maßstab für die Entscheidung zwischen Wünschen sein, also zwischen Erwartungen der Gratifikation durch eigene oder fremde Handlungen; Vorstellungen des Wünschbaren zeigen ihre Wirksamkeit gerade darin, dass sie *gegen* Wünsche die Oberhand behalten.

Diese dritte, auf die Bewertung unterschiedlicher Erwartungen gerichtete Orientierungsebene des Handelns nennt Parsons *evaluativ*. Sie verlangt wie die kognitiv-affektive Orientierung eine Wahl zwischen Alternativen: Wie zwischen unterschiedlichen Wahrnehmungen und Besetzungen muss man auch zwischen unterschiedlichen Maßstäben ihrer Bewertung wählen. Aber sie unterscheidet sich von der kognitiv-affektiven Orientierung durch die Art und Weise, wie sie erworben wird. Die kognitiv-affektive Orientierung wird von der Suche nach Gratifikationen und der Vermeidung von Deprivationen, also von den Bedürfnissen und Antrieben des einzelnen Organismus regiert (Parsons u.a. 1951: 9; Parsons / Shils 1951: 68); weil aber die evaluative Orientierung zwischen widerstreitenden kognitiv-affektiven Orientierungen vermittelt, *kann* sie ihrerseits nicht mehr dem Prinzip der Gratifikation folgen, sie *muss* einem anderen Prinzip folgen. Das ist für Parsons die Anerkennung von Werten, die für alle verbindlich, also sozial gültig sind (Parsons / Shils 1951: 70).

Anders als die kognitiv-affektive setzt die evaluative Orientierung voraus, dass der Handelnde unterschiedliche Erwartungen nach Maßstäben jenseits der individuellen Balance von Gratifikation und Deprivation bewertet. Weil sie zwischen widerstreitenden kognitiv-affektiven Erwartungen vermittelt, muss sie *allgemeinere* Vorstellungen enthalten, denen sich die widerstreitenden Erwartungen unterordnen lassen. Ihr Erwerb kann daher nicht durch Gratifikation durch andere Menschen gesteuert sein, sondern muss auf einer Anerkennung der Werte beruhen; für das Kind, das einen Wert als gültig anerkennt, wird die Konformität an sich be-

lohnend – unabhängig von der Gratifikation durch andere. Werte steuern die Handlungsent-
scheidungen der Person nicht durch die Belohnungen, die sie von anderen Personen, sondern
die sie von ihrem Gewissen erwartet. Die evaluative Orientierung ist also der Brückenkopf der
Gesellschaft in der Person. Während die kognitiv-affektive Orientierung – wiederum mit
Freuds (1923) Begriffen gesprochen – dem Lustprinzip unterliegt, folgt die evaluative Orientierung dem *Realitätsprinzip*. Die kognitiv-affektive Orientierung schweift in Wünsche aus,
die evaluative Orientierung legt die Wahl auf das fest, was Vorstellungen des Wünschbaren
entspricht. Wo immer die Person vor Entscheidungen gestellt wird, tritt „die Gesellschaft" in
Gestalt der evaluativen Orientierung auf.

Um noch einmal auf das Beispiel zurückzukommen: Das Kind fragt nicht nur, ob es durch
das Handeln der Mutter heute Abend gratifiziert oder depraviert wird. Es muss sich auch fragen, warum es Gratifikation oder Deprivation erwarten kann. Ist die Mutter gut aufgelegt
oder abgespannt – und deshalb von sich aus zum Vorlesen bereit oder nicht? Reagiert die
Mutter auf früheres positives oder negatives Verhalten des Kindes – und ist sie deshalb aus er-
zieherischen Gründen gehalten, zu belohnen oder zu bestrafen? Anders gesagt: Wird die Mutter einfach nur belohnend und bestrafend reagieren, oder hat sie ein Recht (wenn nicht gar
eine Pflicht), zu belohnen oder zu bestrafen?

Das Kind muss also nicht nur zwischen verschiedenen Erwartungen, sondern zwischen
Maßstäben für die verschiedenen Erwartungen entscheiden. Das Kind erwartet, heute wie immer, ein freundliches Verhalten der Mutter, weil es ungern auf eine Freude verzichtet. Aber es
kann sein, dass es heute, anders als sonst, ein unfreundliches Verhalten erwarten muss, weil es
weiß, dass die Mutter es für ein heute begangenes Vergehen bestrafen wird, oder weil es sieht,
dass die Mutter müde ist. Das Kind kann zwischen diesen Erwartungen nur entscheiden,
wenn es die Berechtigung seines Wunsches gegen die Absichten der Mutter, also Strafe oder
Schonungswunsch, abwägen kann. Habe ich wirklich unrecht getan? Hat die Mutter ein
Recht, mich zu strafen? Hat die Mutter, auch wenn ich nichts Schlimmes getan habe, ein
Recht, mir zu versagen, was ich wünsche? Bin ich berechtigt, ihr Vorwürfe zu machen? Um
diese Fragen zu entscheiden, braucht das Kind von seinen Wahrnehmungen und Vorlieben
unabhängige Wertmaßstäbe. Das Kind baut also nicht nur unterschiedliche Erwartungen auf;
es muss auch unterschiedliche Werte kennen und anerkennen, nach denen sich die Erwartungen beurteilen lassen. Sowohl das Recht (oder gar die Pflicht) der Mutter, das Kind zu strafen,
wie die Pflicht des Kindes, Rücksicht auf die Mutter zu nehmen, sind solche Maßstäbe. Zu
den kognitiv-affektiven, auf Erfahrung gestützten und von Wünschen getriebenen Erwartungen kommen also Werte, nach denen die Erwartungen beurteilt werden müssen.

Evaluative Orientierung und Sozialisation

Wie in der Theorie Parsons' soziales Handeln durch die Internalisierung von Werten in der
Sozialisation erklärt wird, kann nun mit Blick auf die drei Orientierungsebenen genauer bestimmt werden: Nicht alle Orientierungen müssen internalisiert werden, sondern nur die evaluativen. Aber die Werte, nach denen sich kognitiv-affektive Orientierungen bewerten lassen,
müssen tatsächlich von allen Mitgliedern einer Gesellschaft internalisiert worden sein, damit
die Gesellschaft Bestand haben kann. Pointiert gesagt: Alles Handeln ist soziales Handeln –
nicht in dem Sinne, dass es immer sozial konformes Handeln wäre, sondern in dem Sinne,
dass es im Falle der Konformität wie der Nichtkonformität aus einem inneren Dialog der Personen mit den gleichen Werten hervorgehen muss.[3]

---

3 In einem späteren Aufsatz (Parsons 1964b) und auch schon früher mit der Gegenüberstellung von Motivorien-

Im Ansatz der Handlungstheorie Parsons' sind also beide Seiten enthalten, nach denen Theorien des sozialen Handelns hier untersucht werden: Motivation und Intention. Die kognitiv-affektive Orientierung zielt auf die gegenwärtige Umwelt und baut Erwartungen der zukünftigen Umwelt auf, zwischen denen in der evaluativen Orientierung entschieden werden muss. Die Reaktion auf die gegenwärtige Umwelt schiebt, die Erwartung der zukünftigen Umwelt zieht die Handlung. Aber die Erwartung unterliegt der Bewertung nach internalisierten „Vorstellungen des Wünschbaren". Der Schwerpunkt der Erklärung liegt daher auf der Seite des Schubs: Das Handeln wird auf der Seite der kognitiv-affektiven Orientierung durch die Gratifikationssuche angetrieben, auf der Seite der evaluativen Orientierung von sozialen Werten gelenkt, die im Prozess der Sozialisation internalisiert wurden. Zugespitzt: Auch der Zug ist eine Schubkraft, die dem Individuum einsozialisiert ist. Das Handeln resultiert aus individuellen Antrieben, die „immer schon" sozial überformt sind. Was immer an Intentionen die Motive regiert, ist die Stimme der Gesellschaft in der Person. Intentionen reduzieren die Vielfalt möglicher Motive; sie reißen keinen Horizont von Möglichkeiten auf. Parsons' Theorie beruht auf einem „übersozialisierten Menschenbild" (Wrong 1961; siehe auch Schwinn 1993: 261-269). Von der Breite des begrifflichen Rahmens her umfasst Parsons' Theorie zwar Schub und Zug, Motivation und Intention. Aber das Erklärungsprinzip seiner Theorie gesteht den Intentionen keine eigene Logik zu, sondern gibt ihnen die Funktion, Motive in eine sozial akzeptable Form zu gießen. Alles Handeln ist soziales Handeln; und alles Handeln geschieht, weil der Handelnde einsozialisierten Motiven folgt.

3.1.2 Orientierungsalternativen

Die drei Orientierungs*ebenen* erfassen das *Wie* eines jeden Zugriffs auf die soziale Umwelt. Jeder Akteur muss Andere wahrnehmen und besetzen sowie Erwartungen über ihr Handeln bewerten; er hat keine Wahl. *Was* aber der Akteur in seiner sozialen Umwelt erfasst, kann sehr vieles sein; er ist gezwungen, zu wählen. Der soziologische Analytiker, der diese Vielfalt begreifen will, muss sie auf wenige, in jeder besonderen Handlung zu treffende Entscheidungen reduzieren. Parsons entwickelt fünf Orientierungs*alternativen* (Parsons / Shils 1951: 76-91; sowie: Büschges / Abraham / Funk 1998: 108-112). Jede Orientierungsalternative beschreibt ein Handlungsproblem, das durch die Entscheidung gelöst wird; alle fünf Orientierungsalternativen sind daher – nach Parsons' Vorstellung – notwendig und hinreichend, um konkrete Handlungen zu beschreiben.

Handlungsprobleme: Selbstbezug der Person und Wahrnehmung der Objekte

Die ersten drei Orientierungsalternativen beziehen sich auf Handlungsprobleme, die die Person mit Blick auf sich selber lösen muss. Die Person muss erstens das Problem der Gratifikation oder des Gratifikationsaufschubs lösen. Sie muss wählen, ob sie ihre Antriebe an einem wahrgenommenen und besetzten Objekt unmittelbar befriedigen oder die Antriebe nach Ge-

---

tierung und Wertorientierung (Parsons / Shils 1951: 68-74) hat Parsons alle drei Orientierungsebenen als Konflikt zwischen Bedürfnissen und internalisierten Werten aufgefasst. Auch auf der kognitiv-affektiven Ebene widerstreitet das Prinzip der Bedürfnisbefriedigung internalisierten Werten, nämlich den Werten der Wahrheit und der Wahrhaftigkeit; auch Denk- und Ausdrucksformen werden durch soziale Werte überformt. Aber da hier nur der grundsätzliche Dualismus von Parsons Begriffsrahmen dargestellt werden soll, können wir auf diese Erweiterung verzichten, die die grundsätzliche These der Identifikation von Handeln mit sozialem Handeln ja verschärft, indem schon die kognitiv-affektive Orientierungsebene als sozial überformt angesehen wird.

sichtspunkten jenseits der Befriedigung, nach Werten bewerten will. Die Alternative besteht also zwischen einer *affektiven oder affektneutralen* Orientierung auf die Umwelt. Mit Blick zurück auf die Orientierungsebenen formuliert, muss die Person entscheiden, ob sie sich allein an die Spielregel der kognitiv-affektiven Ebene, nämlich die Gratifikation, halten will, oder ob sie auch der Spielregel der evaluativen Ebene, der Anerkennung von Werten, folgen will.[4]

Wenn die Person die affektneutrale Orientierung wählt, also überhaupt bewertet, dann muss sie folgende Probleme der Wahl angemessener *Werte* lösen, die mit der zweiten und dritten Orientierungsalternative umschrieben werden. Die Person muss sich zweitens fragen, ob sie sich an überpersönliche Werte der Gemeinschaft, der sie zugehört, wie Pflicht und Hingabe, oder an Werte der eigenen Person halten will, wie Selbstbestimmung; sie muss sich also entscheiden, ob sie sich *am Kollektiv oder am Selbst* orientieren will. Und sie muss sich drittens fragen, ob sie sich an in der Handlungssituation immanenten oder sie transzendierenden Werten orientiert, d.h. an affektiven, für Personen angemessenen Werten – wie Liebe, Fürsorge – oder an kognitiven, für Kategorien von Personen angemessenen Werten – wie Gleichheit, Gerechtigkeit; sie muss sich also entscheiden, ob sie ihre Antriebe unter *partikularistischen oder universalistischen* Werten sehen will.

Die vierte und fünfte Orientierungsalternative stellen sich nicht im Blick der Person auf sich selber, sondern auf ihre Umwelt, also auf die *Objekte* der Situation. Wenn sich die Person ihre Motive klargemacht hat, muss sie sich fragen, wie sie die Umwelt sehen will, auf die sich ihre Motive richten. Sie muss sich viertens fragen, ob sie Objekte der Umwelt als passive oder aktive, nach Beschaffenheit oder Verhalten, nach zugeschriebenen oder erworbenen Eigenschaften, nach *Qualität oder Leistung* sehen will. Sie muss sich fünftens fragen, ob für ihre Motive *diffuse oder spezifische Funktionen* durch die Umwelt erfüllt werden sollen.

Tabelle 3.1 Übersicht über die Orientierungsalternativen

Orientierungsproblem		Lösung	
		traditional	*modern*
Antrieb:	Gratifikation-Aufschub	Affektiv	affektneutral
Wert:	überpersönlich-persönlich	Kollektiv	Selbst
Wert:	situationsimmanent-transzendent	Partikularismus	Universalismus
Objekt:	Modalität	Qualität	Leistung
Objekt:	Funktionsbreite	Diffus	spezifisch

In Tabelle 3.1 sind die Orientierungsalternativen so zusammengestellt, dass zu jedem Handlungs- oder Orientierungsproblem jeweils eine „traditionale" und eine „moderne" Lösung gegenübergestellt ist, also eine Lösung, die für „traditionale" oder für „moderne" Beziehungsformen als vorherrschend oder typisch angesehen werden kann. Nach den Begriffen von Ferdinand Tönnies (1887), aus denen Parsons die Orientierungsalternativen entwickelt hat, kann man die „traditionale" Beziehungsform als „Gemeinschaft" und die „moderne" als „Gesellschaft" bezeichnen.

---

4 Wenn die drei Orientierungs*ebenen* jedem Handeln zugrunde liegen, kann es offenbar keine Wahl sein, affektiv oder affektneutral zu handeln. Affektives Handeln ist bestenfalls ein Grenzfall. Man kann nicht gewissenlos oder impulsiv handeln *wollen*. Die erste Orientierungsalternative passt also nicht in die Systematik der Begriffe Parsons'.

Beispiele: Eltern-Kind, Schüler-Lehrer

Zur Illustration der Behauptung, dass die fünf Orientierungsalternativen zur Beschreibung von Handlungen notwendig und hinreichend sind, wird die Beziehung des Kindes zu seinen Eltern und der Beziehung des Schülers zu seinem Lehrer gegenübergestellt. Das Kind orientiert sich affektiv an seinen Eltern, der Schüler affektneutral an seinem Lehrer: Das Kind erwartet, dass die Eltern seine Bedürfnisse nach Nahrung, Geborgenheit usw. befriedigen; aber der Schüler weiß, dass der Lehrer diese Bedürfnisse nicht befriedigen kann. Das Kind schiebt Bedürfnisse zugunsten des Kollektivs der Familie auf, in der es weiter leben will; der Schüler zugunsten seiner eigenen intellektuellen Entwicklung, die in der Schule gefördert werden soll. Das Kind sieht seine Eltern partikularistisch: Nur seine, und nicht irgendeine andere Mutter ist seine Mutter; die konkreten Personen sind für die Orientierung wesentlich. Der Schüler sieht seinen Lehrer universalistisch.[5] Wenn er nicht von A in einem bestimmten Fach unterrichtet wird, dann von B; die konkreten Personen sind für die Orientierung nicht wesentlich. Das Kind sieht die Elternschaft seiner Eltern als fraglos gegebene Qualität an; aber der Schüler weiß, dass der Lehrer seine Qualifikation durch Leistung erworben hat. Schließlich sind für das Kind die Eltern Ansprechpartner in allen Nöten: Sie verpflegen es, lieben es, belehren es. Aber der Lehrer ist für den Schüler Lehrperson, nicht Liebesobjekt.

Es fällt nicht schwer, für die Zuordnung jeder Alternative zur Eltern-Kind und zur Lehrer-Schüler-Beziehung Gegenbeispiele zu geben – was sich am Beispiel des Partikularismus der Eltern-Kind- und des Universalismus der Lehrer-Schüler-Beziehung illustrieren lässt. Auch Kinder sehen ihre Eltern – und Eltern ihre Kinder – nicht nur als besondere, nicht austauschbare Personen, sondern sie bewerten sie auch nach allgemeinen Maßstäben jenseits der Eltern-Kind-Beziehung, etwa nach Leistung – sie müssen das sogar, wenn nicht die Kinder ihre Eltern zu Abgöttern machen und die Eltern ihre Kinder verziehen wollen. Aber sie dürfen nie die Existenz der Beziehung von universalistischen Maßstäben abhängig machen. Ein Kind kann die Leistungen seiner Eltern im Beruf und zu Hause durchaus kritisch sehen; aber wenn es sich Verpflichtungen für seine Eltern mit dem Hinweis auf mangelnde Verdienste der Eltern entziehen will, untergräbt es die Beziehung. Eltern können ihr Kind für schlechte Schulleistungen tadeln; aber wenn sie ihre Liebe zum Kind von guten Schulleistungen abhängig machen, beginnen sie, die Beziehung zu zerstören. In ähnlicher Weise berücksichtigt auch der Lehrer in der Schule, dass er als Person eine besondere Beziehung zu jedem einzelnen Kind hat – er muss es sogar, wenn er als Lehrer erfolgreich sein will. Aber sobald er beginnt, auf ein bestimmtes Kind vornehmlich aufgrund seiner besonderen Beziehung zu ihm zu reagieren, sobald er also „Liebchenwirtschaft" betreibt, wird er seiner Aufgabe als Lehrer nicht mehr gerecht. Allgemein gesprochen: Mit jeder Seite der fünf Orientierungsalternativen lässt sich die *dominante* Seite einer Beziehung beschreiben, so dass die Wirksamkeit der anderen Seite nicht ausgeschlossen, sondern sogar impliziert ist. Dass die eine oder andere Seite einer Alternative auftaucht, charakterisiert also eine Beziehung noch nicht hinreichend; erst wenn man zeigt, dass Dominanz der „falschen" Seite die Beziehung zerstört, hat man belegt, dass die andere Seite die Beziehung charakterisiert.

---

5 Die Alternative partikularistisch-universalistisch wird im Alltag dadurch ausgedrückt, dass die Person als „unersetzbar" gilt. „Keiner ist unersetzbar"- damit tröstet man sich, wenn ein ausgezeichneter Spezialist aus einer universalistischen Beziehung ausscheidet. Aber der Tod eines Elternteils, eines Ehepartners oder eines Kindes ist „ein unersetzbarer Verlust". Die Alternative entspricht im Übrigen der von „geschlossenen" und „offenen" Beziehungen bei Weber (1980: Erster Teil, Erstes Kapitel, § 10).

Wenn man akzeptiert, dass die Orientierungsalternativen nur die dominante Seite einer Beziehung beschreiben sollen, fällt es leichter, die Zuordnung jeder Seite zu traditionalen oder modernen Gesellschaften zu verstehen. Natürlich ist es eine Karikatur, traditionale Gesellschaften als affektiv usw., moderne als affektneutral usw. zu beschreiben; denn in traditionalen Gesellschaften gab es in Verwaltungen, Schulen und Kirchen affektneutrale Beziehungen, während in modernen Gesellschaften affektive Beziehungen nicht nur überleben, sondern im Privatleben, dessen Hauptinhalt die Begegnung und wechselseitige Erforschung von Personen geworden ist, vielleicht sogar an Bedeutung gewonnen haben. Moderne Gesellschaften aber zeichnen sich durch eine wachsende Differenzierung aller Lebensaufgaben – der effizienten Produktion mit knappen Mitteln in der Wirtschaft, der Konstruktion von Konsens zwischen widerstreitenden Interessen in der Politik, der Suche nach wahren Sätzen in der Wissenschaft, der Schaffung von Gewissheit über das Jenseits in der Religion usw. – aus, so dass jeder in jedem Bereich nur noch mit Ausschnitten seiner Person sichtbar ist und für andere Menschen bedeutsam wird. Deshalb müssen die Beziehungen in modernen Gesellschaften *insgesamt* zunehmend affektneutral usw. werden; deshalb ist die *pauschale* Zuordnung der Alternativen zu den beiden *Typen* von Gesellschaften berechtigt (siehe Kapitel 5).

3.1.3 Interaktionsparadigma

Die Orientierungsebenen und die Orientierungsalternativen dienen Parsons dazu, das einzelne Individuum zu analysieren, das sozial handeln will und sich an den Handlungsmöglichkeiten des Anderen orientiert (Parsons u.a. 1951: 14-168; Parsons / Shils 1951: 105-107, 153-155, 190-192). Aber erst wenn Ego und Alter ihre Orientierungen in Handeln umsetzen, kommt soziales Handeln zustande, das von Parsons in einem Modell – dem Interaktionsparadigma – analysiert wird.

Doppelkontingenz der Erwartungen Egos

Jedes Ego erwartet nicht nur, dass Alter reagiert, sondern, dass Alter Erwartungen an Ego richtet. Ego hat also zwei Erwartungen: über die Reaktionen Alters und über die Erwartungen Alters an Ego. Was wird Alter machen? Was erwartet Alter von mir? Die erste Erwartung richtet sich auf das Verhalten, die zweite auf eine an Ego gerichtete Sollensvorstellung Alters, also auf eine Norm Alters, die Ego sich zu Eigen machen kann – oder auch nicht. Das kann man – in einem Versuch, einem schwer fassbaren Begriff Parsons' einen eindeutigen Sinn zu geben[6] –

---

6 Die beiden Begriffe „Doppelkontingenz" und „Komplementarität" der Erwartungen sind in den zitierten Texten Parsons nicht immer scharf zu trennen. Ich versuche eine Trennung, indem ich „Doppelkontingenz" allein auf Egos Erwartungen und „Komplementarität" auf die Interaktion von Ego und Alter beziehe. Das ist insofern stimmig mit Parsons' Darlegungen, als er oft die „Doppelkontingenz" als das Problem gesteigerter Unsicherheit der Bedürfnisbefriedigung der Handelnden und die „Komplementarität der Erwartungen" als die Lösung beschreibt: Durch die Existenz Anderer hängen Gratifikationen Egos nicht nur von der Dingwelt, sondern auch von Alter ab; und um Gratifikationen für Ego wie Alter dauerhaft zu sichern, müssen ihre Erwartungen durch eine gemeinsame normative Ordnung stabilisiert werden (so z. B. Münch 1988: 328; Schwinn 1993: 261-269). Wenn aber die doppelte Kontingenz nur besagt, dass zur Kontingenz der Objektwelt Kontingenzen durch Alter hinzukommen, dann ist unverständlich, warum überhaupt von *doppelter* Kontingenz der *Inter*aktion oder des *sozialen* Handelns gesprochen wird. Die „doppelte" ist „die" Kontingenz des sozialen Handelns. Die erste, durch die Objektumwelt bedingte Kontingenz wird *erlebt*; nicht das Handeln mit der Umwelt, sondern das Erleben der Umwelt ist ungewiss. Zur Kontingenz des Erlebens der Umwelt kommt die Kontingenz der Unvorher-

die *„doppelte Kontingenz der Gratifikationen im sozialen Handeln"* nennen, also des Handelns mit Bezug auf einen Anderen, der seinerseits handelt *und* Erwartungen an das Handeln Egos heran trägt. Ego kann sich nicht sicher sein, wie Alter reagieren wird *und* welche Erwartungen Alter an Ego heranträgt; und aus beiden Gründen kann Ego nicht sicher sein, welche Gratifikationen das soziale Handeln für ihn haben wird.

Der Begriff der „Doppelkontingenz" zeigt, dass Parsons soziales Handeln im engen Sinne versteht: Soziales Handeln wird durch die Orientierung an den Reaktionsmöglichkeiten des Anderen *und* den Erwartungen des Anderen definiert. Ego bewertet die Reaktionsmöglichkeiten Alters nach ihren Konsequenzen für seine Interessen und die Erwartungen nach Normen: Wird die Reaktion Alters mir nutzen? Sind die Erwartungen Alters an mich berechtigt? Aber während Ego den Nutzen an der Gratifikation seiner Bedürfnisse bewerten kann, braucht er für die Bewertung der Erwartungen Maßstäbe oder Werte. Parsons behauptet nun, dass Ego und Alter, wenn sie nur die Reaktionsmöglichkeiten des anderen nach ihren Interessen abschätzen, nicht zusammen handeln können; vielmehr müssen *zusätzlich* Ego und Alter Normen und Werte teilen, nach denen sie die Erwartungen des anderen bewerten können. Diese Einschränkung ist nur konsequent, wenn man sich daran erinnert, dass Parsons jenseits der kognitiv-affektiven die evaluative Orientierungsebene als notwendig für soziales Handeln betrachtet. Eine kognitiv-affektive Orientierung braucht nur mit den Handlungsmöglichkeiten Alters zu rechnen: Freut oder schmerzt mich die mutmaßliche Reaktion Alters? Was wäre mir die liebste, was die unliebste Reaktion? Aber eine evaluative Orientierung muss mit den Erwartungen Alters rechnen: Was sind die Erwartungen Alters an mich? Sind sie berechtigt? Was soll ich entsprechend tun? Allein mit Blick auf seine Gratifikation wird Ego eindeutige Vorlieben für die möglichen Reaktionen Alters entwickeln. Aber die Erwartungen Alters an Ego können die Rangfolge verändern. Sie können Ego veranlassen, bestimmte Erwartungen an das Verhalten Alters niedrig anzusetzen oder auf sie ganz zu verzichten.

Im Beispiel der Erwartung des Kindes, dass die Mutter abends vorliest: Die Bewertung, dass heute Abend der Spaß durch schlechtes Betragen des Kindes verspielt oder durch Übermüdung der Mutter unmöglich ist, wird nicht nur das Handeln der Mutter, sondern auch die Entscheidungen des Kindes über seine widerstreitenden Erwartungen bestimmen: Ich erwarte, dass die Mutter vorliest, weil sie es immer tut und es mir Spaß macht. Aber ich erwarte, dass sie nicht vorliest, weil sie mich bestrafen muss oder müde ist; ich darf es gar nicht erwarten, weil ich Strafe verdient habe oder Rücksicht nehmen muss.

Die doppelte Kontingenz der Erwartungen Egos von den Handlungsmöglichkeiten und den Erwartungen Alters hebt also soziales Handeln vom technischen Handeln, vom erfolgskontrollierten Umgang mit der Objektwelt ab. Aber mit dieser Abgrenzung gleichsam nach außen wird das soziale Handeln zugleich nach innen auf durch normative Erwartungen bestimmtes Handeln eingeschränkt. Parsons führt diese zusätzliche Bedingung ein, weil für ihn Menschen nur dann ihre Interessen im Zusammenleben verwirklichen können, wenn sie zugleich Werte und Normen teilen. Aber diese Bedingung ist für die Abgrenzung des sozialen gegen das technische Handeln nicht erforderlich: In das soziale Handeln gehen zwar *mehr* Überlegungen ein als in den erfolgskontrollierten Umgang mit der Objektwelt; aber der Blick auf die Handlungsalternativen Alters reicht für diese Abgrenzung aus, die Erwartungen Alters an Ego müssen nicht zusätzlich herangezogen werden. Wenn Ego mit der Objektwelt erfolgreich umge-

---

sehbarkeit der Reaktionen anderer Menschen. – Eben so wenig ist der Begriff Doppelkontingenz sinnvoll, um die Wechselseitigkeit der Abhängigkeit Egos und Alters auszudrücken: „Doppelt" können Kontingenzen doch nur mit Bezug auf einen konstanten Akteur sein.

hen will, so erwartet er eine bestimmte Reaktion von ihr: Eine dicke Wand braucht einen starken Nagel, ein grober Klotz einen groben Keil. Aber Ego erwartet keine alternativen Reaktionen – und schon gar nicht rechnet er mit Erwartungen der Objektwelt an ihn. Jeden, der seine Objektwelt schon mit der Erwartung alternativer Reaktionen in dieser Weise „personalisieren" würde, würde man zum Psychiater schicken, weil er eine elementare Unterscheidung zwischen Objekten und anderen Menschen verloren hat und überflüssigerweise eine „Doppelkontingenz" konstruiert, wo nicht einmal eine einfache Kontingenz notwendig wäre: Die Objektwelt kann nicht auf einer Palette alternativer Reaktionen wählen, geschweige denn Erwartungen an Ego herantragen. Wenn aber Ego mit Alter zusammenlebt, dann wird er sein Handeln auf die Handlungsmöglichkeiten wie die Erwartungen Alters einstellen. Man würde ihn für infantil halten, wenn er nicht mit den Handlungsmöglichkeiten Alters rechnet – und für ungehobelt, wenn er nicht mit den Erwartungen Alters rechnet.

Komplementarität der Erwartungen Egos und Alters

Der Begriff der Doppelkontingenz weicht also gleichsam vor dem technischen, nicht-sozialen Handeln zu weit, nämlich auf normativ geregeltes Handeln zurück. Aber selbst unter dieser Voraussetzung beschreibt die Doppelkontingenz nur die Bedingung, dass Ego sich an Alters normativen Erwartungen an Ego (und Alter an Egos normativen Erwartungen an Alter) orientiert – womit noch nicht garantiert ist, dass Egos und Alters Erwartungen tatsächlich zusammenpassen. Wenn jedoch die Interaktion zu einem den Interessen beider zuträglichen Ziele führen soll, *müssen* die Erwartungen Egos und Alters zusammenkommen. Egos Erwartungen beziehen sich zunächst auf das Verhalten Alters: So wie z.B. der Käufer erwartet, dass der Verkäufer ihm etwas verkaufen will, so erwartet der Verkäufer, dass der Käufer etwas kaufen will. Egos Erwartungen beziehen sich weiterhin aber auch auf die Erwartungen Alters an Ego: So wie der Käufer weiß, dass der Verkäufer von ihm ein Interesse am Kauf erwartet, so weiß der Verkäufer, dass der Käufer ihm ein Interesse am Verkauf unterstellt. Jeder erwartet nicht nur, dass verkauft und gekauft wird; jeder weiß auch, dass der andere die Erwartung hegt, dass ein Kauf geschehen soll. Auf Egos wie Alters Seite ergänzen sich die Erwartungen Egos und Alters – was Parsons als „*Komplementarität der Erwartungen*" bezeichnet.

Wenn Egos und Alters Erwartungen komplementär sind, dann ist gesichert, dass aus der individuellen Welt der Erwartungen jeder Seite eine gemeinsame Welt der Handlungen entsteht. Denn dann ist die Chance groß, dass die Handlungen Alters Egos Bedürfnisse erfüllen – und vice versa. Die Komplementarität der Erwartungen bedeutet nicht, dass Ego und Alter dasselbe erwarten und tun, wohl aber, dass Ego genau das erwartet, was Alter tun will (also gleichsam von sich selbst erwartet), und umgekehrt. Die Reaktion jeder Seite bezeichnet Parsons auch als „Sanktion" im neutralen Sinne einer mehr oder minder starken Bedürfnisbefriedigung. Die Komplementarität der Erwartungen ermöglicht also die Bedürfnisbefriedigung beider Seiten und damit den Erfolg der Interaktion. Sie ist in Abbildung 3.2 durch einen Pfeil der Erwartung von Ego an Alters Handlung bzw. von Alter an Egos Handlung dargestellt, der durch einen gegenläufigen Pfeil der Sanktion von Alter an Alters Handlung und von Ego an Egos Handlung erwidert wird.

Man könnte glauben, dass die Komplementarität im Beispiel von Käufer und Verkäufer aus der Statusgleichheit resultiert: Jeder dient dem anderen. Aber sie gilt auch bei Statusungleichheit, wenn also nur Ego Alter, aber nicht Alter Ego dient. Der Herr erwartet, dass der Knecht seine Befehle erfüllt, der Knecht, dass der Herr ihm befiehlt. Auch hier stimmen die Erwartungen beider Seiten – der Herr befiehlt und der Knecht bedient – überein. Der Erwartung

Abbildung 3.2 Das Interaktionsparadigma Parsons': Komplementarität der Erwartungen Egos
und Alters

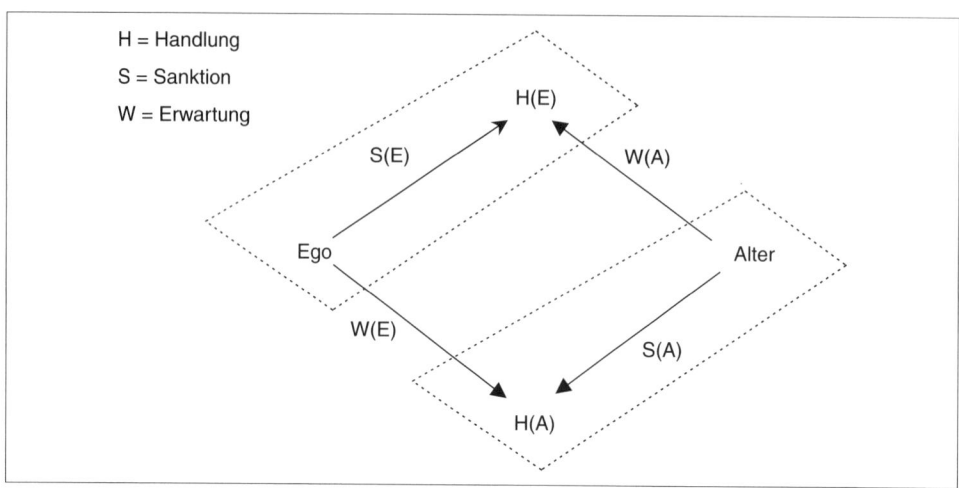

des Herrn (bedient zu werden) entspricht die Sanktion des Knechts (die Bedienung); und
ebenso entspricht der Erwartung des Knechts (gebeten zu werden) die Sanktion des Herrn
(die Bitte). „Herr" und „Knecht" sind hier allgemeine Begriffe, die man mit den beiden Polen
vieler ungleicher Beziehungen ausfüllen kann: Arbeitgeber und Arbeitnehmer, Meister und
Lehrling, Eltern und Kinder, Lehrer und Schüler.

In beiden Fällen – also bei Gleichheit wie Ungleichheit des Status – ist Interaktion wegen
der Komplementarität der Erwartungen möglich. Sie kann wie die Erwartungen jedes Partners
mit den Orientierungsalternativen beschrieben werden. Nicht nur der Käufer verhält sich zum
Verkäufer affektiv neutral, selbstorientiert, universalistisch, leistungsorientiert und funktional
spezifisch; sondern auch der Verkäufer zum Käufer. Beide Seiten haben die gleichen Werte für
die Situation des Tauschens internalisiert und leiten aus den Werten spezifische Normen ab:
Die Affektneutralität schließt z.B. aus, dass der Käufer mit Wut oder Empörung auf zu hohe
Preise reagiert, statt schlicht in ein anderes Geschäft zu gehen; oder dass der Verkäufer den
Käufer bittet, ihm aus Mitleid mit seiner kranken Frau einen höheren Preis zu zahlen. Die
Selbstorientierung von Käufer wie Verkäufer schließt z.B. aus, dass die beiden sich als Ge-
meinschaft verstehen, der sie mit ihrer Transaktion dienen. Der Universalismus schließt z.B.
aus, was eine neue „Situationsdefinition" wäre: dass der Käufer mit einer Einladung zum
Abendessen eine erotische Beziehung einfädelt, die ihrem Wesen nach partikularistisch ist.
Die Leistungsorientierung schließt z.B. aus, dass der Käufer sich einen alten oder jungen,
männlichen oder weiblichen Verkäufer sucht und der Verkäufer alte oder junge, männliche
oder weibliche Kunden zuerst bedient. Die funktionale Spezifität schließt z.B. aus, dass Käufer und Verkäufer sich länger, als für die Herstellung eines guten Verkaufsklimas notwendig,
über das Wetter unterhalten.

3.1.4 Sozialisation als Garant der Komplementarität der Erwartungen

Mit der Komplementarität der Erwartungen ist eine logische Bedingung für die Möglichkeit der Interaktion benannt, aber nicht aufgezeigt, wie die Bedingung empirisch erfüllt sein kann. Wie wird Komplementarität der Erwartungen hergestellt? Die erste Antwort Parsons' ist: durch die Sozialisation in der Familie.

Sozialisation in der Familie

Die Komplementarität von Erwartungen wird durch einen besonderen Interaktionsprozess gelernt, die Sozialisation in der Familie, deren Beschreibung Parsons weitgehend von Freud übernimmt (Parsons u.a. 1951: 17-18, Parsons 1964b). Das Kind kommt mit einem Bündel „überschüssiger", auf kein Ziel programmierter Impulse auf die Welt und kann nur mit der Hilfe erwachsener Menschen überleben. Beim neugeborenen Tier treten die Instinkte, die dem Verhalten eine Richtung geben, an die Stelle der Moral; aber das „instinktverunsicherte" neugeborene Menschenkind ist ohne Orientierung. Und das Neugeborene vieler Tierarten kann auf eigenen Beinen stehen, während der neugeborene Mensch ohne erwachsene Gattungsgenossen untergeht. Kurzum: Das Menschenkind ist amoralisch und abhängig. Aus der Sozialnatur des Menschen (siehe Abschnitt 1.3) resultiert eine besondere Form des Lernens in einer besonderen Sozialstruktur, die Sozialisation in der Familie. Sie lässt sich auf drei Ebenen beschreiben.

Im *ersten* Lernprozess verknüpft das Kind konkretes Verhalten mit konkreten Sanktionen und baut entsprechende Erwartungen auf. „Denn früh belehrt ihn die Erfahrung, sobald er schrie, bekam er Nahrung" (Wilhelm Busch). Weil das Kind von den Eltern abhängig ist, können Eltern jedes Verhalten des Kindes belohnen und bestrafen, so dass das Kind lernt, zu tun, wofür es belohnt wird, und zu lassen, wofür es bestraft wird, und Tun wie Lassen mit der Erwartung von Lohn wie Strafe zu verknüpfen. Für alle Verhaltensweisen in der Familie baut das Kind so Erwartungen auf und lernt, entsprechend zu handeln. Aber dass alle Erwartungen, die im späteren Leben Interaktionen regieren, in dieser Weise erlernt werden, ist schon durch ihre schiere Menge ausgeschlossen. Daher muss das Kind in der Familie die Komplementarität der Erwartungen in einer allgemeinen Form erlernen, die es später, also außerhalb der Familie, auf alle möglichen Erwartungen anwenden kann. Es muss lernen, von der faktischen Erwartung der Sanktionen der Eltern zu den Sollens-Erwartungen der Eltern an sein Verhalten vorzudringen; es muss die *normativen* Erwartungen der Eltern an es, die Gebote und Verbote entdecken, nach denen sie sein Verhalten sanktionieren.

Die Abstraktion von den faktischen Erwartungen elterlicher Reaktionen geschieht im *zweiten* Lernprozess, der unabhängig vom Willen der Eltern durch eine Besonderheit der Interaktionssituation in der Familie ausgelöst wird. Während man in der Familie wie überall lernen kann, indem man aus den Sanktionen anderer auf ihre normativen Erwartungen schließt, ist die Interaktionssituation in der Familie durch die Übermacht der Eltern und die Abhängigkeit des Kindes gekennzeichnet. Weil die Eltern die einzigen Ernährer, Beschützer und Vorbilder des Kindes sind, kann es gar nicht anders, als sich an ihrem Willen zu orientieren: Es muss sich ihnen fügen oder ihre Sanktionen über sich ergehen lassen. Diese Situation ist nur erträglich, wenn das Kind sich mit den Eltern identifiziert. Es sieht ihr Freud und Leid als sein Freud und Leid an, so dass es von sich selber will, was die Eltern von ihm wollen, und sich für Gehorsam selber so belohnt und für Übertretungen selber so bestraft, wie die Eltern es belohnen oder bestrafen würden. Die Identifikation mit den Personen bedeutet eine Internalisierung ihrer Sanktionen. Die Internalisierung impliziert die Generalisierung: Das Kind muss ja selber wissen, wofür es sich selbst sanktionieren soll; es muss sich das Gebot zu Eigen gemacht haben, nach dem früher die Eltern sanktioniert haben. Nicht nur das Gebot aber wird internalisiert, sondern auch der Konflikt zwischen dem Gebot und dem Wunsch des Kindes: Der Wunsch des Kindes wird nicht mehr durch die Sanktionen der Eltern, sondern durch die Überzeugung des Kindes von der Gültigkeit des Gebots eingeschränkt.

Die Internalisierung von Geboten und Sanktionen bezeichnet man umgangssprachlich als Gewissen. Dass das Kind seinem Gewissen folgt, vereinfacht die Sozialisation auf beiden Seiten. Das Kind ist weniger häufig auf die Anleitung der Eltern angewiesen, die Eltern müssen das Kind weniger häufig kontrollieren. Aber auch damit ist die Sozialisation in der Familie noch nicht erschöpfend beschrieben. Zunächst folgt das Kind nicht immer seinem Gewissen – so wenig wie der Erwachsene. Aber selbst wenn es seinem Gewissen folgt, können die Gebote und Verbote, an die es sich halten will, in Konflikt geraten. Im Falle des Konflikts ist das Kind jedoch gezwungen, auch von Geboten und Verboten zu abstrahieren und Werte zu entdecken, die ihm eine Entscheidung erlauben.

Die Abstraktion von Geboten und Verboten geschieht im *dritten* Lernprozess, der wiederum unabhängig vom Willen der Eltern durch eine Besonderheit der Interaktionssituation in der Familie ausgelöst wird. Weil die Eltern *zwei* Personen sind, identifiziert sich das Kind mit Vater *und* Mutter. Aber die Erwartungen des Vaters und der Mutter geraten unvermeidlich früher oder später in Widerspruch. Die Mutter erwartet z.B. vom Kind, dass es mit anderen Kindern gut zurechtkommt, der Vater aber, dass es sich durchsetzt; aber man kann nicht immer mit anderen gut zurechtkommen, wenn man sich durchsetzen will, so dass das Kind sich früher oder später „für Vater" oder „für Mutter" entscheiden muss. Oder die Mutter erwartet, dass das Kind rechtzeitig zu Bett geht, der Vater erlaubt ihm, noch länger fernzusehen, so dass das Kind zwar versucht ist, sich an den Vater zu halten, aber mit schlechtem Gewissen. Derartige Konflikte lassen sich nur lösen, indem der eine oder andere Elternteil sich durchsetzt, also das eine Gebot recht bekommt und das andere nicht. Das Kind ist versucht, die Identifikation mit der unterlegenen Seite aufzugeben und alles „auf eine Karte setzen"; und der „siegreiche" Elternteil versucht, mit dem Kind gegen den anderen Elternteil zusammenzugehen, so dass das Kind in die Gemeinschaft mit einem Elternteil getrieben wird und dessen Werte in der Konfrontation gegen den anderen Elternteil unbedingt und unflexibel übernimmt.[7]

Die Tendenz, die Familie auf eine Zweiergemeinschaft des Kindes mit einem Elternteil zurückzubilden, kann aber blockiert werden, wenn die Eltern eine *Koalition* gegenüber dem Kind bilden, die trotz der Entscheidung für die eine oder andere Seite fortbesteht. Weil die Eltern miteinander solidarisch sind, bleibt die gemeinsame Sache des Kindes mit *einem* Elternteil Episode. Das Kind kann sich nicht auf Dauer mit der einen oder anderen Seite identifizieren; es ist gezwungen, mit widersprüchlichen Geboten zu leben und nach Lösungen des Widerspruchs zu suchen, d.h. nach Randbedingungen, die die Gültigkeit eines Gebots relativieren, und nach allgemeinen Prinzipien, die Gebote überhaupt rechtfertigen. Die Solidarität zwischen Eltern ist also die in der Sozialstruktur der Familie, in den sich ergänzenden Rollen von Vater und Mutter, angelegte Basis dafür, dass das Kind für sich eine Hierarchie moralischer Gebote aufbaut. Das Kind muss die Entscheidung für die eine Seite nicht als Entscheidung gegen die andere verstehen; denn beide Seiten halten ihren Standpunkt aufrecht, ohne

---

7   Weitere Beispiele für Konflikte zwischen Geboten und ihre Lösung durch allgemeine Prinzipien werden in Abschnitt 6.2.2 gegeben.

die Solidarität mit der anderen Seite aufzugeben. Das Kind muss wegen eines vorübergehenden Konflikts zwischen den Eltern die Identifikation mit einem Elternteil nicht aufgeben; statt den Konflikt durch den Rückzug auf die Beziehung zu nur einem Elternteil zu lösen, kann es ihn von der Beziehung beider Eltern zu ihm trennen und in die Beziehung zwischen den Eltern verlagern, die ein Unterpfand für die Lösbarkeit von Konflikten darstellt. Statt Partei im Konflikt wird es Beobachter des Konflikts. Die Position des Beobachters zweier Personen, mit denen es sich in gleicher Weise identifiziert, erlaubt es dem Kind langfristig, von konkreten Geboten abzusehen und die Begründungen zu finden: Mal gibt es der einen, mal der anderen Seite recht, weil allgemeinere Regeln mal die eine und mal die andere Seite ins Recht setzen. Aber nie ist ihm der Weg von Geboten zu Begründungen deshalb versperrt, weil die begründete Unterordnung eines Gebots auch die Preisgabe einer geliebten Person mit sich bringt. Statt sich unbedingt mit den Werten eines Elternteils zu identifizieren, kann es flexibel zwischen den Werten beider Eltern vermitteln und auf diese Weise ein *eigenständiges,* also von der Identifikation mit jedem Elternteil unabhängiges Gewissen entwickeln.

Die Identifikation mit zwei untereinander solidarischen Personen ist also die Grundlage dafür, dass das Kind mit den Geboten und Verboten zugleich die Begriffe von Gut und Böse überhaupt, also die Regeln erlernt, nach denen es über besondere Gebote und Verbote entscheiden kann. Auf diese Weise lernt es nicht nur, *was* gut und böse ist, sondern was *Gut und Böse* ist (Parsons 1955: 77-104; Lidz 1971: 33-63). Erst auf diese Weise also kann das Kind die Werte, die „Vorstellungen des Wünschbaren" erlernen, aufgrund derer es auf der evaluativen Orientierungsebene zwischen unterschiedlichen Erwartungen unterscheiden kann.

Primäre und sekundäre Sozialisation

Weil also in der Familie die Sozialisation durch den Machtunterschied zwischen Eltern und Kind und durch die Solidarität der Eltern eine besondere Sozialstruktur hat, kann sie nicht nur konkrete Verhaltensweisen, sondern auch Gebote und Verbote und allgemeine Vorstellungen von Gut und Böse vermitteln, die die Entscheidung zwischen konfligierenden Geboten und Verboten erlauben. Deshalb bezeichnet Parsons die Sozialisation in der Familie auch als *primäre Sozialisation* und setzt sie gegen die Restkategorie sekundärer Sozialisationsprozesse ab, die außerhalb der Familie stattfinden. In der sekundären Sozialisation steht nicht mehr das „Kind" seinen „Eltern", sondern der „Heranwachsende" als Schüler, Lehrling, Arbeiter usw. einem oder mehreren „Lehrenden" gegenüber; der Heranwachsende ist nicht mehr amoralisch und abhängig, und er muss sich nicht mit zwei übermächtigen, aber untereinander solidarischen Partnern identifizieren. Vielmehr ist vorausgesetzt, dass der Heranwachsende ein Gewissen mit Geboten und Verboten erworben und eine begrenzte Selbständigkeit erlangt hat; je mehr diese Voraussetzung erfüllt ist, desto mehr ist der Heranwachsende ein Erwachsener. Unter dieser Voraussetzung kann sich die *sekundäre Sozialisation* dann auf alle möglichen konkreten Handlungen beziehen, zu deren Erlernen es notwendig nur noch „Lehrender" bedarf. Die sekundäre Sozialisation baut auf der primären auf; eben deshalb ist sie weniger voraussetzungsvoll, „einfacher" als die primäre Sozialisation. Die sekundäre Sozialisation ist die zweite Antwort Parsons' auf die Frage, wie die Komplementarität der Erwartungen hergestellt wird.

Primäre und sekundäre Sozialisation folgen zeitlich aufeinander und sind mit typischen Instanzen verbunden. Aber die Unterscheidung zwischen ihnen ist weder durch die zeitliche Abfolge noch die Gegenüberstellung von Instanzen begründet. Sie ruht auf den beiden anthropologischen Bedingungen der Amoralität und Abhängigkeit des Neugeborenen, die nur in der primären Sozialisation gegeben sind. Aus der Abhängigkeit bleibt dem Kind nur der Ausweg der Identifikation mit den Eltern, so dass es die elterlichen Gebote übernimmt und die Amoralität überwindet; und der Weg von der Amoralität zu einem eigenständigen Gewissen wird durch die Koalition zwischen beiden Eltern gebahnt. Nicht nur die Hierarchie der Generationen, sondern auch der Unterschied zwischen den beiden Eltern, der auf dem Unterschied der Geschlechter beruht und als Unterschied zwischen „instrumenteller" und „expressiver", d.h. auf Aufgabenlösung und Beziehungsregelung zielender Führerschaft beschrieben werden kann, bilden also die Sozialstruktur der Familie. Nur mit Bezug auf die *zweidimensionale Sozialstruktur der Familie* nach Generation und Geschlecht, Macht und Funktion, kann man die primäre von der sekundären Sozialisation unterscheiden, also eine besondere *Sozial*form des Lernens aus Lernprozessen überhaupt ausgliedern (siehe Abschnitt 6.5.2). Die primäre Sozialisation ist – das ist Parsons' These – nur in dieser Sozialform möglich, während sekundäre Sozialisationsprozesse in beliebige soziale Formen gegossen werden können. „Das Soziale" der Sozialisation ist also bei Parsons ernster gemeint, als es auf den ersten Blick erscheint: Es geht nicht allein wie bei jedem Lernen um „Sozialmachung", sondern darum, dass bestimmte Aspekte der „Sozialmachung" – der Erwerb der evaluativen Orientierung und die Anerkennung von Werten – nur in einer bestimmten „Sozialform" möglich sind.

Soziale Kontrolle

Die primäre Sozialisation ist insofern die erste Form, die Komplementarität der Erwartungen herzustellen, als dem amoralischen neugeborenen Kind eine innere Instanz mit dem Begriff von Gut und Böse eingepflanzt wird. Die sekundäre ergänzt die primäre Sozialisation durch spezifische Normen. Aber auch beide Formen zusammen garantieren nicht immer die Komplementarität der Erwartungen. Wo sie durch innere Instanzen nicht zustande kommt, muss sie durch äußere Instanzen der sozialen Kontrolle erzwungen werden. Das ist die dritte Antwort Parsons' auf die Frage, wie die Komplementarität der Erwartungen hergestellt wird.

Die soziale Kontrolle verhindert und sanktioniert Abweichungen von den Erwartungen. Vor einer möglichen Abweichung müssen äußere Drohungen abschrecken, wo innere Sanktionen nicht wirken. Wer sich nicht schämt schwarzzufahren, dem muss der Kontrolleur vor Augen geführt werden. Nach einer Abweichung muss eine Instanz die Welt wieder zurechtrücken, indem sie straft und resozialisiert, also die entmachtete innere Strafinstanz wieder inthronisiert. Als solche Instanzen der sozialen Kontrolle wirken nach Parsons nicht nur die Gerichte, die sich mit Straftätern, sondern auch Ärzte und Therapeuten, die sich mit physisch und psychisch Kranken befassen; soziale Kontrolle dämmt nicht nur die willentliche, bösartige Abweichung von Normen ein, sondern auch ihre unwillentliche Nichterfüllung aus – moralisch neutraler – Unfähigkeit.

Wenn also die primäre Sozialisation, die sekundäre Sozialisation und die soziale Kontrolle – mit der Gewichtung dieser Reihenfolge – die Frage nach der Möglichkeit komplementärer Erwartungen beantwortet haben, dann ergibt sich als nächste Frage, wie sich aus komplementären Erwartungen Gesellschaften aufbauen.

3.1.5 Motive als Elemente des Persönlichkeitssystems und Rollen als Elemente des Sozialsystems

Die Komplementarität der Erwartungen kann keine Eigenschaft einer Person sein, sie ergibt sich erst in einer Beziehung zwischen Personen. In einer Beziehung handeln Ego und Alter –

nach Parsons – nicht als Personen, sondern in Rollen zusammen, so dass Rollen durch komplementäre Erwartungen definiert sind, die mit den Orientierungsalternativen beschrieben werden können. Beobachtbar sind konkrete Interaktionen; aus ihnen lässt sich die analytische Abstraktion des Persönlichkeitssystems und des Sozialsystems gewinnen, wenn man die Beobachtungen an zwei unterschiedlichen Fäden weiterverfolgt. Wenn man die Handlungen einer bestimmten Person weiterverfolgt, kann man aus ihren Handlungen auf ihre Motive schließen und den Zusammenhang der Motive als Persönlichkeits*system* beschreiben; wenn man etwa den Käufer auf die Arbeit und nach Hause begleitet, sieht man, warum er bestimmte Dinge kauft. Wenn man die Handlungen nicht an der Person, sondern an den sachlichen Beziehungen weiterverfolgt, so kann man aus den mit einander verketteten komplementären Erwartungen ein Sozial*system* konstruieren; der Verkäufer etwa meldet den Verkauf der Buchhaltung, die ihrerseits über neue Einkäufe entscheidet, so dass man aus dem Zusammenhang der Handlungen eines wechselnden Personals das Sozialsystem eines Handelsbetriebs konstruieren kann. In Parsons' Sprache: „Der integrative Bezugspunkt" des Persönlichkeitssystems ist der Organismus, „der integrative Bezugspunkt" des Sozialsystems sind Rollen. Das Sozialsystem ist also nicht aus Personen, sondern aus den Rollen aufgebaut, in denen Personen handeln (Parsons u.a. 1951: 23-26; Parsons / Shils 1951: 91-93).

Der Schlüssel zu Parsons' Theorie ist nun die Behauptung, dass Persönlichkeits*systeme* genau die Erwartungen als Motive *verinnerlicht haben*, die in den Rollen der Sozialsysteme von ihnen *erwartet werden*. Die Erweiterung von Person zu Persönlichkeitssystem und der Wechsel des grammatischen Tempus haben ihren Sinn: Nicht Bündel von Impulsen, sondern Systeme von Motiven, die sich bereits geformt haben, treffen aufeinander. Die primäre Sozialisation in der Familie garantiert, dass die Personen, die in einer Gesellschaft leben, die gleichen Werte internalisiert haben, die in den Rollensystemen der Gesellschaft institutionalisiert sind. Dass heißt nicht, dass jede Person alle denkbaren Erwartungen erlernt hat und sofort anwenden kann, wenn sie in ein Sozialsystem eintritt. Aber es heißt, dass die Mitglieder einer Gesellschaft die gleichen, mit den Orientierungsalternativen beschreibbaren Werte als Motive zur Verfügung haben, die in die Rollenerwartungen dieser Gesellschaft eingehen. Gemeinsam sind allen Handelnden die Werte, nicht aber die Normen, deren Erfüllung in spezifischen Rollen erwartet wird. Zwar streben die Partner auch über die Normen in einer Interaktionssituation Konsens an, und häufig ist auch der Konsens über Normen selbstverständlich gegeben – wie das Beispiel der arbeitsteiligen Ehe zeigt. Aber Werte sind der eigentliche Kitt der Gesellschaft, und die konkrete Ausgestaltung der Orientierungsalternativen beschreibt den spezifischen Bindestoff einer gegebenen Gesellschaft. Im Alltag des Zusammenlebens gibt es durchaus Reibungen und Anpassungsprozesse; aber die Gleichheit der Wertorientierungen in den Persönlichkeitssystemen und dem Sozialsystem garantiert, dass Konformität eher früher als später das Resultat der Anpassung ist. Und wenn die Anpassung langfristig nicht auf Konformität hinausläuft, bewirken Instanzen der sozialen Kontrolle, dass Konformität hergestellt oder erzwungen wird. Knapp und daher unvermeidlich etwas dogmatisch kann man die Handlungstheorie Parsons' in drei Sätzen zusammenfassen. Erstens: Alles Handeln ist soziales Handeln. Zweitens: Alles soziale Handeln ist durch die Internalisierung von Normen und Werten motiviertes Handeln. Drittens: Alles soziale Handeln ist – wenn nicht durch Sozialisation, dann durch soziale Kontrolle – konform mit den Werten und Normen der Gesellschaft.

Nehmen wir als Beispiel noch einmal die Beziehung des Schülers zu seinem Lehrer. Es kann durchaus sein, dass ein Schüler den Lehrer als Liebesobjekt oder Elternersatz ansieht; aber der Schüler hat schon in der Sozialisation durch die Familie – etwa bei Leistungskämpfen unter

Geschwistern – affektneutrale Orientierungen erlernt, so dass der Lehrer daran appellieren und Zumutungen des Schülers zurückweisen kann. Andernfalls greifen Instanzen der sozialen Kontrolle ein und setzen die Normen durch, die man aus dem Wert der Affektneutralität ableiten kann: Der Schüler wird als Streber von den anderen Schülern gehänselt und der Lehrer von den Schülern wegen Liebchenwirtschaft verspottet und von der Schulleitung sanktioniert. Ebenso kann es sein, dass ein Schüler den Lehrer allein für sich in Beschlag nehmen will. Oder dass ein Schüler erwartet, nur für sein schönes Gesicht oder seine Herkunft und nicht für seine Leistungen eine gute Note zu bekommen, und der Lehrer dem nachgibt. Oder dass der Schüler den Lehrer als „Mädchen für alles" statt als Erzieher ansieht. Aber auch dann haben sowohl Schüler wie Lehrer die angemessene universalistische, leistungsbezogene und funktional spezifische Wertorientierung schon in der Familie erworben, so dass entweder sie von sich aus diese Wertorientierung mobilisieren können oder die übrigen Alteri, Mitschüler und Schulleiter, als Instanzen der sozialen Kontrolle auf den Plan treten. Auch an diesen Überlegungen wird also deutlich, dass die Orientierungsalternativen die *dominante* Seite einer Beziehung erfassen, deren Alternative nicht ausgeschlossen ist, sondern nur untergeordnet wird.

Die Orientierungsalternativen bilden also in der Theorie Parsons' die Brücke vom Handeln zur Gesellschaft. Weil jede der fünf Orientierungsalternativen zwei Ausprägungen hat, sind „25=32" Wertmuster denkbar, mit denen sich jede Gesellschaft und jeder Lebensbereich in einer Gesellschaft, also Wirtschaft, Politik, Schule, Familie usw. beschreiben lassen. Parsons behauptet nun, dass das bestimmte Muster einer gegebenen Gesellschaft der Person entweder in der primären Sozialisation eingepflanzt oder durch Instanzen der sozialen Kontrolle aufgedrängt wird. Die Motive der Person sind sozial geprägt, bevor sie von ihr als persönlich erkannt werden können; Abweichung von einsozialisierten Motiven ist nur denkbar, wenn die Person sich unter den einsozialisierten Motiven gleichsam vergriffen, also für einen bestimmten Lebensbereich ein unangemessenes Orientierungsmuster gewählt hat. Jedes soziale Handeln ist durch Werte in Bahnen gelenkt, und kann entweder als Konformität mit oder Abweichung von den Werten klassifiziert werden. Es gibt keine Handlungsorientierungen außerhalb des einsozialisierten Repertoires von Werten. Das ist der Kern von Parsons' Handlungstheorie. Deshalb wurde sie hier als „Motivationstheorie" bezeichnet und „Intentionstheorien" gegenübergestellt, die darauf verzichten, schon die Antriebe des Handelns als inhärent sozial aufzufassen, und versuchen, das Zusammenleben nicht aus geteilten Werten, sondern aus dem Zusammenwirken von Individuen zu erklären, die eigene, durch geteilte Werte nicht präformierte Interessen verfolgen.

Lektüre: Parsons / Shils (1951: 53-109).

Weiterführende Literatur: Parsons u. a. 1951, Parsons / Shils 1951: 53-109, Parsons 1955: 77-104, Parsons 1964a

3.2 Intention

Handeln muss durch Motive und Intentionen erklärt werden. Denn ein Motiv steuert das Handeln zwar in eine Richtung, aber nicht auf ein Ziel. Parsons erklärt die Motivation wie die Intentionen des Handelns aus der Sozialisation von Werten; er behauptet eine soziale Überformung der Antriebskräfte und eine soziale Normierung der Zugkräfte und dehnt mit dieser soziogenetischen Sicht beider Seiten des Handelns die Erklärung durch Schub- auf Zugkräfte aus. Statt dessen kann man die Erklärung des Handelns bei den Zugkräften, den Intentionen, ansetzen und ohne Annahmen über die soziale Qualität von Intentionen fragen, wie aus den

Intentionen mehrerer Handelnder soziale Tatbestände entstehen können. Intentionen führen die Handelnden nicht – wie internalisierte Werte – zusammen, sie verweisen die Handelnden nicht einmal notwendig aufeinander; und falls ihre Intentionen mehrere Handelnde aufeinander verweisen, können sie eben so gut zusammen wie auseinander geraten. Soziales Handeln wird also nicht durch die Internalisierung von Werten in Sozialisationsprozessen vor der Interaktion, sondern durch die wechselseitige Beeinflussung in der Interaktion erklärt; die Komplementarität der Erwartungen ist nicht selbstverständlich, sondern fraglich. Wenn man von dieser Prämisse wiederum fragt, wie Interaktion möglich ist, muss man also mit dem Willen der einzelnen Person beginnen – mit dem Sinn, den sie subjektiv ihrem Handeln beimisst.

3.2.1 Handeln und Sinn

Was immer Handeln motivieren mag, kann nur dann motivierend wirken, wenn es dem Handelnden selber als sinnvoller Grund seines Handelns erscheint. Jede Theorie des Handelns muss also auf die subjektive Perspektive der Person eingehen. Das ist die Überzeugung Max Webers[8], den man als den Begründer der Theorien sozialen Handelns sehen kann, die hier unter dem Stichwort Intention behandelt werden. Die Intention, der vom Individuum „subjektiv gemeinte Sinn" (Weber 1980: 1) – nicht aber wie bei Parsons die Prägung des Individuums durch Werte – schält Handeln aus dem bloßen Erleben oder dem bloß reagierenden Verhalten heraus. Weil Sinn grundlegend für jedes Handeln ist, ist er auch notwendig, aber nicht hinreichend für eine Definition sozialen Handelns. Soziales Handeln muss durch einen besonderen Sinngehalt, durch eine Untermenge von Intentionen definiert werden, nämlich die, die auf andere Menschen bezogen sind. Daher definiert Weber Handeln als eine Untermenge des Verhaltens und soziales Handeln als eine Untermenge des Handelns. „Handeln' soll ein menschliches Verhalten... heißen, wenn... der... Handelnde mit ihm einen subjektiven Sinn verbindet. ‚Soziales' Handeln aber soll ein solches Handeln heißen, welches seinem von dem... Handelnden gemeinten Sinn nach auf das Verhalten *anderer* bezogen wird und daran in seinem Ablauf orientiert ist" (Weber 1980: 1). Soziales Handeln wird hier also im weiten Sinn verstanden – mit Bezug auf die Reaktionsmöglichkeiten Alters, nicht aber die Erwartungen Alters an Ego.

Als Verhalten beobachtbar ist, dass jemand vom Sessel aufsteht und auf den Kühlschrank zugeht. Da im Kühlschank Lebensmittel lagern, hat dieses Verhalten wohl den Sinn der Verpflegungsaufnahme und kann also als Handeln bezeichnet werden. Ebenso aber könnte es sein, dass der Betreffende sich nur über die Bestände für die Planung eines Einkaufs informieren oder die defekte Innenbeleuchtung des Kühlschranks auswechseln will. Statt Verpflegungsaufnahme wäre dann Informationsbeschaffung oder Reparatur der Sinn des Handelns. Ein gegebenes Verhalten kann zwar mit hoher Wahrscheinlichkeit einen bestimmten Sinn haben; aber der Sinn ist dem Sich-Verhaltenden nicht auf die Stirn geschrieben. Wenn ein Anderer den Sinn des Verhaltens wissen will, muss er das Verhalten des Betreffenden weiter beobachten: Geht er in ein Geschäft? Holt er eine Ersatzbirne? Aber natürlich können alle weiteren beobachteten Handlungen so wie der Gang zum Kühlschrank auf unterschiedliche Weise „subjektiv gemeint" sein. Mit jeder weiteren Beobachtung schränkt sich die Palette des vom

---

8 „Motiv' heißt ein Sinnzusammenhang, welcher dem Handelnden selbst oder dem Beobachtenden als sinnhafter ‚Grund' seines Verhaltens erscheint" (Weber 1980: 5).

Handelnden gemeinten Sinns für den Beobachter ein, so dass der Beobachter für seine Zwecke weiß, was gemeint ist. Der gemeinte Sinn wird bei weiterer Beobachtung mit wachsender und für die meisten praktischen Zwecke früher oder später hinreichender Sicherheit klar – aber nie mit völliger Sicherheit. Im Zweifel muss der Beobachter den Handelnden nach dem Sinn fragen. Nur der Handelnde kennt den von ihm „subjektiv *gemeinten* Sinn". Aber er drückt ihn in der Regel auf eine Weise aus, die allen Anderen sofort geläufig ist: In der Regel geht man zum Kühlschrank, um sich etwas zum Essen zu holen; ins Geschäft, um etwas einzukaufen usw. Auf der einen Seite tritt der Sinn des Handelns „in seinem Ablauf" für die meisten Zwecke hinreichend deutlich zu Tage, auf der anderen Seite kann der Sinn eines Handelns im Falle von Unsicherheit nur durch Befragen des Handelnden zu Tage gefördert werden. Oder mit einem Bild aus dem Strafrechtsprozess: In der Regel reagiert ein Mensch auf den anderen auf Grund von Indizienbeweisen, aber im Zweifelsfall braucht er ein Geständnis; und zum Glück kann man im Alltag viel häufiger als auf dem Gericht mit Indizien leben.

Soziales Handeln ist „auf das *Verhalten*" bezogen; es kann, aber muss nicht auf das Handeln Anderer bezogen sein. Um sich auf den Anderen zu beziehen, ist es nicht notwendig, dass der Handelnde den Zweck erkennt, den der Andere verfolgt – auch wenn es in vielen Fällen förderlich ist. Wenn jemand sich immer wieder die Hände wäscht, weil er meint, sich von einer moralischen Befleckung reinigen zu müssen, so kann das für ihn „subjektiv sinnvolles" zielgerichtetes Handeln, ein aktiver Zugriff auf die innere Umwelt sein; für den alltäglichen Beobachter ist es ein schwer verständliches Verhalten, auf das er dennoch mit sozialem Handeln, mit Befremden, gutem Zuspruch oder demonstrativem Wegsehen, reagieren wird. Nicht jeder Mitmensch ist ein Therapeut; und manchmal braucht man mehr Zeit, um den Sinn eines Handelns zu verstehen, als die Situation hergibt. Aber sicher erleichtern therapeutische Begabung und Muße es, auf befremdliche Verhaltensweisen einzugehen.

Wenn soziales Handeln „in seinem *Ablauf*" auf das Verhalten Anderer bezogen ist, zielt es auf ein Ergebnis, das vom Handelnden und den Anderen abhängt. Wer eine Intention hat, will einen Erfolg. „Erfolg" ist die Verwirklichung einer Intention. Aber der Erfolg hängt auch von den Reaktionen Anderer ab. Eine Intention zu haben und sich von vorne herein damit abzufinden, dass sie nicht erfüllt wird, ist ein Widerspruch in sich. Ein Mann kann von einer unerreichbaren Frau oder einer Berufsstellung jenseits seiner Fähigkeiten träumen; aber dann handelt er nicht. Wollen ist noch kein Handeln, aber Handeln impliziert Wollen. Das Handeln zielt auf Erfolg, noch bevor eine bestimmte Handlung einen bestimmten Erfolg anstrebt. Erfolg ist der Sinn des Handelns; ein Erfolg ist der Sinn einer Handlung. Was für das Handeln überhaupt gilt, gilt ebenso für das soziale Handeln – lediglich mit der Einschränkung, dass Erfolg in der Orientierung auf Andere angestrebt wird.

Webers Definition des sozialen Handelns ist in zwei Hinsichten breiter als Parsons'. Parsons identifiziert erstens soziales Handeln mit Handeln überhaupt, und zweitens soziales Handeln mit durch Werte motiviertem Handeln. Weber hingegen setzt erstens am Handeln überhaupt an und definiert es durch die Erfolgsorientierung, also die Intention. Er definiert zweitens soziales Handeln durch die Orientierung an Anderen, die durch Werte motiviert sein kann, aber nicht muss. Webers Definition schaltet zwei Einschränkungen hintereinander: die Orientierung am Erfolg und am Anderen; soziales Handeln wird mit erfolgsorientiertem sozialen Handeln gleichgesetzt. Aber soziales Handeln wird nicht mit wertorientiertem Handeln und Handeln nicht mit sozialem Handeln identifiziert. Wenn man Handeln, soziales Handeln und wertorientiertes Handeln als drei konzentrische Kreise mit abnehmendem Radius auffasst, dann sieht Parsons als Gegenstand der Soziologie nur den engsten Kreis, den er zugleich mit dem weitesten Kreis identifiziert, während Weber aus dem weitesten Kreis den nächst engeren als Gebiet der Soziologie bestimmt, für das er den engsten Kreis als Sonderfall zulässt.

3.2.2 Zweckrationales und wertrationales Handeln

Webers Definition des sozialen Handelns nimmt also nicht Bezug auf Werte, die Ego und Alter internalisiert haben, sondern auf Intentionen, die Ego auf Alter richtet. Das geschieht nun zunächst, wenn Ego seine Interessen verwirklichen will, ohne durch irgendwelche Werte motiviert zu sein – z.B. beim Tausch, wo jede Seite die Interessen der anderen befriedigt, oder bei Demonstrationen, wo mehrere Personen gemeinsame Interessen gegen Dritte durchsetzen wollen. Aber Ego kann sich auf Alter auch mit dem Ziel beziehen, einem Wert, von dem er überzeugt ist, gerecht zu werden. Ego ist aus Nächstenliebe oder Freundschaft altruistisch, d.h. er macht die Interessen und den Erfolg Alters zu seinen eigenen – z.B. schiebt er den nicht anspringenden Wagen eines Fremden an; oder er unterstützt einen Freund in der Not, obwohl er ihm schon mehrfach geholfen und noch nie eine Gegenleistung erhalten hat. In beiden Beispielen sieht Ego von eigenen Interessen ab, verzichtet auf einen Erfolg. Sind Handlungen, die sich aus Werten rechtfertigen, nicht erfolgsorientiert?

In der Tat grenzt Weber (1980: 12-13) aus dem erfolgsorientierten sozialen Handeln den Spezialfall des durch Werte motivierten Handelns mit dem Kriterium der Erfolgsunabhängigkeit aus und nennt das erfolgsorientierte Handeln „zweckrational", das erfolgsunabhängig motivierte „wertrational".[9] Aber was heißt „erfolgsunabhängig motiviert"? Wenn erfolgsunabhän-

---

9 Zwei weitere Differenzierungen Webers werden hier nicht weiterverfolgt. (1) Weber unterscheidet nicht nur „zweckrationales" und „wertrationales", sondern weiterhin auch „affektuelles" und „traditionales" Handeln (Weber 1980: 12). Aber nur die beiden ersten Formen des Handelns sind aus *einem* Kriterium abgeleitet; die verbleibenden werden als Restkategorien ohne systematischen Bezug lediglich aufgezählt. Weber selbst sieht sie als Grenzfälle. Man kann – nach Webers eigener Darstellung – fragen, ob affektuelles Handeln – z.B. das wütende Einschlagen Egos auf Alter, der ihn beleidigt hat, nur um Egos Affekte abzuführen und ohne jedes Kalkül einer Einflussnahme auf Alter – überhaupt Handeln, geschweige denn soziales Handeln ist. Verbindet Ego mit der Affektabfuhr einen subjektiv gemeinten Sinn oder wird er getrieben? Richtet er den subjektiv gemeinten Sinn auf Alter oder ist Alter nur Teil der Objektwelt? Pointiert gefragt: Ist es nicht gleichgültig für den affektuellen Charakter des Verhaltens, ob Ego auf Alter oder auf die Wand einschlägt? Ist affektuelles Handeln nicht überhaupt blind für auf die Umwelt gerichtete systematische Intentionen? Wenn affektuelles Handeln hingegen einen bestimmten „Erfolg" bei Alter anstrebt, geht es in zweckrationales Handeln über. Wenn Ego, statt blind auf den Beleidiger einzuschlagen, sich für eine Beleidigung rächen will, wird er überlegen, wo und wie er Alter am besten bloßstellen kann. Affektuelles Handeln kann als zweckrationale Wahl zur Verwirklichung des Affekts verstanden werden, den man in Bezug auf eine Person hegt – so wie zweckrationales Handeln überhaupt Interessen Egos mit Bezug auf Alter verwirklichen soll. – Ebenso kann man – wiederum nach Webers eigener Darstellung – fragen, ob rein traditionales, gewohnheitsmäßiges Handeln überhaupt Handeln ist, da der Sinn ja nicht bewusst gemacht wird, also auch nicht „subjektiv gemeint" sein kann. Wenn man aber annimmt, dass auch gewohnheitsmäßiges Handeln einen subjektiv gemeinten Sinn hat (z.B. auch der rein gewohnheitsmäßige Kirchgänger Gott loben und seine Seele retten will), dann fragt sich, ob traditionales Handeln implizit nicht wertrational ist. Jemandem, der einer Tradition „als eingelebter Gewohnheit" bewusstlos folgt, kann ein Berufener – ein Pfarrer oder Seelsorger – den Sinn der Tradition bewusst machen, so dass sie „wertrational" aus dem „unbedingten Eigenwert eines bestimmten Sichverhaltens" befolgt wird. Kurzum: Webers Klassifikation von vier „Bestimmungsgründen" soll auf ihren analytischen Kern der Erfolgsorientierung gebracht und die beiden verbleibenden Bestimmungsgründe auf diesen Kern bezogen werden. (2) Weber sieht nicht nur soziales, sondern jedes Handeln als entweder zweckrational, wertrational, affektuell oder traditional bestimmt an. Aber außerhalb des sozialen Handelns ist wohl nur zweckrationales und affektuelles Handeln vorstellbar, also der erfolgskontrollierte Umgang mit der dinglichen Umwelt und die einsame Affektabfuhr; wertrationales oder traditionales Handeln

gig motiviertes Handeln eine Untermenge des erfolgsorientierten Handelns ist, dann kann „erfolgsunabhängig motiviert" offensichtlich nicht heißen: „nicht erfolgsorientiert". Denn das wäre ein Widerspruch. Es würde zudem die Gleichsetzung von sozialem und erfolgsorientiertem sozialen Handeln wieder rückgängig machen; „nicht erfolgsorientiertes" Handeln kann dann überhaupt kein soziales Handeln mehr sein. „Erfolgsunabhängig motiviert" kann also nur heißen, dass Ego sich vom unmittelbaren und vom eigenen Erfolg löst und sich mit dem Erfolg Alters identifiziert oder einen Erfolg anstrebt, der erst später, vielleicht aber auch nie eintritt – dass er also altruistisch ist. Das aber ist durch Werte gerechtfertigt: Nächstenliebe motiviert Ego, Fremden zu helfen; und Freundschaft motiviert ihn, einen Freund ohne Aussicht auf baldige Gegenleistung zu unterstützen. Beide Male kann, was die Werte gebieten, auch im Interesse Egos liegen; aber in keinem Fall muss es so sein. Es kann sein, dass der, dem ich heute den Wagen angeschoben habe, mir morgen bei meiner Autopanne begegnet; aber es ist unwahrscheinlich, und ich kann den Anderen nicht zwingen, mir zu helfen. Es kann sein, dass ich meinen Freund, dem ich jahrelang geholfen habe, morgen brauche; aber es muss nicht sein, und ich kann mich in seiner Freundschaft getäuscht haben.

Werte verschieben also den Erfolg vom Hier und Jetzt in die Ferne und Zukunft des Handelns; sie suspendieren nicht die Zweckrationalität, aber sie ermöglichen es, die zweckrationale Erfolgsorientierung auf einen breiteren sozialen und zeitlichen Rahmen zu spannen. Darin liegt ihre besondere „Wertrationalität" – selbst und gerade dann, wenn diese Verschiebung dem Erfolg und den Interessen Egos nicht besser dienen sollte als das Beharren auf dem kurzfristigen Eigennutz. Zweck- und wertrationales Handeln stehen also nicht in einem Gegensatz. Die Wertrationalität stellt die Zweckrationalität auf unterschiedliche Entfernungen ein – so wie ein Photo auf die Entfernung des angezielten Objekts eingestellt wird. Oder mit einem mineralogischen Bild: Wertrationalität ist ein „Einschuss" in die Zweckrationalität.

Aber diese Bilder müssen analytisch erläutert werden: Es muss die Besonderheit zweck- und wertrationalen Handelns bestimmt (Abschnitt 3.2.2.1) und das Verhältnis beider Formen zueinander (Abschnitt 3.2.2.2-4) geklärt werden.

3.2.2.1 Rationalität und Eigenwert von Handlungen

Rationalität: Mittelwahl und Berücksichtigung von Nebenfolgen

Der Erfolg zweckrationalen Handelns ist dadurch definiert, dass ein bestimmter Zweck erreicht wird; der Erfolg hängt davon ab, dass die dem Zwecke dienlichen Mittel gewählt und bei dieser Wahl die Nebenfolgen der Mittel (d.h. ihre Folgen für andere Zwecke, die der Handelnde aktuell nicht verfolgt oder nicht verfolgen will) berücksichtigt werden. Ein Schüler arbeitet zum Beispiel hart, um vom Lehrer gute Noten zu bekommen – aber nicht zu hart, um nicht von den Mitschülern als „Streberleiche" gehänselt zu werden. Was für einen Handelnden gilt, gilt auch für Politik und Wirtschaft. Der Politiker, der um der Sicherheit willen Atomkraftwerke schließt, muss u.a. durch Braunkohle die notwendige Energie beschaffen und riskiert es dadurch, die Umwelt zu verunreinigen. Oder der Wirtschaftspolitiker muss sich im „magischen Zieldreieck" von Geldwertstabilität, Vollbeschäftigung und Wachstum (Samuel-

---

ohne soziale Orientierung ist dagegen schwer denkbar, weil Werte und Traditionen sich auf Kollektive beziehen. Zudem greift Weber in den Erläuterungen zur Definition innerhalb der vier Bestimmungsgründe die Unterscheidung zwischen Handeln überhaupt und sozialem Handeln nicht mehr auf, so dass die Einschränkung auf soziales Handeln mit seinem Ansatz vereinbar ist. – Erläuterungen zu den Bestimmungsgründen finden sich bei Allerbeck (1982: 671-673), Lindner (1986: 154-159), Münch (1988: 558-560), Schwinn (1993: 64-80).

son / Nordhaus 2005: 406) entscheiden: Wer durch niedrige Zinsen Vollbeschäftigung und Wachstum anstrebt, riskiert steigende Inflationsraten. Kurzum: Die *Mittel* kann man wählen. Aber die *Nebenfolgen* sind unvermeidbar, man muss sie beachten; sie ergeben sich aus der Abhängigkeit des sozialen Handelns von den Reaktionen der Anderen, aus der Interdependenz (siehe Abschnitt 3.2.5). „Zweckrationales" Handeln lässt sich also an den beiden Komponenten des Wortes erläutern: Der „Zweck" wird als gegeben vorausgesetzt, und die Handlung wird „rational" durch Abwägung der Mittel und der Nebenfolgen gewählt. Man kann zweckrationales Handeln in folgendem Schema darstellen:

Abbildung 3.3 Schema des zweckrationalen Handelns

Weber bestimmt die „Rationalität" also durch die Abwägung von Mitteln und die Beachtung der Nebenfolgen der Mittel für einen gegebenen Zweck.[10] Wenn die Abwägung jedoch in einer Wahl, also in einer Handlung resultieren soll, dann impliziert sie einen Maßstab, mit dem der Handelnde Mittel und Folgen vergleichen konnte, sei es Geld, Prestige, Selbstachtung etc. oder – auf diesen allgemeinen Begriff laufen alle vorgenannten zu – Nutzen. Darüber aber schweigt Weber sich aus. Aber auch wenn man die Implikationen der Definition von „Rationalität" durch die Abwägung von Mitteln und Folgen nicht bis zur Bestimmung eines Maßstabs ausarbeitet, bleibt sie nicht völlig inhaltsleer. Die „Rationalität" der Abwägung ist durch die unpersönliche Einstellung auf die beste Mittelwahl für einen gegebenen Zweck bestimmt: Ego wägt Mittel und Folgen genau so ab, wie es jeder Alter in Egos Situation tun würde, d.h. mit allgemeinen, nicht persönlich-idiosynkratischen Überlegungen. Da man nach Weber (1982: 149) „gültig feststellen" kann, „welche Mittel zu einem vorgestellten Zweck zu führen geeignet oder ungeeignet sind", ist Zweckrationalität durch die Mittelwahl definiert, die für jeden und unter allgemeinen Gesichtspunkten, also „objektiv" die beste ist. Zweckrationalität ist eine objektivierende, von persönlichen Wertungen absehende Einstellung auf die Mittelwahl.

---

10 Weber (1980: 12-13, § 2) ist nicht stimmig in der Definition von Zweckrationalität. Die formale Definition der Zweckrationalität bezieht sich auf die Wahl geeigneter, also erwartbar erfolgreicher Mittel für *einen gegebenen* Zweck. Absatz 4 aber lässt auch eine zweckrationale (die an dieser Stelle nur als „rationale" bezeichnet wird) Wahl zwischen Zwecken zu, was mit dem Prinzip des Grenznutzens erläutert wird: Versuche zuerst das Ziel zu erreichen, das dir den höchsten Nutzen bringt, dann das, das dir den höchsten zusätzlichen Nutzen bringt usw. Implizit unterscheidet er zwischen einem Handeln, das nur in seinen Mitteln und – man muss es so paradox ausdrücken – in seinen Mitteln und Zwecken zweckrational ist. M.E. ist diese Doppeldeutigkeit einfach aufzulösen, indem man eine Hierarchie von Zwecken und Mitteln annimmt, so dass jeder Zweck wieder Mittel für einen höheren Zweck ist. Damit aber hat man Zweckrationalität allein durch die Mittel für den auf der betrachten Hierarchiestufe gegebenen Zweck definiert. Weil nach Weber darüber hinaus aber Entscheidungen zwischen Zwecken auch wertrational getroffen werden können, stellt sich die Frage, ob der Handelnde eine und nur eine Zweck-Mittel-Hierarchie konstruieren kann oder ob er sich zwischen verschiedenen Hierarchien wertrational entscheiden muss; darauf soll weiter unten eingegangen werden.

.l: Ich will nach der Arbeit mit meinem Auto nach Hause fahren, aber das Auto ..icht an, weil ich am Morgen vergessen habe, das Licht abzuschalten und die Batterie leer ... Für meinen Zweck der Heimfahrt habe ich u.a. folgende Mittel: (1) beliebige Passanten fragen, ob sie mir das Auto anschieben, bis es anspringt; (2) zum Arbeitsplatz zurückgehen und einen länger arbeitenden Kollegen bitten, mit dem Überbrückerkabel aus seinem Auto meine Batterie aufzuladen; (3) meinen nahe wohnenden Freund, der kein Kabel, aber ein Auto hat, bitten, mir den Wagen zu einer Werkstatt zum Wiederaufladen abzuschleppen; (4) den ADAC mit der Bitte um Pannenhilfe anrufen. Diese Liste ist weder systematisch noch vollständig. Aber jeder andere in meiner Situation würde unter seinen Randbedingungen (Kollegen, Freunde, ADAC-Mitglied) zu einer ähnlichen Liste kommen. Jeder andere würde auch die Kosten von (1) am niedrigsten veranschlagen und die Kosten von (2) – (4) höher ansetzen; wobei die Kosten von (2) und (3) vor allem von der Nebenfolge abhängen, dass man sich einem Kollegen oder Freund verpflichtet, und die Kosten von (4) von der persönlichen Mitgliedschaft im und den Spielregeln des ADAC. Auf der anderen Seite würde niemand vorschlagen, zu warten, bis der Wagen von selber wieder anspringt, oder einen Zauberspruch über das Auto zu sprechen. Soweit kann man also nicht nur „gültig feststellen", welche Mittel „geeignet oder ungeeignet sind", sondern auch verschiedene Mittel nach ihren Kosten in eine Rangfolge bringen. Soweit kann man also die beste Mittelwahl „objektiv" ermitteln, soweit ist die Rationalität der Mittelwahl für einen gegebenen Zweck bestimmt. Aber könnte es nicht sein, dass sich jemand unter keinen Umständen an fremde Passanten wenden will, während ein anderer den ADAC als eine umweltfeindliche Autolobby unter keinen Umständen zu Hilfe rufen will?

Eigenwert: Wichtigkeitsschätzung und Deutung von Werten

Während zweckrationales Handeln durch die Wahl des Mittels definiert ist, das mit den geringsten Kosten Erfolg verspricht, liegt wertrationales Handeln vor, wenn der Handelnde ein bestimmtes Handeln „unabhängig vom Erfolg" wegen seines „Eigenwerts" verfolgt. Wie Weber in der Definition des zweckrationalen Handelns den Maßstab der „Rationalität" nicht nennt, so gibt er auch nur wenige Hinweise zur Definition des „Eigenwerts" eines Handelns. Dass ein bestimmtes Handeln für die Person einen Eigenwert hat, impliziert zunächst, dass andere Personen dem gleichen Handeln einen anderen Eigenwert zuweisen können; die Person wird ihrem Handeln häufig routinemäßig einen Eigenwert geben, im Prinzip aber ist der Eigenwert Resultat einer Wahl. Der Eigenwert des Handelns resultiert aus einer persönlichen Wertsetzung des Handelnden, die jenseits der jedermann zugänglichen Gesichtspunkte der Zweckmäßigkeit liegt. Wenn die Rationalität zweckrationalen Handelns sich aus der objektivierenden Einstellung auf die Mittelwahl ergab, dann besteht die Wertrationalität darin, die persönliche Einstellung für die Mittelwahl wieder zur Geltung zu bringen. Die Wertrationalität füllt also genau die Leerstelle aus, die für die Bestimmung der Zweckrationalität geschaffen wurde. Wertrationales Handeln ignoriert nicht zweckrationale Gesichtspunkte, sondern geht über sie hinaus. Den „objektiven" Gesichtspunkten der Mittelwahl werden „persönliche" hinzugefügt.

Der „Eigenwert" könnte sich nun zunächst aus persönlichen *Wichtigkeitsschätzungen* oder – mit einem in der Ökonomie üblichen Ausdruck – Präferenzen ergeben. Sie entspringen Erinnerungen, Gefühlen, Launen, Wünschen etc. und lassen sich nicht begründen. Ich mag Vanille-Eis lieber als Schokoladen-Eis, weil ich Vanille-Eis lieber mag als Schokoladen-Eis. Aber wäre der „Eigenwert" nicht mehr als eine Präferenz, so hätte es wenig Sinn, von Wert*rationali-*

tät zu reden. Es hätte nicht einmal Sinn, von *Werten* zu reden; denn Wichtigkeitsschätzungen sind persönliche Wünsche, die mit Werten, also „Vorstellungen des Wünschbaren" (siehe Abschnitt 3.1.1) in Konflikt geraten können. Eine Präferenz bestimmt einen Zweck, ohne den Rahmen des zweckrationalen Handelns zu verlassen: Ich will eben Vanille-Eis so günstig wie möglich haben; erst wenn es nicht oder nur sehr teuer zu haben ist, weiche ich auf Schokola-den-Eis aus.[11]

Der „Eigenwert" muss also ein Wert sein, ein „ethischer, ästhetischer oder religiöser Gesichtspunkt", der – wie Weber sagt – „gedeutet" werden kann. Man kann unterschiedliche Interpretationen eines Wertes hegen und die Präferenz für ein Wertverständnis – anders als die Präferenz für Vanille-Eis – in gewissen Grenzen begründen. Über Werte kann man mit Argumenten streiten, auch wenn ein Konsens nicht mit Argumenten erzwungen werden kann. Weber spricht also von „Wert*rationalität*", weil „Eigenwerte" in allgemeinen Kategorien verstanden werden können. Aus der Tatsache, dass die eigenen Werte der Person über die Zweckrationalität hinausgehen können, folgt nicht, dass sie irrational sein müssen.

Der Unterschied zwischen zweck- und wertrationalem Handeln lässt sich an der Kaufentscheidung zwischen zwei Kaffeesorten erläutern, die nach Geschmack, Koffeingehalt usw., kurz: nach allen im Konsum spürbaren Gesichtspunkten gleich sind, sich aber in einer für den Konsumenten nicht spürbaren Hinsicht unterscheiden: Kaffeesorte A ist ohne Düngemittel angebaut und daher etwas teurer als Kaffeesorte B. Die zweckrationalen Gesichtspunkte des Geschmacks, Koffeingehalts usw. lassen sich in einer objektivierenden Einstellung erfassen; der mit dem Kostenunterschied verbundene Nutzengewinn bestimmt dann die Entscheidung eindeutig: Wer unter dem Gesichtspunkt des Konsums zweckrational handelt, muss Kaffeesorte B kaufen. Wer aber dem „bewussten Glauben" (Weber) an den Wert der ökologischen Produktion, der Solidarität mit Ländern der Dritten Welt „oder einem wie immer sonst *zu deutenden* Eigenwert" anhängt, wird die ohne Düngemittel angebaute Kaffeesorte A kaufen und den Kauf mit diesem Wert rechtfertigen. Man kann den Glauben an diese Werte mit dem Argument in Frage stellen, dass er Opfer für sehr fern stehende Menschen fordert, und den Glauben dagegensetzen, dass näher stehende Menschen in der Familie oder Nachbarschaft eher ein Opfer wert sind. Aber es gibt keine zwingenden, „objektiven" Gründe für diesen oder einen anderen Glauben, so dass die Auseinandersetzung nicht zu einem eindeutigen Ergebnis führt.[12]

An diesem Beispiel wird deutlich, dass einerseits die Zweckrationalität enger eingegrenzt und leichter beschreibbar ist, dass andererseits erst mit der Wertrationalität die individuellen und damit auch die sozialen Konturen einer Handlung erfasst werden: Erst wer die Eigenwerte der Menschen und die sozialen Hintergründe kennt, die sie dazu geführt haben, sich bestimmte Eigenwerte anzueignen, versteht ihre Handlungen. Über die Angemessenheit der Mittel an den Zweck kann ohne Blick auf die Person des Handelnden mit der Zielvorstellung der besten Wahl diskutiert werden; über den Eigenwert einer Handlung kann hingegen nur

---

11 Die Entscheidung zwischen zwecksetzenden *Wichtigkeitsschätzungen* kann nach Weber (1980: 12-13) nach dem Prinzip des Grenznutzens, also zweckrational, getroffen werden; ich kaufe zuerst das Eis, das mir am besten schmeckt. Dann muss allein die Entscheidung zwischen *Werten* noch wertrational getroffen werden. Man kann Weber daher so verstehen, dass nur Werte, nicht aber Wichtigkeitsschätzungen wertrationales Handeln motivieren können.

12 Eine ganz ähnliche Entscheidung haben Kühnel / Bamberg (1998: 264-266) empirisch untersucht: Die Entscheidung für Auto oder Bus als Verkehrsmittel wird durch Nutzengesichtspunkte bestimmt; aber sie kann zusätzlich durch den Eigenwert „umweltgerechten Verhaltens" bestimmt sein.

mit Blick auf die Person des Handelnden mit der Zielvorstellung diskutiert werden, die Begründungen für den Eigenwert herauszufinden, die der Person vielleicht nicht unmittelbar bewusst, aber doch wirksam waren. Die Zweckrationalität zielt auf eine eindeutige Mittelwahl; die Wertrationalität ist der Versuch, mit der motivierenden Kraft von Eigenwerten zurechtzukommen, die sich zwar „deuten", aber nicht zwingend begründen lassen. Wenn der Zweck klar ist, kann man sich vorstellen, dass die Mittel so breit sondiert und die Informationen über mögliche Folgen so genau beschafft worden sind, dass nur eine einzige Entscheidung verbleibt; aber der besondere Eigenwert, den eine Person einer bestimmten Handlung beigemessen hat, beruht auf einem Glauben, der nur in begrenztem Umfang gerechtfertigt werden kann.

Die Unterscheidung zwischen Zweckrationalität und Wertrationalität führt über die Definition des sozialen Handelns hinaus; sie ist eine materiale Aussage über soziales Handeln, ein Satz einer Theorie des sozialen Handelns. Zweck- und Wertrationalität sind keine Alternativen der Handlungsorientierung, sondern Elemente jeden Handelns.[13] Die Unterscheidung ist nicht ein Vorschlag für beschreibende Begriffe des sozialen Handelns, sondern enthält die nicht weiter erläuterte Verknüpfung zweier inhaltlicher Aussagen über soziales Handeln: Jedes Handeln soll mit geeigneten Zwecken zu einem Erfolg führen und hat zugleich einen persönlichen Eigenwert. Dann aber stellt sich die Frage nach dem Verhältnis beider Aussagen. Welche Argumente sprechen für den Primat der Wertrationalität, welche für den Primat der Zweckrationalität?

Lektüre: Weber (1980: Erster Teil, Erstes Kapitel, Soziologische Grundbegriffe § 2)

3.2.2.2 Primat der Wertrationalität: Entscheidung über Zwecke Voraussetzung des Handelns

Die Definition der Zweckrationalität setzt voraus, dass ein Zweck gegeben ist. Zweckrationales Handeln ist ohne die vorgängige Wahl eines Zweckes nicht denkbar; aber die Zahl denkbarer Zwecke ist groß. Wie kann zwischen Zwecken entschieden werden? Im täglichen Leben ist diese Frage durch Routinen zugedeckt, die die wichtigsten Lebenszwecke „auf die Reihe bringen". Wir arbeiten, halten den Haushalt in Ordnung, erziehen Kinder; und das tun wir im Büro oder zu Hause, heute und morgen. Aber eine Entscheidung zwischen Zwecken muss getroffen werden, wenn eine dieser Routinen zusammenbricht: sei es durch Unglück wie Krankheit oder Unfall, Kündigung des Arbeitsplatzes, Tod der Eltern, Scheidung vom Lebenspartner; sei es durch Auftauchen neuer Handlungschancen. Routinen können durch negative oder durch positive Ereignisse durchbrochen werden. Da das letzte weniger offensichtlich ist, soll dafür ein Beispiel gegeben werden.

Einem Familienvater in ungekündigter Stellung mit nichtberufstätiger Ehefrau und mit mehreren Kindern wird ein besserer Arbeitsplatz angeboten, der nicht mehr täglich erreichbar

---

13 Weber (1980: 12-13) ist nicht explizit über den logischen Status der Unterscheidung von Zweck- und Wertrationalität. Auf der einen Seite ist die – nicht einmal als erschöpfend gedachte – Aufzählung von idealtypischen „Bestimmungsgründen" des Handelns nur eine definitorische Klassifikation. Auf der anderen Seite ist die Aussage, dass die Bestimmungsgründe in konkretem Handeln sich mischen, ein allgemeiner theoretischer Satz. Aus dem letzten Grund ist es m.E. gerechtfertigt, Zweck- und Wertrationalität als Ebenen und nicht als Alternativen des Handelns anzusehen. Sie entsprechen also den Orientierungsebenen und nicht den Orientierungsalternativen in Parsons Theorie. Spezifisch kann man die affektiv-kognitive Orientierungsebene Parsons' mit der zweckrationalen Bestimmung des Handelns, die evaluative Orientierungsebene mit der wertrationalen Bestimmung des Handelns in Parallele setzen.

ist. Der Vater verfolgt zwei Zwecke: er will seine berufliche Karriere optimieren und sein Familienleben bewahren. Weil von der beruflichen Karriere des Vaters die Lebenschancen der Familie abhängen, ist der Beruf Mittel zum Zweck der Familie. Weil die Harmonie des Familienlebens der Arbeitskraft des Vaters förderlich ist, ist die Familie Mittel zum Zweck des Berufs. Beruf und Familie lassen sich in keine feste Zweck-Mittel-Hierarchie einfügen. Sie haben beide den Rang von Zwecken, die in der bisherigen Lebensroutine des Vaters im Gleichgewicht waren. Durch das Angebot eines besseren Arbeitsplatzes kommen sie in einen Konflikt, in dem sich der Vater so oder so entscheiden muss. Zieht er den Beruf vor und mutet sich und seiner Frau die Aufgabe des Bekanntenkreises und den Kindern den Schulwechsel zu? Oder zieht er die Familie vor und mutet sich den Verzicht auf Karriere und seiner Familie den Verzicht auf finanzielle und soziale Chancen zu?

Der Vater muss sich also zwischen Zwecken und nicht zwischen Mitteln entscheiden. Da nicht mehrere Mittel für den gleichen Zweck abgewogen werden, kann die Entscheidung nicht zweckrational getroffen werden. Vergleichen wir die Wahl des Vaters mit der Wahl zwischen zwei gleich guten, aber unterschiedlich teuer angebotenen Gütern: Jeder, der das gleiche Gut in einem billigen oder teuren Geschäft kaufen kann, wird in das billige gehen – sofern er dem teuren Geschäft nicht irgendeinen Eigenwert beimisst. Die Situation entscheidet zwischen den Alternativen vor. Aber für den Vater gibt die Situation keine Vorentscheidung, sondern schafft erst das Entscheidungsproblem. Es gibt keine Gesichtspunkte, die jeden Vater in der gleichen Situation zur gleichen Entscheidung führen. Die Entscheidung muss nicht irrational getroffen werden; im Gegenteil, es kann eine Vielzahl von Werten in sie hineinspielen, von Heimat- bis zur Firmentreue, von der Solidarität zwischen den Eltern bis zu ihrer Verpflichtung für die Kinder; aber diese Werte tragen nur dazu bei, die persönliche Wertung des Vaters klarzustellen und zu begründen. Der Vater muss sich nach dem Eigenwert entscheiden, den für ihn persönlich Beruf oder Familie hat, also wertrational; nur so kann er das zerstörte Gleichgewicht von Beruf und Familie wiederherstellen. Allgemein formuliert: Insofern zwischen Zwecken nur wertrational entschieden werden kann und ein gegebener Zweck die Voraussetzung für Zweckrationalität ist, hat Wertrationalität den Primat über Zweckrationalität. Werte entscheiden über die Rangordnung unter Zwecken. Sie machen einen Zweck zum Mittel eines anderen.

Aber das ist nicht das letzte Wort. Man kann die Situation des Vaters in einer Hinsicht mit der Situation des Berufspendlers oder des Kaffeekäufers vergleichen: indem man Beruf und Familie als Mittel zu einem höheren Zweck, dem persönlichen Wohlergehen des Vaters ansieht. Auf diese Weise lassen sich alle Konflikte zwischen Zwecken als Konflikte zwischen Mitteln zu einem letzten Zweck verstehen, dem Nutzen des Handelnden; alle Entscheidungen sind dann in letzter Instanz zweckrational. Wenn man ein letztes Ziel annimmt, so ergibt sich die Unterscheidung zwischen der Wahl unter verschiedenen Mitteln für einen Zweck und der Wahl unter verschiedenen Zwecken lediglich aus unterschiedlichen Ausgangspunkten auf einer einzigen Zweck-Mittel-Hierarchie. Die Entscheidung des Vaters zwischen Beruf und Familie ist höher aufgehängt als die Entscheidung des Berufspendlers für eine Form der Pannenhilfe oder die Entscheidung eines Käufers für das billigere von zwei Angeboten. Die Unterscheidung zwischen Wert- und Zweckrationalität, zwischen allgemeinen und persönlichen Entscheidungskriterien des Handelns, zwischen allgemein gültigen Handlungsmaximen und persönlichen Wertsetzungen ist damit nicht sinnlos geworden, aber sie verliert den Status einer grundsätzlichen Dichotomie der Handlungstheorie. Alles soziale Handeln lässt sich aus einem Prinzip erklären, aber dieses Prinzip ist sehr allgemein und bedarf, um für empirische

Analysen fruchtbar zu werden, allgemeiner begrifflicher Ergänzungen jenseits der im untersuchten Fall schlummernden Unterscheidungen; dazu dient die Unterscheidung zwischen Zweck- und Wertrationalität.

Lektüre: Das Wohlergehen der Person als letztes Ziel des Handelns erläutert Ramb (1993: 1-10).

3.2.2.3 Primat der Zweckrationalität: Erfolgsorientierung des Handelns

Aus der Abgrenzung der beiden Arten des Handelns nach der Erfolgsorientierung folgt, dass wertrationales Handeln zweckrationale Überlegungen voraussetzt: Man muss – wie schon das Beispiel des Kaufs einer teureren, aber ökologisch angebauten Kaffeesorte gezeigt hat – über die Angemessenheit von Mitteln für einen Zweck nachgedacht haben, bevor man davon absehen kann. Der Eigenwert ist ein zusätzlicher Gesichtspunkt der Entscheidung über Handlungsmöglichkeiten, durch den Abwägungen unter dem Gesichtspunkt der Rationalität nicht ungültig, sondern relativiert werden. Das lässt sich von beiden Seiten her mit Beispielen erläutern: indem man von einem zweckrationalen Handeln ausgeht und zeigt, wie sich eine Entscheidung verändert, wenn wertrationale Gesichtspunkte hinzukommen; und indem man vom Gedankenexperiment eines nur wertrationalen Handelns ausgeht und zeigt, wie in ihm zweckrationale Gesichtspunkte impliziert sind.

Argumentation von der Zweckrationalität aus: Wertrationalität als zusätzlicher Gesichtspunkt

Wer Güter oder Leistungen auf dem Markt anbietet, will Geld verdienen; daher ist es für ihn zweckrational, an den zu verkaufen, der am meisten bietet. Aber es gibt Fälle, wo der Anbieter in voller Kenntnis der vorliegenden Angebote unter Preis verkauft. Für den Zweck des Geldverdienens hat er also einem bestimmten Mittel – Verkauf an Person A zu niedrigem Preis – anderen Mitteln den Vorzug gegeben – Verkauf an Person B, C, D usw. zu höherem Preis; er hat dieser Handlung einen Eigenwert „unabhängig vom Erfolg" gegeben. Er hat die Orientierung am Erfolgsmaßstab des Preises nicht vollständig aufgegeben, sonst hätte er sein Eigentum nicht verkauft, sondern verschenkt; und selbst wenn er sein Eigentum verschenken würde, würde er sicher überlegen wem; d.h. er würde sich zweckrational am Erfolgsmaßstab des wohl besten Nutznießers der Schenkung orientieren. Aber er hat die Erfolgsorientierung von der Erzielung des höchsten Preises zur Erzielung eines Preises verschoben, der für ihn unter Berücksichtigung eines Wertes angemessen ist. Die „Wertrationalität" dieses Handelns aber kann nicht allgemein, sondern nur mit Blick auf die spezifischen Werte diskutiert werden, wofür zwei Beispiele angeführt werden.

Erstes Beispiel: Ein Erbe verkauft das ererbte Haus unter Preis an einen guten Freund seiner Eltern. Verkäufer und Käufer gehören keiner gemeinsamen Gruppe an, so dass der Verkauf unter Preis nicht durch den Wert der Solidarität motiviert ist. In diesem Fall ist der Verzicht auf den höchsten erzielbaren Preis „wertrational" durch die Pietät gegenüber den Eltern begründet. Pietät kann ein bloßes Gefühl sein, aber es kann auch ein Wert sein, der durch religiöse Überzeugungen gerechtfertigt wird. *Zweites Beispiel:* Adlige fühlen sich verpflichtet, andere Adlige bevorzugt zu behandeln, ihnen also trotz geringeren Gebots zu verkaufen; oder: ein Arzt behandelt einen Studienkollegen billiger, weil beide Mitglied der gleichen Studentenverbindung sind. Ego bindet sich also durch den Wert der Loyalität zu einer Gruppe, der auch Alter angehört. In diesem Fall ist der Verzicht auf den höchsten erzielbaren Preis „wertrational" durch den Wert der Solidarität begründet, denn Käufer und Verkäufer gehören der gleichen Gruppe an.

In beiden Beispielen gibt es einen Konflikt zwischen Zweckrationalität und Wertrationalität, zwischen dem in allgemeinen Dimensionen kalkulierbaren Nutzen und den persönlichen Verpflichtungen des Handelnden. „Beim Geld hört die Freundschaft auf" – wenn man zweckrational handelt. Aber wenn „die Freundschaft bleibt", muss das Handeln nicht irrational werden. Auch derjenige, der unter Preis verkauft, wägt ja die Mittel zum Zweck ab; er trifft lediglich nicht die Entscheidung, die ihm kurzfristig am meisten einbringt. Das Handeln bleibt also insofern zweckrational, als zwischen Alternativen in einer allgemeinen Form abgewogen wird. Aber die zweckrationale Abwägung wird durch wertrationale Gesichtspunkte ergänzt. Wenn der Handelnde zusätzlich zu zweckrationalen Überlegungen, die für jeden gelten, Werte, denen er sich persönlich verpflichtet fühlt, in die Abwägung zwischen Handlungsalternativen einführt, kann sein Handeln wertrational verstanden werden. Werte sind Konzepte, die in einem Wort und oft auch in öffentlichen Dokumenten – Verfassungen oder Programmen von Parteien und Verbänden – festgelegt sind. Aber sie können wenn auch nicht beliebig, so doch unterschiedlich „gedeutet" werden. Sie sind mehrdeutig und logisch nicht eindeutig klassifizierbar; sie bilden keine Hierarchie, sondern haben „Familienähnlichkeiten" (Wittgenstein). Weil das gleiche zweckrational analysierbare Handlungsproblem aus der Perspektive verschiedener Werte gesehen und der gleiche Wert unterschiedlich verstanden werden kann, ist die Wertrationalität nicht so eindeutig wie die Zweckrationalität zu ermitteln. Es kann immer noch nicht bedachte Gesichtspunkte geben, unter denen ein zweckrational nicht erklärbares Handeln doch noch wertrational verständlich ist.

Argumentation von der Wertrationalität aus: Zweckrationalität als Implikation

Man kann sich Altruismus in einem Gedankenexperiment als Beispiel für ein Handeln konstruieren, das nur wertrational, nicht aber zweckrational motiviert ist: Ego sieht ja vom Erfolg für die eigene Person überhaupt ab und macht sich die Zwecke Anderer zu eigen. Alle eigenen Zwecke Egos lassen sich unter dem Zweck des Wohlergehens oder des Nutzens Egos, alle fremden unter dem Zweck des Wohlergehens und des Nutzens Alters zusammenfassen. Im Regelfall verfolgt Ego eigene Zwecke, die ihm mehr oder minder selbstverständlich sind; im Regelfall ist daher zweckrationales Handeln egoistisch. Aber manchmal identifiziert sich Ego als Altruist mit Alters Wohlergehen. Dazu muss Ego Alters Wohlergehen so wahrnehmen, wie Alter es darstellt oder wie ein unabhängiger Beobachter es wahrnimmt, also unabhängig Egos Ziel, sein Wohlergehen zu steigern. Die Identifikation Egos mit Alters Wohlergehen kann daher nicht zweckrational aufgefasst werden; denn sobald Ego das Wohlergehen Alters als Mittel zum Zweck des eigenen Wohlergehens einsetzen will, wird er es auch in Abhängigkeit vom eigenen Wohlergehen wahrnehmen. Altruistisches Handeln liegt also nur dann vor, wenn Ego Alters Zwecke nicht um eigener Zwecke willen verfolgt, sondern um dem Wert der Solidarität gerecht zu werden. Insoweit kann altruistisches Handeln nur wertrational begründet werden.

Wenn aber Ego sich einmal mit einem Zweck Alters identifiziert hat, dann orientiert sich altruistisches Handeln ebenso wie egoistisches an der Zweckrationalität. Mehr noch: Von der Zweckrationalität abzurücken, ist beim altruistischen Handeln nicht möglich, ohne die altruistische Absicht zu dementieren; es sind keine persönlichen Gesichtspunkte mehr denkbar, nach denen man von der Zweckrationalität abrücken könnte, wenn man sich einmal fremde Zwecke zu eigenen gemacht hat. Auf den Zweck nicht hinführendes altruistisches Handeln macht sich lächerlich (Olson 1965: 64-65) oder setzt sich dem Verdacht aus, der persönlichen moralischen Erbauung mehr als dem Wohlergehen Anderer dienen zu wollen.

Wer aber fremde Zwecke verfolgt, muss auf die Verwirklichung eigener Zwecke verzichten
– in dem Maße, in dem er statt der fremden eigene Zwecke hätte verfolgen können. Jedes altruistisches Handeln impliziert also, dass die Verwirklichung eigener Zwecke verschoben, die
eigenen Zwecke also in der Hierarchie mehr oder minder lange hinter fremde gesetzt werden.
Dann erhält eine bestimmte Form altruistischen Handelns ihren Rang durch den Rang der
Zwecke, die Ego fremden Zwecken unterordnet. Der Verzicht auf die Verwirklichung eines
Zwecks fällt auf niederen Stufen leichter als auf höheren; entsprechend kann man „alltägliche"
und „außeralltägliche" Fälle des Altruismus unterscheiden.

Ein Beispiel für „alltäglichen" Altruismus sind Hilfeleistungen für Fremde. Ein Passant, der
einem fremden Autofahrer das Auto anschiebt, bis der Wagen trotz abgefallener Batteriela-
dung wieder anspringt, macht fremde zu eigenen Zwecken. Aber er verzichtet nur auf die Verwirklichung eines niedrig rangierenden eigenen Zwecks, etwa den, schnell nach Haus oder an
die Arbeit zu kommen. Die altruistische Intention hat aber nur dann Aussicht auf Erfolg,
wenn Ego die fremden Zwecke mit den geeigneten Mitteln verfolgt. Wenn der Passant zu
schwach ist und das Auto nur langsam anschieben kann, verhindert er den Erfolg, weil andere
Passanten keinen Anlass zur Hilfe mehr sehen. Wer sich mit den Zwecken Anderer identifiziert, ohne über die angemessenen Mittel zu verfügen, wird egoistischer Weise dem Selbstbild
des Altruisten gerecht, aber wirkt nicht altruistisch, d.h. auf die Zweckerfüllung des andern
hin; das Scheidekriterium zwischen beidem ist die Zweckrationalität der altruistisch intendier-
ten Handlung.

Ein Beispiel für „außeralltäglichen" Altruismus ist politisches Engagement gegen totalitäre
Regime. Die Geschwister Scholl z.B. haben den Nationalsozialismus bekämpft; sie haben sich
fremde Zwecke zu eigen gemacht – die Zwecke ihres Landes, die sie gegen die aktuell herrschende Politik mit universalistischen Wertvorstellungen abgeleitet haben. Aber nicht nur der
Rang der fremden Zwecke, sondern vor allem der Rang der eigenen Zwecke, auf deren Verwirklichung sie verzichtet haben, bestimmt den Rang ihres Altruismus. Sie waren bereit, für
den Kampf gegen das Regime den letzten Zweck, den letzten Nutzen der Person zu gefährden
– nämlich den, das eigene Leben zu erhalten; sie haben darauf verzichtet, diesen Zweck unbedingt zu verfolgen, und waren bereit, ihn als Mittel für einen fremden Zweck einzusetzen. Da
aber mit dem eigenen Leben jeder andere Zweck fällt, kann die Bereitschaft, das eigene Leben
als Mittel für einen anderen Zweck einzusetzen, nur heißen, das eigene Leben mit diesem
Zweck zu identifizieren. Die Geschwister Scholl haben also fremde Zwecke auf der höchsten
Stufe der eigenen Zweck-Mittel-Hierarchie zugelassen und das eigene Wohl mit dem Wohl
ihres Landes identifiziert. Dennoch haben sie es nicht aufgegeben, für ihren letzten Zweck –
ihr Leben *und* das Wohl des Landes – die besten Mittel zu finden und die Nebenfolgen der
Mittel zu bedenken. Sie haben als Altruisten zweckrational gehandelt – nicht zuletzt deshalb,
weil sie wussten, dass der fremde nicht irgendeiner ihrer eigenen, sondern ihr letzter eigener
Zweck war: Sie haben alles daran gesetzt, nicht entdeckt zu werden, als sie die Flugblätter in
den Lichthof der Münchener Universität warfen. Hätten sie durch einen offenen Protest ihre
Festnahme provoziert, würde man nicht nur an ihrem Selbsterhaltungstrieb, sondern auch an
ihrem Altruismus zweifeln. Aber sie wurden vom Hausmeister verraten. Anders als ein leicht-
fertiges Verhalten aber dementiert ihr Scheitern weder den Altruismus noch die Zweckrationalität ihres Handelns. Der Altruismus ihres Handelns lag schon in der Bereitschaft zum Opfer des eigenen Lebens, nicht erst darin, dass das Opfer tatsächlich gefordert wurde; die
Zweckrationalität ihres Handelns aber lag in der Absicht, das Opfer, zu dem sie bereit waren,
zu vermeiden.

Selbst wenn man also in einem Gedankenexperiment ein nur wertrationales Handeln konstruiert, kann man nicht auf die Zweckrationalität des Handelns verzichten – wie der Fall des Verzichts auf die Verwirklichung eigener Zwecke zugunsten fremder zeigt. Das gilt für den Fall des „alltäglichen" Altruismus, in dem Ego nur niedrig rangierende eigene Zwecke hintanstellt, wie für den Fall des „außeralltäglichen" Altruismus, in dem Ego den letzten Zweck des eigenen Wohlergehens zum Mittel fremder Zwecke macht. Die Wertrationalität besteht darin, Werte in die eigene Zweck-Mittel-Hierarchie einzubauen; aber sie *kann* nicht darin bestehen, zweckrationale Überlegungen außer Kraft zu setzen. Wer den Altruismus eines Handelns beurteilen, es also moralisch bewerten will, braucht zwei Maßstäbe: den Rang der Zwecke, denen Ego aufgrund von Werten Eigenwerte beimisst, und die zweckrationalen Überlegungen, mit denen Ego versucht, diese Zwecke zu erreichen.

3.2.2.4 *Zweckrationalität als soziologisches Erklärungsprinzip und als Heuristik des sozialen Alltagslebens*

Zweckrationalität und Wertrationalität als Aspekte sozialen Handelns

In den beiden vorausgehenden Abschnitten wurden Argumente für den Primat der Wert- und der Zweckrationalität entwickelt. Der Primat der Wertrationalität wurde damit begründet, dass die Notwendigkeit der Wahl von Zwecken Gesichtspunkte jenseits von Zwecken impliziert. Wenn man aber Zwecke in einer Hierarchie ordnet, in der sie Mittel für höherrangige Zwecke sind, und den Nutzen des Individuums als letzten Handlungszweck setzt, entfällt das Argument für den Primat der Wertrationalität. Schon die Argumente, die auf den Primat der Wertrationalität zielten, begründen also den Primat der Zweckrationalität. Nicht mehr verwunderlich ist es dann, dass auch die Argumente, die auf den Primat der Zweckrationalität zielen, dorthin führen. Das Beispiel des Verkaufs unter Preis zeigt, dass Wertrationalität Zweckrationalität ergänzt, aber nicht außer Kraft setzt; das Beispiel des Altruismus, dass Werte in die Zweck-Mittel-Hierarchie zwar auf unterschiedlichen Stufen eingehen können, aber selbst dann, wenn sie mit dem letzten Zweck des individuellen Nutzens identifiziert werden, zweckrational verfolgt werden müssen. Beide Beispiele liefern Argumente für den Primat der Zweckrationalität.

Alle Argumente sprechen also für den Primat der Zweckrationalität. Zweckrationales Handeln ist die Grundlage jedes sozialen Handelns, weil Erfolgsorientierung die Grundlage jedes intentionalen Handelns ist. Wenn man den Nutzen des Individuums als höchsten Zweck in einer Hierarchie von Mitteln und Zwecken ansieht, die auf jeder Ebene durch Werte bestimmt werden kann, dann verliert die Unterscheidung zwischen Zweck- und Wertrationalität ihre Unversöhnlichkeit; der Begriff der Rationalität impliziert nur noch die Vorstellung einer Hierarchie von Zwecken und Mitteln, die auf jeder Stufe von zweck- und wertrationalen Überlegungen regiert werden kann. Die Erfolgsorientierung sozialen Handelns kann auf jeder Stufe der Zweck-Mittel-Hierarchie durch den Glauben des Handelnden an Werte bestimmt, aber sie kann nicht suspendiert werden; die für alle konkreten Handlungen interessante Frage ist, auf welcher Ebene der Hierarchie und in welchem Ausmaß das geschieht. In konkreten Analysen muss man also die Hierarchie ausbuchstabieren und so der Unterscheidung zwischen den beiden Formen der Rationalität gerecht werden. Auf welcher Stufe der Zweck-Mittel-Hierarchie spielen Werte eine Rolle? Wie bestimmen sie die Entscheidung zwischen gleichrangigen Zwecken? Wie beeinflussen sie die zweckrationale Wahl von Mitteln für einen gegebenen Zweck?

Die Unterscheidung zwischen Zweck- und Wertrationalität ist also keine grundlegende Dichotomie der Handlungstheorie, sondern eine Erklärungsformel auf mittlerer Ebene: Sie liegt unterhalb der Letzterklärung durch den Nutzen des Individuums, aber oberhalb der ad hoc aus dem Untersuchungsgegenstand gewonnenen Erklärungen.[14] Wenn man konkrete Formen sozialen Handelns analysiert, ist es immer geraten, Erklärungen durch den Nutzen des Handelns um Erklärungen durch den persönlichen Eigenwert für den Handelnden zu ergänzen, also die Perspektive der Wertrationalität auf zweckrationales Handeln anzuwenden. Auch dann wird nicht davon abgegangen, das Handeln zweckrational zu erklären; vielmehr wird die Palette zweckrational konstruierter Handlungsalternativen mit wertrationalen Überlegungen eingefärbt – umso mehr, je besser man die persönlichen Motive, die „Eigenwerte" des Handelnden versteht. Jede neu auftretende wertrationale Überlegung wird in das zweckrationale Kalkül aufgenommen, um das Handeln schrittweise besser zu verstehen. Zweckrationales Handeln ist die durch die Wahl des besten Mittels für einen gegebenen Zweck spezifizierte grundlegende Form des sozialen Handelns, wertrationales Handeln eine diffuse Residualkategorie des sozialen Handelns, die erst im Einzelfall durch die Entdeckung und Deutung der wirksamen Eigenwerte genau bestimmt werden kann. Pointiert gesagt: Es gibt zwar Zweck- und Wertrationalität, aber nur rationales Handeln – und das ist zweckrational. Zweck- und Wertrationalität sind nicht zwei unterschiedliche Formen des Handelns, sondern die erste und letzte, die grundlegende und die abschließende Perspektive auf *die* Rationalität des Handelns.

In dem Maße, in dem wertrationale Gesichtspunkte in das zweckrationale Handeln hineinspielen, wird also die Erklärungsbreite zweckrationalen Handelns erweitert, ohne dass von einem einheitlichen Erklärungsprinzip abgegangen wird. Das Begriffspaar Zweckrationalität und Wertrationalität ist eine Methodik, nach Erklärungen des Handelns zu suchen: Mit dem Begriff der Zweckrationalität wird eine „objektive", für möglichst viele Handelnde geltende Erklärungsformel konstruiert; mit dem Begriff der Wertrationalität wird versucht, die Gründe für Abweichungen zu finden und in „objektive", zweckrationale Erklärungen einzubauen. Der Maßstab für die Erklärung sozialen Handelns ist die Zweckrationalität; aber die Wertrationalität ist ein Hinweis auf Gesichtspunkte, die eine aktuelle zweckrationale Erklärung zwar überschreiten, aber nicht grundsätzlich für zweckrationale Erklärungen unzugänglich sind. Die Zweckrationalität ist der Schlüssel zu den *Problemen* des Verständnisses einer Handlung, die Wertrationalität ein Schlüssel zum Verständnis einer Handlung; kein Handeln kann verstanden werden, wenn nicht zuvor das Problem expliziert wurde, das der Handelnde sich gestellt hat.

Die Unterscheidung von Zweckrationalität und Wertrationalität arbeitet also nur als soziologische Methode heraus, was im sozialen Alltag als Heuristik praktiziert wird. Im Alltag versteht der Handelnde die „Rationalität" seines Gegenübers in aller Regel hinlänglich gut, um mit ihm zurechtzukommen. Wenn er nicht mehr versteht, was der Andere macht, sucht er nach neuen Gründen, aber er gibt nicht das Prinzip auf, dass der Andere „rational" handelt, dass man ihn also verstehen kann, wenn man sich die entsprechende Mühe macht. In der glei-

---

14 Dass die Wertrationalität dem zweckrationalen Handeln als ergänzendes Erklärungsprinzip auf mittlerer Ebene hinzugefügt wird, entspricht auch dem Aufbau der „Soziologischen Grundbegriffe". Weber (1980: 1-13; § 1) definiert soziales als Spezialfall intentionalen Handelns; erst danach werden die Bestimmungsgründe der Zweck- und der Wertrationalität getrennt und die Wertrationalität nach dem Kriterium der Erfolgsunabhängigkeit negativ ausgegrenzt (Weber 1980: 3-13; § 2).

chen Situation ist der Soziologe, der sein Gegenüber nicht deshalb verstehen muss, weil er mit ihm zusammenlebt, sondern weil er sich für das soziale Zusammenleben interessiert. Im einen wie im anderen Fall ist die Heuristik der Zweckrationalität keine dogmatische allgemeine Setzung, sondern ein „lebensnotwendiges" Prinzip – einerlei ob man im sozialen Leben handeln muss oder es nur beobachten will. Das soziale ist auch das soziologische Prinzip der Erklärung sozialen Handelns. Die Alltagserfahrung und noch mehr die Zeitung konfrontiert uns – vom Gruppenselbstmord im religiösen Wahn unter der Ägide eines selbsternannten Heilands bis zum Amoklauf marginalisierter Schüler mit Bomben und Gewehren – mit den absonderlichsten Handlungen, die auf den ersten Blick alles andere als rational sind und oft auch auf den letzten Blick für uns nicht rational verständlich werden. Aber deshalb geben wir im Alltag die Heuristik nicht auf, das Handeln rational verstehen zu wollen, und erfinden eine neue Heuristik, in der etwa rationales und „irrationales" Handeln zwei gleichberechtigte Heuristiken darstellen. Im Gegenteil: Dass wir durch solche Ereignisse beunruhigt sind und die Zeitungen noch Wochen danach für uns über die Motive der Täter fahnden lassen, ist Beleg dafür, dass wir bei der rationalen Heuristik bleiben *wollen*. Warum sollte also die Soziologie, die soziales Handeln erklären will, *nicht* mit einem einheitlichen Erklärungsprinzip beginnen?[15]

Vorteile eines einheitlichen Erklärungsprinzips

Wenn man in dieser Weise soziales Handeln in einer vom Nutzen dominierten, aber durch Werte relativierten Hierarchie von Zwecken und Mitteln betrachtet, dann ist es nicht notwendig, einen Dualismus der Erklärung zu konstruieren, wie er in Webers Trennung nur scheinbar angelegt ist. Man kann die Einheitlichkeit der Erklärung sozialen Handelns beibehalten, die drei Vorteile hat: Sie ist auf die herkömmlichen Sachbereiche mehrerer Sozialwissenschaften wie Soziologie, Ökonomie, Politikwissenschaft und Psychologie in gleicher Weise anwendbar (Coleman 1990: 11-27); sie bildet eine Brücke zur Erklärung subhumanen Verhaltens;[16] sie kann unter die Logik wissenschaftlichen Erklärens überhaupt subsumiert werden (Coleman 1990: 2-11; Esser 1993: 29-119).

Max Webers Handlungstheorie eröffnet also mit der Ausgrenzung des sozialen aus dem intentionalen Handeln und der Ausgrenzung der Wert- aus der Zweckrationalität die Chance, soziales Handeln aus *einem* Gesichtspunkt zu erklären, ohne die Soziologie durch das Postulat eines besonderen Aspekts des sozialen Handelns innerhalb der Sozialwissenschaften abzuschotten. Dieser Gesichtspunkt ist die Rationalität der Wahl zwischen verschiedenen Mitteln, die von Weber nur durch ihre Allgemeinverbindlichkeit bestimmt wird, die sich aber mit der Annahme der Nutzenmaximierung weiter explizieren lässt. Die Unterscheidung zwischen Zweck- und Wertrationalität ist eine Heuristik zur hierarchischen Ordnung von Motiven, mit denen ein bestimmtes soziales Handeln erklärt werden kann. Der Handelnde kann die zweck-

---

15 Von den soziologischen Klassikern könnte man Pareto (1962: § 161) vielleicht für die Gegenposition zitieren. Er trennt zwischen „logischen" und „nichtlogischen" Handlungen nach dem Kriterium, ob der subjektive Zweck auch den objektiven, „für den Besitzer ausgedehnter Kenntnisse" sichtbaren Zweck erfüllt. Aber diese Trennung ist völlig mit der Webers zwischen Zweck- und Wertrationalität und der Heuristik der Zweckrationalität vereinbar. Pareto hat sich zwar bemüht, eine „Logik der Gefühle" (§ 1416) zu entwickeln; aber auch sie tritt nicht als zweites Erklärungsprinzip neben die Zweckrationalität, sondern ergänzt sie.

16 Man kann das Letztziel der Nutzenmaximierung evolutionär zurückverfolgen und zu zeigen versuchen, dass es nicht nur eine erklärende Annahme, sondern eine evolutionär wirkende Kraft ist; wie die Soziobiologie zeigt (siehe dazu Esser 1993: 185-216), finden sich Vorstufen erfolgsorientierten Handelns schon im erfolgskontrollierten Lernen der Hominiden und evolutionär älterer Gattungen.

rationale Orientierung mit wertrationalen Gesichtspunkten überschreiten; wer aber – als All-
tagsmensch oder Wissenschaftler – soziales Handeln verstehen und erklären will, versucht, die
neuen Gesichtspunkte in zweckrationale Erklärungen einzubauen. Die Zweckrationalität ist
das einheitliche Erklärungsprinzip; die Wertrationalität eine Anweisung, für zweckrational unmittelbar nicht verständliches Handeln zweckrationale Erklärungen zu suchen. Wertrationalität ist nicht wie die Zweckrationalität eine eindeutige Form von Rationalität, sondern ein
Suchbefehl, jenseits zweckrationaler Gesichtspunkte nach den subjektiv gemeinten Motiven
des Handelns zu suchen und im Rahmen zweckrationalen Handelns zu verstehen.[17] Schon im
alltäglichen Leben erklärt man sich das Handeln eines Anderen zuerst durch die zweckrationale Orientierung am Nutzen und sucht nach Eigenwerten des Anderen, wenn diese Erklärung
nicht befriedigt. Diesen Prozess macht die Soziologie mit der Unterscheidung von Zweck-
und Wertrationalität transparent. Sie expliziert als Methode, was man im Lebensalltag routinemäßig praktiziert, wenn man soziales Handeln erklären will. Sie bildet eine Theorie des sozialen Handelns, die durch „denkende Besinnung" (Weber 1982: 149) auf Begriffe bringt, was
im sozialen Leben selbstverständlich ist.

Auf der Folie der Unterscheidung Webers zwischen Zweck- und Wertrationalität wird die
Behauptung zu Anfang dieses Abschnitts, dass die Handlungstheorie Parsons' einen besonderen Fall verallgemeinert, noch einmal deutlich: Parsons behandelt als soziales zunächst nur
wertrationales Handeln. Aber darüber hinaus wird eine weitere Einschränkung deutlich: Parsons engt die Formen, in denen das Handeln einen Eigenwert erhalten kann, auf die Mechanismen der Sozialisation und der sozialen Kontrolle ein und schließt die persönliche „Deutung" eines Eigenwerts aus. Der Eigenwert eines Handelns wird nach Parsons durch die Internalisierung von Werten in der primären Sozialisation erworben. Alle Situationen, in die der
Handelnde in seinem späteren Leben gerät, müssen mit dem Repertoire der einmal erworbenen Werte und der aus ihnen abgeleiteten Normen vom Handelnden allein oder mit dem
sanften Nachdruck sozialer Kontrollinstanzen bewältigt werden.

3.2.3 Nutzenmaximierung als Zweckrationalität

Wie die Diskussion von Zweck- und Wertrationalität gezeigt hat, lässt sich soziales Handeln
bei Weber als zweckrationales Handeln verstehen, das sich am eigenen Nutzen orientiert. Aber
was heißt „am eigenen Nutzen" orientiert? Der Begriff „Nutzen" impliziert eine Rangfolge
zwischen Alternativen, die die Person konstruiert hat. Fast täglich hören oder sagen wir „Das
ist mir wichtig" – womit wir nur meinen können „Das ist mir wichtiger als etwas anderes".

---

17   Weber (1982: 149) fasst das Verhältnis von Zweckrationalität und Wertrationalität so zusammen: „Jede denken-
     de Besinnung auf die letzten Elemente sinnvollen menschlichen Handelns ist zunächst gebunden an die Katego-
     rien ‚Zweck' und ‚Mittel'. ... Der wissenschaftlichen Betrachtung zugänglich ist nun zunächst unbedingt die
     Frage der Mittel bei gegebenem Zweck. Da wir ... gültig festzustellen vermögen, welche Mittel zu einem vorge-
     stellten Zweck zu führen geeignet oder ungeeignet sind, so können wir auf diesem Wege die Chancen, mit be-
     stimmten zur Verfügung stehenden Mitteln einen bestimmten Zweck überhaupt zu erreichen, abwägen und
     mithin indirekt die Zwecksetzung selbst, aufgrund der jeweiligen historischen Situation, als praktisch sinnvoll
     oder aber als nach Lage der gegebenen Verhältnisse sinnlos kritisieren." Nach diesem Zitat ist eine Erklärung so-
     zialen Handelns nicht nur auf das Denkmodell zweckrationalen Handelns angewiesen, sondern kann nur dann,
     wenn sie die Rationalität der Mittelwahl durchdacht hat und im Auge behält, versuchen, die Rationalität der
     Zweckwahl zu erklären. Parsons, der den ersten Satz dieses Zitats seiner „Struktur des sozialen Handelns" (1937)
     als Motto voraussetzt, geht zwar vom Denkmodell zweckrationalen Handelns aus, bettet es aber in ein Modell
     des Handelns aufgrund geteilter Werte ein; er kehrt das Verhältnis um, das Weber im Sinn hat.

Wir unterstellen einem vernünftigen und zurechnungsfähigen Partner im Zusammenleben, dass er seine Zwecke auf die Reihe gebracht hat; und wir sind irritiert, wenn wir beim Partner keine klare Hierarchie der Wichtigkeit entdecken können. Wir unterstellen keineswegs, dass unser Gegenüber verschiedene Alternativen „auf Heller und Pfennig" gemessen hat; sehr wohl aber, dass er ihren Nutzen in eine Rangfolge bringen kann. Wenn aber der Begriff wie die Alltagsvorstellung des Nutzens eine Rangordnung impliziert, dann kann die Orientierung des Handelns am Nutzen nur heißen, im Handlungsergebnis auf einem möglichst hohen Platz auf dieser Rangordnung anzukommen. Zweckrationales Handeln impliziert die Maximierung des individuellen Nutzens. Die Theorie des Handelns ist daher utilitaristisch (Boudon / Bourricaud 1992: 627-632). Sie beginnt mit der Nutzenmaximierung als einer allgemeinen Handlungsregel: Menschen wählen diejenige Handlungsalternative, von der sie den größten Nutzen erwarten. Dieser Kernsatz der utilitaristischen Theorie – oder der „Theorie der rationalen Wahl" – ist in der „Wert-Erwartungs-Theorie" (Ajzen / Fishbein 1980; Ajzen 1988: 112-145; Opp 1983: 21-58; Kunz 1994, 2004: 43-49) ausgearbeitet worden.

Wert-Erwartungs-Theorie: Kritik und Replik

Die Wert-Erwartungs-Theorie unterscheidet zwischen *Handlungsalternativen* und *Handlungskonsequenzen*. Die Handlungsalternative für den Familienvater ist z.B. Job wechseln und mit der Familie umziehen *oder* bleiben; beide Alternativen haben Konsequenzen für den Familienvater, die Frau und die Kinder: bessere berufliche Aufstiegschancen, Verlust oder Erhalt alter Freundschaften, schulische Umstellung für die Kinder usw. Allgemein schätzt der Handelnde nun für jede Konsequenz jeder Handlungsalternative zweierlei: den Saldo der guten und schlechten Seiten für ihn persönlich, d.h. den subjektiven *Netto*nutzen, und die Wahrscheinlichkeiten des Auftretens der Konsequenz unter der einen sowie unter der anderen Alternative; und dann summiert er die Produkte von Nutzen und Wahrscheinlichkeit jeder Konsequenz zum Gesamtnutzen der Handlungsalternative auf. Nachdem er das für jede Handlungsalternative gemacht hat, wählt er die mit dem höchsten Nutzen. Die Wert-Erwartungs-Theorie ist also eine Theorie über die Evaluationen und Erwartungen der Person, die sie zu einer Entscheidung führen. Sie lässt sich in zwei Sätzen darstellen:

(1) *Kalkuliere für jede Alternative den erwarteten Nutzen als die Summe (p_{ij} * Ni) (Wahrscheinlichkeit unter Alternative i von Nutzen j * Nutzen j) für alle Konsequenzen j der Alternative.*

(2) *Wähle die Alternative mit dem größten erwarteten Nutzen.*

Der Familienvater hat zwei Handlungsalternativen (i=1,2) und sieht – sagen wir – fünf Handlungskonsequenzen (j=1 bis 5). Er schätzt für die Alternative „Berufswechsel und Familien-Umzug" den Nettonutzen – sagen wir – des Einkommensgewinns, seiner zukünftigen Aufstiegschance, der eignen Kontakte, der Kontakt der Frau und des Schulwechsels, jeweils multipliziert mit ihrer Wahrscheinlichkeit unter dieser Alternative und summiert diese Produkte zusammen. Die gleiche Schätzung führt er für die Alternative „weder Berufswechsel noch Umzug" durch und entscheidet sich dann für die Alternative mit dem größeren Nutzen. Die Nutzenschätzung ist also für die beiden Alternativen gleich (daher N_j); die Wahrscheinlichkeit aber hängt von der Alternative ab (daher p_{ij}). Die Schätzungen von Wahrscheinlichkeiten und Werten könnten dann etwa so aussehen:

Konsequenzen	Alternative 1 Job wechseln	Alternative 2 Job beibehalten
1 Einkommensgewinn (DM mtl.)	1 * (N_1)	0 * (N_1)
2 zukünftige Aufstiegschance	0.5 * (N_2)	0.2 * (N_2)
3 Kontakt-selbst	0.3 * (N_3)	1 * (N_3)
4 Kontakt-Frau	0.3 * (N_4)	1 * (N_4)
5 Schulwechsel	1 * (N_5)	0 * (N_5)

(N=Nutzen, jeweils subjektiv geschätzt und auf eine metrische Skala gebracht)

Ein Familienvater, der Kinder in der weiterführenden Schule hat, wird den Nettonutzen des Schulwechsels negativ einschätzen und, da der „Schaden" nur beim Jobwechsel auftritt, sich daher eher für Alternative 2 entscheiden. Ein Familienvater, der noch keine Kinder in der weiterführenden Schule hat, wird den „Schaden" geringer einschätzen und sich daher eher für Alternative 1 entscheiden. Wenn man also die Randbedingungen variiert, kann man unterschiedliche Entscheidungen voraussagen.

Die Wert-Erwartungs-Theorie ist geradezu provozierend einfach. Sie ist unter drei Gesichtspunkten als unrealistisch kritisiert worden. *Erstens* überschätze sie die menschliche Fähigkeit der Nutzenschätzung. Die Personen seien nicht in der Lage, ihren subjektiven Nutzen auf einer metrischen Skala zu schätzen. Selbst wenn sie das könnten, seien die Schätzungen so wenig stabil, dass oft nicht einmal die Rangfolge der Nutzen konstant bleibt. Diesem grundsätzlichen Einwand kann man zunächst ebenso grundsätzlich begegnen. Immerhin gibt es zahlreiche Belege für zweckrationales Handeln – nicht nur im wirtschaftlichen und politischen Leben, sondern auch in der persönlichen Lebensplanung. In wichtigen Fragen ihres Lebens – von der Wahl einer Ausbildung und eines Berufs bis zur Wahl eines Lebenspartners – sind Menschen sehr wohl in der Lage, den Nutzen von Handlungsalternativen zu unterscheiden und bei dieser Unterscheidung mittelfristig zu bleiben. Auch die Instabilität der Nutzenschätzung ist an sich noch kein Einwand; im Gegenteil, es wäre verwunderlich, wenn sich veränderte Lebensumstände nicht in veränderten Nutzenschätzungen widerspiegeln würden. Die Instabilität ist erst dann ein gravierender Einwand, wenn Rangordnungen von heute auf morgen ohne erkennbaren Grund, also „von innen" schwanken. Aber derart grundsätzlich wird man zwischen Kritik und Replik kaum entscheiden können: Ob Nutzenschätzungen „nie" oder „immer" angestellt werden, ist eine sterile Frage.[18] Die Antwort auf die Kritik kann also nur strategisch sein: Erklärungen sollte man dort zuerst zu suchen, wo die Entscheidung wichtig genug ist, um Nutzenschätzungen zu erfordern.

Zweitens überschätze die Wert-Erwartungs-Theorie die menschliche Fähigkeit der Informationsverarbeitung. Die Kalkulation von Nutzen und Wahrscheinlichkeiten für alle Konsequenzen aller Handlungsmöglichkeiten sei auf jeden Fall so teuer, dass sie bei weniger wichtigen Entscheidungen sich gar nicht lohne. Der Einwand ist schon innerhalb der Wert-Erwartungs-Theorie formuliert: Was heißt denn „die Kalkulation ist zu teuer" anders als „zu wenig nützlich"? Deshalb kann man ihm innerhalb der Wert-Erwartungstheorie gerecht werden.

---

18 Manchmal wird der Einwand vom Sachlichen ins Erhebungspraktische abgemildert: Man könne den subjektiven Nutzen nicht so *erheben*, dass sich eine Rangfolge ergibt. Aber wenn die Menschen im täglichen Leben zumindest Rangfolgen konstruieren, ist die Schwierigkeit der Erhebung kein Einwand. Forschungspraktisch lässt sich der subjektive Nutzen erfragen und die Rangfolge durch geeignete Erhebungsformate herausfinden – wie Paarvergleiche zwischen den zu bewertenden Handlungskonsequenzen, aus denen sich mit Hilfe des statistischen Verfahrens der Multidimensionalen Skalierung (siehe z.B. Borg / Staufenbiel 1997) sogar eine metrische Rangfolge des Nutzens gewinnen lässt.

Auch die Entscheidung, ob man entscheiden und wie genau man für die Entscheidung kalkulieren will, kann nach dem Nutzenprinzip entschieden werden (Esser 1996). In unwichtigen Angelegenheiten und auch im ersten Durchgang durch wichtige Angelegenheiten wird man auf Routinen oder Gewohnheiten zurückgreifen oder nur überschlägig entscheiden – so wie ja auch jeder Unternehmer seine Investitionen erst einmal überschlägig kalkuliert und, wenn er unter Zeitdruck steht, manchmal gar nicht auf die genauen Kalkulationen des betrieblichen Rechnungswesens warten kann. Weiterhin kann man entscheiden, wie man eine Entscheidung in eine Schrittfolge von Entscheidungen zerlegen will. Eine Vielzahl von Handlungsalternativen kann abgearbeitet werden, indem zuerst über die beiden wichtigsten, dann über die weniger wichtigen entschieden wird. Ebenso können Nutzen und Wahrscheinlichkeit der Konsequenzen zunächst für die folgenreichsten, dann die weniger „teuren" geschätzt werden (Friedrichs / Stolle / Engelbrecht 1993).

Drittens überschätze die Wert-Erwartungs-Theorie die „Logik" zuungunsten der „Psychologie" menschlicher Nutzensuche. Psychologische Experimente zeigen nämlich, dass Menschen manchmal gerade nicht die Handlungsalternative mit dem höchsten erwarteten Nutzen wählen. Sie ziehen manchmal einen sicheren, aber geringen Nutzen einem großen, aber weniger sicheren Nutzen vor – also z.B. den sicheren Gewinn von 20 DM dem Gewinn von 50 DM mit einer Wahrscheinlichkeit von 50%; ebenso ziehen sie manchmal einen extrem unsicheren großen Nutzen einem nahezu sicheren Verlust vor – wie die Existenz von Lotterien beweist (Haug 1998). Menschen streben also oft nicht nach Nutzen, sondern opfern viel für Sicherheit – und sie träumen vom extremen Glück, obwohl es völlig unwahrscheinlich ist. Wenn etwas Wichtiges zur Debatte steht, ziehen sie oft den Spatzen in der Hand der Taube auf dem Dach vor; aber bei wenig kostspieligen Angelegenheiten sind sie oft zu großen Risiken bereit. In wichtigen Fragen sind sie oft „risikoavers", in unwichtigen oft „risikofreudig" (Kahneman / Tversky 1984). Offiziere, die sich einem elitären Ehrbegriff verpflichtet fühlen, riskieren ihr Leben im „russischen Roulett"; der Durchschnittsmensch, der keine Chance sieht, seinem Alltag zu entkommen, hofft auf den Lottogewinn. Auch diesen Einwänden kann man also innerhalb der Wert-Erwartungs-Theorie gerecht werden, indem man annimmt, dass Menschen der Sicherheit einen eigenen besonderen Nutzen beimessen und für erträumte extreme Gewinne die Wahrscheinlichkeiten überschätzen.

Dem ersten Einwand kann die Wert-Erwartungs-Theorie also strategisch, dem zweiten und dritten immanent entgegenkommen. Sie kann Zusatzannahmen über Strategien der Informationsverarbeitung, über den besonderen Wert von Sicherheit, über Risikoaversion in kostspieligen und Risikofreude in nicht kostspieligen Angelegenheiten einführen und damit die Kalkulationen der Person erklären, die zu einer Entscheidung führen. Auf der einen Seite ist die Wert-Erwartungs-Theorie konkurrenzlos in ihrem Bemühen, die Beweggründe des Handelns aus einem allgemeinen Prinzip zu erklären. Auf der anderen Seite provoziert sie mit diesem Prinzip geradezu die Entdeckung von „Anomalien" – und die Suche nach weiteren, mit dem Prinzip vereinbaren Erklärungen (siehe dazu Druwe / Kunz 1998). Sie modelliert genau die Heuristik von Zweck- und Wert-Rationalität, die mit einer einfachen zweckrationalen Erklärung beginnt und bei Abweichungen zusätzliche Annahmen über Eigenwerte – etwa den Eigenwert von Sicherheit – einführt. Solange also keine andere allgemeine Annahme über den Beweggrund zweckrationalen Handelns als die Nutzenmaximierung zur Verfügung steht, hat die Wert-Erwartungs-Theorie das Monopol der Explikation von „Zweckrationalität". Wer ohne Alternative die Wert-Erwartungs-Theorie als Simplifizierung kritisiert, gibt für die Soziologie die Heuristik der „Zweckrationalität" auf, die im sozialen Leben ja immer schon genutzt wurde und auch weiterhin genutzt werden wird. Er macht die Soziologie ärmer als den Akteur im sozialen Alltag.

Lektüre: Kunz (2004) gibt eine Einführung in Theorien der rationalen Wahl. Esser (1999: 247-259) stellt die Wert-Erwartungs-Theorie mit dem Mittel der Matrizenrechnung (siehe Abschnitt 7.4.2) als Produkt der Matrix der Erwartungen mit dem Vektor der Werte dar.

Weiterführende Literatur: Schoemaker (1982) und Schmidt (1996) diskutieren verschiedene Fassungen und Erhebungsmöglichkeiten der Wert-Erwartungs-Theorie. Druwe / Kunz (1994, 1996, 1998) fassen die Diskussion ihrer Möglichkeiten und Beschränkungen zusammen. Friedrichs / Stolle / Engelbrecht (1993), Kelle / Lüdemann (1995) und Blossfeld / Prein (1998) behandeln Fragen der Erhebung. Kron (2006) schlägt vor, wie die Schätzung der Wahrscheinlichkeiten unter Einbezug von Vagheit und die Entscheidung zwischen Alternativen unter Einbezug von Zufall modelliert werden kann.

Die Bedeutung der Wert-Erwartungs-Theorie für soziologische Erklärungen

Aber die Soziologie bezieht eine ihrer Rechtfertigungen doch daraus, dass sie reicher sein kann als der Akteur im Alltag. Sie ist dann reicher, wenn sie soziales Handeln erklärt – also die Orientierung einer Handlungsentscheidung an anderen Menschen und ihre Folgen für andere Menschen. Sie sollte über die Rekonstruktion der Überlegungen des Handelnden hinausgehen zu den Ausgangsbedingungen, die er hinnehmen muss, und den Folgen, die er nicht überschauen kann. Daran gemessen aber ist die Wert-Erwartungs-Theorie zu allgemein. Sie ist eine Theorie des Handelns überhaupt, nicht aber des sozialen Handelns. Sie gilt für Handeln im Umgang mit der Objektwelt ebenso wie für Handeln im Zusammenleben mit Anderen. Sie ist notwendig, aber nicht hinreichend für die Erklärung sozialen Handelns. Denn das soziale Handeln findet unter gegebenen Rahmenbedingungen statt, die in der Wert-Erwartungs-Theorie vorausgesetzt werden, aber nicht ihr Erklärungsgegenstand sind. Eine Erklärung der rationalen Wahl muss also durch eine Analyse der *Rahmenbedingungen* ergänzt werden, die durch andere Menschen geschaffen sind und dem Handelnden die Alternativen eröffnen oder verschließen; sie muss weiterhin durch eine Analyse der *Konsequenzen* ergänzt werden, die sich aus dem Zusammenspiel der Handlung mit den Handlungen vieler Anderer ergeben. Die Rahmenbedingungen werden vom Handelnden oft nicht voll überblickt, die Konsequenzen sind ihm oft gleichgültig, auf jeden Fall kann er sich leicht über sie täuschen. In beiden Hinsichten ist die Soziologie also aufgefordert, mehr zu eruieren, als der Akteur im Alltag weiß, also aufzuklären. Aber dazu ist sie nur dann in der Lage, wenn sie mit einer allgemeinen Theorie des Handelns – also etwa der Wert-Erwartungs-Theorie – beginnt und sie weiter ausbaut zu einer Theorie des sozialen Handelns.

Die durch andere Menschen geschaffenen Rahmenbedingungen sind nun für den Handelnden gegeben – nicht unumstößlich, aber doch so, dass er sie nicht ohne Strafe ignorieren darf. Die Palette der Alternativen kann der Handelnde keineswegs nach Belieben ausweiten, aber er kann doch diese oder jene Alternative modifizieren. Die Rahmenbedingungen sind „soziale Tatbestände", die sich mit Durkheim (1895) durch zwei Merkmale definieren lassen: Sie sind unabhängig vom Willen des einzelnen Menschen gegeben; und sie üben insofern einen Zwang auf ihn aus, als er sie bei der Planung seiner Handlungen berücksichtigen muss, wenn er nicht durch Misserfolg gestraft werden will.[19]

---

19 Obwohl Durkheim selber es mit vielen Formulierungen suggeriert, muss seine Definition des „sozialen Tatbestands" durch Externalität und Zwang nicht so verstanden werden, dass damit zugleich „das Soziale" als Realitätsebene „sui generis" postuliert wird. Sie ist mit einem Verständnis des Sozialen als Rahmenbedingung und Folge individueller Handlungen vereinbar, wie sie im Folgenden im Anschluss an Coleman (1990) entwickelt

Nehmen wir das Beispiel des Familienvaters. Bis gegen Ende der fünfziger Jahre, als das private Leben noch fast selbstverständlich von beruflichen Imperativen dominiert wurde, hatte der Vater nur zwei Alternativen: Berufliche und familiale Mobilität oder berufliche und familiale Immobilität. Heute kann er diese Alternative mit der dritten Alternative des Wochenendpendelns unterlaufen, die unter dem Namen des „Living apart together" (Hoffmann-Nowotny 1990) zu einer neuen „familialen Lebensform" geworden ist. Nicht nur die Verkehrstechnik hat sich verbessert, vor allem das Verhalten und die Einstellungen Anderer gegenüber einer solchen Lebensform haben sich geändert. Sie wird von Vorgesetzen nicht – oder zumindest nicht erklärtermaßen – sanktioniert, und von den Nachbarn nicht mehr als sonderbar empfunden. Allerdings kann es sein, dass in bestimmten Branchen oder auf besonders hohen Stufen der beruflichen Hierarchie die Lebensform des Wochenendpendlers „nicht gern gesehen wird". Alles in allem aber kann man sagen, die normativen Erwartungen aufgrund der beruflichen Stellung an das Privatleben haben sich gewandelt. Warum haben sie sich gewandelt? Weil zunächst einige, dann immer mehr Menschen in der Situation des Familienvaters die dritte Alternative praktiziert haben, m.a.W. weil sich der soziale Tatbestand geändert hat, der für jeden Einzelnen nahezu unverrückbar, aber doch nicht ganz feststand.

Wie das Beispiel des Wochenendpendelns zeigt, ist dadurch, dass viele Menschen sich einem sozialen Tatbestand über längere Zeit fügen mussten, aber doch nicht ganz gefügt haben, ein neuer sozialer Tatbestand entstanden. Einige haben unabhängig von einander begonnen, mit hohen Kosten und vielleicht gegen Widerstände über das Wochenende zu pendeln; andere sind ihnen früher oder später gefolgt. Aber niemand hat die Lebensform des Wochenendpendelns geplant. Ein neuer sozialer Tatbestand ist als Konsequenz des Zusammenspiels der Handlungen vieler entstanden.

Lektüre: Durkheim (1961: Kapitel 1 und 2)

3.2.4 Analyseebenen und Erklärungsprobleme

Soziales Handeln kann durch die Wert-Erwartungs-Theorie – oder eine andere Theorie gleicher Allgemeinheit – erst dann erklärt werden, wenn die sozialen Tatbestände spezifiziert sind, unter denen gehandelt werden muss. Für jeden Akteur sind soziale Tatbestände mit mehr

---

wird. Dafür sprechen auch Durkheims eigene Formulierungen: Soziale Tatbestände sind für ihn „besondere Arten des Handelns, Denkens, Fühlens, deren wesentliche Eigentümlichkeit darin besteht, dass sie außerhalb des individuellen Bewusstseins existieren" (Durkheim (1895) 1961: 106-114). Auch die weitergehende Explikation, dass soziale Tatbestände „Zustände des Kollektivgeists" oder „Arten des Kollektivseins" mit „moralischer Natur" seien, muss nicht als Postulat einer verdinglichten Sozialwelt gelesen werden, sondern kann im Gegenteil als Versuch verstanden werden, die Nicht-Dinglichkeit sozialer Tatbestände zu begreifen, also die Tatsache, dass Menschen sich sozialen nicht wie physischen Tatbeständen anpassen müssen, sondern mit ihnen umgehen und sie verstehend in ihr eigenes Handeln einbeziehen können. Hinter dem nicht übersehbaren Bemühen Durkheims um die Etablierung einer Autonomie des Sozialen steht ein kritisches Motiv gegen den seinerzeitigen Zeitgeist: der Vorstellung, das einzelne Individuum könne soziale Tatbestände allein aus individuellen Motivlagen verstehen. Durkheim betont die Beschränktheit der individuellen *Erklärungs*perspektive; aber er streitet dem Individuum nicht die Autonomie des *Handelns* gegenüber den sozialen Tatbeständen ab, in denen es lebt. Dafür sprechen auch die zahlreichen probabilistischen Formulierungen seiner Definitionen, die sehr nahe an die von Weber bei Definitionen häufig genutzte Formel von der „Chance" herankommen (siehe z.B. 1980: 13): „Die soziale Beziehung *besteht...* in der *Chance*, dass in einer (sinnhaft) angebbaren Art gehandelt wird"): „Ein soziales Phänomen ist an der äußerlich verbindlichen Macht zu erkennen, die es über die Einzelnen ausübt oder *auszuüben imstande ist*". „Ein soziologischer Tatbestand ist jede mehr oder minder festgelegte Art des Handelns, die *die Fähigkeit besitzt*, auf den Einzelnen einen äußeren Zwang auszuüben" (Durkheim 1961: 111-112, 114).

oder minder großer Aufdringlichkeit gegeben. Sie müssen daher systematisch in die Erklärung eingeführt werden. Aber deshalb muss ihnen keine Realitätsebene jenseits der Individuen zugewiesen werden; die Individuen, die miteinander handeln, bringen unmerklich soziale Tatbestände hervor, ohne dass sie von einem Einzelnen absichtsvoll erschaffen werden könnten. Die Erklärung sozialen Handelns muss die Erklärung des Handelns überhaupt also erweitern: zunächst in die Vergangenheit zu seinen sozialen Ausgangsbedingungen, weiterhin aber auch in die Zukunft zu seinen sozialen Konsequenzen. Die Wert-Erwartungs-Theorie ist eine Theorie des Handelns, die um eine Theorie des sozialen Rahmens ergänzt werden muss. Wenn man zwischen der Mikroebene des Handelns und der Makroebene sozialer Tatbestände unterscheidet, dann sollte eine vollständige Erklärung sozialen Handelns von Ausgangs- zu Endbedingungen auf der Makroebene in drei Schritten führen. Erstens: Wie spiegeln sich die sozialen Tatbestände in der Wahrnehmung des Handelnden wider? Zweitens: Wie setzt der Handelnde die wahrgenommenen sozialen Tatbestände in individuelle Entscheidungen um? Drittens: Wie kommen mehrere individuelle Handlungen wieder in einem sozialen Tatbestand zusammen? Diese drei Fragen (Coleman 1990: 11-23) bilden das *soziologische Erklärungsschema*; sie sind von Esser (1993: 91-103) als „Logik der Situation", „Logik der Selektion" und „Logik der Aggregation" bezeichnet worden. Weil es auf jedem der drei Schritte eine „Logik" nur in dem metaphorischen Sinne von Regeln für eine Problemlösung gibt, halte ich es für besser, von „Problemen", also vom *Orientierungsproblem*, vom *Selektionsproblem* und vom *Aggregationsproblem* zu sprechen.

Abbildung 3.4: Das soziologische Erklärungsschema

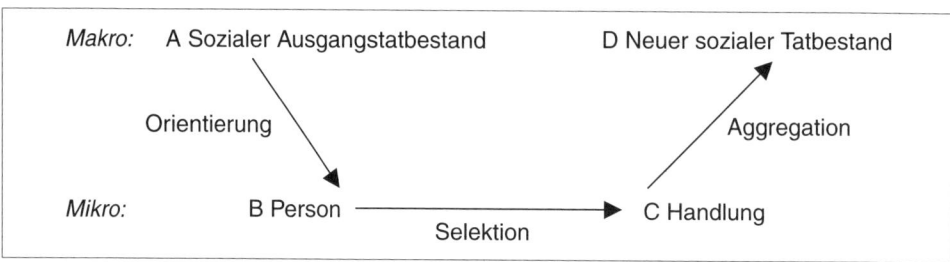

Man kann dieses Schema als Programm der Theorie des sozialen Handelns auffassen,[20] das in der soziologischen Forschung allerdings mit unterschiedlicher Intensität abgearbeitet wurde. Die Wert-Erwartungs-Theorie liegt auf der Mikroebene; soziale Tatbestände sind der Rahmen, der einerseits dem Handelnden vorgegeben ist, andererseits sich durch das Zusammenhandeln vieler auf eine Weise verändert, die nicht von vornherein bekannt ist. Auf der einen Seite muss der Handelnde soziale Tatbestände in Rechnung stellen, wenn er „vernünftig" handeln will; und der Soziologe muss rekonstruieren, wie die sozialen Tatbestände festlegen, was für einen bestimmten Handelnden „vernünftig" sein kann. Auf der anderen Seite hat die Handlung Konsequenzen jenseits des Horizonts der Absichten des Handelnden; und der Soziologe muss extrapolieren, wie die Handlungskonsequenz sich mit den Handlungskonsequenzen Anderer zusammenfügt und soziale Tatbestände verändert.

---

20 Einen Versuch, die Ansätze verschiedener soziologischer Klassiker (u.a. Weber und Parsons) in dieses Schema einzuordnen, bieten Hennen / Springer (1996).

Das Schema enthält keine direkte Verbindung zwischen „altem" und „neuem" sozialen Tatbestand. Soziale Tatbestände sollen nicht *unmittelbar* durch soziale Tatbestände erklärt werden[21] – sondern nur *vermittelt* über das Handeln der Menschen, die sich – auf eine vom Soziologen zu rekonstruierende typische Weise – einem alten Tatbestand anpassen und damit – auf eine vom Soziologen zu erklärende Weise – einen neuen Tatbestand schaffen. Man kann den Wandel sozialer Tatbestände nur erklären, wenn man das Handeln der Menschen versteht, die sich in ihnen bewegen; und man kann Situationen nur verändern, wenn man auf das entsprechende Handeln der Menschen Einfluss nimmt. Im Beispiel der Mobilitätsentscheidung des Familienvaters: Man kann die Mobilitätsquote oder die „Offenheit" einer Gesellschaft nur erklären, wenn man die Mobilitätsentscheidungen der Personen versteht. Und man kann die Mobilitätsquote nur ändern, wenn man die Mobilitätschancen verändert; aber aus der Veränderung der Mobilitätschancen muss, weil die Aggregation eigenen Regeln folgt, nicht notwendig die Veränderung der Mobilitätsquoten folgen.

Das Orientierungs- und das Selektionsproblem sind auch Probleme des Handelnden im alltäglichen Leben – aber das Aggregationsproblem liegt jenseits seines Horizonts. Wer handelt, muss wissen, was Sache ist und was er will; aber er kann oft nicht überblicken, was Sache wird. Die Soziologie kann dem Alltagsmenschen natürlich nicht sagen, was er will. Aber sie kann ihn aufklären, indem sie von einer höheren Warte und mit allgemeineren Begriffen beschreibt, was Sache ist, und ihm die Augen dafür öffnet, was Sache werden kann. Sie liefert größere Transparenz für das Orientierungs- und Selektionsproblem; aber für das Aggregationsproblem schafft sie überhaupt erst ein Bewusstsein. Dennoch ist in der soziologischen Forschung das Orientierungsproblem weit häufiger als das Aggregationsproblem behandelt worden. Untersuchungen darüber, dass soziale Tatbestände das Handeln bestimmen, sind so häufig, dass sie fast zur Erkennungsmelodie der Soziologie geworden sind. Die Zugehörigkeit zu einer sozialen Schicht, einem Milieu, einer Region oder einer Religion z.B. wird als ein sozialer Tatbestand verstanden, der – sei es durch beschränkende Ressourcen Egos, sei es durch normative Forderungen Alters – die Entscheidung in einer politischen Wahl, die Schulwahl für Kinder und Konsumentscheidungen beeinflusst. Aber die Tatsache, dass die Handlungen vieler Menschen zusammen wieder neue soziale Tatbestände bilden, hat in der soziologischen Forschung weniger Beachtung gefunden. Die soziologische Forschung ist gleichsam in der Perspektive des Handelnden befangen geblieben, in der das Orientierungsproblem sich aufdrängt und das Aggregationsproblem fehlt.

3.2.5 Das Aggregationsproblem und widersinnige Effekte

Ein Grund hierfür ist vielleicht, dass die Aggregation oft auf die Summierung der einzelnen Handlungen hinausläuft und daher nicht als Problem erscheint. Dem „subjektiv gemeinten

---

21 Die berühmte Forderung Durkheims (1961: Kapitel 5, besonders 11, 186-194) „Soziologische Tatbestände nur durch soziologische Tatbestände erklären" widerspricht dem nur, wenn man sie als eine direkte Verbindung zwischen den sozialen Tatbeständen versteht. Aber die eigentliche Stoßrichtung Durkheims wird damit nicht richtig getroffen. Durkheim wollte die individualistische Täuschung kritisieren, dass Individuen aus eigener Macht soziale Tatbestände verstehen oder sogar schaffen können und bei ihren Entscheidungen von sozialen Tatbeständen unabhängig seien. Im soziologischen Erklärungsschema wendet sich Durkheim gegen den Ausschluss des Pfeils vom sozialen Tatbestand zum Handelnden und die Konstruktion einer direkten Verbindung zwischen Handeln und neuem sozialen Tatbestand; aber er fordert nicht die unmittelbare Verbindung zweier sozialer Tatbestände.

Sinn" jedes Handelnden entspricht dann der Sinn des kollektiven Ergebnisses. Wenn die meisten SPD wählen, dann ist eben die SPD und nicht die CDU/CSU Wahlsieger; die Wahlentscheidungen aller Wahlberechtigten ergeben – sieht man von der Fünf-Prozentklausel ab, die das Gewicht einer Stimme von der Häufigkeit der übrigen abhängig macht – das Wahlergebnis (Boudon / Bourricaud 1992: 21-28). In gleicher Weise bestimmen die Heiratsentscheidungen aller die Familienstruktur, die Schullaufbahnentscheidungen aller Familien die Schulstruktur usw. Aber die Regel der Aggregation ist nicht immer so einfach wie die Summierung. Das Problem zeigt sich erst dort, wo der „subjektiv gemeinte Sinn", den alle Akteure mehr oder minder übereinstimmend verfolgen, nicht zu einem entsprechenden kollektiven Ergebnis, sondern zu einem „widersinnigen Effekt" führt. Beispiele dafür sind immer schon in der Ökonomie behandelt worden. Deshalb soll die Abfolge der drei Schritte des soziologischen Erklärungsschemas zunächst an einem ökonomischen Beispiel veranschaulicht werden, dem „Widersinn des Sparens" in Depressionszeiten (Samuelson / Nordhaus 2005: 501).

Beispiele: Widersinn des Sparens und Bildungsexpansion

So wie man spart, um später sich etwas anschaffen zu können, so sollte in einer Volkswirtschaft ein Anstieg der Sparquote zu einem Anstieg der Investitionen und zu Wachstum führen. Aber das gilt nur in Zeiten der Vollbeschäftigung, also während einer guten Konjunktur; nur dann erwarten die Unternehmer aus den Investitionen Gewinne, nur dann können sie die erhöhte Sparquote in mehr Investitionen umsetzen. In einer Periode des konjunkturellen Abschwungs und der Unterbeschäftigung aber wird das Sparen „widersinnig". Dann kann es sein, dass viele Konsumenten sparen und die Unternehmer nur wenig investieren, weil sie ja kaum Gewinne erwarten können. Wenn aber die Konsumenten mehr sparen wollen, als die Unternehmer zu investieren beabsichtigen, dann werden kollektiv die Ersparnisse eben nicht mehr in Investitionen umgesetzt und das Volkseinkommen wird zurückgehen. Der Versuch aller Individuen, mehr zu sparen, führt also nicht zu mehr, sondern zu weniger Investitionen und in der Folge zu weniger Wachstum. Das Individuum spart, um mehr konsumieren zu können; aber in der Volkswirtschaft ist es möglich, dass mehr Sparen weniger Investitionen mit sich bringt.

Man kann den „Widersinn des Sparens" gemäß der drei Schritte des soziologischen Erklärungsschemas beschreiben: Konsumenten sparen, um später mehr konsumieren zu können – das ist das Motiv für die Selektion einer Handlung. Wenn aber unter dem sozialen Ausgangstatbestand einer schlechten Konjunktur sehr viele sparen wollen, hat ein jeder am Ende weniger Ersparnisse zur Verfügung; das ergibt sich – wie die makroökonomische Theorie im Einzelnen ausführt[22] – aus der Aggregation der individuellen Selektionen unter dem sozialen Tatbestand der schlechten Konjunktur. Das Motiv für die Selektion gilt nach wie vor auf der Ebene des Individuums; aber der soziale Tatbestand der schlechten Konjunktur führt dazu, dass die Aggregation der individuellen Handlungen ihren Sinn verkehrt. Das muss nicht so sein; es kann bei einem anderen sozialen Ausgangstatbestand anders sein: Bei guter Konjunktur kann die Absicht aller, mehr zu sparen, tatsächlich zu mehr Ersparnissen eines jeden und zu hohen Ersparnissen insgesamt führen, mit der Folge höherer Investitionen und größeren Wachstums.

---

22 Hier kommt es nur darauf an, den „Widersinn des Sparens" zu beschreiben; ihn zu erklären verlangt die Kenntnis der Makroökonomie, besonders der Spar- und Investitionskurve und der Wirkung des Multiplikators.

Aber nicht nur in der Ökonomie, sondern auch in der Soziologie gibt es widersinnige Effekte – wie die Entwertung von Bildungsabschlüssen durch die Bildungsexpansion. Jeder Einzelne will durch höhere Bildungsabschlüsse einen höheren Berufsstatus erreichen. Solange die Zahl der höheren Bildungsabschlüsse im Gleichschritt mit der Zahl höherer Berufspositionen wächst, ist das eine realistische Hoffnung. Wenn aber die Zahl der höheren Bildungsabschlüsse stärker anwächst als die Zahl höherer Berufspositionen, so steht nicht mehr für jeden besser Ausgebildeten die entsprechende bessere Berufsposition bereit. Ist das Verhältnis sehr ungünstig, so kann es sein, dass man nach der Bildungsexpansion mit mehr Bildung weniger Berufsstatus erreicht als vorher (Boudon 1977: 23-37). Wiederum ergibt sich der widersinnige Effekt aus der Interdependenz der einzelnen Handlungen: In Zeiten einer durch Berufsexpansion nicht „gedeckten" Bildungsexpansion ist meine zusätzliche Bildung für den Berufszugang weniger wertvoll, weil viele Andere die gleiche Bildung vorweisen. Die Arbeitgeber können die Zugangsvoraussetzungen für die Berufspositionen erhöhen, so dass mit mehr Bildung der gleiche oder ein niederer Berufsstatus erreicht wird als zuvor. Vor der Bildungsexpansion konnte man mit mittlerer Reife Bankkaufmann werden, heute muss man dazu das Abitur haben. Auch im Beispiel der Entwertung von Bildungsabschlüssen durch die Bildungsexpansion bestimmt ein allgemein gültiges Motiv, der Wille zum sozialen Aufstieg durch Bildung, die Selektion der Handlung, die bei unterschiedlichen sozialen Ausgangstatbeständen, der Konstanz oder der Expansion der Berufshierarchie, zu unterschiedlichen Aggregationen, zur Frustration oder zur Erfüllung des Aufstiegswillens führen kann.[23]

Interdependenz ist unvermeidlich, Kooperation problematisch

Die Aggregation kann also zu einem Ergebnis führen, das für den Einzelnen widersinnig oder „kontraintuitiv" ist: Wenn viele Individuen das gleiche anstreben, kann es sein, dass sie das Gegenteil des Angestrebten erreichen. Widersinnige Effekte aber *müssen nicht* auftreten; im Beispiel des „Widersinns des Sparens" war ja die schlechte Konjunktur, im Beispiel der Bildungsexpansion die Konstanz der Berufspositionen Voraussetzung. Widersinnige Effekte machen sensibel für das Aggregationsproblem, das in der Sicht des Handelnden gar nicht auftaucht; sie erst führen vom Alltagswissen zur Soziologie. Der Alltagsverstand unterliegt oft dem „Trugschluss der Aggregation (fallacy of composition)" (Samuelson / Nordhaus 2005: 6), dass das kollektive Ergebnis den individuellen Absichten entsprechen müsse – wie folgende Geschichte zeigt. Bei einer Parade will jeder Einzelne gut sehen. Deshalb stellt sich jeder Einzelne auf Zehenspitzen. Das Resultat ist, dass jeder Einzelne mehr Anstrengung hat und keiner besser sieht. Aber der Schluss von individueller Absicht – bessere Sicht für mich – auf das kollektive Ergebnis – bessere Sicht für alle – ist nicht zulässig, jedenfalls nicht ohne weitere Annahmen und Begründungen.

Widersinnige Effekte führen uns einen Grundtatbestand des sozialen Lebens vor Augen, der auch dann gegeben ist, wenn sie nicht auftreten: die wechselseitige Abhängigkeit oder *Interdependenz* gleichartiger Handlungen. Egos Handeln steht nicht allein, sondern in einer Bedin-

---

23 Beide Beispiele haben darüber hinaus eine weitere Gemeinsamkeit, die für „widersinnige Effekte" allgemein charakteristisch ist: Sie sind nur im Zeitablauf denkbar. Die heutige Absicht vieler führt im Laufe eines konjunkturellen Abschwungs zu geringeren Erträgen aus Ersparnissen; die heutige Absicht vieler, mit hohen Bildungsabschlüssen hohe Berufspositionen zu erreichen, führt nach Abschluss einer Bildungskarriere, die von vielen gleichzeitig eingeschlagen wurde, ohne dass gleichzeitig die höheren beruflichen Position entsprechend anwachsen, zu einer Entwertung der Abschlüsse. Die dynamische Qualität der widersinnigen Effekte ist für die Analyse des sozialen Wandels bedeutsam (siehe Abschnitt 10.5).

gungskette vieler gleichartiger Handlungen, die über das kollektive Ergebnis entscheidet. Es kann daher nützliche oder schädliche Konsequenzen für Alter haben. Wenn das der Fall ist, muss Alter an Egos Handlungen interessiert sein. Widersinnige Effekte zeigen daher weiter, dass *Kooperation*, die Verknüpfung individueller Handlungen zum Nutzen aller, grundsätzlich problematisch ist: Dass viele Individuen nach ihren eigenen Interessen handeln, bedeutet noch nicht, dass alle ihr Interesse so gut als möglich befriedigen; das Nutzenstreben vieler kann, aber muss nicht zum gemeinsamen Besten führen. Interdependenz ist unvermeidlich, Kooperation aber problematisch.

Die Wert-Erwartungs-Theorie ist eine Theorie der rationalen Wahl. Theorien der rationalen Wahl bewegen sich nur auf der Mikro-Ebene der Selektion, in die soziale Tatbestände eingehen, ohne selber Gegenstand der Analyse zu sein, und begnügen sich mit der Erklärung einer individuellen Handlung, ohne die möglichen Konsequenzen zu bedenken, die sich ergeben können, wenn mehrere Menschen das gleiche Ziel anstreben. Theorien der rationalen Wahl lösen eine der drei Grundfragen der Theorie des sozialen Handelns; aber sie lassen zwei Grundprobleme offen: die Orientierung und die Aggregation. Aber weil Theorien der rationalen Wahl Handeln aus dem subjektiven Sinn des einzelnen Handelnden erklären, enthalten sie die Möglichkeit der Erweiterung in beide Richtungen: In der Wert-Erwartungs-Theorie sind soziale Tatbestände der Rahmen, in dem Konsequenzen bewertet und Wahrscheinlichkeiten geschätzt werden; die Aggregation ergibt sich in diesem Rahmen aus der für das betrachtete Handeln typischen Form der Interdependenz. Theorien der rationalen Wahl stellen das Problem der Kooperation in einer empirisch greifbaren Form, statt es nur – wie Parsons – durch die Komplementarität der Erwartungen auf begrifflicher Ebene für gelöst zu halten. Mit der individualistischen Perspektive wird Kooperation nicht mehr als gegeben angesehen und als Problem greifbar.

3.2.6 Kooperation als Problem

Nullsummenspiele und Nicht-Nullsummenspiele

Nur einer von zwei Arbeitslosen kann eine Stelle, nur eine von zwei Firmen einen Auftrag, nur eine von zwei Parteien die Stimme eines Wählers, nur einer von zwei Freiern die Braut bekommen. In jeder dieser „Bewerbungen" kämpfen zwei Seiten um ein Gut. Deshalb hat keine Seite die Wahl, mit der anderen zu kooperieren; jede muss den gefährlichsten Zug für die andere suchen, um das umworbene Gut zu gewinnen. Wenn man die Interaktion beider Seiten als Spiel auffasst, so ist die Summe von Gewinn und Verlust beider Seiten Null. Deshalb werden Interaktionen dieser Art in der Spieltheorie als *Nullsummenspiel* bezeichnet. Die Interaktion ist ein Kampf um ein Gut; aber sie bringt kein Gut hervor, sie enthält keine *Produktivität*. Die Interaktion ist keine Kooperation, die beide Seiten einvernehmlich vereinbaren könnten, sondern ein Konflikt, für den Regeln existieren, bevor die Seiten gegeneinander antreten: für die Bewerbung um Heiratspartner Gesetze gegen den Heiratsschwindel, für die Bewerbung um Käufer Gesetze gegen unlauteren Wettbewerb, für die Bewerbung um Wählerstimmen Gesetze gegen politische Korruption usw.

Aber die Interaktion beider Seiten kann eine Produktivität enthalten. Zwei Arbeitskollegen, die eine Arbeit nicht nach Stücken, sondern Arbeitsschritten aufteilen, können jeder von der wachsenden Erfahrung des anderen profitieren und mit gleichem Aufwand mehr produzieren – wie es Adam Smith (1974: 17) für das Beispiel der Nadelproduktion gezeigt hat. Zwei

Freunde können ihren Freundeskreis – anders als zwei Bewerber den umworbenen Heirats-partner – teilen und damit die sozialen Chancen beider vergrößern (siehe die Diskussion „schwacher Verbindungen" in Abschnitt 10.4.2). Zwei Nationen, die ihre Handelsschranken abbauen, können beide die Vorteile des Freihandels genießen. In allen Fällen enthält die In-teraktion der Partner für jeden eine mögliche positive Externalität; *Externalitäten* kann man als „positiv oder negativ bewertete Konsequenzen sozialer Interdependenzen" (Opp 1983: 69) definieren.[24]

Potenziell produktive Interaktionen sind ein Spiel, in der jede Seite die Wahl zwischen einer eigenbrötlerischen und einer kooperativen Entscheidung hat: Sie kann alleine das ganze Stück produzieren oder die Arbeit teilen; sie kann ihren Bekanntenkreis dem Freund mitteilen oder verheimlichen; sie kann die Handelsschranken aufrechterhalten oder abbauen. In allen Fällen kann das Ergebnis, wenn beide Seiten die kooperative Entscheidung wählen, für jede besser sein, als wenn beide die eigenbrötlerische Seite wählen. In allen Fällen ist der Vorteil der einen nicht der Nachteil, sondern der Vorteil der anderen Seite; daher spricht man auch von *Nicht-Nullsummenspielen*.

Aber die Tatsache, dass beide Seiten zwischen Kooperation und Eigenbrötlerei wählen kön-nen, bringt es mit sich, dass das Spiel vier Ausgänge hat. Es können beide kooperieren und beide für sich bleiben; aber es kann auch sein, dass Ego kooperiert und Alter nicht; und umge-kehrt. Solange der Kooperationsverweigerer schlechter abschneidet als der Kooperationsberei-te, ist die Kooperation gesichert. Denn ein eigennütziges Individuum wird nach einer Verwei-gerung bemerken, dass sie sich nicht auszahlt, und in Zukunft kooperieren, so dass beide Sei-ten am besten dran sind. Sobald aber der Kooperationsverweigerer besser abschneidet als der Kooperationswillige, ist die Kooperation nicht mehr gesichert. Denn unter diesen Umständen muss ein eigennütziges Ego den möglichen Gewinn herausholen, also nicht kooperieren; und Alter muss verlieren, weil sein Kooperationsangebot nicht realisiert wird. Aber die gleichen Überlegungen gelten auch für Alter, so dass keiner kooperiert und die möglichen Vorteile für beide sich nie realisieren lassen. Jede Seite unterliegt der Versuchung, die andere auszubeuten, so dass sie nicht das günstige Ergebnis der Kooperation, sondern das ungünstige der Nichtko-operation erreichen. Zum Beispiel: Wenn Land A die Handelsschranken beibehält und Land B sie fallen lässt, kann Land A ungehemmt exportieren und Gewinne machen, so dass Land A noch besser als bei einem gemeinsamen Abbau, Land B aber noch schlechter als bei einem ge-meinsamen Beibehalten der Handelsschranken dasteht.

Das Gefangenendilemma

Die Situation eines Nicht-Nullsummenspiels, in dem sich die Nichtkooperation Egos bei Ko-operation (K) Alters besser auszahlt als die gemeinsame Wahl der Kooperation und die Ko-operation Egos bei Nichtkooperation Alters sich schlechter auszahlt als die gemeinsame Wahl der Nichtkooperation, führt also zu einem Dilemma: Weil die Nichtkooperation – oder die „Defektion"(D) – Egos günstiger ist, gleich was Alter tut, und umgekehrt, wählen beide die Nichtkooperation und erreichen nicht die kollektiv beste Lösung. Dieses Dilemma ist als das

---

24 In der Ökonomie wird Externalität als Kosten oder Ertrag definiert, die ein Wirtschaftssubjekt einem anderen *außerhalb des Marktes* verursacht (Samuelson / Nordhaus 2005: 36). Flugplätze verursachen Lärm, der die An-wohner stört; aber sie entschädigen die Anwohner in der Regel nicht. Da beim sozialen Handeln die Möglich-keit der Entschädigung auf dem Markt sowieso nicht immer gegeben ist, kann man Externalität auch ohne Be-zug auf den Markt definieren.

„Gefangenendilemma" berühmt geworden; es lässt sich in folgender Auszahlungsmatrix darstellen (Coleman 1990: 252, ein ähnliches Beispiel bei Axelrod 1987: 3-21):

Tabelle 3.5 Auszahlungsmatrix für ein Zwei-Personen-Gefangenendilemma

Ego	Alter			
	Kooperation		*Defektion*	
Kooperation	Reward(R)=3	R=3	Sucker(S)=-3	Temptation(T)=6
Defektion	T=6	S=-3	Punishment(P)=0	P=0

Die Auszahlung der vier Ergebnisse ist zuerst für Ego, dann für Alter dargestellt. Die Werte können beliebig gewählt werden, sofern sie für jeden Spieler folgende – hier gegebene – Rangfolge haben:

Versuchung	>	Belohnung	>	Strafe	>	Gutgläubiges Opfer
Temptation	>	Reward	>	Punishment	>	Sucker's Payoff

Wenn Ego und Alter unter den Bedingungen dieser Auszahlungsmatrix *nur einmal* zusammentreffen, ist es für Ego besser D zu wählen, gleich was Alter wählt; und umgekehrt. D ist für Alter und Ego unter allen Bedingungen die beste Wahl; DD also das einzig mögliche kollektive Ergebnis. Es gibt weder für Ego noch für Alter einen Anreiz, *einseitig* D aufzugeben. Eine Kombination von Handlungswahlen, die keiner der Beteiligten allein verlassen kann, ohne seine Auszahlung zu verschlechtern, wird ein *Gleichgewicht* genannt (Davis 1993: 21-31, Holler / Illing 1993: 10-13, Ullmann-Margalit 1977: 19). Nach dieser Definition ist DD ein Gleichgewicht. Aber DD ist ein sozial ungünstiges Gleichgewicht. KK ist die kollektiv beste Situation – mit der größten Summe der Nutzen. Die individuelle Nutzenabwägung zwingt die Spieler, nicht zu kooperieren und das kollektive Optimum zu verfehlen.

Bei einem einmaligen Zusammentreffen von Ego und Alter kann das für beide ungünstige Gleichgewicht vermieden werden, wenn zwei Bedingungen erfüllt sind: Ego und Alter können erstens über das Problem kommunizieren, um eine gemeinsame Entscheidung KK abzusprechen. Und wenn sie eine Absprache getroffen haben, müssen sie zweitens einander vertrauen, dass jeder die Absprache erfüllt. Denn jeder kann den anderen mit der Absprache hereinlegen, also K versprechen und D tun, so dass der andere als „gutgläubiges Opfer" endet. Um im Folgenden zu zeigen, wie Kommunikation und Vertrauen zusammen eine Lösung eines einmaligen Gefangenendilemmas unter zwei Personen erlauben, muss auf das Interaktionsparadigma zurückgegriffen werden.

Das Interaktionsparadigma und der Tausch des Handlungskontrollrechts

Wie die Theorie der Motivation (siehe Abschnitt 3.1.3) geht auch die Theorie der Intention vom Paradigma der Interaktion zwischen Ego und Alter aus. Allerdings wird das Problem der Interaktion nicht durch die Annahme komplementärer Erwartungen gelöst, sondern durch den Tausch des Kontrollrechts über das eigene Handeln zwischen Ego und Alter, der sich wie folgt ergibt (Coleman 1990: 30, 250-255, 352).

Jeder Akteur hat auf der einen Seite die Kontrolle über Ressourcen für seine Handlung, deren Ergebnis für Alter einen Nutzen oder Schaden darstellt und daher sein Interesse hervorruft; der Nutzen oder Schaden der Handlung Egos für Alter ist wiederum eine Externalität Egos für Alter. Akteure sind mit ihren eigenen Handlungen durch die Relation der *Kontrolle*, mit fremden Handlungen durch die Relation des *Interesses* verbunden. Ressourcen sind Fähigkeiten oder soziale und wirtschaftliche Kapitalien; die letzte und wichtigste Ressource ist das Recht, genauer das „Naturrecht", über sein eigenes Handeln zu entscheiden: tun oder lassen, Ja oder Nein, kooperieren oder defektieren. Was aber für Ego Ressource ist, ist für Alter Externalität – und umgekehrt. Von Ego führt also die Kontrolle zu Egos Handlung und von dort das Interesse zu Alter – und umgekehrt. Das ist in Abbildung 3.6 dargestellt.[25]

Im Gefangenendilemma will jeder, dass der andere K wählt, und zugleich muss jeder D wählen. Daher liegt es nahe, das Recht der Handlungskontrolle, also C(E) und C(A), zu tauschen, so dass Ego für Alter und Alter für Ego K wählt und sich KK ergibt. Wenn jeder in Tabelle 3.5 das, was er aufgibt, mit dem vergleicht, was er dem anderen bietet, wenn also jeder den Nutzengewinn für sich mit der Externalität für den anderen vergleicht, sieht jeder, dass der Tausch sich lohnt. Wenn Ego von D nach K wechselt, verliert er – gleich was Alter tut – 3 Einheiten und schafft Alter einen Gewinn von 6 Einheiten. Ego gibt also durch einen Wechsel von D nach K weniger an eigener „Kontrolle" auf, als er Alter an Verzicht auf für Alter „interessanten" Externalitäten bietet.[26] Dasselbe gilt, wenn man Alters Wechsel von D nach K und seine „Kosten" an „Kontrolle" und an „Nutzen" für das „Interesse" Egos betrachtet. Jeder hat also etwas, die Kontrolle über die eigene Handlung, das ihm selber weniger wert oder „interessant" ist als dem anderen. Also haben beide einen Anreiz für den Tausch; um ihn auszuführen, muss nur die Möglichkeit der *Kommunikation* zwischen beiden bestehen. Ist der Tausch abgeschlossen, sieht das Schema aus wie in Abbildung 3.7.

Aber auch nach dem Tausch des Handlungskontroll*rechts* behält jeder die Handlungskontrolle und muss selber handeln. Wenn aber jeder dem anderen *vertraut*, wird er auch wie vereinbart handeln; denn er weiß, auch der andere kooperiert. Vor dem Tausch hat jeder gewünscht, dass der andere kooperiert; nach dem Tausch kooperiert jeder im Namen des anderen. Jeder hegt also nicht nur, sondern *erfüllt* die gleiche und gemeinsame Erwartung der Kooperation, jeder folgt der goldenen Regel der Bergpredigt: „Alles, was ihr wollt, dass euch die Leute tun, das sollt auch ihr ihnen tun." Jeder folgt der *Norm* der Kooperation – also, wie in Abschnitt 2.3 definiert, einer Sollenserwartung. Defektion kommt nicht mehr vor, eine Sanktion ist nicht erforderlich.

Die neue Situation ist durch eine gesteigerte Interdependenz zwischen Ego und Alter gekennzeichnet. Nicht nur ist jeder Externalität für den andern – was der Ausgangstatbestand des sozialen Zusammenlebens überhaupt ist; vielmehr hat auch jeder das Kontrollrecht über eine Handlung des anderen, die ihn „interessiert" – was eine sozial, durch Kommunikation, Tausch und Vertrauen, geschaffene Interdependenz ist. Nach dem Tausch des Handlungskontrollrechts folgen die beiden Akteure der gemeinsamen und gleichen Erwartung – was bildlich daran sichtbar wird, dass die Kontrolle über die Handlung nicht mehr im Kasten der

---

25 Der Pfeil von Egos Handlung zu Alter bezeichnet das Interesse, das Egos Handlung *für* Alter hat – wenn man das Interesse darstellen wollte, das Alter *an* Egos Handlung hat, müsste der Pfeil von Alter zu Egos Handlung gehen. Mit Interesse ist aber die Externalität gemeint, die von Egos Handlung auf Alter ausgeht. Das ist auf den ersten Blick vielleicht nicht einleuchtend. Aber auch die Umgangssprache versteht „Interesse" nicht nur im aktiven, sondern auch im passiven Sinn: Man sagt nicht nur „Ich interessiere mich für X", sondern auch „X interessiert mich"- im Sinn von Betroffenheit, Angewiesenheit, Abhängigkeit, kurz: Externalität. Die Handlungen anderer haben für jeden bestimmte Folgen, die gegeben sind – ob man sie will oder nicht: Man kann sie nicht nach Belieben oder nach „Interesse" wählen.

26 Das muss im Gefangenendilemma so sein, wenn man unterstellt, dass die Abstände zwischen den Auszahlungen gleich sind, also T>R>P>S z.B. 4,3,2,1. Dann verliert Ego mit dem Wechsel von T nach R eine Nutzeneinheit, hebt aber Alter von S nach R um zwei Nutzeneinheiten.

Abbildung 3.6 Das Interaktionsparadigma Colemans: Egos Handlung als Externalität
                für Alter

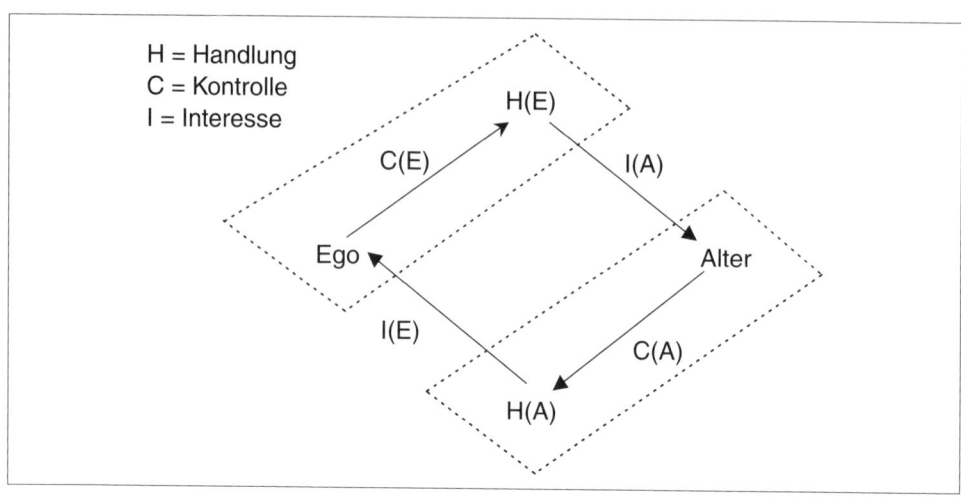

gleichen Person bleibt, sondern aus dem der jeweils anderen Person kommt. Im Vergleich mit
dem Interaktionsparadigma bei Parsons entspricht der Pfeil für „Kontrolle" dem Pfeil für „Erwartung". Die Theorie der Intention kann also genau das, was die Theorie der Motivation als
„Komplementarität der Erwartungen" *voraussetzt,* in seiner *Genese* durch die Kausalkette
„Kommunikation, Tausch von Handlungskontrollrechten, Erfüllung der gemeinsamen Erwartung" erklären.

Dass die Theorie der Motivation gleichsam zu spät ansetzt und wichtige Bedingungen der
Interaktion von Ego und Alter überspringt, wird am Fehlen der Externalitäten sichtbar (siehe
Abbildung 3.2). Dass Egos Handlung Alter interessiert, wird zwar als erste Kontingenz der
„Doppelkontingenz" – als Einstellung auf die Reaktionsmöglichkeiten Alters – angesprochen,
aber es hat keine Stelle im Interaktionsparadigma der Theorie der Motivation. Die Erwartung
Egos regiert Alters Handlung; weil Alter die gleiche Erwartung internalisiert hat, zieht er mit
seiner Handlung – mit seiner (neutral verstandenen) „Sanktion" – nach. Die Internalisierung
der Erwartung als Sanktion wird dadurch dargestellt, dass der entsprechende Pfeil innerhalb
der Person verbleibt und dass von beiden Personen aus die Pfeile auf die Handlung zulaufen.
Wer handelt, erwartet von sich dasselbe, was die anderen von ihm erwarten. Im Gegensatz
dazu geht in der Theorie der Intention von Egos Handlung eine Externalität *Egos* aus, die Alter „interessiert": Egos Handeln hat Externalitäten für Alter, die der Anreiz für den Tausch
von Kontrollrechten und die Erfüllung gemeinsamer Erwartungen sind. Externalitäten lösen
den Tausch der Handlungskontrollrechte mit dem Ergebnis aus, dass jeder die Sollenserwartung des anderen erfüllt.

Der Tausch der Handlungskontrollrechte hat also zur Konformität ohne Sanktionen geführt – allerdings nur unter zwei Personen. Schon bei drei Personen wird es schwierig, allein
durch den Tausch von Handlungskontrollrechten Konformität herzustellen, weil jeder seinen
Kontrollrechtsverlust mit dem Gewinn vermiedener Externalitäten bei zwei anderen Akteuren
vergleichen muss. Dann aber ist die glückliche Situation, dass Ego durch den Wechsel von D
auf K sich selber einen geringeren Verlust auflädt, als er Alter an Gewinn einbringt, nicht

Abbildung 3.7 Das Interaktionsparadigma nach dem Tausch des Handlungskontrollrechts

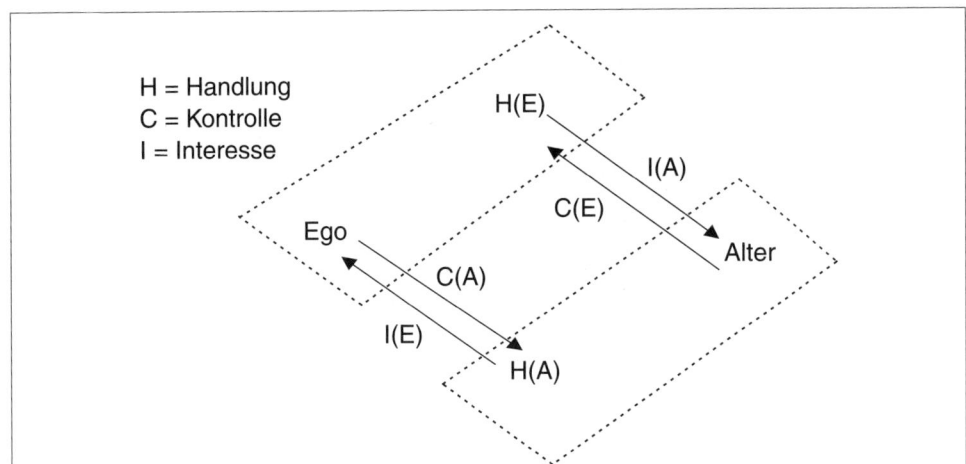

mehr in jedem Fall gegeben, denn der Gewinn muss ja auf mehrere Alteri verteilt werden.[27] Um zu einer Lösung zu kommen, muss Ego mit zwei Alteri gleichzeitig verhandeln und die Alteri müssen das Kontrollrecht über Ego gegen die Summe der vermiedenen Externalitäten eintauschen – wozu wiederum die beiden Alteri miteinander in Kontakt stehen müssen (Coleman 1990: 243, 253-259). Die Kommunikation unter den Partnern muss in eine Form der sozialen *Organisation* gegossen werden, die garantiert, dass alle drei Akteure gleichzeitig von D auf K wechseln, dass also nicht nur zwei Akteure Kooperation vereinbaren und der dritte dann die beiden durch Defektion um so besser ausbeuten kann. Im Prinzip müssen alle Akteure ihr Kontrollrecht über bestimmte Handlungen an eine „höhere" Instanz, einen Verband, abgeben, der gewährleistet, dass der mehrseitige Tausch zu Ende gebracht wird.[28]

Wie unter *mehreren* Menschen die Entstehung von Normen *denkbar* ist, wird weiter unten (Abschnitt 4.3.2 und 6.4.4) dargestellt. Aber auch für *zwei* Personen bleibt noch das *praktische* Problem, wie die Kommunikation möglich ist, die zum Tausch der Handlungskontrollrechte führt. Nur wenn das Spiel nur einmal gespielt wird, muss die Kommunikation *explizit* sein, also die Form von Gesprächen und Verhandlungen haben. Wenn aber die Chance besteht, dass Ego und Alter mehrfach im gleichen Spiel zusammentreffen, erlaubt die Wiederholung eine *implizite Kommunikation durch Verhalten*: Was Ego von Alters Entscheidung hält, kann er ihm durch seine Entscheidung im nächsten Spiel „zeigen".

Lektüre: Merö (2004) gibt eine Einführung in die Spieltheorie und in das Gefangenendilemma.

---

27 Nur in dem seltenen Fall, dass die Kooperation in sehr hohem Maße produktiv ist, gilt schon für den ersten und zweiten einer Reihe von Akteuren die Überlegung der Interaktion von zwei Akteuren, dass der Verlust durch die Aufgabe des Kontrollrechts über das eigene Handeln geringer ist als die Externalitäten für den anderen Akteur.

28 Coleman (1990: 267-269) stellt dar, wie eine Bank, die Handlungskontrollrechte zu dem Preis annimmt, den jeder verlangt, und an die weitergibt, die am meisten bieten, die Handlungen aller so organisieren kann, dass alle kooperieren.

Die Möglichkeit der Kooperation unter Nutzenmaximierern

Kooperation wird möglich, wenn die gleichen Personen Ego und Alter sich wieder treffen, wenn also das Spiel wiederholt oder „iteriert" wird. Dann kann Ego es riskieren, einmal oder sogar mehrfach K zu wählen, und Alter mit dem Rückfall in D bestrafen, wenn er nicht ebenfalls K wählt. Ego kann Alter im ersten Spiel durch die Wahl K die Kooperation vorschlagen und im zweiten Spiel für die Nichtannahme des Vorschlags durch die Wahl D bestrafen. Aber diese Verhandlung über eine mögliche Kooperation führt nur dann zum Ziel, wenn die Zahl der Spiele den Spielern nicht von vornherein bekannt ist. Denn wenn die Zahl der Spiele bekannt ist, muss Ego im letzten Spiel annehmen, dass Alter defektieren wird, und selber defektieren. Dann aber gilt für das vorletzte Spiel die gleiche Überlegung, usw. bis zum ersten Spiel. Durch diese „Rückwärtsinduktion" wird der Fall einer bekannten Zahl von Wiederholungen mit dem Fall nur eines Spieles gleichgesetzt: Ego wie Alter werden schon im ersten Spiel defektieren. Erst wenn die Spieler nicht wissen, wann das letzte Spiel gespielt wird, erst wenn also die *Zukunft offen* ist,[29] ergibt sich also eine Chance, aus der Falle des sozial ungünstigen Gleichgewichts DD zu entkommen.

Aber auch die Offenheit der Zukunft reicht als Bedingung für die Möglichkeit der Kooperation nicht aus. Wer kurzfristig denkt und in den Tag hineinlebt, will heute „alles" und kümmert sich nicht um morgen. Die zukünftigen Spielergebnisse müssen also für die Spieler wichtig, „der Schatten der Zukunft groß"[30] sein. Dann jedoch gibt es aus der Sicht des einzelnen Spielers keine beste Strategie, d.h. Entscheidungsregel der Nutzenmaximierung; schon die Auszahlung des ersten Spiels für Ego hängt von der Strategie Alters ab (Axelrod 1987: 25-49). Anders gesagt: Ego und Alter sind durch soziales Handeln i.w.S. miteinander verbunden; jeder orientiert sich an den Handlungsalternativen des anderen, dessen Entscheidung eben nicht voraussagbar ist.

Die Wahl einer Strategie kann also nicht formal, „logisch" bestimmt werden – sie hängt von den Charaktermerkmalen oder – mit Weber gesprochen – von den „Eigenwerten" der Personen ab, die über die Grundintention der Nutzenmaximierung hinausgehen und sie auf die ein oder andere Weise verwirklichen wollen. Die formale Unbestimmtheit des Spiels führt zu der Frage, wie sich unterschiedliche Spielstrategien – sprich: unterschiedliche Persönlichkeiten – auf das Ergebnis auswirken. Sie lässt sich in einem auf dem Computer simulierten Turnier beantworten, in der programmierte Strategien gegeneinander antreten. Der Computer simuliert also die Auseinandersetzung zwischen unterschiedlichen Persönlichkeiten in einer Situation, in der jeder durch Kooperation gewinnen kann – oder auch nicht.

Freundlichkeit – als Strategie vom Computerspielen und Eigenwert von Menschen

In einer solchen Computersimulation ließ Axelrod (1987) 63 Strategien gegeneinander in einer Serie von Zwei-Personen-Spielen des Gefangenendilemmas mit offenem Zeithorizont, also mit einer jeweils zufällig bestimmten Zahl von Wiederholungen antreten. Die Strategien unterschieden sich in vier Hinsichten: (1) ihre „Freundlichkeit", also danach, ob sie im ersten Zug K wählten oder nicht; (2) ihre „Provozierbarkeit", also danach, ob sie auf die Wahl der anderen Seite im nächsten Zug gleichartig reagierten, (3) ihr „Gedächtnis", also danach, wie

---

29   Anders gesagt: Das Spiel muss über eine längere Frist wiederholt werden, als die Akteure kalkulieren, in diesem Sinne also „funktional infinit" sein (Plümper 1998: 168).

30   Anders gesagt: Der „Diskontparameter" der Spielergebnisse, der zwischen 0 und 1 liegen kann, muss hoch sein.

viele Züge der anderen Seite sie bei der eigenen Entscheidung berücksichtigten, und (4) durch ihre „Verstehbarkeit", also danach, wie leicht sie für die andere Seite erkennbar waren, wie leicht also Ego aus der jetzigen Entscheidung Alters eine Stellungnahme Alters zu Egos letzter Entscheidung entnehmen kann.

Wie nun im sozialen Leben jeder Charakter auf jeden trifft, so spielte in der Computer-Simulation jede Strategie gegen jede. Gewonnen hatte, wer in allen Spielen die meisten Punkte erreicht hatte. Das war die Strategie TIT FOR TAT (TFT, „Wie Du mir, so ich Dir"). TFT beginnt mit K; und erwidert von da an immer, was Alter getan hat. TFT ist also (1) eine „freundliche" Strategie, (2) vergilt sofort, (3) aber nur einmal, und (4) kann leicht von Alter aus Egos Reaktionen erschlossen werden. Obwohl TFT die andere Seite nur einen Zug lang im Gedächtnis behielt, und damit auf alle Versuche verzichtete, sie „einzuschläfern" und mit einer unvermuteten Nichtkooperation „hereinzulegen", hat TFT im Turnier insgesamt die meisten Punkte erreicht – mehr Punkte als kompliziertere Strategien, die z.T. hinterlistig, raffiniert und mit einem langen Gedächtnis versehen waren. Und die Punktzahl von TFT lag sehr nahe bei der Punktzahl, die Alter und Ego bei permanenter beidseitiger Wahl von K erreicht hätten. TFT gewann, weil es in allen vier genannten Dimensionen günstige Eigenschaften aufwies. Es war (1) durch seine Freundlichkeit in der Lage, Kooperation aus den anderen Strategien herauszulocken, selbst wenn sie „unfreundlich" waren. Es hat die beiden eigennützigen Spielpartner aus dem Teufelskreis permanenter Defektion heraus geführt. Das galt für freundliche Strategien allgemein: Alle freundlichen Strategien belegten die ersten Plätze des Turniers, alle unfreundlichen die letzten Plätze. Weiterhin hat TFT (2) durch seine Provozierbarkeit eine Ausbeutung durch Alter sofort gestoppt; es hat nicht die rechte Backe hingehalten, wenn es auf die linke geschlagen wurde, sondern zurückgeschlagen; auf der anderen Seite hat TFT (3) durch seine Versöhnlichkeit – nur einmalige Vergeltung – den Weg zur gemeinsamen Kooperation nicht unnötig verlängert. Schließlich hat TFT es Alter (4) durch seine Verstehbarkeit, den Verzicht auf Hinterlist, leicht gemacht, sich auf TFT einzustellen.

Freundlichkeit ist offenbar nicht nur die erste, sondern auch die entscheidende Bedingung für den Erfolg von TFT im Kampf der Strategien – und von Menschen im Alltag des Zusammenlebens. Natürlich will jeder seinen Nutzen, aber er kann das freundlich oder unfreundlich tun. Ein produktives Zusammenleben ist leichter möglich, wenn von den unvermeidlich egoistischen Menschen möglichst viele freundlich miteinander umgehen. Die Moral dieser Simulation des Umgangs von Menschen untereinander durch den Kampf von Computerstrategien im Gefangenendilemma ist also klar: Auch unter Egoisten ist in Nicht-Nullsummenspielen Kooperation möglich, wenn sie mit einer wehrhaften, nicht nachtragenden und erkennbaren Freundlichkeit gepaart ist. Die freundliche Einstellung der Egoisten zueinander ermöglicht es, das Potenzial des Nicht-Nullsummenspiels zu mobilisieren. Die „Logik" der Nutzenmaximierung kommt zum sozialen Ziel der Kooperation, wenn sie mit einer sozial konstruktiven „Psychologie" verknüpft ist.[31]

---

31 In der Umfrageforschung wird Freundlichkeit durch die Frage nach dem verallgemeinerten Vertrauen in die Mitmenschen erhoben, die von Almond und Verba (1963) erstmals 1959 gestellt und seither in vielen Länder wiederholt wurde: „Ganz allgemein gesprochen: glauben Sie, dass man den meisten Menschen vertrauen kann oder dass man im Umgang mit anderen Menschen nicht vorsichtig genug sein kann?" Wer vertraut, beginnt mit K; wer „nicht vorsichtig genug sein kann", mit D. Das Niveau des mitmenschlichen Vertrauens erfasst also, wie „angenehm" eine Gesellschaft ist – und wie produktiv sie sein kann.

Neid und die Verwechslung von Nicht-Nullsummen- mit Nullsummenspielen

Der Weg zur Freundlichkeit ist oft dadurch versperrt, dass die Menschen mit ihren Strategien Situationen als Nullsummenspiel auffassen, die Nicht-Nullsummenspiele sind. Sie sind auf Wettkampf und Konkurrenz orientiert und verkennen Chancen der Kooperation. Das Potenzial von Nicht-Nullsummenspielen wird vor allem daran sichtbar, dass TFT zwar insgesamt die meisten Punkte gewonnen hat, aber in keinem einzigen Spiel mehr Punkte erreicht hat als die gegnerische Strategie. Das klingt paradox. Aber es ergibt sich daraus, dass TFT auch aus unfreundlichen Strategien Kooperation hervorlocken kann. Weil ihm dieses Hervorlocken mindestens einmal mit der Auszahlung des gutgläubigen Opfers quittiert wird, schließt es zwar in der einzelnen Begegnung schlechter ab als der Gegner, erbringt aber in der einzelnen Begegnung für beide Partner und über alle Begegnungen für sich eine hohe Punktzahl. TFT kann sich mit dieser punktuellen Niederlage gegen einen weniger freundlichen Partner zufrieden geben, weil der weniger freundliche Partner seine Meister in noch weniger freundlichen Partnern finden wird und über alle Spiele daher weniger Nutzen haben wird. Wenn nämlich die weniger freundlichen Strategien aufeinander treffen, ist die Produktion hoher Punktzahlen blockiert, so dass der Nutzen für beide gering ist.

Nicht-Nullsummenspiele haben kein Ziel relativ zum Mitspieler, sondern nur ein absolutes Ziel; sie kennen nicht Sieg oder Niederlage, sondern es geht für beide Seiten um den möglichst großen Nutzen. Wenn man dennoch die relative Höhe des Nutzens jedes Spielers als Sieg oder Niederlage beschreibt, kann man sagen: Freundliche Strategien nehmen eine Niederlage bei hoher Punktzahl in Kauf, unfreundliche ertrotzen einen Sieg auf Kosten der Punktzahl. Diese Situation veranschaulicht der folgende Auszug aus den Ergebnissen des Turniers der Computer-Strategien bei Axelrod (1987: Anhang A, Tabelle 3):

	TFT	S2	S11	S12	Summe	Sieg:Niederlage
TFT	–	595	280	225	1100	0 :3
S2	600	–	271	213	1084	1 :2
S11	285	272	–	236	793	2,5:0,5
S12	230	214	236	–	680	2,5:0,5

Die Begegnung TFT: Strategie 2 (S2) geht 595:600, die Begegnung TFT:S11 280:285, die Begegnung TFT:S12 225:230 aus; TFT „verliert" also jede Begegnung knapp (genau um die 5 Punkte, die es in der ersten Begegnung für seine Freundlichkeit bei einer Defektion der drei anderen Strategien zahlen muss) und gewinnt doch insgesamt die meisten Punkte. S2 ist wie TFT freundlich, aber S11 und S12 sind unfreundlich. Die beiden freundlichen Strategien erreichen untereinander fast drei Mal so viele Punkte (595 und 600) wie die beiden unfreundlichen Strategien (236). Aber auch wenn die beiden freundlichen Strategien mit den beiden unfreundlichen zusammentreffen, erreichen sie im Durchschnitt mehr (rund 250) als die beiden unfreundlichen Strategien untereinander. Gemessen an der Gesamtpunktzahl aber schneidet die freundliche S2 besser ab als die beiden unfreundlichen S11 und S12, während S2 seltener „siegt" als S11 und S12, die gegen die beiden freundlichen Strategien „gewinnen" und untereinander „unentschieden" spielen. S11 und S12 sind weniger freundlich und gewinnen daher häufiger, aber mit geringeren Punktzahlen.

Kurzum: Freundlichkeit führt zwar zu einer niedrigeren Punktzahl in der einzelnen Begegnung, aber zu hohen Punktzahlen insgesamt. Weil nun der insgesamt gewonnene Nutzen den Gewinner bestimmt, nehmen TFT und S2 am meisten Nutzen aus allen Begegnungen mit nach Hause. In Nicht-Nullsummenspielen soll man daher nicht „neidisch" (Axelrod 1987: Kapitel 6) auf die höhere Punktzahl des Anderen sein, sondern versuchen, für sich so viele Punkte herauszuholen, als bei einer gegebenen Strategie Alters möglich ist. Neid ist zwar menschlich, aber nicht klug. Unfreundlichkeit bringt zwar mehr „Siege", aber weniger Nutzen. Wären die Spiele in der Tabelle Nullsummenspiele gewesen, dann wäre die Rangfolge umgekehrt. Einige begehen nun den Irrtum, dass sie das Nicht-Nullsummenspiel als Nullsummenspiel auffassen und deshalb unnötig kompetitiv (defektiv) sind, so dass sie sich und anderen schaden; *sie übersehen die Produktivität, die in menschlicher Interaktion steckt* und auf die Abschnitt 3.2.8 eingehen wird. Alles kommt also darauf an, richtig zu erkennen, ob eine soziale Situation ein Nullsummenspiel oder ein Nicht-Nullsummenspiel ist. Wenn sie ein Nicht-Nullsummenspiel ist, dann kann der Egoismus der Interaktionspartner Kooperation hervorlocken, wenn er mit Freundlichkeit gepaart ist. Kooperation kann in Nicht-Nullsummenspielen zustande kommen.

Nutzenmaximierung und Freundlichkeit lösen das Aggregationsproblem

Wenn man auf die Ebenen des soziologischen Erklärungsschemas zurückkommt, so zeigt das in offener Zukunft wiederholt gespielte Gefangenendilemma, dass Selektionen zu Aggregationen führen, die je nach dem Zusammenspiel der spielenden Persönlichkeiten zu mehr oder weniger Kooperation führen; das Gefangenendilemma illustriert gleichermaßen die Unausweichlichkeit der Interdependenz und die Fragilität der Kooperation. Eines der beiden über die Selektion hinausgehenden Probleme der Theorie des sozialen Handelns, die Aggregation individueller Entscheidungen zu sozialen Tatbeständen, wird im Zwei-Personen-Gefangenendilemma nicht nur benannt, sondern auch tatsächlich nach seiner „Logik" ausbuchstabiert: Es wird dargestellt, wie die kollektiven Ergebnisse vom Zusammenwirken der Entscheidungen abhängen, die nutzenmaximierende Individuen ihrem Charakter (Strategie) gemäß treffen. Die utilitaristische Theorie kann das Problem der Kooperation gerade deshalb lösen, weil sie über das Nutzenprinzip hinausgeht, ohne es aufzugeben: Alle handeln unter dem Prinzip der Nutzenmaximierung, aber jeder auf seine Weise; der Erfolg eines jeden hängt von seiner „Freundlichkeit", seiner „Provozierbarkeit", seiner „Versöhnlichkeit", und seiner „Verstehbarkeit" ab – also von Eigenschaften, die dem Nutzenprinzip gedanklich nachgeordnet sind, die aber unvermeidlich ins Spiel kommen, sobald Menschen aus Fleisch und Blut ihren Nutzen suchen. Man kann seinen Nutzen freundlich oder unfreundlich verfolgen; und je nach den beim Anderen provozierten Entscheidungen wird man mehr oder minder Nutzen erlangen. Das Nutzenprinzip beschreibt die „Logik" des Handelns, die mit dieser oder jener „Psychologie" nicht außer Kraft gesetzt, sondern verwirklicht wird. Eine sozial konstruktive „Psychologie" ermöglicht die Kooperation von Egoisten, eine sozial destruktive verhindert sie. Eine „Gesellschaft" nutzenmaximierender Individuen ist möglich; aber je nach dem, wie die Individuen mit der „Logik" der Nutzenmaximierung umgehen, wird es eine mehr oder minder „angenehme Gesellschaft".

Mit dem Ansatz Axelrods lassen sich also die allgemeinen Formen herausarbeiten, mit denen Selektionen sich in eine Aggregation umsetzen – nicht aber die spezifischen Wege. Das ist kein Nachteil, sondern ein Vorteil. Man hat ein allgemeines Raster, nach dem sich spezifische Fragen stellen lassen: Was bestimmt die „Freundlichkeit" usw. der Menschen? Wieso kommen hier nur „freundliche", dort nur „unfreundliche" Menschen zusammen? Mit dem Ansatz Axelrods ist es also auch möglich, das noch verbleibende Problem der Theorie des sozialen Handelns, die Orientierung, empirisch zu behandeln. Wenn man bestimmte Lösungsstrategien des

Gefangenendilemmas festgelegt hat, dann kann man auch fragen, wann sie empirisch gegeben sind (Axelrod 1987: 131-152; Raub / Voss 1986). Man kann fragen, was dazu führt, dass Interaktionspartner mit offenem Zeithorizont dauerhaft in einer Interaktionsbeziehung bleiben, und was passiert, wenn ein Interaktionspartner, z.B. ein finanzschwach gewordener Lieferant, voraussichtlich das Feld verlässt. Man kann weiterhin fragen, wie bestimmte Strategien gefördert werden, wie sie in einer bestimmten Gruppe oder Gesellschaft verteilt sind. Man kann schließlich fragen, wie bestimmte Vorurteile, Stereotype oder Statusunterschiede zu freundlichen oder unfreundlichen Strategien führen usw. In allen diesen Fällen wird der soziale Tatbestand nicht als Norm verstanden, die den Handelnden äußerlich als Erwartung Anderer oder innerlich als Gebot des Gewissens lenkt, sondern als antizipierbare alternative Reaktionen der Anderen, nach denen Ego sein Handeln ausrichtet; die Gesellschaft, also die Gesamtheit sozialer Tatbestände, ist nicht eine Struktur von Normen, sondern von Gelegenheiten oder von Externalitäten, die von Anderen ausgehen.

Lektüre: Axelrod (1987: Kapitel 1-2)

Weiterführende Literatur: Dass TFT eine „unschlagbare Strategie" ist, weil es in der Auseinandersetzung mit seinesgleichen viel einbringt und weil unfreundliche Strategien sich gegenseitig schaden, wird von Rose (1998: 64-70) mit Beispielen aus der Biologie veranschaulicht. Axelrod (1997: Kapitel 1-2) stellt dar, dass auch dann, wenn als Strategie Zufallsmuster von K und D gegeneinander antreten und sie sich nach ihrem Erfolg durch Paarung oder Mutation vermehren, am Ende Strategien entstehen sind, die die vier Merkmale von TFT teilen; weiterhin, dass auch unter der Bedingung von Fehlwahrnehmungen der Aktionen Alters durch Ego TFT – sofern es „großzügig" und „reumütig" ist, also nicht im gleichen Maße reproziert und nach einer aus Fehlwahrnehmung resultierenden Defektion auch ohne Alters K wieder K wählt – die erfolgreichste Strategie ist.

3.2.7 Kollektivgutproduktion als Problem

Das Problem: Kollektives Handeln garantiert nicht Kollektivgutproduktion

In Axelrods Ansatz sind immer nur zwei Individuen vor das Problem der Kooperation gestellt. In jeder der durch Computerstrategien simulierten Begegnungen orientiert sich Ego an einem und nur einem Alter und muss auf den eingehen, der ihm gerade begegnet. Damit sind viele alltägliche „Partnerschaften" „simuliert" – von der Familie über Freunde bis zu Geschäftspartnern. Selbst wenn Ego hier mehrere Partner hat, kann man sich das soziale Handeln als eine Kette von Begegnungen mit wechselnden Alteri vorstellen. Der Vater spricht mit der Mutter und dann mit dem Kinde, der Käufer mit dem ersten und dann mit dem zweiten Anbieter usw. Aber manche soziale Handlungen sind dadurch gekennzeichnet, dass Ego sich *gleichzeitig* an vielen Alteri orientiert und sein Handeln von der Gesamtheit der mutmaßlichen Reaktionen aller Anderen abhängig macht. Ich gehe nur zu einer Demonstration, wenn „genügend" Andere mitmachen, wenn ich mir also die Reaktionen aller Anderen vorgestellt und den Anteil positiver Reaktionen als „genügend" empfunden habe. Und das gilt nicht nur für mich, sondern für alle Anderen, die eben so wie ich an der Demonstration interessiert sind. Die gleichzeitige Orientierung Egos an mehreren Alteri definiert eine Sonderform des sozialen Handelns, das *kollektive Handeln*. Anders als bei der Begegnung zweier Personen denkt Ego bei der Planung der Handlung ein Kollektiv von Partnern mit, deren Reaktionen insgesamt sein Handeln bestimmen. Das Kollektiv aber ist durch ein gemeinsames Interesse definiert, durch ein Privileg aller, das es gemeinsam zu verteidigen, oder einen Vorteil aller, den es gemeinsam zu gewinnen gilt, kurz: durch ein *Kollektivgut*, dessen Bestand vom Handeln jedes Mitglieds des Kollektivs abhängt.

Kollektivgüter sind Güter, von deren Nutzung niemand in einem Kollektiv – definitionsgemäß eine Gruppe von Menschen mit gleichen Interessen – ausgeschlossen werden kann. Beispiele von Kollektivgütern sind der Schutz der Umwelt eines Landes, niedrige Preise von Konsumgütern für alle Verbraucher, die Lohnhöhe für die Arbeiter einer bestimmten Industrie, die politischen Leistungen einer Partei für ihre Klientel – aber auch der überhöhte Preis eines Gutes für eine Gruppe oligopolistischer Produzenten, die dem Verbraucher schadet, oder die Geschwindigkeitsbegrenzung auf einer wichtigen Durchgangsstraße für die Bewohner, die von einer Mehrheit von Pendlern nicht gewünscht wird. Das Gute des Guts ist also immer mit Bezug auf das Interesse der Gruppe definiert (Hardin 1982: 16-20); des einen Kollektivgut kann des anderen Kollektivübel sein.

Kollektives Handeln liegt vor, wenn ein Individuum die Entscheidung zwischen Kooperation und Defektion an den Handlungsmöglichkeiten mehrerer Alteri orientiert, die wie es Mitglied des gleichen Kollektivs sind (Olson 1965: 9-16). Da das Kollektiv durch das Interesse jedes Einzelnen am Kollektivgut definiert ist, scheint es die bare Selbstverständlichkeit zu sein, dass jedes Mitglied so handelt, dass die Produktion des Kollektivguts sichergestellt ist. Warum sollte sich nicht jeder für das einsetzen, was allen gut tut? Aber das ist keineswegs so. Obwohl alle Deutschen am Schutz der Umwelt in Deutschland interessiert sind, verhalten sich nicht alle umweltgerecht (Diekmann 1996). Obwohl alle Verbraucher ein Interesse an billigen Konsumgütern haben, unterstützen nicht alle die Verbraucherverbände. Obwohl alle Arbeiter einer Branche an höheren Löhnen interessiert sind, treten nicht alle der entsprechenden Gewerkschaft bei. Kollektives Handeln impliziert nicht die Produktion von Kollektivgütern – daher die Unterscheidung der beiden Begriffe.

„Kollektives Handeln" im hier definierten Sinne der *gleichzeitigen Orientierung an den Handlungsmöglichkeiten aller anderen Mitglieder eines Kollektivs* führt keineswegs zu „kollektivem Handeln" im Sinne eines *individuellen Beitrags zur Produktion eines Kollektivguts*. Im Gegenteil: Die Orientierung am Kollektiv kann dazu führen, keinen Beitrag zu leisten, also nicht zu kooperieren. Das nutzenmaximierende Individuum muss bedenken, dass der Beitrag für das Kollektiv Opfer an Zeit und Geld verlangt, die für eigene Interessen eingesetzt werden können. Es will zwar auch die Verwirklichung des Kollektivguts. Aber es überlegt sich, dass sein Beitrag dazu – um so mehr, je größer die Gruppe – klein ist und deshalb Folgendes gilt: Wenn genügend Andere zur Durchsetzung beitragen und das Kollektivgut zustande kommt, genieße ich die Vorteile auch ohne eigenen Beitrag; das entspricht Egos Überlegung „Wenn Alter K, dann D" im Gefangenendilemma der Tabelle 3.5. Wenn aber nicht genügend Andere beitragen und das Kollektivgut nicht zustande kommt, habe ich wenigstens den Aufwand eines eigenen Beitrags gespart; das entspricht „Wenn Alter D, dann D". Also wird es in keinem Fall beitragen (K), sondern einheimsen wollen, was Andere bewirkt haben, bildlich: schwarzfahren oder trittbrettfahren (D).

Aber die Überlegung, die ein beliebiges Mitglied des Kollektivs dazu verführt schwarzzufahren, gilt auch für jedes andere. Der negative Zirkel des Aussteigens muss sich also fortsetzen, bis niemand mehr mitmacht. So wenig wie die allgemeine Beteiligung ist irgendeine Beteiligung oberhalb der allgemeinen Nichtbeteiligung ein Gleichgewicht. Wenn alle Menschen rational handelten, dann würde also nie ein Kollektivgut produziert. Die Überlegung, die uns von der optimistischen Illusion allgemeiner Beteiligung befreit, führt also geradewegs zur pessimistischen Prognose allgemeiner Nichtbeteiligung. Dass niemand sich beteiligt, ist aber empirisch ebenso unzutreffend, wie dass alle sich beteiligen. Das Problem der Produktion eines Kollektivguts lässt sich also auf zwei Weisen formulieren. Warum machen nicht alle mit? Warum macht überhaupt noch jemand mit? Die erste Frage blickt auf das obere, die zweite auf das untere Ende der gleichen Variablen, nämlich der Zahl der kooperierenden Individuen. Am oberen Ende wird als Bedarf spürbar, was am unteren Ende selbstverständlich wirksam ist: Motive zum Mitmachen, die den Anreiz zum Trittbrettfahren ausstechen; oder anders gesagt: „Wertrationale" Überlegungen, die eine „zweckrationale" Handlungsbegründung nicht außer Kraft setzen, sondern über sie hinausgehen – genau so, wie die für den „ökologischen" Kaffee sprechenden Wertüberlegungen die Betrachtung von Preis und Qualität nicht überflüssig machen, sondern sie in einen breiteren Rahmen setzen. Am unteren Ende des Problems stößt man entweder auf Traditionalisten, für die Mitmachen so selbstverständlich ist, dass sie die beiden zweckrational zum Trittbrettfahren anreizenden Überlegungen gar nicht mehr anstellen, oder auf Überzeugte, die die beiden Überlegungen aus moralischen Gründen beiseite schieben; man stößt also auf „Eigenwerte" der Person. Am oberen Ende des Problems sind die „Eigenwerte" der Person nicht mehr wirksam. Das wertrationale Motiv zum Mitmachen kann ganz von zweckrationalen Überlegungen verdrängt worden sein.

Die Produktion von Kollektivgütern ist aber nicht nur ein theoretisches, sondern auch ein praktisches Problem. Dann aber *muss* das Problem am oberen Ende betrachtet werden: Wie können zweckrational denkende Mitglieder eines Kollektivs dazu bewegt werden, bei der Produktion eines Kollektivguts mitzumachen?

Die Lösung: Zwang und selektive Anreize

Der Anreiz zum Schwarzfahren ist in einem kleinen Kollektiv gering. In einem kleinen Kollektiv fällt mein Handeln ins Gewicht, und nur wenige Andere arbeiten für mich. Beide Argumente für das Schwarzfahren entfallen. In einem kleinen Kollektiv kann es sogar sein, dass ein Einzelner, der sehr viel besser gestellt ist als die übrigen Mitglieder, aus reinem Eigennutz allein das Kollektivgut produziert – unbeeindruckt von der Tatsache, dass auch Andere durch seinen Beitrag begünstigt werden (Olson 1965: 22-36). In kleinen Gruppen erleichtert Ungleichheit die Produktion eines Kollektivguts. Wenn z.B. auf einem Markt sehr viele Anbieter etwa gleiche Anteile haben, wird kein Anbieter durch Verringerung der von ihm angebotenen Menge versuchen, den Preis hochzutreiben und so für alle Anbieter das Kollektivgut höherer Erträge produzieren; er würde nur Marktanteile an die übrigen

Anbieter verlieren und zum Kollektivgut nicht beitragen. Für einen Oligopolisten hingegen, der einen überproportionalen Anteil am Markt hat, kann es sich lohnen, durch politischen Lobbyismus zu versuchen, das Kollektivgut höherer Preise zu erreichen, wenn aufgrund seines hohen Marktanteils sein Gewinn durch eine erfolgreiche Lobby größer ist als die Kosten für die Lobby. Weil er überstark vom Kollektivgut profitiert, wird er es aus eigenem Interesse produzieren. Für den Oligopolisten entfällt das erste Argument für das Schwarzfahren: Sein Beitrag ist keineswegs zu gering, um den Erfolg spürbar wahrscheinlicher zu machen. Aber die kleineren Konkurrenten, für die der Gewinn der erfolgreichen Lobby kleiner ist als die Kosten, werden auf keinen Fall beitragen, weil sie glauben, dass der Oligopolist sich schon aus Eigennutz für das Kollektivgut einsetzen wird. Mit einer gewissen Ironie nennt Olson diese Lösung die „Ausbeutung des Großen durch die Kleinen".

Der Anreiz zum Schwarzfahren wächst jedoch mit der Größe des Kollektivs. Je größer das Kollektiv wird und je mehr Gleichheit unter den Mitgliedern herrscht, desto weniger wahrscheinlich wird die Ausbeutung des Großen durch die Kleinen. Sie ist z.B. ganz unwahrscheinlich unter den Arbeitern bestimmter Fachausbildungen, Betriebe oder Branchen, die mit der Gewerkschaft mehr Lohn vom Unternehmer herausholen wollen. Jeder Einzelne kann sich sagen, dass sein Beitrag nur minimal zur Macht der Gewerkschaft beiträgt und er am Kollektivgut, wenn es denn erstellt wird, sowieso teilhat. In solchen Fällen gibt es nach Olson (1965: 66-98, 132-176) nur zwei Mittel, Kollektivgüter zu produzieren: Zwang und selektive Anreize. *Zwang* schließt Schwarzfahren aus. In der Betriebsorganisation des „closed shop" in den USA, in der die Unternehmer nur Gewerkschaftsmitglieder einstellen, hat der Arbeiter keine Wahl – wenn er nicht leer ausgehen will. Auch in Deutschland gibt es Zwangsmitgliedschaft in Kollektiven, die die Produktion von Kollektivgütern sicherstellen soll: Alle Studenten müssen Beiträge für den AStA zahlen, alle Ärzte Mitglied der Kassenärztlichen Vereinigung sein, alle Berufspendler (einschließlich der Autofahrer) in manchen öffentlichen Betrieben eine Nahverkehrsmittelabgabe zahlen, alle Fernsehbesitzer die Gebühren für die öffentlich-rechtlichen Sender zahlen. *Selektive Anreize* kommen definitionsgemäß, eben weil sie im Gegensatz zum Kollektivgut „selektiv" sind, nur Organisationsmitgliedern zu; durch sie wird die Kooperation billiger oder das Schwarzfahren teurer. So erkämpfen Gewerkschaften nicht nur höhere Löhne für alle, sondern bieten nur für Mitglieder vergünstigte Versicherungen oder Rechtsschutz, Mitgliederzeitschriften und Fortbildungsmöglichkeiten, Aufstiegschancen in und außerhalb der Gewerkschaft, Feste und Ferienreisen an; so vertreten Berufsverbände nicht nur die Interessen der Mitglieder in der Öffentlichkeit, sondern veranstalten auch Kongresse, deren Teilnahmegebühr für Mitglieder genau um die Mitgliedschaftsgebühr verbilligt ist, usw.

Zwang und selektive Anreize sind allgemeine soziale Mechanismen, die Produktion von Kollektivgütern sicherzustellen. Die konkreten Mittel dazu aber müssen von der Organisation des Kollektivs erfunden und verwaltet werden – wozu Phantasie und Durchsetzungskraft erforderlich sind. Man denke etwa an die Auseinandersetzung um Nahverkehrsmittelabgaben. Oder man überlege sich, welche selektiven Anreize eine Bürgerinitiative, die anders als eine Gewerkschaft keine feste Organisation hat, entwickeln kann, um alle, die sie potenziell begünstigt, zum Mitmachen zu bewegen. Zwang und selektive Anreize wirken als Produktionsmittel für Kollektivgüter, indem sie die Anreize eines sozialen Ausgangstatbestands für das nutzenmaximierende Mitglied großer Gruppen verändern.

Rückblick

Olson unterscheidet zwei Fälle, in denen das Problem der Kollektivgutproduktion auf unterschiedliche Weise gelöst wird: In kleinen Gruppen mit großer Ungleichheit erlaubt die Übermacht eines Einzelnen die Kollektivgutproduktion ohne soziale Organisation durch die Ausbeutung der Großen durch die Kleinen; in großen Gruppen mit weitgehender Gleichheit ist hingegen soziale Organisation erforderlich, die entweder mit Zwang oder mit selektiven Anreizen Beiträge für die Kollektivgutproduktion einholt. In beiden Fällen beeinflussen soziale Tatbestände die Entscheidungen der Individuen; in beiden Fällen aber läuft der Einfluss nicht über verinnerlichte Normen, sondern über die äußeren Bedingungen für die Entscheidung, über Anreize. Soziale Tatbestände prägen das Handeln, nicht weil verinnerlichte soziale Normen die Entscheidungen mehr oder minder stark im Griff haben, sondern weil die organisierte Veränderung sozial gegebener Gelegenheiten der Nutzenkalkulation des Einzelnen gleichsam ein neues Gefälle gibt. Die Gesellschaft, also die Gesamtheit sozialer Tatbestände, ist nicht eine Struktur von Normen, sondern von Gelegenheiten oder Externalitäten; und die Menschen handeln so oder so, weil sie die Gelegenheitsstruktur wahrnehmen und in ihr versuchen, ihre Interessen wahrzunehmen – nicht aber weil sie bestimmte Normen verinnerlicht haben. Das unterscheidet die utilitaristische Theorie der Intention von Parsons' Theorie der Motivation.

Aber man kann sich fragen, ob Zwang oder selektive Anreize die einzigen Mittel sind, die Nutzenkalkulation des Handelnden zu modifizieren und ihn zum Mitmachen zu bewegen. Oft werden die öffentliche Beschämung und die innere Scham für den Schwarzfahrer unerträglich, also zu kostspielig. Oft hilft moralischer Druck nach, der an verinnerlichte Werte appelliert, um die Bilanz des Nutzens zugunsten des Mitmachens zu kippen. Wo das Individuum verinnerlichte Motive in die Nutzenüberlegung aufnimmt, gewinnt eine Theorie der Motivation Berechtigung: Sie kann an dieser Stelle Erklärungen einbringen, wie die Motive erworben – in Parsons' Sprache „sozialisiert" – wurden und wie sie in einer aktuellen Entscheidung wirksam werden. Auf der einen Seite reicht das Prinzip der Nutzenmaximierung nicht aus, um die Motivlage einer Person zu bestimmen: Ein „Nutzen" wird erst auf der Folie persönlicher „Eigenwerte" konkret. Auf der anderen Seite wird das Prinzip der Nutzenmaximierung durch die Existenz von „Eigenwerten" nicht suspendiert, sondern konkretisiert – für die Person wie für ihren Beobachter im Alltag oder aus der Wissenschaft.

Olsons Theorie der Kollektivgüter stellt sich wie Axelrods Theorie der Kooperation dem Problem, dass das individuelle Nutzenstreben keineswegs mit Selbstverständlichkeit allen den größten individuellen Nutzen beschert: Rationale Egoisten werden nicht ohne weiteres zu Altruisten. Beide Theorien stoßen vom Problem der Selektion zum Problem der Aggregation vor. Axelrods Theorie erklärt Kooperation aus den sozial mehr oder minder konstruktiven Charakterzügen zweier nutzenmaximierender Egoisten; Olsons Theorie erklärt die Produktion eines Kollektivguts, sieht man vom Fall des übermächtigen Oligopolisten ab, aus Zwang und selektiven Anreizen, die das kollektive Handeln eines jeden Kollektivmitglieds vom Schwarzfahren abhalten und zum Mitmachen bewegen können. Axelrods Theorie ist allgemeiner, aber Olsons Theorie stößt weiter zu den spezifisch sozialen Problemen der Aggregation vor: der Bestimmung des Kollektivs, in dem Entscheidungen aggregiert werden, und der Mittel, mit denen ein Kollektiv sich eine Organisation schafft und die Entscheidungen beeinflusst. Kooperation kann spontan entstehen; die Produktion von Kollektivgütern ist ein langwieriger, von vielen Bedingungen abhängiger und in Grenzen steuerbarer Prozess. Kollektives Handeln gibt es immer, wo Menschen sich als Mitglied eines Kollektivs fühlen; aber weil das Kollektivgut keineswegs selbstverständlich Produkt kollektiven Handelns ist, führt die Theorie kollektiven Handelns zu den Bedingungen der Produktion von Kollektivgütern, also zur Wertrationalität der Kollektivmitglieder und der Wirkung naturwüchsiger oder konstruierter Institutionen, die die Wertrationalität begünstigen. Die Theorie der Kollektivgutproduktion behandelt also nicht nur – theoretisch – das Problem der Aggregation; sie wirft auch praktisch die Frage auf, welche Anreize soziale Tatbestände bieten müssen, um Selektionen und damit die Aggregation zu steuern. Sie rückt also soziale Tatbestände jenseits des Individuums ins Blickfeld, ohne den Ausgangspunkt sozialer Tatbestände, das Handeln von Individuen, aus den Augen zu verlieren. Sie gibt eine Perspektive zur theoretischen Analyse und praktischen Bewertung von Organisationen wie Parteien und Gewerkschaften, aber auch von sozialen Bewegungen, die sich durch den Verzicht auf feste Organisationsformen den Erfolg erschweren.

Lektüre: Olson (1965, Kapitel 1-2)

Weiterführende Literatur: Green / Shapiro (1994: Kapitel 5) diskutieren Olsons Analyse des Schwarzfahrens und kritisieren seine Schlussfolgerungen. Hardin (1982: Kap. 3) diskutiert Olsons Behauptung, dass der Anreiz zum Schwarzfahren mit der Größe des Kollektivs ansteige, und zeigt, dass nicht die Größe des Kollektivs an sich, sondern die Größe der „minimalen sich selbst beschränkenden Koalition" (die im folgenden Abschnitt erläutert wird) hierfür entscheidend ist.

3.2.8 Kooperation und Kollektivgutproduktion als Gefangenendilemma

Wie die Entstehung von Kooperation kann die Produktion eines Kollektivguts als ein Gefangenendilemma aufgefasst werden. Aber die Tatsache, dass Ego nicht nur einem, sondern vielen Alteri gegenübersteht, die wie er vor der gleichen Alternative des Kooperierens oder Defektierens, des Mitmachens oder Schwarzfahrens stehen, hat Folgen für die formale Darstellung. Aus dem Zwei-Personen-Gefangenendilemma wird ein n-Personen-Gefangenendilemma, aus der 22-Spieler-Tafel eine 2n-Spieler-Tafel. Aber eine so komplizierte Tafel, die das Problem in der Makroperspektive auf die Gruppe darstellt, ist gar nicht erforderlich, um das n-Personen-Gefangenendilemma in der Mikroperspektive eines beliebigen Egos darzustellen, der seine Entscheidung für K oder D davon abhängig machen muss, wie viele Alteri aus dem Kollektiv kooperieren. Um das zu zeigen, müssen aus der Sachproblematik der Produktion von Kollektivgütern die Werte für beliebig viel kooperierende Alteri in Egos Auszahlungsmatrix abgeleitet werden.

Das Problem: Anreiz zu Defektion ändert sich mit Zahl der Kooperateure nicht

Aus der Sicht eines beliebigen Egos unter den n Personen lässt sich das Gefangenendilemma so darstellen, dass man den Netto-Nutzen von Kooperation und Defektion in Abhängigkeit von der Besonderheit des Problems und der Zahl der Anderen betrachtet, die kooperieren. Der Netto-Nutzen ergibt sich aus der Differenz von Ertrag (benefit, B), und den Kosten (cost, C): NN=B-C. Aber der Ertrag ist ein Vielfaches der eingesetzten Kosten, dessen Höhe vom Problem und der Zahl der Kooperateure abhängt, während die Kosten (z.B. der Beitrag für eine Gewerkschaft) festliegen.

Auf der Ertragsseite wird der Beitrag eines jeden durch die Produktivität der Interaktion im Kollektiv vermehrt, mit der das Grundmerkmal aller Nicht-Nullsummenspiele, die Vermehrbarkeit des angestrebten Guts erfasst wird. Die *Kollektivgutproduktivität* r ist der Quotient des Kollektivnutzens zu den Kollektivkosten; sie ist, als mögliche positive Externalität des kollektiven Handelns, für die individuelle Nutzenkalkulation eine gegebene Größe.[32] Der Wert von r muss größer als 1 sein, damit überhaupt ein Kollektivgutproblem vorliegt; aber in der Regel wird r nicht weit über 1 liegen. Die Kollektivgutproduktivität vermehrt den individuellen Beitrag eines jeden: C*r. Je mehr Mitglieder des Kollektivs kooperieren (k), desto mehr vom Kollektivgut lässt sich erstellen: C*r*k. Aber vom Kollektivgut profitieren *per definitionem* alle Kollektivmitglieder, ob sie nun beitragen oder nicht, so dass es durch die konstante Mitgliederzahl geteilt werden muss: C*r*k/n. Dieses Produkt muss der einzelne Akteur bei der Entscheidung betrachten. Aber für ihn ist das Kollektivgutproblem – z.B. lohnt es sich (r), der Gewerkschaft beizutreten (C zu zahlen)? – durch C und r definiert, und die Größe des Kollektivs n – z.B. die Zahl der Arbeiter im gleichen Fach – liegt fest. Auf der Ertragsseite ist also für

---

32 Der Kollektivnutzen ist die Summe der individuellen Nutzen, die Kollektivkosten ergeben sich aus dem Sachproblem und müssen von den Mitgliedern in irgendeiner Weise erbracht werden. Wenn z.B. 100 Anwohnern einer Straße die Verkehrsberuhigung jeweils 2 € wert ist, und diese Beruhigung durch einen Brief an die Stadtverwaltung mit allen Unterschriften erreicht werden kann, der von einem Anlieger geschrieben, vom anderen Anlieger zur Unterschrift herumgereicht usw. werden muss, wodurch 100 € Kosten entstehen, dann ist die Kollektivproduktivität r=2. Als Formel: r=n*V(i)/K (Hardin 1982: 45). Die Kollektivkosten K entstehen in jedem Fall, um das jeweilige Projekt durchzuführen; sie sind nicht zu verwechseln mit den Kosten des individuellen Beitrags für die Kooperation C.

den einzelnen Akteur die Zahl der Kooperateure k die einzige Variable; auf der Kostenseite steht der Beitrag C, der bei Kooperation anfällt und bei Defektion 0 wird.

Der einzelne Akteur berechnet nun – getreu der Wert-Erwartungs-Theorie – den Nettonutzen von K und D und wählt die Alternative mit dem höheren Nettonutzen. Er bildet also die Differenz zwischen

$$NN(K) = C{*}r * k/n - C$$
$$NN(D) = C{*}r{*}(k-1)/n$$

Anreiz zur Kooperation A = NN(K) − NN(D) = C{*}r{*}(k-(k-1))/n − C = C{*}r/n − C

und entscheidet sich: Kooperieren, wenn C{*}r/n größer C, also A positiv ist; defektieren, wenn C{*}r/n kleiner C, also A negativ ist. Die einzige Variable des individuellen Akteurs, die Zahl der Kooperateure (k), fällt also aus seiner Überlegung heraus. Ob Ego mit keinem oder vielen Kooperateuren rechnet – seine Wahl ist unbedingt. Ego kann nicht einseitig seine Wahl ändern.

Wenn C größer ist als C{*}r/n, wird die Produktion des Kollektivguts zum Problem. Das kann leicht der Fall sein: Denn die Kollektivgutproduktivität liegt meist nur knapp über 1 und die Kollektive sind meist groß; aber ohne irgendeinen Beitrag passiert nichts. Unter diesen Bedingungen muss Ego defektieren. Und weil diese Überlegung auch für alle anderen gilt, müssen alle defektieren; niemand hat einen Anreiz, allein die Kooperation zu wählen. Wie im Zwei-Personen-Gefangenendilemma sind also auch im n-Personen-Gefangenendilemma alle im sozial ungünstigen Gleichgewicht allgemeiner Defektion gefangen. Obwohl also der kollektive Nutzen mit jedem neuen Mitglied steigt, kann für den Einzelnen der kollektive Nutzen kein Motiv zum Beitritt sein.

Unabhängig von der Zahl der Kooperateure sind also alle Kollektivmitglieder in der folgenden „Logik des kollektiven Handelns" gefangen: Der Anreiz zur Kooperation Egos steigt (proportional) mit dem Produkt von Beitrag und Kollektivgutproduktivität C{*}r und sinkt (proportional) mit der Gruppengröße n und (absolut) mit C. Diese drei Zusammenhänge beschreiben die „Logik" des Problems unabhängig von den Individuen, also auf der Makro-Ebene. Auf der Ebene des Kollektivs können verschiedene Probleme nach der Ausformung der gleichen Logik unterschieden werden: nach C{*}r und n und nach der Möglichkeit, die Kostenseite unabhängig von C zu verändern.[33] Auf die gleiche Weise kann weiterhin ein bestimmtes Problem – z.B. die Mobilisierung potenzieller Mitglieder durch die Gewerkschaftsführung – durch die Manipulation der Größen dieser Logik behandelt werden. Aber auch auf kollektiver Ebene lässt sich ein bestimmtes Problem kurzfristig durch eine Veränderung von r und n nicht lösen – z.B. liegen die Wege, auf denen eine Gewerkschaft für Mitglieder Vorteile erreichen kann (nicht ihre Größe oder Macht), und die Zahl ihrer potenziellen Mitglieder weitgehend fest; und die Kosten C entstehen auf beiden Seiten der Kalkulation, die das Individuum motiviert, und haben daher keine Wirkung. Kurzum: Wenn ein bestimmtes Kollektivgutproblem auf kollektiver Ebene gelöst werden soll, müssen neue Anreize in A eingeführt werden.

Das sind die schon in Abschnitt 3.2.7 erwähnten selektiven Anreize. Sie sind unabhängig von der Größe des Beitrags C und kommen definitionsgemäß nur den Kooperateuren zu

---

33 Bei konstantem C kann man Kollektivgutprobleme z.B. durch das Verhältnis zweier Zahlen darstellen, deren erste (r) über 1 und deren zweite (k/n) unter 1 liegt, und zwischen gutartigen (r weit über 1) und mit wenigen Kooperateuren (k/n nahe Null) lösbaren Problemen und schwierigen (r nahe 1) und nur mit vielen Kooperateuren (k/n nahe 1) lösbaren Problem unterscheiden.

Gute. Sie lassen sich also am einfachsten durch Addition einer Größe S auf der rechten Seite der Gleichung NN(K) darstellen, wodurch der Anreiz zur Kooperation sich erhöht:

$$A = C^*r/n - C + S$$

Wenn selektive Anreize nur auf die Kooperateure wirken, so moralischer Druck nur auf die Defekteure. Wenn man auf der rechten Seite der Gleichung NN(D) dafür eine Kosten-Größe abzieht, kommt man wiederum auf einen erhöhten Anreiz zur Kooperation. Zwang hingegen hat eine andere Wirkung als selektive Anreize und moralischer Druck. Es wird nicht NN(K) begünstigt oder NN(D) belastet, sondern NN(D) ausgeschlossen; der Handelnde hat keine Wahl mehr. Man kann sich aber auch vorstellen, dass Zwang graduell mit Sanktionen durchgesetzt wird, die von der Arbeitslosigkeit und dem Gefängnis bis zur sozialen Ächtung, also wieder einer Form des moralischen Drucks reichen können. Wie der moralische Druck wären Sanktionen dann Kosten für NN(D).

Ein bestimmtes Kollektivgutproblem lässt sich also lösen, in dem auf kollektiver Ebene die Anreize zur individuellen Kooperation erhöht werden. Die Schwierigkeit besteht hier darin, Mittel zu finden, die als selektiver Anreiz, moralischer Druck oder Zwang wirken; die Initiative zur Verkehrsberuhigung z.B. könnte ein Straßenfest organisieren, an dem mit Anstand nur teilnehmen kann, wer die Initiative unterstützt, das also als selektiver Anreiz wirkt. Schwieriger hingegen ist es, das Kollektivgutproblem selber zu verändern. Denn die Größe des Kollektivs n und die Kollektivproduktivität r liegen fest. Aber sie können sich wandeln. Vielleicht geht der Verkehr zurück und legen die Anwohner, etwa nach einem „Wertwandel", auf die Verkehrsberuhigung mehr „Eigenwert", so dass der Gesamtnutzen steigt; vielleicht wird die Stadtverwaltung für Protest empfänglicher, so dass die Gesamtkosten geringer werden – was beides r ändern würde. Vielleicht ziehen (wichtige) Leute zu – was n ändern würde. Bei der Erfindung von Mitteln zur Problemlösung wie bei Versuchen zur Veränderung der Problemkonstellation setzt also die praktische Soziologie ein, die mit den Ergebnissen der theoretischen Soziologie, eben mit der Logik des kollektiven Handelns arbeitet.

Die Darstellung: Egos Entscheidung bei variierender Zahl der Kooperateure

Das Kollektivgutproblem ergibt sich also, wenn ein Akteur einer variablen Zahl von Kooperateuren in einem konstanten Kollektiv gegenübersteht (Hardin 1982: 25-27): Es muss als *n-Personen*-Gefangenendilemma aus der Sicht *eines* Ego dargestellt werden. Angenommen, die Kollektivgutproduktivität sei r=4/3, die Kosten C=9 und es gebe nur einen Alter (also n=2) und 0 oder 1 kooperierende Alteri; weil Ego die Alteri betrachtet, ist die Zahl der kooperierenden Alteri k-1. Dann kann man die Auszahlungen für Ego in Tabelle 3.8 darstellen:

Tabelle 3.8 Auszahlungen für Ego in einem Zwei-Personen-Gefangenendilemma

Ego	Kooperierende Alteri (k-1=)	
	0	1
Kooperation	9*4/3*1/2 – 9 = **-3** (S)	9*4/3*2/2 – 9 = **3** (R)
Defektion	9*4/3*0/2 = **0** (P)	9*4/3*1/2 = **6** (T)

In Klammer ist angegeben, um welchen Auszahlungsfall für Ego aus Tabelle 3.5 es sich handelt, so dass man sieht, dass in Tabelle 3.8 nur die Werte für Alter weggelassen sind, und sich von der Gleichwertigkeit beider Darstellungen überzeugen kann. Ist nun das Kollektiv n=3 groß, so erhält Ego bei 0,1 oder 2 kooperierenden Alteri (k-1) die Auszahlungen der Tabelle 3.9:

Tabelle 3.9 Auszahlungen für Ego in einem Drei-Personen-Gefangenendilemma

Ego	Kooperierende Alteri (k-1=)		
	0	*1*	*2*
Kooperation	9*4/3*1/3 – 9 = -5	9*4/3 * 2/3 – 9 = -1	9*4/3 * 3/3 – 9 = 3
Defektion	9*4/3*0/3 = 0	9*4/3 * 1/3 = 4	9*4/3 * 2/3 = 8

Gleich wie viele Alteri kooperieren, immer muss Ego für die Kooperation 5 Einheiten bezahlen. Das ist die *Mikrosicht des Akteurs*. Aber die *Makrosicht auf das Kollektiv*, die Tabelle 3.5 für zwei Personen dargestellt hat, lässt sich auch für drei Personen konstruieren. Dazu müssen die vier möglichen Kombinationen der Auszahlungen für drei Akteure betrachtet werden: (1) Wenn niemand kooperiert, bekommen alle 0. (2) Wenn Ego kooperiert und beide Alteri defektieren, bekommt Ego -5 und die beiden Alteri bekommen 4. (3) Wenn Ego kooperiert, ein Alter kooperiert und ein Alter defektiert, bekommen Ego und der kooperierende Alter -1 und der defektierende Alter 8. (4) Wenn alle kooperieren, bekommen alle 3. Diese Auszahlungs*kombinationen* für Ego, Alter und eine weitere Person, die Simmel zu Ehren einmal auf Deutsch „Dritter" genannt werden soll, sind in der Auszahlungsmatrix der Tabelle 3.10 dargestellt.

Tabelle 3.10 Auszahlungsmatrix eines Drei-Personen-Gefangenendilemmas

Ego	Dritter			
	Kooperation		*Defektion*	
	Alter		**Alter**	
	Kooperation	*Defektion*	*Kooperation*	*Defektion*
Kooperation	3, 3, 3	-1, 8, -1	-1, -1, 8	-5, 4, 4
Defektion	8, -1, -1	4, 4, -5	4, -5, 4	0, 0, 0

Die 2^3=8 Zellen des 3-Personen-Gefangenendilemma lassen sich also mit den vier unterschiedlichen Auszahlungskombinationen füllen. Denn das Ergebnis, dass zwei Personen kooperieren und eine defektiert, kann drei mal auftreten – je nach dem, wer der Defektor ist; und entsprechendes gilt für das Ergebnis, dass eine Person kooperiert und zwei defektieren. Die (zweidimensionale) Darstellung des Kollektivgutproblems aus der Sicht Egos in Tabelle 3.9 ist also kompakter als die (n-dimensionale) Darstellung in der Sicht auf das Kollektiv in Tabelle 3.10. Auch in größeren Kollektiven aber bleibt die Sicht Egos zweidimensional: Handlungsalternative und Zahl der kooperierenden Alteri. Wenn das gleiche Kollektivgutproblem z.B. 6 Personen betrifft, also n=6 und C*r unverändert 9*4/3=12 sind, dann ergibt sich zwischen k-1=0 (Defektion aller Alteri) und bei k-1=5 (Kooperation aller Alteri) folgende Auszahlung für Ego:

Tabelle 3.11 Auszahlungen für Ego in einem Sechs-Personen-Gefangenendilemma

Ego	Kooperierende Alteri (k-1=)					
	0	*1*	*2*	*3*	*4*	*5*
Kooperation	12*1/6-9=-7	12*2/6 = -5	-3	-1	1	3
Defektion	0	12*1/6 = 2	4	6	8	10

Auch hier ist natürlich die Differenz des Nettonutzens, der Anreiz zur Kooperation A, für jede Zahl kooperierender Alteri konstant (-7). Vergleicht man weiterhin den Anreiz zur Kooperation zwischen den Problemen mit 2, 3 und 6 Personen (-3, -5, -7), so sieht man, dass *mit wachsender Gruppengröße der Anreiz zur Kooperation A kleiner wird*. Mit wachsender Gruppengröße wird also die Kollektivgutproduktion schwieriger: Die selektiven Anreize müssen ja mindestens so groß sein wie der (Nicht-)Anreiz zur Kooperation, damit Ego indifferent wird, und sie müssen größer sein, damit das Gefangenendilemma aufgelöst wird und die Kooperation sich für jeden lohnt. Ein Beispiel für den negativen Effekt der Gruppengröße auf die Kollektivgutproduktion, die „Verantwortungsdiffusion" für Sanktionen unter den Zuschauern eines abweichenden Verhaltens wird in Abschnitt 6.4.4 behandelt: Je mehr Leute z.B. einer Prügelei zuschauen, desto seltener wagt es ein Einzelner, die Kontrahenten zu trennen.

Die Darstellung: Makro-Sicht auf das Kollektiv

Bisher wurde nur der individuelle Akteur betrachtet, nicht aber das kollektive Produkt, zu dem die Entscheidungen aller beitragen. Wie die individuellen Entscheidungen das kollektive Produkt erbringen und wie man aus dem sozial ungünstigen Gleichgewicht in ein sozial günstiges Gleichgewicht, also zur Kooperation oder Kollektivgüterproduktion gelangen kann, lässt sich in Abbildungen anschaulicher als in Tabellen darstellen. Schelling (1978: Kap. 7) hat das n-Personen-Gefangenen-Dilemma in einer grafischen Form dargestellt. Diese Grafik übersetzt *erstens* die tabellarische Darstellung des Dilemmas aus der Mikro-Sicht Egos bei 0 bis n-1 kooperierenden Alteri in die Makro-Sicht auf das Dilemma insgesamt bei 0 bis n Akteuren, so dass der Durchschnittsnutzens für alle Akteure berechnet werden kann. Diese Grafik macht *zweitens* erkennbar, dass das Dilemma gelöst, also ein Weg vom kollektiv ungünstigen Gleichgewicht allgemeiner Defektion zu einem kollektiv günstigen Gleichgewicht gefunden werden kann. Im Folgenden wird zuerst die Übersetzung der Mikro-Sicht in eine Makro-Sicht und dann die Lösung des Dilemmas dargestellt.

Die Auszahlungen für Ego in Tabelle 3.11 sind in Abbildung 3.12 grafisch dargestellt. Sie setzt den Nettonutzen NN für D und K in Abhängigkeit von der Zahl der Kooperateure, die in der Makro-Sicht auf das Dilemma von 0 bis 6, also bis n gehen kann. NN(D) ist dann eine Gerade, die vom Nullpunkt an von n=0 bis n=5 – wenn alle 6 Personen kooperieren, gibt es keinen Defekteur – mit jedem kooperierenden Alter um zwei Nettonutzeneinheiten ansteigt; NN(K) ist eine Gerade, die von n=1 bis n=6 – wenn alle 6 Personen defektieren, gibt es keinen Kooperateur – mit jedem kooperierenden Alter um zwei Nettonutzeneinheiten ansteigt. Aus der Sicht des Individuums ergibt sich – wie gezeigt – das Problem der Kollektivgutproduktion dann, wenn der Nutzen der Defektion immer über dem der Kooperation liegt, obwohl beide mit der Zahl der Kooperierenden steigen. Deshalb werden NN(D) und NN(K) als mit der Zahl der kooperierende Alteri ansteigende parallele Geraden und NN(D) über NN(K) gezeichnet: Wie viele Personen auch kooperieren, Ego vergleicht die NN(D)-Linie mit der

Abbildung 3.12 Auszahlungen für Kooperation und Defektion und Berechnung des Durchschnittsnutzens in einem Sechs-Personen-Gefangenendilemma

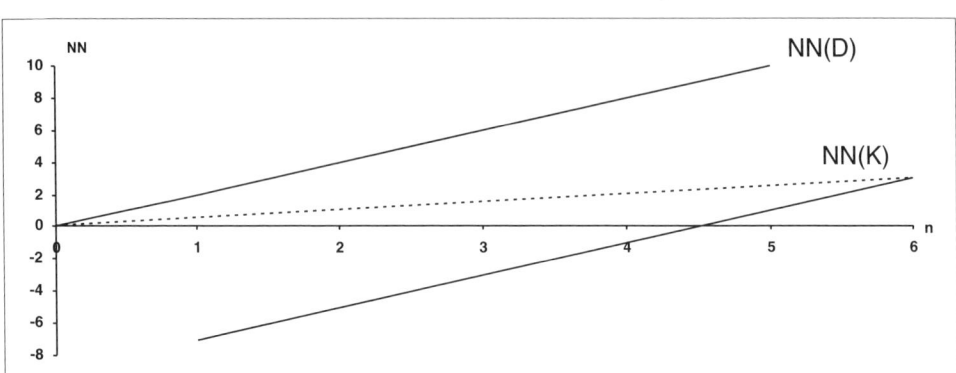

NN(K)-Linie einen Kooperateur (nämlich Ego) weiter nach rechts und hat immer den gleichen Anreiz (7 Einheiten in der Senkrechten) zu defektieren. Soweit übersetzt die Grafik nur die Mikro-Sicht Egos aus Tabelle 3.11 in eine Makro-Sicht auf das Kollektiv. In der Sicht auf das Kollektiv aber lässt sich etwas Neues berechnen, der Durchschnittsnutzen. Er ergibt sich folgendermaßen:

Tabelle 3.13 Berechnung des Durchschnittsnutzens in einem Sechs-Personen-Gefangenendilemma

k	NN(K)	NN(D)	Durchschnittsnutzen
0		0	0(0)/6 =0
1	-7	2	(1(-7)+5(2))/6=0.5
2	-5	4	(2(-5)+4(4))/6=1.0
3	-3	6	(3(-3)+3(6))/6=1.5
4	-1	8	(4(-1)+2(8))/6=2.0
5	1	10	(5(1)+1(10))/6=2.5
6	3		(6(3))/6 =3.0

Wie man sieht, steigt der Durchschnittsnutzen linear mit der Zahl der Kooperateure k an.[34] In Abbildung 3.12 ist diese Linie des Durchschnittsnutzens gestrichelt eingezeichnet. Abbildung 3.12 und Tabelle 3.13 enthalten also die gleichen Aussagen. Im Unterschied zu Tabelle 3.11 aber stellen sie den Nutzen nicht aus der Mikro-Sicht eines Akteurs dar, der mit k-1 kooperierenden Alteri rechnen muss, sondern aus der Makro-Sicht auf das Dilemma insgesamt, in dem 0 bis 6 Kooperateure auftreten können. Tabelle 3.13 lässt sich in Tabelle 3.11 überführen, indem man annimmt, Ego allein stehe vor der Entscheidung, von D auf K zu wechseln, und die Zahl der kooperierenden Alteri k-1 bleibe konstant, indem man also die Spalte für NN(K) eine Zeile nach oben verschiebt.

---

34 Denn der höchste Punkt von NN(K) liegt über dem niedrigsten Punkt von NN(D). Läge der höchste Punkt
    von NN(K) unterhalb des niedrigsten Punkts von NN(D), so läge das kollektive Optimum bei der allgemeinen
    Defektion und jeder Kooperierende würde nicht nur seine, sondern auch die kollektive Situation verschlechtern.
    Das Problem wäre gegenstandslos.

Abbildung 3.14 Erste Bedingung für die Produktion eines Kollektivguts: Koalitionsbildung

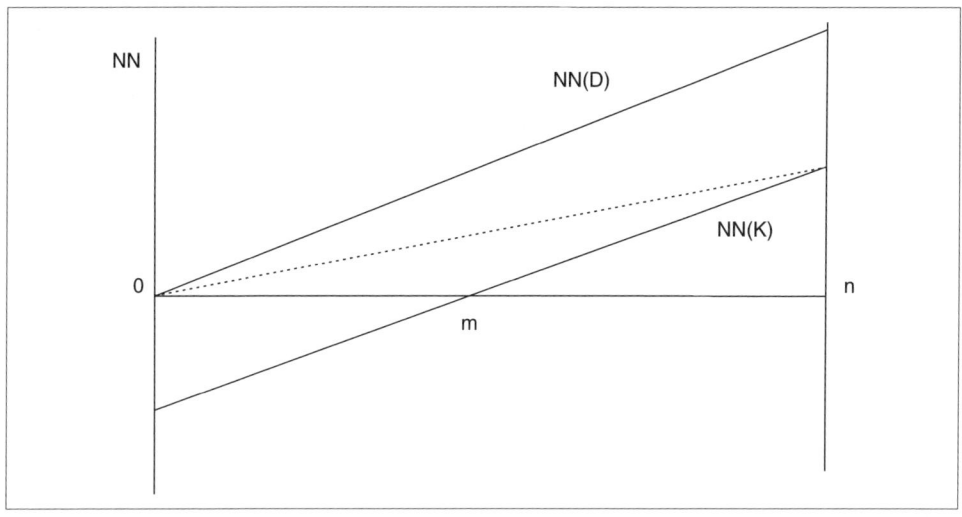

Quelle: Schelling (1978: 220).

Wenn die Gruppe sehr groß ist, wird nun der Unterschied zwischen n-1 und n und damit der Unterschied zwischen Mikro- und Makro-Sicht unerheblich; obwohl NN(D) ganz kurz vor der rechten Senkrechten und NN(K) ganz kurz vor der linken Senkrechten enden, kann man beide Linien auf der ganzen Länge von 0 bis n als Parallele zeichnen – wie in Abbildung 3.14. Der durchschnittliche Netto-Nutzen der kooperierenden und defektierenden Personen ist auch hier wieder durch die gestrichelte Linie dargestellt, die den untersten Punkt von NN(D) mit dem obersten Punkt von NN(K) verbindet. Der Durchschnittsnutzen ergibt sich nun ohne Detailberechnung aus folgender Überlegung. Wenn – am tiefsten Punkt von NN(D) – niemand kooperiert, hat jeder den Nutzen von NN(D); der Gesamtnutzen ist genau n mal soviel wie NN(D), der Durchschnittsnutzen derselbe wie NN(D). Wenn – am höchsten Punkt von NN(K) – alle kooperieren, hat jeder den Nutzen von NN(K), der wiederum zugleich der Durchschnittsnutzen ist. Wenn auf der Hälfte der n-Achse eine Hälfte von n kooperiert und die andere defektiert, dann ist der durchschnittliche Nettonutzen genau die Mitte zwischen den beiden Extrempunkten – im Rückblick auf Tabelle 3.13 z.B. beträgt der durchschnittliche Nettonutzen bei 3 Kooperateuren 1.5, also das Mittel des Nettonutzens bei 0 und bei 6 Kooperateuren. Dieselbe Überlegung gilt für alle weiteren Anzahlen von Kooperateuren k auf der n-Achse: Die Differenz zwischen NN(D) und NN(K) wird mit der gleichen Proportion geteilt wie die n-Achse durch den Schnittpunkt mit NN(K).

Die Lösung: Koalitionsbildung

Der Gegenstand des Problems ist nun die Diskrepanz zwischen individueller Nutzenkalkulation und potenzieller Kollektivgutproduktion. Da alle Alteri die gleiche Rechnung wie Ego aufmachen, entsteht ein Gleichgewicht am untersten Ende der NN(D) Kurve: Wie in der DD-Zelle im Zwei-Personen-Gefangenendilemma so hat niemand im n-Personen-Gefangenendilemma einen Anreiz, den Punkt k=0 zu verlassen. Wiederum führt die individuelle Nutzenmaximierung zur schlechtesten kollektiven Lösung, zu einem sozial ungünstigen Gleichgewicht. Um die möglichen Auswege aus dem Dilemma sichtbar zu machen, ist die n-Achse so gelegt worden, dass sie die Achse für NN im gleichen Punkt wie die Kurve von NN(D) trifft – also genau dort, wo das ineffiziente Gleichgewicht des Gefangenendilemmas liegt: Jeder defektiert und alle haben den Nutzen der Defektion; aber es wären Verbesserungen der kollektiven Situation möglich, wenn ein oder mehrere Individuen K wählen würden. Die Kollektivgutproduktion kann nun angebahnt und schließlich zu einem Gleichgewicht der Kooperation gebracht werden, wenn drei auf einander aufbauende und immer anspruchsvollere Bedingungen erfüllt sind.

Die *erste* Bedingung ist, dass die Individuen eine Koalition von K-Wählern bilden und damit die Möglichkeit schaffen, NN(D) und NN(K) nicht nur in der Vertikalen, sondern auch in der Horizontalen zu vergleichen. Solange jedes Individuum in der Vertikalen – also in der persönlichen Sicht – NN(D) und NN(K) vergleicht, muss es D wählen. Aber jedes Individuum kann auch in der Horizontalen – also in der Sicht auf das Kollektiv – seine Lage mit der schlechtesten Lösung allgemeiner Defektion vergleichen. In dieser Sicht aber verliert jedes Individuum nur so lange, als weniger als eine bestimmte Zahl von Individuen kooperiert, die durch den Schnittpunkt der n-Achse mit der NN(K)-Linie dargestellt ist und die man mit m bezeichnen kann. Wenn sich nun m Individuen zusammentun und *gleichzeitig* von D auf K wechseln, dann stehen sie sich genau so gut wie zuvor. m ist also die Größe der „minimalen sich selbst beschränkenden Koalition", die freiwillig auf den Vorteil der Defektion verzichtet.[35]

Abbildung 3.15 Zweite Bedingung für die Produktion eines Kollektivguts: Größerer Nutzenzuwachs für Kooperation

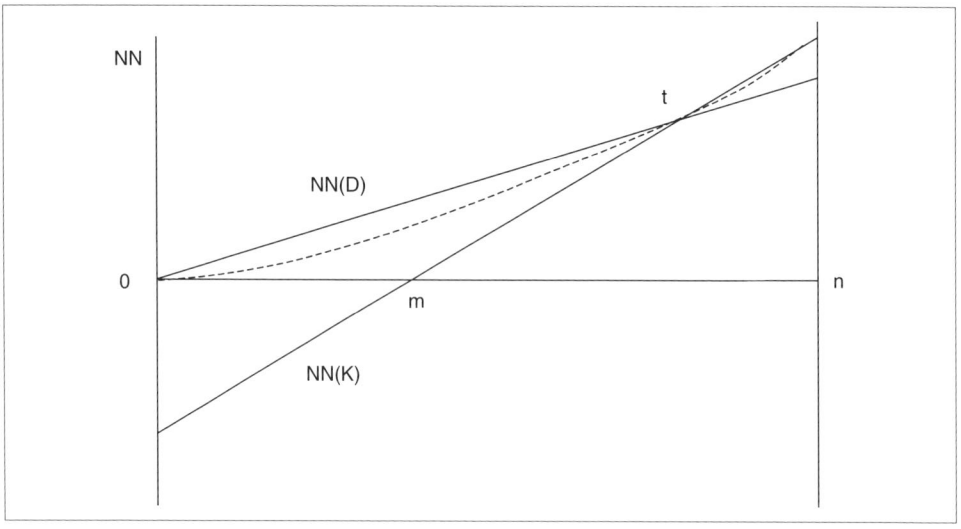

Quelle: Schelling (1978: 228).

---

35 Man kann die Größe der „minimalen Koalition" wie folgt errechnen. Gesucht ist dann die Größe von k, so dass NN(K)=NN(D bei k=0) ist; da die NN-Achse und die n-Achse so gelegt sind, dass sie sich bei NN=0 kreuzen, heißt das: so dass NN(K)=0 ist. Wenn NN(K)=C*k*r/n-C=0, dann k=n/r. Sind zum Beispiel r=2 und n=10, ist k=5. Mindesten 5 Personen müssen kooperieren, damit der Nutzen der Kooperation so groß ist wie der Nutzen der Defektion im Gleichgewicht.

Ist die minimale Koalition zustande gekommen, so stehen sich ihre Mitglieder im Durchschnitt zwar mit jedem zusätzlichen Mitglied besser. Aber der Eigennutz wird keinen der noch verbleibenden Defekteure zur Kooperation bewegen; denn der Nutzenvorsprung der Defektion vor der Kooperation ist ja für jede Zahl von Kooperateuren gleich hoch. Die minimale Koalition ist also nicht im Gleichgewicht; sie hat eine Tendenz ins Gleichgewicht allgemeiner Defektion zurückzufallen, sie wächst nicht ohne weiteres in Richtung allgemeiner Kooperation.

Dazu muss als *zweite* Bedingung erfüllt sein, dass bei wachsender Zahl von Kooperateuren der Nutzengewinn für Kooperation höher ist als für Defektion und NN(K) NN(D) schneidet, dass also NN(K) stärker ansteigt als NN(D). Wie aber ist das möglich, wenn der Nettonutzen für K wie D gleichermaßen eine Funktion der Variablen k und der Konstanten C^*r und n ist $(NN=C^*r^*k/n)$? Allein dadurch, dass für NN(K) selektive Anreize S hinzukommen, *die mit der Zahl der Kooperateure wachsen*. Wenn S dann groß genug ist, liegt NN(K) bei k=0 zwar weiterhin unter NN(D), aber bei k=n über NN(D):

$$NN(K) = C^*r^*k/n - C + S^*k.$$

Ein Beispiel ist der öffentliche Nahverkehr. Man könnte zunächst denken: Je mehr vom Auto auf den Zug umsteigen, umso billiger kann der Zug sein. Aber damit würde kein mit der Zahl der Kooperateure wachsender selektiver Anreiz geschaffen, sondern nur die Größe C gesenkt, die ja auch in NN(D) eingeht. Wachsende selektive Anreize würden aber durch eine Verbesserung des Angebots geschaffen: Je mehr vom Auto auf den Zug umsteigen, desto mehr Züge können eingesetzt werden, desto wertvoller wird der Zug allein für Zugbenutzer: S^*k.[36]

Wenn nun NN(K) mit k wirklich stärker ansteigt als NN(D), dann liegt der Nutzen der Kooperation ab einer bestimmten Größe der Koalition, t, über dem Nutzen der Defektion.

Von t ab werden also auch die bisher noch Defektierenden aus Eigennutz der Koalition der Kooperateure beitreten. Das Kollektiv bewegt sich von selbst auf das kollektive Optimum beim höchsten Punkt von NN(K) zu. Dieser Punkt ist ein zweites Gleichgewicht, denn jeder, der defektiert, würde nicht nur das Kollektiv, sondern auch sich selbst schlechter stellen. Es gibt also jetzt kollektiv ein ungünstiges und ein optimales Gleichgewicht und die Bewegung vom ersten zum zweiten lässt sich in drei Phasen einteilen: In der *ersten Phase zwischen dem ungünstigen Gleichgewicht und m* muss die minimale Koalition organisiert werden, in der *zweiten Phase zwischen m und t* muss sie gegen die immer noch wirksame Versuchung des Eigennutzes zusammengehalten und vergrößert werden, in der *dritten Phase zwischen t und dem sozial günstigen Gleichgewicht* setzt sich die Koalition der Kooperierenden von selber durch. Der Kollektivnutzen wächst entsprechend in einer Kurve vom niedrigsten Punkt von NN(D) über t bis zum höchsten Punkt von NN(K).

Die Kollektivgutproduktion ist damit in der dritten Phase sicher gestellt. Aber die zweite Phase bleibt kritisch – die Durststrecke zwischen m und t, auf der die Koalition gegen die Versuchung des Eigennutzes Anhänger zusammenhalten und vermehren muss. Die Durststrecke lässt sich zunächst verkürzen, indem der Nutzengewinn der Kooperation (also die Steigung von NN(K) oder der Wert der von k abhängigen selektiven Anreize S) sich noch weiter

---

36 S^*k soll hier nur bedeuten, dass S in *irgendeiner* Form mit k wächst. Offensichtlich muss diese Form nicht linear sein. Wenn immer mehr Leute vom Auto auf den Zug umsteigen, dann kann nicht für jeden Kooperateur ein zusätzlicher Zug eingesetzt werden, sondern nur in größeren Schritten gerade so viel zusätzlicher Kooperateure, wie einen Zug füllen: S steigt also in Sprüngen an. Aber dadurch wird die Überlegung nicht berührt, dass bei selektiven Anreizen die Funktion für NN(K) die Gerade NN(D) kreuzen kann.

erhöht; im Beispiel könnte man nicht nur Häufigkeit, sondern auch Pflegezustand und Komfort der Züge verbessern, die ja nur von den Kooperateuren genutzt werden. Aber auf diese Weise kann, wenn die Höhe des ungünstigen Gleichgewichts und die Größe der minimalen Koalition konstant bleiben, die Durststrecke nie Null werden – es sei denn, NN(K) würde eine Senkrechte. Durch Steigerung der selektiven Anreize für die *Kooperateure* lässt sich die Durststrecke also nicht eliminieren, so dass es nahe liegt, bei den *Defekteuren* anzusetzen, um die Kollektivgutproduktion zum sozial günstigen Gleichgewicht zu bringen.

Als *dritte* Bedingung kann man, nachdem eine Koalition von m Personen sich etabliert hat, NN(D) insgesamt durch moralischen Druck senken. Dann ergeben sich ein neues niedrigeres ungünstiges Gleichgewicht und zwei neue Punkte m_ und t_. Wenn NN(D) genug abgesenkt ist, rückt t_ vor m, so dass die Durststrecke eliminiert ist. Wenn also die etablierte Koalition mit politischen oder aufklärenden Maßnahmen den Nutzen der Defektion insgesamt senkt, dann kann die Durststrecke nicht nur verkürzt, sondern überhaupt vermieden werden (Mackie 1996).

Abbildung 3.16 Dritte Bedingung für die Produktion eines Kollektivguts: Senkung von NN(D) nach Bildung einer Koalition

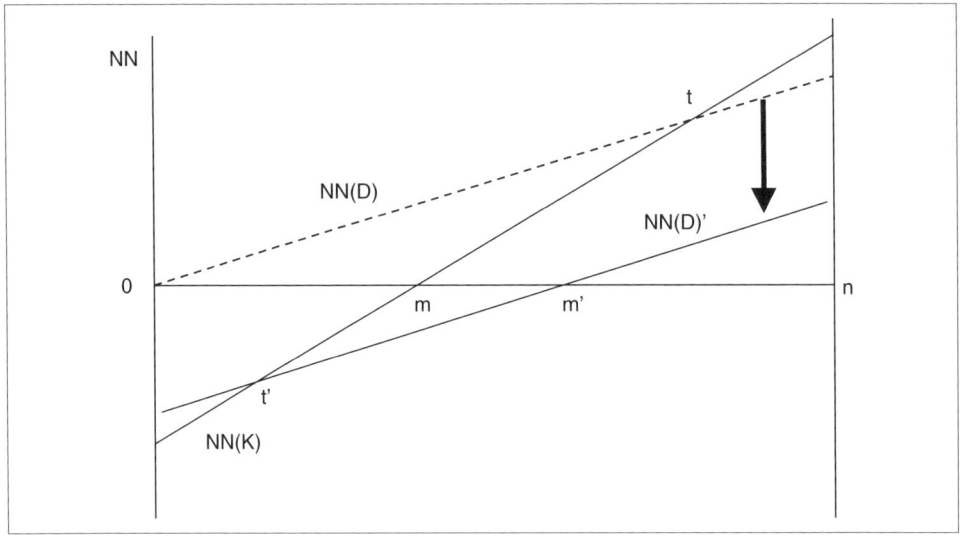

Abbildung 3.16 zeigt mit der gestrichelten Linie für NN(D) die Situation der Abbildung 3.15 und mit dem Pfeil die Senkung von NN(D) auf NN(D)'; sie zeigt also, wie die zweite Phase der Abbildung 3.15 durch Senkung von NN(D) eliminiert wird, so dass nur noch der Anreiz zum Gleichgewicht allgemeiner Kooperation bleibt. Kritisch bleibt aber auch dann die erste Phase der Koalitionsbildung. Erst wenn sich eine minimale Koalition gebildet hat, lohnt es sich, über einen größeren Nutzenzuwachs für die Kooperateure und eine moralische Ächtung der Defekteure nachzudenken. Erst wenn die Kollektivgutproduktion durch die Erfüllung der ersten Bedingung aus der Falle des sozial ungünstigen Gleichgewichts allgemeiner Defektion befreit ist, kann man versuchen, sie durch die Erfüllung der zweiten und dritten Bedingung zum sozial erwünschten Gleichgewicht allgemeiner Kooperation zu bringen Die Bildung einer

minimalen Koalition ist die notwendige, aber noch keineswegs hinreichende Bedingung für die Kollektivgutproduktion.

Die minimale Koalition ist also das Eingangstor zum Kollektivgut. Kann sie allein aufgrund des Eigennutzes der Beteiligten zustande kommen? Anders als im Fall des 2-Personen-Gefangenendilemmas ist bei 3 oder mehr Personen der bilaterale Tausch der Handlungskontrolle nicht immer vorteilhaft. Auch ein Ringtausch der Kontrolle, so dass z.B. unter 3 Personen die erste die Kontrolle über ihr Handeln der zweiten, die zweite der dritten und die dritte der ersten übergibt, ist schwierig. Die erste und die zweite Person, die ja den Nutzen der Defektion aufgeben, müssen, um sich nicht noch schlechter zu stellen, sicher sein, dass auch der dritte Tausch zustande kommt. Aber nachdem die erste Person ihre Handlungskontrolle an die zweite abgegeben und für sie K gewählt hat, und dann die zweite ihre Handlungskontrolle an die dritte gibt, wird die dritte für die zweite K wählen, aber darauf verzichten, ihre Handlungskontrolle an die erste zu geben. Statt zu kooperieren wird die dritte Person defektieren; bei zwei Kooperateuren gewinnt die dritte Person mehr, wenn sie defektiert, als wenn sie auch noch kooperiert – wie man sich an der Auszahlung für drei Personen in Tabelle 3.10 für zwei Kooperateure und einen Defektor überzeugen kann (-1,-1,8 sowie die beiden weiteren Zellen, in denen Alter oder Dritter der Defekteur ist, im Vergleich zu 3,3,3). Eine Koalition kommt also nur dann zustande, wenn die in der Folge zweiseitiger Tauschprozesse angelegte Versuchung der späten Partner, die ersten Partner hereinzulegen, ausgeschaltet wird. Die Tauschprozesse müssen so *sozial organisiert* werden, dass alle gemeinsam die Handlung eines jeden kontrollieren können. Das aber bedeutet, dass unter den Koalitionären die Norm der Kooperation vereinbart wird (Coleman 1990: Kapitel 10 und 11).

Lektüre: Schelling (1978: Kapitel 7)

Weiterführende Literatur: Das Problem der Kooperation im kollektiven Handeln ist dargestellt z.B. bei Boudon (1980: 40-48, 104-105). In einer konkreten Anwendung ist es als Paradox des Wählers oft diskutiert worden (z.B. bei Coleman 1990: 289-292, Green / Shapiro 1994: 47-71): Bei der Größe einer nationalen Wählerschaft ist der Einfluss eines Einzelnen auf das Wahlergebnis so gering, dass es sich nicht lohnt zu wählen; die Wahlbeteiligung müsste eigentlich null sein, wenn es nicht eine Norm des Wählens gäbe. Die Einführung einer Norm zur Lösung des Paradox des Wählers wird kritisch diskutiert bei Green / Shapiro (1994: Kapitel 4). – Mackie (1996) gibt ein Beispiel für den Übergang aus einem ineffizienten zu einem effizienten Gleichgewicht nach Schellings Theorie: die Abschaffung des chinesischen Brauchs des „Füßebindens" von Mädchen Anfang dieses Jahrhunderts. – Während in Abbildung 3.15 und 3.16 dargestellt ist, wie mit der Zahl der Kooperierenden der Wert des selektiven Anreizes steigt, untersucht Kitts (2006) in Simulationen den Fall, dass mit der Zahl der Kooperierenden der Wert des selektiven Anreizes sinkt. Das ist der Fall, wenn der Anreiz eine Rivalitäts-Gut ist, das unter den Kooperierenden aufgeteilt werden muss, wie z.B. eine Begrenzung guter Schulnoten auf die, sagen wir, zehn Besten einer Schulklasse.

3.3 Zusammenfassender Vergleich

In diesem Kapitel wurden Theorien des sozialen Handelns danach dargestellt, ob sie die Erklärung *stärker* bei der Motivation oder der Intention ansetzen. Bei der Motivation setzt die Theorie Parsons' an, die auf den Arbeiten Durkheims beruht und sie um Theorien der Sozialisation in der Tradition Freuds erweitert. Bei der Intention setzt die Theorie der rationalen Wahl an, die auf den Arbeiten Webers beruht und ihre impliziten utilitaristischen Annahmen herausarbeitet. Die Stichpunkte, nach dem beide Ansätze zusammenfassend verglichen werden sollen, sind in Tabelle 3.17 nach den drei Schritten des soziologischen Erklärungsschemas dargestellt.

Tabelle 3.17 Vergleich der Theorie der Motivation und der Intention mit Blick auf die drei
Probleme des soziologischen Erklärungsschemas

	Theorien des sozialen Handelns mit Ansatz bei	
	Motivation	**Intention**
Erklärung durch	Ursachen	Konsequenzen
ORIENTIERUNG Soziale Tatbestände als	institutionalisierte Normen	Gelegenheiten
SELEKTION Prägung der Person durch Handlungsprinzip	Sozialisation internalisierte Normen	Gewohnheit Nutzenmaximierung
AGGREGATION Kooperation als Resultat	komplementärer normativer Erwartungen	interdependenter Handlungen

3.3.1 Selektion

Wenn die beiden Ansätze sich nur durch den Blickwinkel auf den gleichen Gegenstand unterscheiden, dann sollte ein resümierender Vergleich bei diesem Gegenstand, beim Handeln oder
der *Selektion,* beginnen. Wenn wir den Blickwinkel weiter auf die einmalige Entscheidung
zwischen zwei Alternativen in einer Situation einschränken, dann muss der Vergleich bei dem
Handlungsprinzip beginnen.

Handlungsprinzip

Setzt man bei der Motivation an, so muss man mit Kräften im Individuum beginnen, die das
Handeln schieben. Das Individuum hat Normen internalisiert, die ihm das Handeln vorschreiben. Zwar entscheidet es, welche der internalisierten Normen angemessen sind, also mit
den in der gegebenen Situation institutionalisierten Normen übereinstimmen. Aber die verpflichtende Kraft, die die Normen durch ihre Internalisierung als Gewissen bekommen haben,
ist dadurch nicht eingeschränkt. Der Wille richtet sich auf das Müssen. Das Individuum
wählt aus seinem inneren Repertoire nach seiner äußeren Wahrnehmung die Normen aus, die
es jetzt und hier befolgen muss; von den vielen gültigen Normen will es die aktuell geltenden
nicht nur beachten, sondern befolgen. Es kann sein, dass das Individuum bestimmte gültige
Normen nicht kennt, dass es bei der Wahl der geltenden Normen danebengreift, oder dass es
sich über geltende Normen hinwegsetzt. Aber Unkenntnis, Irrtum oder Übertretung sind unter dem Ziel der Konformität fehlerhafte Formen des Umgangs mit dem inneren Repertoire.
An Normen orientiert kann der Konforme wie derjenige sein, der sich gezielt über sie hinwegsetzen will; aber wer sich an der Konformität mit Normen orientiert, will fehlerhafte Formen
im Umgang mit Normen vermeiden. Das Individuum ist also nicht nur an Normen, sondern
an Norm*konformität* orientiert. Die Internalisierung von Normen impliziert nicht allein, dass
der Handelnde Normen zur Kenntnis nimmt, sondern sich ihnen unterwirft. Der Wunsch
nach Konformität orientiert das Handeln; und Konformität ist durch die Normen bestimmt,
die das Individuum internalisiert hat und die ohne weitere Entscheidung bestimmen, was getan werden muss. Motivationen treiben das Handeln voran.

Setzt man bei Intention an, so muss man mit Vorstellungen beginnen, die das Handeln ziehen. Das Individuum will seinen Nutzen in der gegebenen Situation maximieren. Der Wille

richtet sich auf eine individuelle Einschätzung. Das Individuum schätzt die Alternativen nach Wert und Wahrscheinlichkeit ihrer Folgen ein, summiert diese Einschätzungen über alle Folgen und wählt die Alternative mit dem höchsten Gesamtwert. Was der Wert der Handlungsfolgen ist, ergibt sich aus der subjektiven Einschätzung und ist objektiv gegenstandslos; daher kann die Person sich nicht täuschen. Aber es kann sein, dass sie ihrer selbst unsicher ist. Und es kann sein, dass sie Wahrscheinlichkeiten falsch einschätzt und Handlungsfolgen wie Handlungsalternativen übersieht. Unsicherheit, Fehleinschätzung und Kurzsichtigkeit treten unvermeidlich auf, aber sollten vermieden werden. Allen Schwächen zum Trotz will das Individuum seinen Nutzen maximieren: sich seiner Werte so gewiss sein als möglich und die Handlungsalternativen, Handlungskonsequenzen und Wahrscheinlichkeiten so gut als möglich ermitteln. Intentionen ziehen das Handeln voran.

Die beiden Handlungsprinzipien sind nun keine Alternative, sondern ergänzen sich. Aber sie ergänzen sich in einer Hierarchie, in der die Nutzenmaximierung die höchste Stufe einnimmt, und die Normenkonformität auf tieferen Hierarchiestufen bestimmt, was der Wert von Handlungsfolgen ist. Ohne Nutzenmaximierung würde das Handeln nicht angestoßen, aber in den meisten Fällen braucht es Normen, um zu einem Ende zu kommen.

Auf der einen Seite ist die Nutzenmaximierung der Normkonformität übergeordnet. Handeln impliziert, dass der Handelnde Handlungsergebnisse wieder auf sich zurückführt; die Bezugnahme der Person auf die Umwelt (siehe Abschnitt 2.1) läuft ja ins Leere, wenn sie nicht wieder zur Person zurückkommt. Anders gesagt: Das Individuum kann nicht handeln ohne einen allgemeinen Maßstab, der für es die vielfältigen Folgen seines Handelns kommensurabel macht, und ein allgemeines Prinzip, nach dem es mit den Folgen umgeht. Dieser Maßstab ist der Nutzen und dieses Prinzip die Nutzenmaximierung. Was der Heliotropismus für das Wachstum von Pflanzen, ist die Nutzenmaximierung für das Handeln von Menschen. Auch der Wunsch nach Normkonformität setzt sich ja nicht von selber in Handeln um: In Konformität mit Normen handeln kann das Individuum erst, wenn es für sich den Nutzen von Konformität und Nichtkonformität mit den geltenden Normen bewertet hat. Der Nutzen der Konformität mit Normen ist eine innerliche Handlungsfolge, er ergibt sich aus der Stärke der Internalisierung. Er kann wie die Bewertung äußerlicher Handlungsfolgen in die Gesamtbewertung einer Handlungsalternative eingehen – und tut es bei allen Menschen, die nicht völlig gewissenlos sind. Aber auch der Brave war der Versuchung unterlegen, bevor er ihr widerstanden hat: Er hat den innerlichen Nutzen von Konformität und Nichtkonformität kalkuliert und die Konformität mehr für wert befunden. Es gibt keine Normkonformität, die nicht eine *individuelle Entscheidung für eine Norm* gewesen wäre. Ohne die Entscheidung für oder gegen einen Norm wäre der Handelnde ein Roboter, dem sein gesamtes Handlungsrepertoire als Norm vorprogrammiert ist. Jede Normkonformität geht durch das Nadelöhr der Nutzenbewertung; selbst wenn die Normen routinemäßig befolgt werden, ist in der Konformität eine Bewertung in der gleichen Weise impliziert und daher auch in der gleichen Weise für den Handelnden explizierbar wie in den Fällen, wo das Handeln auf technischen Routinen beruht.

Auf der anderen Seite ist der Nutzen von Handlungsalternativen durch Werte der Handlungskonsequenzen bestimmt, die die Person nach ihrem Temperament oder ihren Erfahrungen setzt. Erst wer sich seiner Eigenwerte sicher ist, kann seinen Nutzen kalkulieren und maximieren. Die Eigenwerte können „Präferenzen", irreduzible Geschmackslagen sein, über die man nicht diskutieren kann – oder sie können sich aus der Selbstbindung an „Vorstellungen des Wünschbaren", an Werte ergeben, über die man reden und mit denen man Normen begründen kann. Sobald also eine konkrete Handlungsalternative zur Debatte steht, reicht das

Letztziel der Maximierung des persönlichen Nutzens nicht aus, um zu einer Entscheidung zu kommen. Vielmehr muss man wissen, was man will – und das ist mehr als der Wille zur Nutzenmaximierung. Was man will, *kann* die Konformität mit einer Norm sein. Weil ich die grundsätzliche Gültigkeit und die aktuelle Geltung einer Norm für mich akzeptieren oder nicht akzeptieren kann, kann ich sie auch in die Kalkulation meines Nutzens einbeziehen. Was man will, kann aber auch ein schlichter Wunsch sein, eine alte Vorliebe oder eine neue Mode, eine fixe Idee oder ein schwankendes Geschmacksurteil. Es kann sein, dass man unsicher, hin- und her gerissen ist; es kann sein, dass man nicht weiß, was man will.

Normkonformität allein könnte Handeln nicht in Bewegung setzten, Nutzenmaximierung allein aber kann ihm keine Richtung geben. Normenkonformität ist kein Automatismus, Nutzenmaximierung kein Determinismus. Aber Normenkonformität kann das Resultat von Nutzenmaximierung sein; und Nutzenmaximierung berücksichtigt immer Eigenwerte, in die Identifikationen der Person mit Normen einfließen können – also Motivationen. Der Ansatz bei der Intention muss also durch das ergänzt werden, was der Ansatz bei der Motivation über die Entstehung von Eigenwerten beitragen kann. Aber der Ansatz bei der Motivation hat kein Prinzip zur Erklärung des Handelns und reduziert deshalb Handeln auf die Kopie sozialer Normen. Der Ansatz bei der Intention ist allgemeiner, aber ergänzungsbedürftig; der Ansatz bei der Motivation hingegen ist zu eng und daher revisionsbedürftig.

Prägung der Person

Der Ansatz bei der Intention ist vor allem insofern ergänzungsbedürftig, als in ihm die *Prägung der Person,* die sich in den Eigenwerten der Entscheidungsfindung niederschlägt, nur kursorisch behandelt wird. In die gegebene Situation bringt die Person Gewohnheiten der Entscheidungsfindung – also der Wahrnehmung von Alternativen und Konsequenzen und der Schätzung von Wahrscheinlichkeiten – mit. Man kann sogar die Entscheidung, ob man in einer Situation auf Gewohnheiten zugreift oder den Nutzen verschiedener Alternativen nach der Wert-Erwartungs-Theorie abwägt, ihrerseits nach den Regeln der Wert-Erwartungs-Theorie modellieren (Esser 1996). Aber die Person muss die Gewohnheiten, mit der sie die Situation routinemäßig bewältigt, erworben haben, bevor sie in die Situation eintritt. Wie Gewohnheiten erworben wurden, bleibt in der Theorie der rationalen Wahl jedoch unbestimmt. Vor allem aber bleibt unbestimmt, wie die Eigenwerte entstehen, die die Person verschiedenen Handlungsfolgen beimisst. Allenfalls wird gesagt, dass sie erlernt werden; sie bilden sich als Gewohnheit mit der Zeit heraus. Offen bleibt, wer Eigenwerte „lehrt" und auf welche Weise.

An dieser Stelle bietet der Ansatz bei der Motivation zumindest eine Perspektive: Sozialisation ist mehr als das Resultat von Lernen. Mit Sozialisation meint Parsons die primäre Sozialisation in der Familie: Der Erwerb von Normen und Werten und einer Konzeption von Gut und Böse überhaupt ist nur in einer bestimmten Sozialstruktur möglich – nämlich dann, wenn zwei miteinander solidarische Erwachsene für ein abhängiges und egoistisches Kind sorgen, also in der Familie (siehe Abschnitt 3.1.4). Ob diese Vorstellung eine historisch einmalige Familienform idealisiert, kann dahingestellt bleiben. Wichtig ist die Absicht Parsons', die Wertungen der Person nicht nur aus den gegebenen Bedingungen der Situation oder sich verfestigenden Gewohnheiten zu erklären, sondern aus einer Persönlichkeitsstruktur, die in der Kindheit durch die Interaktionsstruktur der Familie geprägt wird und in einer langfristig konstanten Identifikation mit Werten resultiert. Ohne eine Theorie, die diese Absicht – wie die Sozialisationstheorie von Parsons (1955) – ausführt, macht es keinen Sinn, zwischen Primär- und Sekundärsozialisation und zwischen Sozialisation und Lernen zu unterscheiden. Kurzum:

Wenn man bei der Motivation ansetzt, kann man jenseits einzelner Entscheidungssituationen die Persönlichkeitsstruktur erfassen, die allen Entscheidungen eine persönliche Färbung mit Eigenwerten gibt. Mit der Idee internalisierter Normen kann das Handeln aus der aktuellen Situation herausgelöst und aus der Sicht einer langfristig konstanten Persönlichkeit betrachtet werden. Aber diese Möglichkeit wird nur dann Wirklichkeit, wenn eine ausgeführte *Theorie* der Sozialisation vorliegt; die Beschwörung, alles und jedes, also auch die Eigenwerte in einer Entscheidungssituation, sei „sozialisiert", führt nicht weiter.

Fassen wir den Vergleich nach den beiden Kriterien der Selektion, Prägung der Person und Handlungsprinzip, zusammen. Auf der einen Seite führt der Ansatz bei der Intention zu einer allgemeineren Handlungsorientierung, der Nutzenmaximierung, während der Ansatz bei der Motivation die Handlungsorientierung auf die Normkonformität reduziert. Aber weil der Ansatz bei der Motivation zur Konzeption einer Persönlichkeitsstruktur führt, die in der Kindheit durch die besondere Interaktionsform der Familie „sozialisiert" wird, kann er den Ansatz der Intention durch eine lebenszeitliche Perspektive auf das Individuum ergänzen: Man muss nicht in jeder Entscheidungssituation aufs neue Eigenwerte unterstellen oder annehmen, dass Eigenwerte sich gewohnheitsmäßig herausbilden, sondern kann auch der Möglichkeit gerecht werden, dass die Person bestimmte Eigenwerte hat und immer wieder in gleicher Weise äußert. Nicht nur die Alltagserfahrung, sondern auch die Psychologie (McCrae / Costa 1990) zeigt ja, dass wir bestimmte Charakterzüge ab einem bestimmten Alter nicht mehr ändern. Eine ausgeführte Theorie der Sozialisation hätte also auch für den Ansatz bei der Intention ihren Stellenwert: Sie könnte erklären, warum Personen bestimmten Handlungskonsequenzen immer wieder gleiche Eigenwerte beimessen.

3.3.2 Orientierung und Aggregation

Weil der Ansatz bei der Intention die individuelle Entscheidung zur Geltung bringt, kann er berücksichtigen, dass individuelle Entscheidungen auch in dem stecken, was dem Individuum sich als sozialer Tatbestand aufdrängt, und fragen, wie individuelle Entscheidungen sich zu kollektiven Tatbeständen aggregieren. Er stellt das Problem der Orientierung in einer nichtdeterministischen Weise und rückt das Problem der Aggregation in den Blick, während der Ansatz bei der Motivation die Situation zur Determinante des Handelns erhebt und das Problem der Aggregation gar nicht kennt.

Soziale Tatbestände als Determination durch Normen und als Anreiz durch Gelegenheiten

Soziale Tatbestände sind, wenn man bei der Motivation ansetzt, durch internalisierte Erwartungen Anderer, wenn man bei der Intention ansetzt, durch alternative Reaktionsmöglichkeiten Anderer definiert. In Parsons' Theorie sind die Erwartungen Anderer als Normen „institutionalisiert", d.h. für alle verbindlich gemacht, und von den Handelnden „internalisiert", d.h. als persönliche Verpflichtung gesehen. In der Theorie der rationalen Wahl bilden die alternativen Reaktionsmöglichkeiten Anderer die Gelegenheiten für das Handeln Egos, die positiv aus „Anreizen" und negativ aus „Restriktionen" bestehen. In den meisten Situationen nun haben die Anderen nicht nur verschiedene Reaktionsmöglichkeiten auf mein Handeln, sie tragen auch bestimmte Erwartungen an mich heran. Aber es gibt – wie die Beispiele des kollektiven Protests oder des wirtschaftlichen Tausches zeigen – durchaus Situationen, wo nur die Reaktionsmöglichkeiten, nicht aber internalisierte Erwartungen Anderer mein Handeln bestim-

men. Ich beteilige mich am kollektiven Protest, wenn ich überzeugt bin, dass genügend Andere mitmachen, nicht weil ich einer entsprechenden Erwartung Anderer folgen will; ich kaufe
ein Gut, weil es billig ist, weil also genügend Andere es schon gekauft haben, nicht weil man
es kaufen muss. Auf der anderen Seite sind Situationen schwer vorstellbar, in denen allein die
Erwartungen Anderer mein Handeln steuern, ohne dass ich die alternativen Reaktionsmöglichkeiten der Anderen in Betracht ziehe. Überlege ich nicht immer, ob Alter mich bestrafen
kann, wenn ich seinen Erwartungen nicht gerecht werden sollte – selbst wenn ich schließlich
doch tue, was er erwartet? Gelegenheiten wirken immer, Normen oft auf das Handeln ein.

Vor allem aber wirken Gelegenheiten durch meine Wahrnehmung auf mein Handeln.
Wenn ich die zukünftigen Handlungen Anderer abschätze, kann ich richtig oder falsch liegen.
Aber mein Eigeninteresse gebietet mir, sie richtig einzuschätzen. Insofern bin ich der Situation
ausgeliefert: Ich kann sie nur um den hohen Preis der Strafe durch die Anderen anders als sie
einschätzen. Aber ich kann den Anderen eine eigene, abweichende oder neue Situationsdefinition vorschlagen und durchzusetzen versuchen (siehe Abschnitt 2.5). Insofern bin ich der Situation nicht vollständig ausgeliefert. Ebenso wenig bin ich – im Gegensatz zur Annahme der
Normkonformität – den Normen, den Erwartungen Anderer ausgeliefert. Selbst wenn die
Normen meiner Gruppe mich z.B. zur Protestaktion drängen oder die Mode mir den Kauf
bestimmter Güter diktiert, entscheide ich zwischen Konformität und Nichtkonformität mit
Normen, bevor ich handele. Wichtiger noch: Normen sind Erwartungen Anderer, deren äußere, institutionalisierte Macht auf den Reaktionen Anderer beruht – also auf den Sanktionen,
den Belohnungen und Bestrafungen, mit denen sie Konformität wie Nichtkonformität prämi-
ieren. Die Orientierung an Normen ist eine Orientierung zweiter Ordnung an den Reaktionsmöglichkeiten Anderer: Andere können nicht nur angenehm oder unangenehm reagieren, sie
können auch Konformität belohnen und Nichtkonformität bestrafen. Natürlich gewinnen
Normen durch die Internalisierung erheblich an Macht über den Handelnden; aber die Internalisierung entzieht Normen nicht dem Gesichtskreis der persönlichen Nutzenkalkulation.

Dass Ego sich an den alternativen Reaktionsmöglichkeiten Anderer orientiert, schließt also
nicht aus, dass Ego sich *auch* an den Erwartungen Anderer orientiert. Der allgemeine Fall ist,
dass die Einschätzung der alternativen Reaktionsmöglichkeiten Alters für Ego die Gelegenheiten darstellen, die mehr für die eine und weniger für die andere Handlung sprechen; der spezielle Fall ist, dass für alle verbindliche (institutionalisierte) Normen zusätzlich als Handlungskonsequenz in die Einschätzung eingehen oder die Einschätzung von Handlungskonsequenzen verändern. Der allgemeine Fall ist, dass der Handelnde die möglichen Alternativen nach
seinem Nutzen bewertet; der spezielle Fall ist, dass persönliche (internalisierte) Normen zusätzlich in die Einschätzung eingehen oder die Einschätzung von Handlungskonsequenzen
verändern.

Empirisch ist es nun häufig der Fall, dass der Spielraum der Gelegenheiten durch Normen
eingeschränkt ist. In Schule und Beruf, im Sport und im Straßenverkehr, in der Familie und
in der Politik usw. sind viele Verhaltensweisen – durch Religion, Brauch und Gesetz – normativ so geregelt, dass Ego mit Selbstverständlichkeit tut, was Alter erwartet und beide unter
dem Dach einer „Rolle" zusammen handeln. Vor allem in großen Organisationen der Wirtschaft und der Politik wird erwartet, dass man nach festen Erwartungen „in einer Rolle" und
nicht als Person handelt. Aber im privaten Alltagsleben, in der Familie, Freundschaft und
Freizeit kann jeder „selbstbestimmt" nach seinen Wünschen handeln und muss sich nicht an
den Erwartungen, wohl aber an den Reaktionsmöglichkeiten Anderer orientieren. Der theoretisch allgemeinere Fall tritt hier also rein auf: Das Handeln wird durch Gelegenheiten und

nicht durch Rollen, durch Gewohnheiten und nicht durch Normen geregelt. Zudem spiegelt der „Wertwandel" von der selbstverständlichen Hinnahme der Institutionen zur Selbstbestimmung der Person (Meulemann 1996: 130-134) vermutlich die Tatsache wider, dass Normen nicht mehr im gleichen Maße wie früher für den Bestand des Zusammenlebens gebraucht werden und der Spielraum für persönliche Entscheidungen größer geworden ist. Einige Beispiele seien genannt. Früher gingen fast alle regelmäßig in die Kirche; heute überlegt man, ob man gehen will, und geht deshalb häufig nicht mehr. Früher war es selbstverständlich, dass man heiratete, wenn man sich liebte; heute kann man wählen, ob man „gleich" heiratet oder „erst einmal" zusammenzieht, und zieht deshalb in der Regel zusammen, um nicht mehr in jedem Fall zu heiraten. Früher hat man Entscheidungen der Politiker registriert und hingenommen; heute diskutiert man häufiger mit Anderen darüber und protestiert gelegentlich dagegen. Früher hat man, was einem als Arbeit aufgetragen war, als Pflicht verstanden und klaglos erledigt; heute fragt man sich und Andere, ob ein Auftrag der beste Weg zum Ziel ist, und zögert manchmal vor der Ausführung. Selbst da also, wo in Rollen gehandelt werden muss, wie in Organisationen, resultiert das Handeln nicht allein aus der Internalisierung der Rolle, sondern aus Kompromissen zwischen Normen und persönlichen Interessen.

Kooperation als Selbstverständlichkeit und als Problem

Was das Orientierungsproblem betrifft, so führt der Ansatz bei der Intention also zum theoretisch allgemeineren und wohl auch empirisch wichtiger werdenden Fall und unterstellt keine Determination des Handelns durch die Situation. Das Problem der *Aggregation* hingegen taucht überhaupt erst auf, wenn man bei der Intention ansetzt, während der Ansatz bei der Motivation einen voraussetzungsvollen zum normalen Fall erhebt und damit das Problem verschüttet. Der allgemeine Fall ist, dass in einer Situation mit gegebenen Anreizen und Beschränkungen die persönliche Nutzenkalkulation Egos nicht mit der persönlichen Nutzenkalkulation Alters übereinstimmt; dass also Kooperation problematisch ist und erst dadurch zustande kommt, dass die Akteure sich in einer Kette interdependenter Handlungen einander anpassen. Der spezielle Fall ist, dass Kooperation unproblematisch ist, weil die Akteure die Situation unter ähnlichen Normen betrachten und die Erwartungen Egos an Alter die Intentionen Alters sind (Parsons: „Komplementarität der Erwartungen"). Nur wer von Intentionen ausgeht, sieht also Kooperation als Problem und stellt die Frage, was die Kooperation zwischen Menschen ermöglicht. Zudem schlägt die Theorie der rationalen Wahl hier Lösungen mit formalen Modellen und Simulationen vor. Das Gedankenexperiment des Gefangenendilemmas und der Wettkampf der verschiedenen Strategien in iterierten Gefangenendilemmata zeigen, dass Kooperation zwischen nutzenmaximierenden Individuen möglich ist. Sie zeigen weiter, dass Kooperation vor allem dann wahrscheinlich ist, wenn die nutzenmaximierenden Individuen zugleich „freundlich", „provozierbar", „versöhnungsbereit" und nicht allzu „raffiniert" sind, wenn also die „Logik" des Eigennutzes durch eine sozial konstruktive „Psychologie" unterstützt wird.

An dieser Stelle hat der Ansatz bei der Motivation wiederum mit dem Hinweis auf die Sozialisation der Persönlichkeit ein relatives Recht. Die sozial konstruktive Psychologie kann nicht in der Situation anerzogen werden, in der sie wirksam werden soll. Sie muss entweder eine biologische oder eine soziale Mitgift sein. Da die Erkenntnisse über die „Eigennützigkeit der Gene" (Dawkins 1989) nicht für eine biologische Mitgift sprechen, muss eine soziale Mitgift wirksam gewesen sein – eine „Sozialisation". Ob der Kooperation zugeneigte Persönlichkeiten überwiegen oder nicht, ist sicher auch ein Ergebnis der primären Sozialisation in der

Familie. In der primären Sozialisation werden Handlungsorientierungen produziert, die über viele Lebensbereiche und das ganze Leben hin dem Handelnden fast automatisch Orientierung geben, ohne dass er die Einzelheiten der Situation ausbuchstabieren muss. In dieser Perspektive lassen sich die Eigenwerte verstehen, die in die Bewertung von Handlungsalternativen eingehen. Die Sozialisation einer Persönlichkeit vereinfacht also die Orientierung und erleichtert das Verständnis dessen, was als Selektion nicht mehr verständlich scheint. Aber „Sozialisation" ist keine Zauberformel für soziale Harmonie, sie ist – wie Kooperation und die Erstellung von Kollektivgütern – ein theoretisches Problem und ein empirisches Forschungsprogramm.

Auch wenn der Ansatz bei der Motivation also den Ansatz bei der Intention ergänzen kann, wenn es um Orientierung und Selektion geht – zum Aggregationsproblem schweigt er völlig. An dieser, für den Zusammenhang zwischen Handeln und Gesellschaft entscheidenden Stelle bietet jedoch der Ansatz bei der Intention Ansatzpunkte, „die Gesellschaft" aus dem Zusammenhandeln von Personen zu verstehen. Wer aber das Problem der Aggregation nicht sieht, bleibt in der Perspektive des Alltagsmenschen befangen, der nicht über seine Handlung hinaus „auf die Gesellschaft" blicken muss, um handeln zu können. Erst durch die Aggregation aber entsteht sozialer Wandel, ein Übergang von alten zu neuen sozialen Tatbeständen. Wer das Problem der Aggregation nicht sieht, findet daher insbesondere keinen Zugang zum sozialen Wandel. In der Tat hat der Ansatz der Motivation hier einen blinden Fleck, während für den Ansatz der Intention die soziale Aggregation individueller Handlungen mit sozialem Wandel identisch ist.

Wenn das Individuum nach Konformität mit Normen strebt, dann müssten idealer Weise, also wenn alle das Ziel erreichten, Motivationen und Normen, individuelle Handlungen und soziale Rollen sich decken. „Die Gesellschaft", die Gesamtheit der Rollenhandlungen, müsste auf der Stelle treten – wenn nicht Unkenntnis und Irrtum oder absichtsvolle Übertretungen für einen Wandel sorgten. Schon Durkheim, der eigentliche Ahn Parsons', hat deshalb in den „Regeln" (1895: Kap. 3) den sozialen Wandel aus abweichendem Verhalten erklärt. Für Durkheim ist das Verbrechen vor allem deswegen ein normales Phänomen, weil ohne es kein Wandel möglich wäre: Sokrates war nach dem Gesetz Athens ein zu Recht verurteilter Verbrecher; aber er hat seiner Vaterstadt genützt, indem er der Unabhängigkeit des Denkens mehr Geltung verschafft hat. In den Theorien Durkheims wie Parsons' bewirkt nicht das Handeln, sondern die Abweichung von den Normen des Handelns sozialen Wandel. Wenn es keine Abweichungen gäbe, befänden sich die Menschen, die miteinander als Gesellschaft zusammenleben, in einer permanenten „prästabilierten Harmonie" (Leibniz) unter dem Namen der „Komplementarität der Erwartungen" (Parsons). Dann kann sozialer Wandel nur noch von außen in eine Gesellschaft hineinkommen, durch Übergriffe anderer Gesellschaften oder natürliche Katastrophen. Sozialer Wandel geht also nicht aus dem Zusammenleben der Menschen hervor, sondern ergibt sich aus der „normalen Pathologie" der Abweichung und aus äußeren Anstößen.

Wenn dagegen das Individuum seinen Nutzen maximieren will, dann haben das Handeln und das Zusammenhandeln, die Selektion und die Aggregation, ihr eigenes schöpferisches Potenzial. Wandel resultiert nicht *nur* aus der Abweichung Einzelner von Normen, sondern *auch* aus dem Zusammenspiel vieler nicht abweichender Handlungen. *Nach wie vor* ergeben sich Neuerungen aus subjektiven Bewertungen der handelnden Person, die Normen folgen kann, aber nicht muss. Selbst wenn Gelegenheiten sich nicht ändern, kann die Person ihre Eigenwerte umwerten und Handlungsalternativen neu bewerten. Nicht nur Sokrates, sondern jedermann ist ein Neuerer. *Zudem aber* können Neuerungen auch aus der Aggregation vieler Handlungen resultieren, die oft unvorhersehbar ist – wie der „Widersinn des Sparens" und der „Trugschluss der Aggregation" zeigen. Die Interdependenz zwischen Menschen enthält die Chance, aber keine Garantie der Kooperation. Die Unausweichlichkeit der Interdependenz und die Fragilität der Kooperation bringen dauernden Wandel mit sich. Sozialer Wandel ist endemisch in einer Gesellschaft; Abweichungen und äußere Einflüsse können hinzukommen, aber sind nicht die primären Auslöser des sozialen Wandels.

Pointiert kann man sagen: Wer bei der Motivation ansetzt, unterliegt der Gefahr, den Menschen als einen *Automaten* zu sehen, der internalisierte Normen ausagiert, und die Gesellschaft zu einem *geschlossenen* System von Rollen zu verdinglichen, das sich nur unter äußeren Anstößen wandelt. Wer bei der Intention ansetzt, muss den Menschen dagegen keineswegs als Automaten der Nutzenmaximierung verstehen, sondern kann Vorausschau und Bewertung, also *Kreativität*, in den Grenzen zulassen, die persönliche Ressourcen und soziale Chancen und Beschränkungen ziehen (Esser 1993: Kapitel 14, Lindenberg 1995). Er muss die Gesellschaft nicht verdinglichen, sondern kann sie als eine gedankliche Rekonstruktion der real wirkenden Zwänge verstehen, die aus dem Zusammenspiel menschlicher Handlungen resultieren und sich deshalb mit jeder Handlung wandeln. Er kann sie als ein auf Zwängen und Regeln ruhendes, aber dennoch *offenes* System ansehen. Der Ansatz bei der Intention ist nicht nur allgemeiner, sondern auch liberaler, in jedem Falle aber sozialem Wandel gegenüber offener als der Ansatz bei der Motivation.

4 Soziale Ordnung

In den beiden vorausgehenden Kapiteln wurde – zunächst mit einer Begriffsanalyse, dann mit dem Vergleich zweier Theorien – der Gegenstand der Soziologie vom handelnden Individuum her bestimmt. Handeln umfasst mehr als den Gegenstandsbereich der Soziologie. Sofern die Soziologie sich mit dem Handeln der Menschen befasst, ist das Handeln ihr Gegenstand, das sich an Anderen orientiert, also das soziale Handeln. Aus der wechselseitigen Orientierung der Menschen aneinander können – wie die Analyse des Gefangenendilemmas es gezeigt hat – Kooperation und kollektives Handeln entstehen. Sie wiederum sind Grundlage für soziale Beziehungen, die als soziale Tatbestände vom Willen der einzelnen Person unabhängig sind. Die sozialen Beziehungen aber bilden die Gesellschaft, in der die Menschen miteinander handeln. Wenn man den Gegenstand der Soziologie vom handelnden Individuum her bestimmt, kann man also durchaus der Erfahrung „der Gesellschaft" gerecht werden – der Tatsache also, dass andere meine Handlungsmöglichkeiten einschränken und ich mein Handeln an anderen orientieren *muss*. Im folgenden Kapitel soll geprüft werden, inwiefern „die Gesellschaft" Gegenstand der Soziologie ist; die Erfahrung soll durch einen Begriff „der Gesellschaft" präzisiert werden.

4.1 Der Begriff der Gesellschaft

Formen der Wechselwirkung oder der Vergesellschaftung

Eine Gesellschaft ist zunächst die Gesamtheit der Personen in der Gesellschaft – so wie ein Sandhaufen die Gesamtheit der Sandkörner, oder mit den Ausdrücken der Logik die Menge die Summe der Individuen ist; man kann die Addition der Elemente „Aggregat" nennen. Aber die Bestimmung der Gesellschaft als Aggregat von Menschen ist nicht nur offensichtlich zirkulär, sondern auch unzureichend. Sie gibt nicht an, welche Menschen das Aggregat bilden. Sie sieht die Menschen als unbestimmte Elemente und die Gesellschaft als beliebige Anhäufung. Sie gibt kein Kriterium, welche Menschen zu einer Gesellschaft zu rechnen sind und welche nicht. Erst wenn man weiß, inwiefern Menschen eine Gesellschaft bilden, kann man entscheiden, wer zu einer Gesellschaft gehört und wer nicht. Nach welchem Kriterium bilden Menschen eine Gesellschaft?

Die Frage ist eine Aufforderung, die Definition des sozialen Handelns zu einer Definition von „Gesellschaft" zu nutzen: Menschen bilden eine Gesellschaft, insofern sie sich aneinander orientieren und miteinander handeln. Die Definition von Gesellschaft setzt die Definition des sozialen Handelns in den Plural. Man betrachtet nicht einen Handelnden, der sich an anderen orientiert und entsprechend handelt – sondern mehrere Menschen, die sich aneinander orientieren und miteinander handeln. Die Perspektive wird von einer auf mehrere Personen ausgedehnt, so dass die ganze Arena des sozialen Handelns, die bisher mit dem Begriff der „Anderen" gleichsam im Dunkel gehalten wurde, sichtbar wird. Es sind mehrere Personen, die sich an „ihren" Anderen orientieren und mit „ihren" Anderen handeln, also „interagieren". Aber

„Interaktion" ist nichts anderes als „soziales Handeln" – wie es Georg Simmel (1908: 10-19), der unter der Bezeichnung der „Wechselwirkung" die „Interaktion" als Grundlage der Soziologie ansieht, ausdrücklich betont. „Soziales Handeln" und „Interaktion" bestimmen sich nach dem gleichen Kriterium: der Orientierung an Anderen. Die Orientierung auf „das Soziale", auf „Normen", „Rollen" oder auf „die Gesellschaft" ist eine Orientierung an Anderen, die „das Soziale" etc. verkörpern. Aber „Interaktion" ist keine Aktion über oder jenseits, sondern zwischen den Menschen; und „Gesellschaft" ist keine „Realität sui generis" (Durkheim 1895) jenseits des Handelns von Menschen. Der Gegenstand der Soziologie ergibt sich aus einer bestimmten Sicht auf das menschliche Handeln; aber er existiert nicht als eine bestimmte Realitätsebene etwa so, dass über „dem Physischen" „das Organische", „das Psychische" und schließlich „das Soziale" lägen.

Dennoch ist die Erweiterung der Perspektive vom Singular auf den Plural folgenreich. Mit der Definition des sozialen Handelns war nicht nur die Arena der Anderen, sondern auch die Dimension der *Zeit* schon mitgedacht; mit der Erweiterung der Perspektive rückt auch die Dimension der Zeit ins Licht. Soziales Handeln ist an die Zeit gebunden – nicht nur in dem selbstverständlichen Sinn, dass es in der Zeit abläuft, sondern in dem Sinn, dass es in der Zeit von Menschen „interpunktiert"[1], in für mich und die Anderen unterscheidbare Phasen des Agierens und Reagierens unterteilt wird. „Wechselwirkung" kann man sich ohne den „Wechsel" von „Ursache" und „Wirkung" nicht vorstellen; „Interaktion" ist die Folge meiner und deiner Aktionen und der Aktionen beteiligter Dritter. Zwischen mir und dir – und zwischen uns und Dritten – kumulieren sich in der Zeit Aktion und Reaktion, so dass sich Muster oder Formen der Beziehung herausbilden. Wer häufig Auskunft erfragt, hat oft einen höheren Status; wer häufig Hilfe erfragt, hat oft einen niederen Status – in der Schule, im Betrieb, im Aufsichtsrat oder sonst wo. Aus den Mustern sozialer Handlungen lassen sich so – wie Simmel zeigt – allgemeine, im konkreten Fall unterschiedlich realisierte „Wechselwirkungs*formen*" entwickeln und in allgemeinen Begriffen beschreiben, die auf verschiedene soziale Erscheinungen anwendbar sind. Solche Begriffe sind Konflikt und Kooperation, Arbeitsteilung und soziale Differenzierung, die Bildung von Hierarchien, sozialen Strukturen und Organisationen, die Abgrenzung von Gruppen gegen andere u.a.m.

Aus den „Wechselwirkungsformen" im Fluss alltäglicher Interaktionen kristallisieren sich „Vergesellschaftungsformen" heraus, in denen Menschen in einer spezifischen wechselseitigen Orientierung miteinander handeln. Mit diesem Begriff, den Weber[2] geprägt hat, sind allgemeine Orientierungen zu Anderen, wie Liebe oder Freundschaft, und die besonderen Orientierungen gemeint, die für bestimmte soziale Orte, die Familie oder den Beruf, die Religion oder die Politik typisch sind und die sich mit den Orientierungsalternativen Parsons' (siehe Abschnitt 3.1.2) beschreiben lassen. „Vergesellschaftungsformen" sind also die „Wechselwirkungsformen", mit denen man in einem bestimmten Bereich des sozialen Lebens rechnen kann.

---

1 Die „Interpunktion" von Ereignisfolgen sehen Watzlawick / Beavin / Jackson (1969: 57-61) als eine Grundtatsache (sie sagen: als ein „Axiom") menschlicher Kommunikation und damit auch Interaktion an.
2 Weber trennt Vergemeinschaftung und Vergesellschaftung (1980: 29; 1982: 441-452) so, dass Vergemeinschaftung aus sozialem Handeln überhaupt, Vergesellschaftung aus sozialem Handeln in Zweckvereinen oder Verbänden resultiert. Für die Gegenüberstellung „der Gesellschaft" zu verschiedenen Formen der Vergesellschaftung ist diese Trennung nicht notwendig, so dass wir hier undifferenziert im Anschluss an Tenbruck (1981) von „Vergesellschaftung" sprechen.

Aus der Sicht auf menschliches Handeln unter dem formalen Gesichtspunkt der „Wechselwirkung" und „Vergesellschaftung", nicht aber aus der Existenz einer Realitätsebene „des Sozialen" ergibt sich der Gegenstand der Soziologie, sobald nicht mehr die Mikro-Ebene eines Handelnden allein, sondern auch die Makro-Ebene mehrerer Handelnder, also „die Gesellschaft" betrachtet wird. Der Begriff der Gesellschaft bezieht sich also auf die Summe der Formen der Wechselwirkung und Vergesellschaftung, in denen sich mehrere Menschen aneinander orientieren und miteinander handeln. Und die Begriffe, mit denen formale Merkmale der Wechselwirkung oder Vergesellschaftung erfasst werden sollen, sind die Grundbegriffe der Soziologie.

Grenzen von Vergesellschaftungen: Zeit, Territorium, Gruppe

Aber wo hören Wechselwirkung und Vergesellschaftung auf? Wo ist die „Grenze der Gesellschaft"? Dort, wo Menschen aufhören, sich aneinander zu orientieren und miteinander zu handeln. Die Antwort mag nicht befriedigen, weil sie zirkulär ist. Aber wenn man die Definition von Gesellschaft durch Formen der Wechselwirkung und Vergesellschaftung ernst nimmt, kann sie nur zirkulär sein. Jede weitere Bestimmung einer Grenze von Vergesellschaftungen muss ja auf besondere Inhalte des Zusammenlebens eingehen: „Familie" z.B. sind für mich die Personen, die ich liebe und mit denen ich unbedingt, allen Widrigkeiten zum Trotz zusammenbleiben will; sie hört dort auf, wo ich es vorübergehend mit anderen oder überhaupt nicht mehr mit den gleichen Personen zu tun habe, also etwa zur Arbeit gehe oder mich scheiden lasse. Wie die Inhalte so lässt sich auch die Abgrenzung einer zu anderen Vergesellschaftungsformen mit den Orientierungsalternativen Parsons' beschreiben: In der Familie orientiere ich mich affektiv usw., im Beruf affektneutral usw. Aber nicht die Form zieht die Grenze, sondern die Person, die ihr einen anderen Inhalt gibt, also aus dem Haus zur Arbeit geht oder sich vom Lebenspartner trennt. Die Formen der Wechselwirkung und Vergesellschaftung kennen keine Grenzen, sie können sich im Prinzip unendlich ausdehnen.

In der Praxis ist dennoch die Ausdehnung durch Bedingungen begrenzt, deren Wirkung sich an den Formen ablesen lässt. Als erstes unterbricht die *Zeit* die im Prinzip unendliche Kette der Wechselwirkung. Der Lehrer interagiert mit „seinen" Schülern eine Unterrichtsstunde lang, ein Schuljahr lang und vielleicht ein Leben lang; aber früher oder später wird die Interaktion unterbrochen, die Beziehung aber bleibt bestehen, so dass die Interaktion wieder aufgenommen werden kann.

Als zweites begrenzt das *Territorium* (Harris 1989: 21) die Wechselwirkungen zwischen Menschen.[3] Für technisch nicht weit fortgeschrittene Gesellschaften sind natürliche auch soziale Grenzen; und moderne Nationalgesellschaften ziehen künstlich politische Grenzen. Zwar sind natürliche Grenzen nicht unüberwindbar, ebenso werden politische Grenzen durchlässiger, und technische Medien – vom Buch bis zum Internet – erlauben Teilhabe und Kommu-

---

3 Mit dem Kriterium des Raumes zusammen hängen drei weitere Kriterien, die in der ethnologischen Literatur als „Grenze" von Gesellschaften genannt werden, aber wie der Raum in modernen Gesellschaften an begrenzender Kraft verloren haben: (1) Abstammung; undifferenzierte Gesellschaften sind „Fortpflanzungsgemeinschaften" und die Zugehörigkeit wird durch die Regeln definiert, die Verwandtschaftsverbände zu Horden, Clans, Sippen und Stämmen zusammenfassen. (2) Die „maximale politische Einheit", also die Reichweite der politischen Herrschaft; in undifferenzierten Gesellschaften stimmen die Grenzen nach der Fortpflanzungsgemeinschaft und nach der maximalen politischen Einheit oft, aber nicht notwendig überein (Vivelo 1978: 53-54, 193-206). (3) Sprache (Vivelo 1978: 343); sie bestimmt in undifferenzierten Gesellschaften die Chancen mit, wieweit Familienverbände sich zu höheren Einheiten zusammenfügen und wie weit die politische Herrschaft reicht.

nikation über Grenzen hinweg. Das Territorium war nie eine unüberwindliche Grenze für die soziale Wechselwirkung und ist es heute erst recht nicht. Aber es ist bis heute eine praktisch wichtige Eingrenzung der Wechselwirkung geblieben und wird es auch bleiben. Allen Möglichkeiten der Grenzüberschreitung zum Trotz stehen nicht alle mit allen gleichzeitig in Wechselwirkung, sondern wechselnde Partner über unterschiedliche Zeitspannen. Das Territorium legt die Chance für Interaktionen gleich welchen Inhalts fest. Wo die Kette der Wechselwirkung durch Territorien nicht abgeschnitten wird, wird sie spürbar verdünnt. So wie das Territorium die Chance für Interaktionen nach außen mindert, so bündelt es sie nach innen: Die meisten leben und arbeiten am gleichen Ort. Das Territorium hat um so mehr Macht, die Chancen verschiedener Interaktionen zu bündeln, je kleiner es ist – also die Lokalgemeinde mehr als der Nationalstaat. In der Vergesellschaftungsform, die heute Territorien am weitesten zusammenfasst, also im Nationalstaat, sind die Menschen nur noch durch die Politik[4] aufeinander bezogen – und hier nur noch in wenigen gemeinsamen Handlungen wie der Wahl.

In der Praxis ist die Ausdehnung der Wechselwirkung weiterhin durch ihre formale Qualität selber begrenzt. Dass Wechselwirkungen sich über unendlich viele Menschen fortsetzen, ist denkbar; aber je weiter sie reichen, desto schwächer werden ihre Wirkungen. Die Wechselwirkung „wirkt" um so eher, je „näher" die Personen sich sind; und „Nähe" ist nicht allein eine natürliche Tatsache, sondern ein soziales Produkt. Wie das natürliche grenzt das soziale Territorium nicht grundsätzlich, aber doch praktisch wirkungsvoll die Reichweite der Wechselwirkungen ein. Mit der Metapher des *sozialen* Territoriums soll die Zugehörigkeit der Menschen zu *Gruppen* bezeichnet werden, die ein Merkmal teilen. Man kann drei Formen von Gruppen danach unterscheiden, wie eng die Mitglieder zusammenleben.

Wenn die Mitglieder einander regelmäßig begegnen und in Kontakt stehen, spricht man von einer „*Primärgruppe*" (Schäfers 2000). Familien, aber auch Arbeitsgruppen sind hier Beispiele. Aufgrund der räumlichen Nähe können Primärgruppen verschiedene Formen der Vergesellschaftung bündeln. Z.B. ist die Familie der Brennpunkt nicht nur für die Liebe zwischen Gatten und Kindern, sondern auch für die Produktion und den Konsum von Gütern. Oder die Arbeitsgruppe ist nicht nur auf die formale Aufteilung und Erledigung der Arbeit, sondern auch auf informale Beziehungen am Arbeitsplatz gerichtet (Gukenbiehl 2000).

Wenn die Mitglieder dagegen nicht einander regelmäßig begegnen, sondern nur sich wechselseitig aneinander orientieren, spricht man von einer „*Sekundärgruppe*". Die gemeinsame Orientierung ruht auf einem gemeinsamen Interesse, das nach Olson eine Gruppe definiert und das Problem des kollektiven Handelns aufwirft (siehe Abschnitt 3.2.8). Weil Sekundärgruppen räumliche Nähe nicht voraussetzen, können sie zwar größer sein als Primärgruppen, müssen aber die Kette der Wechselwirkungen auf wenige Orientierungen einschränken. So bilden die Mitglieder einer politischen Partei oder eines Berufsstands eine Sekundärgruppe; sie treten nicht notwendig in persönlichen Kontakt, aber orientieren sich doch mit den gleichen politischen Überzeugungen und Zielen aneinander – in jedem Fall durch die Zahlung des Mitgliedsbeitrags und den Bezug (vielleicht auch die Lektüre) der Parteizeitschrift, etwas seltener durch den Besuch von Ortsvereinssitzungen und die Wahl von Parteitags-Repräsentanten und wohl noch seltener durch die Beteiligung an Freizeitangeboten der Partei.

Wenn die Mitglieder sich schließlich nicht einmal mehr aneinander orientieren, sondern nur noch ein Merkmal, eine „Zugehörigkeit" teilen, spricht man von einer „*statistischen Grup-*

---

4 Vielleicht auch noch durch Sportereignisse, in denen viele Nationen gegeneinander antreten und jeder mit seinem Land fiebert.

pe". „Die Männer" oder „die Jugend" sind statistische Gruppen; sie stehen als Gruppenmitglieder weder in Kontakt noch orientieren sie sich aneinander.

Mit dem Kriterium der Enge des Zusammenlebens, nach dem zwischen Primär- und Sekundär- und statistischen Gruppen unterschieden wurde, ist also nicht nur die Konsequenz der wachsenden Größe, sondern auch der abnehmenden Fähigkeit verbunden, verschiedene Inhalte der Wechselwirkung zu bündeln. Je größer eine Gruppe, desto geringer ist in aller Regel die Chance des persönlichen Kontakts. Je geringer in einer Gruppe die Chancen des persönlichen Kontakts, desto weniger Formen der wechselseitigen Orientierung können sie bündeln.

Zusammenfassung: „Die Gesellschaft" als eine Vergesellschaftungsform

Zeit, Territorium und Gruppenzugehörigkeit begrenzen also in der Praxis die im Prinzip unendliche Kette von Wechselwirkungen. Sie bilden Vergesellschaftungen, indem sie verschiedene Inhalte der Wechselwirkung bündeln. Aber sie verlieren diese Fähigkeit mit zunehmender Größe. Vergesellschaftungen sind im Extremfall nur auf eine Form des sozialen Handelns spezialisiert, so dass sie nur wenige und seltene Interaktionen zwischen den Mitgliedern umfassen. So verbleibt für den Nationalstaat fast nur noch die politische Wahl – vielleicht auch noch „The Royals" und die Fußballweltmeisterschaft. *Größe* und *Interaktionsdichte* sind zwei allgemeine Dimensionen, mit denen sich Vergesellschaftungen beschreiben lassen und in der klassischen soziologischen Literatur vor allem von Durkheim (1893: Buch II, Kapitel II) und Simmel (1908: Kapitel 2) beschrieben worden sind. Sie hängen oft negativ zusammen. Denn die Größe ist mehr als bloß eine Stufe der Aggregation, sie hat Folgen für die Interaktion – wie man sich in Gedankenexperimenten klarmachen kann: In einer Familie mit einem Kind kann die Beziehung zwischen Eltern und Kind enger als in einer Familie mit – sagen wir – zwölf Kindern sein, die Regeln des Zusammenlebens lockerer, die Lebensqualität besser usw. Eine Familie mit zwölf Kindern wird tendenziell zur Schulklasse mit zwei Lehrern. In einem Staat mit 100 Bürgern ist es leichter, direkte Demokratie zu praktizieren als in einem Staat mit 100 Millionen Bürgern.[5]

Der Gegenstand der Soziologie ergibt sich also aus einer besonderen Perspektive auf menschliches Handeln, nicht aus der Existenz einer Realitätsebene „Gesellschaft". Menschliches Handeln wird nach den Wechselwirkungen zwischen den Menschen und den sich ergebenden Vergesellschaftungen betrachtet. Das soziale Handeln hat einen genetischen Vorrang vor den resultierenden Vergesellschaftungsformen. Was umgangssprachlich als „die Gesellschaft" bezeichnet wird, ist eine spezifische Form der Vergesellschaftung: die staatlich verfasste und territorial abgegrenzte Nationalgesellschaft. „Vergesellschaftung" ist die allgemeine Perspektive, „die Gesellschaft" ein spezifischer Gegenstand in dieser Perspektive. Jede Person nimmt an mehreren Vergesellschaftungen teil, die sich nach Größe und Interaktionsdichte unterscheiden. In der staatlich verfassten Nationalgesellschaft beziehen sich sehr viele Menschen in sehr wenigen Handlungen aufeinander, im Extremfall nur durch den Gang zur Wahlurne im Abstand von mehreren Jahren. „Die Gesellschaft" ist eine durch hohe Aggregation und wenig Interaktion gekennzeichnete Form der „Vergesellschaftung".

Wenn aber jede Vergesellschaftung auf miteinander handelnde Menschen zurückgeführt werden kann, wie kann dann das kollektive Produkt über den Einzelnen und alle Schöpfer

---

5 Ein weiteres Beispiel für die Wichtigkeit der Größe wurde schon in Abschnitt 3.2.7 mit Olsons (1965) Theorie der kollektiven Güter behandelt, die in großen Gruppen schwieriger zu produzieren sind als in kleinen.

Macht haben? Worin liegt die *Eigenständigkeit der Vergesellschaftungsformen* gegenüber der handelnden Person? Die Antwort ist, allgemein formuliert: Aus dem genetischen Vorrang des sozialen Handelns vor der Vergesellschaftung folgt nicht die reale Macht des Handelnden über die Vergesellschaftungen, in denen er lebt. Denn durch das gemeinsame Handeln mehrerer Menschen gewinnen ihre Handlungen eine Eigenständigkeit als „soziale Tatbestände", die sich dem Willen eines Einzelnen und aller entziehen.[6] Auf der einen Seite begrenzen soziale Tatbestände das Handeln. Auf der anderen Seite führt das soziale Handeln zu sozialen Tatbeständen, die beachtet werden müssen, insbesondere zu sozialen Normen. Die Eigenständigkeit von Vergesellschaftungen wird also in beiden Perspektiven greifbar, in denen nach dem soziologischen Erklärungsschema das Handeln von Individuen mit sozialen Tatbeständen zusammenhängt: Orientierung und Aggregation. Das ist Gegenstand der beiden folgenden Abschnitte.

Lektüre: Simmel (1908: Kapitel 1, vor allem Seite 1-21)

4.2 Die Eigenständigkeit der Vergesellschaftung im Orientierungsproblem: Gelegenheitsstrukturen

Institutionelles Angebot an Alternativen

Das Orientierungsproblem besteht darin, dass der Handelnde die für sein Handeln bedeutsamen sozialen Tatbestände erkennen muss. Soziale Tatbestände bilden zunächst das *institutionelle Angebot an Alternativen* des Handelns. Auf der Mikroebene kann der Handelnde das Angebot nicht verändern, sondern muss es akzeptieren. Dennoch ist das Angebot Resultat der Entscheidungen vieler und wandelt sich unmerklich auf der Makroebene mit den kleinen Veränderungen der individuellen Entscheidungen – wie der Wandel der Familie und der Religion veranschaulicht.

Eine bestimmte Form „der Familie" besteht, weil die meisten Menschen sie immer wieder wählen; aber alternative Formen werden umso leichter wählbar, je mehr sie bereits gewählt wurden. Während früher als „Familie" den meisten Menschen nur das Ledigsein und die Ehe mit der Verpflichtung zur Elternschaft zur Wahl stand, haben heute alle die Wahl zwischen Ehe und Lebensgemeinschaft und können sich unabhängig von der Partnerschaftsform für die Elternschaft entscheiden (Tyrell / Herlth 1994). Wenn heute ein Paar ohne Trauschein zusammenzieht, schafft es keine neue, sondern wählt eine sozial selbstverständlich gewordene Partnerschaftsform. Heute wie früher steht ein institutionelles Angebot zur Wahl; aber das Angebot ist breiter geworden und variiert stärker nach dem Grad der Verpflichtung.

Noch deutlicher wird der Wandel des institutionellen Angebots bei „der Religion". Der Augsburger Religionsfrieden 1555 ließ nach der Regel „cuius regio eius religio" dem Konfessionsfremden nur die Wahl zwischen Zwangstaufe und Auswanderung. Heute hingegen kann man die Zugehörigkeit frei wählen – aber im Rahmen des institutionellen Angebots der Kir-

---

6 Auch hier ist die Differenz zwischen Durkheim und Simmel wie Weber nicht so groß, wie es scheint. Zwar betrachtet Durkheim „soziale Tatbestände" als „Realität sui generis"; aber er sieht diese Realität als Produkt der „Assoziation" zwischen Menschen (1895: 5. Kapitel, Abschnitt II, besonders 186-189). Allen drei Autoren geht es um die Unabhängigkeit sozialer Tatbestände vom Willen und den Vorstellungen des Handelnden und um ihre Genese aus dem Zusammenleben.

chen. Die religiöse Entscheidung ist zwar „privatisiert" (Luckmann 1991). Aber die Befragte „Sheila", die auf die Frage nach ihrer Religion „Sheilaism" angab (Bellah u.a. 1985: 221), hat verkannt, dass Religion auch heute noch mehr ist als die Summe persönlicher Meinungen zu Gott und der Welt, nämlich ein System aufeinander aufbauender Glaubenssätze über das Woher und Wohin des menschlichen Lebens. Auch heute schafft nicht der Einzelne sich seine eigene Religion, sondern wählt auf dem Markt religiöser Angebote.

Ressourcen als Handlungsspielraum

Die institutionellen Alternativen setzen nur den Rahmen, in dem jeder sich nach seinen Möglichkeiten entscheiden muss. Nicht alle Handlungsmöglichkeiten aber liegen in der Reichweite der Person oder sind von ihr verantwortet; ein Teil ergibt sich aus ihrer Zugehörigkeit zu sozialen Gruppen, die über mehr oder weniger *Ressourcen* oder Lebenschancen verfügen. Die Zugehörigkeit ist dann ein sozialer Tatbestand, den der Handelnde in Betracht ziehen muss. Ressourcen können in vielen Lebensbereichen eingesetzt werden und bestimmen deshalb sehr unterschiedliche Entscheidungen – von der politischen Wahl bis Schullaufbahn. Sie legen Chancen des Handelns fest, aber geben ihm keine Orientierung; sie sind der Horizont, aber nicht die Landkarte des Handelns.

Die Soziologie hat Ressourcen mit dem Konzept der sozialen Schicht erfasst und ihre Einflüsse auf Entscheidungen mit Korrelationen dargestellt, die schon in Abschnitt 1.1 referiert wurden. Sie stellen den Zusammenhang zwischen sozialen Tatbeständen auf der Makroebene dar und fassen zusammen, wie Ressourcen in der Gesellschaft insgesamt Handlungsmöglichkeiten eröffnen oder verschließen. Aber die Bedeutung von Ressourcen für das Handeln auf der Mikroebene wird mit ihnen nur grob abgebildet. Das lässt sich an der Korrelation zwischen der Höhe der sozialen Schicht der Eltern und ihrer Entscheidung zeigen, ihr Kind auf eine weiterführende Schule zu schicken (Keller / Zavalloni 1964).

Das Beispiel der Korrelation zwischen Schicht und Schullaufbahn

Für diese Entscheidung bewerten die Eltern Kosten und Nutzen beider Alternativen und die Wahrscheinlichkeit von Erfolg und Misserfolg vor dem Hintergrund ihrer Ressourcen und der Fähigkeiten des Kindes. Haben wir genügend Geld, Vorkenntnisse und hilfreiche Freunde, hat unser Kind genügend Intelligenz und Willenskraft, um eine längere Schullaufbahn durchzuhalten? Was „Schicht" bedeutet, wird also von den Eltern als Wert und Wahrscheinlichkeit der Handlungskonsequenzen der Alternativen „weiterführende" oder „nicht weiterführende Schule" ausbuchstabiert (siehe Abschnitt 3.2.3).

Weil Eltern unterer Schichten nun weniger Ressourcen haben, ist die weiterführende Schule für sie kostspieliger; deshalb entscheiden sie sich nur dann dafür, wenn der Erfolg des Kindes sehr wahrscheinlich ist. Wenn ihr Kind keine guten Leistungen erbracht hat, schicken sie es nicht auf eine weiterführende Schule. Wenn das Kind gute Leistungen erbracht hat, überlegen sie, ob es voraussichtlich genügend Willenskraft mitbringt durchzuhalten. Das gilt relativ zu Eltern höherer Schichten, die aufgrund ihrer höheren Ressourcen geringere Kosten mit der weiterführenden Schule verbinden und ihr Kind auch dann dorthin schicken, wenn der Erfolg nach Leistung oder Willenskraft des Kindes weniger wahrscheinlich ist.

Betrachtet man nun die Eltern aller Schichten, so wirken die Unterschiede der Lebenschancen so zusammen, dass mit der Höhe der Schicht die Entscheidung für eine weiterführende Schule häufiger wird. Diese Korrelation charakterisiert zwar auf der Makroebene der Gesellschaft die Vermittlung der sozialen Ungleichheit zwischen Generationen. Aber sie ergibt sich auf der Mikroebene der Akteure aus der Wirkung des institutionellen Bildungsangebots auf das *Entscheidungsfeld*, also die Dimensionen der Entscheidung, der Eltern (Meulemann 1979); sie ist nur eine Kurzschrift dafür, dass bei gegebener Leistung und Willenskraft des Kindes mehr Ressourcen die Entscheidung der Eltern für eine weiterführende Schule leichter machen.

Zusammenfassung: Gelegenheitsstrukturen als Rahmen für die Orientierung der Person

Soziale Tatbestände definieren zunächst das institutionelle Angebot an Alternativen. Aber die Möglichkeiten des Handelnden können auch durch den Besitz von Ressourcen eingeschränkt sein, die soziale Tatbestände darstellen. Ressourcen determinieren Handlungen nicht wie Vektoren im Parallelogramm physikalischer Kräfte. Vielmehr wirken sie indirekt auf die Entscheidung. Jeder schätzt aufgrund seiner Ressourcen die verschiedenen Dimensionen ein, die alle bei der Entscheidung berücksichtigen müssen; je ungünstiger diese Ausprägungen sind, desto kostspieliger werden daher anspruchsvolle Entscheidungen.

Die „soziale Determination" ist daher nur eine abkürzende Redeweise für die Bedeutung institutioneller Angebote für die unterschiedlichen Werte und Wahrscheinlichkeiten des *Entscheidungsfelds*. Soziale Tatbestände enthalten – in Webers (1906) Begriffen – die „objektive Möglichkeit" für Handlungen, die sie „adäquat verursachen" können. Sie bilden eine *Gelegenheitsstruktur*. Die individuellen Ausprägungen auf den institutionell angebotenen Dimensionen des Entscheidungsfelds haben ein bestimmtes Profil (deshalb: Gelegenheits*struktur*), aus der sich ein Gefälle zu einer Entscheidung, aber keine bestimmte Entscheidung ergibt. Die Gelegenheitsstruktur ist die Bilanz von *Chancen und Restriktionen*.

Der Begriff des Entscheidungsfeldes stammt aus der Psychologie, der Begriff der Gelegenheitsstruktur ist eher in der Soziologie, die Gegenüberstellung von Chancen und Restriktionen eher in der Ökonomie beheimatet. Jeder Begriff fasst aber die gleiche Idee: Die Situation grenzt die Entscheidungsmöglichkeiten ein. Die Eigenständigkeit der Vergesellschaftung wirkt auf die Handlung der Person nicht als prägende Norm, sondern als Bedingung, die Handlungsalternativen eröffnet oder einschränkt.

Lektüre: Weber (1906)

Weiterführende Literatur: Esser (1999: 266-275) erklärt den Zusammenhang zwischen Schicht und Schullaufbahnentscheidung der Eltern in einem formalen Modell mit Hilfe der Wert-Erwartungs-Theorie.

4.3 Die Eigenständigkeit der Vergesellschaftung als Folge des Aggregationsproblems: Die Entstehung von Normen

Wie die Diskussion des Aggregationsproblems gezeigt hat, kann das Zusammenleben nutzenmaximierender Individuen Folgen haben, die keiner gewünscht hat. Unerwünschte Folgen aber lassen sich vermeiden, wenn den Handlungen, die zu ihnen geführt haben, durch Normen ihre Attraktivität genommen wird. Das Aggregationsproblem eröffnet die Perspektive auf die *Entstehung* von Normen, die Vergesellschaftungen zusätzlich zur Wirkung von Gelegenheitsstrukturen Eigenständigkeit *verleihen*.

Normen sind Sollenserwartungen, die nicht von „der Gesellschaft", sondern von einer Person an eine andere gehegt werden (siehe Abschnitt 2.3). Aber die *Gültigkeit* einer Norm ist ein sozialer Tatbestand: Er besteht – wie Weber (1980: Erstes Buch, Erster Teil, § 5) betont – in der *Chance*, dass genügend Mitglieder einer Vergesellschaftung einer Sollenserwartung anderer folgen und es sanktionieren, wenn ihre eigene Sollenserwartung von anderen enttäuscht wird. Wenn eine Sollenserwartung (1) von genügend Mitgliedern einer Gruppe befolgt und (2) die Übertretung von genügend Mitgliedern sanktioniert wird, ist eine Norm gültig geworden oder „entstanden". Die Gültigkeit einer Norm ist also ein *quantitatives* Phänomen. Sie impliziert nicht, dass jedes Mitglied die Sollenserwartung erfüllt; aber wenn kein Mitglied die Erwartung erfüllt, ist die Norm nicht gültig. Auch ein Dieb orientiert sich an der Norm „Du sollst nicht stehlen", denn er verheimlicht seine Tat; und weil auch die Anderen sich an der Norm orientieren und den ertappten Dieb bestrafen, muss der Dieb seine Tat verheimlichen. Wenn aber alle stehlen und keiner einen Dieb bestraft, kann jeder nach Herzenslust stehlen, und die Norm „bricht zusammen", ist nicht mehr gültig.

Die Gültigkeit von Normen ist zugleich ein Kollektivgut (siehe Abschnitt 3.2.7). Wenn in einer Vergesellschaftung genügend Mitglieder sich nach einer Sollenserwartung verhalten und genügend Mitglieder das abweichende Verhalten sanktionieren, so kann niemand, auch der Abweichende nicht, von den angenehmen Folgen ausgeschlossen werden. Wenn die meisten Nachbarn nachts Ruhe halten, profitiert davon auch der gelegentliche Ruhestörer.

4.3.1 Die Internalisierung negativer Externalitäten

Die Gültigkeit einer Norm kann auf die Tatsache zurückgeführt werden, dass das Zusammenleben Interdependenzen schafft, die für jede Person Externalitäten sind. Die Nachtruhe im Viertel ist eine positive, die Ruhestörung eine negative Externalität für alle. Negative Externalitäten des Zusammenlebens sind unvermeidlich und unwillkommen; sie sind der Anlass für die Entstehung von Normen. Sie schaffen einen Bedarf an einer Norm. Er kann durch die *Vereinbarung* unter den Betroffenen befriedigt werden, wenn Verursacher und Betroffene zur gleichen Gruppe gehören. Wenn z. B. jemand in einer Kleingartensiedlung seinen Garten nicht pflegt, dann wächst Unkraut bald auch in den anderen Gärten. Um das zu verhindern, können die Kleingärtner vereinbaren, dass Unkraut regelmäßig gejätet werden muss. Die Norm nimmt die negativen Externalitäten wieder zurück: Sie werden *internalisiert,* d.h. dem Verursacher aufgeladen.

Mit der Vereinbarung ist das Kollektivgut einer Norm geschaffen. Aber wie bei jeder Kollektivgutproduktion die Tatsache, dass alle insgesamt sich bei Kooperation besser stellen als bei Defektion, nicht ausreichend ist, um jeden zur Kooperation zu bewegen – so entstehen auch Normen nicht schon durch den Bedarf allein. Negative Externalitäten sind eine notwendige, aber nicht hinreichende Bedingung für die Vereinbarung von Normen. Denn die Setzung und Durchsetzung einer Norm verursacht ihrerseits Kosten, die man als „Transaktionskosten" bezeichnet: Die Kleingärtner müssen sich versammeln, Beschlüsse formulieren und publizieren, die Gartenpflege überwachen und Verstöße bestrafen usw. Der durch die Internalisierung der negativen Externalitäten erwartete Nutzen muss also größer sein als die mit der Internalisierung verbundenen Kosten – erst dann werden negative Externalitäten zur Vereinbarung von Normen führen (Opp 1983: 79-86).

Wenn die Transaktionskosten gering sind, können sich Normen auch ohne Vereinbarung im Laufe des Zusammenlebens, also *evolutionär* herausbilden. Ein Beispiel ist die Entstehung des Rechts auf Grundeigentum bei den Biber jagenden Eskimos in Labrador im 18. Jahrhundert (Opp 1983: 60-67, 205-229). Solange die Eskimos Biber als Nahrungs- und Kleidungsmittel für sich jagten, war der Bedarf so gering, dass jeder im gesamten Bestand für seinen Le-

bensunterhalt jagen konnte, wie und wo er wollte. Die Biber waren Gemeineigentum; wer einen Biber erlegte, verursachte vernachlässigenswerte externe Effekte für andere. Durch das
Aufkommen des Pelzhandels aber stieg der Wert eines Bibers und es entstand ein Anreiz zur
zusätzlichen Jagd, es wurden so viel Biber gejagt, dass ihr Fortbestand gefährdet war und die
Beute des einen Jägers zum Schaden des anderen wurde; die externen Effekte der Jagd stiegen.
Deshalb begannen die Eskimos Jagdgründe zwischen Familien abzugrenzen und wechselseitig
das dortige Jagdrecht zu respektieren. Die Transaktionskosten dafür waren gering; es war nur
notwendig, dass jeder Eigner sein „Eigentum" mit Zäunen oder durch Zeichen abgrenzte und
gegen Übertritte verteidigte. Externe Effekte wurden dadurch internalisiert: Jeder jagte seine
„eigenen" Biber. Die Institution des „Eigentums" hatte sich unter den Eskimos etabliert.

Die Entstehung einer Norm kann also dadurch erklärt werden, dass Externalitäten sich internalisieren lassen, wenn der Nutzen der Internalisierung größer ist als ihre Kosten. Die
Norm kann als gültig *vereinbart* werden – wie im vorausgehenden Abschnitt erläutert. Die
Norm kann aber auch *evolutionär*, im Laufe des Zusammenlebens Gültigkeit erlangen – der
folgende Abschnitt stellt Experimente dar, in denen nachvollzogen, d.h. „simuliert" würde,
wie die „Evolution" abgelaufen sein kann.

Lektüre: Opp (1983: 60-70, 79-86, 205-229)

4.3.2 Die Simulation von Abweichungen und Sanktionen

Um zu simulieren, wie in einer Gruppe eine Norm gültig wird, hat Axelrod (1997) die beiden
Definitionselemente einer gültigen Norm in zwei Variablen übersetzt, die Verhaltensbereit-
schaften – Weber: „Chancen" – der Mitglieder einer Gruppe erfassen. Eine Norm ist in einer
Gruppe gültig, wenn (1) die *Defektionsbereitschaft* der Mitglieder (Bi für boldness, Kühnheit)
im Durchschnitt niedrig und (2) die *Sanktionsbereitschaft* der Mitglieder (Vi für vengeance,
Rachsucht) im Durchschnitt hoch ist. Diese beiden Dimensionen wurden in das n-Personen
Gefangenen-Dilemma eingeführt, in dem durch die allgemeine Defektion der Bedarf an einer
Norm entsteht, und in diesem erweiterten Spiel – dem sog. *Normspiel* – wird geprüft, ob sich
beide Dimensionen zur Gültigkeit einer Norm hin entwickeln oder nicht. In Abbildung 4.1
ist die Abfolge der Spielschritte für das n-Personen-Gefangenendilemma und das Normspiel
dargestellt; die Klammern unter der Abbildung erfassen, wieweit jedes Spiel geht (Axelrod
1997: 40-69).

Normspiel

Im Normspiel steht jede Person i vor der Entscheidung zu kooperieren oder zu defektieren,
also die Norm zu befolgen oder nicht. Gibt sie der Versuchung zur Defektion (temptation,
siehe Tabelle 3.5) nach, erhält sie T=3 und alle anderen werden um H=-1 „geschädigt" (hurt);
defektiert die Person nicht, erhält sie nichts. So weit verläuft das Spiel wie das n-Personen-
Gefangenendilemma.

Neu aber ist zweierlei. *Erstens* defektiert jede Person i nur dann, wenn ihre persönliche Defektionsbereitschaft Bi über der Wahrscheinlichkeit S liegt, von einer weiteren Person j „gesehen" zu werden. Anders gesagt: Gelegenheit (S) macht Diebe (Bj). *Zweitens* können weitere
Personen j die Defektion sehen oder nicht sehen. Entdeckt keine der weiteren Personen j die
Defektion von i, kommt i straflos davon. Aber wenn die Defektion von i mit der Wahrscheinlichkeit S von irgendeiner weiteren Person j entdeckt wird, dann hängt es von der Sanktions-

Abbildung 4.1 Norm- und Metanormspiel

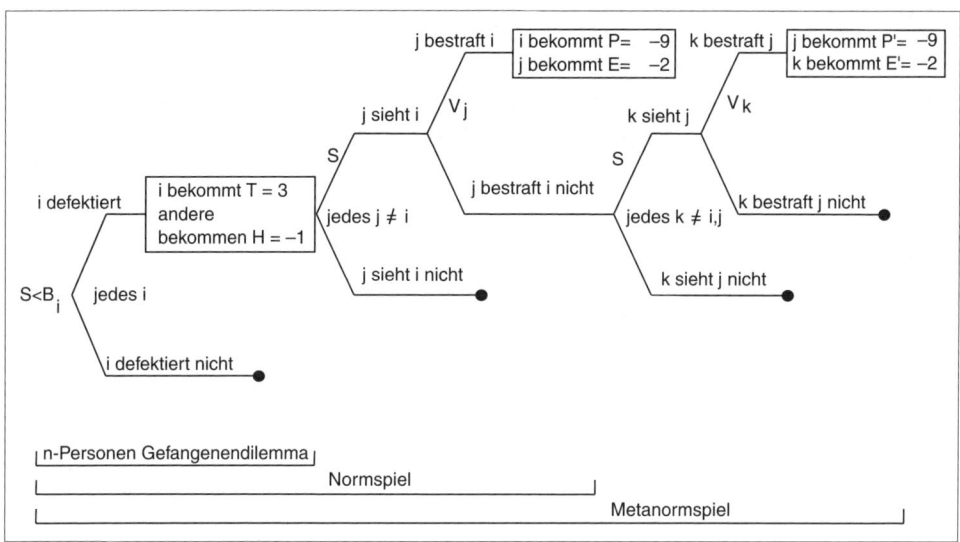

Quelle: Axelrod (1997: 53).

bereitschaft V_j dieser Person j ab, ob i bestraft wird oder nicht. j wird mit der Wahrscheinlichkeit V_j i bestrafen: i erhält von j eine Strafe (punishment) P=-9; aber dafür muss j Sanktionskosten (enforcement) von E=-2 tragen.[7]

Die erste Runde der Computersimulation des Normspiels beginnt mit 20 zufällig gewählten „Persönlichkeiten", d.h. durch die Kombination von Defektionsbereitschaft B_i und Sanktionsbereitschaft V_i definierten Spielstrategien. Jedes i defektiert nach seiner B_i, wird mit der Wahrscheinlichkeit S von irgendeinem j entdeckt und dann mit der persönlichen Wahrscheinlichkeit dieser Person V_j bestraft. Am Ende der ersten Runde wird der Erfolg, also die Summe der T, H, P und E für jeden Spieler berechnet. In der nächsten Runde der Simulation werden die „Persönlichkeiten" zu Beginn des Spiels nun so verteilt, dass die überdurchschnittlich erfolgreichen Strategien der ersten Runde doppelt, die durchschnittlich erfolgreichen einfach und die unterdurchschnittlich erfolgreichen überhaupt nicht mehr vertreten sind. Dann wird in einer zweiten Runde das Spiel mit einer zufällig variierten Entdeckungswahrscheinlichkeit S wiederholt und der Erfolg ausgezählt usw. Der Übergang zur nächsten Runde simuliert also den sozialen Prozess, dass alle Beteiligten den Erfolg der anderen *beobachten* und weniger erfolgreiche „Persönlichkeiten" erfolgreiche *nachahmen*; der Mechanismus der Evolution ist keine Vererbung, sondern das „imitative Beobachtungslernen" (Bandura 1971).

In insgesamt 100 Spielrunden entwickelt sich die Gesellschaft der 20 Personen wie folgt und in Abbildung 4.2 schematisch dargelegt: *Zu Beginn* liegt der Durchschnitt aller Personen im mittleren Bereich der Defektions- und Sanktionsbereitschaft, so dass die Sanktionsbereitschaft die Defektionsbereitschaft drückt, da Defektion ja bestraft wird. *Dann* aber geht auch die Sanktionsbereitschaft zurück, weil ja Sanktionen mit Durchsetzungskosten verbunden

---

7 Die Sanktionskosten (E=-2) sind also höher als die Schädigung durch die Defektion (H=-1) Die Schädigung durch den Defektor reicht also als Motiv für die Sanktionierung durch die anderen nicht aus.

sind und nach Rückgang der Defektionsbereitschaft Sanktionen dem Einzelnen nicht mehr so notwendig wie zuvor erscheinen. Als Reaktion auf die zurückgegangene Sanktionsbereitschaft schwillt *schließlich* die Defektionsbereitschaft wieder an und bleibt hoch. Das Endergebnis des Normspiels ist also, dass vor allem „Persönlichkeiten" mit sehr hoher Defektionsbereitschaft und sehr niedriger Sanktionsbereitschaft übrig bleiben – das Gegenteil dessen, was eine gültige Norm verlangt hätte. Eine Norm ist also nicht gültig geworden; Konformität bringt nichts, Abweichung birgt kein Risiko. Oder wie es der Titel des Buches von Ulrich Wickert sagt: „Der Ehrliche ist der Dumme".

Abbildung 4.2 Entwicklung von Normspiel und Metanormspiel

	Normspiel		Metanormspiel	
	B	V	B	V
Ausgangspunkt	durchschnittlich	durchschnittlich Sanktion der Übertretung kostet E=-2	durchschnittlich	durchschnittlich Nichtsanktion der Übertretung kostet P'=-9
Entwicklung	steigt	fällt	fällt	steigt
Ergebnis	hoch	niedrig	niedrig	hoch
	Norm nicht gültig		Norm gültig	

B=boldness, Defektionsbereitschaft; V=vengeance, Sanktionsbereitschaft

Metanormspiel

Aber der Ehrliche muss nicht der Dumme bleiben, wenn nicht nur die Nichtbefolgung einer Norm bestraft wird, sondern auch die Nichtbefolgung der Metanorm „Du sollst Defektionen Anderer bestrafen". Aus dem Normspiel wird das *Metanormspiel*, das in Abbildung 4.1 durch die längste Klammer dargestellt ist. Nachdem eine erste Person i defektiert und eine zweite Person j die Defektion beobachtet und nicht sanktioniert hat, geht es im Metanormspiel darum, ob eine dritte Person k die Nichtsanktion der Defektion sanktioniert. Während im Normspiel die Personen nur in zwei Rollen i und j – Ego und Alter: Defektor und Sanktionator – agieren, treten also im Metanormspiel die Personen in drei Rollen i, j und k auf; hinzu kommt der Sanktionator des Nichtsanktionators.

Die Sanktion der Nichtsanktion im Metanormspiel wird genau so behandelt wie die Sanktion der Abweichung in Normspiel. *Erstens* ist die Wahrscheinlichkeit, dass eine Nichtbestrafung entdeckt wird, gleich der Wahrscheinlichkeit, dass eine Defektion entdeckt wird: S. *Zweitens* ist die Bereitschaft einer Person, in der Rolle des Dritten k eine Nichtsanktion zu sanktionieren, genau so hoch ihre Bereitschaft, in der Rolle Alters j eine Defektion zu bestrafen: $V_k=V_j$. *Drittens* wird die Person j, die eine Defektion beobachtet und nicht bestraft, mit der gleichen Härte bestraft, wie die Person i, die defektiert; und der Person k, die eine Nichtbestrafung bestraft, entstehen die gleichen Durchsetzungskosten wie der Person j, die eine Defektion bestraft: P'=-9, E'=-2.

Wenn wiederum 20 Personen 100 Runden mit zufälligen Strategien (B_i und V_i), zufällig von Spiel zu Spiel variierender Entdeckungswahrscheinlichkeit S und einer Selektion nach Erfolg (Imitation der Erfolgreichen durch die weniger Erfolgreichen) spielen, entwickelt sich die Gesellschaft wie folgt und wiederum in Abbildung 4.2 schematisch dargelegt: Obwohl zuerst wiederum die durchschnittliche Defektionsbereitschaft und die durchschnittliche Sanktionsbereitschaft im mittleren Bereich liegen, haben die Beobachter der Übertretung nun einen Anreiz zu sanktionieren, da sie für die Nichtsanktion fremder Defektionen ja ihrerseits bestraft werden, so dass die Sanktionsbereitschaft bei allen ansteigt. In der Folge der allgemein gestiegenen Sanktionsbereitschaft geht aber die Defektionsbereitschaft schnell zurück. Das Metanormspiel bewegt sich also zu einer sehr niedrigen Defektionsbereitschaft und sehr hohen Sanktionsbereitschaft. Es entsteht tatsächlich eine Norm. „Der Ehrliche ist nicht mehr der Dumme."

Der Dritte und die Gültigkeit von Normen

Das *Normspiel* führt nicht zur Entstehung von Normen, weil Alter Durchsetzungskosten für die Sanktion hat und für die Nichtsanktion nicht sanktioniert wird. Das *Metanormspiel* führt hingegen zur Entstehung von Normen, weil für Alter ein Anreiz zur Bestrafung von Defektionen Egos besteht; denn er wird für die Nichtbestrafung durch eine dritte Person mehr bestraft (P'=-9), als die Sanktion ihn kostet (E=-2). Die Sanktion von Defektionen allein kann also der Norm keine Gültigkeit verschaffen, wohl aber zusammen mit der Sanktion von Nichtsanktionierungen.

Wie schon Simmels Analyse des Dritten nahe legte (siehe Abschnitt 2.3), entstehen Normen also nicht dadurch, dass in Zweierbeziehungen Ego und Alter einander sanktionieren, sondern erst dann, wenn ein Dritter dafür sorgt, dass Alter Egos Defektionen sanktioniert. Der Ehrliche – allgemein: der Brave – darf nicht der Dumme sein; aber das kann durch Appelle an die Braven, die Bösen zu bestrafen, allein nicht erreicht werden. Die Bestrafung der Bösen muss sich für die Braven lohnen; und da die Bestrafung immer etwas kostet, müssen der Nichtbestrafung noch stärkere Kosten auferlegt werden. Ohne Dritte, die durchsetzen, dass der Beobachter Alter den Abweichler Ego bestraft, bricht die Norm zusammen. Der Dritte bewirkt, dass der Beobachter „aus Selbstschutz sanktionsbereit" (Axelrod 1997: 54) wird. Alter sanktioniert also unter dem Druck von Sanktionsdrohungen. Aber dem Dritten droht keine Sanktion mehr. Warum sanktioniert er dann?

Offensichtlich *um der Norm willen*. Alter straft aus der „Furcht des Herrn", der Dritte aus der „Liebe zum Gesetz". Leute, die eine Defektion ohne Schädigung durch die Defektion und ohne Sanktionsdrohungen bestrafen, bezeichnet man, je nach Geschmack, als Heroen (Coleman 1990: 273-288) oder Selbstgerechte. Sie haben die Norm internalisiert, so dass sie Defektionen trotz Kosten sanktionieren: Sie ziehen nicht nur aus ihrer Konformität, sondern auch aus ihrem Einsatz für die Konformität einem Gewinn. Die Konformität mit Normen ist für sie ein „Eigenwert". Im Schema der beiden Spiele gesprochen, ist für sie nicht nur T niedriger als für andere, sondern E (und E') höher (kleiner im negativen Bereich): T kann sogar negativ, E (und E') positiv werden. Heroen oder Selbstgerechte sind befriedigt, wenn sie Nichtbestrafungen bestrafen, wenn sie sich also für die Gesellschaft einsetzen.

Das Ergebnis, dass Normen nur entstehen können, wenn Nichtsanktionierungen sanktioniert werden, enthält eine implizite Kritik der Handlungstheorie Parsons', der annimmt, dass die Komplementarität der Erwartungen soziale Interaktion und damit auch soziale Integration garantiert: Wenn Ego genau das tut, was Alter erwartet, und Alter abweichende Handlungen

Egos sanktioniert, dann sollten Ego und Alter erfolgreich miteinander umgehen können. Die Simulationen Axelrods zeigen, dass diese Bedingung nicht ausreicht. Dyaden reichen nicht aus, um Gesellschaften zu konstruieren; sie lassen sich nur aus Triaden bauen – gerade, wenn man wie Parsons Normen als den entscheidenden Garanten sozialer Integration ansieht. Menschen müssen nicht nur missliebige Verhaltensweisen, sondern auch die Nichtbestrafung missliebiger Verhaltensweisen sanktionieren, damit Gesellschaften durch Normen zusammenhalten. Die Sanktionsbereitschaft für Nicht*kooperation* muss zur Sanktionsbereitschaft für Nicht*sanktionierung* verallgemeinert werden (Axelrod 1997: 55).

Kurzum: Der Brave ist *nicht immer* der Dumme – nämlich dann nicht, wenn nicht nur die Sanktion der Übertretung die Konformität, sondern auch die Sanktion der Nichtsanktion die Sanktion der Übertretung lohnend macht. Damit Normen Gültigkeit erlangen, müssen drei Personen miteinander in einer „Gesellschaft" mit einer zweistufigen Hierarchie von Sanktionen handeln. Soll eine größere Gruppe von Menschen durch Normen zusammengehalten werden, so kann sie nicht nur aus Zweierbeziehungen aufgebaut werden.

Lektüre: Axelrod (1997: Kapitel 4)

Weiterführende Literatur: Coleman (1990: Kapitel 10 und 11) gibt ähnlich wie Opp (1983) eine Erklärung für die Entstehung und Gültigkeit sozialer Normen durch die Internalisierung von Externalitäten. Ullmann-Margalit (1977) gibt ähnlich wie Axelrod (1997) eine Erklärung der Normentstehung mit Hilfe von Gefangenen-Dilemmata. – Ziegler (1984) beschreibt mit den Mitteln der Netzwerkanalyse (siehe Abschnitt 7.4), wie Normen soziale Geltung erlangen. Elias (1977: Erster Band, Zweites Kapitel) stellt dar, wie sich Normen des alltäglichen Umgangs historisch entwickelt haben. Voss (2001) stellt die spieltheoretischen Untersuchungen zur Genese von Normen zusammen.

4.3.3 Zusammenfassung: Normen als Resultat, aber nicht Bedingung des Zusammenlebens

Das Aggregationsproblem ist also ein Schlüssel für einen wichtigen Aspekt der Eigenständigkeit der Vergesellschaftung, der Gültigkeit sozialer Normen. Die Interdependenz des Zusammenlebens bringt negative Externalitäten mit sich. Sie rufen einen Bedarf an Normen hervor, der sich nicht von selbst befriedigt. Deshalb muss eine Norm in einer Gruppe entweder als gültig vereinbart werden, um negative Externalitäten zu internalisieren; oder sie wird evolutionär gültig, wenn nicht nur die Übertretung, sondern auch die Nichtsanktion einer Übertretung sanktioniert wird.

Gültige Normen begründen nicht die Eigenständigkeit von Vergesellschaftungsformen, aber verleihen ihnen einen zusätzlichen Einfluss auf das Handeln der Menschen: Nicht nur Gelegenheitsstrukturen herrschen hinter dem Rücken, sondern auch Normen über und in den Köpfen der Personen. Von einem weiten Begriff des sozialen Handelns, der sich nur auf die Orientierung an den Reaktionsmöglichkeiten Anderer bezieht, kann man einen engen Begriff des sozialen Handelns entwickeln, der sich auch auf die Sollenserwartungen und Sanktionen Anderer, also auf Normen bezieht. Weil Normen in Gesellschaften *entstehen* können, ist es unnötig, aufgrund der Existenz von Normen eine Realität „sui generis" für „die Gesellschaft" zu postulieren. Sie sind nicht Bedingung, sondern Resultat des Zusammenlebens. Aber wenn Normen gültig geworden sind und der Vergesellschaftung eine Eigenständigkeit gegenüber den Interessen der Individuen verliehen haben, werden sie Garanten ihres Bestandes – wie nun untersucht werden soll.

4.4 Normen als Bestandsgarant der Vergesellschaftung

4.4.1 Die Ordnung von Normen: Legitime Ordnung, Rechtsordnung und Verfassung

Legitime Ordnung

In heutigen Gesellschaften gibt es so viele gültige Normen, dass sie nicht unvermittelt nebeneinander bleiben können, sondern *geordnet* werden müssen. Die Ordnung kann Normen mit und ohne staatliche Sanktionierung, also Alltagsnormen und Rechtsnormen umfassen. Alltagsnormen – wie die des Grüßens – werden durch die Missbilligung der Interaktionspartner sanktioniert, Rechtsnormen durch einen eigens zur Sanktionierung bestellten und mit Zwang arbeitenden Apparat, also durch Polizei, Richter und Strafanstalten. Das Recht ist in der Form von Gesetzen objektiviert und stellt verschiedene Rechtsbereiche – wie das Bürgerliche Recht und das Strafrecht – nebeneinander oder Rechtsbereiche unterschiedlicher Allgemeinheit übereinander. Es enthält letzte Prinzipien, über die kein Streit herrschen darf, wie etwa die Unverletzlichkeit der Person; und es enthält Normen, die sich unmerklich wandeln und die leicht Streit entzünden können, wie die rechtlichen Formen des Zusammenlebens von Mann und Frau. Es enthält schließlich Normen, die andere Normen rechtfertigen können; das Tötungsverbot impliziert das Verbot des Selbstmords, der Abtreibung und der Sterbehilfe – oder auch nicht.

Die Gesamtheit dieser Normen bildet die *legitime Ordnung* einer Vergesellschaftung – „legitim" deshalb, weil sie nicht aus faktischen Regelmäßigkeiten, wie den Zeiten der Arbeit oder des Fernsehkonsums, sondern aus gültigen, von den meisten Mitgliedern der Vergesellschaftung anerkannten Normen gebildet wird. Die Normen der legitimen Ordnung beeinflussen das Handeln der Menschen kausal, insofern sie sich in Konformität und Abweichung, in Sanktion oder Sanktionsverzicht an ihr orientieren.

Lektüre: Weber (1980: Erstes Buch, Erstes Kapitel, § 4 für Regelmäßigkeiten des Handelns, §§ 5-7 zur legitimen Ordnung)

Rechtsordnung

Die Ordnung von Normen stellt sich nicht von selber her, sondern nur durch die Absicht, eine solche Ordnung zu finden und als Ordnung zu begründen. Eine Ordnung der Normen lässt sich nur gewinnen, wenn einzelne Personen Normen aufschreiben, in Beziehung setzen und systematisieren, wenn also Spezialisten die legitime Ordnung verwalten: Priester, Richter und Lehrer. Aus der legitimen Ordnung können daher die Spezialisten des Rechts eine *Rechtsordnung* nach dem Maßstab der inneren Stimmigkeit und Systematik entwickeln.

Ein Effekt dieser Verwaltung der legitimen Ordnung durch die Rechtsspezialisten kann schließlich sein, dass sie durch Symbole dargestellt wird, durch Fahnen, Hymnen, Denkmäler oder Kleidungsformen. Mit dem Wandel der Rechtsordnung können sich auch die Symbole wandeln; nach der deutschen Wiedervereinigung z.B. wurde über die deutsche Verfassung und über die Nationalhymne diskutiert. Auch bei den vielen Nichtspezialisten ist die Rechtsordnung daher in symbolischen Formen präsent.

Lektüre: Weber (1980: Zweiter Teil, Erstes Kapitel, § 1)

Verfassung nationalstaatlicher Gesellschaften

In nationalstaatlichen Gesellschaften, in denen Rechtspflege und Staat als eigenständige Lebensbereiche aus dem alltäglichen Leben der Menschen herausgehoben sind, ist die *Verfassung* die oberste Instanz der Rechtsordnung, in der Bundesrepublik Deutschland also das Grundgesetz. Das Grundgesetz bestimmt Grundrechte wie die Meinungs- und Versammlungsfreiheit und das Recht auf körperliche Integrität; es schützt bestimmte vorpolitische Institutionen wie die Familie oder die Religion; und es begründet politische Institutionen und Verfahren wie das Parlament oder die Mehrheitswahl (Boldt 1990: 11-52).

Wenn Bürger einer nationalstaatlich verfassten Gesellschaft sich über Rechtsnormen streiten, können sie auf die Verfassung Bezug nehmen. Im Streit um Rechtsnormen werden sie der gemeinsamen Rechtsordnung und damit ihrer Gemeinsamkeit überhaupt bewusst. Zum Beispiel appellieren in Konflikten um die Gesetzgebung zum Schwangerschaftsabbruch alle Seiten an die „Grundwerte" oder die „Grundordnung"; die unterschiedlichen Vorstellungen über die Strafbarkeit der Abtreibung ergeben sich aus unterschiedlichen Vorstellungen über die Werte des „Lebens" und der „Selbstbestimmung". Die unterschiedlichen Sichtweisen werden also mit Blick auf dieselbe in der Verfassung greifbare „legitime Ordnung" diskutiert. Die Verfassung trägt zum Zusammenhalt, zur Integration der Vergesellschaftung bei, indem sie als *Bezugspunkt* für die Regelung von Konflikten wirkt. Sie enthält die Werte, d.h. „Vorstellungen des Wünschbaren" (Kluckhohn 1951: 395), nach denen über Normen gestritten und entschieden werden kann.

Die Verfassung spezifiziert also nicht die Normen des Handelns, aber sie begründet die Systematisierung von Normen. Sie ist der Rahmen für das Zusammenleben der Menschen in einer Gesellschaft: Sie begründet die Normen des Handelns und die Institutionen für die Regelung des unvermeidlichen Konflikts. Sie bestimmt, was in einer Gesellschaft zulässig sein kann, aber nicht, was in ihr zulässig ist. Sie ist die normative Grenze, aber nicht das normative Gewebe der Gesellschaft. Sie bestimmt nicht nur positiv einen Grundkonsens, sondern grenzt auch negativ einen Bereich geringerer Konsensbedürftigkeit aus. Sie kann weiterhin auch Bereiche ausgrenzen, die nicht konsensbedürftig sind und nicht normativ geregelt werden müssen. Was wir heute als „die Gesellschaft" bezeichnen, wird also durch eine Verfassung abgegrenzt und in seinem Bestand erhalten: Die staatlich verfasste Nationalgesellschaft ist in der Tat normativ begründet; aber deshalb sind Normen noch lange nicht die Grundlage von Vergesellschaftungen überhaupt.

Die Verfassung nationalstaatlicher Gesellschaften und die legitime Ordnung
von Stammesgesellschaften

Die Verfassung nationalstaatlicher Gesellschaften ist in der Form von Gesetzen niedergelegt und wird mit rechtlichen Verfahren aufrechterhalten und weiterentwickelt. Keine Verfassung ist ohne einen Staat denkbar, der ihm Gesetzeskraft gibt; keine Verfassung kann ohne Rechtsfachleute existieren, die im Konfliktfalle über sie entscheiden. Staat und Recht, Gesetzgebung und Rechtspflege garantieren die Existenz der Verfassung unabhängig vom Konsens der Gesellschaftsmitglieder, der sie zwar gedanklich begründet, der aber praktisch nicht dauernd ermittelt werden kann. Staat und Rechtspflege sind notwendige Bedingungen für die Verfassung heutiger Nationalgesellschaften, nicht aber für die legitime Ordnung von Vergesellschaftungen überhaupt. Andere Vergesellschaftungen haben andere Formen einer legitimen Ordnung als die Verfassung. Um das zu sehen, muss man sich in Vergesellschaftungen ohne Staat und Rechtsprechung zurückdenken.

In Stammesgesellschaften – dem Zusammenleben mehrerer Abstammungslinien (heute würde man sagen „Familien") mit gemeinsamen Gebräuchen, aber ohne eine politische Zentralgewalt (Vivelo 1981: 196-202, 343) – unterliegt die Rechtsprechung dem politischen oder religiösen Oberhaupt, also dem Häuptling oder dem Zauberer. Aber auch diese Gesellschaften, die sehr klein sind, oft nicht einmal an einem festen Ort leben (Nomaden) und kaum eine Arbeitsteilung zwischen den Verwandtschaftseinheiten kennen, entwickeln eine legitime Ordnung. Negative Gebote sind hier zum Beispiel: Blutsverwandte dürfen nicht miteinander schlafen (Inzestverbot und Exogamie), Mitglieder des eigenen Stammes und Totemtiere dürfen nicht getötet werden (wohl aber Mitglieder anderer Stämme und andere Tiere als Totemtiere). Positive Gebote regeln hier zum Beispiel, ob Paare bei den Eltern des Mannes oder der Frau wohnen müssen und der Abstammungslinie des Mannes oder der Frau zugehören (patri- oder matrilokal, patri- oder matrilinear), und welche Pflichten alle Stammesmitglieder vor dem Totem haben (Riten). Aber die legitime Ordnung ist nicht in Hierarchien – Werte über Normen – aufgeteilt; sie ist mit der Gesamtheit der Normen identisch. In Stammesgesellschaften prägt die legitime Ordnung das Handeln genauer vor als in heutigen Nationalgesellschaften; die Stammesgesellschaft lässt dem Individuum weniger Freiheit als die heutige Nationalgesellschaft (Einzelheiten hierzu in Vivelo 1981: 212-272, 284-307 und Hill / Kopp 2004: 12-23).

Zusammenfassung: Die legitime soziale Ordnung als Abgrenzungskriterium von Gesellschaften

Stammes- wie nationalstaatliche Gesellschaften haben also eine legitime Ordnung. Aber erst in der nationalstaatlichen Gesellschaft wird die legitime Ordnung auf der höheren Stufe einer Verfassung explizit. Erst in der nationalstaatlichen Gesellschaft tritt sie in Distanz zu den Normen des Handelns; erst in nationalstaatlichen Gesellschaften bildet sich eine Hierarchie der legitimen Ordnung heraus, in der nach den allgemeinen Prinzipien einer Verfassung über spezifische Normen unter der Verfassung entschieden werden kann. Die Explikation der legitimen Ordnung und die Differenzierung in Hierarchiestufen gehen Hand in Hand.

Einerlei aber, wie weit die legitime soziale Ordnung sich differenziert hat – sie ist die Grundlage und Bestandsgarant für „die Gesellschaft". Ihre Normen begrenzen den kurzfristigen Egoismus der Menschen und geben ihnen die Möglichkeit, Kollektivgüter zu produzieren. An der legitimen sozialen Ordnung wird „die Gesellschaft" greifbar, und die zu Beginn dieses Kapitels gestellte Frage nach „dem Begriff" der Gesellschaft findet eine Antwort.

4.4.2 Ebenen der Vergesellschaftung und ihre Verfassungen heute: Verband, Staat, Welt

Weil in nationalstaatlichen Gesellschaften die legitime Ordnung sich mit der Herausbildung des Rechts in der Rechtsordnung und in einer Verfassung kristallisiert hat, lassen sich in ihnen weitere Vergesellschaftungen mit einer eigenen Verfassung schaffen. Unternehmen haben eine rechtliche „Gesellschaftsform", Universitäten eine „Grundordnung", Sportclubs und Parteien eine „Satzung", Rotary Clubs eine „Charter", das Rote Kreuz eine „Konstitution". Diese mit einer Verfassung aus der Taufe gehobenen Vergesellschaftungen kann man als *Verbände* bezeichnen.

Verbände als kollektive Akteure

Ein Verband regelt in einer bestimmten Beziehung das Handeln zwischen Akteuren; so gehört man ihm entweder an – wie einer Familie oder einer Sekte – oder man tritt ihm bei – wie einem Betrieb oder einer Kirche. Verbände spitzen also die Beziehung zwischen Menschen auf einen bestimmten Zweck zu und trennen gemäß diesem Zweck zwischen denen, die dazugehören und nicht dazugehören; sie „schließen" Beziehungen, die zuvor „offen" waren. Verbände beruhen auf einer *legitimen Ordnung* oder einer Verfassung, die einen *Leiter* und oft auch einen Verwaltungsstab zur Regelung der jeweiligen Beziehung schafft. Aufgrund der Regeln der Verfassung sind Verbände in der Gestalt des Leiters unabhängig von den zugehörigen Personen handlungsfähig; in der Sprache der Rechtswissenschaft sind Verbände „juristische Personen" („Gesellschaften" im Sinne des Gesellschaftsrechts), zu denen bestimmte „natürliche Personen" gehören. Der Leiter und sein Stab handeln für den Verband und im Namen der zugehörigen Personen. Dieses Handeln bezeichnet Weber (1980: 26) als „Verbandshandeln"; in moderner Terminologie: Der Leiter ist *kollektiver Akteur* für den Verband (siehe Abschnitt 5.2.3).

Wie in Nationalstaaten ist auch in Verbänden die Verfassung die höchste Ebene der Rechtsordnung und die Kristallisation der legitimen Ordnung. Die Verfassung regelt die Prinzipien, aber nicht die Normen der jeweiligen Beziehung. Auch in Verbänden können sich die Mitglieder unter Berufung auf die Verfassung über Normen streiten. Auch in Verbänden gibt es oft eine Rechtspflege, also formell bestimmte Instanzen, die nach festgelegten Regeln Konflikte lösen.

Lektüre: Weber (1980: Erster Teil, Erstes Kapitel, §§ 10 und 12)

Das staatliche Monopol legitimer Gewaltsamkeit

Aber *ein* Merkmal staatlich verfasster Nationalgesellschaften fehlt Verbänden: die legitime Ausübung von Gewalt. Verbände können sanktionieren; aber sie sind nicht befugt, mit körperlicher Gewalt zu strafen, d.h. einzusperren oder zu töten. „Sondergerichtsbarkeiten" – Militär-, Berufs-, Sportgerichte – können mit Aberkennung von Ehre, Tätigkeitsverbot oder Ausschluss strafen, aber nicht mit Gewalt. Jede Nationalgesellschaft übt jedoch legitime Gewalt aus, wie die Existenz von Polizei, Gerichten und Gefängnissen zeigt. Sie kann Gewalt aber nicht an sich ausüben, sondern nur weil sie *staatlich* verfasst ist. Der Staat, nicht die Gesellschaft hat das „Monopol legitimer Gewaltsamkeit"; er ist durch dieses Kriterium geradezu definiert (Weber 1980: 29). Gewalt kann überall herrschen; aber legitime, also berechtigte und von allen anerkannte Gewalt darf niemand ausüben als der Staat. Der Staat identifiziert eine bestimmte „Gesellschaft". Weil der Globus heute flächendeckend in Staaten aufgeteilt ist und weil es oberhalb der Staaten keine Instanz mit legitimer Gewalt gibt, sind die Staaten in ihrem Territorium die Monopolisten legitimer Gewaltsamkeit.[8]

Zwischen Staaten aber gibt es nur Rudimente einer legitimen Konfliktregelung. Das Völkerrecht sagt zwar, was im Falle eines internationalen Konflikts Recht sei, und der internatio-

---

8 Die Monopolisierung legitimer Gewalt beim Staat ist eine historische Errungenschaft, die von der Modernisierungsforschung unter dem Titel der „Penetration" (Flora 1981) untersucht wurde; erst langsam – mit dem absolutistischen Staat – hat sich die Durchgriffsmacht des Staates über das ganze Territorium gegen lokale „Autoritäten" durchgesetzt; dasselbe geschah im „Wilden Westen" der USA bis in dieses Jahrhundert. Auch heute bedeutet die Tatsache, dass Staaten flächendeckend über den ganzen Globus verbreitet sind, noch nicht, dass jeder Staat das Gewaltmonopol über das ganze Territorium gegen andere Autoritäten durchgesetzt hat.

nale Gerichtshof in Den Haag spricht Recht nach dem Völkerrecht und kann Sanktionen gegen Personen – Milosevic – verhängen. Aber gegen andere Nationalstaaten kann internationales Recht nur schwer durch eigene Sanktionsagenten – UNO-Truppen – durchgesetzt werden; oft muss ein anderer Nationalstaat die Rolle des „Weltpolizisten" übernehmen – wie die USA im Konflikt zwischen Irak und Kuwait. Wenn die Politik zwischen den Staaten versagt und internationale Sanktionsagenten sich nicht durchsetzen, werden Konflikte mit roher, illegitimer Gewalt, also durch Krieg entschieden. Einige Wechselwirkungsformen des Handelns, wie etwa Tourismus und Medienkonsum, umspannen vielleicht heute schon den ganzen Globus. Aber eine Welt*gesellschaft* setzte einen Welt*staat* voraus, der legitime Gewalt über die Nationalstaaten ausübte. Bis heute aber gibt es nur regional begrenzte Zusammenschlüsse von Staaten wie die Europäische Union, die von den Nationalstaaten mehr und mehr Aufgaben in der Gesetzgebung, der Regierung und der Verwaltung übernommen hat; aber die Rechtsprechung ist im wesentlichen bei den Nationalgesellschaften geblieben. Die Schwierigkeiten der Konstruktion eines Weltstaates lassen sich schon an den Schwierigkeiten ermessen, auf die die Konstruktion einer europäischen Staatengemeinschaft trifft. Die europäische Gemeinschaft muss nachvollziehen, was in den Vereinigten Staaten, der „ersten neuen Nation" (Lipset 1963), unter leichteren Bedingungen – Neugründung der Einzelstaaten statt Zusammenschluss – bereits vollzogen ist. Der Zusammenschluss der wichtigsten hoheitlichen Funktionen mehrerer Staaten aber ist noch kein Weltstaat, sondern nur ein Nationalstaat höherer Ordnung. Ein Weltstaat muss die Konstruktion *aller* Nationalstaaten, also der einzige Staat auf der Welt sein. Auf der einen Seite müssen die Staaten Souveränität aufgeben; auf der anderen Seite muss der neue „höhere" Staat Legitimität in seiner „Gesellschaft", also auf der ganzen Welt gewinnen.

Lektüre: Weber (1980: Erster Teil, Erstes Kapitel § 17)

Weiterführende Literatur: Die Bedeutung des Gewaltmonopols für den Bestand eines Staates wird in Elias (1989: 282-295) am Beispiel der Weimarer Republik gezeigt, zu deren Auflösung die Anmaßung eines Gewaltmonopols durch die para-militärischen Organisationen der extremen Parteien beigetragen hat. In kulturvergleichender Perspektive wird das Gewaltmonopol des Staates von Cooney (1997) untersucht. Breuer (1998: 14-20, 293-300) stellt das Gewaltmonopol des Staates und die Möglichkeit seiner Verschiebung auf höhere Instanzen dar.

Ebenen der Vergesellschaftung und legitime Ordnungen

Man kann also drei Ebenen der Vergesellschaftung unterscheiden: Verband, Staat, Welt. Auf jeder Ebene kann man fragen, ob und wieweit die Vergesellschaftung durch eine legitime Ordnung, heute also durch eine Verfassung, in ihrer Bestandsfähigkeit gestärkt worden ist. Heute ist die Antwort darauf: Ja auf der ersten und zweiten Ebene, noch nicht auf der dritten. Auf jeder Ebene können Verfassungen nur bestehen, wenn sie im Falle des äußersten Konflikts mit Gewalt verteidigt werden; auf irgendeiner Ebene *muss* deshalb die Verfassung durch legitime Gewaltsamkeit gesichert sein. Denn allen normativen Regelungen des sozialen Lebens zum Trotz ist der Bestand von Vergesellschaftungen gleich welcher Ebene nur garantiert, wenn der hartnäckige Widerstand gegen eine Norm in letzter Instanz mit Gewalt gebrochen werden kann.

Das Monopol der legitimen Gewaltsamkeit legt die höchste Ebene fest, auf der die Verfassung einer Vergesellschaftung gegen Widerstand durchgesetzt werden kann. Das ist heute der Nationalstaat, dessen Verfassung die Verfassungen der Verbände schützt und dessen Gewaltmonopol die Verbände von der Anwendung von Gewalt entlastet. Allein Verbände und Staaten sind Vergesellschaftungen mit einer Verfassung; allein hier ist die Verfassung auf gleicher oder höherer Ebene der Vergesellschaftung durch legitime Gewalt gegen Übergriffe gesichert.

Dass heute das Gewaltmonopol auf der Ebene des Nationalstaats liegt, zeigt sich in kriegerischen Zeiten besser als in friedlichen. Im Falle des Krieges zwischen Staaten wird deutlich, dass es keine Sanktionsinstanz über ihnen gibt. Im Falle des Bürgerkrieges aber zeigt sich, dass auch der Staat sein Gewaltmonopol verlieren kann – an Verbände, die zuvor in die staatlich verfasste Nationalgesellschaft eingeschlossen waren und sich jetzt gleichsam zu eigenen Staaten mit dem Monopol legitimer Gewaltsamkeit aufschwingen. Im auseinanderbrechenden Jugoslawien haben sich die ethnischen Gruppen – Slowenien, Kroatien, Serbien – zu neuen Staaten und damit auch zu neuen Gesellschaften aufgeschwungen. Im irischen Bürgerkrieg wollen die Konfessionen Staaten mit einem eigenen Gewaltmonopol bilden. Im spanischen Bürgerkrieg haben die Parteien – Republikaner und Royalisten – zwei Staaten mit eigenem Gewaltmonopol gebildet.

Die Beispiele von Bürgerkriegen zeigen, dass das Gewaltmonopol des Staates wieder aufgehoben werden kann, also keine Selbstverständlichkeit ist. Es kann den Fortbestand der legitimen Ordnung auf der Ebene des Staates nicht unter allen Umständen garantieren. Das beweisen nicht nur die Bürgerkriege, sondern auch die erfolgreichen Revolutionen (Davies 1969), die mit Bürgerkriegen zusammengehen können. Revolutionen sind Kämpfe um die Verfassung, in denen eine Seite die alte Verfassung (ancien regime) mit legitimer Gewalt verteidigt und die andere Seite eine neue Verfassung mit illegitimer Gewalt durchsetzen will. Sobald die illegitime Gewalt stärker ist als die legitime, wird eine alte Verfassung durch eine neue ersetzt. Natürlich wird jede Verfassung eine Rechtfertigung für das staatliche Gewaltmonopol geben; insofern ruht die Legitimität der Gewalt auf der Legitimität der Ordnung. Aber wenn die legitime Ordnung außer ihr stehende, also illegitime Gewalt nicht bändigen kann und die legitime der illegitimen Gewalt unterliegt, zerfällt die legitime Ordnung; insofern ruht die Legitimität der Ordnung auf dem Erfolg der Gewalt. Gewalt ist das Fundament jeder Ordnung. Aber rohe Gewalt kann durch die vereinten Kräfte einer legitimen Ordnung und einer legitimen Gewalt in Schach gehalten werden.

Dass das Gewaltmonopol des Staates keine Selbstverständlichkeit ist, zeigt sich schließlich auch im Rückblick auf Stammesgesellschaften. In Stammesgesellschaften hatten die Familienältesten (und unter ihnen die im Krieg mit anderen Stämmen besonders erfolgreichen oder mit magischen Kräften ausgezeichneten Personen) die legitime Gewalt inne. Die Gewaltausübung war kein Gewaltmonopol. Sie hing von Personen und von Zufällen ab. Zwischen legitimer und faktischer Gewalt verlief keine scharfe Grenze. Entsprechend unsicher war die Durchsetzung der legitimen Ordnung. Die legitime Ordnung braucht aber eine legitime Gewalt, um sich gegen einen gewaltsamen Angriff von innen zu verteidigen. Je stärker die legitime Gewalt konzentriert ist, je sicherer sie etabliert ist, desto besser kann die legitime Ordnung überleben.

4.4.3 Zusammenfassung: Soziologie als Wissenschaft von „der Gesellschaft"

Weil der Staat das Monopol der legitimen Gewalt hat und zugleich abgrenzt, was umgangssprachlich „die Gesellschaft" ist, übergreift die Nationalgesellschaft alle Vergesellschaftungen. „Die Gesellschaft" verdankt ihre Autorität dem Staat, und Nationalstaaten bedecken heute den ganzen Globus. Deshalb befasst sich die Soziologie heute stärker mit „der Gesellschaft" als mit Verbänden oder mit der Weltgesellschaft und wird oft als „Wissenschaft von der Gesellschaft" etikettiert.

Aber „die Gesellschaft" ist nur eine von vielen Wechselwirkungs- oder Vergesellschaftungsformen unter Menschen, die unterhalb des Nationalstaats auf der Ebene von Verbänden, oberhalb des Nationalstaats auf der Ebene der Weltgesellschaft angesiedelt sind. Die Vergesellschaftungsformen sind der eigentliche Gegenstand der Soziologie. Selbst wenn sie ihre Aufmerksamkeit auf „die Gesellschaft" richtet, untersucht sie meist Vergesellschaftungsformen „in der Gesellschaft". Sie betrachtet das Handeln individueller und kollektiver Akteure, das sich im Rahmen der Verfassungen der Nationalgesellschaft und ihrer Verbände bewegt. Verfassungen bilden den Rahmen, in dem Personen und Verbände handeln; sie sind – getreu dem soziologischen Erklärungsschema – Orientierungspunkt der individuellen Handlungen und Resultat ihrer Aggregation; sie legen auf höchster Ebene fest, was in Abschnitt 4.2 als institutionelles Angebot von Alternativen bezeichnet wurde.

Z.B. sind die Auseinandersetzungen zwischen Tarifparteien und Verbänden Auseinandersetzungen kollektiver Akteure; der Aufstieg und Niedergang politischer Parteien oder sozialer Bewegungen resultiert aus den Handlungen der Parteiführer, ihrer Gefolgschaft und der wahlberechtigten Bevölkerung; der Auf- und Abstieg von Berufsgruppen reflektiert den technischen Wandel und das Handeln von Politikern, Unternehmern und Berufsverbänden; die Probleme bestimmter Bevölkerungsgruppen wie „der Jugend" oder „der Alten", „der Armen" oder „der Frauen" spiegeln Entscheidungen der Gesetzgeber und der betroffenen Gruppen wider usw. Für alle diese „Wechselwirkungsformen" stecken Verfassungen des Nationalstaats und von Verbänden den Rahmen ab: Es geht um Erfolg und Misserfolg der konzertierten Aktion oder des Bündnisses für Arbeit „in Deutschland", das Auf und Ab der Partei der Grünen „in Deutschland", den Zerfall der Arbeitsethik „in Deutschland", die „deutsche Jugend", die „Familie in Deutschland" usw. Das ist kein Ethnozentrismus der Soziologie, sondern Reflex der historischen Situation, in der die dominante Vergesellschaftungsform die staatlich verfasste Nationalgesellschaft ist. Wenn der Rahmen weiter gesteckt wird, geht es um internationale Vergleiche: das Aufkommen ökologischer Parteien oder das Anwachsen postmaterialistischer Einstellungen (Inglehart 1997) „in Europa", also in den Staaten der Europäischen Union. In allen diesen Fällen ist der Nationalstaat – im Singular oder Plural – die Folie für die Betrachtung von Vergesellschaftungen.

Aber auch oberhalb der Staaten verfolgt die Soziologie Vergesellschaftungen. Diese können zu einer Weltgesellschaft und zu einem Weltstaat führen. Für eine Weltgesellschaft spricht das Wachstum von Vergesellschaftungen, die quer zur Nationalgesellschaft liegen – von der UNO und den Internationalen „Non-Government-Organizations" (Boli / Thomas 1997), den multinationalen Konzernen und der internationalen Popkultur bis zum Rotary Club, dem Tourismus, dem Roten Kreuz und dem Schüleraustausch. In allen diesen Fällen gehen Vergesellschaftungsformen politischen Institutionen voran. Die Welt*gesellschaft* und die übernationalen Gemeinschaften gehören zum Gegenstandsbereich der Soziologie wie die Vergesellschaftungsformen innerhalb staatlich verfasster Nationalgesellschaften; aber der Welt*staat* ist noch eine Realität *in statu nascendi*.

Die Soziologie ist also die Wissenschaft von „der Gesellschaft" in einem historischen und in einem systematischen Sinn. Historisch gesehen, untersucht sie staatlich verfasste Nationalgesellschaften, weil der Nationalstaat die dominante und den Globus abdeckende Vergesellschaftungsform *geworden* ist. Systematisch gesehen aber sind Vergesellschaftungsformen ihr eigentlicher Gegenstand. Wenn man unter „Gesellschaft" Vergesellschaftungsformen versteht, so ist die Soziologie durchaus „die Wissenschaft von der Gesellschaft". Aber darüber darf man zweierlei nicht aus den Augen verlieren. *Erstens* ist „die (staatlich verfasste National-)Gesellschaft" lediglich eine von vielen Vergesellschaftungsformen. *Zweitens* bestehen Vergesellschaftungsformen im Zusammenhandeln individueller oder kollektiver Akteure „in einer Gesellschaft". Es gibt keine „Gesellschaft", sondern nur miteinander handelnde Menschen und die legitime Ordnung einer Vergesellschaftungsform, an der sie sich orientieren; und die legitime Ordnung besteht nur als die Chance, dass sich die Menschen an ihr orientieren. Insofern ist die Orientierung an der legitimen Ordnung nichts anderes als die Orientierung an anderen Menschen, nichts anderes als soziales Handeln. „Die Gesellschaft" bezeichnet also zweierlei: die Wechselwirkungsformen zwischen Menschen und die legitime Ordnung, in der die Menschen sich bewegen.

4.5 *Rückblick und Ausblick: Vom sozialen Handeln zur Gesellschaft und von der Gesellschaft zu sozialen Prozessen und Strukturen*

In den Kapiteln 1 bis 4 wurde der Gegenstandsbereich der Soziologie abgeschritten. Ausgangspunkt war das Handeln des Menschen, Zielpunkt „die Gesellschaft": Die biologische Sozialnatur des Menschen erzwingt das Zusammenleben der Menschen; aber das Zusammenleben der Menschen gerinnt zu Formen der „Wechselwirkung" (Simmel) oder der „Vergesellschaftung" (Weber), die ihre eigene Realität insofern haben, als jeder Mensch sie bei seinem Handeln in Rechnung stellen muss. Auf diesem Weg vom Handeln zur Gesellschaft wird die Ohnmacht des bloßen Wollens des Individuums und die Macht der Interdependenz zwischen den Individuen mehr und mehr deutlich; dennoch kann die Soziologie das Ziel „der Gesellschaft" in den Griff bekommen, ohne den Ausgangspunkt „des Individuums" aus dem Blick zu verlieren. Sie kann die genetische Priorität des Handelns *und* die faktische Macht der Vergesellschaftungsformen erklären. „Die Gesellschaft" *ist keine* „Realität sui generis" (Durkheim); aber sie *wirkt wie eine* eigenständige Realität auf das Handeln der Menschen ein.

Die genetische Priorität des Handelns vor Vergesellschaftungsformen schließt also die Macht der Vergesellschaftungsformen über das Handeln keineswegs aus. Auf der einen Seite ist „die Gesellschaft" keine eigene Realität, sondern existiert nur als soziales Handeln der Menschen. Auf der anderen Seite kann der einzelne Mensch weder die Ausgangsbedingungen noch die Folgen seines Handelns nach Gutdünken bestimmen; vielmehr muss er sich an sozial vorgegebenen Gelegenheitsstrukturen orientieren und wird oft dadurch überrascht, dass sein Handeln in Interdependenz mit dem Handeln Anderer zu anderen Ergebnissen als beabsichtigt führt. Vergesellschaftungsformen stehen am Anfang und am Ende des sozialen Handelns: Sie sind für die Planung des Handelns so unabweisbar wie als Ergebnis des Handelns unvorhersehbar. Die Soziologie befasst sich mit diesen Vergesellschaftungsformen als Ausgangsbedingung und Resultat sozialen Handelns. Vergesellschaftungsformen finden sich auf unterschiedlichen Aggregationsstufen, vom Verband über die staatlich verfasste Nationalgesellschaft bis zur – in Konturen schon sichtbaren – Weltgesellschaft. Weil heute die staatlich verfasste Nationalgesellschaft die wichtigste Vergesellschaftungsform ist, wird sie meist mit „der Gesellschaft" gleichgesetzt. Mir ihr befasst sich die Soziologie heute überwiegend, so dass sie zur „Wissenschaft von der Gesellschaft" geworden ist; systematisch aber hat diese Bezeichnung nur dann Sinn, wenn man unter „Gesellschaft" nicht die Nationalgesellschaft, sondern Vergesellschaftungsformen überhaupt versteht.

Die vorausgehenden Kapitel haben nur die Landkarte für den Weg vom Handeln zu Verge-sellschaftungsformen entworfen. Die Reise muss noch angetreten werden. Wer sich das Ver-hältnis zwischen „Individuum" und „Gesellschaft" verdeutlicht hat, hat sich die Voraussetzun-gen geschaffen, um „Gesellschaften" in ihrer Entstehung, ihrem Bestand und ihrem Wandel zu verstehen; aber dazu sind Begriffe und Theorien erforderlich, in denen die bisher darge-stellten Definitionen und Theorien des sozialen Handelns *angewandt* werden. Wir wollen also in den folgenden Kapiteln die Theorie des sozialen Handelns nutzen, um *Prozesse* der Verge-sellschaftung und die Genese sozialer *Strukturen* zu verstehen. Weil Vergesellschaftungsfor-men aus der Interdependenz zwischen Menschen resultieren, entstehen und vergehen sie mit den Menschen, die in sie eingehen; aber weil die Vergesellschaftungsformen eigenständige Realität gewinnen, lassen sich ihre Strukturen betrachten – unabhängig von den Menschen, die in sie eingehen. Soweit wie bisher ausgeführt, kann die Theorie des sozialen Handelns er-klären, dass überhaupt eigenständige Vergesellschaftungsformen entstehen – nicht aber wie und warum unterschiedliche Formen aufkommen und sich im Innern gliedern, wie und wa-rum sie bestehen können oder sich wandeln müssen. Aber wenn wir für diese Fragen aus den bisher vorgestellten Begriffen und Theorien weitere Begriffe und Theorien entwickeln, kön-nen wir versuchen sie zu beantworten, ohne die bisher gesetzten Prämissen zu verlassen. Wir wollen – mit einem Satz – nicht nur „die Gesellschaft", sondern ihre Entwicklung aus dem Handeln „der Individuen" erklären.

Als erstes müssen wir untersuchen, wie das Zusammenleben der Menschen Unterschiede zwischen ihnen hervorbringt; diese Frage der *sozialen Differenzierung* wird in Kapitel 5 behan-delt. Wenn sich die Menschen im Laufe ihres Zusammenlebens zunehmend unterscheiden, dann fragt sich, wie sie trotzdem als „Gesellschaft" zusammenhalten; diese Frage der *sozialen Integration* wird in Kapitel 6 behandelt. Soziale Differenzierung und soziale Integration sind verschwisterte *Prozesse*. Sie führen dazu, dass eine *Sozialstruktur* entsteht, also ein Bau von Be-ziehungen zwischen Menschen, der den Zielpunkt der Soziologie, „die Gesellschaft", gedank-lich und empirisch greifbar macht. Den verschiedenen Aspekten der Sozialstruktur sind dann die verbleibenden Kapitel 7 bis 10 gewidmet.

5 Soziale Differenzierung

Warum wurde der Neandertaler von *homo sapiens* verdrängt, als beide vor rund 40 000 Jahren zusammen lebten? War er schwächer, weniger klug, weniger willensstark? Kurz: War er als Person von Natur aus weniger begabt oder durch Lernen weniger erfahren? Der Ökonom Shogren zeigt: Nicht weil der Neandertaler weniger persönliche Qualifikationen hatte, sondern weil er weniger fähig war, das soziale Zusammenleben zu regeln, wurde er von *homo sapiens* verdrängt. Wie archäologische Untersuchungen über die Aufteilung von Lebens- und Arbeitsräumen zeigen, konnte *homo sapiens* besser als der Neandertaler Handel treiben. Shogren prüfte diese Vermutung in einer Simulation, in der am Anfang die Neandertaler besser jagen, homo sapiens aber besser mit Anderen Handel treiben konnte; das Ergebnis: nach 7000 Jahren hatte *homo sapiens* den Neandertaler verdrängt (Horan / Bulte / Shogren 2005).

Viele Unterschiede zwischen Menschen – nach Körperkraft oder Aussehen, Persönlichkeitsmerkmalen oder Fähigkeiten – sind von Natur gegeben; sie können auch zu Unterschieden des Ansehens, des Besitzes oder der Macht, also zu sozialen Differenzierung*en* führen. Aber im Begriff *der* sozialen Differenzierung ist mit dem Adjektiv „sozial" mehr gemeint: Es setzt nicht am Ergebnis, sondern am Ausgangspunkt des Prozesses an: Das *Zusammenleben der Menschen* kann Unterschiede zwischen ihnen hervorbringen; die soziale Differenzierung ist ein Aspekt des sozialen Handelns. Sie ergibt sich, wenn Menschen – wie in Kapitel 2 und 3 dargelegt – sich zur Verwirklichung ihrer Intentionen aneinander orientieren und einen möglichst großen Nutzen erreichen wollen. Sie besteht in der Organisation des sozialen Handelns, unabhängig von Unterschieden der Personen. Aus dem Fluss der Interaktion zwischen zielorientierten, nach Nutzen strebenden Individuen werden einzelne Handlungen identifiziert, isoliert und wiederholt. Wie Shogren zeigt und die Etymologie es bestätigt, ist der Handel ein sehr produktiver Aspekt des sozialen Handelns. Soziales Handeln ist also der Ausgangspunkt für die soziale Differenzierung; aber die soziale Differenzierung bringt soziale Tatbestände jenseits des sozialen Handelns hervor.

5.1 Vom sozialen Handeln zu Funktionen: Ausdifferenzierung und Binnendifferenzierung

5.1.1 Beispiele: Güterproduktion, Haushaltsarbeit, politische Arbeit

Wenn die soziale Differenzierung aus der Interaktion nach Nutzen strebender Individuen hervorgeht, dann lässt sie sich am besten dort illustrieren, wo jedem der Nutzen seines Handelns deutlich erkennbar ist: in der Arbeitsteilung bei der *Produktion von Gütern* in der *Industrie* oder als *Dienstleistung*.

Adam Smith, ein englischer Philosoph und Nationalökonom, zeigte 1776 in seinem Buch über den „Reichtum der Nationen", wie die Produktion einer Nadel durch die *Industrie* in Teile zerlegt wird, so dass ein Arbeiter den Draht zieht, der nächste den Draht schneidet, der dritte den abgeschnittenen Draht zuspitzt, der vierte den Nadelkopf aufsetzt; Smith weist darauf hin, dass auf diese Weise die Arbeiter zusammen mehr produzieren, als wenn man individuell gefertigte Produkte zusammenzählt, weil jeder Spezialist mehr Geschicklichkeit entwickelt als die nicht spezialisierten Arbeiter, weil weiterhin keine Zeit beim Wechsel von einer zur anderen Tätigkeit verschwendet wird und weil schließlich Maschinen die spezialisierten Teilarbeiten übernehmen können.

Ein Beispiel der Arbeitsteilung von _Dienstleistungen_ lässt sich heute an der Kasse von Großeinkaufsmärkten beobachten. Bis vor einigen Jahren wurden dort – wie in jedem „Tante-Emma"-Supermarkt „um die Ecke" – von dem gleichen Angestellten die Waren abgerechnet und die Zahlung entgegengenommen. Heute sind die beiden Arbeitsschritte der Abrechnung und Zahlungsentgegennahme getrennt: Der Kunde geht mit der vom Kassierer ausgestellten Rechung an besondere Schalter, an denen er die Rechnung bar, mit Scheck oder Kreditkarte bezahlen kann; zudem wird von weiterem Personal kontrolliert, ob der Kunde die Rechnung bezahlt hat, wenn er den Markt verlässt. Auch in diesem Beispiel führt die Arbeitsteilung zu gesteigerter Produktivität: Wer nur abrechnet und wer nur Zahlungsmittel entgegennimmt, ist geschickter als der, der beide Tätigkeiten ausführt; beide Personen verlieren keine Zeit beim Wechsel der Tätigkeit, und beide Tätigkeiten können durch Maschinen erleichtert werden – von der Registrierkasse bis zum Belegleser und Scanner. Die beiden Spezialisten erwerben Kenntnisse und Fertigkeiten in ihrer Spezialität; sie bilden spezifisches, an die Tätigkeit gebundenes Humankapital aus.

Arbeit wird aber nicht nur geteilt, wenn Güter in Betrieben, sondern auch wenn sie in _privaten Haushalten_ produziert werden sollen. Für die Teilung der außerhäuslichen Erwerbsarbeit und der innerhäuslichen unbezahlten Arbeit zwischen Haushaltspartnern spricht die gleiche Überlegung wie für die Spezialisierung in der Nadelproduktion und in der Kassenabrechnung. Mann wie Frau investieren in ihr spezifisches Humankapital und sind umso produktiver, je mehr sie mit ihm arbeiten können (Becker 1996: 108, Hill / Kopp 2004: 114-124).

Arbeit wird schließlich nicht nur bei der Produktion von Gütern, sondern überhaupt in sozialen Beziehungen geteilt, die ein bestimmtes Ziel verfolgen. Am besten sichtbar ist das in der _Politik_,[1] wo zwischen Interessen vermittelt werden muss, so dass Entscheidungen getroffen und durchgesetzt werden können. Während in einfachen Gesellschaften Interessenvermittlung, Entscheidungsfindung und Entscheidungsdurchsetzung bei dem Oberhaupt konzentriert sind, gibt es in modernen, „differenzierten" Gesellschaften eine Teilung der „politischen Arbeit". Es entstehen Verbände, die gegensätzliche Interessen vorpolitisch bündeln, und Parteien, die sie politisch artikulieren und durchsetzen. Entscheidungen werden vom Parlament und der Regierung getroffen und von der Verwaltung durchgesetzt. Und an die Stelle des Oberhaupts treten zuerst nebenberuflich tätige Honoratioren, später hauptberuflich tätige und fachlich spezialisierte „Politiker" (Arzberger 1982). Politik wird für einige ein Beruf wie jeder andere, und für viele ein Aspekt am Rande ihres Lebens, in dessen Zentrum der Beruf und die Familie stehen.

Lektüre: Smith 1776 (deutsch 1974: 9-22)

---

1 Neben der Politik gibt es noch weitere soziale Beziehungen, in denen „Arbeit" geteilt werden kann: etwa die Erziehung in der Familie oder und in der Schule, die Spendung von Heilsgewissheit in Kirche und Religion oder die „soziale Arbeit" der Hilfe, Unterstützung und Beratung in schwierigen Lebenssituationen.

5.1.2 Der Anreiz zur Arbeitsteilung und ihr Ergebnis: Komparativer Vorteil und die Entdeckung von Funktionen

Was bewegt die Menschen in den drei Beispielen, „Arbeit" zu teilen? Wenn jedes Individuum im sozialen nicht mehr Nutzen finden könnte als im individuellen Handeln, würde es ihn für sich allein und nicht mit Anderen suchen. Wenn es sich aber bei Teilung der Arbeit und Austausch der Ergebnisse besser stellt, hat es ein Interesse, die Arbeit aufzuteilen und die Ergebnisse zu tauschen.

Das leuchtet ein, wenn zwei Personen gleich viel leisten können und eine Arbeit in zwei Vollzüge teilen, von denen die eine den ersten und die zweite den zweiten Vollzug deutlich besser kann – z.B. wenn ein Landwirt Äpfel und ein anderer Birnen besser produzieren kann. Dann sollte die erste Person sich auf den ersten Vollzug und die zweite Person auf den zweiten spezialisieren und beide die Produkte tauschen. Dann haben beide zusammen das Maximum der beiden spezialisierten Produktionen und können leicht so teilen, dass sich jeder besser steht, als wenn er allein beide Vollzüge auf sich nähme.

Das gilt aber auch, wenn eine von den beiden Personen in beiden Arbeiten mehr leisten kann als die andere und wenn weiterhin jede Person die gleiche Arbeit besser kann; wenn also z.B. einer von beiden Ehepartnern über mehr Arbeitskraft verfügt und beide im beruflichen Leben mehr leisten können als im Haushalt. Dann hängt der Vorteil der Arbeitsteilung nämlich davon ab, wer von den beiden Partnern diese Arbeit *in stärkerem Maße* besser kann als die andere. Die Logik des *komparativen Vorteils*, die der englische Ökonom David Ricardo 1817 für die Arbeitsteilung zwischen Nationen und den Außenhandel entwickelt hat, gilt für jede Arbeitsteilung mit nachfolgendem Tausch.

Zum Beispiel: Ein Rechtsanwalt kann Schriftstücke sowohl besser aufsetzen als auch in den Computer eingeben als sein Rechtsanwaltsgehilfe. Er ist in beiden Aktivitäten absolut effizienter. Darüber hinaus ist er in einer Arbeitsstunde sehr viel produktiver, wenn er Schriftstücke aufsetzt, als wenn er sie eingibt. Auch der Gehilfe ist in einer Zeiteinheit produktiver, wenn er Schriftstücke aufsetzt, als wenn er sie eingibt – aber, weil er nur eine juristische Berufsausbildung und kein juristisches Staatsexamen hat, in geringerem Maße als der Rechtsanwalt. Unter diesen Bedingungen sollte der Rechtsanwalt, obwohl er beide Aktivitäten besser kann, sich auf die Aktivität spezialisieren, die er im Vergleich mit dem Gehilfen besser kann – also das Aufsetzen der Schriftstücke. Und der Gehilfe sollte sich auf die Aktivität konzentrieren, bei der er im Vergleich mit dem Rechtsanwalt weniger benachteiligt ist – also das Eingeben der Schriftstücke. Wenn jeder sich auf seinen relativen Vorteil spezialisiert und beide nach der Produktion ihre Güter tauschen, haben beide mehr, als wenn jeder beide Güter für sich produziert hätte.

Diese Überlegung ist in Abbildung 5.1 für zwei Personen A und B dargestellt, die zwei Güter X und Y produzieren und die Arbeit dazu untereinander aufteilen. Person A allein kann in einer Stunde drei Mal so viel Einheiten des Guts Y wie des Guts X produzieren, und maximal 15 Einheiten von Y; sie kann also 15Y und 0X oder 12Y und 1X oder 9Y und 2X usw. bis 0Y und 5X produzieren, wie in der Linie A dargestellt. Person B allein kann in einer Stunde nur anderthalb mal so viel Einheiten des Guts Y wie des Guts X produzieren, und maximal 6 Einheiten von Y; sie kann also 6Y und 0X oder 4,5Y und 1X oder 3Y und 2X usw. bis 0Y und 4X produzieren, wie in der Linie B dargestellt. Die Linien stellen die Obergrenze dessen dar, was A oder B maximal in einer Stunde allein leisten können; jeder kann allein jeden Punkt unter und auf seiner Linie, aber keinen Punkt über ihr erreichen. A ist also in beiden Aktivitäten

Abbildung 5.1 Komparative Vorteile für zwei Akteure A und B, die X und Y tauschen

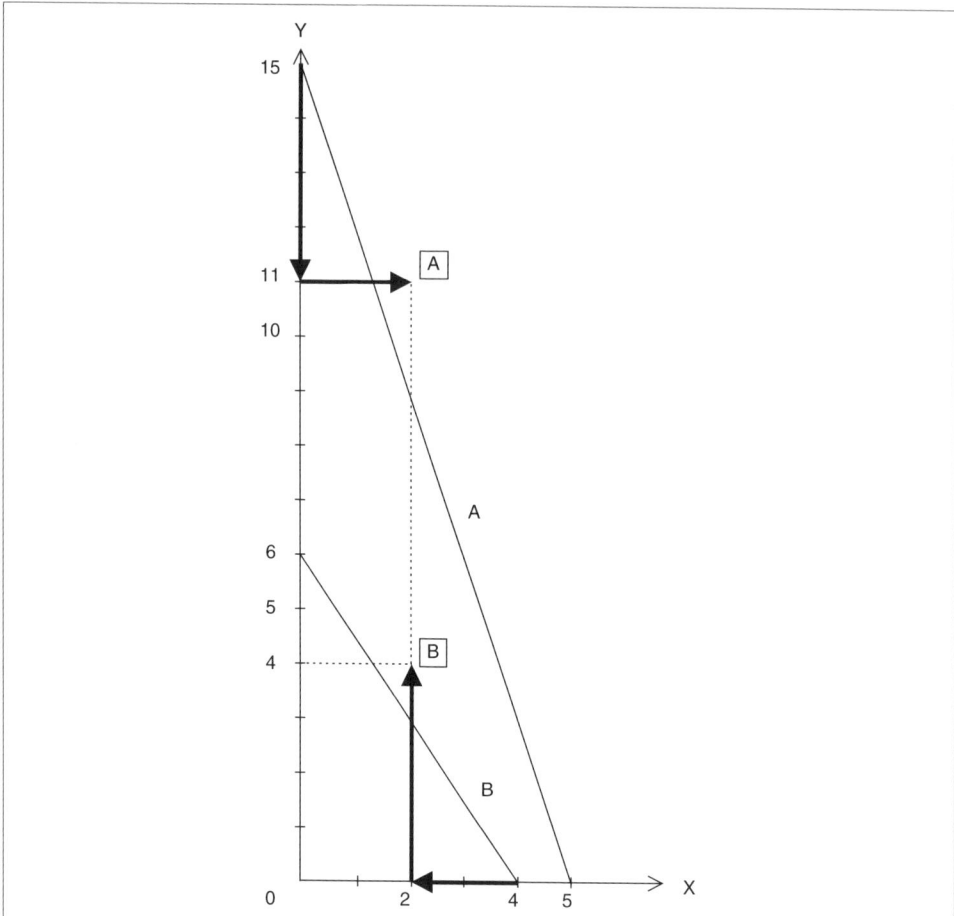

produktiver als B, und jeder allein produziert Y effizienter als X. Aber A hat komparativ den größeren Vorteil bei der Produktion von Y, B hingegen bei der Produktion von X. Das ist an den Steigungen ersichtlich: A's Gerade steigt steiler zu Y, B's Gerade steigt steiler zu X an.

Wenn nun beide sich voll auf ihren relativen Vorteil spezialisieren, dann produziert A 15Y und 0X, B 0Y und 4X. Wenn sie danach 4Y gegen 2X tauschen, so hat A 11Y und 2X, B 4Y und 2X – wie mit den beiden Pfeilen gezeigt, die vom Ausgangspunkt der spezialisierten Produktion zum (für A wie B eingerahmten) Endpunkt nach dem Tausch führen. Für A wie für B liegt der Punkt oberhalb der Linie: Weder A noch B hätte soviel allein produzieren können. Beide haben also von der Spezialisierung und dem Tausch profitiert. Gemeinsam überwinden beide die Wand ihrer begrenzten Produktivität, gegen die sie individuell vergeblich anlaufen; gemeinsam stoßen sie auf eine kollektive, im Zusammenleben enthaltene Produktivität, die mit der sozialen Differenzierung mehr und mehr zu Tage gefördert werden kann. Um auf die Verdrängung des Neandertalers durch *homo sapiens* zurückzukommen: Der Tausch hat *homo sapiens* Erfolg gebracht, nicht die individuelle Kraft. Wären A und B Neandertaler, die nicht tauschen, so hätte A seine persönliche Kraft so lange steigern müssen, bis die Linie A nach oben zum eingerahmten Punkt A parallel verschoben ist; und Entsprechendes gilt für B. Einzelkämpfer hätten mit Mühe erreicht, was die soziale Organisation leicht abwirft.

Die Logik des komparativen Vorteils gilt für *beliebig viele Güter*, wenn sie in eine Rangfolge gebracht werden, nach der sie von A oder B relativ günstiger produziert werden. Sie gilt weiterhin für *beliebig viele Personen*, die multilateral in einer Kette tauschen. Sie ist daher ein Motor der Arbeitsteilung. Selbst wenn einer alles besser kann und wenn jeder für sich die gleiche Arbeit besser kann als alle anderen Arbeiten, muss die Arbeitsteilung nicht erlahmen. Dann muss man ermitteln, in welchem Ausmaß jeder Beteiligte eine Arbeit besser als die Anderen kann, alle Arbeiten danach aufteilen und die Produkte tauschen. Weil sich dann alle besser stellen, sollten rationale Akteure immer versuchen, ihre relativen Vorteile zu ermitteln. Aber diese Ermittlung ist wiederum ein Beispiel für ein Kollektivgut, dessen Produktion nicht sichergestellt ist (siehe Abschnitt 3.2.7). Wenn die relativen Vorteile der Akteure allen sichtbar sind, die Produktion des Kollektivguts also nichts kostet, sollte aber das allen gemeinsame Interesse an der Verbesserung ihrer Situation die Arbeitsteilung vorantreiben.

Lektüre: Die Logik des komparativen Vorteils stellen Samuelson / Nordhaus (2005: 293-317) sowie Bontrup (2004: 725-730) dar; die Steigerung des persönlichen Wohlergehens als Antrieb der Arbeitsteilung erläutert Ramb (1993: 11-29).

Weiterführende Literatur: Mit einer Abbildung wie 5.1 lässt sich auch der – oben vielleicht zu schnell als einleuchtend bezeichnete – Fall darstellen, dass beide Partner gleich viel leisten und jeder etwas besser kann als der andere. Der Leser sollte eine solche Abbildung anfertigen und kann die Lösung in Kliemt (1990: 61-66) nachlesen.

5.1.3 Von der Entdeckung zur Planung von Funktionen

In den drei Beispielen – der Güterproduktion, der Haushaltsarbeit und der politischen Arbeit – verfolgen mehrere Menschen eine spezifische Aufgabe, die arbeitsteilig erreicht werden soll. Diese Aufgabe ist der Bezugspunkt des sozialen Handelns jenseits der Intentionen der beteiligten Individuen. Um den Prozess der sozialen Differenzierung zu fassen, muss man die formale Definition des sozialen Handelns mit inhaltlichen Bestimmungen „der Arbeit" ausfüllen.

Soziale Differenzierung ist also ein abstrakterer Begriff für Arbeitsteilung: „Arbeit" wird nicht mehr als wirtschaftliche Produktion verstanden, sondern als Aufteilung des sozialen Handelns, die von den handelnden Personen wegführt zu *Funktionen*, die sie erfüllen; aus der Arbeit, die Menschen in Beruf, Familie oder anderswo erledigen, werden Funktionen sozialer Lebensbereiche, die sich aus dem sozialen Handeln ausdifferenziert haben. Aus diesem Grunde wird „soziale Differenzierung" oft auch als „funktionale Differenzierung" bezeichnet. Funktionen kann man als den Inhalt einer bestimmten Beziehungsform, eines bestimmten Zusammenhandelns von Menschen verstehen, der sich von den zusammenhandelnden Personen lösen lässt.[2]

Wie die Arbeit haben die Funktionen im Lauf der sozialen Differenzierung zwei Gesichter. Nach der Differenzierung können die Funktionen von den Personen getrennt werden, die sie erfüllen. Sie lassen sich als Modell verstehen, nach dem Handlungsabläufe zerlegt und auf

---

2 Dieser Begriff der Funktion als Aufgabe muss unterschieden werden von dem Begriff der Funktion als der Leistung eines sozialen Lebensbereichs für einen anderen (z.B. „Die Schule hat die Funktion, Qualifikationen für das Berufsleben zu produzieren") (Boudon / Bourricaud 1992. 15-156, Endruweit / Trommsdorff 1989: 220-222).

handelnde Personen aufgeteilt werden. Vor der Differenzierung jedoch haben die Funktionen keine Realität; sie sind nicht Blaupause, sondern Resultat der Differenzierung. Soziale Differenzierungen werden entdeckt und nicht geplant; wenn sie jedoch entdeckt sind, so wird die Planung der entsprechenden Funktion in einem sozialen Lebensbereich möglich. Das sollen zwei Beispiele zeigen.

Erstens: Wenn Stammesgesellschaften entdeckt haben, dass sich Nahrungsmittel nicht nur sammeln und jagen, sondern auch anbauen lassen, entsteht ein eigener Lebensbereich der Produktion. Während man sich jederzeit nach Bedarf auf die Sammlung oder die Jagd begeben kann, muss in der agrarischen Produktion gesät und geerntet werden. Statt das Angebot der Natur hinzunehmen, wie es kommt, muss man die Natur bearbeiten. Die Produktion muss dem Rhythmus des natürlichen Wachstums gemäß geplant werden, so dass die Arbeit auf Männer und Frauen, Junge und Alte verteilt werden kann. Wenn sich also aus der Beschaffung des Lebensunterhalts die Funktion der Produktion ausdifferenziert hat, kann sie als solche, also für beliebige Personen geplant und organisiert werden (Vivelo 1981: 74-75, 107).

Zweitens: Mit der Trennung von Lebensräumen und Arbeitsräumen zu Beginn der Industrialisierung war es nicht mehr möglich, dass Eltern ihren Kindern Kenntnisse und Fertigkeiten unter der Hand im Vollzug von Berufs- und Familienarbeit beibringen konnten. Die Väter – und oft auch die Mütter – gingen tagsüber zur Arbeit in die Fabrik; die Kinder konnten nicht mehr, beobachtend und mithelfend, lernen, was Vater und Mutter taten. Aus der Erziehung in der Familie hat sich daher erstmals für alle verbindlich eine „schulische", vom „Leben" abgehobene, Form der Erziehung ausdifferenziert: Die Schule, die es als Einrichtung für Eliten schon lange gegeben hatte, wurde durch das Gesetz der allgemeinen Schulpflicht für die 6- bis 14-jährigen in Preußen 1763 und durch die faktische Durchsetzung des allgemeinen Schulbesuchs im Lauf des 19. Jahrhunderts (Flora 1973: 304-307) zu einem eigenständigen Lebensbereich, der dann selber wieder intern differenziert werden konnte: nach Klassen, Fächern und Schulformen (Aries 1978: 221-349). In Deutschland wurde erst in den fünfziger Jahren die einklassige Grundschule auf dem Lande durch mehrklassige Mittelpunktschulen ersetzt.

Soziale Differenzierungen erleichtern also soziale Differenzierungen; die soziale Differenzierung ist ein sich selbst verstärkender Prozess. Wenn soziale Differenzierungen entdeckt sind, kann die Arbeit planvoll verteilt werden. Man kann zwei Formen der sozialen Differenzierung unterscheiden: die *Ausdifferenzierung* sozialer Funktionen im Zuge der Entwicklung von Gesellschaften überhaupt und die *Binnendifferenzierung* einer ausdifferenzierten Funktion in Teilfunktionen (Schimank 1996: 12-13).

Die Ausdifferenzierung ist ein langfristiger Prozess, in dem die zusammen handelnden Menschen die Möglichkeiten entdecken, die im Zusammenleben und in jedem Einzelnen stecken. Die Menschen entdecken, dass man nicht nur in der Reaktion auf gegebene Umstände, sondern in der Bearbeitung der Umwelt Nahrung beschaffen kann oder dass man sich vom Vollzug einer Alltagsaufgabe lösen, über sie nachdenken und sie lehren kann. Die Ausdifferenzierung ist ungeplant und setzt beim sozialen Handeln „natürlicher" Personen an. Die Binnendifferenzierung hingegen ist ein weniger langfristiger Prozess, der in ausdifferenzierten Lebensbereichen mit ihren jeweils typischen Organisationen abläuft: Die Wirtschaft umfasst Unternehmen und Haushalte, die auf dem Markt unter- und miteinander zusammenkommen; die Politik umfasst Parteien und Verbände, die regieren oder opponieren und Entscheidungen in Kabinett und Parlament treffen und in den Verwaltungen durchsetzen; die Religion hat sich – zumindest im Christentum – in Kirchen organisiert, die Heilsgewissheiten begründen und ihren Gläubigen vermitteln. Alle diese Organisationen haben einen eigenen Kopf und eine eigene Hierarchie. Den Kopf bilden Amtsinhaber, die im Namen der Organisation, nicht als „natürliche", sondern für eine „juristische Person" handeln. Die Binnendifferenzierung wird durch Verbände (siehe Abschnitt 4.4.2) vorangetrieben, die das Handeln der Individuen für den gegebenen Zweck koordinieren und daher auch planen können.

Mit der Ausdifferenzierung und der Binnendifferenzierung ist in allgemeiner Form die Spannweite sozialer Differenzierungsprozesse bezeichnet. Die soziale Differenzierung umfasst nicht weniger als die Evolution menschlicher Gesellschaften überhaupt, die mit Beziehungsformen zwischen Menschen beginnt und zu Funktionen und Verbänden führt, die sich immer weiter spezialisieren. Dann aber muss man nachvollziehen, wie der Begriff der Evolution in die Soziologie importiert und zum Begriff der sozialen Differenzierung umgemünzt wurde, und fragen, welche neuen Perspektiven sich durch diesen Import für die Soziologie eröffnet haben.

5.2 Evolution und soziale Differenzierung

Den Begriff der sozialen Evolution hat der englische Soziologe Herbert Spencer (1820-1903) aus der Biologie in die Soziologie eingeführt (Münch 1994a: 41-55; Boudon / Bourricaud 1992: 532-539). Spencer sieht Gesellschaften in Analogie zu Organismen; in heutigen Begriffen kann man sagen: Er sieht beide als „Systeme", die ihre besondere Anordnung der Elemente, also ihre besondere Struktur haben und in ihrer „Umwelt" leben. Die Evolution der Arten wird in der Evolution von Gesellschaften weitergeführt; sie folgt den gleichen Regeln, aber bezieht sich auf unterschiedliche Systeme. Um diese Ideen Spencers nachzuvollziehen, müssen wir daher die Grundideen der Evolutionstheorie zur Kenntnis nehmen, so dass wir fragen können, wie sie sich auf „soziale Systeme" übertragen lassen.

5.2.1 Grundgedanken der Evolutionstheorie und die Frage ihrer Übertragbarkeit auf Gesellschaften

Variation, Selektion und Stabilisierung

Die Evolution lässt sich mit drei Begriffen – Variation, Selektion und Stabilisierung[3] – darstellen. In der Biologie ist das „System" der Organismus; der Genotyp, die erbliche Anlage des Organismus, liegt für die ganze Lebensspanne des Individuums fest und bestimmt zusammen mit der „Umwelt" den Erscheinungs- oder Phänotyp, der sich im Laufe des Lebens verändern kann, aber nicht in den Genotyp und damit in die nächste Generation eingeht. Die Genotypen der Eltern werden bei der Zeugung von Kindern zufällig gemischt – gerade so wie Spielkarten bei einem neuen Spiel, so dass die Genotypen in der Generationsfolge zufällig *variieren*. Dadurch ist es möglich, dass extreme Genotypen nach den Mendelschen Gesetzen vererbt werden, so dass die Variationsbreite der Erbanlagen in der Population erhalten bleibt und sich nicht auf einen Durchschnittswert für alle einpendelt. Es ist also nicht so, dass eine blonde

---

3 Die Grundbegriffe der Evolution sind ausführlich in Rose (1998: 29-92) dargestellt. Kurze, auf das Interesse des Soziologen zugeschnittene Darstellungen finden sich in: Esser 1993: 189-191; Hondrich 1982: 12-17; Halfmann 1996: 91-92; Meyer 1992: 19-22; Schimank 1996: 174-175.

Mutter und ein dunkelhaariger Vater brünette Kinder zeugten; sondern die Genotypen beider Eltern, die nicht unbedingt den Phänotypen entsprechen, bestimmen nach Mendels Gesetzen den Geno- und Phänotyp der Kinder, so dass die Eltern mit bestimmten Wahrscheinlichkeiten blonde und dunkelhaarige Kinder erhalten.

Aber nicht nur die Erbanlagen variieren, sondern auch die Umwelt verändert sich ständig – nicht zuletzt dadurch, dass einige Gattungsexemplare in eine neue Umwelt wandern. Nach dem Überlebenserfolg in der Umwelt werden in der Generationsfolge diejenigen Genotypen *selektiert*, die ihr am besten angepasst sind: Besser angepasste Gattungsexemplare haben größere Überlebenschancen, also größere Chancen, ihren Genotyp in die nächste Generation weiterzutragen. Zum Beispiel haben in Sanddünen gelbhäutige Schnecken größere Überlebenschancen als braunhäutige, weil sie besser getarnt und gegen Beute geschützt sind.[4] Die Anpassung zwischen zufällig variierenden Anlagen des Systems und sich verändernder Umwelt wird also in der Generationenfolge immer genauer eingestellt, so dass auf lange Sicht sich genetisch ähnliche Organismen in „ihrer" Umwelt herausbilden und durch einen hohen Grad interner Fortpflanzung („reproduktive Isolierung") als eine Gattung *stabilisieren*. Weil die Veränderung des Phänotyps in der Generationsfolge zufällig ist, ist die Anpassung an die Umwelt kostspielig und langwierig. Aber weil die Natur reich ist und Zeit hat, ist die Anpassung der Organismen kein Problem. Denn die Probe vieler Exemplare auf Leben oder Tod gibt eine sichere Auskunft über die Angepasstheit der Gattung. Sobald sich einige Exemplare einer veränderten Umwelt angepasst haben, sind sie als neue Gattung gegenüber der ursprünglichen Gattung differenziert worden, die sich keiner Umweltveränderung anpassen musste. Mit den unterschiedlichen Genotypen sind zugleich unterschiedliche Arten entstanden. Die Differenzierung der Arten hängt also von der Anpassung des Phänotyps der Gattungsexemplare an die Umwelt ab, vom Wechselspiel zwischen der Variation des Genotyps oder Systems und der Veränderung der Umwelt. Die Differenzierung der Arten und die Differenzierung der Genotypen von Gattungsexemplaren laufen parallel.

Geschlossene und offene Systeme

Der Unterschied zwischen der Evolution biologischer Gattungen und der Evolution von Gesellschaften besteht in der Aggregatstufe der jeweiligen Systeme und ihrer zugehörigen Umwelten. Der Organismus einer biologischen Gattung ist ein *geschlossenes* System. *Erstens* können die Elemente, also die einzelnen Zellen und Organe, außerhalb des Systems nicht existieren. *Zweitens* hat das System sein eigenes Leben und seinen eigenen Tod und kann sich fortpflanzen. Die Umwelt eines Organismus ist die gesamte Natur einschließlich der Organismen der gleichen Gattung; sie steht mit dem System und nicht mit seinen Elementen in Beziehung.

Gesellschaften aber sind keine Organismen, sondern bestehen aus den Vergesellschaftungsformen zwischen Menschen. Sie sind *offene* Systeme. *Erstens* sind die Elemente, also die einzelnen Menschen, über die Beziehungsformen miteinander verbunden und können prinzipiell außerhalb des Systems, also in anderen Beziehungsformen mit anderen Menschen, existieren; jeder kann gehen und kommen. *Zweitens* ist das System prinzipiell unendlich und unsterblich: Beziehungsformen können sich beliebig weit ausdehnen und beliebig lang fortbestehen, sie

---

4   Ein weiteres Beispiel für eine Selektion wurde in den Normenspielen Axelrods gegeben, in denen in jedem Spiel („Generation") die Profile von Defektions- und Sanktionsbereitschaft („Erbanlagen") überproportional überlebten, die am meisten Punkte eingesammelt hatten (siehe Abschnitt 4.3.2).

haben aus mehr oder minder zufälligen Bedingungen eine Grenze und ein Ende (siehe Abschnitt 4.1). Deshalb können sie sich nicht fortpflanzen und sterben nicht. Gesellschaften können zusammenbrechen oder zerstört werden; sie kennen einen Tod durch Ineffizienz und durch Eroberung, aber keinen programmierten Tod. Für ein System, das aus Beziehungen besteht, die sich unendlich ausdehnen können, lässt sich keine bestimmte Umwelt identifizieren.[5] Natürlich lässt sich die Umwelt eines einzelnen Menschen bestimmen; sie ist wie für jeden Organismus die Natur. Aber Beziehungsformen zwischen Mensch und Mensch können nicht Umwelt des Menschen sein; wenn die Umwelt die zweite Stelle in der Relation System-Umwelt ist, kann sie nicht zugleich die Relation sein. Auch an dieser Stelle zeigt sich die Radikalität von Simmels und Webers Auffassung, dass „die Gesellschaft" keine eigenständige Realität ist, sondern in den Beziehungsformen zwischen Menschen existiert. Ist es also sinnlos, Gedanken der Evolutionstheorie auf Gesellschaften zu übertragen? Nicht unbedingt. Denn aus den offenen Beziehungsformen zwischen Menschen können sich geschlossene *Verbände* von Menschen herausbilden.

5.2.2 *Verbände als Systeme der Evolution von Gesellschaften: Der Abstammungsverband*

In Anlehnung an Max Weber (1980: Erstes Kapitel, Erster Teil, §§ 10, 12) kann man definieren: Menschen bilden einen Verband, wenn die Beziehungen zwischen ihnen nach ihrem „Sinngehalt" nur bestimmte Personen zulassen und andere ausschließen und wenn einzelne Mitglieder („Leiter") für diesen Verband auftreten können. Ein Verband setzt einer sozialen Beziehung eine soziale „Grenze". Er *bildet* einen „Organismus"; er *gibt* der Beziehungsform in der Person des Leiters eine eigene Handlungsfähigkeit. Weil Verbände geschlossen wurden, können sie zu einer Umwelt in Beziehung treten, die ihrerseits aus Verbänden und aus der Natur bestehen. Verbände können Systeme der sozialen Evolution sein.

Das gilt in erster Linie für den *Abstammungsverband*, der das natürliche Band der Fortpflanzung in den unterschiedlichen Formen der Verwandtschaft und – in heutiger Terminologie – „der Familie" sozial kenntlich macht. Die Fortpflanzung – also die Zuordnung zeugungsreifer Männer und Frauen und die Zuordnung von Erzeugern und Kindern – muss in jeder Gesellschaft geregelt werden; in diesem abstrakten Sinne ist „Familie" immer gegeben, ein „soziales Universale" (Eickelpasch 1974). Die Verwandtschaft „schließt" soziale Beziehungen zwischen Menschen als ganzen Personen über eine große Breite möglicher „Sinngehalte". Jede Person gehört mit allen ihren Besonderheiten „ihren" Verwandtschaftsverbänden an – nämlich dem, in den sie hineingeboren wurde, und dem, den sie durch Heirat begründet. Verwandtschaft ist in Parsons' (siehe Abschnitt 3.1.2) Begriffen eine „partikularistische" Beziehung, die ihrem „Sinngehalt" nach nur für die jeweiligen Personen gilt und nicht auf spezifischen Handlungsformen zwischen ihnen aufbaut.[6] Die Verwandtschaft ist zudem ein Verband, in dem einer oder einige für alle sprechen. Historisch gesehen konnte der „Patriarch" seinem „Haus", also

---

5 Wenn man trotz der Offenheit die Gesellschaft wie den Organismus als System betrachten will, dann muss man eine eigenständige Realitätsebene des „Sozialen" postulieren, die die Systemeinheit trotz des Austauschs der Mitglieder und trotz der Unendlichkeit sozialer Wechselwirkungsformen schafft – was nach den Überlegungen in Kapitel 2 und 3 nicht sinnvoll ist. Für ein solches System sind dann die Menschen Umwelt, die in ihm leben. Die Vorstellung, dass die Personen Umwelt für die Gesellschaft sind, wird in der Systemtheorie Luhmanns entwickelt (siehe dazu als Einführung: Halfmann 1996: 125-139; Schimank 1996: 135-203).

6 Abstammungs- und partikularistische Beziehungen sind in der Sache weitgehend deckungsgleich – mit einer Ausnahme: der (nicht sexuellen, sondern auf „Wahlverwandtschaft" ruhenden) Freundschaft.

Frauen, Kindern, weiteren Verwandten und Gesinde, befehlen und für sie entscheiden. Aber auch heute noch tritt die „Familie" als Verband auf, in dem Eltern für Kinder oder Eheleute füreinander sprechen – wie rechtliche Regelungen über die Gütergemeinschaft der Eheleute oder über die Erbschaft zeigen. Wie immer die besondere Form aussehen mag – der Verwandtschaftsverband hat einen oder mehrere „Leiter", die in seinem Namen sprechen; in ihm sind einzelne Personen befugt, für den ganzen Verband aufzutreten.

Abstammungsverbände, Stämme also, sind die Elemente, aus denen Stammesgesellschaften gebaut werden, die man im Rückblick von heute auch als einfache, undifferenzierte Gesellschaften bezeichnet. Aber wieso reduziert sich dann eine Stammesgesellschaft nicht auf einen Stamm? Wieso bilden Stämme eine Gesellschaft von Stämmen? Die Antwort ist: Weil ein Stamm allein in der Generationsfolge nicht fortbestehen könnte. Die Fortpflanzung innerhalb der gleichen Abstammungslinie erhöht, weil die Ähnlichkeit der Genotypen größer ist als bei zufälliger Partnerwahl, das Risiko genetischer Krankheiten (Rose 1998: 121-122, 171-172), so dass eine Gesellschaft aus nur einem Stamm genetisch verfallen würde. Zudem kann man dieses genetische in ein soziologisches Argument übersetzen. Die Partnersuche im eigenen Stamm würde verhindern, dass die beiden Partner Beziehungsformen und Verhaltensweisen erlernen, die in anderen Stämmen üblich sind; sie würde den Stamm zwingen, alle für das Leben notwendige Aktivitäten für sich allein zu bestreiten und jede Arbeitsteilung verhindern. Insofern aber eine Arbeitsteilung für das Überleben in Stämmen notwendig ist, würde sie den einzelnen Stamm zum Untergang verurteilen (Parsons 1964c: 63-66). Das Inzestverbot und die Exogamie – das Verbot, innerhalb der Abstammungslinie zu heiraten, und das Gebot, in einen anderen Stamm zu heiraten – garantieren daher die Existenz der Stammesgesellschaften; der Frauentausch zwischen Stämmen mindert Konflikte zwischen ihnen und ist die Basis für weitere Kooperation (Vowinckel 1995: 126-128). Durch Inzestverbot und Exogamie werden gleichsam die Grenzen innerhalb der Einheit der Stammesgesellschaft definiert. Diese Grenzen aber sind nicht eindeutig durch die biologische Verwandtschaft festgelegt: So ist z.B. bei nordamerikanischen Indianerstämmen die Heirat unter „Parallelkusinen", also die Heirat unter Kindern von Brüdern verboten, die Heirat unter „Kreuzkusinen", also unter Kindern von Bruder und Schwester, erwünscht, obwohl der biologische Verwandtschaftsgrad in beiden Fällen gleich ist. Nicht das genetische Argument der Variationsminderung, sondern das soziologische Argument des Erhalts der Vorteile der Arbeitsteilung ist also der entscheidende Grund, warum sich eine Stammesgesellschaft nicht auf eine Abstammungslinie beschränken kann.

Schon in undifferenzierten Gesellschaften sind also die Menschen durch die Natur in einen sehr einfachen Verband hineinge*bunden*: den Abstammungsverband. In modernen, in viele Lebensbereiche differenzierten Gesellschaften wird der Abstammungsverband zur Unterlage, zum Substratum für alle Differenzierungsprozesse. Die „Stämme" differenzierter Gesellschaften stehen nach wie vor, durch das Inzestverbot getrennt und durch Exogamie verbunden, nebeneinander. Über sie legen sich aber die vielfältigen ausdifferenzierten Funktionen und verbinden alle „Stämme" miteinander, indem jede Funktion für alle „Stämme" ihre eigene Leistung – Produktion, Entscheidungsfindung, Heils- oder Wahrheitssuche – erbringt. Unvermeidlich haben sich die Formen dabei gewandelt: vom Stamm der einfachen Gesellschaften und vom „ganzen Haus" (Brunner 1968) der mittelalterlichen Gesellschaft zur „modernen Kernfamilie", in der die weiteren Abstammungsbeziehungen hinter den „intimen" Beziehungen zwischen den Gatten und zwischen Eltern und Kindern zurücktreten und in der der „Hausvater" seine Macht mit der Mutter teilt, ohne dass die Vertretungsmacht der Eltern über die Kinder sich aufgelöst hätte. Wenn auch die Macht des „Stammeshäuptlings" reduziert ist, bleibt also die Tatsache bestehen, dass einzelne Mitglieder des „Stammes" Handlungen ausführen, die nicht ihnen individuell, sondern dem Verband zugerechnet werden; nach wie vor haben einzelne Verbandsmitglieder mehr Macht als andere und können über das Handeln der Schwächeren verfügen; nach wie vor werden bestimmte Beziehungsformen – der Arbeit, des Spielens, des Kämpfens, des Feierns, des Ahnengedenkens, der gemeinsamen Bewältigung von Krankheit, Unglück und Tod – im Verband, also nicht ausschließlich nach der Vorstellung einer einzelnen Person geregelt.

Auch in differenzierten Gesellschaften also bleibt, wenn sich Lebensbereiche herausgebildet haben, die spezifische Handlungsaufgaben erfüllen, ein Lebensbereich bestehen, der, weil er unterschiedliche Handlungsaufgaben verknüpft, die Grundlage für Differenzierungen bildet: der Abstammungsverband; auch in differenzierten Gesellschaften sind „partikularistische", in der Person verankerte Beziehungen das Widerlager der Konstruktion „universalistischer", auf Funktionen zielender Beziehungen in ausdifferenzierten Lebensbereichen. In undifferenzierten *wie in differenzierten* Gesellschaften erlaubt die soziale Regelung der biologischen Fortpflanzung die Ablösung von Beziehungsformen von Personen. Salopp formuliert: Ohne „Familie" keine soziale Differenzierung. Der Abstammungsverband ist der Ort, wo soziales Handeln sich in bestimmten Beziehungsformen kristallisiert und diese Beziehungsformen sich differenzieren können.[7]

Lektüre: Parsons (1964c)

Weiterführende Literatur: Vivelo (1981: 212-231) und Hill / Kopp (2004: 17-23) stellen die verschiedenen Klassifikationsformen der Verwandtschaft dar. Nave-Herz (2004: 126-129) diskutiert biologische und soziologische Begründungen des Inzesttabus. Vivelo (1981: 284-307) beurteilt die These von der Universalität und der allgemeinen Erklärbarkeit des Inzesttabus kritisch.

5.2.3 *Verbände als Systeme der Evolution von Gesellschaften: Korporationen*

Nicht alle Beziehungsformen im Abstammungsverband sind nun gleichermaßen regelungsbedürftig und ausdifferenzierbar. Die Fortpflanzung regelt sich meist von selbst; auch die Aufzucht von Kindern ist in starkem Maße durch Instinkte gesteuert. Aber die Arbeit muss „im Schweiße Deines (besser: Eures) Angesichts" erledigt werden. Der Mensch lebt nicht im Schlaraffenland, er muss „im Stoffwechsel mit der Natur" (Marx 1965: 138) arbeiten, sich die Mittel für den Lebensunterhalt beschaffen; und weil er von Natur aus im Familienverband lebt, ist die Arbeit von Anfang an Arbeitsteilung. Wiederum salopp formuliert: Ohne „Arbeit in der Familie" keine soziale Differenzierung. Die Teilung der Arbeit in der „Familie" ist daher nicht irgendeine, sondern die Form der sozialen Differenzierung; sie geht allen anderen voran und bleibt die wichtigste Form. Aber die Arbeit ist auch die erste Beziehungsform, die den Abstammungsverband überschreitet; die Jagd verlangt viele gleich alte und starke Män-

---

7 Wenn soziales Handeln Ausgangspunkt der sozialen Differenzierung ist, ist damit zugleich die Frage nach der Genese höherer Einheiten gestellt, auf denen sich die soziale Differenzierung fortentwickeln kann. Der Übergang von sozialem Handeln zu Verbänden ist aber nicht denkbar ohne den Familienverband, der seinerseits die soziale Form für die biologische Abstammung ist. Man kann also auch sagen: Ohne Abstammung keine soziale Differenzierung; das Naturdatum der Abstammung erlaubt die soziale Differenzierung. Das Lehrbuch von Schimank (1996: 78, 271) geht auf die Genese von Verbänden nicht ein, sondern beginnt unvermittelt mit zwei Gegenständen der sozialen Differenzierung: Rollen, also schon kristallisierten Beziehungsformen, und gesellschaftlichen Teilsystemen, die doch das Ergebnis der sozialen Differenzierung sind.

ner, die Sammlung von Nahrungsmitteln viele gleich Erfahrene – auf jeden Fall mehr als in einem Abstammungsverband verfügbar sind.

Die Arbeit ist also der erste Kandidat unter den Beziehungsformen im Abstammungsverband für eine Ausdifferenzierung und Schließung – auch gegen Mitglieder der „Familie". Auch außerhalb der „Familie" werden also Verbände gebildet. Ihnen gehören die Menschen nicht mehr als ganze „natürliche" Personen, sondern nur in bestimmten „Sinngehalten" an, insofern ihr Handeln zu einem spezifischen, eben dem „ausdifferenzierten" Verbandszweck beiträgt. Die Beziehungen in diesen Verbänden sind – wiederum in Parsons' Begriffen – nicht „partikularistisch", sondern „universalistisch". Nicht mehr Personen, sondern Positionen sind die Einheit. Dennoch kann der Verband als „juristische Person" handeln, indem natürliche Personen in der Position des „Leiters" für den Verband handeln: Der Vorstand plant für das Unternehmen, der Arbeitsdirektor stellt Personal für das Unternehmen ein usw. Die „juristische Person" ist eine rechtliche Konstruktion moderner, differenzierter Gesellschaften; im „Gesellschaftsrecht" werden Formen für die Bildung einer „Gesellschaft" – vom „Verein" und der „Gesellschaft bürgerlichen Rechts" bis zur „Gesellschaft mit beschränkter Haftung" und der „Aktiengesellschaft" – angeboten und die Zuständigkeiten geregelt, wer für wen in welchen Angelegenheiten reden und handeln kann. „Gesellschaft" ist hier wie die staatlich verfasste Nationalgesellschaft eine Vergesellschaftungsform, wenn auch auf niedrigerer Aggregationshöhe.

Nach dem Abstammungsverband gibt es also eine zweite, auf rechtlichen Konstruktionen beruhende Form von Verbänden, die als Genossenschaften, Körperschaften oder *Korporationen* (Coleman 1986, 1990) bezeichnet werden. Die Einheit und die Handlungsfähigkeit der Korporation ist durch ihre Verfassung (siehe Abschnitt 4.4) festgelegt, also durch Regeln, in welcher Weise ein „Leiter" für den Verband handelt und wie sein „Verbandshandeln" (Weber 1980: 19) zu einer Entscheidung des Verbands führt.[8] In diesem Sinne sind alle „Betriebe", also Behörden und Firmen, Korporationen mit einem „Leiter"; z.B. handeln Rektor und Kanzler und die ihnen untergeordnete Universitätsverwaltung für eine Universität in einer Umwelt, die aus anderen Universitäten, dem Staat, der lokalen politischen Gemeinde, den lokalen Wirtschaftsbetrieben und nicht zuletzt den Professoren und Studenten besteht. In diesem Sinne ist auch der Nationalstaat eine Korporation, für den die Mitglieder der Regierung und der Verwaltung in einer Umwelt anderer Nationalstaaten, multinationaler Konzerne, nicht-governmentaler Organisationen und übernationaler Institutionen und nicht zuletzt der zugehörigen Staatsbürger handeln.

Weil also Verbände durch die Naturtatsache der Abstammung oder durch ihre Verfassung gegen andere Verbände abgegrenzt sind, können sie als „Systeme" in einer „Umwelt" aufgefasst werden, die aus der Natur, Personen oder gleichartigen Systemen besteht. Die Idee der Evolution lässt sich also dann von biologischen Arten auf Gesellschaften übertragen, wenn aus Beziehungsformen zwischen Menschen sich Verbände herausgebildet haben. Die Beziehungen zwischen den Menschen haben keine Umwelt, solange sie nicht Verbände gebildet haben, die

---

8   Die Sprache ist dafür eine Voraussetzung; sie erlaubt die Verständigung über die Verfassungen der Verbände, für die „Leiter" auftreten; sie erlaubt die Formulierung von Verfahrensregeln und Rechtssätzen. Allein die Gattung Mensch aber ist mit der Fähigkeit der Sprache ausgestattet; die biologische Ausstattung des Menschen begünstigt also seine Fähigkeit, Gesellschaften zu bilden und Verbände zu konstruieren. Zwar bilden auch tierische Arten „Sprachen". Aber die tierischen Sprachen sind nicht „generativ", d.h. sie haben keine Grammatik und können deshalb nicht mit endlichen Regeln unendlich viele Sätze hervorbringen (Lenneberg 1967); erst die menschliche Sprache erlaubt also die Formulierung einer Verfassung.

als eine „Gesellschaft" gegen andere „Gesellschaften" abgegrenzt sind: Erst die sozialen Formen des Abstammungsverbands oder durch eine Verfassung *geschaffene* Akteure treten mit einer Umwelt anderer Verbände in Beziehung. Soziale Konstruktionen, nicht aber eine Naturkategorie des „Sozialen" erlauben es, die Ideen der Evolution auf Beziehungen zwischen Menschen anzuwenden.[9]

Lektüre: Weber (1980: Erster Teil, Erstes Kapitel, §§ 12-14); Coleman (1986: Kapitel 1 und 5)

Weiterführende Literatur: Weber (1980: Zweiter Teil, Drittes Kapitel, vor allem §§ 1 und 6) stellt die Ausdifferenzierung von Handelsgesellschaften aus der Hausgemeinschaft, also „wirtschaftlicher" Beziehungen aus der „Familie" dar. Coleman 1990 (Kap. 13 und 20) behandelt die Rolle der Verfassung bei der Konstruktion von Korporationen.

5.2.4 Funktionale Differenzierung als Ergebnis der sozialen Evolution und die Chance der Selbststeuerung von Gesellschaften

Die Idee der Evolution lässt sich dann von biologischen Arten auf Gesellschaften übertragen, wenn „Gesellschaften" entstanden, also Verbände des Zusammenlebens gebildet sind. So wie die Evolution in der Natur eine spezifische, an die jeweilige Umwelt angepasste innere Struktur eines Organismus erzwingt und dadurch unterschiedliche Gattungen hervorbringt, so bringt sie im Zusammenleben von Menschen unterschiedliche Lebensbereiche und in der Folge unterschiedliche Typen von Gesellschaften hervor, die sich durch die ausdifferenzierten Lebensbereiche unterscheiden. Die Herausbildung der inneren Struktur, mit der sich eine Gattung von anderen abgrenzt, kann mit der Ausdifferenzierung sozialer Lebensbereiche in einer Gesellschaft verglichen werden.[10]

---

9 Gegen diese Schlussfolgerung ließe sich einwenden, dass etwas „Soziales" gegeben sein muss, damit die Evolution auch im „Sozialen" in Bewegung gesetzt werden kann: Die Herausbildung von „Gesellschaften" setzt eine Gesellschaft voraus; sie setzt voraus, dass eine Gruppe von Menschen zusammenlebt und sich gegen eine andere Gruppe von Menschen „schließt", d.h. abgrenzt. Aber die unleugbare Existenz sozialer Gruppen rechtfertigt nicht die Annahme einer besonderen Realitätsebene des Sozialen; sie ergibt sich vielmehr aus der biologischen Sozialnatur des Menschen, die Tatsache, dass der Mensch um seines biologischen Überlebens willen mit anderen Menschen zusammenleben muss (siehe Abschnitt 1.3): Wenn Menschen von Natur aus zusammenleben, dann kann sich das Zusammenleben zwar grundsätzlich unendlich ausdehnen, aber muss dennoch empirisch immer irgendwo Grenzen haben (siehe Abschnitt 4.1). Welche Kriterien auch immer jedoch die Ausgangsgesellschaft bestimmen, aus der sich „Gesellschaften" ausdifferenzieren – in jedem Fall ist die Grenzziehung eine empirische Frage; dass das Zusammenleben empirisch eine Grenze haben muss, um Ausdifferenzierungen hervorzubringen, impliziert keine besondere Realitätsebene des Sozialen.

10 Der Vergleich zwischen biologischer und sozialer Evolution kann noch weiter getrieben werden, so dass der sozialen Evolution ihre eigenen Mechanismen der Variation, Selektion und Stabilisierung zugeschrieben werden – allerdings unter der hier nicht geteilten Voraussetzung der Systemtheorie Luhmanns, dass soziale Systeme sich nicht aus der Interaktion von Menschen ergeben, sondern in „Kommunikationen" ihre eigene, von handelnden Personen unabhängige Realitätsebene haben. Die Variation bezieht sich dann nicht auf genetische Anlagen, sondern auf das Potenzial der Sprache, Möglichkeiten zu fingieren und zu verneinen. Die Selektion ergibt sich dann durch Medien der Kommunikation, wie Geld, Wahrheit oder Liebe, die bestimmte Möglichkeiten in bestimmten Situationen von vornherein ausschließen (siehe dazu: Halfmann 1996: 79-94; Schimank 1996: 147-150, 175-178). Aber man fragt sich, wie diese Variationen und Selektionen unabhängig von handelnden Menschen ablaufen: Es ist doch – nach Luhmanns eigenen Definitionen – die *menschliche* Sprache, die die Chance der Verneinung gibt, nicht die „Kommunikation".

Soziale Lebensbereiche: funktionaler Imperativ und relative Autonomie

So wie sich in der Entwicklung von Organismen einzelne Organe mit spezifischen organischen Funktionen herausgebildet haben, so differenzieren sich Gesellschaften, indem bestimmte Funktionen, die zunächst von allen Elementen einer Gesellschaft in gleicher Weise erfüllt wurden, auf spezifische Instanzen übertragen werden. In einfachen, d.h. undifferenzierten Gesellschaften werden im Familienverband nicht nur Kinder aufgezogen, sondern auch der größte Teil des Lebensunterhalts erwirtschaftet, Streitfragen geschlichtet und viele Entscheidungen über das Zusammenleben mit anderen Familienverbänden und anderen Stämmen entschieden, Ahnen und Götter verehrt, ein gutes Klima für die Ernte beschworen und Kranke geheilt. Der Familienvater ist oft auch Boss, Häuptling, Priester, Weiser und Medizinmann; er steht nicht nur der „Familie" vor, sondern auch der „Wirtschaft", der „Politik", der „Religion" und der „Wissenschaft". In entwickelten, d.h. differenzierten Gesellschaften hingegen werden ökonomische und politische, religiöse und wissenschaftliche Funktionen in der Hauptsache nicht mehr von Familienmitgliedern, sondern von Spezialisten außerhalb des Familienverbands erfüllt; der Familienvater ist nur noch Haushaltsvorstand und teilt diese Aufgabe mit der Frau. Durch die „funktionale Differenzierung" (Schimank 1996: 150-161) treten neben den Familienverband die sozialen Lebensbereiche Wirtschaft und Politik, Religion und Wissenschaft. Sie sind gegen andere Lebensbereiche durch einen besonderen *funktionalen Imperativ* des Handelns abgegrenzt – in Webers Sprache: durch einen besonderen „Sinngehalt". In der Wirtschaft steht das Handeln unter dem Imperativ, knappe Mittel für die Produktion von Gütern effizient einzusetzen; in der Politik unter dem Imperativ, unterschiedliche Meinungen zu einem Konsens und unterschiedliche Interessen zu einem Kompromiss zu bündeln und für alle verbindliche Entscheidungen herzustellen; in der Religion unter dem Imperativ, Gewissheit in Fragen über die Welt und das Leben herzustellen, über die aus der Erfahrung von Welt und Leben selber keine Gewissheit gewonnen werden kann; in der Wissenschaft – wie schon in Abschnitt 1.2 dargelegt – unter dem Imperativ, wahre von nicht wahren Sätzen durch methodische Prüfung zu unterscheiden (Luhmann 1970).

Wenn jemand nun nicht mehr viele Ziele gleichzeitig verfolgt, sondern sein Handeln einem funktionalen Imperativ allein unterwirft, kann er den Handlungserfolg steigern – d.h. mehr Güter mit den gleichen Mitteln produzieren, Entscheidungen klarer treffen, Heilsgewissheiten glaubwürdiger vermitteln, Wahrheiten sicherer finden. Die bewusste Orientierung des Handelns an einem funktionalen Imperativ ermöglicht die Leistungssteigerung und gibt den Lebensbereichen *relative Autonomie*. Sie verfolgen ihren eigenen Imperativ auch gegen die Imperative anderer Lebensbereiche, aber sie brauchen die Vorarbeiten der anderen Lebensbereiche.

Beispiele: Wirtschaft und andere Lebensbereiche

Das kann am Beispiel der Wirtschaft erläutert werden. Wer weniger Mittel für die Produktion eines Gutes einsetzt als ein Konkurrent, hat mehr Erfolg im wirtschaftlichen Handeln; um die Kosten möglichst gering zu halten, aber er muss u.U. Arbeitern kündigen oder die Umwelt schädigen, also zu Arbeitslosigkeit und Umweltverschmutzung beitragen, die politisch unerwünscht sind. Der wirtschaftliche Imperativ kann also mit Zielen in Konflikt kommen, über die ein politischer Konsens zustande gekommen ist. Die *Autonomie* der Wirtschaft gegenüber der Politik zeigt sich nun darin, wie weit sie sich gegen Entscheidungen der Politik durchsetzen kann, selbst wenn das negative Folgen für politische Ziele hat. Wenn entschieden werden soll, wie knappe Mittel für die Produktion von Gütern effizient eingesetzt werden können, dann *sollte* die Frage, ob Mehrheiten für die Entscheidung gefunden werden können oder nicht, eben nicht erheblich sein; ein schwach gewordenes Großunternehmen z.B. *sollte* schließen und nicht mit Krediten weiterarbeiten, die ein Bundeskanzler garantiert, der die Arbeitslosigkeit mindern will. Das „Sollte" bezieht sich auf den funktionalen Imperativ des wirtschaftlichen Handelns – gegen den natürlich unter politischen Gesichtspunkten verstoßen werden kann. Aber selbst wenn die Wirtschaft ihren Imperativ gegen den der Politik durchsetzen kann, ist ihre Autonomie nicht vollständig, sondern „relativ" zu Leistungen der Politik. Die Wirtschaft ist auf Entscheidungen der Politik angewiesen – allgemein darauf, dass die Randbedingungen wirtschaftlichen Handelns wie das Vertragsrecht sicher sind und Verstöße verlässlich geahndet werden, und im Besonderen darauf, dass die Wirtschaftspolitik (die Entscheidungen über den Staatshaushalt, über staatliche Investitionen, über Löhne im öffentlichen Dienst, über Zinsen u.a.m.) so betrieben wird, dass Investitionen sich lohnen und der Konsum nicht eingeschränkt wird.

Die Ausdifferenzierung nach einem funktionalen Imperativ beschränkt sich nicht auf die vier Lebensbereiche Wirtschaft, Politik, Religion und Wissenschaft. In der gleichen Weise kann man weitere Lebensbereiche beschreiben – etwa das Recht durch den funktionalen Imperativ, gerechte Entscheidungen in Konfliktlagen zu finden, oder die Medizin durch den funktionalen Imperativ, zu heilen ohne zu schaden, der schon im Altertum als „Hippokratischer Eid" bekannt war. Weiterhin kann man die Abgrenzungen zwischen den übrigen relativ autonomen Bereichen als Streit zwischen ihren funktionalen Imperativen beschreiben – etwa den Widerspruch zwischen der Wahrheitssuche und der Heilssuche am Beispiel Galileis darstellen, der seine Erkenntnis, dass die Erde sich um die Sonne bewegt, dem Glaubenssatz opferte, dass die Erde im Mittelpunkt des Universums steht.

Abstammungsverband: Basis der Ausdifferenzierung und Reaktion auf sie

Alle Lebensbereiche aber haben sich aus dem Abstammungsverband ausdifferenziert, der die biologische Notwendigkeit der Gattungsreproduktion regelt und deshalb einem funktionalen, im Lauf der sozialen Differenzierung entdeckten Imperativ nicht unterliegen kann; der Abstammungsverband ist und bleibt das Substratum für die funktionale Differenzierung.

Allerdings verändert er mit der Ausdifferenzierung von Lebensbereichen seine Form. In frühmittelalterlichen Gesellschaften lebten die Menschen, die nicht zu den Herrenschichten gehörten, im „ganzen Haus" (Brunner 1968), das manchmal mehrere Paare der gleichen Generation (sog. „Brüderfamilien"), oft auch Großeltern („Drei-Generationen-Familien"), nicht verheiratete Geschwister oder sogar nicht verwandtes Gesinde umfasste (Mitterauer 1977) und in dem der „Hausherr" nach innen Herrschaftsgewalt über die Mitglieder hatte (Hondrich 1982: 40-42, Hill / Kopp 2004: 23-48). Diese Form der – wie man heute sagen würde – „Großfamilie" reichte nicht nur in der Generationsfolge und „lateral" (seitwärts, in der gleichen Generation) weit über die Form der heutigen „Kernfamilie" hinaus, die nur die beiden Gatten und die Kinder umfasst; vor allem hatte in ihr der „Herr des Hauses" Befehls- und Strafgewalt über die Mitglieder, die heute in die Politik und Justiz verlagert sind.[11] Sie war

---

11 Die letzten Ausläufer dieses Prozesses der Ausdifferenzierung von Herrschaft aus dem Familienverband lassen sich noch an gesetzlichen Änderungen der letzten Jahre beobachten, wie etwa der Aufhebung der Bestimmung, dass der Mann in allen gemeinschaftlichen Angelegenheiten (also auch der Berufstätigkeit der Frau) allein entscheidungsberechtigt ist, dem Verbot der körperlichen Züchtigung von Kindern durch die Eltern oder der Kriminalisierung der Vergewaltigung in der Ehe (siehe dazu Limbach 1989).

der agrarischen Produktion angemessen, in der mehrere gleich starke und gleich erfahrene Männer und Frauen gebraucht wurden und Wohn- und Arbeitsplatz nicht getrennt waren.

Die heutige Form der Kernfamilie dagegen reagiert darauf, dass die meisten Menschen in großen Betrieben arbeiten, die vom Wohnplatz entfernt liegen, und dass Männer und Frauen sich Arbeiten suchen müssen, die nicht nur ihren Erfahrungen, sondern auch ihrer Ausbildung entsprechen. Sie hat viele Funktionen an andere Lebensbereiche abgegeben – die Produktion an die Betriebe, die soziale Sicherung an die staatlichen Versicherungen, die Ausbildung an die Schulen; aber sie hat auch andere Funktionen gewonnen – die Gewährung von Intimität, die Lebensplanung von Eltern und Kindern, die Haushaltsproduktion (Peuckert 2005: 376-379). Sie ist also ihrem Aufbau wie ihren Zielen nach eine *Reaktion* auf die funktionale Differenzierung (siehe auch Abschnitt 6.5.2).

Kollektive Akteure und die Chance der Selbststeuerung

Im Abstammungsverband wie in den Verbänden ausdifferenzierter Lebensbereiche handeln nun „Leiter", oder in moderner Übersetzung *„kollektive Akteure".*[12] In den Stämmen einfacher Gesellschaften, dem ganzen Haus der mittelalterlichen Gesellschaft und in der modernen Familie spricht ein – oder sprechen zwei – „Leiter" für den durch die Naturtatsache der Abstammung bedingten Verband. In der Politik sprechen Abgeordnete für das Volk, Minister für die Regierung, Parteivorstände für die Partei, in der Wirtschaft Manager für die Betriebe, Unternehmerverbände für die Unternehmen, Gewerkschaften für die Beschäftigten, in der Religion Bischöfe für die Kirchen, Pfarrer für die Gemeinden, in der Wissenschaft Rektoren für die Universitäten usw., kurzum: kollektive Akteure für durch Verfassungen geschaffene Verbände. Mit der Entwicklung von Verbänden gewinnt die Gattung Mensch einen Vorteil gegenüber anderen Arten: Da Verbände durch ihren „Leiter" unabhängig von den Mitgliedern handlungsfähig sind und dennoch durch die Verfassung von den Mitgliedern kontrolliert werden, können sie auf eine Umwelt, die aus anderen Verbänden besteht, im Namen aller Mitglieder reagieren. Die Gesellschaft muss daher die Selektion einer inneren Struktur zur Anpassung an die Umwelt anderer Gesellschaften nicht dem Zufall überlassen, sondern kann sie vorweg planen. Staatliche Verwaltungen nutzen die amtliche Statistik, um für die Politik zu planen; Parteien nutzen die Marktforschung, um die Chancen ihrer Kandidaten bei den nächsten Wahlen auszuloten; Staaten nutzen die Spionage, um ihre außenpolitischen Möglichkeiten zu erkunden.

Wo geplant wird, wird nicht mehr alles ausprobiert, bis sich der beste Weg herausgestellt hat, sondern zuerst versucht, was am günstigsten erscheint; aber dabei können gerade die tatsächlich günstigsten Alternativen ausgeschlossen werden. Die Planung vereinfacht und verkürzt die Anpassung an die Umwelt, aber vermindert ihre Sicherheit. An die Stelle spontaner Variation sowie stabilisierender Selektion durch die Umwelt tritt die Wahl von Alternativen mit Blick auf die Erfordernisse der Umwelt – aber auch die Unsicherheit in der Wahrnehmung der Umwelt und in der Wahl der Mittel zur besten Anpassung an sie. Während die biologische Evolution kein Ziel hat, können menschliche Gesellschaften der sozialen Evolution

---

12 Statt von „kollektiven" spricht man auch von „korporativen Akteuren". Ebenso werden gelegentlich die Begriffe „korporativer Akteur" und „Verband" gleichgesetzt. Ich unterscheide dagegen zwischen der Ebene des Verbands und der der Akteure. Auf der Ebene des Verbands wird zwischen den beiden Formen der Verbände, Abstammungsverband und Korporationen, *unterschieden;* auf der Ebene der Akteure spreche ich von „kollektiven Akteuren", *gleich ob* sie „Leiter" eines Abstammungsverbands oder einer Korporation sind.

Ziele geben. Während die biologische Evolution so abläuft, wie sie abläuft, können individuelle *und kollektive* Akteure in einer Gesellschaft sich unterschiedliche Wege der sozialen Differenzierung vorstellen. Sie können die soziale Differenzierung mit dem Ziel der Steuerung planen. Die Übertragung der Ideen der Evolutionstheorie von der Biologie auf die Soziologie ist also kein steriles Spiel mit Begriffen, sondern fruchtbar für den Zielgegenstand der Soziologie. Sie führt zu einem neuen Gesichtspunkt für die Analyse von Gesellschaften als Einheiten, die sich aus dem sozialen Handeln herausgebildet haben: Die *Selbststeuerung* durch kollektive Akteure taucht erst in der Evolution von Gesellschaften auf.

Lektüre: Luhmann (1970: 154-177, 204-252) stellt Politik, Wirtschaft und Wissenschaft als ausdifferenzierte soziale Systeme dar.

5.3 Soziale Differenzierung und soziale Selbststeuerung

Die Evolution eröffnet Gesellschaften die Chance, soziale Differenzierungen zu planen und zu steuern; ob das Geplante erreicht wird oder etwas anderes, ob also die Planung Erfolg oder Misserfolg hat, ist eine andere Frage. Die soziale Selbststeuerung ist eine Aufgabe mit ungewissem Ergebnis. Dann aber muss man fragen, ob die soziale Differenzierung notwendigerweise soziale Selbststeuerung erfordert und welche Instanzen die soziale Selbststeuerung bewerkstelligen können. Die erste Frage haben zwei soziologische Klassiker entgegengesetzt beantwortet: Spencer, der unter dem Eindruck der gerade aufgekommenen Evolutionstheorie stand, hat sie verneint – Durkheim, der eine Generation später lebte, bejaht (Abschnitt 5.3.1). Die zweite Frage wird von der Theorie der Modernisierung untersucht, die sich im Anschluss an die beiden Klassiker entwickelt hat (Abschnitt 5.3.2).

5.3.1 Soziale Differenzierung ohne und mit sozialer Selbststeuerung

Spencer: Spontane soziale Ordnung

Spencer hat aus der Evolutionstheorie zwei Ideen in die Soziologie importiert. Die erste Idee ist, dass die soziale Differenzierung einem allgemeinen Entwicklungsmuster folgt: Gesellschaften entwickeln sich „von unzusammenhängender Homogenität zu zusammenhängender Heterogenität". Dies ist kein „Gesetz" der Evolution, das spezifische Differenzierungsprozesse „erklären" könnte; es ist ein typisierendes Schema, mit dem sich die Vielfalt sozialer Entwicklungen einheitlich beschreiben lässt und das seinerseits erklärt werden muss.

Erklärende Ursachen der sozialen Differenzierung sieht Spencer im wachsenden Volumen und der ansteigenden Dichte von Gesellschaften, also in der steigenden Zahl der Mitglieder und in der wachsenden Interaktionshäufigkeit unter ihnen. Mit dem Volumen wächst die Gesellschaft in die Breite: Die Zahl der Einheiten, also Personen, Stämme oder „Familien", steigt, die das Substratum der sozialen Differenzierung bilden. Mit der Dichte wächst die Gesellschaft in die Höhe: Die Zahl der funktionalen Differenzierungen steigt, die sich über das Substratum legen. Volumen und Dichte variieren also unabhängig voneinander; ein gewisses Volumen ist die Voraussetzung, aber die Dichte ist die entscheidende Triebkraft der sozialen Differenzierung. Große Dichte wird zwar technisch ermöglicht durch Verkehrs- und Kommunikationsmittel, also – modern gesprochen – durch die Infrastruktur; aber sie besteht aus den Netzwerken sich überlappender Wechselwirkungsformen, sie ist also mit dem zu vergleichen, was man heute Sozialstruktur nennt (siehe Abschnitt 7.4). Mit steigender Dichte legen sich über den Untergrund gleichartiger sozialer Elemente immer mehr Funktionen jenseits der Elemente, an denen jedes Element nur in Aspekten teilhat.

Die zweite Idee ist, dass die forschreitende soziale Differenzierung die Menschen mehr und mehr aneinander bindet, weil jeder seine Interessen zunehmend besser verwirklichen kann – so wie nach der Logik des komparativen Vorteils jeder durch Arbeitsteilung und Tausch seine Lage verbessern kann (siehe Abschnitt 5.1.2). Weil die Differenzierung die wechselseitige Abhängigkeit vergrößert, hält sie die Menschen immer besser zusammen. Weil jeder mit einer Spezialisierung seine Interessen besser verwirklichen kann als ohne, ist er aus eigenem Interesse an die Gesellschaft gebunden. Die „unsichtbare Hand", die nach Adam Smith (1776) auf dem Markt die unterschiedlichen Interessen zusammenhält, hält nach den Vorstellungen Spencers die spezialisierten Menschen in jeder sozialen Beziehung zusammen. Wie auf dem Markt, so entsteht auch in der Gesellschaft Ordnung *spontan*, ohne dass besondere Instanzen sich darum bemühen. Mit der wachsenden Differenzierung der Funktionen wachsen die Lebenschancen für alle an, so dass die soziale Integration *ohne Selbststeuerung der Gesellschaft* sichergestellt ist.

Das ist der Kern von Spencers These einer Evolution von „militärischen" zu „industriellen" Gesellschaften. In „militärischen" – also ständisch-feudalen – Gesellschaften herrscht soziale Ungleichheit zwischen den Menschen, so dass nicht jeder die gleichen Lebenschancen hat und die Menschen durch staatliche Autoritäten zusammengehalten werden müssen; an „industrielle" – also durch hohe berufliche Differenzierung gekennzeichnete – Gesellschaften binden die Menschen sich selbst durch die angebotenen Chancen der Selbstentfaltung, so dass der Staat nur noch den Rahmen für die Kooperation der Menschen festlegen und kontrollieren, nicht aber in ihr Handeln regulierend eingreifen muss. „Selbststeuerung" ist nach Spencer eher ein Euphemismus für den Zwangsapparat „militärischer" – oder „sozialistischer" – Gesellschaften als eine Notwendigkeit „industrieller" Gesellschaften. Im Gegenteil: In „industriellen" Gesellschaften soll der kollektive Akteur Staat nur die Beziehungen zu anderen Staaten regeln und im Innern nur den rechtlichen Rahmen des Zusammenlebens festlegen, nicht aber versuchen, Unterschiede der Lebenschancen zwischen Menschen auszugleichen.

Spencer ist also überzeugt, dass die soziale Differenzierung spontan eine soziale Ordnung hervorbringe und deshalb keiner sozialen Steuerung bedürfe. Die Kausalkette „Interdependenz, Chancenverbesserung, Selbstbindung" garantiert, dass schon die soziale Differenzierung die Menschen zusammenhält und das Problem der sozialen Integration gar nicht auftaucht. Die Beteiligten sehen selber die komparativen Vorteile der Arbeitsteilung, die in so gut wie allen sozialen Beziehungen in und außerhalb der wirtschaftlichen Produktion wirksam werden; das entsprechende Wissen muss nicht als Kollektivgut produziert werden. Spencer setzt also soziale Differenzierung optimistisch mit sozialer Integration *gleich*. Eine Generation später hat der französische Soziologie Emile Durkheim zwar Spencers Ideen zur sozialen Differenzierung übernommen, aber nicht seine Hoffnungen. Er sieht *Folgen* der sozialen Differenzierung, die ihn pessimistisch stimmen: nicht Ordnung, sondern Ordnungslosigkeit oder „Anomie".

Lektüre: Spencer (1972: Kap. 6, 7, 13 und 14 zur Evolution, Kap. 16 zur militärischen und industriellen Gesellschaft). Zusammenfassend Münch (1994: 44-49).

Durkheim: Anomie

Was Spencer als den Übergang von unzusammenhängender Homogenität zu zusammenhängender Heterogenität bezeichnet, findet sich in Durkheims Werk „Über die Teilung der sozialen Arbeit" (1893) als Übergang von „segmentären" zu „organischen" Gesellschaften wieder. Aber diese Entwicklungsstufen der Differenzierung ergänzt Durkheim durch zwei Formen der sozialen Integration, die „mechanische" (auf Ähnlichkeit beruhende) und die „organische" (auf Unterschieden beruhende) Solidarität. Die mechanische Solidarität wird am „repressiven" Strafrecht, die organische am „restitutiven" Zivilrecht, und der Übergang zwischen beiden am Verhältnis beider Formen an der Gesamtheit der Rechtsvorschriften in Gesellschaften messbar. Wie Spencer beschreibt also Durkheim die soziale Differenzierung mit einem typisierenden Schema; wie Spencer erklärt auch Durkheim die soziale Differenzierung aus Dichte und Volumen von Gesellschaften.

Aber für Durkheim führt die soziale Differenzierung nicht ohne weiteres zu sozialer Integration. Vielmehr verlangt sie von den Menschen Anpassungsbereitschaft und Mobilität und schwächt Bindungen an Familie und Verwandtschaft, Gemeinde und Region, Kirche und Religion. Die soziale Differenzierung löst soziale Ordnungen auf und kann zu Individualismus und Egoismus, zu wirtschaftlichen Krisen der Über- oder Unterproduktion, zum Klassenkampf, kurzum: zu Ordnungslosigkeit und Desintegration oder, wie Durkheim sagt, zu „Anomie" führen. Sie lockert in jedem Fall herkömmliche Bindungen; aber sie stiftet nicht in jedem Fall neue Bindungen. In segmentären Gesellschaften mag die mechanische Solidarität selbstverständlich sein, aber in differenzierten Gesellschaften ist die organische Solidarität keineswegs selbstverständlich. Zwar besteht die mechanische Solidarität in verschiedenen Formen des „Kollektivbewusstseins" – also im Glauben an gemeinsame Werte und Normen – fort. Aber die Formen des Rechts, die der organischen Solidarität entsprechen, das Eigentums- und das Vertragsrecht, binden nur wenige und immer wieder andere Individuen aufgrund ihrer – u.U. gegensätzlichen – Interessenlagen aneinander; sie führen nicht alle Individuen gleichzeitig zusammen, sie bilden kein direktes Band zwischen Individuum und Gesellschaft.

Durkheims Problem ist es also, wie die immanenten Tendenzen der sozialen Differenzierung, Solidarität aufzulösen, aufgefangen werden können. Die Lösungen, die Durkheim für dieses Problem vorschlägt, bringen ihn in Gegensatz zu Spencer. Während Spencer glaubt, dass soziale Differenzierung automatisch soziale Integration mit sich bringt, glaubt Durkheim, dass die soziale Differenzierung zwar soziale Integration hervorbringen *kann*, aber doch oft von der Gesellschaft selber gesteuert werden *muss*, um zu sozialer Integration zu führen. Während Spencer den Staat auf Gesetzgebung und Außenpolitik reduzieren will, setzt Durkheim auf den Sozialstaat, der sozial unerwünschte Folgen wirtschaftlicher Entwicklungen auffängt. Während Spencer ein Liberaler war und den Sozialismus kritisierte, verstand Durkheim sich selber als Sozialist, im deutschen Sprachgebrauch als Sozialdemokrat. Während Spencer glaubte, dass sich so gut wie alle sozialen Beziehungen nach der Logik des komparativen Vorteils mit dem Ergebnis der Besserstellung aller differenzieren, ohne dass eine besondere Steuerungsinstanz die relativen Vorteile ermitteln, also ein Kollektivgut produzieren müsse, streicht Durkheim die Möglichkeit heraus, dass die soziale Differenzierung in einigen Fällen die Interessen einiger mehr und die anderer weniger befriedigt und sozial gesteuert werden muss. Spezifisch macht Durkheim drei Vorschläge, wie die Selbststeuerung der Gesellschaft die mit der sozialen Differenzierung angelegte Tendenz zur Anomie bändigen und zu sozialer Integration führen könnte.

Erstens: Im Vorwort zur zweiten Auflage der „Arbeitsteilung" schlägt Durkheim eine Wiederbelebung des Ständestaates vor, in Spencers Begriffen also eine Rückkehr von industriellen zu militärischen Gesellschaftsformen. Eine politische Repräsentation innerhalb der Berufsgruppen soll neben das allgemeine, d.h. ohne soziale Quotierung gewählte Parlament treten.

Sie soll über die Schranke der Klassen hinweg eine Gemeinschaft bilden, in der Rechte und Pflichten von Arbeitgebern und Arbeitnehmern bestimmt und Güter gerecht, d.h. nach der Leistung des Einzelnen verteilt werden. In den Berufsgruppen sollten die sozialen Klassen nicht gegeneinander kämpfen, sondern zur Bewältigung der wirtschaftlichen Krisen zusammenarbeiten. *Zweitens:* Wie Spencer sah Durkheim, dass Chancengleichheit die Selbstbindung der Individuen an die Gesellschaft ermöglicht. Anders als für Spencer aber war für Durkheim Chancengleichheit kein selbstverständliches Produkt sozialer Differenzierung. Vielmehr sollte der Staat Chancengleichheit durch politische Maßnahmen – etwa im Bildungswesen – herstellen, die nicht durch Leistung verdiente Ungleichheit eindämmen (Durkheim 1893: 3. Buch, 2. Kapitel); in den „Vorlesungen zur Soziologie" (1950) ging Durkheim so weit, das Erbrecht abschaffen und die Berufsgruppen als Erben einsetzen zu wollen. *Drittens:* In seinen Vorlesungen zu „Erziehung, Moral und Gesellschaft" (1973) entwickelte Durkheim die Idee einer säkularen moralischen Erziehung durch den Staat, in der die Idee der Moral als Pflicht gegenüber der Gesellschaft gelehrt und Tendenzen, sich ohne jeden Bezug auf sozial verbindliche Werte selbst verwirklichen zu wollen, zurückgedrängt werden sollten. Erziehung ist also in letzter Linie das Mittel, das in einer Gesellschaft ohne einheitliche und verbindliche Religion den Glauben an gemeinsame Werte – also Solidarität – herstellt.

Lektüre: Durkheim (1893: Erstes Buch, Kapitel 2 und 3)

Weiterführende Literatur: Schimank 1996: 27-45. Die Begründungen, warum in der liberalen Theorie Integration fast selbstverständliche Folge der Differenzierung ist, und Einwände gegen sie, diskutiert Holmes (1985). Die inhaltlichen Gemeinsamkeiten und den ideologischen Gegensatz zwischen Spencer und Durkheim stellt Rüschemeyer (1985) ausführlich dar. Tyrell (1985: vor allem 208-223) betrachtet die Problematik des Konzepts der organischen Solidarität. Theorien zur sozialen Differenzierung sind in Schimank (1996) dargestellt. Anschauungsmaterial für die soziale Differenzierung im Bereich der Politik, der Arbeit und der Familie liefert Hondrich (1982).

5.3.2 Modernisierung

Modernisierung als Effizienzsteigerung

Sowohl Spencer wie Durkheim sahen die Ursachen der sozialen Differenzierung in der Zunahme von Volumen und Dichte der Gesellschaft, also im Wachstum von Bevölkerung und Infrastruktur. Beide Autoren meiden eine Erklärung, die nahegelegen hätte: Die soziale Differenzierung einer Gesellschaft steigert ihre Leistungsfähigkeit, ihre Effizienz. Warum?

Die Erklärung der sozialen Differenzierung durch die Zunahme von Volumen und Dichte ist kausal. Die Ursachen, Volumen und Dichte, liegen vor der Wirkung, der Differenzierung zwischen oder innerhalb sozialer Lebensbereiche, und die Ursache ist unabhängig von der Wirkung messbar.[13] Die Erklärung der sozialen Differenzierung durch Effizienzsteigerung ist jedoch teleologisch: Ein Prozess wird nicht durch eine vorausgehende Ursache, sondern durch das Ziel erklärt, das er erreicht hat; anders gesagt: Das Ziel wird zurückversetzt als Ursache gedacht. Die Gefahr besteht, dass der Zielzustand nur die letzte aus einer Reihe von Messungen

---

13 Mit Volumen und Dichte auf der einen Seite und der sozialen Differenzierung auf der anderen Seite stehen sich zwei makrosoziale Variablen gegenüber, deren kausale Verknüpfung man als ein „soziales Gesetz" auffassen kann. Nach dem soziologischen Erklärungsschema (siehe Abschnitt 3.2.4) sollte man jedoch nach vermittelnden Erklärungen auf der Mikroebene suchen. Darauf wird hier verzichtet; aber es ist im Prinzip nicht ausgeschlossen: Es sind miteinander agierende Menschen, die die soziale Infrastruktur stärker nutzen und häufiger miteinander kommunizieren, so dass sie ihre Arbeit stärker teilen können.

ist, die insgesamt den Prozess ausmachen. Wenn aber der Prozess nicht unabhängig vom Zielzustand erfasst wurde, ist eine Erklärung des Prozesses durch den Zielzustand tautologisch. Alles hat sich wie beobachtet differenziert, weil es sich so differenziert hat; jede mögliche Entwicklung kann gleich gut erklärt werden, denn jede erklärt sich selber. Aber selbst wenn eine teleologische Erklärung den erklärenden Zielzustand unabhängig vom zu erklärenden Prozess erfasst, kann der Zielzustand der *geplanten* Effizienzsteigerung nur unter einer Bedingung den Prozess erklären: Er muss von den Menschen gewollt worden sein, bevor er realisiert wurde. Nur dann ist die ganz elementare Bedingung einer kausalen Erklärung erfüllt, dass die Ursache von der Wirkung unabhängig sein und ihr vorangehen muss.

Gerade diese Bedingung aber ist für die Erklärung der sozialen Differenzierung durch Effizienzsteigerung schwer erfüllbar. Erstens ist die Effizienzsteigerung einer Gesellschaft – unabhängig vom zu erklärenden Tatbestand der sozialen Differenzierung – schwer messbar; es gibt nur mehr oder minder indirekte Indikatoren für sie: das (Brutto-)Sozialprodukt pro Kopf, die Arbeitsproduktivität, die Kapitalproduktivität, der Energieeinsatz pro Einheit des Sozialprodukts u.a.m. Zweitens sind Menschen oder Verbände, individuelle und kollektive Akteure, selbst wenn sie eine Effizienzsteigerung planen, nicht sicher über die richtigen Mittel, so dass die realisierte Effizienzsteigerung nach Art und Größe nicht immer die angestrebte ist. Drittens kann die soziale Differenzierung nicht nur mit Steigerung, sondern auch mit Minderung der Effizienz verbunden sein, und beide Formen ergeben sich häufig ohne Planung. Die Ausdifferenzierung ist nicht planbar; und die Binnendifferenzierung unterliegt, wenn sie geplant wird, dem Risiko, das Ziel zu verfehlen.

Kurzum: Die Effizienzsteigerung ist keine automatische oder objektive Antriebskraft der sozialen Differenzierung; wenn sie überhaupt eine ursächliche Rolle in der sozialen Differenzierung spielt, dann nur in der Einschätzung individueller oder kollektiver Akteure (Schimank 1985: 423). Als Erklärung der sozialen Differenzierung ist der Effizienzgewinn also untauglich; aber das schließt seine Brauchbarkeit zur Beschreibung der sozialen Differenzierung keineswegs aus. Wenn kollektive Akteure die Einheiten der sozialen Evolution sind und wenn die soziale, im Gegensatz zur biologischen Evolution ein Ziel haben kann, dann ist Effizienzsteigerung ein empirisches Maß zur Beschreibung des Fortschritts der sozialen Differenzierung. Soziale Differenzierung und Effizienz korrelieren *mehr oder minder stark* miteinander: Oft steigt mit der Binnendifferenzierung tatsächlich die Effizienz; und manchmal ist die Effizienzsteigerung auch geplant worden. Effizienzsteigerung ist der gemeinsame Nenner der unterschiedlichen Prozesse der sozialen Differenzierung. Man kann den Fall nach dem Kriterium der Effizienzsteigerung „gelungener" sozialer Differenzierung als Modernisierung bezeichnen. Der Erfolg kann in den Begriffen der Evolutionstheorie durch die Steigerung der *Anpassungsfähigkeit an die Umwelt* beschrieben werden, die sich aus einer *gesteigerten Fähigkeit der Selbststeuerung* ergibt. Für staatlich verfasste Nationalgesellschaften, die verschiedene ausdifferenzierte Lebensbereiche umfassen und in einer Umgebung gleicher Gesellschaften leben, sollte gelten: Je größer die Anpassungs- und Selbststeuerungskapazität der Gesellschaft insgesamt, desto besser kann sie mit der sozialen Differenzierung die soziale Ordnung spontan weiterentwickeln oder aufkommenden Tendenzen zur Anomie entgegenwirken; desto mehr kann sie ihren materiellen Reichtum vermehren und zur subjektiven Wohlfahrt ihrer Mitglieder beitragen.

Evolutionäre Universalien und Basisinstitutionen

Die Idee, dass Modernisierung als Steigerung der Anpassungs- und Selbststeuerungsfähigkeit von Gesellschaften verstanden werden kann, bleibt jedoch solange abstrakt, als nicht die Mittel der Steigerung genannt werden. Das ist die Aufgabe der Modernisierungstheorie (Parsons 1971, Zapf 1994). Anpassungs- und Selbststeuerungsfähigkeit werden durch „evolutionäre Universalien", d.h. durch soziale Erfindungen gesteigert, die es Gesellschaften, die sie erfinden oder übernehmen, erlauben, mehr Reichtum und Wohlfahrt zu produzieren als Gesellschaften, die sie nicht erfunden haben oder nicht übernehmen wollen. Die evolutionären Universalien bauen aufeinander auf; sie stellen eine Skala der gesellschaftlichen Entwicklung dar: Jede Gesellschaft muss sie durchlaufen, um das Ziel gesteigerter Anpassungs- und Selbststeuerungsfähigkeit zu erreichen; verschiedene Gesellschaften lassen sich nach ihrem Stand auf dieser Skala als relativ „zurückgeblieben" oder „fortgeschritten" vergleichen. Parsons (Parsons 1964a, dazu: Schimank 1996: 127-128) gibt eine Skala von sechs evolutionären Universalien.

Erstens legitimiert die *soziale Schichtung* das Zusammenleben Ungleicher; sie reizt die Menschen mit materiellen und symbolischen Belohnungen zu Leistung an und gibt ihnen zugleich die Chance der Selbstverwirklichung durch Leistung, also eine Chance subjektiver Wohlfahrt. Zweitens erlaubt die *kulturelle Legitimierung* es einem Aggregat von Menschen, sich selbst als Gemeinschaft zu verstehen oder – in heutiger Sprache – eine Identität zu entwickeln. Die beiden ersten Universalien überwinden die Beschränkungen einfacher Gesellschaften. Die Schichtung übergreift die verwandtschaftliche Zuschreibung, denn verschiedene Stämme sind durch ihre Lage auf dem gleichen Kontinuum der Wertschätzung miteinander verbunden; und die kulturelle Legitimierung arbeitet mit Mythen und Symbolen, die alle Mitglieder einer Stammesgesellschaft kennen. Die beiden ersten Universalien wirken als Klammer um die Verwandtschaftsverbände, aus denen sich undifferenzierte Gesellschaften zusammensetzen. Sie schaffen die Voraussetzungen für moderne Gesellschaften, deren Entwicklung mit den folgenden Universalien einsetzt.[14] Drittens nämlich ermöglicht die *Bürokratie* – man kann auch sagen: kollektive Akteure – die effiziente Organisation der Zusammenarbeit von Menschen. Viertens steigern *Geld und Markt* die wirtschaftliche Produktion. Fünftens steigern *universalistische Normen und rationales Recht* die Verlässlichkeit und Kalkulierbarkeit des wirtschaftlichen Handelns und die Sicherheit des Individuums vor Übergriffen der Herrscher. Sechstens steigert die *demokratische Assoziation* – erkennbar am allgemeinen Wahlrecht – die Legitimität und Effektivität der Findung verbindlicher Entscheidungen für das gesamte Gemeinwesen, also der Politik.

Selbst wenn die universalgeschichtliche Behauptung, die sechs Universalien bildeten eine *Skala*, sich empirisch nicht einlösen lässt, kann man sie als eine *Liste* verstehen. So definiert Zapf (1994) moderne Gesellschaften durch einen Katalog von „Basisinstitutionen", die weder in einer bestimmten Folge noch unbedingt in ihrer Gesamtheit realisiert sein müssen: Konkurrenzdemokratie, Marktwirtschaft, Massenkonsum, Wohlfahrtsstaat. Unter jede dieser Basisinstitutionen lassen sich weitere soziale Erfindungen subsumieren, die nicht notwendig in jeder Gesellschaft realisiert sein müssen. Unter die Konkurrenzdemokratie fallen etwa innerparteiliche Demokratie, Repräsentationsprinzip, Verbandswesen, Föderalismus usw.; aber der

---

14 Erstaunlich ist, dass Parsons den Staat nicht zu den evolutionären Universalien zählt; das Selbstbewusstsein einer Gesellschaft, also die „kulturelle Legitimierung", ist sicher die Voraussetzung für die Herausbildung des Staates. Zudem ist die „Bürokratie" Bedingung für die Existenz eines Staates. So gesehen, kann der Staat unter das zweite und dritte Universale subsumiert werden.

Föderalismus z.B. ist Element der deutschen, nicht jedoch der französischen Konkurrenzdemokratie. Unter Marktwirtschaft fallen etwa Fusionskontrolle, Tarifautonomie, Unabhängigkeit der Zentralbank, Globalsteuerung; aber die Fusionskontrolle z.B. ist in den USA und in der Europäischen Gemeinschaft stärker institutionalisiert als in Deutschland.[15]

Die Basisinstitutionen umfassen also verschiedene Dimensionen der legitimen Ordnung (siehe Abschnitt 4.4.1) einer Gesellschaft. Sie bilden eine offene Hierarchie, in der sie alternativ oder kumulativ auf die Modernisierung hinwirken können. Auch dann bleibt der Grundgedanke der Modernisierungstheorie erhalten: Die Modernisierung beruht auf sozialen Erfindungen, die die Anpassungs- und Selbststeuerungsfähigkeit von Gesellschaften steigern und insgesamt nicht nur den Entwicklungsstand, sondern auch die legitime Ordnung einer Gesellschaft bestimmen. Statt zu empirisch schwer einlösbaren universalgeschichtlichen *Behauptungen* führt die Modernisierungstheorie dann zu empirischen *Fragen*: Wie passen die Basisinstitutionen als eine legitime Ordnung zueinander, welche Folgen oder Kombinationen sind möglich, welche nicht? Wie passen z.B. die drei Vorschläge Durkheims – Berufsgruppenorganisation, politische Durchsetzung von Chancengleichheit, säkulare Moralerziehung – zu einer modernen Gesellschaft?

Lektüre: Parsons (1964a), Zapf (1994)

Weiterführende Literatur: Tenbruck (1972) beschreibt die soziale Differenzierung von der primitiven oder Stammesgesellschaft über die Hochkultur bis zu modernen Gesellschaften und veranschaulicht Parsons' Überlegungen.

5.3.3 *Zusammenfassung und Ausblick: Modernisierung und ihre Folgen*

In den Abschnitten 5.2 und 5.3 wurde gezeigt, dass der Begriff der Evolution von der Biologie in die Soziologie übertragen werden kann, wenn Beziehungsformen sich zu sozialen Systemen schließen und soziale Systeme zur Umwelt anderer sozialer Systeme werden. Das hat einerseits zur Folge, dass der Gegenstand der Evolution sich verlagert: Statt um die Differenzierung zwischen Arten geht es um die Differenzierung in sozialen Systemen. Auf der anderen Seite aber gewinnt man eine neue Perspektive für die Betrachtung sozialer Systeme und ein Maß für den Grad ihrer Entwicklung. Während die Evolution der biologischen Arten kein Ziel hat, kann die Differenzierung einer Gesellschaft von ihr selbst wahrgenommen und gesteuert werden.

Die soziale Differenzierung kann – wie es Spencer glaubte – spontan eine soziale Ordnung hervorbringen. Dann kann sich die Selbststeuerung darauf beschränken, nach außen die Beziehungen zu anderen Gesellschaften zu regeln und nach innen Recht zu setzen und zu wahren. Aber wenn – wie Durkheim es sah – die soziale Differenzierung alte Ordnungen zerstört, ohne spontan neue an ihre Stelle zu setzen, wenn also Tendenzen der Anomie auftauchen, müssen Gesellschaften versuchen, neue Elemente einer Ordnung zu konstruieren. Teil der spontanen wie der konstruierten Ordnung sind soziale Erfindungen. Sie modernisieren Gesellschaften, indem sie ihre Anpassungs- und Selbststeuerungsfähigkeit steigern. Die soziale Differenzierung ist ein Entwicklungsprozess von Gesellschaften und die Modernisierung ein Entwicklungsprozess hin zu einer spezifischen „modernen" Vergesellschaftungsform, nämlich der nationalstaatlich verfassten Gesellschaft.

---

15 Eine ähnliche Aufzählung von Merkmalen moderner Gesellschaften, allerdings ohne Bezug auf den gemeinsamen Nenner der Effizienzsteigerung bietet Hradil (1992: 3-5). Die Probleme des Konzepts der Modernisierung allgemein diskutiert Scheuch (1999).

In den Abschnitten 5.2. und 5.3 wurde also ausgeführt, was zu Beginn des Kapitels behauptet wurde: *Die* soziale Differenzierung ist eine Differenzierung des sozialen Handelns – unabhängig von sozialen Differenzierung*en* zwischen Menschen aufgrund natürlicher Unterschiede. Und sie führt zu sozialen Tatbeständen jenseits des sozialen Handelns, zu Korporationen, d.h. geschaffenen Verbänden mit ihren eigenen sozialen Funktionen – im Gegensatz zur natürlichen Abstammung, deren verbandsmäßige Regelung ein Motor der sozialen Differenzierung ist.

In den Abschnitten 5.2 und 5.3 blieb unerörtert, wie die Differenzierung des sozialen Handelns zu einer Differenzierung zwischen den Menschen wird: *Spezialisierung und Individualisierung* der Menschen sind jedoch *begleitende* Tendenzen der Differenzierung der Gesellschaft, die im letzten Abschnitt dieses Kapitels betrachtet werden sollen. In Abschnitt 5.2 und 5.3 wurde zudem angenommen, dass die Entwicklung der Gesellschaft, spontan oder geplant, auf eine Zunahme der Differenzierung hinausläuft. Aber Gesellschaften können die Fähigkeit der Selbststeuerung, die sie mit der sozialen Differenzierung gewonnen haben, auch zu einer geplanten Entdifferenzierung nutzen. Kleine Vergesellschaftungen können versuchen, die Last der Arbeiten gleich zu verteilen. Und Nationalstaaten können versuchen, Ausdifferenzierungen zwischen sozialen Lebensbereichen zurückzunehmen ... die mit der Modernisierung verbunden sind – was man als Demodernisierung bezeichnen kann. *Entdifferenzierung und Demodernisierung* der Gesellschaft sind *gegenläufige* Tendenzen zur Differenzierung der Gesellschaft, die ebenfalls im letzten Abschnitt dieses Kapitels betrachtet werden.

5.4 Begleitende und gegenläufige Tendenzen

5.4.1 Spezialisierung und Individualisierung

Die soziale Differenzierung geht vom sozialen aus und bringt Gesellschaften mit unterschiedlichen Funktionen und Institutionen hervor. Aber sie wirkt zurück auf die Menschen, die zusammen handeln.[16] Die soziale Differenzierung von Gesellschaften ist nicht denkbar ohne die Spezialisierung von Personen.

Spezialisierung als Problem der Person

Die Spezialisierung verspricht der Person eine höhere Effizienz des Handelns. Das lässt sich an den drei schon zu Anfang des Kapitels gegebenen Beispielen illustrieren. Es ist bei der Arbeit wiederum offensichtlich: Je mehr jemand sich in seiner Arbeit spezialisiert, desto mehr Geschick kann er entwickeln, desto effizienter wird er arbeiten. Das gilt aber auch für die Fami-

---

16 Man kann die Frage der Rückwirkung der sozialen Differenzierung von Gesellschaften auf die Menschen in ihnen auch als die Frage nach dem Zusammenhang zwischen „objektiver" (auf Teilsysteme von Gesellschaften bezogener) und „subjektiver" (auf die Einstellung von Menschen bezogener) Modernisierung stellen (Hradil 1992). So fragte Dahrendorf (1967), ob in der Bundesrepublik der sechziger Jahre nicht „unmoderne Menschen in einer modernen Welt" lebten. Oder der Wandel der Familienformen kann als „Modernisierung der Privatheit" (Meyer 1992) beschrieben werden. Aber für die „subjektive" Modernisierung gibt es nicht einmal auf allgemeiner Ebene ein Maß, das dem Kriterium der Anpassungs- und Selbststeuerungsfähigkeit differenzierter Teile für die „objektive" Modernisierung entsprechen würde – von den beschriebenen Problemen, das Kriterium genauer zu fassen, ganz abgesehen. Die „subjektive" ist also keine eigene Modernisierung, sondern die Reaktion der Menschen auf „die" Modernisierung.

lie: Wenn Mann und Frau im Beruf und zu Hause arbeiten, werden beide in beiden Bereichen weniger leisten, als wenn jeder sich in einem Bereich spezialisiert. Das gilt schließlich auch in der Parteipolitik: Honorationen, die nur nebenberuflich in der Politik arbeiten, können sicher genau so gut wie Vollzeitpolitiker Interessen vertreten; aber sie werden weniger technische politische Kompetenz entwickeln, also Geschick in der Überzeugung oder Überredung anderer und im Umgang mit Gremien und Effizienz in der Verwaltung der politischen Tagesgeschäfte (Weber 1980: 439). In aller Regel wird die soziale Differenzierung also die individuelle Leistung eines jeden steigern und damit auch die Summe der Leistungen aller, die an einer bestimmten Arbeit zusammenarbeiten.

Aber die Spezialisierung kann auch zum Verlust von Effizienz führen (Boudon / Bourricaud 1992: 32-38, Hondrich 1982: 60-71; Schimank 1985: 423). Zunächst steigt mit der Spezialisierung auch der für die Koordination notwendige Aufwand; das gilt zwar nicht für eine Spezialisierung auf dem Markt, aber doch für den sehr häufigen Fall der Binnendifferenzierung in Organisationen. Aber in aller Regel haben Organisationen – private Wirtschaftsbetriebe und öffentliche Verwaltungen – die Mittel, zu kontrollieren, wann der Gewinn der Spezialisierung durch die Kosten der Koordination aufgezehrt wird, und die Spezialisierung zu stoppen.

Gravierender sind daher Fälle, in denen die Spezialisierung Ineffizienz nicht bei der Organisation, sondern bei den Personen in der Organisation bewirkt. Die Spezialisierung kann – wie etwa die auf wenige Handgriffe reduzierte Fließbandarbeit – die Person demotivieren und sich selbst entfremden, so dass sie weniger effizient als in einer Gruppe arbeitet, wo jeder die gesamte Arbeit erledigt oder die Gruppe selber über die Arbeitsteilung entscheiden kann. Es kann sein, dass die Arbeitsproduktivität nur bis zu einem bestimmten Punkt der Spezialisierung ansteigt, danach aber abnimmt. Aus dieser Überlegung ergibt sich die Idee, z.B. in der Automobilproduktion das Fließband durch Arbeitsgruppen zu ersetzen, also Binnendifferenzierungen zurückzunehmen.

In Organisationen kann also die Spezialisierung die Arbeitsproduktivität senken, weil sie die Person ihrer Arbeit entfremdet. Gilt das nicht nur für die Mitglieder von Organisationen, sondern auch für die Bevölkerung von Gesellschaften? Ist, was in Organisationen Folge übertriebener Binnendifferenzierung sein kann, in Gesellschaften Folge sozialer Differenzierung schlechthin? Bringt die Spezialisierung der Person einen Verlust an breiten Kenntnissen oder umfassender Bildung mit sich, eine Selbstentfremdung oder einen Verlust an Individualität? Diese Frage stellt sich Durkheim im Schlusskapitel seiner „Arbeitsteilung" und verneint sie mit Nachdruck.

Individualisierung als Folge der Arbeitsteilung: Durkheim

Nach Durkheim wird der Verlust an Breite, der mit der Arbeitsteilung einhergeht, mehr als kompensiert durch den Gewinn an Tiefe. Die Menschen, die viele Arbeiten beherrschen, sind einander sehr viel ähnlicher als die Menschen, die eine spezialisierte Funktion ausüben. Die Arbeitsteilung erst stellt also die soziale Grundlage dafür her, dass Menschen sich als Individuen, als voneinander unterschiedlich erkennen. Individualität ist den Personen nicht vorsozial gegeben, sondern wird erst durch die soziale Differenzierung ermöglicht. Die Arbeitsteilung zerstört nicht Individualität, sondern schafft erst die Chance der Individualisierung. Mehr noch: Die Vorstellung einer vorsozialen Individualität, die mit der sozialen Arbeitsteilung eingeschränkt wird, ist selber Produkt einer weit fortgeschrittenen Arbeitsteilung; sie ist eine Projektion, die das Ergebnis an den Anfang stellt. Vor der Arbeitsteilung konnten die Menschen sich gar nicht als Individuen auffassen; weil sie alle mehr oder minder ähnliche Arbeiten hatten, waren sie auch als Personen einander sehr ähnlich. Mit dem Fortschritt der Arbeitsteilung gewinnt aber jeder ein schärferes Profil, das ihn von den anderen abhebt. Erst mit der Differenzierung wird der Wert „des Individuums", der im Christentum schon weit früher seine ideengeschichtlichen Wurzeln hat, für die breite Bevölkerung verbindlich; Selbstbestimmung – wie man es heute nennen würde – wird zu einer Zielvorstellung, an der die Person ihr berufliches und privates Leben orientiert. Und erst wenn die Zielvorstellung des Individuums auf den Ausgangszustand vielfältig herausgeforderter, aber weitgehend ähnlicher Personen zurückprojiziert wird, kann der Eindruck entstehen, die Arbeitsteilung bedeute eine zunehmende Verarmung.

Das Individuum steht also nicht am Anfang, sondern am Ende der sozialen Differenzierung. Die soziale Differenzierung bringt keine Verarmung der Menschen mit sich, sondern schafft die sozialen Chancen der Individualisierung und favorisiert zunehmend die Selbstbestimmung. Aus dieser Überlegung heraus hält Durkheim die berufliche Spezialisierung für einen moralischen Imperativ; aus dieser Überlegung heraus fordert er eine säkulare Moralerziehung, die den Wert des Individuums respektiert und es zugleich durch eine innere Verpflichtung an die Gesellschaft bindet, der es angehört.

Individualisierung als Folge der Kreuzung sozialer Kreise: Simmel

Noch breiter als Durkheim fasst Simmel (1908: 305-344) die gleiche Idee: Individualisierung wird nicht nur durch die berufliche Spezialisierung allein, sondern durch die „Kreuzung sozialer Kreise" überhaupt hervorgebracht, die zahlreicher und in wachsendem Maße voneinander unabhängig werden. Jeder ist nicht nur Angehöriger eines Berufs, sondern auch Mitglied einer Eltern- und einer eigenen Familie, Mitglied einer Kirche, einer Nachbarschaft, einer Ortsgemeinde und einer Nachbarschaft, oft auch einer politischen Partei, einer Gewerkschaft, eines Vereins. Darüber hinaus wird die Verknüpfung von Merkmalen – also die Statuskonsistenz (siehe Abschnitt 9.2) – immer lockerer: Wer Arbeiter ist, wählt nicht unbedingt SPD; wer auf dem Lande lebt, ist nicht unbedingt ein eifriger Kirchgänger; wer katholisch ist, kann ebenso gut wie ein Protestant eine nichteheliche Lebensgemeinschaft eingehen statt eine Ehe zu gründen usw. Die wachsende Zahl und die steigende Unabhängigkeit der Kreise bringt wachsende Möglichkeiten der Kombination mit sich, so dass jeder „einzigartig" wird, weil es immer weniger wahrscheinlich wird, dass gerade seine Kombination noch einmal auftaucht.

Aber die faktische Einzigartigkeit steigert wiederum die Verbindlichkeit der Idee. Das Individuum ist nicht nur einzigartig, es erkennt sich auch als einzigartig und will einzigartig sein. Weil immer mehr Wahlmöglichkeiten offen stehen, ist die Entscheidungskraft des Einzelnen herausgefordert: Das Individuum kann nicht nur, es muss „sich selbst bestimmen"; was funktionale Folge der sozialen Differenzierung ist, muss auch als Wert angestrebt werden: Aus der Not wird eine Tugend. Weil die einzelnen Lebenskreise voneinander unabhängig sind, kann das Individuum in einem Kreis bestimmen, was es will, ohne auf andere Kreise viel Rücksicht nehmen zu müssen. Die sozialen Kontrollen lockern sich: Erwartungen, die sich aus der Zugehörigkeit zu einem sozialen Kreis ergeben, sind nur noch hier und in keinem anderen Kreis mehr verbindlich für das Handeln. Das Individuum gewinnt Spielräume für die Selbstbestimmung.

Die Genese der Individualität wird durch Simmels Idee der zunehmenden Differenzierung *zwischen* sozialen Lebensbereichen in höherem Maße soziologisch transparent als durch Durkheims Idee der wachsenden Differenzierung *in* einem sozialen Lebensbereich, der beruflichen Arbeit. Während Durkheim feststellt, dass die berufliche Spezialisierung dem Beruf zunehmend Gewicht für die persönliche Identität verleiht, untersucht Simmel, wie die formalen Prozesse der sozialen Differenzierung überhaupt Individualität praktisch ermöglichen und der Idee der Individualität Vorschub leisten. Aber diese Verallgemeinerung läuft Gefahr, die Unterschiede zwischen sozialen Kreisen aus dem Auge zu verlieren. Nicht alle sind für das Individuum gleichbedeutend. Für seine Verankerung in der Gesellschaft ist – hier behält Durkheim gegen Simmel Recht – die Arbeit, heute also der Beruf der wichtigste Lebenskreis, für die Verwirklichung der Selbstbestimmung aber ist die Familie der wichtigste Lebenskreis; da aber der Beruf Mittel zum Lebensunterhalt in der Familie ist, hat die Familie noch mehr Gewicht als der Beruf. Die Familie, also das Privatleben, ist das Zentrum der Selbstbestimmung; hier ist die Person sich ihrer selbst unmittelbar sicher, während überall „draußen" die Chancen der Selbstbestimmung eingeschränkt sind – und trotzdem oft gesucht werden. In der Tat zeigen Befragungen zur „Wichtigkeit von Lebensbereichen" immer wieder, dass die deutsche Bevölkerung „die Familie" für weitaus wichtiger hält als „Freizeit", „Beruf und Arbeit" und „Freunde" und diese wiederum für deutlich wichtiger als „Verwandte", „Politik" und „Religion" (Meulemann 2001). Für den Lebensunterhalt ist also der Beruf der wichtigste Kreis, der zudem auch subjektiv sehr hoch rangiert; und subjektiv ist die Familie der wichtigste Lebenskreis. Beruf und Familie bestimmen also die Individualität.

Die Individualisierung ist, so gesehen, eine „säkulare" Tendenz, eine Entwicklung seit Beginn der Industrialisierung, nicht erst – wie zeitgenössische Analysen (Beck 1986) es suggerieren – der letzten Dekaden. Zumindest für Deutschland ist sogar strittig, ob sich für die Zeit nach 1953 noch eine weitere Individualisierung belegen lässt (Jagodzinski / Quandt 1997).

Lektüre: Durkheim (1893: Schlusskapitel), Simmel (1905: 305-344)

Weiterführende Literatur: Beck (1986) greift die Idee der „Individualisierung" auf und führt sie für die Entwicklung der alten Bundesrepublik aus.

5.4.2 Entdifferenzierung und Demodernisierung

Wenn die Spezialisierung die Gefahr mit sich bringt, dass die Person sich ihrer Arbeit entfremdet, dann kann man versuchen, diese Gefahr durch eine Rücknahme der Binnendifferenzierung von Organisationen einzudämmen. Die Ersetzung der Fließbandarbeit durch Arbeitsgruppen in der Automobilproduktion ist ein Beispiel dafür, dass die geplante Entdifferenzierung (genauer: Planungen, die die Arbeitsteilung nicht mehr festschreiben und es den Arbeitenden überlassen, das Ausmaß der Arbeitsteilung festzulegen) ungewollte Folgen der Differenzierung kurieren soll. Während soziale Differenzierungen sich spontan entwickeln können, müssen Prozesse der Entdifferenzierung, die unerwünschten Folgen der sozialen Differenzierung entgegenwirken sollen, offenbar geplant werden. Soziale Differenzierungen steigern die Selbststeuerungskapazität in jedem ausdifferenzierten Bereich und damit in der Gesellschaft insgesamt; soziale Entdifferenzierungen aber müssen die Selbststeuerung in jedem Lebensbereich zurückschrauben und haben deshalb ihre eigenen Risiken. Diese Vermutung soll an zwei Beispielen der Entdifferenzierung untersucht werden.

Rücknahme von Binnendifferenzierungen

Die erste Entdifferenzierung bezieht sich wie die Arbeitsgruppen der Automobilproduktion auf die Rücknahme einer Binnendifferenzierung – allerdings nicht im beruflichen Leben, in dem Aufgaben nach Qualifikationen und Fertigkeiten zugewiesen werden, sondern im privaten Leben, in dem die Person für die Beziehung entscheidend ist, die Beziehung also – nach Parsons' Orientierungsalternativen (siehe Abschnitt 3.1.2) – partikularistisch ist. Die herkömmliche Arbeitsteilung in der Familie weist dem Manne die Berufsarbeit, der Frau die Hausarbeit zu. Für diese Arbeitsteilung spricht der Effektivitätsgewinn beider Spezialisten. Gegen diese Arbeitsteilung spricht der Wert der Gleichheit, der eine egalitäre Verteilung der äußeren und inneren Angelegenheiten des Haushalts zwischen Mann und Frau verlangt. Einem praktischen Argument für die Differenzierung steht also ein normatives Argument für die Entdifferenzierung gegenüber. Untersuchungen der Normen der Bevölkerung zeigen nun, dass in der alten Bundesrepublik Deutschland der Wert des Egalitarismus der Geschlechter[17] zwischen den sechziger und siebziger Jahren stark zugenommen hat und bis heute leicht weiter zunimmt (Meulemann 1996: 124-125, 403-404; 2002: 113-115). Der Vergleich zweier Querschnittsbefragungen 1975 und 1985 zeigt, dass trotz einer Zunahme der Berufstätigkeit der Frauen die Haushaltsführung überwiegend bei den Frauen geblieben ist (Hartenstein u.a. 1988). Eine Längsschnittbefragung von Ehepaaren zwischen 1988 und 2002 zeigt, dass sich mit der Ehedauer und vor allem mit der Elternschaft die Arbeitsteilung so differenziert, dass der Mann immer weniger der häuslichen Arbeiten übernimmt und dass weder die Berufstätigkeit noch die Ausbildung der Frau diese Tendenz mildert (Schulz / Blossfeld 2006).

Dem Anstieg der Erwünschtheit entspricht also keineswegs ein Anstieg der Praxis der Entdifferenzierung. Man kann die Diskrepanz von beiden Seiten her deuten. Auf der einen Seite sind offenbar normative Überzeugungen nicht zureichend, um eine diskrepante Praxis zu korrigieren; das zeigt sich schon in intimen Beziehungen, wo die Personen, die die Überzeugungen hegen, das Heft des Handelns in der Hand haben. Auf der anderen Seite hat offenbar die Arbeitsteilung für die Partner selbst dann ihre praktischen Vorteile, wenn sie ihren Überzeugungen entgegenläuft; das gilt selbst für den Partner, von dem in der Regel angenommen wird, das er den geringeren praktischen Vorteil hat, also die Frau. Die Entdifferenzierung wird stärker gewünscht, aber die Differenzierung behält ihre Schwerkraft. Die Differenzierung regelt und verstärkt sich von selbst, indem jeder in seinem Bereich Erfahrungen macht und Fertigkeiten entwickelt, also seine Umwelt besser kennen lernt und sich an sie besser anpasst. Die Entdifferenzierung verlangt jedoch den Austausch der speziellen Erfahrungen und die Planung, wie die Arbeiten, die zuvor geteilt waren, nun gleichgewichtig auf beide Schultern verteilt werden.

Rücknahme einer Ausdifferenzierung

Die zweite Entdifferenzierung bezieht sich auf die Rücknahme einer Ausdifferenzierung, mit der sich moderne Gesellschaften herausgebildet haben. Moderne Gesellschaften haben sich vor allem durch die Trennung von Politik und Wirtschaft herausgebildet, spezifischer: durch

---

17 Der Egalitarismus der Geschlechter kann aus der Gleichheit abgeleitet, sollte aber von ihr unterschieden werden. Gleichheit in der Öffentlichkeit kann immer nur Gleichheit der Chancen sein. Der Egalitarismus der Geschlechter in der Familie verlangt aber faktische Gleichheit. Natürlich kann man die Gleichheit der Chancen in der Öffentlichkeit auch nach dem Kriterium des Geschlechts betrachten. Zudem kann man vermuten, dass die Chancenungleichheit zwischen Männern und Frauen in der Öffentlichkeit eine Ursache der traditionalen Arbeitsteilung in der Familie ist. Auf jeden Fall beruht die Chancenungleichheit der Geschlechter in der Öffentlichkeit auf anderen Ursachen als die Arbeitsteilung der Geschlechter in der Familie. Eine Alternative zur Entdifferenzierung der Arbeitsteilung in der Familie ist der „Rollentausch": Der Mann besorgt den Haushalt, die Frau geht in den Beruf. Aber diese Arbeitsteilung widerspricht wie jede andere dem Wert des Egalitarismus der Geschlechter.

die relative Autonomie der „Basisinstitutionen" Konkurrenzdemokratie und Marktwirtschaft, von denen jede ihrem eigenen funktionalen Imperativ folgt: In der Politik geht es darum, verbindliche Entscheidungen zu finden; in einer Demokratie müssen die Entscheidungen zusätzlich durch Mehrheiten legitimiert werden. In der Wirtschaft geht es darum, knappe Ressourcen für die Produktion von Gütern optimal zu allozieren. Im Staatssozialismus hat nun die Politik die Grenze zur Ökonomie überschritten (Srubar 1991): Wirtschaftliche Entscheidungen, also die Entscheidungen über Preise und Investitionen wurden nicht mehr nach der Lage auf dem Markt, sondern nach staatlichem Plan, also nach politischen Vorgaben getroffen. Der Markt koordiniert voneinander unabhängige Entscheidungen nachträglich und global; die Planung will vorweg Entscheidungen ihrem Inhalt nach aufeinander abstimmen. Der funktionale Imperativ der optimalen Mittelallokation wurde dem funktionalen Imperativ der Konsensbildung für Entscheidungen untergeordnet.

Die Unterordnung der Ökonomie unter die Politik aber hat den materiellen Wohlstand der Gesellschaft und die subjektive Wohlfahrt ihrer Mitglieder vermindert. Weil nicht mehr der Markt die Preise festlegte, wurden Kosten und Erträge nicht mehr korrekt berechnet, Ressourcen nicht mehr optimal dorthin alloziert, wo sie am meisten erbringen, und die Produktion unter das Mögliche gedrosselt. Der Versuch, dennoch mit den konkurrierenden kapitalistischen Ländern wirtschaftlich gleichzuziehen oder sie zu „überholen", zwang die politische Führung dazu, zunächst den Konsum der Bevölkerung einzuschränken und später von der Substanz zu leben – bis der Staatssozialismus zusammenbrach. Aus dem gleichen Grunde musste die politische Führung zudem in der Bevölkerung permanent die Propaganda-Trommel für „Leistung", d.h. für „mehr Arbeit" rühren, aber die staatssozialistische Verfassung verbat es ihr, wirksame Leistungsreize wie eine größere Lohndifferenzierung einzusetzen, so dass die Erwerbstätigen – wie Umfragen in den Betrieben der DDR zwischen 1967 und 1989 zeigen (Meulemann 1996: 189-212) – sich über die mangelnde Möglichkeit beklagten, für persönliche Leistung wirklich belohnt zu werden. Die Rücknahme einer Ausdifferenzierung schränkte also nicht nur die materielle Produktion ein, sondern beeinträchtigte auch die subjektive Wohlfahrt.

Wo der Staatssozialismus in „modernen" Ländern eingeführt wurde, in denen wie in Deutschland und der Tschechoslowakei Politik und Wirtschaft zuvor relativ autonom waren, ist die Entdifferenzierung eine „Demodernisierung".[18] Die Modernisierung wurde als eine soziale Differenzierung gesehen, die die Anpassungs- und Selbststeuerungskapazität einer staatlich verfassten Nationalgesellschaft gesteigert hat; die Demodernisierung aber nimmt Ausdifferenzierungen in einer Gesellschaft zurück, so dass die Leistungsfähigkeit der zuvor relativ autonomen Lebensbereiche und damit auch die Selbststeuerungsfähigkeit der Gesellschaft insgesamt zurückgeht. Der Staatssozialismus hat die Selbststeuerung der Wirtschaft nach dem Marktmechanismus der Anpassung von Angebot und Nachfrage suspendiert und sie der politischen Planung unterworfen. Aber die Planung auf oberster Ebene hat offenbar nicht kompensieren können, was an der Selbststeuerungskapazität in den ausdifferenzierten Lebensbereichen zunichte gemacht wurde.

---

18 Entsprechend geraten diese Staaten nach dem Ende des Staatssozialismus unter „Modernisierungsdruck" (siehe für Ostdeutschland: Geißler 1992): Die aufgehobenen Differenzierungen müssen erneut eingeführt werden.

Normative Ziele und Effizienz

Die Einführung der staatlichen Planwirtschaft in den staatssozialistischen Ländern war – wie die Rücknahme der Arbeitsteilung in der Familie – normativ begründet. Mit der Enteignung der Produktionsmittel sollten Ungerechtigkeiten der Marktwirtschaft an ihrer vermeintlichen Quelle beseitigt und mehr Gleichheit unter den Menschen hergestellt werden. Aber die staatliche Planwirtschaft galt sozialistischen Ökonomen auch als praktisch überlegen: Eine Planung vorweg nach den Bedürfnissen aller würde einen größeren Reichtum produzieren als eine nachträgliche Abstimmung zwischen Produktion und Bedürfnissen auf dem „anarchischen" (Marx 1967: 50-51) Markt; zudem sollte jeder, da er ja Besitzer der Produktionsmittel sei und nicht von einem fremden Besitzer ausgebeutet werde, besser arbeiten und mehr leisten als unter kapitalistischen Produktionsverhältnissen. Auch hier aber hat die normative Zielvorstellung die sozialen Sachzwänge nicht aufheben können. Weder die normative noch die praktische Legitimation hat verhindert, dass der Staatssozialismus scheiterte.

Aus beiden Prozessen der Entdifferenzierung kann man Folgendes schließen. *Erstens*: Während soziale Differenzierung sowohl ungeplant wie geplant sein kann, muss soziale Entdifferenzierung offenbar geplant werden. *Zweitens*: Während die soziale Differenzierung die Selbststeuerungskapazität von Gesellschaften hervorbringen kann, setzt die soziale Entdifferenzierung die Selbststeuerungskapazität voraus; aber der Versuch, die Anpassungs- und Selbststeuerungskapazität einer staatlichen Nationalgesellschaft dadurch zu steigern, dass man die Selbststeuerung relativ autonomer Lebensbereiche einem übergeordneten Plan unterwirft, hat eher kontraproduktive Folgen: Sie mindert Reichtum und Wohlfahrt. *Drittens*: Weil soziale Entdifferenzierung geplant werden muss, muss sie auch gerechtfertigt werden. Dazu können normative oder praktische Überlegungen dienen; aber die normative Rechtfertigung ist keine Garantie für den praktischen Erfolg. Alle diese Schlüsse laufen darauf hinaus, dass der Erfolg sozialer Entdifferenzierungen unsicher ist. Wer gegenüber der Planung sozialer Differenzierung skeptisch ist, muss es noch mehr gegenüber der Planung sozialer Entdifferenzierung sein.

5.5 Ausblick: Soziale Differenzierung und ihre Verbindung zu sozialer Integration, sozialer Struktur und sozialem Wandel

Soziale Differenzierung und soziale Integration

Im vorausgehenden Kapitel wurde gefragt, ob es fruchtbar ist, die Perspektive der Evolution aus der Biologie als Perspektive der sozialen Differenzierung in die Soziologie zu übertragen. Die Antwort war positiv. Mit der sozialen Differenzierung beginnen Gesellschaften, sich selber wahrzunehmen, an die Umwelt anderer Gesellschaften anzupassen und zu steuern; sie entwickeln Kapazitäten der Selbststeuerung, die auf die soziale Integration hinarbeiten. Die soziale Integration ist nicht einfach die Kehrseite der sozialen Differenzierung, sondern ihr Folgeproblem. Das gilt in zwei Hinsichten.

Die soziale Differenzierung schafft erstens immer mehr voneinander abgesetzte, mehr oder minder unabhängige Lebensbereiche. Wieso bewegen sich die Lebensbereiche nicht auseinander, sondern lassen nach wie vor Einschränkungen ihres funktionalen Imperativs durch die funktionalen Imperative anderer Lebensbereiche zu, weshalb akzeptieren sie nach wie vor die Relativität ihrer Autonomie? Wieso bleibt die Gesellschaft als ein „offenes" System ohne feste natürliche Grenzen bestehen, obwohl sie sich immer feiner aufgliedert? Das ist, in unterschiedlichen Formulierungen, die Frage der sozialen Integration *sozialer Lebensbereiche* in einer Gesellschaft.

Die Differenzierung zwischen und in Lebensbereichen läuft zweitens parallel mit einer Individualisierung der Menschen. Individualisierung bedeutet, dass Menschen sich zuerst als Person und nicht als Mitglied eines Verbands sehen, dass sie zunehmend ihre persönlichen Interessen verfolgen und ihr Handeln immer weniger an Erfordernissen des Verbands orientieren. Warum bleiben die Menschen in einem Verband, der immer weniger Gegenstand ihres persönlichen Interesses ist? Wieso zerfällt die Gesellschaft nicht, wenn jeder nur noch seine eigenen Interessen verfolgt? Das ist, wiederum in unterschiedlichen Formulierungen, die Frage der sozialen Integration *der Menschen* in einer Gesellschaft.

Der Übergang von der Evolution zur sozialen Differenzierung bringt also eine neue, für die Soziologie spezifische Perspektive: Während die Evolution biologischer Gattungen kein Ziel kennt und keine Probleme aufwirft, können Gesellschaften, die sich differenzieren, das Ziel sozialer Integration verfolgen. Während der Begriff der Evolution keinen Partnerbegriff kennt, führt der Begriff der sozialen Differenzierung in der Soziologie fast selbstverständlich auf das Problem der sozialen Integration. Die *soziale Integration* ist daher Gegenstand des folgenden Kapitels.

Soziale Differenzierung und Sozialstruktur

Im vorausgehenden Kapitel wurde weiterhin dargestellt, wie sich aus dem Zusammenhandeln von Menschen soziale Differenzierungen herausbilden und zu Funktionen jenseits des Handelns verfestigen. Die sozialen Lebensbereiche der Politik und Wirtschaft, der Wissenschaft und der Religion folgen ihren eigenen Zielen; in ihnen handeln mit einer Verfassung geschaffene kollektive Akteure nach dem jeweiligen funktionalen Imperativ. Über die Beziehungen zwischen natürlichen Personen legen sich die Beziehungen zwischen juristischen Personen; Menschen handeln im eigenen Namen wie im Namen von Korporationen, deren Verfassung ihnen eine Position, also das Recht gibt, in bestimmten Belangen für die Korporation zu handeln. Die soziale Differenzierung vermehrt die Beziehungen zwischen Individuen und überlagert Beziehungen zwischen Individuen mehr und mehr mit Beziehungen zwischen Kollektiven, in deren Namen Individuen handeln. Sie steigert die Vielfalt und die Vielschichtigkeit der Sozialstruktur. Die *Sozialstruktur* ist daher Gegenstand der beiden übernächsten Kapitel.

Soziale Differenzierung und sozialer Wandel

Im vorausgehenden Kapitel wurde schließlich eine Reihe von Begriffen vorgestellt, die schon an der grammatischen Form erkennen ließen, dass sie Prozesse bezeichnen: Ausdifferenzierung, Binnendifferenzierung, Modernisierung, Spezialisierung, Individualisierung, Entdifferenzierung, Demodernisierung. Alle diese Prozesse können als Aspekte der sozialen Differenzierung angesehen werden; alle bezeichnen zugleich einen sozialen Wandel. Wie kann man dann die soziale Differenzierung vom sozialen Wandel überhaupt unterscheiden?

Die Frage führt zurück zum evolutionstheoretischen Ausgangspunkt des Begriffs der sozialen Differenzierung. Die soziale Differenzierung ist die Entwicklung von Gesellschaften in ihrer Umwelt, also ihren benachbarten Gesellschaften. Die soziale Differenzierung besteht in der Ausdifferenzierung spezifischer Lebensbereiche und in der Binnendifferenzierung, die die Anpassungskapazität der Gesellschaft an ihre Umwelt erhöhen und der Gesellschaft mehr und mehr Möglichkeiten an die Hand geben, sich selbst mit dem Ziel dieser Anpassung zu steu-

ern. Die soziale Differenzierung ist also eine langfristige Entwicklung, die durch die Erfindung oder Übernahme von „evolutionären Universalien" oder „Basisinstitutionen" interpunktiert wird. Sie liegt jenseits der Folge historischer Ereignisse und wird erst am Ensemble der in
einer bestimmten Gesellschaft bis zu einem bestimmten Zeitpunkt erfundenen oder übernommenen „Basisinstitutionen" greifbar, die sich in der historischen Ereignisfolge herausbilden.

Der Begriff des sozialen Wandels hingegen setzt solche evolutionären Vorstellungen nicht
voraus. Er richtet sich nicht auf den Auf- oder Abbau sozialer Strukturen, sondern auf die
Veränderung einer gegebenen sozialen Struktur zwischen zwei Zeitpunkten, ohne eine Richtung oder ein allgemeines Kriterium vorauszusetzen; nicht jeder soziale Wandel verändert die
Anpassungs- und Selbststeuerungskapazität der Gesellschaft. Der Begriff des sozialen Wandels
zielt also nicht auf die Veränderung *der* Gesellschaft, sondern auf Veränderungen *in der* Gesellschaft. So sind der Anstieg des Heiratsalters, die Zunahme des Besuchs weiterführender
Schulen, das Wachstum der Nicht- und Wechselwähler auf Kosten der Stammwähler oder die
wachsende Zustimmung der Bevölkerung zu nichtehelichen Lebensgemeinschaften Beispiele
für einen sozialen Wandel, aber nicht unbedingt auch Schritte im Prozess der sozialen Differenzierung.

Kurzum: Mit dem Begriff der sozialen Differenzierung betrachtet man Gesellschaften überhaupt in langfristiger, „evolutionärer" Perspektive. Mit dem Begriff des sozialen Wandels geht
man näher an eine bestimmte Gesellschaft heran. Der Begriff der sozialen Differenzierung ist
voraussetzungsvoller als der Begriff des sozialen Wandels; denn er bewertet soziale Prozesse
von der anspruchsvollen Warte der Anpassungs- und Selbststeuerungskapazität von Gesellschaften. Der Begriff des sozialen Wandels hingegen ist eine Sichtweise auf soziales Handeln
überhaupt, das ja immer in der Zeit abläuft und Prozesse impliziert. Deshalb wird der *soziale
Wandel* erst im letzten inhaltlichen Kapitel behandelt, das zum Ausgangspunkt des Buches,
dem sozialen Handeln, zurückführt.

6 Soziale Integration

Soziale Differenzierungen sind im alltäglichen sozialen Handeln allgegenwärtig. Neue Techniken und Produkte werden erfunden und finden ihre Märkte – wie der PC; neue private Lebensformen kommen auf – wie die nichteheliche Lebensgemeinschaft, die Ein-Eltern-Familie oder die Wohngemeinschaft; neue Formen der gesetzlichen Sozialversicherung werden beschlossen – wie die Pflegeversicherung. Arbeitsabläufe werden zerlegt, akademische und schulische Disziplinen untergliedert, Hierarchien verbreitert und verlängert, Parteien und Verbände spalten sich. In tausend Formen erfahren wir soziale *Prozesse*, die sich als soziale Differenzierung verstehen lassen.

Die soziale Integration hingegen ist keine vielförmige Erfahrung, sondern eine hintergründige Selbstverständlichkeit des alltäglichen sozialen Handelns. Für den Alltagsmenschen ist das Zusammenleben selbstverständlich und der Zerfall von Gesellschaften eine künstliche Frage. Zwar lösen Vereine oder Unternehmen sich täglich auf; aber davon sind nur jeweils wenige Menschen betroffen. Zwar lehrt ein Blick in die Geschichte oder – wenn man zufällig, wie nach 1989, in revolutionären Zeiten lebt – ein Blick in die Zeitung, dass staatlich verfasste Nationalgesellschaften auseinanderfallen können. Aber auch das beunruhigt uns nicht: Es ist entweder – wie Vereinsauflösung oder Konkurs – hier und heute durch Gesetz und Gewohnheit geregelt oder es liegt fern in Zeit oder Raum. Und selbst im Brennpunkt der Unruhe – in der alten DDR, in Sarajevo, in Belgrad und Pristina ... – bleibt ein Rest von Vertrauen bestehen – auf die Familie, den Nachbarn, den Bäcker von nebenan: Wenn wirklich größere soziale Einheiten zerfallen, zieht sich die soziale Integration gleichsam in die nächste Nähe zurück. Von Kriegen, Revolutionen und Wirtschaftskrisen abgesehen, sind wir im täglichen Leben sicher, dass wir zur Arbeit gehen, Kinder in die Schule schicken und Brötchen kaufen können.

Weil die soziale Integration in der Regel selbstverständlich ist, wird sie zunächst als ein *Zustand* einer Vergesellschaftung aufgefasst. Man muss von außen kommen oder sich von den Selbstverständlichkeiten des Alltags distanzieren, um den Zustand in Frage zu stellen – was schon damit beginnt, dass man von „der Integration der Gesellschaft" statt bloß von „der Gesellschaft" spricht. Aber der Zustand der Integration ist Resultat von *Prozessen,* die in ihm gleichsam angehalten und in den Hintergrund des Bewusstseins gedrängt wurden. „Integriertheit" ist das Ergebnis von „Integrierung" – wenn diese sprachlichen Gewaltakte erlaubt wären. Im Alltag machen wir uns über den Prozess, der zu dem Zustand geführt hat, noch weniger Gedanken als über den Zustand. Die Frage nach dem Prozess der Integration führt noch einen Schritt weiter vom Alltag weg als die Frage nach dem Zustand. Wir fragen nicht nur „Was hält die Menschen in einer Gesellschaft zusammen?", sondern auch „Wie sind die Menschen zu einer Gesellschaft zusammengekommen?" Im Folgenden soll zunächst geklärt werden, wie man den Zustand der sozialen Integration genauer fassen kann, bevor auf die Prozesse eingegangen wird, die zu ihm führen.

6.1 Zustand: Internalisierung von Normen und Gleichgewicht der Nutzen

Um soziale Integration als Zustand zu definieren, ist es sinnvoll, sich an den Sinn von Gesellschaft als einer Vergesellschaftungsform zu erinnern. Die soziale Integration einer Gesellschaft muss dann mit Blick auf die Beziehungsformen definiert werden, die unter den Mitgliedern bestehen: Soziale Integration ist eine Beziehungsform zwischen den Akteuren[1] einer Vergesellschaftungsform, die den Bestand der Vergesellschaftungsform ermöglicht. Diese Definition Parsons' (1964d: 182, Fußnote) führt weg von der Alltagsvorstellung: Soziale Integration ist keine Selbstverständlichkeit, sondern eine Möglichkeit. Aber die Distanzierung von der Alltagsvorstellung wird mit einem Paradox erkauft: Der Zustand wird durch die Möglichkeit seines Bestands, die Gegenwart durch ihr Potenzial in der Zukunft definiert. Selbst der Zustand der sozialen Integration lässt sich offenbar nicht ohne einen Verweis auf den Prozess erfassen.

Dennoch ist die Definition nicht wertlos: Man kann ja die Prognose in die Vergangenheit zurückverlegen und soziale Integration nicht an heutigen Potenzialen des Bestands, sondern am faktischen Bestand über einen vergangenen Zeitraum messen. Soziale Integration ist dann an der *Stabilität* einer Vergesellschaftungsform erkennbar, an der Tatsache, dass sie sich zwischen zwei Zeitpunkten nicht verändert hat. Wo tatsächlich Stabilität geherrscht hat, müssen die Möglichkeiten des Bestandes gewährt gewesen sein – und weil sie bestanden haben, werden sie auch weiter bestehen. Stabilität in der Vergangenheit steht für Integration heute, Stabilität ist ein Indikator für Integration. Aber auch diese Antwort provoziert wieder eine Frage: Was ist die Grundlage der Stabilität und damit des heutigen Zustands der Integration? Darauf geben die Handlungstheorien der Motivation und der Intention (siehe Kapitel 3) unterschiedliche Antworten: Nach Parsons sind Gesellschaften integriert, wenn alle Mitglieder die herrschenden Normen internalisiert haben; nach der utilitaristischen Handlungstheorie sind Gesellschaften integriert, wenn zwischen allen Mitgliedern ein Gleichgewicht der Befriedigung ihrer Interessen herrscht, wenn also keiner sich allein besser stellen kann. Die erste Antwort soll als die *normative*, die zweite als die *pragmatische* Theorie der Integration bezeichnet werden. Die normative Theorie setzt Normen voraus, aber die pragmatische Theorie eröffnet die Frage, wie man von einem Gleichgewicht der Nutzen zu einer Integration durch Normen gelangen kann.

6.1.1 Theorie der normativen Integration: Internalisierung von Normen

Herrschende Normen

Nach Parsons sind Gesellschaften stabil, wenn die Menschen im Einklang sowohl mit ihren persönlichen Bedürfnissen wie mit den Erwartungen ihrer Mitmenschen handeln (siehe Abschnitt 3.1). Und die Übereinstimmung zwischen persönlichen Bedürfnissen und sozialen Er-

---

1 Ebenso wie Personen können auch Korporationen Akteure sein (Coleman 1990: Kap. 20); das Problem der sozialen Integration ist für sie nicht anders gestellt oder anders lösbar. Schwieriger ist die Frage, ob für das Bestehen einer Gesellschaft die Integration von Institutionen notwendig ist und wie man sich diese vorstellen kann. Die Integration von Institutionen ist die Frage, ob Elemente des Rechts, der Politik und der Wirtschaft zueinander passen; sofern diese Elemente nicht wieder Handlungen von Personen sind, müssen sie kulturelle Objektivationen (rechtliche oder religiöse, in jedem Fall aber schriftlich fixierte Regeln) sein, so dass die Integration von Institutionen die Integration der Kultur ist. Einen Aufriss dieses Problems gibt Lockwood (1969) mit der Unterscheidung zwischen Sozialintegration (von Personen) und Systemintegration (von Institutionen).

wartungen wird dadurch garantiert, dass jeder Einzelne genau die Werte und Normen internalisiert, die von den Anderen als Erwartungen an ihn herangetragen werden, dass also – geradeheraus formuliert – persönliche Bedürfnisse nach gesellschaftlichen Erfordernissen geformt werden. Schon auf der inneren Bühne der Person können Bedürfnisse nur im Gewande der sozial vorherrschenden Normen auftreten. Nicht die Internalisierung von Normen und Werten an sich, sondern die Internalisierung der in einer Gesellschaft *herrschenden* Normen und Werte – man kann es kaum unterdrücken: die „Leitkultur" – garantiert die Stabilität; Parsons spricht von der *Übereinstimmung* internalisierter und institutionalisierter Normen und Werte. Weil die gerade in der gegebenen Gesellschaft vorherrschenden Normen und Werte die Stabilität garantieren, können sie konkret nicht benannt werden. Mit Blick auf den Zielpunkt der sozialen Integration sind die „Normen und Werte" beliebig, nur die Tatsache ihrer Übereinstimmung mit dem, was das Individuum internalisiert hat, ist wesentlich. Und mehr oder minder stillschweigend mitgedacht ist, dass diese Übereinstimmung zwischen persönlichen Bedürfnissen und sozial vorherrschenden Normen für alle Individuen und für die Gesellschaft optimal ist.

Auf den ersten Blick ist die Erklärung der sozialen Integration durch die Internalisierung herrschender Normen und Werte überzeugend. Wenn persönliche Bedürfnisse und soziale Erwartungen im Einklang sind, dann haben die Individuen keinen Anlass, sich gegen die Gesellschaft zu stellen, in der sie leben. Sie bleiben zusammen, weil alle durch das Zusammenleben ihre Bedürfnisse befriedigen können. Die Beziehungsform zwischen den Akteuren ermöglicht den Fortbestand der Vergesellschaftungsform. Die soziale Integration ist garantiert – heute, und eben deshalb auch morgen: Die Gesellschaft ist stabil.

Auf den zweiten Blick aber sieht man, dass die Erklärung der sozialen Integration durch die Internalisierung herrschender Normen und Werte das Kind mit dem Bade ausschüttet: Soziale Integration wird um den Preis sozialer Starrheit erkauft. Die Gesellschaft ist nicht nur stabil, sondern unbeweglich. Wie im Innern der Gesellschaft, also *endogen*, sozialer Wandel auftreten kann, ist nicht ersichtlich. Gerade die Diskrepanz zwischen persönlichen Bedürfnissen Egos und den Erwartungen Anderer, die Eigenwilligkeit von Menschen, ist aber eine wichtige Quelle des sozialen Wandels innerhalb der Gesellschaft (siehe Abschnitt 10.6). Immer gibt es einzelne Menschen, die neue Vorstellungen entwickeln und nicht von den Anderen zur Raison gebracht werden, sondern die Anderen überzeugen; meist werden Verbrecher bestraft und Verrückte ignoriert, aber manche Avantgardisten setzen eine neue Moral oder eine neue Mode durch. In Parsons' Theorie hingegen kann sozialer Wandel nur *exogen*, also von außen – aus der Umwelt anderer Gesellschaften oder der Natur, also durch Kriege und Eroberungen oder durch Naturkatastrophen – verursacht werden. In der Tat behandelt Parsons die Frage des sozialen Wandels nicht oder nur kursorisch (etwa Parsons 1964b: 214-220). Die Erklärung der sozialen Integration durch die Internalisierung herrschender Normen und Werte schließt also die Möglichkeit *endogenen* sozialen Wandels aus. Man kann diesem Einwand durch Modifikationen beider Seiten entgegenkommen, die im Prozess der Internalisierung zusammenkommen: der Person und der Normen und Werte.

Lektüre: Parsons (1964b) stellt die Internalisierung von Normen als eine Erweiterung von Freuds (1923) Theorie des Über-Ichs dar.

Integration und Konflikt

Auf der Seite der Person kann man die Internalisierung der Erwartungen Anderer als eine Frage des Grades ansehen (Parsons 1964d: 156-159): Je stärker jeder einzelne Mensch die Erwartungen Anderer zu seinem eigenen Bedürfnis gemacht hat und je größer die Zahl der Menschen, bei denen persönliche Bedürfnisse und soziale Erwartungen im Einklang sind, desto eher ist soziale Integration garantiert, desto mehr ist soziale Desintegration vermieden; die vollständige Integration ist dann nur der idealisierte Grenzfall, der das Verständnis der empirisch immer mehr oder minder abweichenden Fälle erleichtert. Eigenwillige Einzelne können sich den Erwartungen der Anderen entziehen und, wenn sie Erfolg haben, einen sozialen Wandel auslösen. Aber die Modifikation der normativen Integration durch die Gradualisierung des Konzepts der Internalisierung hat Konsequenzen, die weiter reichen: Nicht nur die Eigenwilligkeit einzelner, sondern die Unzufriedenheit ganzer Gruppen kann endogenen sozialen Wandel auslösen.

Eine Gruppe ist durch ein gemeinsames Interesse definiert (Olson 1965: 8); sie wird unzufrieden, wenn das Interesse verletzt oder nicht hinreichend befriedigt ist. Aber die Unzufriedenheit ist nur eine notwendige, noch keine hinreichende Bedingung dafür, dass die Gruppe einen sozialen Wandel auslöst. Die Mitglieder müssen die mangelnde Befriedigung ihrer Interessen auf die Tatsache der Gruppenmitgliedschaft zurückführen und sich als Gruppe organisieren, die „latente" Interessenlage muss in eine „manifeste" Interessenartikulation übersetzt werden; erst dann wird die Gruppe versuchen, die Erwartungen Anderer, also die Spielregeln der Gesellschaft zu ändern. Die Gruppe muss einen Konflikt mit anderen Gruppen riskieren, die entgegengesetzte Interessen haben, und sich durchsetzen. Erfolgreich durchgesetzte Gruppeninteressen führen sozialen Wandel herbei (Dahrendorf 1957, 1969). Das beste Beispiel dafür ist der Konflikt zwischen Arbeitern und Unternehmern, die sich in Gewerkschaften und Arbeitgeberverbänden organisieren, so dass ihr Konflikt von kollektiven Akteuren ausgetragen werden kann. Der Konflikt kann nicht nur durch neue Tarife, sondern auch durch neue Regelungen der Arbeitsbeziehungen – wie etwa Investivlohn oder Mitbestimmung – gelöst werden, die einen sozialen Wandel darstellen (siehe Abschnitt 10.5.2).

Die Gradualisierung des Konzepts der Internalisierung führt dazu, dass man innerhalb einer Vergesellschaftung Bevölkerungsgruppen unterschiedlich starker Integration unterscheiden muss. Die Übereinstimmung zwischen persönlichen Bedürfnissen und sozialen Erwartungen kann für Mächtige und Privilegierte in hohem Maße, für andere in geringem Maße gegeben sein. Es können Konflikte auftreten zwischen den mehr und den weniger Integrierten, den besser und den schlechter Gestellten. Soziale Integration ist dann die Kehrseite sozialer Konflikte. Soziale Konflikte rühren aus den gegensätzlichen Interessenlagen sozialer Gruppen her, die mehr oder weniger integriert sind und deshalb weniger oder mehr auf sozialen Wandel drängen. Die Konflikttheorie erweitert also die Theorie der normativen Integration, um den Tatbestand endogenen sozialen Wandels zu erklären. Sie beruht auf der Annahme gegensätzlicher Interessenlagen, die eine genauere Begründung verlangt.

Nach Dahrendorf werden unterschiedliche Interessenlagen durch Unterschiede der politischen Herrschaft zwischen sozialen Gruppen bestimmt. Das Verhältnis von Herrschenden zu Beherrschten bestimmt das Verhältnis von Integration und Konflikt, aus dem schließlich das Verhältnis von Stabilität und Wandel hervorgeht. Stark vereinfacht arbeitet die Konflikttheorie mit der Folge dreier Variablen für ganze Gesellschaften, die als Quotienten der Häufigkeiten ihrer beiden gegensätzlichen Ausprägungen dargestellt werden: Herrscher/Beherrschte – Integration/Konflikt – Stabilität/Wandel. Der erste Quotient bezieht sich auf die Zahl der Menschen in der Gesellschaft und wird mit den beiden folgenden Quotienten in ein quantitatives Aggregatmerkmal der Gesellschaft insgesamt übersetzt.

Die Konflikttheorie Dahrendorfs präzisiert die wenig greifbaren Aussagen Parsons' zur sozialen Integration in zwei Hinsichten. Erstens nimmt sie Parsons' Rede von der Integration durch *herrschende* Normen und Werte einer Gesellschaft beim Wort und setzt Herrschaft als ersten Beweggrund vor Parsons' Kausalkette „Integration – Stabilität": Die herrschenden Normen sind die Normen der Herrschenden. Zweitens fügt sie zu jedem der drei Glieder der Kausalkette im Nenner das jeweilige Gegenteil. Die Konflikttheorie fasst also neue Phänomene ins Auge: Herrschaft, Konflikt und Wandel. Und sie erlaubt es, neue Fragen zu stellen: Wie viel Konflikt der Interessen muss durch wie viel Gemeinsamkeit der Normen aufgefangen werden, damit die Gesellschaft nicht explodiert? Wo ist die kritische Grenze, an der Nichtübereinstimmung von Bedürfnissen und Erwartungen zum Verfall der Gesellschaft führt? Wo liegt der Schwellenwert für den Nochbestand und den Zerfall einer Gesellschaft? Aber der Kern der Konflikttheorie verbleibt im Rahmen der Theorie der normativen Integration: Integration ergibt sich nach wie vor aus der Internalisierung der in einer Gesellschaft vorherrschenden Normen und Werte – sie wird nur eine Frage des Grades, der Intensität, mit der sie für eine Person gilt, und der Zahl der Personen, für die sie gilt.

Lektüre: Dahrendorf (1969) fasst die erstmals 1957 formulierte Konflikttheorie zusammen.

Weiterführende Literatur: Sander / Heitmeyer (1996) betrachten (insbesondere ethnische) Konflikte in der deutschen Gesellschaft der letzten Jahrzehnte.

Zentrale und periphere Werte und Normen

Auf der Seite der Normen und Werte kann man dem Einwand der Vernachlässigung endogenen sozialen Wandels entgegenkommen, indem man nur die Internalisierung bestimmter, aber nicht aller herrschenden Werte und Normen als Voraussetzung für die Übereinstimmung zwischen Bedürfnissen und Erwartungen in bestimmten Fällen ansieht. Dann gibt es außerhalb des stabilen Zentrums eine wandelbare Peripherie. Mehr und weniger integrierte Bereiche einer Vergesellschaftung sind nicht durch Personen oder Gruppen, sondern durch Werte oder Normen definiert, mit denen sich Personen in unterschiedlichem Maße identifizieren. Die Grundwerte, die in der Verfassung festgelegt sind, darf niemand antasten; die Normen des Strafgesetzbuches und anderer Gesetzbücher gelten für alle. Aber Moden und Konventionen sind nicht mächtig genug, um die Überzeugung außer Kraft zu setzen, dass jeder in „seiner" Freizeit im Rahmen der Gesetze tun und lassen darf, was er will. Grundwerte wie Freiheit und Gleichheit garantieren den Bestand eines Staates; Grundregeln – wie die „goldene Regel" „Was du nicht willst, dass man Dir tu, das füg auch keinem Anderen zu" oder die Regel, dass man in seinem Handeln den Schaden für Andere so gering als möglich halten solle – dürfen nicht verletzt werden. Aber einzelne moralische Vorschriften – wie etwa das Verbot, dass Eltern den Geschlechtsverkehr ihres erwachsenen nicht verheirateten Kindes in ihrem Hause zulassen, der sogenannte „Kuppeleiparagraph" – sind aus dem Strafgesetzbuch verschwunden, andere – wie die „Vergewaltigung in der Ehe" – sind neu aufgenommen worden. Regeln des Umgangs ändern sich noch leichter: Bis zu Beginn der sechziger Jahre haben sich Studenten untereinander noch gesiezt; heute duzen sie oft auch ihre Professoren (siehe Abschnitt 10.6.2.2).

Aber wie die Unterscheidung zwischen Personen mit einem hohen und niedrigen Grad der Internalisierung von Normen muss auch die Unterscheidung zwischen zentralen und peripheren Normen und Werten begründet werden. Warum sind bestimmte herrschende Normen und Werte zentral; warum erreichen sie Verfassungsrang und stehen nicht nur im Gesetz, sondern im Grundgesetz? Darauf gibt die Theorie der normativen Integration keine Antwort.

Wenn weiterhin Normen und Werte sich wandeln und die Geschwindigkeit des Wandels an der Peripherie höher ist als im Zentrum, dann fragt man sich nach den Ursachen. So wie Dahrendorf Herrschaft als die allgemeine Ursache von Konflikten ansieht, so ist eine allgemeine Aussage über die Ursache der Differenzierung und des Wandels von Normen gesucht. Aber auch hier ist die Theorie der normativen Integration wenig hilfreich.

Zusammenfassung

Beide Modifikationen der Auffassung, dass Stabilität durch die Übereinstimmung internalisierter Normen mit herrschenden Normen und Werten hergestellt wird, führen also zu Differenzierungen innerhalb der Gesellschaft – sei es zwischen Personen und Gruppen, die unterschiedlich integriert sind, sei es zwischen Normen und Werten, die jede Person in unterschiedlichem Ausmaß in die Gesellschaft integrieren. In beiden Fällen verliert der Begriff der sozialen Integration seinen monolithischen und zugleich abstrakten Charakter, den er in der bisherigen Darstellung – der Theorie Parsons' folgend – hatte. Soziale Integration variiert nicht nur zwischen, sondern auch innerhalb von Vergesellschaftungen. Man muss die analytischen Gründe angeben, entweder warum sich die soziale Integration von Personen oder Gruppen unterscheidet oder warum bestimmte Normen und Werte die Personen stärker als andere in die Gesellschaft integrieren. In beiden Fällen ist das Ergebnis eine differenziertere und konkretere Beschreibung des Zustands der sozialen Integration: Die Stabilität der Gesellschaft ist nur begrenzt und bedingt, Bedürfnisse der Personen und herrschende Normen und Werte stimmen nicht durchgängig überein. Aber diese Übereinstimmung bleibt auch in den Modifikationen das Maß der sozialen Integration: Die soziale ist und bleibt eine normative Integration.

6.1.2 Theorie der pragmatischen Integration: Vom Gleichgewicht der Nutzen zur Anerkennung von Normen

Auch in modifizierter Form bleibt die Theorie der normativen Integration also dabei, soziale Integration als Übereinstimmung institutionalisierter und internalisierter Normen zu definieren. Eine Norm legt ein Handeln fest – wenn auch oft unter Konflikten und nicht überall. Aber die Handlungsalternativen für Ego und Alter, die Potenziale im gegebenen Zustand, werden nicht betrachtet. Das ist auch nicht erforderlich, wenn man soziales Handeln – gemäß der Handlungstheorie der Motivation – als normativ geleitet ansieht; denn eine Norm ist die Blaupause *eines* Handelns, die andere Möglichkeiten ja ausschließen soll.

Wenn man jedoch soziales Handeln – gemäß der Handlungstheorie der Intention – als wechselseitige Orientierung an den Handlungsmöglichkeiten Anderer versteht, dann ist es die Wahl einer Möglichkeit unter anderen; in jeder Handlung ist zumindest eine Alternative mitgedacht. Um die soziale Integration zu erklären, muss man also fragen, warum jemand aus mehreren immer wieder eine Möglichkeit auswählt. Wenn die Individuen Optionen vor Augen haben, statt einer vorentscheidenden, „herrschenden" Norm zu folgen, dann muss die Stabilität der Entscheidung daraus herrühren, dass sie in der gegebenen Situation den größten Nutzen verspricht. Die Potenziale sind im gegebenen Zustand der Stabilität gleichsam eingemauert – aber sie werden frei, sobald die Situation sich ändert oder sobald die Individuen neue Gesichtspunkte für das beste Verständnis ihres eigenen Nutzens finden. Die Nutzenmaximierung der Individuen kann zu sozialer Integration, zu einem *Gleichgewicht* im Sinne der Spieltheorie (siehe Abschnitt 3.2.6) führen.

6.1.2.1 Gleichgewichte und der Bedarf an Normen

Vom ungünstigen zum günstigen Gleichgewicht – Kooperation in Projekten und Koordination im „Verkehr"

Erinnert sei an folgende Gleichgewichte: Im Zwei-Personen-Gefangenendilemma der Tabelle 3.5 ist die gemeinsame Defektion DD ein Gleichgewicht, das weder Ego noch Alter ohne Selbstschädigung alleine verlassen können. Im n-Personen-Gefangenendilemma der Abbildung 3.14 ist nur die Situation, in der kein Anderer kooperiert, k=0, ein Gleichgewicht; sobald auch nur ein Anderer die Kooperation K wählt, haben die übrigen Spieler einen Anreiz, D zu wählen. In Abbildung 3.15 hingegen gibt es zwei Gleichgewichte: bei k=0 und bei k=n-1; sobald mehr als t Andere kooperieren, gewinnt jeder durch einen Wechsel von D nach K. In allen Gleichgewichten sind also die Alternativen mitgedacht, die nutzenmaximierende Individuen nicht wählen; die Beziehungen zwischen den Personen ermöglichen den Bestand der Vergesellschaftungsform. In dem Sinn, dass niemand einen Anreiz hat, allein eine andere Handlung zu wählen, besteht ein Gleichgewicht der Nutzen. Das Gleichgewicht ist ein Zustand der Stabilität und der sozialen Integration.

Aber das Gleichgewicht muss keineswegs – wie es Parsons' Theorie der normativen Integration stillschweigend voraussetzt und ihre konflikttheoretische Kritik deutlich macht – ein kollektiv optimaler Zustand sein. Im Zwei-Personen-Gefangenendilemma der Tabelle 3.5 ist im Gleichgewicht DD der kollektive Nutzen 0; die kollektiv optimale Situation ist KK mit einem kollektiven Nutzen von 6. Ebenso ist im Mehr-Personen-Gefangenendilemma, wenn man auf die gestrichelte Linie der Abbildungen 3.14 und 3.15 schaut, im Gleichgewicht bei k=0 der kollektive Nutzen am niedrigsten, und die kollektiv optimale Situation liegt bei k=n-1, also bei allgemeiner Kooperation. Stabilität und Optimum müssen sich also nicht decken: Das Problem ist es gerade, sie zur Deckung zu bringen.

Das Gefangenendilemma charakterisiert also Situationen, in denen alle etwas wollen, das niemand aus eigenem Interesse allein anstreben kann. Alle ziehen die Kooperation vor, aber jeder muss für sich defektieren. Die Alternativen sind *nicht gleichwertig*. Deshalb entsteht der Bedarf an Normen, die der Kooperation mehr und der Defektion weniger Attraktivität verleihen. Aber der Bedarf allein garantiert noch nicht die Produktion einer Norm; sie muss durch Vereinbarungen der Beteiligten oder durch übergeordnete Instanzen sichergestellt werden. Es geht also darum, aus dem ungünstigen in ein günstiges Gleichgewicht zu kommen und die *Kooperation* für ein *Projekt* sicherzustellen.

Oft sind Handlungsalternativen jedoch *gleichwertig*. Es ist einerlei, ob man auf der linken oder rechten Straßenseite Auto fährt – solange alle dasselbe tun; sobald der eine links und der andere rechts fährt, gibt es Zusammenstöße. Ebenso ist es einerlei, ob man „daß" oder „dass" schreibt; aber der Schriftverkehr wird erleichtert, wenn alle nur eine Schreibweise anwenden. In solchen Situationen verfolgt jeder für sich im Umgang mit Anderen das gleiche Ziel, jeder will einen bestimmten Erfolg haben: Ohne Zusammenstoß mit Anderen ankommen oder etwas schriftlich so mitteilen, dass Andere es schnell und eindeutig verstehen. Jeder will also in der einen oder anderen Art von „Verkehr" sein Ziel erreichen. Es geht also um die *Koordination* des *Verkehrs* im Zusammenleben.

In dieser Situation muss man nicht aus einem ungünstigen Gleichgewicht heraus- und in ein günstiges hineinkommen, sondern zwischen zwei (oder, wenn es mehrere Alternativen gibt, mehreren) kollektiv gleich günstigen Gleichgewichten wählen. Wenn zwei Autofahrer links (L) oder rechts (R) fahren können und der reibungslose Straßenverkehr für jeden einen Wert von 1 hat und der Zusammenstoß jeden mit -1 schädigt, so haben die Zellen LL und RR die gleiche Auszahlung von 1,1 und die beiden Zellen LR und RL die Auszahlung von -1,-1. Beide können LL und RR nicht verlassen, ohne sich selbst *und den Anderen* zu schädigen; aber beide können, ohne sich oder den Anderen zu schädigen, simultan von einem zum anderen Gleichgewicht wechseln. Dass man mit dem Verlassen des (optimalen) Gleichgewichts LL oder RR sich und den Anderen schädigt, unterscheidet die Koordination des Verkehrs von der Kooperation bei Projekten, wo man mit dem Verlassen des (ungünstigen) Gleichgewichts DD ja nur sich selber zum „gutgläubigen Opfer" macht, dem Anderen aber den Gewinn der „Versuchung" zuspielt. Während man also bei einem Projekt will, dass alle Anderen kooperieren und nur man selber defektiert, will man sich im Verkehr vergewissern, dass alle Anderen dasselbe tun wie man selber. Während ein Projekt in der Spieltheorie als „Gefangenendilemma" dargestellt wird, ist die Regelung eines Verkehrs ein „Vergewisserungsspiel".

Was für den Verkehr unter zwei Personen gilt, gilt auch für den Verkehr unter n Personen. Nur wenn alle links oder alle rechts fahren, hat jeder den Nutzen 1 sicher; in allen anderen Fällen ergibt der Nutzen sich aus den Chancen, jemandem auf der anderen Seite oder der gleichen Seite zu begegnen, und ist also geringer als 1: Ein einzelner „Geisterfahrer" unter vielen die „richtige" Seite wählenden Autobahnfahrern hat fast sicher die Auszahlung -1, für alle übrigen aber ergibt sich die Auszahlung aus der hohen Chance, an den übrigen „richtig" Fahrenden vorbeizukommen (mit der Auszahlung 1) und einer geringen, mit dem Geisterfahrer zusammenzustoßen (mit der Auszahlung -1), ist also insgesamt nahe bei 1. Sobald also jemand bemerkt, dass er in der Minderheit ist, sollte er seine Entscheidung verändern, so dass alle schließlich bei der Links- oder der Rechtsfahrt ankommen.

Ein „Verkehr" muss nicht nur auf der Straße oder beim Schreiben geregelt werden, sondern häufig, wenn viele miteinander das gleiche Ziel verfolgen. Nicht nur Probleme der Kooperation, sondern auch der Koordination wecken also eine Nachfrage nach Normen, nach der Etablierung von Sollenserwartungen in einer Gruppe. Auch bei der Koordination aber garantiert die Nachfrage noch nicht die Produktion des Kollektivguts Norm. Auch hier müssen die Beteiligten also Vereinbarungen treffen. Aber die Abweichung von der Vereinbarung stellt hier ein anderes Problem dar. Während bei der Kooperation für Projekte die „Versuchung", die Vereinbarung zum eigenen Vorteil und zum Schaden aller Anderen zu brechen, durch angedrohte und realisierte Strafen gemindert werden muss, straft sich bei der Koordination die Abweichung selber, so dass die Androhung und Durchführung von Strafen „eigentlich" – wenn alle ihre Interessen vernünftig wahrnähmen – nicht notwendig wäre.

Mit Hilfe des Begriffs des Gleichgewichts in Spielen kann man also zwei Situationen der sozialen Interdependenz unterscheiden, in denen die Nachfrage nach Normen auf unterschiedliche Weise entsteht und befriedigt wird. In der ersten Situation geht es darum, individuell nützlichen, aber kollektiv unerwünschten Entscheidungsalternativen ihren Anreiz zu nehmen, so dass ein kollektiver Nutzen entsteht; solche Probleme lassen sich durch „Gefangenendilemma-Normen" (Ullmann-Margalit 1977: 18-41, Zintl 1999: 183-185) oder – um einen inhaltlichen Begriff zu wählen – *Kooperationsnormen* lösen, die gültig werden, wenn die Defektion sanktioniert wird. In der zweiten Situation geht es darum, individuell und kollektiv gleich nützliche Entscheidungen so zu koordinieren, dass jeder Einzelne und alle zusammen den größten Nutzen haben; solche Probleme lassen sich durch *Koordinationsnormen* (Ullmann-Margalit 1977: 114-129) prinzipiell spontan, in vielen Fällen also auch ohne Sanktionen lösen.

Koordinationsnormen: Konventionen und Dekrete für das eine oder andere Gleichgewicht

Die Möglichkeit mehrerer kollektiv gleich günstiger Gleichgewichte ist die Grundlage von Koordinationsnormen oder *Konventionen*. Sie lösen ein Koordinationsproblem mit einer inhaltlich beliebigen Regelung. Sie sind nichtsdestotrotz *Normen*, weil sie das eine Verhalten zumuten und das andere ausschließen; es wird ein Sollen erwartet. Weil die kollektive Nützlichkeit der Befolgung von Konventionen meist evident ist, können sich Konventionen „freiwillig", aufgrund der Interessen der Beteiligten, und spontan, im schrittweisen Lernen nach Versuch und Irrtum, einspielen. Dennoch werden auch Konventionen verletzt. „Geisterfahrer" fahren auf der falschen Seite; und die „Frankfurter Allgemeine Zeitung" ist am 1.7.2000 wieder zur alten Rechtschreibung zurückgekehrt. „Geisterfahrer" werden zwar bestraft; aber die Rechtschreibreformkommission ist nicht befugt, der Redaktion der „FAZ" einen Strafbefehl zuzustellen.

Das Problem von „Verkehrsverstößen" liegt also darin, dass die Selbstschädigung zugleich eine Schädigung Anderer ist. Gestraft muss werden, wenn es wie beim „Geisterfahren" um Leib und Leben der Anderen geht. Aber weil es bei der Rechtschreibung nicht um Kollisionen, sondern nur um Konfusionen geht, wird hier nicht gestraft: deshalb kann die „FAZ" vom dekretierten neuen Gleichgewicht der Rechtschreibreform sogar mit dem politischen Ziel abweichen, zum Gleichgewicht der alten Rechtschreibregeln zurückzukehren. Für die „FAZ" sind die beiden Gleichgewichte nicht gleichwertig: LL (dass, dass) hat einen geringeren Wert als RR (daß, daß); und um zum alten Gleichgewicht RR zurückzukehren, nimmt sie die vorübergehende Konfusion RL, also eine Minderung der Verständigungsmöglichkeiten für sich *und für Andere* in Kauf.

Wenn mangelnde Koordination zu einem hohen Schaden führt, müssen Konventionen – wie die Rechtschreibregeln – vom Staat dekretiert und – wie die Straßenverkehrsordnung – auch mit Sanktionen durchgesetzt werden. Der potenzielle Schaden erzwingt eine gesetzliche Regelung und die schrittweise Einführung verbietet sich schon aus praktischen Gründen: Anders als Rechtschreibregeln können Wellenlängen von Radiosendern (Ullmann-Margalit 1977: 83-93) und erst recht UMTS-Lizenzen Telekommunikationsanbietern nicht schrittweise zugewiesen werden; LR wäre hier „Wellensalat". Wenn technische Neuerungen fruchtbar genutzt werden sollen, muss der Staat oder – wie beim Flugverkehr – eine überstaatliche Instanz Regelungen treffen und durchsetzen. Konventionen umfassen also als Sonderfall *Dekrete*, die von einer höheren Autorität in Statuten fixiert und eventuell sogar mit Sanktionen bewehrt sind (Ullmann-Margalit 1977: 97). Auch Dekrete reagieren auf das allgemeine Problem von Konventionen, dass zwischen mehreren gleichwertigen Gleichgewichten entschieden werden muss.

Kurzum: Konventionen sind „Verkehrsformen"; sie erleichtern in vielen Fällen den Erfolg interdependenten zielorientierten Handelns und sind deshalb keineswegs unwichtig. Sie tragen zwar nicht direkt zur sozialen Integration bei, indem sie unsoziales Handeln („Defektion") bestrafen – aber indirekt, indem sie es allen Mitgliedern einer Vergesellschaftung erleichtern, ihre Ziele zu erreichen. Vor allem aber können sich Konventionen – ungeachtet der Möglichkeit von Dekreten – grundsätzlich von selber durchsetzen; denn jeder Beteiligte hat in gleicher Weise das Interesse zu folgen. Soziale Integration durch Normen ist also auch dann möglich, wenn Dekrete und Sanktionen nicht durch eine übergeordnete Instanz durchgesetzt werden.

Kooperationsnormen: Vorschriften, die Kooperation fordern und Defektion strafen

Wenn eine Gruppe ein gemeinsames Projekt verwirklichen will, unterliegt jedes Mitglied der Versuchung zu desertieren, so dass die Gruppe in einem sozial ungünstigen Gleichgewicht allgemeiner Defektion endet. Das Problem ist also, vom ungünstigen Gleichgewicht in bessere Zustände der sozialen Integration zu kommen und diesen die Qualität eines Gleichgewichts zu geben. Im Zwei-Personen-Gefangenendilemma stellt sich das suboptimale Gleichgewicht DD „naturwüchsig" ein, wenn nicht „freundliche", „wehrhafte" und „nicht nachtragende" Menschen in einer Vergesellschaftung aufeinander treffen. In großen Vergesellschaftungen wird diese Bedingung oft nicht erfüllt sein, so dass das Spiel selber durch eine *höhere Instanz* verändert werden muss.

Die höhere Instanz kann zunächst – wie überhaupt bei der Kollektivgüterproduktion (siehe Abschnitt 3.2.7) – Zwang anwenden. Zwei Kanoniere an der Front haben die Wahl, durchzuhalten oder zu fliehen (Ullmann-Margalit 1977: 30-45). Wenn beide durchhalten (KK), können sie die Schlacht gewinnen; wenn einer flieht, kann er sich retten, liefert aber den anderen dem sicheren Tode aus (DK bzw. KD); wenn beide fliehen, werden sie vom Feind gefangengenommen (DD). Um das Dilemma zu lösen, kettete die deutsche militärische Führung im zweiten Weltkrieg die Soldaten an die Kanonen an; und die Soldaten wollten angekettet werden, um sicher zu sein, dass die anderen, ebenfalls angeketteten Soldaten standhielten. Das Problem wurde also durch Zwang gelöst, der ja auf die Elimination der Alternative D hinausläuft. Weil die Ankettung an die Kanone die militärische Führung diskreditierte und den Kanonier erniedrigte, halten wir heute Zwang in dieser Form für eine moralisch zweifelhafte Lösung. Aber auch heute wird Zwang in anderen Formen zur Lösung des Gefangenendilemmas überall praktiziert: z.B. der Zwangsmitgliedschaft in der Gewerkschaft (Olson 1965: 68-71) oder in der Studentenschaft oder der Steuerpflicht. Er ist allerdings nur die „ultima ratio" für große und schwierige Projekte – wie die Finanzierung eines Staates durch die Staatssubjekte; und er steht heute in letzter Instanz nur dem Staat zu (siehe Abschnitt 4.4.2). Kleinere Kollektive müssen sich zur Realisierung von Projekten auf andere Mittel verlassen. Sie müssen den Bedarf an Normen durch die Etablierung gültiger Normen (siehe Abschnitt 4.3) befriedigen.

Eine gültige Norm zur Kooperation führt dazu, dass Defektion sanktioniert wird; sie bringt einen selektiven negativen Anreiz zur Defektion mit sich, der sich aus äußeren Sanktionen des Rechts oder aus inneren Sanktionen des Gewissens ergeben kann (Kliemt 1993: 290-295). Um ein Gleichgewicht der allgemeinen Konformität zu sichern, muss der Anreiz so stark sein, dass Kooperation für Ego (und ebenso für Alter) zur „dominanten", unabhängig von Alters Entscheidung zu wählenden Strategie wird. In der Auszahlungsmatrix der Tabelle 3.5 z.B. müsste die Defektion mit dem Abzug von (mindestens) 4 Nutzeneinheiten sanktioniert werden, der in Tabelle 6.1 kursiv eingetragen ist.

Nun ist KK ein Gleichgewicht *und* ein soziales Optimum; jeder, der KK verlässt, schädigt sich selber, und KK hat den höchsten kollektiven Nutzen von 6. Das Gefangenendilemma kann also gelöst werden, wenn eine dem Spiel – also der Situation oder der Vergesellschaftungsform – übergeordnete Instanz – wie der Staat über der Gesellschaft, der Vater über zwei uneinigen Geschwistern oder der Schlichter über zwei scheidungswilligen Ehepartnern – die

Tabelle 6.1 Auszahlungsmatrix für ein früheres Zwei-Personen- Gefangenendilemma nach der Einführung von Normen und der Sanktionierung der Defektion

Ego	Alter			
	Kooperation		Defektion	
Kooperation	R=3	R=3	S=-3	T=6-4=2
Defektion	T=6-4=2	S=-3	P=0-4=-4	P=0-4=-4

Auszahlungsstruktur durch die Setzung von Normen und die Sanktion von Abweichungen verändert.

Normen, die ein Kooperationsproblem lösen, sollen hier als Kooperationsnormen oder *Vorschriften* bezeichnet werden. Anders als für eine Konvention ist für eine Vorschrift der Inhalt wesentlich: Sie *muss* Kooperation belohnen und Defektion bestrafen. Wie Konventionen, so können auch Vorschriften dekretiert, von einer höheren Instanz erlassen und in gesetzliche Form gegossen werden. Aber die höhere Instanz darf nur *eine* Vorschrift erlassen und muss sich zwischen *mehreren* Konventionen entscheiden; jeder Staat muss den Diebstahl verbieten, aber der englische kann ein Linksfahrgebot und der deutsche ein Rechtsfahrgebot erlassen. Vorschriften erlässt der Staat, um den Bestand der Gesellschaft zu gewährleisten. Aber Konventionen dekretiert er nur dann als Gesetz, wenn der Schaden gewichtig ist.

Vorschriften wie Konventionen sichern also die soziale Integration einer Vergesellschaftung. Vorschriften wie Konventionen sind Normen, gültige Sollensvorschriften in einer Gruppe. Aber Vorschriften sind eine andere Art von Normen als Konventionen. Während bei Konventionen oder Koordinationsnormen die Interessen Egos und Alters zusammenfallen, stehen sie bei Vorschriften oder Kooperationsnormen gegeneinander. Konventionen schreiben vor oder verbieten, was im Einklang mit den Interessen der Person steht; Vorschriften aber stehen in Konflikt mit Interessen der Person, sie wenden sich gegen Versuchungen (Ullmann-Margalit 1977: 114-128). Konventionen können daher leicht, nämlich über den Appell an das Eigeninteresse, zur sozialen Integration beitragen, während Vorschriften das Eigeninteresse wenigstens ein bisschen zurückdrängen, so dass die soziale Integration durch Vorschriften immer prekär bleibt. Aus diesem Grunde muss im Weiteren nur noch betrachtet werden, wie Kooperationsnormen soziale Integration gewährleisten.

Soziale Bedingungen für Kooperationsnormen

Dass jedes Handeln in letzter Instanz auf die Maximierung des Nutzens zielt, schließt nicht aus, dass in konkreten Handlungen die Bestimmung des Nutzens auf untergeordneter, aber entscheidender Ebene auch durch die Anerkennung oder den Eigenwert von Normen bestimmt ist (siehe Abschnitt 3.2.2). Wenn im Gefangenendilemma alle Beteiligten ihren Nutzen nur mit Blick auf sich selber verfolgen, bleiben sie für immer in der kollektiv ungünstigen Situation allgemeiner Defektion stecken. Ohne jede Integration durch Vorschriften ist eine Gesellschaft sicher keine angenehme Gesellschaft. Sie besteht aus kurzsichtigen, lieblosen, in sich eingekapselten Egoisten, die sich wechselseitig das Glück einer „guten", das soziale Optimum verwirklichenden Gesellschaft verweigern und daher unzufrieden, misstrauisch, ressentimentgeladen sind. Ohne jede Integration durch Vorschriften wird das psychische Profil der Menschen vorherrschen, das im Gleichgewicht allgemeiner Defektion am erfolgreichsten ist.

Um aus der allgemeinen Defektion herauszukommen, müssen wenigstens einige ihren Nutzen nicht nur so kalkulieren, als wären sie alleine auf der Welt, sondern mit Blick auf Andere, und aufgrund dieser Nutzenkalkulation für eine gewisse Zeit gleichartig handeln; sie müssen also eine Koalition bilden und der Koalition des Anreizes zum Desertieren zum Trotz treu bleiben. Erst die „minimale sich selbst beschränkende Koalition" hat eine Chance, vom Gleichgewicht der allgemeinen Defektion zu einem Gleichgewicht allgemeiner Kooperation vorzustoßen. In jeder kleineren Koalition steht jeder bei Defektion besser da; und selbst in größeren als der minimalen Koalition bleibt der individuelle Anreiz bestehen, bei konstanter Zahl von Koalitionären zu defektieren, und kann nur mit dem Hinweis auf die kollektiv bessere Situation konterkariert werden. Aber was motiviert jeden Akteur der „minimalen Koalition" dazu, „sich selbst zu beschränken", also Normen anzuerkennen und von der kurzfristigen und nur auf den individuellen Gesichtskreis beschränkten Kalkulation des Nutzens abzusehen? Was motiviert die Akteure dazu, in Schellings Schema (siehe Abschnitt 3.2.8) von der Betrachtung der *senkrechten* Dimension des Nutzens auf den Vergleich der Nutzenbetrachtungen in der *waagerechten* Dimension der Anzahl kooperierender Personen umzusteigen?

Zunächst muss jeder Koalitionär dem anderen Vertrauen schenken. Aber das kann er nur, wenn er sicher ist, dass das Vertrauen nicht verschenkt ist, dass er nicht ausgebeutet wird, dass also der Andere ihm ebenso Vertrauen schenkt. Wenn überhaupt keine Normen mehr verbindlich sein sollten, so muss zumindest noch die eine gelten: „Wie ich dir, so du mir" oder besser „Heute dir, morgen mir". Die Norm der Reziprozität muss beachtet werden. Aber warum sollten die Koalitionäre sich an diese Norm halten? Mehrere Personen können nur dann von der senkrechten Betrachtung des eigenen Nutzens auf eine waagerechte Betrachtung des eigenen Nutzens *in der Gruppe* umsteigen, wenn sie eine gemeinsame Vorstellung von der Gruppe haben – ein gemeinsames Interesse, einen gemeinsamen Besitz, wenigstens einen gemeinsamen Namen. Die Identifikation jedes Einzelnen mit der Gruppe, ein „Wir-Gefühl" des Ich, kurzum: *Solidarität,* ist die Voraussetzung dafür, dass jedes Individuum Vertrauen in jedes andere setzt und die Norm der Reziprozität in der Gruppe gültig ist.

Lektüre: Ullmann-Margalit (1977: 1-40, 74-104, 114-129) stellt den Unterschied von „Gefangenendilemma-Normen" (hier als „Kooperationsnormen" bezeichnet) und „Koordinations-Normen", also von Vorschriften und Konventionen dar.

Weiterführende Literatur: Kliemt (1993) stellt dar, wie Normen und Sanktionen die Auszahlungen im Gefangenendilemma lösen. Coleman (1990: 240-249) erweitert Ullmann-Margalits Unterscheidungen von Normarten. Ullmann-Margalit (1977: 134-176) stellt dar, wie auf der einen Seite auch Situationen, die spieltheoretisch kein Gleichgewicht sind, aufgrund der strategischen Kalkulation der Akteure stabil sein können, wie also die Interessenkalkulation sozialer Klassen sie an den sozialen Status Quo binden kann, auch wenn er nicht im Gleichgewicht ist; und wie auf der anderen Seite auch Situationen, die spieltheoretisch ein Gleichgewicht sind, das allerdings mit sozialer Ungleichheit verbunden ist, aufgrund der Einschätzung der Akteure von ihrer relativen Lage instabil werden können und deshalb einen Bedarf an „parteiischen", die Ungleichheit rechtfertigenden Normen provozieren.

6.1.2.2 Solidarität unter nutzenmaximierenden Individuen

Wenn Solidarität ein Wert, eine „Vorstellung des Wünschbaren" (Kluckhohn 1951: 395) ist, muss ihr eine verinnerlichte Einstellung entsprechen, dem Wert gemäß zu handeln. So gesehen, kommt auch die Theorie der Intention nicht ohne das Konzept „internalisierter Normen und Werte" aus. Aber sie geht mit ihm in drei Hinsichten anders um als die Theorie der Motivation.

Solidarität als Weitsichtigkeit des Egoismus

Erstens nimmt die Theorie der Intention nicht an, dass „Normen und Werte" eine „Realität sui generis" seien, sondern versucht zu erklären, wie sie aus der Interaktion nutzenmaximierender Individuen hervorgegangen sind. Selbst wenn sie keine Erklärung findet, spricht für sie, dass sie die Existenz von Normen mit dem Gefangenendilemma und der Bildung minimaler sich selbst beschränkender Koalitionen als erklärungsbedürftiges Problem präzise formulieren kann.

Zweitens spezifiziert die Theorie der Intention, dass Solidarität als internalisierte Einstellung der Akteure die soziale Integration jeder Gesellschaft gewährleistet, so dass ein allgemeiner Satz aufgestellt wird, der empirisch grundsätzlich prüfbar ist: Je stärker die Mitglieder einer Vergesellschaftung den Wert der Solidarität internalisiert haben, desto mehr ist die Vergesellschaftung sozial integriert. Die Theorie der Motivation hingegen setzt als Axiom, dass die Internalisierung der herrschenden Normen und Werte soziale Integration garantiert und kann nur noch fragen, welche Normen und Werte in verschiedenen Gesellschaften denn herrschen. Sie gerät damit gefährlich nahe an die Tautologie: Die gerade „herrschenden" Werte „integrieren" die Gesellschaft, und die Gesellschaft ist „integriert" durch die in ihr gerade „herrschenden" Werte. Die Analyse der sozialen Integration als Gleichgewicht der Nutzenmaximierung führt hingegen zu *einem* Wert, der in *jeder* Gesellschaft die soziale Integration gewährleisten kann – ob und wieweit, ist eben die empirische Frage der sozialen Integration. Die Theorie der Intention ist zugleich konkreter und allgemeiner als die Theorie der Motivation. „Normen und Werte" sind nicht eine Variable über alle Gesellschaften; sondern Solidarität ist *der* Wert für die Integration *jeder* Vergesellschaftung, dessen Variation in den Köpfen der Menschen die Variation der Integration von Gesellschaften bestimmt.[2]

Drittens bestimmt die Theorie der Intention den Wert Solidarität als Einstellung von Personen auf der Folie der Nutzenmaximierung. Der Anspruch des Werts Solidarität wird in Konkurrenz zur Einstellung der Nutzenmaximierung des Individuums sichtbar. Solidarität ist die Einstellung Egos, auf eigenen Nutzen zugunsten des Nutzens Alters zu verzichten (so die Definition von „Altruismus" z.B. bei Becker 1976: 284). Solidarität zeigt sich daran, dass ein Mitglied einer Gruppe auf den eigenen Vorteil zugunsten eines anderen Mitglieds verzichtet, auch wenn das andere Mitglied nicht sofort eine Gegenleistung dafür erbringt. Die Solidarität beruht also auf einer zeitlichen Dehnung des Nutzenprinzips, das sozialem Handeln zugrunde liegt; sie beruht – pointiert gesagt – auf der Weitsichtigkeit des Egoismus. Solidarität besteht nur dort, wo ein Handelnder auf die Verwirklichung seiner Interessen zu Gunsten eines anderen verzichtet – nicht dauerhaft, aber auch nicht allzu kurzfristig.

Wenn Solidarität in einer Vergesellschaftungsform praktiziert wird, ist das Handeln der Mitglieder nicht ausschließlich durch Nutzenmaximierung bestimmt. Zwar zielt jedes Handeln in letzter Instanz auf den Nutzen des Handelnden; aber Handlungen unterscheiden sich dadurch, wie kurzfristig der Nutzen angestrebt wird oder – vom anderen Ende her formuliert – wie langfristig die Nichterreichung eines Nutzens ausgehalten wird. Langfristig beruht alles menschliche Zusammenleben auf einem Tausch, einem Geben und Nehmen – nicht nur von Gütern und Geld, sondern auch von Gefühl, von Vertrauen, Zuneigung und Beachtung – kurz: auf einer grundlegenden „Norm der Reziprozität", die allgemeiner ist als alle Normen,

---

2 Entsprechendes gilt für die Norm der Reziprozität, die gleichsam die Folie für die Praktizierung des Werts der Solidarität ist, und für Vertrauen, das die psychologische Basis der Solidarität ist. Nur wer vertraut, kann auf eine sofortige Gegenleistung verzichten, also Solidarität praktizieren.

die das Zusammenleben im Einzelnen regeln (Gouldner 1984: 79-164). Kein Mensch kann auf Dauer nur geben, kein Mensch will auf Dauer nur nehmen. Je stärker die Mitglieder einer Gruppe nun miteinander solidarisch sind, desto mehr können sie die Zeitspanne dehnen, die durch die Norm der Reziprozität überbrückt wird. Der Tausch von Waren hat eine Zeitspanne nahe bei Null: Man bekommt sofort, wenn man etwas gibt. Der Tausch von Erziehungs- gegen Sicherungsleistungen zwischen den Generationen hat die Zeitspanne eines ganzen Lebens: Die Kinder werden von ihren Eltern aufgezogen und versorgen dafür als Erwachsene die Eltern. Wenn dies nicht mehr anschaulich im Familienverband, sondern durch die abstrakte Verwaltung der Rentenversicherung geschieht, kann es schwieriger werden, Leistungen der Solidarität zu erbringen; aber das Problem der Solidarität ist das gleiche. Solidarität ist die Fähigkeit, die Norm der Reziprozität in der Zeit auszudehnen – auf beiden Seiten, des Gebers und des Nehmers. Solidarität ermöglicht daher soziale Integration. Sie erlaubt es, aktuelle Ungleichgewichte der Nutzenmaximierung im Vertrauen auf ein zukünftiges Gleichgewicht zu ertragen: Wenn ich heute dir mehr zahlen muss, dann du morgen mir.

Wohltätigkeit: „Etwas für nichts"

Solidarität ist also das Vertrauen auf den langfristigen Ausgleich von Leistungen – das mag als eine enge Auffassung erscheinen. In der Tat handeln Menschen nicht selten so, dass sie die Suche nach Nutzen nicht nur zeitlich strecken, sondern von vornherein fallen lassen. Sie sind mit dem Nichtausgleich von Leistungen von Anfang an einverstanden: Sie geben „etwas für nichts" (Gouldner 1984: 118-164), also in der Überzeugung, nie etwas dafür zu bekommen, so dass die Norm der Reziprozität aufgehoben ist. Dafür gibt es mindestens zwei für das Problem der sozialen Integration bedeutsame Fälle.

Im ersten Fall ist die Norm der Reziprozität dadurch aufgehoben, dass jemand, ohne jemals eine Gegenleistung zu erwarten, einem Anderen etwas gibt, den ein Lebensrisiko getroffen hat, das er nicht kontrollieren kann und das allen Mitgliedern der Vergesellschaftung gemeinsam ist. Gesunde helfen Kranken, von Katastrophen Verschonte nehmen die Opfer auf. Solidarität mit dem Anderen wird hier zur Solidarität mit der Gemeinschaft ausgedehnt, aus der ein Individuum vom blinden Zufall „geschlagen" wurde; man gibt dem Anderen „etwas für nichts", weil ihm ohne sein Verschulden etwas genommen wurde. Aber das egoistische Nutzenkalkül sagt hier: Ausgerechnet mich wird es ja nicht treffen; und wenn schon, dann werden die Anderen für mich aufkommen. Deshalb geben keineswegs alle; deshalb erzwingt der Staat die weitergehende Solidarität durch Versicherungen. In die gesetzliche Krankenversicherung muss jeder unabhängig von seinen Gesundheitsrisiken einzahlen; mehr noch: nach dem Prinzip der Leistungsfähigkeit muss der besser Verdienende mehr geben, obwohl er nicht im Maße seines zusätzlichen Beitrags mehr erwarten kann (siehe dazu weiter: Reformkommission Soziale Marktwirtschaft 1999). Dass diese weitergehende Solidarität oft durch den Staat erzwungen werden muss, zeigt allerdings, dass sie nicht die Grundlage des Zusammenlebens in der Gesellschaft sein kann; sie verstärkt die soziale Integration, die durch die Solidarität als dem Vertrauen auf den langfristigen Ausgleich gesichert ist.

Im zweiten Fall ist die Norm der Reziprozität dadurch aufgehoben, dass jemand, ohne eine Gegenleistung zu erwarten, einem Anderen etwas gibt, dem es schlechter geht – gleich ob er sein Schicksal verschuldet hat oder nicht. Man gibt dem Anderen „etwas für nichts", selbst wenn er sich selber etwas genommen, seine Chancen nicht genutzt oder sein Leben verpfuscht hat. Solidarität wird zur *Wohltätigkeit* gesteigert (Gouldner 1984: 118-164). Wer einem Bettler in einer fremden Stadt etwas gibt, wird nie etwas von just diesem Bettler zurückerhalten –

ob er sich selbst durch die Gabe ein gutes Gewissen schafft, ist eine ganz andere Frage. Auch Wohltätigkeit trägt bei zur sozialen Integration größerer Vergesellschaftungen – von der Lokalgemeinde bis zum Staat. Während aber eine Gesellschaft zerfällt, wenn jeder auf dem kurzfristigen Interessenausgleich besteht, ist es für die soziale Integration nicht notwendig, dass alle wohltätig sind.[3] Wohltätigkeit ist keine notwendige Bedingung der sozialen Integration großer Vergesellschaftungen; aber sie kann die soziale Integration steigern.

Solidarität in Gemeinschaften und in der Gesellschaft

Man kann also in den Begriff der Solidarität höhere Ansprüche einbauen als nur das Vertrauen auf die Norm der Reziprozität. Aber man sollte dieses emphatische Konzept der Solidarität nicht als Bedingung, sondern als Verstärker der sozialen Integration ansehen. Gesellschaften bauen nicht auf der Wohltätigkeit, sondern dem Eigennutz der Menschen auf – und auf der Fähigkeit der Menschen, ihren Eigennutz zurückzustellen. Die soziale Integration ist eine Variable; sie hängt ihrerseits von einer Variablen, nämlich der „Solidarität" genannten Einstellung der Menschen ab, deren niedrigster Wert der kurzsichtige Egoismus und deren höchster Wert die Wohltätigkeit ist. In dieser Perspektive kann man fragen, in welchen sozialen Lebensbereichen, mit welchen Mitteln und auf wie lange Zeit der Egoismus durch Solidarität gedehnt werden kann.

In partikularistischen Vergesellschaftungsformen, in denen die konkrete Person für die soziale Beziehung wesentlich ist (siehe Abschnitt 3.1.2), also in Gemeinschaften, vor allem in der Familie, wird Solidarität – „Geschwisterlichkeit" – unter den Handelnden selbstverständlich unterstellt: Obwohl jeder unterschiedliche Interessen hat, identifiziert sich jeder mit der Gruppe, und ist deshalb bereit, den Nutzen des Anderen zu seinem eigenen zu machen. Dass die Existenz der Vergesellschaftung von den konkreten Personen abhängt, erleichtert die Identifikation mit ihr und die Praxis der Solidarität in ihr: „Mein" Kind ist ein Stück von mir, so dass ich seinen Nutzen erst gar nicht zu meinem machen muss, sondern ihn unmittelbar als meinen Nutzen genieße. Aber auch in der Familie ist die Wohlfahrt des Anderen oder die völlig selbstlose Liebe nicht das dominante Motiv: Wenn Eltern heute – wie die Forschungen zum „Wert von Kindern" (Trommsdorff 1993: 56-58) zeigen – Kinder nicht mehr in der Erwartung materieller Gegenleistungen erziehen, sondern in der Erwartung, durch den Erfolg der Kinder belohnt zu werden, so hat sich nur das eingetauschte Gut – statt Sicherheit Befriedigung – verändert, nicht aber der – nach wie vor sehr langfristige – Tausch. Solidarität in der Familie lässt sich leicht praktizieren, weil die Liebe für den Anderen auch Selbstliebe ist.

Solidarität aber ist schwieriger zu verwirklichen, wenn die Vergesellschaftung nicht mehr von den konkreten Personen abhängt, sondern von den Kategorien, die Grundlage für die Be-

---

3 In größeren Gesellschaften ist es – anders als vielleicht in kleinen Gemeinschaften wie Klöstern oder sozialen Bewegungen – nicht einmal denkbar, dass alle „etwas für nichts" geben; wäre das der Fall, so wären die Regeln des Austauschs unter den Menschen nicht mehr erkennbar: Wer sollte denn was „für nichts" bekommen, wer was „für nichts" geben? Die Norm der Wohltätigkeit kann die Norm der Reziprozität nur vorübergehend suspendieren, aber nicht an ihre Stelle treten. Die Norm der Wohltätigkeit ist nicht wie die Norm der Reziprozität eine grundlegende Norm des Zusammenlebens. Ebenso wenig wie aus lauter kurzfristigen Nutzenmaximierern, die sofort ihre Vorleistungen eingetauscht haben wollen, kann eine Gesellschaft aus lauter Wohltätigen bestehen, die immer alles für nichts geben. Weder die eine noch die anderer Gesellschaft könnte sich entwickeln, so dass sie Bestand hat. Vielmehr hat eine Gesellschaft Bestand, wenn die Menschen bereit sind, eine Zeit lang auf die Verwirklichung ihres Nutzens zu verzichten, aber nicht gezwungen werden, ihren subjektiven Nutzen als Orientierungsmaßstab ihres Handelns aufzugeben.

ziehungen zwischen Personen sind; dies um so mehr, je abstrakter – in Parsons' Sprache: universalistischer – die Kategorien und je weiter gespannt die Beziehungen sind. Hier kann das
Reziprozitätsprinzip nicht stillschweigend vorausgesetzt und unter Umständen bis zum
Sankt-Nimmerleinstag ausgedehnt werden; hier wird über Reziprozität mit dem Ziel eines
möglichst schnellen Ausgleichs verhandelt. Die Beziehung zwischen Arbeitgebern und Arbeitnehmern beruht auf gemeinsamen Werten, die man als den Minimalkonsens der sozialen
Marktwirtschaft bezeichnen kann. Beide Seiten wollen Freiheit und Chancengerechtigkeit,
technische Neuerung und wirtschaftliches Wachstum. Aber die Bereitschaft, Vorleistungen
ohne sofortige Gegenleistungen zu erbringen, folgt nicht automatisch aus dem Minimalkonsens der sozialen Marktwirtschaft – wie jeder Tarifkonflikt zeigt. Sie steht vielmehr in jedem
Tarifkonflikt zur Debatte: In jedem Tarifkonflikt wird auf die Abschlüsse der letzten Jahre,
die Gewinne der Arbeitgeber, die Entwicklung der Lohnquote u.a.m. hingewiesen, d.h. auf
die Vorleistungen der einen Seite, deren Gegenleistungen noch ausstehen. Aber die Zeit, über
welche die Solidarität buchstäblich gespannt werden kann, ist höchstens einige Jahre. Je weiter
die Sozialbeziehung also ist, desto kürzer ist auch die Spanne des Ausgleichs.

Solidarität entstammt der Familie, aber sie muss auch außerhalb der Familie Fuß fassen,
wenn größere Vergesellschaftungen bestehen sollen. Je mehr eine Gesellschaft es schafft, Ele-
mente von Solidarität auch in abstrakte Beziehungen einzufügen, desto stärker ist ihre soziale
Integration. Als Solidarität verstanden, lässt sich die soziale Integration also am Handeln der
Mitglieder der Gesellschaft messen – negativ an Eigentumsdelikten, an der Steuerkriminalität,
an Scheidungs- und Selbstmordziffern etc., aber auch positiv an der Zahl der Stiftungen, der
Zahl der Spenden, der Zahl freiwilliger Dienstleistungen etc. Alle diese Messungen (für eine
Übersicht: Kistler / Noll / Priller 1999; Friedrichs / Jagodzinski 1999: 20) beziehen sich auf
das Handeln von Personen in engen, aber auch in weiteren Sozialbeziehungen. Aber die Solidarität lässt sich auch am Handeln von kollektiven Akteuren in weiter gespannten Sozialbeziehungen messen – an der Zahl von Verfassungsgerichtsklagen, von Demonstrationen und sozialen Bewegungen, der Zahl der Streiks und Aussperrungen etc. Indikatoren für solidarisches
Handeln lassen sich also auf dem Kontinuum der Enge der Sozialbeziehungen – vom Partikularismus zum Universalismus – und nach dem Aggregationsgrad der Handlungseinheit – Person oder Kollektiv – klassifizieren.

Ob nun partikularistische oder universalistische Beziehungen, individuelle oder kollektive
Akteure betrachtet werden – in jedem Fall beruht Solidarität darauf, dass Handelnde vom Gesichtspunkt des unmittelbaren Nutzens absehen und bereit sind, auf Gratifikationen zu warten, die unsicher und selbst ihrer Qualität nach ungewiss sind. Wer den Pfarrboten austeilt
oder Parteibeiträge sammelt, wird für diese Arbeit nicht bezahlt. Aber es ist nicht sicher, ob er
durch eine lobende Bemerkung des Pfarrers bzw. Parteivorsitzenden oder durch höheres Ansehen bei den Mitgliedern der Pfarrei bzw. Partei belohnt wird; es ist nicht einmal sicher, ob er
überhaupt belohnt wird. Unsicherheit gehört zur zeitlichen Dehnung des Egoismus, durch die
Solidarität definiert ist; die Unfähigkeit, Unsicherheit zu ertragen, Rigidität, gehört zu der
borniertem Form des Egoismus, die sofort in der Währung belohnt werden will, die sie selber
erwartet; das aber ist der Egoismus, den man auch im Alltag so nennen würde. Solidarität –
also die nicht rigide Form des Egoismus – kann warten und sie lässt sich überraschen. Solidarität verlangt also nicht nur den Blick in die Zukunft, sondern den Blick in eine ungewisse
Zukunft – nicht nur Weitblick, sondern auch Unsicherheitstoleranz. Der Handelnde muss es
ertragen, dass er nicht sofort belohnt wird; und er muss es ertragen, dass er ganz anders belohnt wird, als er es sich vorgestellt hat.

Solidarität ist die Einstellung, Chancen der Befriedigung eigener Bedürfnisse auf lange Sicht zu bewerten. Sie ist – um auf die Definition des Zustands der sozialen Integration zurückzukommen – eine Beziehungsform zwischen den Mitgliedern einer Vergesellschaftung, die ihren Bestand ermöglicht. Die soziale Integration wird an der Summe der Fristen messbar, über die die Mitglieder einer Gesellschaft zu einem bestimmten Zeitpunkt bereit sind, ihre wechselseitigen Rechnungen offen zu halten. Das Paradox, dass ein Zustand durch zukünftige Potenziale definiert wird, lässt sich also lösen, wenn man die handelnden Menschen einer Vergesellschaftung betrachtet: Eine Gesellschaft ist sozial integriert, wenn ihre Mitglieder Solidarität als Einstellung internalisiert haben. Solidarität kann von nutzenmaximierenden Egoisten praktiziert werden, wenn sie ihren Nutzen in langfristiger Perspektive sehen und mit dem Nutzen anderer Gruppenmitglieder gleichsetzen. Der Wert der Solidarität kann den Zustand der sozialen Integration einer Vergesellschaftung gewährleisten, weil er fordert, von unmittelbaren Gratifikationen abzusehen und die Ungewissheit zukünftiger Gratifikationen zu ertragen. Wer die soziale Integration einer Gesellschaft messen will, muss ihre Mitglieder betrachten – also ihre Einstellungen erfragen. Die Weiterzigkeit und die Weitsicht der Menschen sind das Medium der sozialen Integration.

Lektüre: Gouldner (1984: 79-117)

Weiterführende Literatur: Bayertz (1998: 23-34) gibt einen Überblick über die Stellungnahmen klassischer soziologischer Autoren, Durkheim und Tönnies, zum Begriff der Solidarität. Voland (1998) erläutert, wie Solidarität biologisch aus dem Egoismus der Gene verstanden werden kann, die ihr Erbgut, ihre genetische Fitness, auch über Verwandte weitergeben wollen und deshalb Verwandten Hilfe leisten, und zeigt an ethnographischen Beispielen, wie Solidarität sich zunächst auf nahe Verwandte richtet und dann auf größere Gruppen ausgedehnt werden kann. Vowinckel (1995: vor allem Kapitel 4 und 5) stellt dar, wie mit der Modernisierung soziale Integration in abnehmendem Maße durch Verwandtschaft und in zunehmenden Maße durch abstrakte soziale Beziehungen gewährleistet wird. Diekmann (2004) zeigt in Experimenten, dass Menschen Vorleistungen Anderer oft auch dann erwidern, wenn sie die Anderen nicht wieder treffen, dass also die Norm der Reziprozität sich oft auch gegen den Eigennutz durchsetzt.

6.1.3 Zusammenfassung: Der Zustand und die Notwendigkeit von Prozessen der Integration

Um den Zustand der sozialen Integration zu erklären, setzt die *normative* Theorie allein darauf, dass die Menschen die in einer Gesellschaft „herrschenden" Normen und Werte internalisiert haben. Aber auch die *pragmatische* Theorie kommt ohne die Annahme eines allgemeinen, für alle Gesellschaften grundlegenden Werts, der Solidarität, nicht aus, den sich die Menschen mehr oder minder stark zu eigen gemacht haben. Solidarität jenseits von Solidarbeziehungen ist daher für eine Gesellschaft ebenso notwendig wie prekär. Die soziale Integration hängt ab von einem Wert, der nur in engen Sozialbeziehungen heimisch, aber auch in weiteren Sozialbeziehungen erforderlich ist. Aber es ist naiv zu glauben, dass Solidarität ohne weiteres garantiert sei; und es ist ebenso naiv zu glauben, dass sie sich mit moralischen Appellen beschwören oder mit Gewalt erzwingen lasse. Auch in der pragmatischen Theorie muss man also nach *Prozessen* suchen, die Solidarität auch über größere soziale Distanzen für die Menschen mehr oder minder selbstverständlich gemacht und damit den *Zustand* der sozialen Integration gewährleistet haben.

Wie kann die Solidarität garantiert werden, wenn sie nicht spontan aufkommt? Oder anders gefragt: Was verhindert das spontane Aufkommen oder Fortbestehen sozialer Integration? Zweierlei, einmal die natürliche Nichtsolidarität der Neugeborenen, zum anderen die in jedem Erwachsenen verbleibende Nichtsolidarität. Worin besteht diese Nichtsolidarität, um nicht zu sagen Asozialität? In den Antrieben, die jedem Menschen in gleicher Weise, jedoch unterschiedlicher Stärke mitgegeben sind. Das Kind ist anarchisch, und jeder Erwachsene bleibt irgendwo anarchisch. Der natürliche oder natürlich gebliebene Anarchismus des Einzelnen bedroht die Solidarität zwischen den Menschen und die Integration der Gesellschaft.

Entsprechend kann man zwei Prozesse der sozialen Integration unterscheiden, die *Sozialisation* des Neugeborenen und die *soziale Kontrolle* der Erwachsenen. Im Zusammenleben mit den Eltern übernimmt das neugeborene Kind Werte und Normen, und die Schule bekräftigt und baut aus, was in der Familie erworben wurde. Aber schon in Abschnitt 3.2.2 wurde gezeigt, dass Normen und Werte allein soziales Handeln nicht erklären können. Die Person betritt mit den Normen und Werten, die sie in Familie und Schule erworben hat, die Bühne der Interaktion, auf der sie sich für ein Handeln entscheiden muss; und sie entscheidet sich nach ihren – einsozialisierten – Werten *und* den – in der gegebenen Handlungssituation – erwartbaren Konsequenzen. Dass sie immer mit den Normen und Werten konform handelt, ist nicht garantiert, und *abweichendes Verhalten* ist jederzeit möglich, wenn die erwarteten Konsequenzen Konformität zu „teuer" erscheinen lassen, so dass soziale Kontrolle notwendig wird. Die Sozialisation muss also behandelt werden, bevor auf die Möglichkeit des abweichenden Verhaltens und auf die Notwendigkeit der sozialen Kontrolle eingegangen werden kann; der nächste Abschnitt behandelt die Sozialisation, Abschnitt 6.3 das abweichende Verhalten, Abschnitt 6.4 die soziale Kontrolle.

6.2 Prozesse: Sozialisation

Die Sozialisation ist der Prozess, in dem das Kind die Werte und Normen der Gesellschaft übernimmt, in die es hineingeboren wurde. Diese Definition enthält drei Elemente: das Kind und die Werte und Normen der Gesellschaft – also Ausgangs- und Zielpunkt des Prozesses – und den Prozess der Übernahme, in dem beide Punkte miteinander verbunden werden.

6.2.1 Werte und Normen: Hierarchie und Konflikt

Werte und Normen unterscheiden sich in ihrer Allgemeinheitsstufe: Werte sind allgemein und rechtfertigen Normen, Normen sind spezifisch und grenzen das Handeln ein – oder anders gesagt: Werte enthalten Anweisungen für die Begründung von Normen, Normen enthalten Anweisungen für das Handeln.

Normen sind Sollenserwartungen, sie gebieten oder verbieten Handlungen. *Werte* sind „Vorstellungen des Wünschbaren" (Kluckhohn 1951: 395), mit denen Normen sich begründen lassen. Werte sind z.B. Freiheit (Artikel 2 des Grundgesetzes) und Gleichheit (Artikel 3 des Grundgesetzes), Gerechtigkeit und Leistung, Selbstbestimmung und Pflichtbewusstsein. Werte sind oft mehrdeutig. Der Wert der Gleichheit fordert die Gleichbehandlung vor dem Gesetz und die Gleichheit der Lebenschancen; die Gleichheit der Lebenschancen kann aber als Gleichheit der Ergebnisse oder Gleichheit der Ergebnisse bei gleicher Leistung, also Chancengerechtigkeit, verstanden werden; und die Gleichheit der Leistung ist wiederum vielfältig interpretierbar (siehe Abschnitt 9.3.1). Nicht zuletzt deshalb, weil Werte mehrdeutig sind, können sie in unterschiedlicher Weise in eine Hierarchie gebracht werden. Man trennt zwischen Werten und Grundwerten (oder wie im Grundgesetz: Grundrechten). In der politischen Philosophie z.B. gibt es eine Tradition der Auseinandersetzung darüber, ob Freiheit oder Gleichheit wichtiger sei. Und Umfragen des Instituts für Demoskopie in Allensbach zeigen, dass 1994 53% der Bevölkerung Westdeutschlands die Freiheit vor die Gleichheit und 36% die Gleichheit vor die Freiheit stellen, wenn in der Frageformulierung für „Gleichheit" nicht auf Chancengerechtigkeit Bezug genommen wird, dass aber zwischen Freiheit und Gleichheit ein Patt von rund 40% entsteht, wenn in der Frageformulierung für „Gleichheit" auf Chancengerechtigkeit Bezug genommen wird; die verbleibenden Befragten in beiden Fällen können sich nicht entscheiden (Meulemann 1996: 83-87, 427: 2002: 100-101).

Werte können also in einer Hierarchie geordnet werden, über die allerdings nicht durchweg Konsens besteht. Aus Werten lassen sich Normen *ableiten*, aber die Ableitung ist nicht – wie in der Logik oder Mathematik die Ableitung von Konsequenzen aus Postulaten – eindeutig. Vielmehr führt immer ein Wert zu mehreren Normen und eine Norm rechtfertigt sich aus mehreren Werten, die nicht für alle in der gleichen Rangfolge stehen. Aus dem Wert der Selbstbestimmung der Frau z.B. folgt eine andere Norm für den Schwangerschaftsabbruch als aus dem Wert der Unversehrtheit des ungeborenen Lebens – Fristenregelung oder Indikationsregelung.[4] Je nach dem, ob man die Selbstbestimmung der Frau vor oder nach der Unversehrtheit des ungeborenen Lebens rangieren lässt, wird man unterschiedliche Gesetze in den Parlamenten vorschlagen, über die abgestimmt und in letzter Instanz durch das Verfassungsgericht entschieden werden muss. Es entscheiden die Institutionen Parlament und Gericht mit den Verfahren der Mehrheitsabstimmung oder der juristischen Gesetzesexegese. Je nach dem, wie die Mehrheiten im Parlament und im Verfassungsgericht sich ändern, ändern sich die gesetzlichen Regelungen (Kim 2000).

Kurzum: „Die" Normen und Werte einer Gesellschaft gibt es nicht – zumindest, wenn wir demokratisch und pluralistisch verfasste Gesellschaften betrachten, in denen man nicht wie in totalitären Staaten sozialen Druck unterliegt und im Rahmen der Gesetze „tun und lassen kann, was man will". Das Recht definiert zwar einen Kernbereich von allgemein gültigen Normen; aber Gebote der Religion und Konventionen des Alltags sind nicht rechtlich verbindlich. Und die Verfassung definiert für alle verbindliche Grundwerte; aber die Bedeutungen und die Hierarchie von Werten sind strittig. Die Hierarchie impliziert Konflikt, und der Konflikt impliziert Wandel. „Die Normen und Werte der Gesellschaft" beziehen sich nur in einem begrenzten Bereich auf einen Konsens in der Bevölkerung; und gerade dieser Bereich von Werten und Normen ist nicht ohne schriftlich fixierte Regeln und ohne Korporationen mit kollektiven Akteuren denkbar, die über Werte entscheiden – vom Parlament bis zum Verfassungsgericht. „Die" Normen und Werte einer Gesellschaft sind nichts als ihre legitime Ordnung (siehe Abschnitt 4.4.1). Jenseits dieses Bereichs aber ist der Begriff „der Normen und Werte der Gesellschaft" eine Abstraktion: Er bezieht sich auf das allgemeine Merkmal „Sollenserwartung" einer bunten Kollektion von Vorstellungen, die von einigen Mitgliedern einer Gesellschaft geteilt werden und von anderen nicht; aber er erfasst keinen Konsens.

---

4 Beides sind im übrigen Werte, die sich aus dem Artikel 2 des Grundgesetzes ableiten lassen. Auf der einen Seite steht Satz 1 „Jeder hat das Recht auf die freie Entfaltung seiner Persönlichkeit". Auf der anderen Seite steht Satz 2 „Jeder hat das Recht auf Leben und körperliche Unversehrtheit".

6.2.2 Kind und moralisches Urteil

Kognitives und moralisches Urteil als Fähigkeit zum sozialen Handeln

Wie Normen und Werte der Ausgangspunkt des Prozesses der Sozialisation, so ist das Kind der Zielpunkt. Das Kind wächst heran, indem es Stück für Stück die Fähigkeit erwirbt, seine Umwelt wahrzunehmen und auf sie zu reagieren. Es lernt, zu sehen, zu hören und zu denken. Es lernt, seine Stimmungen und Affekte wahrzunehmen und zu steuern u.a.m. Alle diese Prozesse haben ein klar definiertes Ziel – den Erwerb einer bestimmten Fähigkeit. Das heißt aber, ihr Erwerb ist im Prinzip ein endlicher, im individuellen Leben früher oder später abgeschlossener Prozess. Jeder erwirbt z.B. die Grammatik seiner Sprache bis zum 5. Lebensjahr – es sei denn, bestimmte organische Schäden verhindern dies (Lenneberg 1967); jeder erwirbt die Fähigkeit, Begriffe als logische Mengen zu bilden („sensu-motorische Intelligenz"), bis etwa zum 6. Lebensjahr, die Fähigkeit, mit logischen Mengen umzugehen („konkret-operationale Intelligenz"), bis etwa zum 10. Lebensjahr und die Fähigkeit, mit logischen Aussagen umzugehen („formal-operationale Intelligenz"), bis etwa zum Ende der Pubertät (Piaget 1947).

Auf diese Weise werden aber nicht nur Fähigkeiten des Wahrnehmens, Denkens und Sprechens erworben, sondern auch *Fähigkeiten des sozialen Handelns*. Soziales Handeln verlangt eine kognitiv-affektive und eine evaluative Orientierung auf die Situation und die anderen Akteure (siehe Abschnitt 3.1.1). Auf der *kognitiv-affektiven* Orientierungsebene muss das Kind lernen, eine soziale Situation und die Beziehungen zwischen ihm und den Anderen korrekt wahrzunehmen, eigene und fremde Motive zu erkennen, die Reaktion des Anderen vorauszusehen und das eigene Handeln auf diese voraussehbare Reaktion einzustellen. Soweit werden nur allgemeine Fähigkeiten für einen besonderen Zweck mobilisiert, nämlich zur Wahrnehmung der Situation des Handelns. Spezifisch für das soziale Handeln aber ist die Fähigkeit des moralischen Urteils gefordert. Auf der *evaluativen* Orientierungsebene muss das Kind lernen, welche Werte und Normen in einer bestimmten Situation für sein Handeln und das Handeln der Anderen angemessen sind. Es muss Konflikte zwischen den Werten und Normen erkennen, die in einer Situation für es selber wie für die Anderen gelten können, und es muss wissen, wie es solche Konflikte lösen kann.

Moralische Dilemmata

Das lässt sich an einem moralischen Dilemma erläutern, also einer Entscheidung zwischen Alternativen, von denen jede moralische Normen verletzt: „Eine Frau stand nahe vor dem Krebstod. Eine einzige Arznei hätte sie retten können, eine besondere Form des Radiums, die ein Apotheker in derselben Stadt vor kurzem entdeckt hatte. Der Apotheker verlangte 5000 DM dafür, das zehnfache von dem, was ihn die Herstellung selber gekostet hatte. Der Mann der kranken Frau, Heinz, ging zu allen ihm bekannten Leuten, um Geld zu leihen, aber konnte nur die Hälfte der Kosten zusammenbekommen. Er erzählte dem Apotheker, dass seine Frau im Sterben läge, und bat ihn, die Arznei billiger zu verkaufen oder die volle Bezahlung auf später zu verschieben. Aber der Apotheker sagte Nein. Der Mann geriet in Verzweiflung und brach in die Apotheke ein, um die Arznei für seine Frau zu stehlen" (Kohlberg 1969: 379). In diesem Dilemma steht der Wunsch des Mannes, seine Frau zu retten, gegen den Wunsch des Apothekers, für seine Erfindung einen Lohn zu bekommen; der Wert des Lebens gegen den Wert des Eigentums; die Uneigennützigkeit des Mannes, der das Leben seiner Frau retten will, gegen die Eigennützigkeit des Apothekers, der seine persönliches Entlohnung für seine Erfindung haben will; die Eigennützigkeit des Mannes, der sein privates Glück in der Ehe retten will, gegen die Uneigennützigkeit des Apothekers, der nicht nur sein Eigentum, sondern das Eigentum überhaupt schützen will. Die Entscheidung kann also unter vielen Wertgesichtspunkten gesehen werden; und jede Wahl verletzt die eine oder andere Seite.[5]

Hat Heinz richtig gehandelt oder nicht? Die Frage löst eine Kettenreaktion weiterer Fragen aus. Begeht Heinz mit dem Einbruchsdiebstahl auch dann ein Verbrechen, wenn nicht Eigennutz, sondern die Rettung der eigenen Frau sein Motiv ist? Darf man sich über Regeln hinwegsetzen, nur weil man selber meint, ein höheres Gut zu vertreten? Was passiert, wenn jeder, der sich in einer ähnlichen Situation wie Heinz befindet, ähnlich handelt? Hat der Apotheker durch die Unsolidarität gegenüber Heinz den Einbruch „verdient", oder handelt er solidarisch mit der Gesellschaft, die den Wert eines geistigen Eigentums schützen soll? Die Fragen zeigen, dass man in diesem Dilemma für ein positives wie ein negatives Urteil Argumente mobilisieren kann. Aber der Konflikt muss gelöst werden: Man muss sich entscheiden – für das eine oder andere Urteil, wenn man von außen die Geschichte betrachtet, oder für Tun oder Unterlassen, wenn man selber in die Geschichte verwickelt ist. Implizit liegt ein moralisches Urteil jedem Handeln zugrunde; aber die Fähigkeit, moralische Urteile zu explizieren, erlaubt überlegtes Handeln. Das Handeln ist nicht mehr auf eine Alternative festgelegt, denn mit jeder Argumentation kann jede Alternative begründet werden. Die Argumente sind die Werkzeuge, Handlungen moralisch zu begründen – d.h. an Normen und Werten zu orientieren. Jedes Kind muss eine solche Argumentation erlernen. Dafür muss es auf der affektiv-kognitiven Orientierungsebene die Situation verstehen, auf die Motive Heinz' und die Motive des Apothekers zurückschließen, die Folgen des Handelns beider extrapolieren usw. Und es muss auf der evaluativen Orientierungsebene die Werte kennen, um die es hier gehen kann – Leben und Mitleid, Eigentum oder Solidarität, individuelles Interesse und soziale Folgen. Es muss die Werte auf die Situation und auf die Motive der beiden Akteure beziehen, und es muss sie schließlich in eine Rangfolge bringen – explizit mit einem moralischen Urteil oder implizit mit einer Handlung. Jedes moralische Alltagsurteil ist wie ein juristischer Instanzenweg, in dem die nächste Instanz mit neuen Argumenten oder mit neuen Gewichtungen alter Argumente anders entscheiden kann. Das Kind muss also den Umgang mit moralischen Argumenten und die Fähigkeit lernen, nach seiner persönlichen Letztinstanz zu handeln.

Stufen der moralischen Entwicklung

Die Entwicklungsstufen des moralischen Urteils ergeben sich aus der formalen Qualität der Argumente, mit denen es begründet wird. Der wichtigste Gesichtspunkt ist dabei, ob das Handeln nach seinen äußeren Folgen oder nach den Motiven der Personen beurteilt wird (Piaget 1973). Wird das Handeln überhaupt nach Motiven beurteilt, so müssen die Motive nach ihrer Konformität mit Normen beurteilt werden. Dabei kann man zwei weitere Stufen danach unterscheiden, ob eine Norm unbedingt für verbindlich gehalten wird, oder ob der – oft unvermeidliche – Konflikt einer Norm mit einer oder mehreren anderen gesehen und zu lösen versucht wird (Kohlberg 1969). Mit Piaget (1947) gesagt: Ob das Kind eine Norm „zentriert" (allein ins Auge fasst) oder ein „Gleichgewicht" (eine Vermittlung) zwischen mehreren

---

5 Eine aktuelle Paraphrase dieser Geschichte: Der Staat Südafrika, in dem AIDS sehr weit verbreitet ist, will ein Gesetz erlassen, das es ermöglicht, Medikamente gegen AIDS einzuführen, die ohne Lizenzzahlungen an die Pharmafirmen mit dem Patent auf diese Medikamente produziert wurden. Dagegen haben die Pharmafirmen geklagt, aber nach Protesten die Klage zurückgezogen (Frankfurter Allgemeine Zeitung vom 20.4.2001).

Normen sucht. Gilt eine Norm unbedingt, so ist keine Entscheidung notwendig: Wird aber
der Konflikt zwischen Normen gesehen, so muss er mit Bezug auf allgemeinere Prinzipien geschlichtet werden. Solche Prinzipien sind Werte, aber auch formale Regeln zur Beurteilung
von Handlungen wie der kategorische Imperativ Kants: Handle so, dass die Prinzipien deines
Handelns zur Maxime einer Gesetzgebung gemacht werden können. Insgesamt ergeben sich
dann drei Stufen der moralischen Urteilsfähigkeit: der moralische *Realismus*, d.h. die Beurteilung der Tat nach objektiven Folgen, der moralische *Partikularismus*, d.h. die Beurteilung der
Tat nach der Konformität mit einer spezifischen Norm, und der moralische *Universalismus*,
d.h. die Beurteilung der Tat nach der Norm, die in Abwägung gegen andere Normen als letzt-
lich dem Fall angemessene bewertet wurde.

Die Folge dieser drei Stufen ist durch den Anstieg ihres formalen Anspruchs begründet. Es
ist einfacher, eine Handlung nach Folgen als nach Motiven zu beurteilen; denn Folgen sind
sichtbar, Motive aber müssen erschlossen werden. Und es ist einfacher, Motive nach ihrer
Konformität mit einer unbedingt gültigen Norm als nach ihrer Angemessenheit an konkurrie-
rende Normen zu beurteilen. Die Stufen bilden weiterhin insofern eine Hierarchie, als nur
nach einer Lösung auf der niederen Stufe sich das Problem der höheren Stufe eröffnet.
Schließlich bildet die dritte Stufe des Universalismus einen logischen Endpunkt: Jenseits allgemeiner Prinzipien, mit denen Konflikte zwischen Normen geschlichtet werden können, sind
keine Gesichtspunkte mehr denkbar, nach denen sich Handlungen moralisch beurteilen ließen.

Die Entwicklung des Kindes folgt diesen drei Stufen: Die Stufe des moralischen Partikularismus erreicht das Kind in der Regel mit 10 Jahren, die Stufe des moralischen Universalismus
mit dem Abschluss der Pubertät. Aber nicht jedes Kind erreicht die letzte Stufe. Zudem beurteilen auch die Kinder, die eine der beiden höheren Stufen erreicht haben, nicht alle Probleme
nach den Gesichtspunkten dieser Stufe; um eine ungeliebte Person abzuqualifizieren, beurteilt
z.B. ein Kind ihr Handeln nur nach den Folgen, obwohl es grundsätzlich in der Lage wäre, die
Motive zu sehen – und selbst älteren Personen ist diese Art des Urteilens ja nicht fremd. Selbst
wenn nicht alle moralischen Urteile nach universalistischen Gesichtspunkten gefällt werden,
bleibt die letzte Stufe des Universalismus jedoch ein Endpunkt der Entwicklung; sie ist die
ausgearbeitete Version der Alltagsvorstellung der „Reife" von „Erwachsenen". Aber dieser Zielpunkt ist nicht durch das Urteil, sondern durch die formale Qualität seiner Begründung festgelegt. Ob es um Wahrnehmung, Denken und Sprechen oder um das moralische Urteil geht
– im Normalfall erwirbt das Kind bis zu einem bestimmten Alter eine Fähigkeit, die es danach
nur noch anwendet. Es gibt Lernen vor und nach diesem Zeitpunkt, aber das Lernen nach
diesem Zeitpunkt vergrößert nur noch das Geschick im Umgang mit der erworbenen Kompetenz – also die Performanz.[6]

Form und Inhalt des moralischen Urteils, Analogie zum juristischen Instanzenweg

Dass Heinz sich die Arznei nun gewaltsam aus der Apotheke holt, kann nämlich auf allen drei
Stufen positiv und negativ beurteilt werden. Im Stadium des *moralischen Realismus* wird die
Tat nach ihren äußeren Folgen beurteilt – entweder positiv, weil z.B. die gestohlene Arznei
weniger wert ist, als der Apotheker für sie verlangt, oder negativ, weil z.B. durch den Einbruch

---

6   Diese Unterscheidung stammt aus der Linguistik: Der Mensch ist kompetent, gemäß der Grammatik seiner
    Sprache beliebig lange und komplizierte Sätze zu bilden; aber Begrenzungen des Gedächtnisses, äußere Umstän-
    de und innere Wünsche schränken seine Performanz ein (Chomsky 1969: 13-28).

und die Wegnahme Schaden entsteht. In beiden Fällen hält sich das moralische Urteil an das äußere Geschehen und konzentriert sich auf eine Seite, ohne die andere Seite dagegen aufzurechnen – nicht nach dem objektiven Schaden und erst recht nicht nach Normen oder Werten. Im Stadium des *moralischen Partikularismus* wird die Tat nach der Konformität mit einer Norm beurteilt und fällt je nach der gewählten Norm positiv oder negativ aus – positiv nach dem Gebot der ehelichen Liebe, negativ nach dem Verbot des Stehlens. In beiden Fällen konzentriert sich das Urteil auf eine Norm, ohne sie mit der konfligierenden Norm zu vermitteln. Basis des moralischen Urteils ist also die Normkonformität als solche, nicht die Angemessenheit der Norm an die Situation.

Im Stadium des *moralischen Universalismus* hingegen wird die Normkonformität selber danach beurteilt, ob die befolgte Norm der Situation angemessen war und die Nichtachtung konfligierender Normen sich nach allgemeinen Prinzipien rechtfertigen lässt. Auch dann ist das Urteil nicht entschieden, es kann für und gegen die Tat argumentiert werden. Für die Tat wird z.B. so argumentiert: Heinz ist gezwungen, zwischen Stehlen und Sterbenlassen zu wählen. Dabei musste er das Eigentum unter das Leben stellen, denn ohne das Leben kann es gar kein Eigentum geben.[7] Gegen die Tat wird z.B. so argumentiert: Heinz ist gezwungen, zwischen der Bevorzugung seiner Frau und der Schädigung aller anderen Menschen zu wählen, die die Arznei ebenso dringend wie seine Frau brauchen. Deshalb muss er seine persönlichen Gefühle für das Leben seiner Frau unter den allgemeinen Wert aller möglicherweise betroffenen lebenden Personen stellen, denn das Leben vieler zählt mehr als das Leben eines Einzelnen.

Trotz des unterschiedlichen Ergebnisses haben beide Argumentationen formale Gemeinsamkeiten. Beide definieren die Situation als ein Dilemma, als eine Alternative zwischen Normen, die ihre eigene Berechtigung haben, so dass es unmöglich ist, gegen eine Norm nicht zu verstoßen, und der Verstoß durch ein allgemeineres Prinzip gerechtfertigt werden muss. Beide Argumentationen fassen das Problem also überhaupt erst angemessen. In der Pro-Argumentation stehen die Werte Leben und Eigentum, in der Contra-Argumentation eine partikularistische und eine universalistische Orientierung gegenüber. Beide Argumentationen versuchen den Konflikt zu lösen, indem sie an ein allgemeines Prinzip appellieren, das eine Seite der anderen unterordnet. In der Pro-Argumentation rangiert nach seiner genetischen Priorität das Leben höher als das Eigentum. In der Contra-Argumentation rangieren universalistische Gesichtspunkte vor partikularistischen, weil sie nicht nur den einzelnen Fall, sondern alle möglichen Fälle in Betracht ziehen.

Auf jeder Stufe ist das Urteil also durch die formalen Gesichtspunkte der Begründung nicht festgelegt. Aber jeder, der das Dilemma beurteilen muss, hat ein „Gefühl", eine Intuition, was richtig wäre, und versucht, so gut er kann, also mit den formalen Mitteln, die er beherrscht, zu urteilen. Mit Blick auf das moralische Urteil findet sich also die gleiche Situation, die Weber mit Blick auf das soziale Handeln, also auf das praktisch umgesetzte moralische Urteil, mit dem Begriff der „Wertrationalität" (siehe Abschnitt 3.2.2) beschrieb. Soziales Handeln kann nach dem Maßstab von Werten rational zwar beurteilt, aber nicht definitiv bewertet werden – man kann Übereinstimmungen zwischen Überzeugungen finden, aber es bleiben Unterschiede, die sich nicht mit Argumenten allein überbrücken lassen. Über Werte kann man diskutieren, aber zwischen Werten kann man nicht verbindlich entscheiden. Vor allem kann man

---

7 Eine Begründung für diese Wahl wird von Kohlberg (1969) nicht gegeben; aber sie ist erforderlich für das Stadium des moralischen Universalismus.

über die Folgerungen aus Werten rational diskutieren und entsprechend Normen gegeneinander abwägen – und mit ihnen die Motive, denen Menschen mutmaßlich gefolgt sind, wenn sie gehandelt haben.

Beim Ausgangs- und Zielpunkt der Sozialisation, Gesellschaft und Kind, Werten und moralischer Urteilsfähigkeit, findet man zwei Analogien. Erstens bilden die Werte und Normen der Gesellschaft eine *Hierarchie*, aber auch die moralische Urteilsfähigkeit des Kindes erweist sich daran, dass es aus Argumenten eine Hierarchie bilden kann und zu einem Schluss kommt. Über die gesellschaftliche Hierarchie von Normen und Werten wird durch politische Mehrheiten oder juristische Verfahren entschieden. Über die persönliche Hierarchie von Werten in einem moralischen Dilemma entscheidet das Kind in einer Argumentationsform, die dem juristischen Instanzenweg ähnelt; und seine moralische Entwicklung liegt darin, dass es zunehmend anspruchsvollere Argumente für eine Entscheidung mobilisieren kann, dass es einen inneren Instanzenzug des moralischen Urteils aufbaut. Zweitens können zwischen Normen *Konflikte* aufkommen, die unter Berufung auf die höhere Hierarchiestufe der Werte unterschiedlich gelöst werden können. Keine Norm folgt eindeutig aus einem Wert und jede Norm lässt sich mit mehreren Werten begründen. Aber auch die moralische Urteilsfähigkeit impliziert auf jeder Stufe kein eindeutiges Urteil. Die gleiche Art von Argumenten kann für eine Entscheidung Pro wie Contra mobilisiert werden.

Lektüre: Piaget (1973: 7-25, 93-106, 369-462)

Weiterführende Literatur: Kohlberg (1969) führt Piagets Idee einer Hierarchie des moralischen Urteils aus, die das Kind in Stadien der Sozialisation in seinem Inneren aufbaut oder „rekonstruiert". Die „konstruktivistische Sozialisationsforschung" (Grundmann 1999) betrachtet Sozialisation überhaupt als den Aufbau verinnerlichter Handlungskompetenzen nach dem hier dargestellten Modell des moralischen Urteils.

6.2.3 Internalisierung

Selbstbelohnung und Selbstbestrafung

Aus der Sicht des Individuums wird also bereits deutlich, dass es „die Normen und Werte der Gesellschaft" jenseits des rechtlich festgelegten und mit Strafen durchgesetzten Bereichs von Grundwerten und Gesetzen nicht geben kann. Jedes Kind muss mit seiner Hierarchie die Konflikte lösen; aber auf jeder Hierarchiestufe ist jedes Urteil denkbar. Solange nicht bestimmte Institutionen der Sozialisation – vor allem die Familie und die Schule (siehe Abschnitt 6.5) – bewirken, dass viele Kinder zu einem ähnlichen moralischen Urteil über sich und Andere kommen, verbleibt nur die Macht des Gesetzes, um als Konformität im Handeln durchzusetzen, was als Konsens im Denken nicht erreicht wurde. Anders als „die Normen und Werte der Gesellschaft" sind die Institutionen der Sozialisation aber keine Abstrakta, sondern verkörpern sich in Sozialbeziehungen des Kindes mit erwachsenen Personen. Eltern oder Lehrer stehen dem Kind gegenüber und vermitteln dem Kind die Werte und Normen, die sie in ihrem Tun und Reden verkörpern. Absichtsvoll oder unterschwellig wirken sie darauf hin, dass das Kind die Werte und Normen übernimmt, von denen sie sich selber leiten lassen.

Das dritte Definitionselement des Sozialisationsprozesses, die Übernahme der Werte und Normen durch das Kind, besteht also in der Internalisierung einer ursprünglich sozialen Beziehung. Das Kind richtet sich nicht nur deshalb nach den Normen der Gesellschaft, weil es Bestrafung durch Eltern oder Lehrer fürchtet und Belohnung von ihnen wünscht, sondern weil es sich selber für eine Übertretung der Norm bestraft und für eine Beachtung der Norm belohnt. Die ursprüngliche Asozialität des Kindes wird also von zwei Instanzen gezähmt – einer äußeren und einer inneren. Aber eine innere Instanz kann nur entstehen als Schattenbild der Personen, mit denen das Kind in einer „sozialisierenden" Sozialbeziehung gestanden hat und denen es aufgrund seiner ursprünglichen Hilflosigkeit ausgeliefert war (siehe Abschnitt 1.3.1). Das Kind kann gar nicht anders, als sich mit diesen Personen zu identifizieren; es macht ihr Leid und Freud zu den seinen und belohnt und bestraft sich so, wie sie es belohnt und bestraft hätten (Berger / Luckmann 1970: 145).

Die internalisierten Werte und Normen sind daher zunächst genau die Werte und Normen des Vaters oder der Mutter oder des Lehrers – jedenfalls solange, als das Kind sich davon nicht auf einer der höheren Entwicklungsstufen des moralischen Urteils distanziert. Das Kind „erfährt" die Werte und Normen als Tun (und oft natürlich auch Reden) anderer Personen – und die ersten und mächtigsten Anderen sind Vater und Mutter; sie sind mit Meads (1934) Begriff die für die Übernahme von Werten und Normen „signifikanten Anderen" oder in heutiger Terminologie die „Bezugspersonen". Wenn das Kind das Tun signifikanter Anderer in sich reproduzieren kann, muss es implizit die Prinzipien ihres Tuns verstanden haben; erst dann kann es beginnen, die Prinzipien vom Tun abzulösen, also die Werte und Normen der anderen Personen zu erkennen und sich im nächsten Schritt vielleicht von ihnen zu distanzieren. Der Internalisierung der Werte und Normen geht also die Internalisierung der Personen voraus – noch genauer: die Internalisierung der Sozialbeziehungen zwischen dem Individuum und seinen Bezugspersonen; internalisierte Normen und Werte sind die Sedimente vergangener sozialer Interaktionen (siehe Abschnitt 3.1.4). Resultat der Internalisierung von Werten und Normen ist, was man umgangssprachlich als Gewissen bezeichnet; Freud (1923) hat dafür den Ausdruck „Über-Ich", Mead (1934) den Ausdruck „verallgemeinerter Anderer" geprägt.

Lektüre: Die Internalisierung als Kern der Sozialisation beschreiben Berger / Luckmann (1970: Kapitel III, Abschnitt 1).

Leistung und Grenze der Internalisierung

Die Leistung und die Grenze der Internalisierung lassen sich prüfen, wenn die Außenwelt Anreize zur Übertretung, aber keine Kontrollen bietet: Haben die verinnerlichten Normen allein, ohne äußere Drohungen, mehr Macht als die eigenen Impulse oder Interessen? Diese Frage treibt ein Gedankenexperiment auf die Spitze, in dem – fiktiv – die Tat nur noch im Innern der Person stattfindet: Angenommen, ein reicher chinesischer Mandarin hätte dir sein gesamtes Erbe vermacht und du könntest ihn hier in Europa mit einem stillen Gedanken töten. Würdest du diesen Gedanken denken? Weil dann wohl nur wenige Menschen den Mandarin nicht umbringen würden, kann Sozialisation allein soziale Integration nicht garantieren. Indem das Gedankenexperiment die Anforderungen an die Sozialisation unrealistisch auf die Spitze treibt, fördert es eine realistische Einsicht zu Tage: die Notwendigkeit sozialer Kontrolle. Weil ja schon der Gedanke als Tat wirksam wird, können *nur* noch verinnerlichte Normen, aber nicht mehr andere Personen den Impuls unterdrücken. Die ganze Last der Handlungssteuerung ist der *inneren* Instanz auferlegt, die *soziale* Kontrolle ist ausgeschlossen. Aber ebenso wenig wie aus lauter Asozialen besteht eine Gesellschaft aus lauter Heiligen; und trotz aller internalisierten Sozialität verbleibt eine spontane Asozialität in jedem Menschen.

Ebenso eindringlich wie das Gedankenexperiment demonstriert ein sozialpsychologisches Experiment von Asch (1956; siehe dazu: Bierbrauer 1996: 129-132, Fischer / Wiswede 2002: 555-556) die Leistung und die Grenzen der Internalisierung. Versuchspersonen mussten die

Länge eines Stabes mit drei anderen vergleichen, von denen einer gleich lang, die beiden anderen aber eindeutig größer oder kleiner waren. Mehrere Kollaboratoren des Experimentators, die für die Versuchsperson als Mitversuchspersonen getarnt waren, nannten nun übereinstimmend einen falschen Vergleichsstab, bevor die Versuchsperson selbst um den Vergleich gebeten wurde. Unter dieser Bedingung schlossen sich drei Viertel der Versuchspersonen dem Urteil der Mehrheit an.

Das Experiment prüft die Wirksamkeit der Internalisierung bereits in einer *kognitiven*, nicht erst in einer moralischen Frage; es prüft die Standfestigkeit des Wissens, noch nicht des Gewissens. Aber die kognitive Standhaftigkeit kann auch als moralisches Problem gesehen werden: Die Versuchspersonen logen, genauer: sie belogen sich selbst. Das Experiment prüft die Wirksamkeit der Internalisierung weiterhin im sozialen Kontext. Manche moralischen Dilemmata treffen einen Einzelnen ganz allein – wie Heinz in der Geschichte Kohlbergs oder wie im Gedankenexperiment; aber oft sehen wir, wie Andere sich im gleichen Dilemma entscheiden, und dann richten wir uns mehr oder minder stark nach ihnen. Allein auf sich gestellt, muss jeder zwischen seinen persönlichen Interessen und moralischen Geboten entscheiden; aber im sozialen Kontext besteht *sozialer Druck* zur Konformität – mit einem falschen Handeln wie hier, aber ebenso gut auch mit einem richtigen Handeln. Das Experiment zeigt also die Reichweite wie die Beschränkung der Internalisierung: Schon Wahrnehmungen unterliegen der inneren Kontrolle, aber schon hier kann die innere Kontrolle durch äußeren Druck außer Kraft gesetzt werden.

Die Aufgabe des Asch-Experiments war konstruiert und banal; das wird häufig als Beleg für die Macht des sozialen Drucks gewertet: Wenn die Menschen schon unter dem künstlichen Druck der Experimental-Kollaboratoren, die ihnen nichts bedeuten und von denen sie nichts zu fürchten hatten, sich selber belügen, wie viel mehr dann in einer wirklichen sozialen Gruppe, mit der sie sich identifizieren und von der sie etwas zu fürchten haben; wenn die Menschen schon in einer eindeutigen, einfachen Frage ihr inneres Urteil der Mehrheit beugen, wie viel mehr dann in einer vieldeutigen, schwer entscheidbaren. Aber gerade die Banalität der Aufgabe kann die Konformität hochgetrieben haben, weil durch sie keine inneren Kräfte zur Nichtkonformität mobilisiert wurden. Die Aufgabe war geradezu „sinnlos" und das Verhalten der Kollaboratoren geradezu „unverständlich". Die Versuchspersonen konnten sich die falschen Antworteten der Anderen nicht „erklären"; mit ihrer eigenen falschen Antwort missachteten sie in einer belanglosen Frage zwar das eigene Urteil, aber vermieden es, öffentlich am Verstand der Anderen zu zweifeln. Ist Konformität auf diese Situation nicht eine „sinnvolle" Reaktion? In der Tat zeigen Variationen des Asch-Experiments, in denen die Versuchspersonen den Kollaboratoren unterstellen konnten, dass sie ein Interesse an der falschen Antwort hatten, *weniger* Konformität (Ross u.a. 1976). Wenn es also „um etwas geht", wenn nicht nur sozialer Druck zur Konformität herrscht, sondern auch persönliche Interessen vorliegen, sich dem Druck zu widersetzen, dann handeln die Menschen weniger konformistisch als in einer Situation, in der der soziale Druck nicht durch innere Motive zur Unabhängigkeit des Urteils konterkariert wird. Kurzum: Die Stärke der Konformität resultiert aus dem sozialen Druck wie dem inneren Gegendruck; und die Stärke des inneren Gegendrucks hängt davon ab, wie die Person die Situation des sozialen Drucks versteht. Die Macht der verinnerlichten Verhaltenskontrolle variiert mit dem Sinn der Situation.

6.2.4 Zusammenfassung: Die Möglichkeit abweichenden Verhaltens und die Notwendigkeit sozialer Kontrolle

Überblickt man die drei Elemente der Definition von Sozialisation, Werte, Kind und Internalisierung, so wird die Bedeutung der Sozialisation für die soziale Integration ebenso deutlich wie die Tatsache, dass Sozialisationsprozesse *allein* die soziale Integration nicht garantieren. Die Bedeutung der Sozialisation liegt darin, dass schon die Vorgeschichte des Individuums zur sozialen Integration beiträgt. Niemand betritt als bloßes Bündel von Intentionen und nur mit dem Ziel der Nutzenmaximierung die Bühne sozialer Interaktion; jeder hat bereits, ob er sich darüber Rechenschaft ablegt oder nicht, seine Intentionen nach dem Maßstab von Normen und Werten geordnet und lässt Normen und Werte in die Kalkulation des Nutzens einfließen (siehe Abschnitt 3.2.2). Und selbst wenn man einen Kaspar Hauser, einen ohne Mitmenschen groß Gewordenen findet – keine Gesellschaft besteht nur aus Asozialen.

Das Problem der sozialen Integration ist also schon zu einem guten Teil in jedem Individuum gelöst, bevor es sich in sozialen Interaktionen täglich von neuem stellt. Aber der vorgeprägte Sozialcharakter der Menschen garantiert keineswegs, dass sie kontinuierlich zusammenhandeln, dass mit anderen Worten ihre Gesellschaft Bestand hat. Sozialisation erlaubt die Integration einer Gesellschaft nur dort, wo über Normen und Werte Konsens herrscht, nur dann, wenn das Individuum in seinem Innern den sozialen Konsens als persönliches moralisches Urteil nachvollzieht, und nur dann, wenn es nach seinem moralischen Urteil handelt. Keine dieser Bedingungen ist ohne weiteres erfüllt. Konsens über Normen und Werte herrscht nicht überall – mit Sicherheit bestenfalls dort, wo er in der Form von Gesetzen niedergeschrieben ist. Selbst wenn weiterhin das Individuum diese Normen und Werte internalisiert hat, ergibt sich aus ihnen oft kein eindeutiges moralisches Urteil. Selbst wenn schließlich das Individuum Normen und Werte internalisiert und zu einem moralischen Urteil über die Angemessenheit eines bestimmtes Handelns in einer gegebenen Situation gekommen ist, bleibt die Frage, ob es tatsächlich danach handelt.

Warum belogen die Versuchspersonen in der ersten Fassung des Asch-Experiments sich selbst? Hatten sie den Wert der Wahrheit und die Norm des Nichtlügens nicht internalisiert? Nein. Denn in den Variationen des Experiments, in denen die Versuchspersonen den Kollaboratoren ein Interesse an der falschen Angabe unterstellen konnten, haben sie seltener gelogen. Offenbar kannten die Versuchspersonen „von Kindsbeinen an" die Norm und haben in der Situation kalkuliert, ob es sich lohnte, ihr zu folgen. In der ersten Fassung brachte die falsche Angabe den Kollaboratoren weder Schaden noch Nutzen; mit Blick auf die Anderen war die Lüge also moralisch belanglos. Warum aber soll man dann nicht den Nutzen der Konformität einheimsen und den Schaden vermeiden, öffentlich am Verstand der Anderen zu zweifeln?[8] In der Variation des Experiments aber brachte die Lüge den Kollaboratoren Vorteile; mit Blick auf die Anderen war die Lüge also ein moralisches Problem. Und gerade hier haben die Versuchspersonen seltener gelogen. Die neue Situation hat den Versuchspersonen die inneren Kosten zu Bewusstsein gebracht, die durch die Übertretung einer Norm um der Konformität willen entstehen. Deshalb haben sie seltener gelogen.

---

8 Man könnte die Konformität in der Ausgangssituation als „Notlüge in einer Niedrig-Kosten-Situation" bezeichnen. Das ist paradox, denn Notlügen sind nur in „Hoch-Kosten-Situationen" (Mensch 2000) denkbar; sie sind gerechtfertigt, wenn die wahre Aussage ein höheres Gut verletzt als die falsche. Hier aber wurde gelogen, weil die wahre Aussage sich nur noch kognitiv, aber nicht mehr in Konsequenzen für andere Menschen unterschied, die falsche Aussage aber Vorteile für den Lügner brachte.

Die gleiche internalisierte Norm wird in der einen – moralisch belanglosen – Situation übertreten, in der anderen – moralisch bedeutsamen – Situation befolgt. Die Kalkulation des Nutzens hat also die Entscheidung beeinflusst; und sowohl die moralische Kategorisierung der Situation wie die erwarteten Kosten der Normübertretung gingen in die Kalkulation ein. Je nach den Bedingungen der Situation, der Interaktion mit Anderen also, folgen die Menschen der internalisierten Norm oder nicht. Die Internalisierung von Normen impliziert nicht Konformität, sondern lässt auch abweichendes Verhalten zu. Und Menschen weichen nicht nur deshalb von internalisierten Normen ab, weil sie schwach sind, sondern weil sie manchmal vernünftige Gründe haben, internalisierten Normen nicht zu folgen. Sicher gilt häufig: „Der Geist ist willig, aber das Fleisch ist schwach". Aber nicht jede Nichtkonformität ist Resultat eines schwachen Gewissens oder schwacher Handlungsantriebe. Wenn es um nichts geht, darf man fünf auch gerade sein lassen.

Wie immer Abweichung motiviert sein mag, sie bleibt unerwünscht, wenn man sie an dem Kern von Normen und Werten in einer Gesellschaft misst, über die ein breiter Konsens herrscht und die in der Verfassung und im Strafrecht formuliert sind, also an ihrer legitimen Ordnung (siehe Abschnitt 4.4.1). Weil jede Gesellschaft eine legitime Ordnung hat, gibt es in jeder Gesellschaft abweichendes Verhalten.

6.3 Prozesse: Abweichendes Verhalten

6.3.1 Abweichendes Verhalten ist normal, aber nicht jedes Verhalten ist normativ geregelt

Die These von der Normalität des abweichenden Verhaltens begründet Durkheim (1961: Kapitel 3) mit einem logischen Schluss. Aus den Tatsachen, dass sich in keiner Gesellschaft alle gleich verhalten und dass in jeder Gesellschaft einige Verhaltensweisen verboten sind, folgt, dass die Verbote die moralische Abstufung der Verhaltensweisen an einer bestimmten Stelle trennen, jenseits derer das Verbrechen liegt. Das Verbrechen ist zwar, wenn man das Individuum betrachtet, pathologisch, wenn man aber die Gesellschaft betrachtet, normal. Ohne den Begriff zu gebrauchen, analysiert Durkheim hier einen Fall des Problems der Aggregation (siehe Abschnitt 3.2.5): Was jede Person vermeiden will, kann für Gesellschaften unvermeidlich sein. Das Problem der Aggregation ist aber – wie auch Durkheim weiter ausführt – mit der Genese sozialen Wandels verknüpft: Weil jedes abweichende Individuum zugleich Element der Verteilung ist, die durch eine Grenze der Normalität aufgeteilt ist, wandelt sich mit dem Verbrechen zugleich die Gesellschaft. Jeder pathologische Fall verändert die Normalität des Ganzen, jedes Verbrechen trägt zum sozialen Wandel bei.

Abweichendes unterscheidet sich also von konformem Verhalten nicht durch immanente Eigenschaften, sondern durch die Beziehung zu einer Norm. Verschiedene Formen der Abweichung ergeben sich dann aus unterschiedlichen Formen von Normen. Weber (1964: 20-26, 240-250) unterscheidet zwischen Handlungsregelmäßigkeiten, Konventionen und Recht. *Regelmäßigkeiten* beruhen auf der Gleichartigkeit des Handlungssinns, den entweder ein Einzelner immer wieder oder viele zugleich verfolgen, der sich also entweder als „Gewohnheit" oder „Massenhandeln" verfestigt. Hierhin gehören kurzfristig wechselnde Bräuche – z.B. Redensarten, Grußformeln und Moden – und langfristig eingelebte Sitten oder Traditionen – z.B. Volksfeste. Regelmäßigkeiten befolgen die Menschen „von innen" und „freiwillig". Sie

sind keine Normen, sondern der Grenzfall, an dem sich die Besonderheit von Normen gedanklich herausarbeiten lässt. Denn Regelmäßigkeiten sind nicht verbindlich, beanspruchen
keine „Geltung", enthalten keine „Zumutung" oder „Hinwirkung". Ich muss nicht morgens
frühstücken, mittags arbeiten und abends fernsehen, obwohl ich mich – wie die meisten Mitmenschen – an die „Gewohnheit" dieses Tagesablaufs halte; ich kann mich nach der oder gegen die Mode kleiden und am Rosenmontag zum Karnevalszug gehen oder Ski fahren, mich
also dem „Massenhandeln" anschließen oder nicht.

Erst wenn die Handelnden nicht nur regelmäßig handeln, sondern glauben, ihr Handeln an
einer Regel orientieren zu müssen, unterliegt das Handeln Normen. Während Brauch und
Sitte freiwillig befolgt werden, folgt man Normen, weil man glaubt, ihnen folgen zu müssen –
oder umgeht sie, obwohl man glaubt, ihnen folgen zu müssen. Egos Glaube an die Verbindlichkeit spiegelt sich in Alters Bereitschaft, die Abweichung mit Sanktionen zu belegen. Das
geschieht in zwei Formen: *Konventionen* werden mit „praktisch fühlbarer *Missbilligung*" sanktioniert, *Recht* mit „psychischem oder physischem Zwang", der von einem darauf spezialisierten Stab durchgesetzt wird. Missbilligung „garantiert" die Einhaltung von Konventionen und
ahndet ihre Übertretung, und der „Erzwingungsstab" des Rechts ahndet die Übertretung von
Gesetzen; „Garantie" ist nichts als ein anderes Wort für „soziale Kontrolle". Wie Regelmäßigkeiten die Vorform für Konventionen, so sind Konventionen die Vorform des Rechts. Konventionen können in Recht übersetzt, die Missbilligung durch sich der gleichen Konvention
unterwerfende Andere kann in Rechtsstrafen ausgedrückt werden. Am besten wird das an einem Beispiel sichtbar, in dem der Prozess rückwärts läuft: Homosexualität war in Deutschland bis 1969 strafrechtlich sanktioniert, wurde danach nur noch konventionell missbilligt,
und liegt heute – wie der Begriff der „sexuellen Präferenz" zum Ausdruck bringt – nur noch
außerhalb des sexuellen Brauchs, also des überwiegenden „Massenhandelns". Weber definiert
also drei Begriffe in einer Systematik: Sitten oder Bräuche sind sinnvolle Regelmäßigkeiten
des Handelns; erst wenn Sitten oder Bräuche Verbindlichkeit gewonnen haben, liegen in der
Form von Konvention oder Recht Normen[9] vor, deren Übertretung sanktioniert wird; die
Form der Sanktion kann von der Missbilligung durch die Beteiligten zu der Strafe durch
Rechtsinstanzen übergehen. Formelhaft: Brauch/Sitte plus Sanktion ergibt Konvention, Konvention plus Erzwingungsstab ergibt Recht.

Webers Definitions-Systematik impliziert aber, dass nicht jedes soziale Handeln normgelei-
tet ist: Nicht jedes soziale Handeln muss unter dem Gesichtspunkt der Konformität mit Normen beurteilt werden. Positiv formuliert: Es gibt Handeln, das sich sinnvoll an anderen Menschen, nicht aber an Normen orientiert. Und nun kann nachgetragen werden, dass der Bereich des normativ nicht geregelten, aber dennoch sinnvoll auf Andere bezogenen Handelns
nach Weber nicht nur Bräuche und Sitten umfasst, sondern auch alle sinnhaften Regelmäßigkeiten, die sich aus Interessenlagen der Beteiligten ergeben. Viele Regelmäßigkeiten ergeben
sich daraus, dass die Handelnden die Folgen ihres Handelns abschätzen und zu ihren Gunsten
steuern wollen.[10] Der Tausch von Gütern und Diensten ist hierfür das wichtigste Beispiel.
Viele Bereiche des sozialen Handelns regeln sich also ohne besondere, für dieses Handeln gültige Normen; man kann hinzufügen: diese Bereiche wachsen, wie die Entkriminalisierung se-
xueller Verhaltensweisen – Ehebruch, Homosexualität – zeigt. Auf der anderen Seite gibt es

---

9 Weber selber fasst Konvention und Recht nicht unter dem Oberbegriff Norm zusammen.
10 Man kann aus den zahlreichen Textstellen Webers hierzu (z.B. 1964: 147) durchaus die Wert-Erwartungs-
Theorie heraushören.

keinen Bereich des sozialen Lebens, der nicht allgemeinen Normen unterworfen wäre: Auch beim Tausch und in der Liebe gelten Treu und Glauben, sind Betrug und Hinterlist verboten.

In jeder Gesellschaft gibt es also Normen, aber nicht alles soziale Handeln ist durch Normen vorgeprägt. Deshalb gibt es in jeder Gesellschaft abweichendes Verhalten – wie Durkheim betont; aber nicht jedes soziale Handeln ist ein Kandidat dafür – wie Weber herausstellt. Normativ geprägtes Handeln ist eine Untermenge sozialen Handelns, und abweichendes Handeln eine Untermenge normativ geprägten Handelns. Dann aber eröffnet erst die Analyse normativ geprägten Handelns den Blick auf die Hintergründe abweichenden Handelns.

Lektüre: Durkheim (1961: Kapitel 3); Weber (1964: Erster Teil, Erstes Kapitel, §§ 4-7; Zweiter Teil, Erstes Kapitel, § 2).

6.3.2 Sozialisation und Situation als Einflüsse auf es Verhalten

Normen können dem Handelnden Ziele und Mittel vorschreiben. Aber nur die Ziele sind ausschließlich normativ festgelegt; die Mittel hingegen sind durch Normen und Gelegenheiten eingeschränkt. Die Unterscheidung zwischen kulturell verbindlichen Zielen und legitimen Mitteln zur Erreichung der Ziele (Merton 1957) ist ein Schlüssel zum Verständnis abweichenden Verhaltens. In modernen arbeitsteiligen Gesellschaften ist beruflicher Erfolg ein kulturell verbindliches Ziel und Arbeit, nicht aber Diebstahl oder Betrug ein legitimes Mittel. Konform wird sich nur verhalten, wer die Ziele *und* die Mittel einer Gesellschaft „internalisiert". Abweichend aber kann sich verhalten, wer die Ziele *oder* die Mittel nicht akzeptiert. Wer die Ziele, nicht aber die Mittel akzeptiert, handelt *innovativ* – wie der Verbrecher; schon Durkeim (1961: 160) hatte Sokrates als einen Verbrecher zitiert, der langfristig dazu beigetragen hat, die Norm der Gedankenfreiheit verbindlich zu machen. Wer die Ziele nicht, wohl aber die Mittel akzeptiert, ist ein *Ritualist* – wie der sprichwörtliche Bürokrat. Wer weder Ziele noch Mittel akzeptiert, ist *apathisch* – wie der Stadtstreicher oder der „Aussteiger".[11]

Tabelle 6.2 Anpassungsreaktionen auf soziale Bedingungen der Konformität

	Ziele akzeptiert	
Mittel akzeptiert (verfügbar)	+	–
+	Konformität	Ritualismus
–	Innovation	Apathie

Diese Klassifikation ist nicht nur eine terminologische Differenzierung des abweichenden Verhaltens in drei Gruppen der – wie Merton sagt – „Anomie". Vielmehr werden Hypothesen über den Einfluss der sozialen Bedingungen der Konformität auf die individuelle Anpassung an Normen entworfen. Denn Merton versteht die Ebene der Mittel nicht nur als individuelle Einstellung der Akzeptanz, sondern als Chancen, die die Person in ihren Beziehungen zu anderen Personen, also nach ihrer Position in der Sozialstruktur hat; statt „Mittel akzeptiert" muss es in Tabelle 6.2 dann „Mittel verfügbar" heißen. Der Konflikt der Person entsteht dann

---

11 Auf einen fünften Fall, „Rebellion", in dem alte Ziele und Mittel gleichzeitig durch neue ersetzt werden, wird hier nicht eingegangen, weil er über die Systematik der Übernahme oder Nichtübernahme von Zielen oder Mitteln hinausgeht.

nicht mehr dadurch, dass sie an zwei miteinander nicht vereinbaren Dimensionen der Kultur teilhat – sondern dadurch, dass ihre Teilhabe an der Kultur nicht mit den Chancen ihrer Position in der Sozialstruktur vereinbar ist. Abweichendes Verhalten ist nicht mehr *definiert* als Nichtakzeptanz kulturell legitimer Ziele *oder* kulturell legitimer Mittel; es *resultiert hypothetisch* aus der Diskrepanz zwischen Normen und Lebenschancen des Individuums – oder zwischen der Kultur und der Sozialstruktur seiner Gesellschaft. Wer im Laufe seiner *Sozialisation* die zentralen Normen und Werte der Gesellschaft erworben hat, kann in der *Situation,* in der er handeln muss, in der Wahl der Handlungsmöglichkeiten beschnitten sein – und deshalb abweichend handeln. Konformität wird also nicht nur definiert, nämlich als Akzeptanz der Ziele und Mittel der Kultur; vielmehr wird auch (hypothetisch) ausgesagt, dass Konformität dann besonders häufig ist, wenn Akzeptanz der Ziele und Verfügbarkeit der Mittel zusammentrifft. Entsprechendes gilt in den drei Feldern der Abweichung. Dass Einbruch und Autodiebstahl in unteren Schichten (Ziele, aber keine Mittel) häufiger ist als in höheren (Ziele und Mittel), wird so verständlich (Peuckert 2000); das Auto ist *das* Symbol für Erfolg, aber der gesetzestreue Kauf belastet eine schmale Geldbörse stärker. Diese Perspektive ist in der sog. „Chancenstruktur-Theorie" so weiter ausgebaut worden, dass auch die Verfügbarkeit illegitimer Mittel (Möglichkeit der Steuerhinterziehung, Insider-Kenntnisse) und die differenzielle Verfügbarkeit beider Mittelarten berücksichtigt wird (Opp 1974, Lamnek 1999).

Mertons Klassifikation erweitert also die Perspektive des abweichenden Verhaltens von der – mehr oder minder – sozialisierten Person auf die Situation, in der sie – mit mehr oder weniger Ressourcen – handeln muss. Im soziologischen Erklärungsschema (siehe Abschnitt 3.2.4) geht sie vom Akteur auf die Situation zurück – und noch weiter auf die Sozialisation des Akteurs, bevor er in die Situation eintritt. Sie verweist auf die sozialen Tatbestände, die den Spielraum des Handelnden eingeschränkt haben oder aktuell einschränken. Sie erfasst damit die sozialen Vorbedingungen, an denen sich Handelnde typischerweise orientieren. Die Selektion der Handlungsalternative kann dann – wie bei jedem Handeln – durch die Wert-Erwartungs-Theorie erklärt werden. Der Handelnde weiß, wie viel ihm ein bestimmtes Ziel wert ist, schätzt die Wahrscheinlichkeiten, es mit legitimen oder illegitimen Mitteln zu erreichen, und wählt das Mittel, das mit größerer Wahrscheinlichkeit die Zielerreichung verspricht. In gleicher Weise bestimmt die „differenzielle Assoziation" mit konformen oder nichtkonformen Interaktionspartnern den Wert der Ziele und die an ihnen abgelesenen Erfahrungen die Schätzung der Wahrscheinlichkeiten der Mittel. Viele der Theorien des abweichenden Verhaltens (Opp 1974, Lamnek 1999) lassen sich in dieser Weise in die Wert-Erwartungs-Theorie übersetzen, so dass abweichendes Verhalten wie jedes Handeln als zweckrationale Mittelwahl erklärt werden kann.

Lektüre: Merton (1957: Kapitel 4).

Weiterführende Literatur: Messner (2004) erweitert Mertons Schema um institutionelle Einflüsse. Lamnek (1999) referiert die Theorien abweichenden Verhaltens; Opp (1974) analysiert ihren Aussagegehalt. Fischer / Wiswede (2002: 569-578) zeigen für einige dieser Theorien, wie man sie in die Wert-Erwartungs-Theorie übersetzen kann. Albrecht / Howe (1992) diskutieren die Beziehung zwischen sozialer Schicht und Delinquenz.

6.4 Prozesse: Soziale Kontrolle

6.4.1 Definition der sozialen Kontrolle und Funktion der Strafe

Die Normalität abweichenden Verhaltens verlangt eine soziale Reaktion, nämlich soziale Kontrolle. Soziale Kontrolle kann man als den Prozess definieren, in dem Mitglieder einer Gruppe versuchen, einander von der Abweichung von sozialen Normen abzuhalten und zur Konformität mit ihnen zu bewegen. Durkheim (1961: Kapitel 3) führt den Beweis der Normalität des Verbrechens daher mit der Analyse der sozialen Kontrolle und ihres Beitrags zur Integration der Gesellschaft fort.

Verbrecher – so Durkheim – empören die anderen Mitglieder der Gesellschaft nicht nur, weil sie gegen das entsprechende Verbot verstoßen, sondern weil sie die Gesellschaft insgesamt in Frage stellen. Sie stellen die legitime Ordnung in Frage, vor der sich alle einzelnen Gebote rechtfertigen; und dies umso mehr, je deutlicher und stärker die Beziehung des Gebots zu der Ordnung ist. Ein Mord ruft mehr Empörung hervor als ein Diebstahl oder eine Lüge; eine Gotteslästerung ruft in einer religiösen Gesellschaft so viel Empörung hervor wie in einer säkularen Gesellschaft ein Frevel an der Nationalflagge. Die Normen einer Gesellschaft bilden eine Hierarchie, deren Spitze zugleich Gegenstand des „Kollektivbewusstseins"[12] ist, also des Bewusstseins der Mitglieder einer Gesellschaft von ihrer durch gemeinsame Normen und Werte gebildeten Gemeinschaft; weil alle über die höchsten Normen Konsens haben, verstehen sie sich als Kollektiv. Das Verbrechen wird daher nicht nur bestraft, weil es die Norm, sondern auch weil es das Kollektivbewusstsein verletzt. Die Strafe mag sinnlos erscheinen, wenn man sie als Wiedergutmachung der Missetat sieht; die Hinrichtung des Mörders ruft ja den Ermordeten nicht wieder ins Leben. Dennoch hat die Strafe einen guten Sinn: nämlich den, das verletzte Kollektivbewusstsein wiederherzustellen. „Wiederherstellen" ist dabei kein magischer Vorgang, sondern die öffentliche Wahrnehmung, dass die Gemeinschaft besteht und ihre Normen gelten und durchgesetzt werden. Das wiederhergestellte ist zugleich ein bekräftigtes Kollektivbewusstsein. Die Strafe stärkt das Kollektivbewusstsein im Bewusstsein der Individuen, wo es ja allein existiert. Wenn man das Kollektivbewusstsein Durkheims mit der legitimen Ordnung Webers gleichsetzt, kann man sagen: Die Gültigkeit der legitimen Ordnung, die ja in der Chance besteht, dass sie auch faktisch befolgt wird, wird mit der Bestrafung des Verbrechers allen vor Augen geführt. Die *Strafe* – nicht (oder nur mittelbar) das Verbrechen – hat also die Funktion, die legitime Ordnung zu verdeutlichen.

Die Strafe des Verbrechers nach dem Strafrecht ist die am besten sichtbare Form der sozialen Kontrolle. Die Norm und die Strafe sind eindeutig formuliert, so dass Gerichte entdeckte Abweichungen bestrafen können. Oft aber kann schon die Absicht der Abweichung durch Andere durchkreuzt werden. Prozesse der sozialen Kontrolle kann man also danach unterscheiden, ob sie sich schon gegen die Absicht nichtkonformen Handelns richten oder die vollzogene Abweichung sanktionieren. Im letzten Fall kann man Prozesse sozialer Kontrolle danach unterscheiden, ob zur Sanktionierung *Missbilligungen* in der unmittelbaren Interaktion oder *Strafen* in rechtlichen Verfahren eingesetzt werden. Im Folgenden soll zuerst die soziale Einflussnahme betrachtet werden, in der Alter Ego daran hindert, die Absicht eines abwei-

---

12 Der Begriff des Kollektivbewusstseins wird von Durkheim manchmal nicht nur mit dem Bewusstsein der Gesellschaftsmitglieder von Normen und Werten als der Grundlage ihrer Gemeinschaft, sondern mit den Normen und Werten überhaupt identifiziert. Im Folgenden soll nur die erste Bedeutung benutzt werden.

chenden Verhaltens auszuführen (Abschnitt 6.4.2). Dann soll untersucht werden, aus welchen Motiven Alter ein abweichendes Verhalten missbilligt (Abschnitt 6.4.3-4) und wie die Missbilligung als Strafe institutionalisiert wird (Abschnitt 6.4.5).

Lektüre: Durkheim entwickelt seine Theorie des Verbrechens und der Strafe in der „Arbeitsteilung" (1893: Buch I, Kapitel 1).

Weiterführende Literatur: Gephart (1990: vor allem Kapitel 1 und 2) stellt Durkheims Theorie des Verbrechens und der Strafe systematisch dar und diskutiert Durkheims Begriff des „Kollektivbewusstseins". Begriffe und Theorien der sozialen Kontrolle referiert Hahn (1995).

6.4.2 Soziale Beeinflussung: Der sanfte Druck der wahrgenommenen Konformität Alters

Soziale Beeinflussung zur Nichtkonformität – und zur Konformität

Der Begriff der sozialen Kontrolle führt vom inneren Forum der Person, in dem sich vergangene soziale Beziehungen sedimentiert haben, auf den Schauplatz aktuellen sozialen Handelns; er holt das Problem der sozialen Integration aus der Vorgeschichte des Individuums in das Tagesgeschehen des Zusammenlebens. Mit dem Einzug der historischen Blende wird aber zugleich der Schwerpunkt der systematischen Betrachtung des sozialen Handelns verlagert: vom handelnden Ego auf den reagierenden Alter. Soziale Kontrolle ist ein Prozess der *„sozialen Beeinflussung"*, also ein „Versuch, Menschen so zu bewegen", dass sie selber „ihr Verhalten und Denken in eine gewünschte Richtung lenken" (Bierbrauer 1996: 128, siehe auch: Fischer / Wiswede 2002: 562-566), schärfer formuliert: dass sie im Falle eines Konflikts sich für etwas entscheiden, was sie ursprünglich nicht wollten.

Im sozialen Leben kann Alter in vielen Formen Ego beeinflussen. Wenn ein geschickter Verkäufer einen Käufer durch betontes Desinteresse, das auf eine hohe Nachfrage anderer Käufer schließen lässt, zu einem Kauf bewegt, den er gar nicht im Sinn hatte, dann will er als Verkäufer erfolgreich sein und nicht mehr. Wenn Eltern ihre Kinder in tausend kleinen Alltagsformen – beiläufig geäußerte hohe Erwartungen, Herausstreichen des eigenen Vorbilds, Verweise auf abschreckende Vorbilder, Ausmalen schlimmer Folgen – dazu bewegen, auf eine Schule zu gehen, auf die sie nicht wollten, dann wollen sie nicht nur gute Eltern sein, sondern zugleich auch die Werte Leistung und Erfolg, die sie internalisiert haben, gegen die Trägheit des Kindes durchsetzen. Aus der Perspektive der sozialen Integration ist es sinnvoll, nur die Formen der sozialen Beeinflussung als soziale Kontrolle zu bezeichnen, die Abweichung verhindern und Konformität herstellen sollen: Alter drängt nicht nur Egos Willen in eine andere als die gewollte Richtung, sondern er blockiert Egos *bösen*, gegen internalisierte Normen gerichteten Willen. So wie im Experiment von Asch die Kollaboratoren die Versuchspersonen beeinflusst hatten, entgegen ihrer richtigen Wahrnehmung zu antworten, so soll soziale Kontrolle bewirken, dass Menschen entgegen ihren bösen Absichten konform mit sozialen Normen handeln. Soziale Kontrolle ist ein sozialer Einfluss, in dem Alter den Impuls Egos blockiert, sich über internalisierte Normen hinwegzusetzen.

Natürlich weiß Alter oft nicht, ob Ego einen bösen Willen hat; er weiß oft nicht einmal, ob er überhaupt auf Ego Einfluss nimmt. Alter bewegt Ego ja nicht immer dadurch zur Konformität, dass er straft, also eine spezifische Handlung ausführt, die auf die *Wieder*herstellung von Konformität gerichtet ist. Alter kontrolliert Ego, schon bevor Ego abweicht. Schon die Tatsache der Konformität der Anderen kann uns zur Konformität anhalten – so wie die Fehlurteile der Kollaboratoren im Asch-Experiment die Versuchspersonen zu Fehlurteilen verleitet haben. Soziale Kontrolle ist – wie soziale Einflussnahme überhaupt – ein *beiläufiger Aspekt sozialen Handelns*. Damit soziale Kontrolle wirksam wird, ist es nur notwendig, dass Alter in einem Aspekt seines auf andere Ziele gerichteten Handelns Ego bewegt, seinen bösen Willen nicht auszuführen und mit internalisierten Normen konform zu bleiben.

Anwesenheit und Konformität Alters verstärken Egos innere Blockaden

Manchmal sieht es so aus, als würde schon die bloße Anwesenheit Anderer Ego von der Abweichung abhalten – wie etwa im folgenden Beispiel. Ich will in der Universitäts-Bibliothek – die anders als Supermärkte aus Geldmangel bis heute keine elektronischen Kameras installieren konnte – ein Buch einstecken. Aber plötzlich kommt jemand um die Ecke – und ich lasse davon ab. Ich bin im Konflikt zwischen Impuls und Norm und entscheide mich für den Impuls, wenn niemand anwesend ist, für die Norm, wenn jemand anwesend ist. Meine Wahrnehmung eines Anderen, der mich beobachten könnte, scheint mich also davon abzuhalten, eine Norm zu übertreten. Die Situation, die gegen mein Gewissen den Willen zum Stehlen hochkommen ließ, ist nicht mehr völlig anonym, so dass mein Gewissen den bösen Willen wieder zurückdrängen kann.

Aber es ist nicht die Anwesenheit Anderer allein, die mich zur Konformität bewegt, sondern erst die Tatsache, dass die Anwesenden sich konform verhalten – wie das folgende Beispiel zeigt. Ich bin starker Raucher und sitze in einem leeren Nichtraucher-Abteil. Ich bin im Konflikt zwischen meinem Impuls zu rauchen und dem Rauchverbot. Ohne einen anderen Fahrgast entscheide ich mich für den Impuls, mit einem anderen Fahrgast für die Norm – aber nur solange, als er nicht selber angefangen hat zu rauchen. Weil die Norm, im Nichtraucher-Abteil nicht zu rauchen, nur den Zweck hat, Nichtraucher vor Rauch zu schützen, steht sie zur Debatte, sobald Andere nicht da sind oder durch Nichtkonformität zeigen, dass sie den Schutz der Norm nicht wollen. Erst die Konformität der Anderen übt also über Ego soziale Kontrolle aus. Weil Ego und Alter durch ihr Verhalten über die Norm gleichsam verhandeln können, bringt das Beispiel zu Tage, dass die bloße Anwesenheit erst über die Konformität kontrollierend wirkt. Das gilt aber auch für die Verführung zum Stehlen in anonymen Situationen. Nur solange der Andere sich vom Diebstahl abhält, wird er mich vom Diebstahl abhalten. Die Wahrnehmung des Anderen bewahrt mich aber nicht nur vor der Verführung durch die Situation, sondern vor jeder anderen bösen Absicht, die ich in dieser Situation verfolgen könnte (etwa zu randalieren oder Brand zu stiften). Sie beeinflusst weiterhin Andere, die mich wahrnehmen, genauso wie mich. Sie wirkt also mit Bezug auf die Handlung und die handelnde Person unspezifisch. Sie schützt jede verletzbare Norm vor jedem potenziellen Abweichler.

Um Egos böse Absicht zu unterdrücken, muss Alter also anwesend sein *und* sich konform verhalten *und* von Ego wahrgenommen werden. Die *wahrgenommene Konformität Alters* also übt *soziale* Kontrolle über Ego aus. Denn sie ist Resultat *sozialer* Gelegenheiten und *verstärkt* die inneren Blockaden, die Ego gegen seinen bösen Willen aufgebaut hat. Die Wahrnehmung der Konformität Anderer hilft dem schwachen Gewissen nach und blockiert böse Absichten, bevor sie die Bühne des sozialen Handelns betreten. Sie sanktioniert Absichten, die nie gezeigt werden. Aber Alter handelt nicht, um Ego zu kontrollieren; der Kommilitone in der Universitäts-Bibliothek und der andere Fahrgast haben meine böse Absicht ja nicht einmal gekannt. Die soziale Kontrolle durch wahrgenommene Konformität ist ein Produkt des Zusammenlebens, nicht Resultat des Handelns Einzelner.

Kostenlosigkeit des „sanften Zwangs"

Weil die soziale Kontrolle durch wahrgenommene Konformität sich beiläufig aus dem Zusammenhandeln ergibt, kostet sie die Beteiligten nichts. Denn die Kosten einer Handlung ergeben sich aus den Mitteln, die für ihren Zweck eingesetzt werden. Da aber Alter mit seinem Handeln alles Mögliche im Sinne hatte, nur nicht die Konformität Egos, kann der beiläufige Effekt der Konformität Egos Alter auch nichts gekostet haben. Die soziale Kontrolle durch wahrgenommene Konformität ist – mit einem schwer übersetzbaren englischen Ausdruck – „self-policing". Sie braucht keine Polizei, keine auf Kontrolle zielende Handlung. Sie „setzt sich selber durch", sie übt „sanften Zwang" aus.

Wenn die soziale Kontrolle durch wahrgenommene Konformität jedoch zusammenbricht, werden Absichten und Taten provoziert, an die niemand zuvor gedacht hat. Wenn die Situation Ego – etwa durch Anonymität oder isolierende Bauformen – in Versuchung führt, dann wird Ego über die Stränge schlagen. Wenn die U-Bahn fast leer ist, dann werden nicht nur Fahrgäste belästigt oder bestohlen, sondern auch die Waggons mit Sprühfarbe bemalt oder demoliert, die Notbremse ohne Not gezogen – oder was sonst noch Fahrgästen einfallen mag, die durch die Konformität Anderer nicht mehr gehemmt sind. Wenn Architekten und Planer von Städten, Schulen, Betrieben bauliche und organisatorische Einheiten schaffen, in denen man sich kaum mehr trifft, dann kann auch die Konformität Anderer nicht mehr kontrollierend wirken; Rücksichtslosigkeit, Aggressivität und Kriminalität werden in bekannten Formen ansteigen oder in neuen Formen, wie etwa Erpressung unter Schülern, aufkommen. In diesen Fällen ist schon die erste Bedingung des „sanften Zwangs", die Anwesenheit Anderer nicht erfüllt, weil bauliche oder soziale Arrangements keine Gelegenheiten des Zusammentreffens bieten. Der Zusammenbruch der Kontrolle muss daher nicht unbedingt Folge einer schwachen Sozialisation oder eines „Verfalls von Werten" sein. Vielmehr schwinden mit der Ausdünnung sozialer Kontakte die sozialen Kontrollen und die inneren Barrieren eines jeden sinken.

Der Zusammenbruch des sanften Drucks wahrgenommener Konformität macht also sichtbar, wie breit er gewirkt hat, nämlich überall, und wie wenig er gekostet hat, nämlich nichts. Noch bevor irgendjemand Konformität eingeklagt oder Nichtkonformität gescholten hat, haben alle einander kontrolliert – einfach, weil sie sich konform verhalten und die Konformität der Anderen gesehen haben. Aber wenn der sanfte Druck nicht mehr erfolgreich ist und Normen verletzt werden, muss Konformität eingeklagt und Nichtkonformität gescholten werden. An die Stelle der ungeplanten Wirkung des Zusammenlebens tritt gezieltes Handeln, an die Stelle des sanften Drucks aller auf alle die Sanktion von Egos Nichtkonformität durch Alter. Während die wahrgenommene Konformität jeden kontrolliert und jede Norm schützt, gehen Sanktionen von einer bestimmten zu einer anderen bestimmten Person und richten sich auf eine bestimmte Norm. Während sich der sanfte Druck der wahrgenommenen Konformität von selber durchsetzt, ist die soziale Kontrolle durch Sanktionen eine Entscheidung Alters, die erklärt werden muss.

Lektüre: Den Begriff der sozialen Beeinflussung stellt Bierbrauer (1996: 126-145) dar.

6.4.3 Sanktionsbereitschaft: Normidentifikation als Bedingung

Eine Sanktion kann man definieren als eine Handlungsreaktion Alters auf eine Normverletzung Egos mit der Absicht, Egos Wohlbefinden um der Norm willen zu mindern (siehe Abschnitt 4.3.2). Nicht jede Reaktion Alters, die Egos Wohlbefinden nach einer Normverletzung mindert, vulgo: ihn schädigt, ist nach dieser Definition eine Sanktion, sondern nur die mit dem „subjektiv gemeinten Sinn" (Weber) der Wohlbefindensminderung um der Norm willen, vulgo: der Strafe. Zwei Beispiele zeigen, dass die Definition durch die Kombination beider Elemente einerseits auf der Skala der Wohlbefindensminderung schon relativ milde Strafen einschließt, anderseits aber manche härtere Reaktion ausschließt. *Erstens:* Wenn Eltern ein faules Kind ermahnen, mehr für die Schule zu tun, üben sie schon eine Sanktion aus; denn sie missbilligen die Faulheit wegen der Norm des Fleißes. Wenn sie über die Faulheit so enttäuscht sind, dass es für das Kind spürbar ist, üben sie keine Sanktion aus, selbst wenn die Erfahrung der elterlichen Enttäuschung das Wohlbefinden des Kindes stärker beeinträchtigen sollte als die Ermahnung zum Fleiß. Ausgeschlossen ist also der Fall, dass Alter Ego nach der Normverletzung tatsächlich, aber nicht wegen der Norm schädigt. *Zweitens:* Wenn ein Fahrgast den Raucher im Nichtraucherabteil ermahnt, das Rauchen einzustellen, übt er schon eine Sanktion aus; die Ermahnung hat den „Sinn", der Norm zur Geltung zu verhelfen, die sie anspricht. Wenn der Fahrgast in der Hoffnung, das Wohlbefinden des Rauchers zu mindern, anfängt laut zu singen, übt er keine Sanktion aus; lautes Singen hat nicht den „Sinn" der Sanktion einer Verletzung des Rauchverbots. Ausgeschlossen ist also der Fall, dass Alter Egos Wohlbefinden nur deshalb mindern will, weil Egos Normverletzung auch sein Wohlbefinden geschädigt hat. Pointiert kann man sagen: Eine Sanktion ist eine Reaktion Alters nicht um der Normverletzung, sondern der Norm willen. Nur wer auf eine Normverletzung mit Blick auf die legitime Ordnung reagiert, übt nach dieser Definition eine Sanktion aus.

Wie jedes Handeln verursachen Sanktionen Kosten; wie jedes Handeln lässt sich das Sanktions-Handeln mit der Wert-Erwartungs-Theorie erklären (siehe Abschnitt 3.2.3). Aber wenn Sanktionen eine besondere Klasse von Handlungsreaktionen Alters sind, mit denen das Wohlbefinden Egos um der Norm willen gemindert werden soll, dann muss in die Einschätzung von Nutzen und Kosten die Identifikation Alters mit der Norm eingehen. Alter hat die Tendenz, auf jede Normverletzung zu reagieren, durch die er sich in seinem Wohlbefinden beeinträchtigt, also geschädigt fühlt; und er wird dann tatsächlich reagieren, wenn der erwartete Nutzen größer ist als die Kosten. Der Fahrgast im Nichtraucherabteil wird den Raucher durch lautes Singen stören, wenn er glaubt, ihn damit vom Rauchen abzuhalten. Aber wenn er nicht nur die Belästigung loswerden, sondern der Norm zur Geltung verhelfen will, muss er den Raucher ermahnen, andere Fahrgäste mobilisieren, den Schaffner holen. Die Ermahnung ist vermutlich „billiger" als lautes Singen, die Mobilisierung anderer Fahrgäste oder des Schaffners „teurer", so dass sich die Sanktion von anderen Handlungsreaktionen nicht durch die Kosten unterscheiden kann, sondern durch einen besonderen Posten auf der Nutzenseite unterscheiden muss. Weil Alter sich mit der Norm identifiziert, hat sie einen besonderen „Wert" für ihn – mit Weber: einen „Eigenwert"; deshalb reagiert er selbst dann, wenn die Kalkulation der eigenen Interessen dazu keinen Anlass liefert. Bei gleicher Schädigung wird Alter Ego ermahnen, wenn er sich mit der Norm des Nichtrauchens identifiziert, und nichts unternehmen, wenn ihm die Norm egal ist; und je stärker seine Identifikation mit der Norm, desto eher wird er die Fahrgäste und schließlich sogar den Schaffner mobilisieren.

Anders als bei der Wahl zwischen konformen und nichtkonformen Verhalten, resultiert die Sanktionsbereitschaft also nicht aus dem Interesse am eigenen Wohlbefinden allein – es kommt ein Interesse an der verletzten Norm hinzu, ein „Eigenwert" in der Terminologie Webers. Die Identifikation mit der Norm ist in der Kalkulation von Nutzen und Kosten für oder gegen Sanktionen also ein neuer Posten. Aber wenn die Normidentifikation nicht ausreicht, um die Sanktionsbereitschaft zu sichern, müssen weitere Bedingungen hinzukommen. Zum

Glück ist Alter häufig nicht allein, wenn er Abweichungen Egos beobachtet: Die Sozialstruktur der Zuschauer kann die Sanktionsbereitschaft beeinflussen.

6.4.4 Sanktionsbereitschaft: Sozialstruktur als Bedingung

Verantwortungsdiffusion: Der Anreiz zur Sanktion mindert sich mit der Größe des Publikums

In der Öffentlichkeit, also unter fremden Menschen, verzichten Zeugen von Normverletzungen oft auf Sanktionen: Man schaut zu, wenn sich Fremde auf der Straße prügeln, oder weg, wenn jemand Blumen in den Beeten des Stadtparks pflückt; die Normverletzung ist „interessant" oder beeinträchtigt das eigene Interesse nicht. Egos Normverletzung schädigt Alters Wohlbefinden nicht, so dass Eigeninteresse als Motiv der Sanktion ausfällt und nur noch die Normidentifikation bleibt. Aber für viele werden die Kosten der Sanktion nicht durch den erwarteten Nutzen aufgewogen, einer Norm Geltung verschafft und einer positiven Forderung des Gewissens gefolgt zu sein: Sie zeigen keine Zivilcourage.

Auch hier gibt es eine Parallele zwischen der Bereitschaft, Fremden zu helfen und Fremde zu sanktionieren. Sozialpsychologische Experimente (Bierbrauer 1996: 50-57, Fischer / Wiswede 2002: 565) zeigen, dass in öffentlichen Situationen die Zahl der Alteri eine wichtige Bedingung der Hilfeleistung ist: Je mehr Andere auch für die Hilfe verantwortlich sein könnten, desto weniger fühlt sich ein bestimmter Anderer dafür verantwortlich: „Gaffer-(bystander)-Effekt" oder „Verantwortungsdiffusion". Wie die Bereitschaft zu Hilfe kann auch die zu Sanktionen von der Größe des Publikums abhängen: Je mehr Leute der Prügelei zuschauen, desto weniger ist jeder Einzelne bereit, „aufhören" zu rufen. Warum?

Sanktionen als Kollektivgutproblem zweiter Ordnung: Kosten der Sanktion größer als Gewinn

Die „Verantwortungsdiffusion" ist ein Sonderfall der schon in Abschnitt 3.2.7-8 behandelten Kollektivgutproduktion. Die Zuschauer befinden sich in einem Gefangenendilemma: Jeder will, dass im Kollektiv sanktioniert wird; aber keiner hat individuell einen Anreiz dazu. Wie bei jeder Kollektivgutproduktion mindert sich – bei konstanten Kosten C und konstanter Kollektivgutproduktivität r – mit der Größe des Kollektivs der Anreiz zur Kollektivgutproduktion, also die Differenz zwischen dem Nutzen der Kooperation und der Defektion. Für C=9 und r=4/3 beträgt der Anreiz zur Kooperation bei zwei Personen -3, bei drei Personen -5, bei 6 Personen -7 (vgl. Tabellen 3.8, 3.9 und 3.11). Der Anreiz zur Sanktion wird also mit der Größe des Publikums kleiner. Je größer das Publikum, desto weniger sind Einzelne bereit, mit Sanktionen einzugreifen.

Aber was sind die Kosten der Sanktion? Dazu muss man nicht nur das Publikum möglicher Sanktionatoren, sondern auch den Abweichler betrachten. Die Sanktion muss dem Abweichler die Lust an der Übeltat „vermiesen". Sie muss den Vorteil zurücknehmen, den Ego durch den Wechsel von Konformität zu Defektion gewinnt; und diese Arbeit müssen die Anderen leisten. Die sozialen Bedingungen der Sanktionsbereitschaft müssen daher unter drei Personen betrachtet werden, von denen die erste, Ego, abweicht, und die zweite und dritte vor der Frage stehen, wer sanktionieren soll. Wenn die Norm ein Kollektivgut für alle drei Akteure war, so ist die Sanktion ein Kollektivgut für die beiden nach einer Abweichung verbleibenden Akteure. Die Sanktionierung ist eine Kollektivgutproduktion zweiter Ordnung: Wenn eine Norm unter drei Personen gilt, muss der Abweichler durch die beiden anderen Personen bestraft werden. Denn gültige Normen bleiben nur dann gültig, wenn die Nichtkonformität sanktioniert wird.

Unter drei Personen stellt Egos Nichtkonformität die konformen Akteure Alter und Dritter vor die Frage, ob sie die Kosten einer Sanktion auf sich nehmen oder nicht. Die Entscheidung hängt vom Nettonutzen der Sanktion ab, also von der Differenz zwischen Sanktionskosten und Sanktionsgewinn für die Sanktionierer. Wenn Alter und Dritter Ego von der Abweichung abhalten wollen, dann müssen sie ihm mindestens so viel bieten, wie er sich dadurch verschaffen kann.

Blickt man zurück auf Tabelle 3.9, so gewinnt Ego 5 Einheiten durch die Defektion (von -5 auf 0, von -1 auf 4, von 3 auf 8). Um Ego von der Abweichung zur Konformität zu bewegen, müssen Alter und Dritter also Egos Wohlbefinden um 5 Einheiten mindern, so dass die Konformität für Ego wenigstens ebenso viel Nutzen bringt wie die Abweichung. Oder: Alter und Dritter müssen 5 Einheiten auf Egos Auszahlung für Konformität hinzulegen, so dass Ego trotz der Versuchung bei der Konformität bleibt. Alter und Dritter müssen also 5 Einheiten als Sanktionskosten aufbringen. Die Sanktionskosten für Alter und Dritter entsprechen also Egos (negativen) Anreiz zur Kooperation oder Egos Vorteil aus der Nichtkonformität.

Was ist der Sanktionsgewinn für Alter und Dritter? Blickt man wieder zurück auf Tabelle 3.9, so gewinnen zwei bereits Kooperierende (Ego und ein kooperierender Alter) durch einen dritten Kooperierenden 4 Einheiten (von -1 auf 3). Die Sanktionskosten für Alter und Dritter liegen also um eine Einheit höher als ihr Sanktionsgewinn: Wenn Ego abweicht, haben Alter und Dritter keinen Anreiz, ihn zu sanktionieren. Einerlei, ob Ego, Alter oder Dritter der Abweichler ist, die Sanktion bringt dem einzelnen Sanktionator den Verlust einer Einheit. Sie ist teuer. Nur wer aus inneren Motiven, aus der Identifikation mit der Norm angetrieben ist, die Übertretung zu sanktionieren, und für sein Sanktionshandeln sich selbst innerlich belohnen kann, wird die Abweichung sanktionieren.[13]

Das Problem verschärft sich, wenn die Gruppe der Beteiligten größer wird. Wenn die Gruppe 6 Personen umfasst, gilt die in Tabelle 3.11 dargestellte Auszahlungsmatrix. Ist der Abweichler in der Perspektive Egos, so gewinnt er statt 5 nun 7 Einheiten durch die Defektion. Setzt man einen konformen Akteur in die Perspektive Egos, so gewinnt er durch einen zusätzlichen konformen Akteur statt 4 nur noch 2 Einheiten. Statt um 1 liegen die Sanktionskosten nun um 5 Einheiten höher als der Sanktionsgewinn. Man kann sich ausrechnen, dass mit steigendem n bei konstantem C*r=12 die Diskrepanz zwischen den Sanktionskosten und dem Sanktionsgewinn immer größer wird. In einer Gruppe von 12 Akteuren betragen die Sanktionskosten 8 und der Sanktionsgewinn 1; in einer Gruppe von 24 Akteuren 8,5 und 0,5. Man sieht dann auch, dass die Summe von Sanktionsgewinn und Sanktionskosten für jedes n gleich C=9 ist, also die Kosten für den Beitrag zum ursprünglichen Kollektivgut (hier der Norm) sind.

Wie ist es möglich, dass dennoch einer oder mehrere aus dem Publikum sich zu Sanktionen entschließen? Kehren wir zurück zum einfachsten Fall des Abweichlers Ego und zweier konformer Zuschauer Alter und Dritter in Tabelle 3.9, in dem – wie gezeigt – weder Alter noch Dritter Ego im Alleingang sanktionieren werden, weil die individuellen Sanktionskosten den

---

13 Auch im Drei-Personen-Gefangenendilemma *kann* ein Anreiz zum bilateralen Tausch bestehen, wenn r wesentlich höher als hier angenommen ist. Wenn r=5/3 beträgt, dann enthielte die Tabelle 3.9 für Kooperation die Auszahlungen -4,1,6 und für Defektion die Auszahlungen 0,5,10. Die Sanktionskosten für Alter oder Dritter würden also 4 und der Sanktionsgewinn 5 betragen; Alter und Dritter hätten also einen Anreiz, die Kontrolle über die Sanktion zu tauschen.

Sanktionsgewinn übersteigen. Aber wenn Alter und Dritter zusammengehören oder sich zusammentun, wenn sie also eine Beziehung in einer Sozialstruktur haben oder bilden, dann besteht die Möglichkeit, dass sie Ego schon aus Eigennutz sanktionieren. Wenn Alter und Dritter miteinander kommunizieren können, dann liegt die Vereinbarung nahe, Ego gemeinsam zu sanktionieren. Wenn beide die Sanktion ausüben, können sie die Kosten teilen (5/2), und jeder hat den Sanktionsgewinn (4). Wenn aber nur einer die Sanktion ausübt, bleibt für ihn die negative Bilanz von Kosten (5) und Gewinn (4) bestehen; aber der andere heimst den Sanktionsgewinn ohne Kosten ein. Wenn beide nicht sanktionieren, ändert sich nichts: Sie bleiben im Feld DKK der Tabelle 3.10, in dem sie als Konforme einen Verlust von -1 tragen und der Abweichler mit 8 davonzieht. Den Verlust von -1 aus der Produktion des Kollektivguts tragen Alter und Dritter auf jeden Fall, weil sie ja schon von Ego hereingelegt worden sind. Bei Teilung der Sanktionskosten ergibt sich also für die Kooperation „Sanktion" und die Defektion „Keine Sanktion" die Auszahlungsmatrix in Tabelle 6.3.

Tabelle 6.3 Auszahlungsmatrix zweier potentieller Sanktionatoren eines Abweichlers

Alter	**Dritter**			
	Sanktion (K)		*Keine Sanktion (D)*	
Sanktion (K)	-1-2,5+4=0,5	0,5	-1-5+4=-2	-1+4=3
Keine Sanktion (D)	3	-2	-1	-1

Wie man sieht, sind die beiden Sanktionatoren auch bei dieser Betrachtung in einem Gefangenendilemma: Alter ist beim Sanktionsverzicht besser dran als bei einer Sanktion, gleich was Dritter macht; und entsprechendes gilt für Dritter. Zwei Akteure können wiederum – wie schon behandelt[14] – durch einen Tausch des gleichen Gutes, nämlich des Handlungskontrollrechts, aus dem Dilemma herauskommen. Aber auch hier gilt wiederum: der Tausch wird in der Regel schon bei drei potenziellen Sanktionatoren kaum von selbst zustande kommen, also dadurch, dass die Externalitäten größer sind als die Kosten. Wie die Vereinbarung einer Norm wird auch die Durchsetzung von Sanktionen in größeren Gruppen immer schwieriger. In größeren Gruppen muss daher die *Sozialstruktur* den potenziellen Sanktionatoren einen Weg bahnen, wie vorgestreckte Sanktionen entweder durch spätere Gegenleistungen bezahlt oder sofort aufgeteilt werden.

Soziale Strukturen bauen Brücken für Sanktionen: heroische und inkrementelle Sanktionen

Die Sozialstruktur der Gruppe ist ja nichts anderes als die Summe der sozialen Beziehungen. Die Beziehungen ermöglichen zunächst den Tausch verschiedener Güter: Alter kann die Sanktionskosten vorstrecken und dafür von Dritter später in einer anderen Währung eine Gegenleistung bekommen, die die Differenz zwischen Sanktionskosten und Sanktionsgewinn aufwiegt. Schon die Anerkennung durch einen verehrten Freund, erst recht aber durch einen Vorgesetzten kann dazu ausreichen. Und dieser Tausch ist umso leichter, je vielseitiger die Be-

---

14 Wie in Tabelle 3.5 kann das Dilemma durch einen Tausch von Handlungskontrollrechten gelöst werden. Alters Sanktion (der Übergang von D auf K in Tabelle 6.3) hat für ihn so viele Kosten wie Externalitäten für Dritter (nämlich 2,5), wenn Dritter sanktioniert; und weniger Kosten (1) als Externalitäten (4), wenn Dritter nicht sanktioniert – und entsprechendes gilt für Dritter. Also stehen sich beide mit einem Tausch der Kontrollrechte über die Sanktion nicht schlechter, aber vielleicht besser – so dass sie tauschen sollten.

ziehung zwischen Alter und Dritter, wenn sie also mehrere, private, berufliche, politische, sportliche usw. Aspekte umfasst. Das gilt erst recht für größere Gruppen: Je „geschlossener" die Beziehungen zwischen den n-1 potentiellen Sanktionatoren sind, je mehr direkte oder indirekte Wege zwischen ihnen also bestehen, und je vielseitiger die Beziehungen sind, desto leichter kann ein einzelner mit einer Sanktion in der Erwartung beginnen, die Sanktionskosten später erstattet zu bekommen.

Wenn die Sanktion nicht teilbar ist, *muss* sie von einem einzelnen *heroischen* Sanktionator durchgeführt werden. In Äsops Fabel beschließt der „Rat der Mäuse", sich vor der Katze zu schützen, indem eine Maus beauftragt wird, der Katze eine Schelle umzuhängen. Die Kosten für diese Maus sind nicht nur ungeheuer hoch, sondern auch nicht teilbar; der Nutzen kommt aber allen Mäusen zugute. Wenn einer Maus das Kunststück gelingt, so hat sie bei allen ein Guthaben – und kann damit angereizt werden, das Risiko auf sich zu nehmen. Die Unteilbarkeit der Sanktion lässt nur einen „heroischen" Sanktionator zu. Aber natürlich kann auch in einer Situation, wo die Sanktion teilbar ist, ein „heroischer" Sanktionator auftreten. Wenn einer von den „Gaffern" die Kampfhähne endlich zur Ordnung ruft, ist das eine „heroische Sanktion" – umso mehr, je mehr „Gaffer" herumgestanden sind.

Wenn die Sanktion jedoch teilbar ist und *inkrementell* angewendet werden kann, können die verbleibenden Alteri noch leichter sanktionieren. Ein Mitglied des Tennisclubs, das sich nach dem Spiel weigert, den Platz abzuziehen, kann zunächst von den nachfolgenden Spielern getadelt werden. Wenn sich die anderen Mitglieder aber gut kennen und sich die Nonkonformität herumspricht, dann können auch alle weiteren Mitglieder den Abweichler sanktionieren, etwa ihn nicht zum Spiel auffordern, ihn im Clubhaus „links liegen lassen" usw. – denn die teilbaren Sanktionen lassen sich auch dosieren: bis zur mehr oder minder offenen Aufforderung, den Club zu verlassen.

Die Anwendung von Sanktionen wird also durch die Dichte oder Schließung der Sozialstruktur unter den Sanktionatoren erleichtert. Sicher beeinflussen noch weitere Aspekte der Sozialstruktur die Sanktionsmöglichkeit. Zum Beispiel werden die *Macht* einzelner Personen innerhalb der Gruppe und die Zahl ihrer *Beziehungen außerhalb der Gruppe* ihre Sanktionsgewalt und ihre Möglichkeit steigern, sich Sanktionen zu entziehen. Aber in jedem Fall fließen die Tauschprozesse, die Sanktionen ermöglichen, durch die Sozialstruktur der Gruppe. Wenn also das Kollektivgutproblem der Sanktionsanwendung mit der Größe der Gruppe schwieriger wird, so wird es mit der Dichte der Sozialstruktur leichter lösbar.

Die Dichte der Sozialstruktur erhöht aber nicht nur die Chance, dass die Mitglieder der Gruppe aus Eigennutz und ohne besondere soziale Organisation Abweichler sanktionieren; sie erhöht auch die Chance, dass der Sanktionsverzicht sanktioniert wird, also *Sanktionen zweiter Ordnung* ausgeübt werden. Je geschlossener die Struktur der Beziehungen in der Gruppe, desto größer die Chance, dass zwei Mitglieder sich wiedertreffen und einander vorwerfen können, nicht eingegriffen zu haben – um so eher wird Alter eingreifen, denn um so eher muss er befürchten, von einem zweiten Alter für den Sanktionsverzicht sanktioniert zu werden. Sanktionen zweiter Ordnung sind nicht nur – wie das Normspiel und das Metanormspiel in Abschnitt 4.3.2 gezeigt haben – für die Genese, sondern offenbar auch für die Aufrechterhaltung sozialer Normen wichtig. Die Dichte der Sozialstruktur einer Gruppe steigert die Wirksamkeit der sozialen Kontrolle durch Sanktionen für Normübertretungen; sie steigert zudem auch – das sei im Rückblick hinzugefügt – den sanften Druck der wahrgenommenen Konformität Alters auf Ego, von geplanten Normübertretungen abzulassen.

Lektüre: Coleman (1990: 115-116, 269-278)

Sanktionsbereitschaft: Zusammenfassung

Die Sanktionsbereitschaft Alters lässt sich also in einer Kausalkette erklären, die das Nutzenkalkül des Individuums zunächst um innere Bedingungen der Normidentifikation und dann um die Gelegenheiten in der Sozialstruktur der Gruppe erweitert. Zunächst wird über Sanktionen nach der gleichen Regel wie über Handlungen überhaupt entschieden: Alter wird Ego sanktionieren, wenn für ihn der Nutzen der Sanktion größer ist als die Kosten. Aber in die Kalkulation des Nutzens von Sanktionen geht ein spezifischer innerer Posten ein: Der Nutzen wird für Alter größer sein, wenn er sich mit der Norm identifiziert. In Alters Nutzenkalkulation gehen weiterhin die wahrgenommenen Gelegenheiten der Sozialstruktur ein. Im soziologischen Erklärungsschema wird also nicht nur das Problem der Selektion, sondern auch das der Orientierung betrachtet – der Orientierung an sozialen Strukturen der Situation. Nicht nur der Eigennutz und die Moral der Mitglieder, sondern auch die Sozialstruktur der Gruppe beeinflussen die Sanktionsbereitschaft – und damit die soziale Integration der Gruppe. Die soziale Integration hängt nicht allein von den Menschen, sondern auch von der Sozialstruktur ab.

Die Sozialstruktur beeinflusst Alters Sanktionsbereitschaft auf zwei Weisen. *Erstens* wachsen mit der *Größe* der Gruppe – wie in jedem Kollektivgutproblem – die Kosten der Sanktion; der Eigennutz reicht für die Sanktion immer weniger aus und die Identifikation mit der Norm ist als Antrieb für eine Sanktion immer stärker gefordert. *Zweitens* aber steigen mit der *Dichte* der Sozialstruktur die Chancen wieder an, dass die von einer Abweichung Betroffenen den Abweichler schon aus Eigennutz sanktionieren. In relativ kleinen Gruppen sind die Beziehungen unter den von der Abweichung Betroffenen die Basis für einen Tausch des Rechts, über Sanktion oder Nichtsanktion selber zu entscheiden, und damit für die Lösung des Kollektivgutproblems zweiter Ordnung, das eine Sanktionierung darstellt. Aber auch in größeren Gruppen sind die Beziehungen unter den Betroffenen die Basis entweder für den Tausch der Sanktionskosten gegen andere Leistungen oder für die Teilung von Sanktionskosten. Schließlich erleichtert die Dichte der Sozialbeziehungen nicht nur Sanktionen für Abweichungen, sondern auch Sanktionen für unterlassene Sanktionen, also Sanktionen zweiter Ordnung.

6.4.5 Sanktionsformen: Von der Missbilligung zum staatlichen Gewaltmonopol

Wenn Alter zur Sanktion bereit ist, muss er eine Form wählen. Die Formen sind einerseits zwar eine Variable in der Kalkulation der Kosten Alters und beeinflussen damit seine Sanktionsbereitschaft; man schießt nicht mit Kanonen auf Spatzen. Sie sollen anderseits aber auch Ego die Abweichung „vermiesen", also ihn durch Minderung des Wohlbefindens zur Konformität hin beeinflussen; die Kosten Alters sind – wie im letzten Abschnitt gezeigt – der Schaden Egos. Die Sanktionsformen sollten daher nach dem Schaden Egos betrachtet werden. In dieser Dimension bewegt sich das Repertoire der Sanktionen auf einem Kontinuum von der Missbilligung in der Situation der Abweichung bis zu gewaltsamen Strafen durch den Staat.

Von der Missbilligung zur Strafe mit Gewalt und durch den Entzug von Rechten

Einen Fahrgast, der im Nichtraucherabteil zu rauchen beginnt, wird ein anderer Fahrgast zunächst einmal bitten aufzuhören. Die erste – in der Situation der Übertretung verbleibende – Sanktion Alters ist die *Missbilligung* des Verhaltens Egos mit dem Mittel der Sprache und der sie begleitenden Mimik und Gestik: Nur in der Sprache kann Alter auf die verletzte Norm hinweisen, während Mimik und Gestik allein nur das Missfallen, also die Schädigung des Wohlbefindens Alters ausdrücken. Die Missbilligung ist nicht mehr als eine Aufforderung, die Abweichung zu unterlassen: „Lass das, das tut man nicht", wobei „das" oft in der Situation evident ist, die Norm also nicht immer expliziert werden muss.

Die Missbilligung ist für Alter noch recht „billig": Seine einzige Handlung ist eine Rede. Aber für Ego kann schon die bloße Missbilligung eine Sanktion sein: Es beeinträchtigt das Wohlbefinden, als Übeltäter deklariert zu werden. Aber manche schämen sich weder vor sich noch vor Anderen; die augenblickliche Bloßstellung beeinträchtigt ihr Wohlbefinden nur wenig. Auf Egos Unverschämtheit muss Alter dann mit verstärkter Missbilligung antworten: nicht nur bitten, sondern tadeln und schimpfen; oder weitere Fahrgäste ansprechen und den Schaffner hinzuziehen. Aber das Repertoire der Missbilligung ist durch die Sprache und die Situation begrenzt. Wenn Egos Unverschämtheit groß genug ist, bleibt Alter, selbst wenn er durch die Identifikation mit der Norm stark genug motiviert ist, die Missbilligung weiter zu treiben, von einem bestimmten Punkt ab nur die Wahl, die Eskalation der Missbilligung abzubrechen – oder Gewalt anzuwenden.

Gewalt kann man definieren als Eingriff in die Bewegungsfreiheit einer Person gegen ihren Willen. Diese Definition schließt schon die harmlose, weder schmerzende noch verletzende, physische Beeinträchtigung des Körpers einer Person ein, wenn sie gegen ihren Willen geht, aber sie schließt die psychische Einflussnahme allein auf den Willen einer Person aus. Das Festhalten eines ertappten Diebes ist danach Gewalt; die Androhung von Gewalt als Reaktion auf eine Normverletzung ist danach eine Missbilligung, keine Gewalt. Anders als die Missbilligung, die durch die Normverletzung und nur durch sie hervorgerufen wird, kann die Anwendung von Gewalt aus vielen Motiven gespeist sein: Man kann jemanden festhalten, weil er ein ertappter Dieb ist oder weil man ihm etwas abnehmen will. Anders als die Missbilligung, die eine Sanktion der Abweichung ausdrückt, ist Gewalt an sich noch keine Reaktion auf die Abweichung. Gewalt allein kann keine Sanktion sein; sie drückt nichts, also auch keine Norm aus, ist „nackte" oder „rohe" Gewalt. Der rohen Gewalt kann aber symbolisch die Bedeutung einer Sanktion zugewiesen werden, wenn sie vom Sanktionator mit einer Missbilligung verbunden wird, also mit dem Ausdruck einer Norm oder dem Hinweis auf die den Normen zugrundeliegende Ordnung.[15] In Verbindung mit einer Missbilligung aber verliert sie den Charakter der rohen Gewalt und wird zur Strafe, allerdings zu einer physischen Strafe.

Die Missbilligung kann aber nicht nur mit Gewalt, sondern auch mit dem *Entzug von Rechten* verbunden werden – vom Recht, sich frei zu bewegen, bis zum Recht, an politischen Wahlen teilzuhaben, sein Geld auszugeben oder seine Zeit zu nutzen, fernzusehen oder Auto zu fahren; Eltern verbieten ungehorsamen Kindern das Fernsehen, und Strafrechtler diskutieren, ob Straftäter nicht nur mit Geld- und Freiheitsentzug, sondern auch mit dem zeitweisen Entzug des Führerscheins bestraft werden können. Auch in der Verbindung mit dem Entzug von Rechten wird die Missbilligung zur Strafe, allerdings zu einer psychischen Strafe, die wiederum mit Gewalt durchgesetzt werden muss, wenn sie vom Missetäter nicht anerkannt wird.

---

15 Der Begriff der „symbolischen Gewalt" (Bourdieu / Passeron 1973) identifiziert jede Sanktion mit Gewalt. Insbesondere will er Gewalt schon in der symbolischen Missbilligung entdecken. Dass jede Sanktion in letzter Instanz Gewalt benutzen muss, heißt aber nicht, dass jede Sanktion schon Gewalt ist. Die Besonderheit von Sanktionsformen ergibt sich vielmehr gerade daraus, dass sie sich möglichst weit von diesem unvermeidlichen Fluchtpunkt entfernen, dass sie wirksam werden, ohne dass Gewalt angewandt, angedroht oder auch nur angesprochen werden muss.

Ohne Missbilligung also keine Sanktion; die Missbilligung aber kann mit physischen oder psychischen Wohlbefindensminderungen verbunden werden und wird in beiden Verbindungen zu dem, was man umgangssprachlich als Strafe bezeichnet. Man kann alle Sanktionen, die über eine Missbilligung, also die aktuelle und nicht gewaltsame Minderung des Wohlbefindens des Missetäters, hinausgehen und sie symbolisch mit einer späteren physischen oder psychischen Minderung des Wohlbefindens des Missetäters verbinden, als *Strafe* bezeichnen.

Einige Beispiele können diese Unterscheidungen verdeutlichen. Wer einen Dieb auf der Straße ertappt und festhält, übt rohe Gewalt aus; aber der Polizist, der einen Dieb „im Namen des Gesetzes" festnimmt, übt staatlich legitimierte Gewalt aus. Eine Mutter, die ihr Kind ertappt, wie es etwas aus der Haushaltskasse stibitzt, und wortlos zuschlägt, übt rohe Gewalt aus und straft nicht. Wenn die Mutter sagt „Was fällt Dir ein?" (gemeint: „mich zu bestehlen"), sanktioniert sie durch Missbilligung allein; wenn sie sagt „Dafür bekommst Du heute Abend von Vater eine Tracht Prügel", sanktioniert sie durch Missbilligung und Gewalt, straft also physisch; die Missbilligung erklärt die Strafe und nimmt der Gewalt die Qualität roher Gewalt. Wenn die Mutter dem Kind „dafür" das abendliche Fernsehen verbietet, sanktioniert sie durch Wohlbefindensminderung ohne Gewalt, straft also psychisch.

Quantität der Strafmittel, Institutionalisierung der Strafe durch das Recht, Legitimitätseinverständnis der dem Recht Unterworfenen

Eine Missbilligung kann über die Situation hinaus festgehalten und mit späteren Strafen verbunden werden. Mit einer Missbilligung verbunden, werden Sanktionen aufschiebbar und umformbar. „Dafür bekommst Du" ist das Sesam-öffne-dich für das Repertoire der Strafen. Aber eine Strafe ist für den sanktionierenden Alter „teurer" als die bloße Missbilligung. Weil – wie in Abschnitt 6.4.4 gezeigt – in vielen Fällen die Strafe für potentielle Sanktionatoren zu „teuer" wird, muss sie sozial organisiert, auf mehrere Schultern verteilt werden. Dann ergibt sich die Notwendigkeit, die Strafe zu institutionalisieren: Sie muss vom persönlichem Nutzenkalkül der Opfer gelöst und von speziellen Instanzen nach dem Gesetz und in Verfahren ausgesprochen und vollzogen werden. Zugleich beeinträchtigt die Strafe den sanktionierten Ego stärker als die Missbilligung, so dass die Frage nach dem richtigen Maß aufkommt, das der Größe der Abweichung entspricht. Die Strafe mit Gewalt variiert nach dem körperlichen Schmerz; die Strafe mit dem Entzug von Rechten variiert nach Zeit oder Geld. Jede Strafe ist also eine Quantität von Strafmitteln (Black 1998: 9-11). Damit ergibt sich auch eine Möglichkeit, die Strafe zu institutionalisieren: Sie kann von speziellen Instanzen nach der Schuld des Täters abgewogen und geplant, über die Zeit und über Mittel verteilt werden. In vielen Fällen muss und kann die Strafe also durch das Recht – durch Gesetze, Polizei, Gerichte und Strafvollzug – institutionalisiert werden.

Anders als die Missbilligung, die jeder über jeden äußern kann, setzt die Strafe voraus, dass der Strafende die Berechtigung hat, über den Missetäter eine Strafe auszusprechen und durchzusetzen. Strafender und Bestrafter müssen in einem „Rechtsverhältnis" stehen (Weber 1964: 240). Kinder stehen zu ihren Eltern in einem Rechtsverhältnis; Bürger stehen zu ihrem Staat in einem Rechtsverhältnis. Eltern und Lehrer haben das Recht, „ihre" Kinder oder Schüler zu strafen – aber nicht jedes Kind oder jeden Schüler. Vorgesetzte haben das Recht, „ihre" Untergebenen zu strafen; aber der Staat hat das Recht, jeden Bürger zu strafen. Die Berechtigung zur Strafe kann im Falle der Eltern als ein Naturrecht gesehen werden. Im Falle des Staates ist sie aber durch das Recht definiert. Das Recht legt nicht nur die Grenze zwischen Konformität und Abweichung fest, sondern auch die Regeln, nach denen zwischen beiden entschieden und im Falle der Abweichung verfahren wird. Das Recht legt also nicht nur die Norm, sondern auch die Sanktion fest; es *institutionalisiert* die Strafe. Es ist – nach Weber (1964: 24) – der Teil der legitimen Ordnung, der nicht nur als „Konvention" durch „praktisch fühlbare *Missbilligung*" garantiert ist, sondern „durch die Chance physischen oder psychischen Zwanges durch ein auf Erzwingung der Innehaltung oder Ahndung der Verletzung gerichteten Handelns eines *eigens* darauf eingestellten *Stabes* von Menschen". Das Recht als ein System von Normen ist also ohne das Recht als ein Gebäude von Instanzen, die in letzter Linie Zwang anwenden, nicht vorstellbar.

Aber gegen jede, auch die in einem rechtlichen Verfahren verhängte Strafe kann ich mich wehren. Und ich werde mich wehren, wenn ich die Strafe nicht akzeptiere. Eine Strafe kann daher nur so lange ohne Gewalt angewendet werden, solange sie vom Bestraften akzeptiert wird. Sobald aber der Bestrafte die Strafe nicht akzeptiert, muss sie mit Gewalt durchgesetzt werden. Der Staat versucht daher bei seinen Bürgern ein „Legitimitätseinverständnis" (Weber 1964: 659) herzustellen: Die Bürger sollen die Gesetze und die Verfahren zu ihrer Durchsetzung anerkennen. Zwar beruhen alle Strafen in letzter Instanz auf Gewalt; aber deshalb müssen ihre Erscheinungsformen nicht immer gewaltsam sein. Gewalt ist umso weniger notwendig, je breiter das Legitimitätseinverständnis ist – unter den Bürgern und über die Gesetze. Wo die Strafe nicht akzeptiert wird, wird ihre Eskalation herausgefordert, die auf Gewalt hinausläuft: „Wer nicht hören will, muss fühlen".

Wer das Recht zu strafen hat, hatte früher gelegentlich auch das Recht, Strafen mit Gewalt durchzusetzen – wie der „Hausvater" des „ganzen Hauses" oder der Rektor der Universität, der Studenten für schlechtes Benehmen selbst außerhalb der Universität in den Karzer stecken konnte. Aber heute sind die Oligopolisten der legitimen Gewalt entthront und der Staat ist Monopolist geworden; Einzelne und ganze Gruppen – wie etwa Jugendbanden – üben zwar Gewalt aus und fühlen sich dabei oft sogar „im Recht" – wie etwa der Mann, der seine Frau wegen ihrer Untreue umbringt (solche und viele weitere Beispiele für „moralistische Verbrechen" in Black 1998: 27-36). Aber sie haben kein *Recht* dazu, Gewalt auszuüben; sie haben – mit Webers Worten – keine „legitime Gewaltsamkeit". Die letzten Ausläufer der Monopolisierung der legitimen Gewalt beim Staat erleben wir noch heute: Erst im Jahre 1957 wurde das explizite Züchtigungsrecht der Eltern abgeschafft. Die Universität Heidelberg erließ 1387 eine Disziplinarordnung für Studenten mit spezifisch studentischen Delikten (vom Nacktbaden im Neckar bis zur Belästigung ehrbarer Jungfrauen) und richtete 1545 ein eigenes studentische Gefängnis ein, den Karzer, der bis 1914 belegt wurde (Auskunft des Universitätsarchivs). 1971 wurde den Lehrern niedersächsischer Schulen verboten, Schüler körperlich zu züchtigen (Auskunft der Deutschen Liga für das Kind). Erst in jüngster Zeit wurden also die letzten Oligopolisten der Gewalt entmachtet. *Legitime,* rechtlich begründete, Gewaltsamkeit ist heute das Monopol des Staates; und das Gewaltmonopol des Staates ist – wie das Beispiel des Bürgerkriegs zeigt – eine Garantie für die Ordnung einer Gesellschaft (siehe Abschnitt 4.4.2).

Die Gewalt verlangt nach Monopolisierung aus zwei Gründen. Auf der einen Seite muss sie *legitimiert* sein; nur wenn sie nicht die Gewalt einer bestimmten Person, sondern eines Vertreters einer größeren Gemeinschaft ist, kann sie sich rechtfertigen. Ein Einzelner darf Gewalt im Namen des Kollektivs, als kollektiver Akteur ausüben; aber er darf sich Gewalt nicht anmaßen. Er darf nicht auf die bloße persönliche Meinung hin, dass ein Anderer sich abweichend verhält, dem Anderen Gewalt antun. Er muss sich der Übereinstimmung Anderer in dieser Sache nach Regeln vergewissern, über die weder er noch die Anderen, die mit ihm in dieser Sache einer Meinung sind, verfügen. Auf der anderen Seite ist Gewalt nur *effizient*, wenn sie nach den Regeln einer größeren Gemeinschaft ausgeübt wird. Wenn ich das abweichende Verhalten eines Anderen mit Gewalt unterbinde, so hängt der Erfolg vom Verhältnis unserer körperlichen Stärke, also vom Zufall ab. Auf diese Weise eine Norm durchzusetzen, ist daher nicht nur illegitim, sondern auch ineffizient. Wann, warum und wie Gewalt gegen abweichende Handlungen angewandt werden darf und kann, muss daher nach allgemeinen, von der Gesellschaft festgelegten Gesichtspunkten geregelt, d.h. institutionalisiert werden. Außer in Fällen der Notwehr sind hier also die Gesetzgebung und die Gerichte gefordert.

Lektüre: Weber (1964: Erster Teil, Erstes Kapitel, § 17; Zweiter Teil, Erstes Kapitel, § 1) behandelt das Gewaltmonopol des Staates.

Weiterführende Literatur: Black (1998: Kapitel 1) gibt eine allgemeine Theorie, wie Sanktionen noch vor Strafen durch das Recht soziale Kontrolle bewirken und Konformität herstellen. Sanktionen werden von ihm als „grievance" (Beschwerde, Missbilligung) bezeichnet, aber nicht definiert. Aber damit wird die Reichweite der sozialen Kontrolle nicht nur vom Recht auf Konvention und Sitten und Gebräuche, sondern auch auf Konflikte zwischen Ego und Alter überhaupt ausgeweitet. Ego übt soziale Kontrolle schon dann aus, wenn er Alter sanktioniert, weil er sich in seinen Interessen verletzt fühlt. In der Tat definiert Black (1998: xiii, xxiii) soziale Kontrolle daher nur als die „Behandlung von Richtig und Falsch", sondern als „Konfliktregelung überhaupt". Offenbar identifiziert er jede Konfliktregelung (und nicht nur die von Konflikten über die Befolgung von Normen) mit „sozialer Kontrolle". – Den Begriff der Gewalt und seine soziologische Bedeutung diskutieren Trotha (1997) und Nedelmann (1997).

6.4.6 Zusammenfassung: Stufen der Institutionalisierung sozialer Kontrolle

In den Abschnitten 6.4.2 bis 6.4.5 wurden drei Prozesse der sozialen Kontrolle unterschieden: Egos Wahrnehmung der Konformität Alters sowie Sanktionen Alters als Missbilligung oder Bestrafung Egos. Im Rückblick kann man die Konformität Alters und die Missbilligung und Strafe Egos auf einem Kontinuum der *Institutionalisierung* der sozialen Kontrolle anordnen. Institutionalisierung heißt, wie im folgenden Abschnitt genauer erläutert werden wird, dass der Sinn der Beziehung zwischen mindestens zwei Akteuren durch verbindliche Regeln festgelegt wird.

Die *wahrgenommene Konformität Alters* wirkt ohne sein Wissen als soziale Kontrolle schon über Egos böse Absichten. Soziale Kontrolle ist hier beiläufiger Aspekt eines Handelns Alters, das auf andere Ziele gerichtet ist. Alter leistet nichts und hat keine Kosten; aber er verstärkt durch seine Konformität die inneren Blockaden Egos gegen Versuchungen durch die Situation, denen Ego andernfalls vielleicht unterlegen wäre. Weil niemand mit dem Ziel (dem „Sinn") der Kontrolle handelt, fehlt bereits der Ansatzpunkt zur Institutionalisierung sozialer Kontrolle.

Sobald Ego aber eine Norm übertreten hat, ist Alter aufgefordert, mit dem Ziel der sozialen Kontrolle zu handeln. Jede Sanktion beginnt mit einer *Missbilligung:* Alter weist das abweichende Verhalten Egos explizit zurück und spricht zumindest implizit, durch die Evidenz der Situation, die verletzte Norm an. Die Missbilligung nutzt also zur Sanktionierung nur die Sprache und keine Mittel, langfristig das Wohlbefinden des Abweichenden zu mindern; sie kann von jedem, der sich durch die Nichtkonformität eines Anderen verletzt fühlt, ausgesprochen werden und kennt keinen für sie zuständigen Agenten; sie ist nur in der Situation der Abweichung verständlich und lässt sich nicht aufschieben. Die Missbilligung ist also unspezifisch in ihren Agenten und situationsgebunden in ihrer Anwendungsmöglichkeit. Sie nutzt das Repertoire, das die Sprache zur unmittelbaren Sanktionierung von Abweichung bereitstellt

– vom ironischen Kommentar bis zur Schelte. Aber ihr fehlt jede weitere institutionalisierte Form der Sanktionierung abweichenden Verhaltens.

Die Missbilligung Alters macht Ego deutlich, dass er von einer Norm abweicht. Wenn die Missbilligung Alters aber von Ego nicht als Sanktion anerkannt wird, muss sie mit Mitteln jenseits der Sprache verbunden werden: mit Gewalt oder mit dem Entzug von Rechten, der sich in letzter Instanz nur gewaltsam durchsetzen lässt. Die Missbilligung wird durch diese Verbindung zur *Strafe*. Oft aber sind die Kosten der Strafe für das oder die Opfer zu hoch, so dass die Strafe auf Instanzen des Rechts übertragen werden muss; und immer lassen sich die Strafmittel Gewalt und Entzug von Rechten quantifizieren, so dass die Strafe auf Instanzen des Rechts übertragen werden kann.

Anders als die Missbilligung durch die Sprache mindert die Strafe Egos Wohlbefinden nicht nur in der Situation der Abweichung, sondern langfristig. Anders als die Missbilligung kann die Strafe nicht von jedermann ausgesprochen werden, sondern nur von dem, der zum Abweichenden in einem Rechtsverhältnis steht. Die Strafe ist also eine Form der Sanktionierung abweichenden Verhaltens, für die Mittel jenseits der Sprache und Zuständigkeiten jenseits der Situation institutionalisiert sind. Nicht jeder kann auf jede Weise strafen – sondern nur, wer das Recht dazu hat, und nur mit den zulässigen Mitteln.

Die Institutionalisierung der Strafe wird durch das Recht geregelt. Vor allem wurde das Recht der Ausübung von Gewalt, das jeder Strafe in letzter Instanz zugrunde liegt, auf den Staat konzentriert. Während früher das Recht zur Strafe oft auch das Recht implizierte, sie gewaltsam durchzusetzen, ist die Gewalt heute ein Monopol des Staates. Die abgesetzten Oligopolisten der Gewalt – der Hausvater und die Eltern, der Lehrer, der Berufsstand – können zwar auch heute noch strafen – mit Hausarrest, Schulverweis, Berufsverbot; aber sie dürfen ihre Strafen nicht mit Gewalt durchsetzen. Allein der Staat hat das Recht, zu strafen *und* Gewalt auszuüben: Die Gerichte verhängen Strafen, und die Polizei und die Rechtspflege, also der „Erzwingungsstab" des Staates, setzen sie durch. Die Monopolisierung der Gewalt ist der Fluchtpunkt der Institutionalisierung sozialer Kontrolle.

6.5 Institutionen der sozialen Integration

6.5.1 Institutionen, Institutionalisierung und soziale Integration

Normen und Institutionen

Eine Institution kann man definieren als die ihrem Sinn nach normativ geregelte Verbindung bestimmter Formen des sozialen Handelns bestimmter Akteure (zur Diskussion der Definition siehe: Büschges / Abraham / Funk 1998: 92-95, Gukenbiehl 2000, Zintl 1999). Ein Brauch oder eine Sitte – im Sinne Webers – kann nach dieser Definition keine Institution sein; denn ihr Sinn ist nicht normativ festgelegt, sondern ergibt sich nur aus dem, was regelmäßig praktiziert wird: Konvention und Recht – wiederum im Sinne Webers – fordern hingegen etwas, was man nicht nur regelmäßig tut, sondern tun soll. Konvention und Recht, allgemein Normen, sind daher der Stoff, aus dem die Institutionen sind. Aber nicht alle Normen sind Institutionen. Die Norm, nicht zu stehlen, ist z.B. etwas anderes als die Institution des Eigentums; zwar lässt sich die Norm aus der Institution ableiten, aber die Institution umfasst Rechte und Pflichten des Eigentümers in verschiedenen Beziehungen, als Nutznießer, Teilhaber, Erblasser oder gegenüber größeren Gemeinschaften („Sozialverpflichtung des Eigentums"). Dass Institutionen „auf Dauer bestimmen, was getan werden muss" (Lipp 1989), ist also zu weit definiert; denn das tun Normen überhaupt. Wie Institutionen im Bereich von Normen eingegrenzt werden können, soll am Beispiel von Ehe und Familie erläutert werden.

Die Ehe ist eine Institution. Sie verbindet die sexuellen Aktivitäten „des" Mannes und „der" Frau nicht nur faktisch, sondern legt fest, dass Sexualität der Sinn des Handelns von Mann und Frau ist, dass sie also geschlechtlich miteinander verkehren sollen, wenn sie als Mann und Frau miteinander leben; andernfalls ist es eben keine „richtige" Ehe. Ebenso ist die Familie eine Institution: Sie regelt nicht nur die Verbindung des Mannes mit der Frau, sondern auch „der" Eltern mit „ihren" Kindern; ohne Kinder ist es eben keine „richtige" Familie. In einer Institution sind also Formen des Handelns regelmäßig miteinander verbunden, *weil* die Verbindung normativ als der Sinn des Handelns gefordert wird; selbst wenn das Handeln nicht immer der Norm folgt, bleibt die Norm gültig. Der Sinn des Handelns liegt in den Normen, die das Zusammenleben mehrerer und damit zugleich das Handeln jedes Einzelnen bestimmen.

Institutionen: Normen regeln, wer „dazugehört" und „was getan werden muss"

Wenn aber Institutionen das Zusammenleben mehrerer *bestimmter* Personen regeln, dann müssen sie aus mindestens zwei Normen bestehen: eine erste, die festlegt, wer „dazugehört", und eine zweite, die festlegt, was „getan werden muss". Die erste Eingrenzung im Bereich der Normen ergibt sich also daraus, dass Institutionen nicht nur eine Norm umfassen, sondern aus einem *Komplex von Normen* bestehen, von denen wenigstens eine die *soziale Struktur* festlegt, auf der die Institution basiert und an deren Positionen die Normen gebunden werden. Der Komplex von Normen legt also eine Struktur von Personen und von Aufgaben, von Zugehörigkeiten und Pflichten fest. Die zweite Eingrenzung im Bereich der Normen ergibt sich daraus, dass Institutionen oft nicht nur eine, sondern mehrere Formen des Zusammenlebens mehrerer Akteure verbinden. Der Komplex von Normen kann also mehrere Zugehörigkeiten und Pflichten umfassen. Nicht die einzelnen Normen des Komplexes sind charakteristisch für eine Institution, sondern ihre Kombination.

Die Institution Familie regelt nicht die Beziehungen zwischen Männern und Frauen oder zwischen Eltern und Kindern, sondern die Beziehung zwischen Eheleuten und „ihren" Kindern. Sie legt daher zunächst fest, wer zur Familie gehört: also ob ein Mann mit einer oder mehreren Frauen eine Ehe eingehen kann, mit welchen Frauen er das kann, sowie welche Kinder als wessen Nachkommen gelten. Und sie schließt bestimmte Personen aus: z.B. die Schwiegermutter in einer frisch geschlossenen Ehe. Sie legt weiterhin fest, was Männer, Frauen und Kinder tun müssen: Mit welchen Frauen der Mann schlafen, arbeiten und Kinder erziehen soll, wem die Kinder gehorchen und wem sie Ehrfurcht erweisen müssen. Und sie legt fest, was nicht getan werden darf; z.B. verbietet die Liebe, dass der Mann die Frau schlägt, oder die Ehrfurcht, dass die Kinder die Eltern verfluchen. Die Institution der Familie regelt also eine bestimmte Kombination von Beziehungen in einer bestimmten Kombination geforderter Verhaltensweisen. Männer und Frauen und Alte und Junge kommen nicht nur in der Familie zusammen, sondern auch in der Schule und der Kirche; und nicht nur in der Familie sollen die Jungen die Alten ehren, sondern auch in der Schule und der Kirche. Aber nur die Familie verbindet Gatten und Kinder mit Gattenliebe und kindlicher Pietät.

Kurzum: Institutionen schneiden aus dem Bereich der Normen eine Untermenge durch zwei Bedingungen aus: Sie definieren erstens mehr als ein einzelnes Ge- oder Verbot, nämlich Zugehörigkeiten und Pflichten in einer Gruppe von Personen. Sie definieren zweitens häufig

Zugehörigkeiten und Pflichten nicht nur für eine einzelne Aufgabe, sondern für mehrere miteinander verbundene Aufgaben.

Institutionalisierung

Institutionalisierung ist der Prozess, in dem bestimmte Handlungen bestimmter Akteure regelmäßig miteinander verbunden werden und die Verbindung zunehmend normativ geregelt wird (Berger / Luckmann 1970). In diesem Sinn wurde im letzten Abschnitt dargestellt, wie die Missbilligung als Strafe institutionalisiert wird, indem sie nur noch von bestimmten „berechtigten" Personen mit bestimmten „zulässigen" Mitteln ausgeübt werden darf, und wie die gewaltsame Durchsetzung von Strafen vom Staat monopolisiert wird.

Institutionen der sozialen Integration

Als *Institutionen* der sozialen Integration kann man nun die betrachten, die Zugehörigkeiten und Pflichten für die Akteure in *Prozessen* der sozialen Integration festlegen – also für die Sozialisation und die soziale Kontrolle. Die Sozialisation soll dahin führen, dass das neugeborene Kind die Normen und Werte verinnerlicht, die in seiner Gesellschaft herrschen. Das ist in einer flüchtigen Begegnung mit einem Erwachsenen nicht möglich, sondern nur in einer „auf Dauer" angelegten Institution, in der zwei miteinander solidarische Erwachsene sich „ihres" Kindes annehmen, sprich: in der Familie. Der Erfolg der primären Sozialisation (siehe Abschnitt 3.1.4) ist in hohem Maße auf eine „intakte" Familie angewiesen – also darauf, dass die Zugehörigkeiten und Pflichten der Institution erfüllt werden. Ohne irgendeine institutionelle Form von Familie ist die primäre Sozialisation nicht denkbar. Denn in der Familie wird nicht nur „primär sozialisiert", sondern auch geliebt und gestritten, produziert und konsumiert, gelehrt und gelernt; und die primäre Sozialisation ist keine spezifische Aktivität, sondern läuft bei allen anderen Aktivitäten mit, so dass sie ohne den institutionellen Rahmen Familie gleichsam ihren Halt verliert. Die Familie ist die erste Institution der sozialen Integration, die Integration durch primäre Sozialisation gewährleistet; sie wird in Abschnitt 6.5.2 dargestellt.

Aber nicht alle diese Aktivitäten bleiben im institutionellen Rahmen der Familie. Weil die Industrialisierung allgemeine Kenntnisse in breiten Bevölkerungskreisen verlangte, wurde die Schule für alle im Lauf des 19. Jahrhunderts eine Institution mit dem spezifischen Zweck der Lehre. Anders als in der Familie wurde nicht mehr unter der Hand, sondern nach Plan gelernt. Zugleich vermittelt die Schule auch Normen und Werte – allerdings auf der Folie der bereits in der Familie erworbenen Normen und Werte. Die Schule ist die zweite Institution der sozialen Integration, die Integration durch sekundäre Sozialisation gewährleistet; sie wird in Abschnitt 6.5.3 dargestellt.

Im Gegensatz zur primären und sekundären Sozialisation kann soziale Kontrolle auch in flüchtigen Begegnungen ausgeübt werden: Die wahrgenommene Konformität des Anderen verstärkt die inneren Barrieren in jedem. Deshalb ist die soziale Kontrolle auf Institutionen nicht wie die primäre Sozialisation unter allen Umständen angewiesen; aber auch sie kann oft nicht auf Institutionen verzichten. Denn nicht alle lassen sich durch die Konformität der Anderen einschränken. Und nicht alle Abweichungen können in der Situation durch die Missbilligung der geschädigten Anderen sanktioniert werden. Deshalb müssen die Sanktionen institutionalisiert und besondere Institutionen der sozialen Kontrolle geschaffen werden, die der informellen Kontrolle durch Konformität und Missbilligung mit Strafen, also mit dem Entzug von Rechten und mit Gewalt, zur Geltung verhelfen. Polizei und Gerichte sind also Institutionen der sozialen Integration, sofern sie durch soziale Kontrolle gewährleistet wird; sie werden in Abschnitt 6.5.4 dargestellt.

Lektüre: Der Prozess der Institutionalisierung als eine zunehmende normativen Regelung der Zugehörigkeit und des Handelns stellen Berger / Luckmann (1970: Kapitel II, Abschnitt 1) dar; Münch (1994b: 156-159) fasst ihre Darstellung zusammen

Weiterführende Literatur: Wie rationale Akteure Institutionen vereinbaren können, analysieren die Aufsätze von Hechter und Kliemt im Sammelband von Hechter / Opp / Wippler (1990).

6.5.2 Primäre Sozialisation: Familie

Normen des Zusammenlebens lassen sich nicht an einzelnen Verhaltensweisen ablesen, sondern müssen aus vielen, in vieler Hinsicht gleichen, in anderer Hinsicht aber anderen Verhaltensweisen erschlossen werden. Das Lernen von Normen erfordert eine Abstraktion; abstrahieren aber kann man leichter, wenn nicht alle, sondern nur bestimmte Bedingungen variieren, die eben die Abstraktion hervortreiben. Normen werden daher besser erlernt, wenn sie aus vielen Begegnungen nicht mit wechselnden, sondern mit den *gleichen* Personen erschlossen werden müssen. Genau das garantiert die Institution der Familie, indem sie eine Sozialstruktur schafft, in der die Eltern das neugeborene Kind aus seiner Hilflosigkeit herausführen.

6.5.2.1 Biologisches Fundament und historisch-soziale Variabilität der Familie

Definitionen der Familie: Generation und / oder Geschlecht?

Die Ungleichheit der Überlebensfähigkeit von Eltern und Kind ist beim Menschen – verglichen mit hochentwickelten nicht-menschlichen Gattungen – extrem und langfristig (siehe Abschnitt 1.3.1): Das Kind kann im ersten Lebensjahr ohne fremde Hilfe nicht überleben und bleibt bis ins zweite Lebensjahrzehnt auf Andere angewiesen, um das Lernen zu lernen. Deshalb kann die Aufzucht von Kindern nicht beliebigen Personen und sich gerade bietenden Gelegenheiten überlassen werden, sondern muss durch die Institution „Familie" geregelt werden. Dazu müssen erstens „*Eltern*" dafür verantwortlich gemacht werden, ihr „*Kind*" aus der biologisch bedingten Unterlegenheit aufzuziehen. Zweitens müssen „*Mann*" und „*Frau*" aus unterschiedlichen Abstammungslinien zur Elternschaft zusammengebracht werden. Die Beziehung zwischen den *Generationen* und den *Geschlechtern* muss geregelt werden – aber die Form der Regelung variiert zwischen Zeiten und Gesellschaften.

Erstens ist nicht selbstverständlich, welche „Eltern" zu einem „Kind" gehören. Weil die Mutterschaft durch Schwangerschaft und Geburt evident ist, ist die biologische zunächst immer auch die soziale Mutter.[16] Aber der Zusammenhang zwischen Beischlaf und Befruchtung ist in der Naturgeschichte der Menschheit eine späte Erkenntnis, so dass die Identifizierung des biologischen Vaters und seine Identifikation als sozialer Vater eine Errungenschaft der sozialen Evolution ist. In manchen Stammesgesellschaften übernimmt der Bruder der Mutter die Rolle des Vaters (Parsons / Bales 1955: 335, 340). Selbst heute gibt es vielfältige Formen

---

16 Selbst in dem Falle, in der die Mutter ihr Kind unmittelbar nach der Geburt zur Adoption freigibt, ist vorgeschrieben, dass sie frühestens acht Wochen nach der Geburt in die Freigabe zur Adoption einwilligen kann (Wild 1998: 268). Auch in sog. Inkognito-Adoptionen hat das Kind ab dem 16. Lebensjahre das Recht zu erfahren, wer seine biologischen Eltern sind (Peuckert 2005: 247).

der sozialen Regelung der biologischen Elternschaft: Der Kronprinz von Abu Dhabi lebt mit seinen Kindern in einem Palast zusammen, während die Mütter der Kinder in einem anderen Palast wohnen (Fernseh-Feature des Ersten Programms der ARD vom 8.4.96); das Adoptionsrecht der Bundesrepublik erlaubt es heute, dass die soziale Konstruktion der Elternschaft vollständig an die Stelle der biologischen Abstammung tritt (Hoffmann-Riem 1989: 400).

Zweitens ist nicht selbstverständlich, dass ein „Mann" und eine „Frau" zusammenleben – und erst recht nicht in der Form der „Ehe". Monogamie gilt nur in etwa 20% der ethnologisch untersuchten Gesellschaften, in den übrigen herrschen Polygamie oder die Gruppenehe (Hill / Kopp 2004: 15). Aber alle Gesellschaften haben Heiratsregeln entwickelt, also Regeln, aus welchen Abstammungslinien Männer und Frauen zusammenkommen dürfen. Regeln der Endogamie fordern, dass nur Männer und Frauen aus unterschiedlichen Abstammungslinien heiraten. Das Verbot des Inzests verhindert nicht nur die biologische Degeneration, sondern vor allem das Zusammenschrumpfen einer Stammesgesellschaft auf eine oder wenige Abstammungslinien; es garantiert also die soziale Integration. Vermutlich deshalb findet es sich offenbar in allen Gesellschaften (Parsons 1964b: 57-77, Hill / Kopp 2004: 73, Nave-Herz 2004: 126-130, kritisch dazu Vivelo 1981: 234, 284-307).

Auch wenn die Form, in der Verpflichtungen von „Vater" und „Mutter" für „ihr Kind" festgelegt sind, stark variiert, regelt also jede „Familie" in irgendeiner Form die Beziehung zwischen Eltern und Kindern und zwischen Mann und Frau, so dass es sinnvoll ist, die Familie als Regelung der Generations- *und* Geschlechtsbeziehung zu definieren (wie z.B. Hill / Kopp 2004: 13). Allerdings sind Definitionen nicht wahr oder falsch, sondern nur für den Zweck der Analyse mehr oder minder nützlich. Um auch alleinerziehende Väter und Mütter als „Familien" betrachten zu können, ist vorgeschlagen worden, Familie *allein* als Generationsbeziehung zu definieren (Nave-Herz 1994: 6, Lenz / Böhnisch 1997: 26). Wenn man aber Familie – wie hier – als irgendeine Form der Regelung beider Beziehungen versteht, so kann man auch alleinerziehende Eltern darunter subsumieren: Auch hier bleibt ja der erziehende Teil über die Erziehung mit dem nicht (mehr) erziehenden in rechtlicher Verbindung. Auf der anderen Seite schließt die Definition durch beide Beziehungen Paare ohne Kinder – Lebensgemeinschaften oder kinderlose Ehen – aus, so dass man für eine Definition *allein* durch die Geschlechtsbeziehung plädieren könnte. Aber auch Paare ohne Kinder regeln die Generationsbeziehung in irgendeiner Form – und sei es durch den bewussten Verzicht auf Kinder.

Das Problem der beiden reduzierten Definitionen liegt m.E. darin, dass die Familie als Institution eine durch einen Normenkomplex geregelte Sozialstruktur darstellt. Der Normenkomplex schreibt eine Struktur vor, aber er schließt Strukturvarianten nicht aus, die sich aus dem Wegfall einzelner Positionen ergeben. Erst wenn die eine oder andere der beiden Beziehungen ausdrücklich verneint wird, also beide Partner planvoll auf Kinder verzichten oder ein Elternteil ein Kind unter Verleugnung des anderen Elternteils aufzieht, sollte man von *Alternativen* sprechen. Solange aber reduzierte Strukturen der Familie als solche empfunden werden und damit der Normkomplex der Institution anerkannt wird, sollte man von *Strukturvarianten* reden. Weder Alternativen noch Strukturvarianten sind eine Neuigkeit der letzten Jahrzehnte. Partnerschaften gegen die Ehe und unter bewusstem Verzicht auf Kinder wurden von avantgardistischen Eliten – Chopin und George Sand, Sartre und Beauvoir – schon immer praktiziert. Und Strukturvarianten – allein erziehende Verwitwete oder vom Partner Verlassene, Onkelehen von Verwitweten, Erziehungsgemeinschaften von Geschwister-Eltern – sind in Notsituationen wie z.B. nach dem Zweiten Weltkrieg häufig aufgetreten. Anders gesagt: Nicht jede Häufigkeitsveränderung von Familienformen sollte Anlass zur Revision der

Definition geben, sondern nur die, die darauf deuten, dass die *Verbindung* beider Beziehungen, also der Normenkomplex nicht mehr anerkannt wird.

Vom „ganzen Haus" zur „strukturell isolierten Kernfamilie": Funktionsverlust und Bedeutungsgewinn

Wenn es also insgesamt nicht sinnvoll ist, die Familie durch *weniger* als die Generations- und Geschlechtsbeziehung zu definieren, so hat sie doch in ethnologischer und historischer Perspektive oft *mehr* Personen umfasst als Eltern und Kinder und *mehr* Aufgaben erfüllt als die Aufzucht der jungen Generation. Bis in die Anfänge dieses Jahrhunderts lebte im „ganzen Haus" ein Paar (oder gar mehrere Paare) „lateral" mit unverheirateten Blutsverwandten der gleichen Generationsstufe (und eventuell auch „generationell" mit Großeltern[17]) oder mit nicht verwandtem unverheiratetem Gesinde zusammen. Das „ganze Haus" umfasste also Eltern-Kind-Einheiten und nähere – bei weiten nicht alle – Verwandte; und es war eine ökonomische – wörtlich übersetzt: „hauswirtschaftliche" – Einheit, in der nicht nur konsumiert, sondern vor allem produziert wurde. Von den vielfältigen Produktionstätigkeiten, die das „ganze Haus" von den entsprechenden Märkten unabhängig machten, sind heute noch einige eng begrenzte Bereiche der „Haushaltsproduktion" wie Do-It-Yourself oder Nachbarschaftshilfe (Glatzer u.a. 1991) verblieben, die im Rahmen von Natur- und Ökologiebewegungen zum Teil sogar wiederbelebt werden; dennoch ist der Familienhaushalt heute ökonomisch weit stärker eine Einheit des Konsums als der Produktion. Vor der Einrichtung einer öffentlichen Sozialversicherung – in Deutschland also vor 1890 – hat die Familie weiterhin mit den Beziehungen der Generationen auch die soziale Sicherung geregelt: Die Kinder versorgten die Eltern auf dem „Altenteil". Vor der Einrichtung einer Pflichtschule – in Preußen also vor 1763 (Flora 1973: 304) – hat die Familie schließlich auch die Elementarausbildung in den grundlegenden Kulturtechniken des Lesens, Schreibens und Rechnens – wohl mehr schlecht als recht – geregelt.

Das Alltagsleben des „ganzen Hauses" war durch die Produktion sogar stärker bestimmt als durch die Aufzucht der jungen Generation, auf die es ja vor allem ankommt, wenn die soziale Integration durch internalisierte Normen das Thema ist. Was immer die Regelung der Generationsbeziehung betraf, ergab sich meistens unter der Hand im Vollzug der Produktion; das gilt vor allem für die Vermittlung von Kenntnissen und Fertigkeiten, von Weltbildern und Normen. Nur in wenigen Situationen, etwa dem Rückzug der Eltern auf das „Altenteil" oder am Sterbebett der Eltern, wurde die Generationsbeziehung direkt zum Thema. Was vom Leben des „ganzen Hauses" als Familienleben im heutigen Verständnis angesehen werden kann, lief also in der Regel im Arbeitsleben mit, das heute fast überall – sogar selbständig Erwerbstätige arbeiten meist an einem anderen Ort oder zumindest in einem anderen Zimmer – aus der Familie verschwunden ist.

Die Vielfalt des Personals und der Funktionen des „ganzen Hauses" ist jedoch mit der Industrialisierung verschwunden. Während das „ganze Haus" eine begrenzte Anzahl wenig unterschiedlicher Arbeitskräfte umfasste, bringt der industrielle „Betrieb" viele spezialisierte Ar-

---

17 Das „ganze Haus" ist nicht identisch mit der „Mehr-Generationen-Familie" oder der „Großfamilie"; die These, dass die Familie sich mit der Industrialisierung der europäischen Gesellschaften von der Groß- zur Zwei-Generationen-Kernfamilie gewandelt habe, ist historisch nicht haltbar (Mitterauer 1977). Ebenso ist das „ganze Haus" nicht auf die Landwirtschaft beschränkt, es trat auch im Handwerk und Handelsgewerbe auf (Sieder 1987).

beiten zusammen, für die vorgebildetes Personal rekrutiert und angelernt werden muss. Der Arbeits- musste also vom Wohnplatz getrennt und die Ausbildung und Rekrutierung von Arbeitskräften an Schulen und den Arbeitsmarkt abgetreten werden. Jede erwachsene Person oder jedes Paar suchte seine Ausbildung, seinen Beruf und seinen Arbeitsplatz, so dass das ganze Haus in der *Struktur* auf *eine* „Kernfamilie", also auf eine Person, ihren Ehepartner und die gemeinsamen Kinder, reduziert wurde. Durch die Ausgliederung von Produktion und Beruf verschwand also auf der einen Seite die nähere Verwandtschaft aus dem „ganzen Haus". Auf der anderen Seite musste die verbleibende Kernfamilie, anders als zuvor das „ganze Haus", mit umfassenden sozialen Einheiten in Beziehung treten; sie wird ja nicht mehr „im Haus" versorgt, sondern muss sich ihren Unterhalt durch Erwerbsarbeit „draußen" verdienen. Die Kernfamilie wurde innerhalb der Verwandtschaft als einzig verbleibende kooperierende Gruppe „strukturell isoliert"[18] und gleichzeitig mit der Wirtschaft über die berufliche Erwerbsarbeit verknüpft. Das Privatleben „in den eigenen vier Wänden" verkörpert die „strukturelle Isolation", der tägliche Pendelschlag zwischen Wohn- und Arbeitsplatz die Verknüpfung mit der sozialen Umwelt der Kernfamilie.

Mit der Produktion hat das „ganze Haus" noch weitere *Funktionen*, die soziale Sicherung und die Ausbildung, an spezialisierte Institutionen seiner sozialen Umwelt abgegeben, so dass für die Kernfamilie nur noch zwei Funktionen verbleiben: die Gefährtenschaft und die primäre Sozialisation, also die für beide Partner befriedigende Gestaltung des privaten Lebens und die Erziehung jenseits der Schule (Parsons / Bales 1955: 16-22; Peuckert 2005: 20-27). Mehr noch: Diese beiden Funktionen verbleiben nicht nur, sie treten erstmals als solche scharf hervor. Während im „ganzen Haus" Paare weniger aus Liebe als aus Nützlichkeit und „Familienräson" zusammenkamen und zusammenblieben, ist in der Kernfamilie die Gefährtenschaft das zentrale Thema des Paares. Während im „ganzen Haus" Kinder auch von erwachsenen Verwandten, Gesinde und ihresgleichen erzogen wurden, sind in der Kernfamilie die Eltern allein für die Sozialisation des Kindes zuständig. So wie die Kernfamilie sich strukturell isoliert, so wird sie funktional auf spezifische Funktionen zugespitzt, die zuvor im größeren strukturellen Kontext unterschwellig mitliefen.

Die Zuspitzung der Funktionen ist zugleich ein Gewinn ihrer Bedeutung für die beteiligten Personen: Gefährtenschaft und Sozialisation werden zum eigentlichen Thema des Familienlebens – so wie im „ganzen Haus" das eigentliche Thema des Familienlebens die Arbeit war. Ohne den Schutz anderer Zwecke werden die Beziehungen selber thematisch, so dass die Beteiligten einander als Personen, „intim", gegenüberstehen; die Beziehungen in der Kernfamilie werden „personalisiert" (Schumacher / Vollmer 1982, Meulemann 1985a: 32-42). Glück und Unglück sehen die Familienmitglieder mehr und mehr in Abhängigkeit von der eigenen und den anderen Persönlichkeiten und von der immer prekären Übereinstimmung zwischen beiden. Das zeigt sich an einer Reihe von Indizien.

Zunächst deutet der Anstieg der Scheidungsziffern (Parsons / Bales 1955: 3-8, Hill / Kopp 2004: 261-265, Klein 2005: 208-227, Peuckert 2005: 175-182) nicht auf einen Verfall der Familie, sondern auf einen Bedeutungsgewinn der *Partnerschaft*. Man stellt höhere Ansprüche an die Partnerschaft und ist deshalb eher enttäuscht. In ganz ähnlicher Weise zeigt der Rückgang der Geburtenzahlen (Hill/ Kopp 2004: 194-196, Peuckert 2005: 119-123, Klein 2005:

---

18 Das Gegenstück dazu ist, dass die Verwandtschaft weder eine soziale Gruppe noch eine Aggregation von Individuen darstellt, sondern nur noch eine Relation der Deszendenz, die Möglichkeiten vieler Beziehungsformen – vom Besuch bis zur Erbschaft – eröffnet, aber nicht erzwingt (Schütze / Wagner 1998: 9).

62-85, Bertram u.a. 2006: 18-21, 174-176) nicht einen Verfall der Familie, sondern einen Bedeutungsgewinn der *Elternschaft* – der ferner auch durch den Anstieg des emotionalen auf Kosten des instrumentellen „Werts von Kindern" (Trommsdorff 1993: 56-57), den Anstieg pädagogischer Literatur und pädagogischer Sendungen im Fernsehen und den Anstieg schulischer Aspirationen der Eltern für ihre Kinder (Rolff u.a. 2000: 17) belegt wird. Schließlich gewinnt die *Familie insgesamt* als Liebesgemeinschaft an Bedeutung. Der Prozentsatz der Bevölkerung, der „Familie" für „sehr wichtig" im Leben hält, steigt in Westdeutschland zwischen 1980 und 1998 von 68% auf 80%; der Prozentsatz, der das gleiche für „Liebe und Zuneigung" sagt, von 60% auf 73% (Datenreport 1999: 518). Offenbar erwarten die Menschen von der Kernfamilie *zunehmend* Geborgenheit, Sicherheit und Liebe – Ziele, die sich nur in der Übereinstimmung persönlicher Gefühle finden lassen. Dem makrosozialen Funktionsverlust steht also eine mikrosoziale Funktionszuspitzung und Bedeutungssteigerung gegenüber.

Der Wandel vom „ganzen Haus" zur „strukturell isolierten Kernfamilie" schält also die Leistungen heraus, die in jeder Kernfamilie – auch der in das „ganze Haus" eingebetteten – erbracht werden und bringt sie den Beteiligten schärfer zu Bewusstsein. Auch im „ganzen Haus" hat, was heute Kernfamilie heißt, den Partnern Rückhalt gegeben und die Kinder sozialisiert; aber die „strukturell isolierte" Kernfamilie hat nur diese Aufgaben, so dass die Beteiligten sie bewusst verfolgen und ihre Erfüllung zum Maßstab persönlichen Glücks machen. Mit der „strukturell isolierten Kernfamilie" ist die heute verbindlich gewordene Institution der Familie bezeichnet: Sie verbindet die monogame Ehe mit der Elternschaft und schließt andere Regelungen des Geschlechts- und Generationsverhältnisses aus. Aber dieses Ideal hat in den letzten Jahrzehnten an Verbindlichkeit verloren. Die verheiratete Bevölkerung, die „die Einrichtung der Ehe grundsätzlich für notwendig hält" schrumpft zwischen 1949 und 1989 von 91% auf 68%; zwischen 1953 und 1976 wächst der Wunsch nach Scheidungserleichterung von 13% auf 31% (Meulemann 1996: 128). Mit der Erosion der normativen Verbindlichkeit treten alternative Strukturen – wie die Lebensgemeinschaft und die Ein-Elternfamilie – neben die Kernfamilie.[19]

Lektüre: Die „strukturelle Isolation der Kernfamilie" und ihre Verknüpfung mit dem Wirtschaftssystem stellen Parsons / Bales (1955: 3-26) dar. Hurrelmann (2002: 127-156) gibt einen Überblick über Entwicklungen der Kernfamilie.

Alternativen zur Kernfamilie und die Frage ihrer Bedeutung für die Sozialisation

Im alten Bundesgebiet hat sich zwischen 1972 und 2002 die Zahl der *nichtehelichen Lebensgemeinschaften* von 137 Tausend auf 1 727 Tausend mehr als verzwölffacht (Peuckert 2005: 77) und der Anteil nichtehelicher Lebensgemeinschaften an allen Paaren ist von 0,9 im Jahre 1971 auf 9,8 im Jahre 2002 kontinuierlich angestiegen (DISI, Digitales Informationssystem

---

19 Für die Lebensgemeinschaft (Limbach 1989: 225-229) wird sogar Legitimität, also eine rechtlich verbindliche Regelung wie für die Ehe, gefordert. Man müsste prüfen, wieweit sich die Bemühungen, die nichteheliche Lebensgemeinschaft rechtlich in Parallele zur Ehe zu regeln, nur auf die Folgen der Partnerschaft, also auf die Regelung von Trennung und Erbschaft, nicht aber auf die Partnerschaft selber beziehen. Im Sinne der anti-institutionellen Stoßrichtung der Lebensgemeinschaft wäre es konsequent, nur ihre Folgen rechtlich regeln zu wollen. Wollte man auch die Beziehungen der Partner rechtlich regeln, würde man ja die Ehe ein zweites Mal rechtlich konstruieren. Auf der anderen Seite aber ist die rechtliche Regelung der Ehe im Kernbereich der Partnerschaft in den letzten Jahrzehnten in Deutschland reduziert worden. „Traditionelle Regelungen" zur Aufgabenverteilung zwischen Mann und Frau in Haus und Beruf sind aufgehoben worden; allein allgemeine Verpflichtungen, wie die zu gegenseitiger Rücksicht, sind verblieben. Als neue rechtliche Regelung ist allerdings die Strafbarkeit der Vergewaltigung in der Ehe 1995 hinzugekommen.

sozialer Indikatoren 2004). Der Anteil der Lebensgemeinschaften mit Kindern an allen Lebensgemeinschaften aber steigt 1972 und 2002 weit weniger drastisch an: von 18% auf 25% (Peuckert 2005: 77). Mit der Zahl der Lebensgemeinschaften wächst zwar auch die Zahl der Kinder in Lebensgemeinschaften, aber die Lebensgemeinschaft ist weniger eine neue Familienform als ein Durchgangsstadium zur Ehe – genauer: zur Eheschließung nach der Elternschaft. 2002 sind 69% der Lebensgemeinschaften kinderlos (Datenreport 2004: 42). 2002 leben in Westdeutschland insgesamt 39% der Bevölkerung in Lebensformen mit Kindern, die sich aus 37% Ehepaaren und 2% Lebensgemeinschaften zusammensetzen; in Ostdeutschland sind die entsprechenden Zahlen 44%, 39% und 5% (Datenreport 2004: 535). Zwischen 1972 und 2002 geht im alten Bundesgebiet die Haushaltsform „Ehepaare mit Kindern" zwar von 39% auf 26% zurück, aber der Rückgang ist nur Teil des allgemeinen Rückgangs von Zwei- und Mehr-Generationen-Familien von 49% auf 34% und eines entsprechenden Anstiegs kinderloser Paare und Alleinstehender (Peuckert : 2005: 31). Pointiert: Der Rückgang der „Familie" ist ein Rückgang der Fruchtbarkeit und signalisiert mehr eine Polarisierung zwischen Lebensformen mit und ohne Kinder als ein davon unabhängiges Aufkommen neuer Lebensformen (Strohmeyer 1993). Nach wie vor also wachsen Kinder überwiegend bei verheirateten Eltern auf; die Lebensgemeinschaft ist zwar eine weit verbreitete neue Lebensform, aber sie wird nur als Durchgangsstadium und selten als Lebensform mit Kindern angestrebt.

Auch die *Ein-Eltern-Familien* sind im alten Bundesgebiet zwischen 1961 und 2002 von 10,5% auf 21,4% aller Familien angestiegen; nicht wenige davon leben allerdings in eheähnlichen Gemeinschaften, so dass der Anteil der tatsächlich Alleinerziehenden überschätzt wird (Peuckert 2005: 203). 2002 sind 60% dieser Eltern geschieden oder getrennt lebende Verheiratete, 7% verwitwet (Peuckert 2005: 205, siehe auch Nave-Herz 1994: 100-107); die Zunahme der Alleinerziehenden spiegelt im Wesentlichen die angestiegene Scheidungshäufigkeit. Zudem bleibt der Status des Alleinerziehens oft nicht die Folge einer Scheidung, sondern wird zur Übergangsphase in eine neue Partnerschaft oder Ehe (Peuckert 2005: 213-223). Anders als die Lebensgemeinschaft ist die Ein-Eltern-Familie wohl nicht eine – sei es auch nur vorübergehend – angestrebte Lebensform, sondern eine Reaktion auf nicht gewollte Einbrüche ins Leben, auf Scheidung oder Witwenschaft. Sie ist mehr Ausweg als Alternative, mehr Zuflucht als Ziel.

Die Kernfamilie ist also nach wie vor die vorherrschende Form der Familie. Aber nicht nur das: Die neuen Formen der Lebensgemeinschaft und der Ein-Eltern-Familie sind überwiegend Durchgangsstadium zur Gründung oder Neu-Arrangement der Kernfamilie; sie sind keine *Alternativen*, die den Normenkomplex Familie, die Verbindung von Partner- und Elternschaft in Frage stellen, sondern *Strukturvarianten* der Kernfamilie. Die Lebensgemeinschaften verzichten vorläufig auf Kinder, und die Alleinerziehenden streben neue Partnerschaften an. Wenn also in der Struktur Positionen ausfallen, so wird auch in diesen Fällen der Normenkomplex Familie in der Regel anerkannt. Dass heute der Normenkomplex Familie insgesamt an Verbindlichkeit verloren hat (Peuckert 2005: 37-41) und deshalb Strukturvarianten häufiger praktiziert werden können, bedeutet ja nicht, dass der Normenkomplex nicht mehr beide Beziehungen umfasst. Weil die Kernfamilie also nach wie vor die vorherrschende Form der Familie ist, soll im folgenden gefragt werden, was die Kernfamilie für die Sozialisation der Kinder leistet und inwiefern ihre Strukturvarianten die gleiche Leistung erbringen können

Weiterführende Literatur: Einführungen in die Familiensoziologie geben Nave-Herz (2004), Hill / Kopp (2005), die allgemeine soziologischen Theorien, besonders Theorien der rationalen Wahl, auf die Familiensoziologie anwenden, sowie Bertram u.a. 2006, die besonders Familien in den europäischen Ländern vergleichen. Über den Wandel der Familienformen gibt Peuckert (2005) einen Überblick, die Bedeutung dieses Wandels für die Erziehung diskutiert Nave-Herz (1994). Inwieweit der Wandel der Familien empirisch als eine „Pluralisierung der Lebensformen" verstanden werden kann, untersuchen Klein (1999) und Wagner / Franzmann (2000). Nichteheliche Lebensgemeinschaften werden im Sammelband von Klein / Lauterbach (1999) untersucht.

6.5.2.2 Die Struktur der Kernfamilie und ihre Bedeutung für die Sozialisation des Kindes

Die Differenzierung der Kernfamilie nach instrumenteller und expressiver Führung

Einerlei ob die Kernfamilie in die Struktur des „ganzen Hauses" eingebettet oder „strukturell isoliert" ist – ihre Struktur bildet sich nach Parsons / Bales (1953: 45-62), indem den Männern instrumentelle und den Frauen expressive Funktionen zugewiesen werden und die Generationsfolge als Führung und Gefolgschaft gesehen wird; instrumentelle Funktionen beziehen sich auf Ziele außerhalb, expressive Funktionen auf Ziele innerhalb einer sozialen Gruppe. Durch die Kreuzung der beiden Dimensionen Geschlecht und Generation ergeben sich vier Positionen: der „Vater" hat die instrumentelle und die „Mutter" die expressive Führung, der „Sohn" ist die instrumentelle und die „Tochter" die expressive Gefolgschaft. Die Familie differenziert sich also auf den gleichen Dimensionen wie soziale Gruppen überhaupt: Geschlecht und Generation sind ein Sonderfall von Funktion und Macht. Der Machtunterschied der Generationsfolge ist zwar natürlich gegeben; aber die Differenzierung nach instrumentellen und expressiven Funktionen ist eine soziale und – nach Parsons und Bales – dennoch universelle Entwicklung. Parsons und Bales belegen die Allgemeingültigkeit dieser Differenzierung in zwei empirischen Untersuchungsschritten.

Im *ersten* Untersuchungsschritt werden in Labor-Experimenten kleine Gruppen einander Unbekannter gebildet und vor die Aufgabe gestellt, ein bestimmtes Problem zu lösen. Während die Gruppe ihre Aufgabe löst, werden die Beiträge jeder Person notiert und geprüft, auf welchen Schwerpunkt sie sich hin entwickeln. Tatsächlich bilden sich instrumentelle und expressive Führer und entsprechende Gefolgschaften aus den künstlich gebildeten Gruppen heraus. Die instrumentellen Führer kümmern sich um Informationsbeschaffung, Meinungsbildung und Lösungsvorschläge, die expressiven Führer um die Vermittlung zwischen Lösungsvorschlägen, die Beschaffung von Mehrheiten und die Bewältigung sozialer Spannungen. Weiterhin kooperieren die Führer in den beiden Dimensionen häufiger untereinander und stimmen häufiger miteinander überein als mit den übrigen Gruppenmitgliedern. Schließlich sehen alle Gruppenmitglieder, also Führer und Gefolgschaft, mit hoher Übereinstimmung bestimmte Personen als instrumentelle und andere als expressive Führer. Mit der Zeit bildet sich also eine Sozialstruktur nach Funktion und Macht heraus (Parsons / Bales 1955: 259-306).

Dieselbe Differenzierung wie im Labor findet sich im sozialen Leben, wo meist bereits existierende Gruppen ein Problem lösen müssen: Eine Gruppe von Jugendlichen will ihre Freizeit gemeinsam verbringen, eine Arbeitsgruppe eine Arbeitsroutine verändern, eine Parteiversammlung einen Beschluss fassen, ein Vereins- oder Unternehmensvorstand eine Entscheidung treffen usw. Dieselbe Differenzierung sollte sich auch in der Familie finden, die ja eine Institution, also eine normative Regelung von Zugehörigkeiten und Pflichten ist. Weil aber die Familie die soziale Reaktion auf die biologische Besonderheit der Gattung ist, dass Nachkommen ohne fremde Hilfe nicht überlebensfähig sind, sollten sich in ihr Funktion und Macht nicht nach biologisch beliebigen Kriterien – etwa Überzeugungskraft oder Zahl der Freunde – verteilen; insbesondere sollte der Geschlechtsunterschied mit der Funktionsdifferenz verbunden werden.

Um das zu prüfen, vergleichen Parsons / Bales (1955: 307-342) im *zweiten* Untersuchungsschritt Stammesgesellschaften, in denen die Kernfamilie durchaus nicht „strukturell isoliert" ist, sondern sich unterschiedlich weit in die Verwandtschaft ausdehnt. Sie stellen zwei Hypothesen auf. Nach der *Differenzierungshypothese* differenziert sich die Kernfamilie überhaupt nach instrumenteller und expressiver Führung; nach der *Allokationshypothese* wird die instrumentelle Führung dem Vater und die expressive der Mutter zugewiesen. Die Auswertung der zu Beginn der fünfziger Jahre verfügbaren ethnologischen Berichte, die Beschreibungen der Rollendifferenzierung der Kernfamilie enthalten, zeigt, dass beide Hypothesen in 46 der untersuchten 56 Gesellschaften zutreffen – unabhängig davon, ob die Abstammung über die mütterliche, väterliche oder beide Linien geregelt ist, also unabhängig von der Besonderheit der Verwandtschaft, in die die Kernfamilie eingebettet ist.

Beide Untersuchungsschritte zeigen also, dass Funktion und Macht wichtige Dimensionen der sozialen Differenzierung kleiner Gruppen sind. Kleine Gruppen, die ein Problem lösen müssen, differenzieren sich, auch ohne dass Geschlecht und Generation Linien für die Differenzierung vorzeichnen, in instrumentelle und expressive Führer und Geführte. Und die Kernfamilie in Stammesgesellschaften, in denen Geschlecht und Generation eine Basis für die Differenzierung bilden, übernimmt die Differenzierung nach Funktionen und weist die instrumentelle Führung dem Vater, die expressive der Mutter zu. Beides sind starke Tendenzen und keine Gesetze – es tauchen ja Ausnahmen auf. Und beide Tendenzen beziehen sich auf die Führung und nicht auf eine „Rolle", auf eine ausschließliche Zuordnung von Funktion und Person: Die instrumentelle Führung des Vaters schließt expressive, die expressive Führung der Mutter instrumentelle Aktivitäten nicht aus. Parsons und Bales Theorie der Funktionsdifferenzierung der Kernfamilie, die auf den ersten Blick vielleicht nur durch wissenschaftliche Terminologie zu verfremden schien, was alt bekannt und heute überholt ist, leistet doch mehr: Sie benennt die Probleme, die bei der Aufgabenteilung in der Kernfamilie bewältigt werden müssen.

Auf heute übertragen: Auch der Vater kann die expressive und die Mutter die instrumentelle Führung übernehmen – wenn z.B. eine bewusste, nicht durch Arbeitslosigkeit erzwungene „Hausmännerschaft" (Strümpel u.a. 1987) mit der Berufstätigkeit der Mutter als Haupterwerbsquelle kombiniert wird. Zudem können Vater und Mutter versuchen, in einer „Zwei-Karrieren-Familie" nicht nur die berufliche Karriere von Mann und Frau parallel zu führen, sondern auch beide Führungen zu teilen (Peuckert 2005: 290-298). Selbst wenn aber ein Tausch oder eine Gleichverteilung der beiden Führungen nicht angestrebt wird, kann sich die Verteilung der Aktivitäten verlagern. In diesem Fall ergibt sich allerdings oft keine Symmetrie zwischen den Geschlechtern. *Manche* Väter, die die instrumentelle Führung behalten, widmen sich verstärkt expressiven Aktivitäten – wie die „neuen Väter" mit einer „Doppelrolle" (Nave-Herz 1994: 48-56, Peuckert 2005: 311-317); aber die *meisten* Mütter, die eine Berufstätigkeit aufnehmen, behalten die expressive Führerschaft und übernehmen eine „Doppelrolle" (Peuckert 2005: 413-435).

Wie die als Ausgangspunkt der sozialen Differenzierung behandelte Logik des komparativen Vorteils (Abschnitt 5.1.2) arbeitet die Theorie der Funktionsdifferenzierung der Kernfamilie heraus, dass soziale Gruppen, die langfristig zur Lösung einer Aufgabe zusammenleben, die Tendenz zur inneren Differenzierung entwickeln; wie diese Logik lässt sie die Schwerkraft ermessen, gegen die eine bewusste Umverteilung der Aufgaben anarbeiten muss. Aber zusätzlich begründet sie auch die Richtung dieser Differenzierung und wirft die Frage auf, welche Bedeutung die Funktionsdifferenzierung für die Sozialisation der Kinder hat.

Lektüre: Parsons / Bales (1955: Kapitel 2, vor allem 45-49) stellen die nach der instrumentellen und expressiven Führerschaft aufgeteilte Familienstruktur dar.

Weiterführende Literatur: Die Differenzierung von Funktionen aus der Arbeit problemlösender Gruppen wird in Parsons / Bales (1955: Kapitel 5), die ethnologische Überprüfung der Funktionsdifferenzierung der Kernfamilie wird in Parsons / Bales (1955: Kapitel 6) dargestellt. Lidz (1971) veranschaulicht die Ideen von Parsons und Bales.

Internalisierung sozialer Interaktionen und die Elternkoalition

Das Kind wird sozialisiert, indem es Normen und Werte der Gesellschaft internalisiert; und es hat sie internalisiert, wenn es sich selbst für die Konformität so belohnt und für die Abweichung so bestraft, wie seine „signifikanten Anderen", die ihm „die Gesellschaft" repräsentieren, es belohnen und bestrafen würden. So wurde der Begriff der Internalisierung in Abschnitt 6.2.3 erläutert. Aber er wurde dort nur auf einzelne Personen, nicht aber auf die Beziehung zwischen diesen Personen angewandt: Das Kind internalisiert den strafenden Vater und die belohnende Mutter, nicht aber die Beziehung zwischen Vater und Mutter. Die für die Sozialisation des Kindes entscheidende Idee der Theorie der Kernfamilie von Parsons und Bales (1955: 27, 55) ist es jedoch, dass im Laufe der Sozialisation nicht nur einzelne Bezugspersonen, sondern auch ihre Beziehung zueinander internalisiert wird. Wenn Vater und Mutter die gleiche Handlung unterschiedlich bewerten, muss das kein Widerspruch sein; es kann sich daraus ergeben, dass jeder von seinem Standpunkt in der Beziehung her eine unterschiedliche Perspektive einnimmt. Wer dann die Beziehung internalisiert hat, kann auch die Widersprüche in einer Hierarchie auflösen. Erst wenn das Kind die Beziehung internalisiert, kann es verstehen, warum die gleiche Handlung einmal belohnt und einmal bestraft wird; erst dann lernt es eine Hierarchie von Werten und Normen.

Die erste Bezugsperson ist für das Kind in der Regel die Mutter, die es nährt und pflegt. An den Belohnungen und Bestrafungen der Mutter lernt das Kind einzelne Normen des Verhaltens. Aber es kann Normen nur zu den Verhaltensweisen internalisieren, die in der frühen Zweier-Beziehung zwischen Mutter und Kind zum Problem werden – etwa „sauber" zu sein, „richtig" zu essen, ordentlich und folgsam zu sein. Wenn das Kind auf diesen Gebieten Fortschritte macht, „freut" sich die Mutter, unterliegt aber zugleich der Versuchung, um der Gratifikationen durch die Lernforschritte des Kindes willen eine enge affektive Bindung zu ihm aufzubauen, die den Vater ausschließt.

Wenn aber die Bindung der Mutter an den Vater stark genug ist, wird sie bald dem Kind zeigen, dass die ersten nahezu bewältigten Lernfortschritte nicht genug sind und dass es Verhaltensweisen außerhalb der Mutter-Kind-Beziehung gibt, deren Regeln das Kind erlernen muss. Sie wird den Vater in die Beziehung zum Kind einschalten, der das Kind für neue Dinge belohnt und bestraft – etwa dafür bestraft, nicht ausdauernd genug zu versuchen, aus Klötzen einen Turm zu bauen, oder sich von einem Spielkameraden Spielzeug abnehmen zu lassen. Die Mutter wird unter Umständen die gleichen Verhaltensweisen nicht bestrafen – sondern das Kind dafür belohnen, dass es klug ist, Unmögliches aufzugeben, oder nett zu Anderen ist. Muss betont werden, dass „Mutter" und „Vater" in den letzten Sätzen ausgetauscht werden können? Vater und Mutter können zu den Verhaltensweisen unterschiedlich eingestellt sein, weil sie in der Situation einen anderen Wert aus dem gleichen Arsenal heranziehen. Vater *und* Mutter sind für Ausdauer *und* Selbstbescheidung, für Durchsetzungsvermögen *und* Anpassungsbereitschaft; aber sie können im konkreten Fall unterschiedlicher Meinung sein. Sie lassen das Kind am strittigen Problem beide Werte erleben – den Widerspruch und die Gesichtspunkte, unter denen er sich vielleicht auflösen lässt.

Aber das ist nur möglich, wenn sie miteinander eine Koalition bilden und keiner sich um des von ihm favorisierten Gesichtspunkts willen mit dem Kind verbündet. Mutter und Vater müssen zu Verhaltensweisen Stellung beziehen, die auf der einen Seite über die anfängliche, auf Ernährung und Pflege konzentrierte Mutter-Kind-Beziehung hinausgreifen und auf der anderen Seite den produktiven Umgang mit Sachproblemen und mit fremden, nicht vertrauten oder geliebten Menschen vorwegnehmen. Mit dem Funktionspaar expressiv-instrumentell ausgedrückt: Es dürfen nicht mehr nur die expressiven Funktionen in der Beziehung zwischen Mutter und Kind geregelt werden; vielmehr müssen Mutter und Vater gegenüber dem Kind zu Problemen Stellung beziehen, in denen auch instrumentelle Fertigkeiten gefordert sind. Das Kind muss die enge affektive Beziehung zur Mutter nicht verlassen, aber neue affektneutrale Elemente in sie aufnehmen, die durch den Vater vertreten werden; und das ist möglich, wenn die Mutter zum Vater in einer sicheren affektiven Beziehung steht und ihn von sich aus in ihre Beziehung zum Kind hineinholt. Auf diese Weise wird dem Kinde innerhalb der „strukturell isolierten Kernfamilie" eine Brücke in fremde Sozialwelten, insbesondere in die Berufswelt gebaut: Es erlernt in der Familie Werte, die es vor allem außerhalb der Familie braucht.

Die Verbindung beider Elemente in der Koalition der beiden Personen erlaubt es, dass jeder Elternteil auf der einen, instrumentellen Seite das Kind für Erfolg und Misserfolg im Lernen belohnen und bestrafen und auf der anderen, expressiven Seite die affektive Beziehung zum Kind aufrechterhalten kann. Wenn die eine Partei der Koalition das Kind für einen Erfolg belohnt, verhindert ihre Koalition mit der anderen Partei, dass das Kind die affektive Beziehung zur belohnenden Partei zu stark aufbaut; so bleibt auch im Erfolgsfall ein Anreiz für weiteres Lernen erhalten. Wenn die eine Partei das Kind für einen Misserfolg bestraft, verhindert ihre Koalition mit der anderen Partei, dass die affektive Beziehung zur strafenden Partei zusammenbricht: so bleibt auch im Misserfolgsfall ein Anreiz für weiteres Lernen erhalten. Die affektive Bindung des Kindes an die untereinander solidarischen Eltern hält den Lernprozess von den Polen der Frustration (durch den Liebesentzug des einen Elternteils) und der selbstgenügsamen Zweisamkeit (mit dem anderen Elternteil) gleich weit entfernt; das Lernen bleibt mit einem günstigen affektiven Antrieb in Bewegung.

Wenn etwa der Vater ein Kind für einen Erfolg lobt, so bleibt dennoch zwischen dem Vater, der mit der Mutter eine Koalition bildet, und dem Kind eine Distanz und damit für das Kind ein weiterer Anreiz zum Lernen bestehen. Wenn der Vater ein Kind für einen Misserfolg tadelt, so muss es die Lernbemühungen nicht frustriert aufgeben und kann die vorübergehend unvermeidliche Beeinträchtigung seiner Liebe zum Vater ertragen; weil die affektive Beziehung des Kindes zur Mutter unversehrt geblieben ist und die Mutter als expressive Führerin mit dem instrumentellen Führungsanspruch des Vaters an das Kind solidarisch ist, kann die Mutter das Kind anhalten, zugleich die bisher erfolglosen Lernbemühungen fortzusetzen und die Beeinträchtigung der affektiven Beziehung zum Vater zu überwinden. Aber für diese fördernde Wirkung der Koalition ist unerheblich, ob die Mutter oder der Vater die instrumentelle oder expressive Aufgabe übernehmen; entscheidend ist, dass beide sich in ihrer Forderung an das Kind einig sind. Die Solidarität der Eltern überbrückt gleichsam zeitweilige Misserfolge, die im Lernprozess unvermeidlich auftreten, und mindert das Risiko, dass das Kind sich allzu eng affektiv an das Elternteil bindet, das es für den Erfolg belohnt.

Noch mehr erhält die Solidarität der Eltern für die Sozialisation des Kindes in dem unvermeidlichen Falle eine Bedeutung, dass beide Eltern unterschiedlicher Meinung sind. Um ein harmloses Beispiel zu geben: Der Vater fordert das Kind am Sonntagnachmittag auf, sich nicht vor dem Fernseher zu langweilen und zu einem anderen Kind zum Spielen zu gehen; die Mutter verbietet den Besuch anderer Kinder, weil die sonntägliche Privatheit anderer Familien respektiert werden müsse. Nicht nur die Eltern müssen sich in diesem Fall einigen; auch das Kind muss zwei Normen – Selbstdisziplin und Respekt vor der Privatsphäre Anderer – in eine Rangfolge bringen. Wie immer die Entscheidung ausfällt, das Kind kann die unterschiedlichen Gesichtspunkte für die Bewertung um so besser verstehen und zu einer Entscheidung kommen, je weniger sie von den Eltern selber als persönlicher Gegensatz vorgetragen werden – je weniger das Kind also mit einer Entscheidung, die ja getroffen werden muss, die eine Seite favorisiert und die andere desavouiert. Die Solidarität der Eltern ist gleichsam eine Folie, auf der das Kind lernen kann von konkreten Verhaltensregeln zu abstrakten Normen zu verallgemeinern.

Nicht zuletzt wird die Bedeutung der Elternkoalition erkennbar, wenn es nicht mehr um die Internalisierung von Normen, sondern um die Durchsetzung von Strafen geht. Wenn Vater und Mutter sich über eine Norm einig sind, die das Kind verletzt hat, befinden sie sich in einer ähnlichen Situation wie Akteur 2 und Akteur 3 in Tabelle 6.3: Sie müssen eine Sanktion ausüben und sie haben beide einen Vorteil von der Sanktion – durch ein jetzt braves und später vielleicht erfolgreiches Kind. Aber es gibt auch Unterschiede: Vermutlich stehen Kosten und Nutzen der Sanktion in einem besseren Verhältnis als in Tabelle 6.3; und vor allem werden Sanktionen nicht ausgeübt, um einer Norm zur Geltung zu verhelfen und die Integration einer Gruppe zu fördern – sondern um das Kind zu sozialisieren. Des ungeachtet müssen in beiden Fällen die Kosten zwischen den Personen und über die Zeit verteilt und Sozialstrukturen aufgebaut werden, die die Verteilung sichern. Die Elternkoalition ist in der Familie das sozialstrukturelle Element, das Sanktionen und damit die Sozialisation des Kindes erleichtert. Je fester die Koalition geknüpft ist, desto eher lassen sich die Sanktionen verteilen, ohne dass der heroische Sanktionator es sich mit dem Kind ganz verdirbt; denn der Andere wird dem Kind nicht nachgeben, wenn es zu ihm kommt, sondern ihm deutlich sagen, dass er den Sanktionator unterstützt.

Lektüre: Parsons / Bales (1955: Kapitel 2, vor allem 54-58, 72-73,77-81, 94-96) entwickeln die Idee, dass in der nach der instrumentellen und expressiven Führerschaft aufgeteilten Familienstruktur nicht nur einzelne Bezugspersonen, sondern die Beziehung zwischen ihnen internalisiert wird.

Weiterführende Literatur: Joas (1998) behandelt die Bedeutung der Interaktion für die Sozialisation; Kreppner (1999: 190-201) berichtet Ergebnisse empirischer Untersuchungen, die Bedeutung der Qualität der Beziehung zwischen den Eltern für die Sozialisation des Kindes belegen.

Zusammenfassung und Vergleich mit Strukturvarianten

In Laufe der Sozialisation internalisiert das Kind nicht nur die strafende Mutter oder den belohnenden Vater, sondern die Beziehung der Eltern, also die soziale Struktur der Familie. Die affektiven Beziehungen mit zwei untereinander solidarischen Erwachsenen sind besonders geeignet, Lernprozesse in Bewegung zu halten und zur Verallgemeinerung von beobachtbaren Verhaltensweisen auf bewertende Normen voranzutreiben.

Die Elternkoalition ruht auf drei Bedingungen der Familienstruktur: Sie ist erstens durch die gegengeschlechtliche sexuelle Anziehungskraft, die ein selbstverständlicher Ansatzpunkt der Differenzierung und der Zusammenarbeit ist, besonders fest geschmiedet; sie lässt sich zweitens mit einer festen Arbeitsteilung besser praktizieren, die den Abstimmungsbedarf mindert; sie lässt sich drittens mit einer Zuordnung der instrumentellen Führung zum Vater und der expressiven Führung zur Mutter besser praktizieren, die die Abstimmung mit normativen

Vorstellungen jenseits der Familie in Einklang bringt. Man mag zu der dritten Bedingung – vor der Parsons und Bales nicht zurückscheuen – stehen, wie man will; die ersten beiden lassen sich schwer bestreiten. Auch homosexuelle Partner können eine Koalition bilden, aber sie müssen eine soziale Elternschaft konstruieren und durchhalten. Und natürlich kann man eine Koalition mit gleichberechtigter Führung anstreben, aber man erhöht dadurch den Koordinationsbedarf.

Der Blick auf die Struktur und Funktionsdifferenzierung der Kernfamilie bringt also Einsichten in Zusammenhänge, für die man in anderen Familienformen nach Äquivalenten suchen kann. Eine nichteheliche Lebensgemeinschaft, die die Selbstbindung der Partner an das Gesetz dauerhaft durch eine verstärkte romantisch-affektive Partnerbindung ersetzt, sollte hier ebenso wirksam sein wie die Ehe. Eine homosexuelle Lebensgemeinschaft mit adoptierten Kindern, die jenseits des Geschlechts in der Partnerliebe eine Basis für die Differenzierung der Partnerschaft und die Konstruktion der Elternschaft entwickelt, kann vielleicht ebenso eine Ehe ersetzen. Auf der anderen Seite muss eine Ein-Eltern-Familie bei der Sozialisation mehr Schwierigkeiten überwinden, die sich nicht aus der verminderten „Manpower", sondern aus der reduzierten Sozialstruktur ergeben. Der Elternteil muss gleichsam in sich die Arena aufbauen, in der ohne niederschmetternde Frustration bestraft und ohne erstickende Symbiose belohnt werden kann und in der Argumente für widersprüchliche Normen miteinander in Einklang gebracht werden können. Schließlich kann man auch fragen, wie die affektive Basis zu Kindern in Ehen mit adoptierten Kindern im Bewusstsein einer fehlenden biologischen Basis oder in Ehen mit einem nach heterologer Insemination geborenen Kind im Bewusstsein einer nur einseitigen biologischen Basis aufgebaut werden können (Hoffmann-Riem 1989; Peukert 2005: 246-252). Solche Fragen lassen sich von den Einsichten in die Leistungen der Kernfamilie für die Sozialisation der Kinder her schärfer formulieren.

6.5.3 Sekundäre Sozialisation: Schule

Wenn Lernprozesse im „ganzen Haus" unter dem Vollzug der Arbeit mitliefen und erst in der Kernfamilie zum Thema zwischen Eltern und Kindern wurden, so ist der Übergang vom „ganzen Haus" zur Kernfamilie durch die Ausgliederung einer wichtigen Teilmenge von Lernprozessen charakterisiert: der schulischen Lernprozesse. Weil die Betriebe der Industrie vorgebildete Fachkräfte rekrutieren wollten, musste zusammen mit der Produktion auch die Lehre aus dem „ganzen Haus" herausgenommen werden und für die ganze Bevölkerung – nicht nur für Eliten – der Schule anvertraut werden: Lernen ist dann nicht mehr beiläufiger Effekt anderer Lebensvollzüge, sondern wird der Zweck einer Institution (Meulemann 1985a: 21-32). Lernen ist aus dem „Leben" zu einem eigenen Funktionsbereich ausdifferenziert worden, der weiteren Binnendifferenzierungen unterworfen werden kann (siehe Abschnitt 5.1.3).

Ausdifferenzierung: Die Objektivierung der Lerngegenstände und ihre Folgen

Alles was im Leben gelernt wird, kann auch in der Schule gelehrt werden – nicht nur Kenntnisse und Fertigkeiten, sondern auch Weltbilder und Werte. Schulische Lernprozesse unterscheiden sich daher nicht durch ihren Gegenstand von Lernprozessen überhaupt. Sie lassen sich aber durch eine formale Besonderheit charakterisieren. Gegenstände des schulischen Lernens sind – im Gegensatz zu den Gegenständen des Lernens in der Familie oder auf der Arbeit – objektiviert. Sie sind unabhängig von den Personen, die sie bereits kennen oder erst kennen lernen sollen, schriftlich verfügbar. Die Ausdifferenzierung schulischen Lernens aus dem „Leben" ist an der Objektivierung der Lerngegenstände greifbar. Die Objektivierung aber gibt sowohl den Gegenständen wie dem Prozess des schulischen Lernens besondere Qualitäten.

Durch die Objektivierung können Gegenstände des schulischen Lernens geplant und verwaltet werden. Der Lernprozess kann im Kleinen, also im Klassenzimmer, strukturiert und im Großen, also in der Politik, gesteuert werden. In manchen Fällen ergibt sich die Struktur aus der Logik der Sache und muss im Lernprozess nachvollzogen werden; so kann man in der Mathematik die Potenzrechnung erst erlernen, wenn man Multiplikation und Division beherrscht. In anderen Fällen kann man die Lerngegenstände nach ihrer Altersangemessenheit für den Lernenden anordnen. In jedem Fall aber geben Spezialisten mit mehr oder minder ausgearbeiteten Verfahren den Lerngegenständen eine Struktur: es entstehen Lehrpläne und Curricula. Jenseits des Klassenzimmers und der Schulverwaltung aber können Lehrpläne zum Streitpunkt in der politischen Auseinandersetzung werden – wie der Streit um die Hessischen Rahmenrichtlinien in den siebziger Jahren und um das neue Schulfach „Lebenskunde-Ethik-Religionswissenschaft" in Brandenburg vor einigen Jahren zeigen.

Durch die Objektivierung wird es aber auch möglich, dem Prozess des Lernens seine besondere schulische Form zu geben (Aries 1978). Der Lernprozess wird aus den alltäglichen Vollzügen der Arbeit oder des Familienlebens herausgegriffen und in einen besonderen sozialen Raum, eben die „Schule" verlegt. Die Schule tritt so in einen Gegensatz zum Leben und wird zugleich Mittel für das Leben: „Nicht für die Schule, sondern für das Leben lernen wir." Sobald aber der soziale Raum der Schule sich ausdifferenziert hat, kann er nach seinen eigenen Gesetzen geregelt werden, der Ausdifferenzierung kann eine Binnendifferenzierung folgen. Das Lernen, das nicht mehr unter der Hand in Lebensvollzügen mitläuft, wird in eine Organisation „Schule" eingebracht und einem „Lehrer" anvertraut (Lange 2005: 111-112, 137-141), der die objektivierten Wissensbestände vorweg erlernt hat und seine besondere Kompetenz in der bestmöglichen Vermittlung sieht. Aus dem Lernen wird eine Lehre. So wie Eltern in der Familie ihre Kinder nicht nur heranwachsen und lernen lassen, sondern nach ihren persönlichen Zielvorstellungen erziehen wollen, so fällt auch dem Lehrer ein Erziehungsauftrag zu. Anders aber als Eltern, die ihre persönlichen Ziele vertreten, repräsentieren jedoch die Lehrer, wenn sie erziehen, die Ziele einer Gemeinschaft, in deren Auftrag sie handeln – sei es eine Religion, eine Berufsgruppe, eine Ortsgemeinde oder eine größere politische Gemeinschaft. Während Eltern Erfahrungen ihrer eigenen Erziehung oder ihrer beruflichen Arbeit (Kohn 1969) in Erziehungsziele übersetzen, an die sie sich mehr oder minder bewusst halten, müssen Lehrer Zielen folgen, die ihnen von der Gemeinschaft explizit vorgegeben sind, in deren Auftrag sie handeln. In den Begriffen Kobs (1963) verfolgen Eltern eine „funktionale", Lehrer eine „intentionale" Erziehung.

Binnendifferenzierung: Schulorganisation und Leistungsmessung

Die Ausdifferenzierung von Lehre und intentionaler Erziehung aus dem Lernen kommt aber nicht nur in der neuen Rolle des Lehrers zum Ausdruck, sondern verändert auch die herkömmliche Form des Lernens. Sie führt zu Binnendifferenzierungen der Lehre. Die Lernenden werden als „Schüler" auf einem homogenen Stand des Lernerfolgs in einer „Klasse" zusammengefasst, der Stoff in „Lektionen" oder „Stunden" unterteilt. Die Schüler werden der Autorität des Lehrers, seiner Sanktionsgewalt unterworfen. Die Schule kristallisiert sich so von einer Lebensform zu einer Organisation heraus, die wie jede Organisation den einzelnen Personen Rollen zuweist, eine Hierarchie von Weisungsbefugnissen entwirft und sich eine eigene

Ordnung gibt. Die Organisation der einzelnen Schule wird durch die Organisation des Schulwesens überlagert. Schulformen werden nach Lehrgegenständen und Abschlüssen definiert und hierarchisch geordnet; Prestigerangfolgen von Fächern und Schulformen bilden sich heraus. Der Lernerfolg wird durch besondere Verfahren, durch „Prüfungen" und „Noten" gemessen. Die Schüler und die Schule werden dem Leistungsprinzip in einer besonderen Form unterworfen: Im Leben ist „Leistung" einerseits ein Motiv, aus der Bemühung um ein Handlungsziel Befriedigung zu gewinnen, und anderseits ein diffuses Interpretationsmuster für Handlungsergebnisse („Das war (k)eine Leistung"); in der Schule hingegen wird „Leistung" als eine unstrittige, messbare, objektive Qualität eines Handlungsergebnisses angesehen (Meulemann 1985a: 42-51).

Mit den Mitteln der Binnendifferenzierung, also Organisation und Leistungsmessung, kann die Effizienz des schulischen Lernens gesteigert werden (siehe Abschnitt 5.3.2). Aber auch wenn die Schule Lernprozesse aus Lebensvollzügen herauslöst und in Gegensatz zum „Leben" tritt, bleibt sie selber „Leben". Die Schule tritt als ein weiterer sozialer Lebensbereich neben Arbeit und Familie. Auch die Schule vermittelt daher nichtschulische Lernprozesse; sie hat neben dem offiziellen ein „heimliches Curriculum" (Strodtbeck 1958). Das heimliche Curriculum beruht nun vor allem auf den besonderen Organisationsformen der Schule. Die Rolle stattet den Lehrer mit Autorität jenseits der Person aus, so dass die Schüler die Versuchungen von Autoritätsrollen erleben und den Umgang mit ihnen erlernen können. Die Einteilung des Lernstoffes in Lektionen und Stunden lehrt Ordnung und Selbstdisziplin. Die Organisationsform der Schulklasse schafft einen Korpsgeist, mit dessen angenehmen und weniger angenehmen Seiten die Schüler zurechtkommen müssen. Die Organisation der Schule in Klassen und Stunden mit wechselnden Pensen lehrt Flexibilität, Rücksichtnahme, Anpassungsbereitschaft usw., kurzum: den Umgang mit Organisationen überhaupt (Lange 2005: 131-164).

Zusammenfassung

Die Schule trägt zur sozialen Integration durch eine besondere, sekundäre Form der Sozialisation bei, die sich weniger durch die Inhalte als durch die Form von der primären Sozialisation in der Familie unterscheidet. Was Kinder im Umgang mit anderen Familienmitgliedern beiläufig erwerben, müssen Schüler in der Schule planmäßig lernen. Aber Aus- und Binnendifferenzierung der Schule schaffen eine neue soziale Wirklichkeit, die den Schülern ihre eigenen, „heimlichen" Lehren erteilt und auf ihre Weise zur sozialen Integration beiträgt.

Lektüre: Kob (1963: Kapitel 1)

Weiterführende Literatur: Die Herausbildung des Schulwesens wird von Aries (1978) geistesgeschichtlich und von Flora (1973) im sozialgeschichtlichen Vergleich der westeuropäischen Länder dargestellt. Die deutsche Schulgeschichte seit dem Ende des 18. Jahrhunderts stellen Herrlitz / Hopf / Titze (1998) dar. Cortina u.a. (2005) geben einen Überblick über das deutsche Bildungswesen. Lange (2005) gibt eine Einführung in die Bildungssoziologie unter organisationssoziologischen Gesichtspunkten.

6.5.4 Soziale Kontrolle: Polizei und Gerichte

Der „Trichter" des Prozesses der Abweichung

Institutionen der sozialen Kontrolle kann man aus dem Prozess der sozialen Kontrolle ableiten, der mit Egos Abweichung beginnt und mit Alters Sanktion endet. Egos *primäre Abweichung* wird in der Wahrnehmung und durch die Reaktionen Alters zur *sekundären Abweichung*

(Peuckert 2000: 115). Alter schlägt auf den abweichenden Ego nicht – wie die Falle auf die am Speck nagende Maus – automatisch zu. Vielmehr muss Alter Ego „sehen", also Egos Verhalten als Abweichung wahrnehmen. Wenn Alter Egos Verhalten nicht als nichtkonform klassifiziert, hat er keinen Anlass, Ego zu sanktionieren. Wenn Alter Egos Verhalten als Abweichung wahrnimmt, hat er *erstens* die Wahl, „wegzusehen" oder „hinzusehen". Alter kann die wahrgenommene Nichtkonformität Egos aus dem Horizont seiner persönlichen Probleme ausschließen oder als Aufforderung zu eigenem Handeln auffassen, also sich indifferent oder betroffen zeigen. Wenn Alter sich betroffen fühlt, kann er *zweitens* auf eine Sanktion der Nichtkonformität Egos verzichten oder Ego sanktionieren. In der Sprache des Normspiels (siehe Abschnitt 4.3.2): Ego hat eine unterschiedliche[20] Neigung, etwas zu „sehen", und ist in unterschiedlichem Maße „sanktionsbereit".

Wenn man diesen Prozess von Alter auf Institutionen der sozialen Kontrolle überträgt, so schränkt sich zunächst der Bereich der Nichtkonformität stark ein, mit Webers Begriffen: von Konventionen auf Recht (siehe Abschnitt 6.3.1); Abweichung reduziert sich auf Kriminalität. Soweit Verstöße gegen die Rechtsordnung zur Debatte stehen, entscheidet die *Polizei* zwischen Hinsehen und Wegsehen, das *Gericht* zwischen Sanktionsverzicht und Sanktion. Dass Ego und Alter und Institutionen der sozialen Kontrolle über mögliche Abweichungen den gleichen Entscheidungsweg durchlaufen, ist in Abbildung 6.4 veranschaulicht, in der die Resultate durch kursive Schrift hervorgehoben sind.

Abbildung 6.4 Reaktionen Alters auf abweichendes Verhalten Egos und Institutionen der sozialen Kontrolle

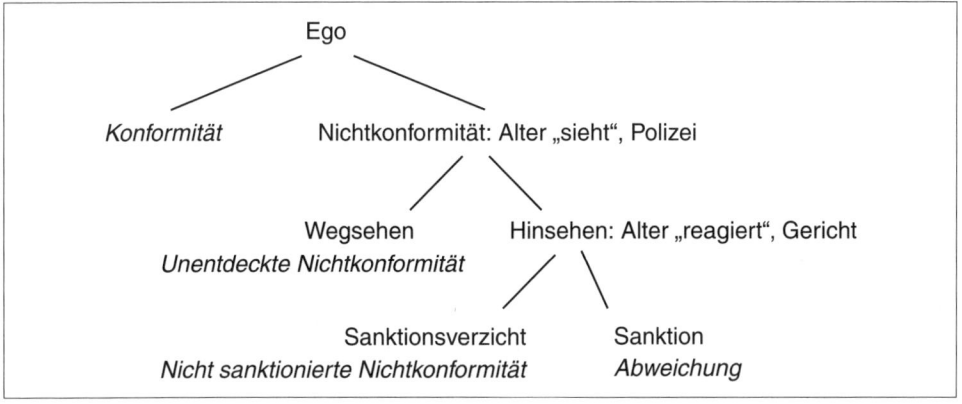

An dieser Abbildung lässt sich zunächst verdeutlichen, wo Polizei und Gerichte in den Prozess von der primären zur sekundären Abweichung „etikettierend" eingreifen, indem sie eine Tat als Straftat feststellen und verurteilen. Im sozialen Alltag ist es möglich, dass Ego, ohne von einer Norm der Rechtsordnung abgewichen zu sein, zum Abweichler „etikettiert" wird und schließlich vielleicht sich selber als Abweichler sieht, wie es der Definitionsansatz (labeling approach) der Kriminalitätsforschung annimmt und Becker (1976: 22-35) für „abweichende

---

20 In Normspiel war die Wahrscheinlichkeit mit S als Bedingung der Situation festgelegt. Aber sie ließe sich auch als Variable der Person auffassen. In jedem Fall unterstellt das Normspiel dieselben beiden Schritte als Folge.

Laufbahnen" darstellt. Aber weil Polizei und Gerichte nach Regeln ermitteln und urteilen müssen, wird die Bedeutung der Etikettierung bei Straftaten sicher viel geringer sein als bei abweichenden Verhaltensweisen überhaupt. Die Polizei muss einen Straftatbestand einwandfrei identifiziert haben, *bevor* die straffällige Person im Rahmen des gesetzlichen Ermessensspielraums als kriminell etikettiert werden kann. Ohne Abweichung vielleicht eine Etikettierung als Abweichler, aber ohne primäre Kriminalität keine Etikettierung als Krimineller.

An dieser Abbildung lässt sich weiterhin der Prozess der sozialen Kontrolle der Rechtsordnung durch Institutionen auch quantitativ abschätzen. Zunächst muss jemand gegen die Rechtsordnung verstoßen haben, bevor Institutionen der sozialen Kontrolle eingreifen können. Im vereinten Deutschland kommen 2002 7 893 Straftaten auf 100 000 Einwohner (Datenreport 2004: 229). Aber manche begehen mehrere Straftaten. Als tatverdächtig von der Polizei registriert wurden 1996 in Deutschland rund 2 700 von 100 000 Einwohnern – die sog. *Tatverdächtigenbelastungsziffer* (Frevel 1999: 37). Nach Abschluss eines Ermittlungsverfahrens und Eröffnung eines Strafverfahrens verurteilt wurden 2002 im früheren Bundesgebiet 1 035 von 100 000 strafmündigen Deutschen – die sog. *Verurteiltenziffer* (Datenreport 2004: 231). Zwischen der Tatverdächtigenziffer und der Verurteiltenziffer, also zwischen rund 3% und 1% der Bevölkerung, entfalten die Institutionen der sozialen Kontrolle ihre Wirkung: die Etikettierung von strafbarem als kriminelles Verhalten oder die „Konstituierung der Verbrechensrealität durch Strafanzeige und Strafverfolgung" (Kaiser 1997: 138).

Man kann diesen Prozess mit dem Bild eines *Trichters* veranschaulichen, in dem die beiden Stufen des Schemas noch weiter institutionell differenziert sind: Nicht jedes strafbare Verhalten wird entdeckt, nicht jedes entdeckte wird angezeigt, nicht jedes angezeigte aufgeklärt; nicht gegen jeden Tatverdächtigen eröffnet der Staatsanwalt ein Verfahren, nicht jedes Verfahren führt zur Verurteilung. In diesem Trichter spielen in der Tat Etikettierungen eine Rolle – aber in den Grenzen gesetzlicher Regeln. Ob ein Tatverdächtiger bis zum bitteren Ende im Trichter bleibt, hängt von vielen Faktoren ab: dem Umfang der Strafanzeigen, der Kapazität der Strafverfolgungsbehörden, den Entscheidungen von Opfern, Polizei und Staatsanwalt und den handlungsleitenden Prinzipien der Strafverfolgungsbehörden wie Legalität oder Opportunität, Gleichheit, Fairness und Verhältnismäßigkeit (Kaiser 1997: 138-143; siehe auch Opp 1974: 54).

Die „Dunkelziffer" und die Belastung der Gesellschaft

Aber die Polizei sieht nicht alles. Die „Dunkelziffer", also der Anteil nicht bekannt gewordener an allen strafbaren Taten lässt sich nur schätzen oder in Befragungen der Bevölkerung nach Täterschaft ermitteln – allerdings mit großen Problemen der Gültigkeit: Auch in der Anonymität eines Interviews gibt man nur Lappalien zu. Die Dunkelziffer wird z.B. bei Tötung auf mindestens 75%, bei Abtreibungen auf über 99% und bei keinem einer Reihe von weiteren Delikten auf unter 50% geschätzt (Mergen 1995: 276, 280; sowie auch Opp: 1974: 52-75, Kaiser 1997: 169-174, Hermann / Weninger 1999). Die „Aufklärungsquote", also der Anteil der aufgeklärten an den bekannt gewordenen Straftaten, liegt in Deutschland für alle Delikte 2002 bei 52,6% (Datenreport 2004: 229), und beträgt 1995 für Diebstahl 28%, Raub 46% und Vergewaltigung 74%; ähnliche Zahlen gelten auch für die wichtigsten westeuropäischen Staaten und Japan (Kaiser 1997: 145). Obwohl die unentdeckte und die nicht sanktionierte Straffälligkeit also mit der Schwere der Straftat abnehmen, können sie keineswegs vernachlässigt werden. In nationalstaatlich verfassten modernen Gesellschaften bleibt ein hoher Anteil strafbarer Handlungen unentdeckt und ungesühnt.

Blickt man zurück, so ist die Schätzung der Belastung einer Gesellschaft mit Kriminalität anhand der Tatverdächtigenziffer also sicher zu optimistisch; man müsste sie mit der „Dunkelziffer" hochrechnen. Selbst wenn man den Durchschnitt der o.g. Dunkelziffern mit 67% recht hoch ansetzt und die Tatverdächtigenziffer entsprechend verdreifacht, bleibt eine Belastung der Gesellschaft mit Verbrechen von 9%. Eine perfekte Polizei müsste alle aufklären, aber eine perfekte Justiz darf natürlich nach ihren eigenen Regeln – „im Zweifel für den Angeklagten" – nicht alle verurteilen. Unterstellt man wiederum den schlechten Fall weitgehend „wirklich" schuldiger Angeklagter, so wird sich der Prozentsatz der Belastung nur wenig verringern, sagen wir auf 8%.

Das ist natürlich eine überschlägige Rechnung. Aber sie ist genau genug, um zwei Schlussfolgerungen zur sozialen Integration zuzulassen. *Erstens* zeigt die Ziffer der Belastung der Gesellschaft durch Kriminalität im Negativ die Wirksamkeit der Sozialisation und des sanften Zwanges der wahrgenommenen Konformität der Anderen. Dass wir – wie am Anfang dieses Kapitels ausgeführt – uns im Alltag um die soziale Integration nicht sorgen, beruht auf der hintergründigen Wirkung der Sozialisation und der informellen sozialen Kontrolle. *Zweitens* setzt die Ziffer der Belastung der Gesellschaft mit Kriminalität den Rahmen, innerhalb dessen die Effizienz der Institutionen der sozialen Kontrolle bewertet werden muss; niedrige Maße der Effizienz der Institutionen der sozialen Kontrolle bedeuten, solange das primäre strafbare Verhalten nicht zunimmt, noch keine Gefährdung der sozialen Integration.

Lektüre: Den Prozess von der auslösenden Nichtkonformität Egos und den sie zur Abweichung stempelnden Reaktionen Alters stellt Becker (1973: Kapitel 1 und 2) dar.

Weiterführende Literatur: Die Kriminologie behandelt die Wirkung der Institutionen der sozialen Kontrolle in diesem Prozess; eine Einführung gibt Kaiser (1997). Lamnek (1999: 224-228) referiert den Definitionsansatz, Opp (1974: 180-211) analysiert ihn kritisch. Gephart (1990: 56-62) arbeitet die Verwandtschaft des Definitionsansatzes mit Durkheims Theorie der Strafe heraus. Einen Überblick über die Soziologie der Kriminalität geben Oberwittler / Karstedt (2004).

6.6 Rückblick: Die Unvollständigkeit der sozialen Integration

Anders als der Begriff der sozialen Differenzierung enthält der Begriff der sozialen Integration ein normatives Element. Während die soziale Differenzierung eine analytische Perspektive auf die Evolution von Gesellschaften ist, scheint die soziale Integration ein Ziel zu sein, auf das Gesellschaften sich hin bewegen müssen. Während mehr oder weniger Differenzierung je nach den Konsequenzen für die Menschen als besser oder schlechter bewertet wird (Abschnitt 5.4.1), scheint mehr soziale Integration auf jeden Fall besser zu sein. Wenn die soziale Integration aber nicht nur eine analytische Perspektive auf Gesellschaften, sondern ein *Ideal für die Gesellschaft* ist, dann wird die *vollständige* Integration, also die Eliminierung aller Indizien der Desintegration zu einem Ziel. Ist das ein sinnvolles Ideal? Und wenn nicht: Was garantiert die soziale Integration trotz Desintegration?

Die vergebliche Suche nach dem Ideal sozialer Integration

Der soziologische Klassiker, den das Problem der sozialen Integration am stärksten bewegt hat, Durkheim (siehe Abschnitt 5.3.1), hat auch gewusst, dass eine vollständig integrierte Gesellschaft nicht möglich ist. Die These von der Normalität des Verbrechens (siehe Abschnitt 6.3.1) impliziert ja einen gewissen Grad von Desintegration; und sie gibt dem Verbrechen zugleich positive Funktionen: Das Verbrechen löst soziale Wandlungen aus, und die Bestrafung des Verbrechers ruft das Kollektivbewusstsein wach. Wie Konflikte sind auch Verbrechen unter Menschen und Gruppen unvermeidlich und lösen sozialen Wandel aus. Eine vollständige Integration im Sinne des Fehlens jedes *negativen* Indikators ist weder denkbar noch empirisch auffindbar: Es gibt keine Gesellschaft ohne Verbrechen, ohne nichtkriminelle Abweichungen wie Scheidung und Selbstmord, ohne Konflikte wie Streiks und Demonstrationen. Gewiss, jedes einzelne Verbrechen schmerzt das Opfer, jeder einzelne Selbstmord ist ein Unglück, jeder einzelne Streik senkt die betriebliche Produktion und belastet die gewerkschaftlichen Kassen, jede einzelne Demonstration deutet auf unzufriedene Menschen. Aber aus der Unerwünschtheit individueller Missstände folgt kein kollektives Ideal. Deshalb ist die vollständige soziale Integration kein sinnvolles Ideal.

Man kann einwenden, dass das Ideal der sozialen Integration zwar nicht durch die Minimierung negativer Erscheinungen, wohl aber als ein Gleichgewicht negativer Erscheinungen und ihrer positiven Funktionen angestrebt werden kann. Statt eines Minimums wäre – so paradox es klingt – ein Optimum negativer Erscheinungen das Ziel: Was unvermeidlich ist, soll so klein als möglich und seine erwünschten Folgen sollen so groß als möglich gehalten werden. Allerdings war die Soziologie bis jetzt nicht in der Lage, ein solches Gleichgewicht zu bestimmen – vermutlich nicht, weil das Fach dazu nicht weit genug entwickelt wäre, sondern weil die Möglichkeiten einer Wissenschaft überhaupt damit überschritten sind. Wenn nämlich das Ziel der Minimierung negativer Erscheinungen auf einem falschen Schluss beruht, dann auch das Ziel, zwischen negativen und positiven Erscheinungen ein Gleichgewicht zu finden. Als Gleichgewicht möglichst seltener negativer Erscheinungen und möglichst großer positiver Funktionen verstanden, wird das Ideal der sozialen Integration ungreifbar.

Wenn negative Erscheinungen nicht vermeidbar sind und sich für sie ein Optimum nicht bestimmen lässt, so bleibt als mögliches Ideal, die *positiven* Indikatoren zu steigern, um einen höheren Grad der sozialen Integration zu erreichen. Mehr altruistische Leistungen – also z.B. mehr Stiftungen, mehr Spenden oder mehr freiwillige Dienstleistungen – sind zweifellos für das Individuum wie die Gesellschaft erwünscht; und während es für negative Indikatoren die logische Untergrenze „nichts" gibt, fehlt eine logische Obergrenze für positive Indikatoren. Aber auch hier ist das Ideal wenig greifbar. Zunächst ist praktisch die Möglichkeit der Steigerung altruistischer Leistungen dadurch begrenzt, dass jeder ja auch seinen Lebensunterhalt verdienen und seine Familie ernähren muss und sein Vergnügen haben will. Theoretisch aber kann man fragen, ob nicht auch altruistische Leistungen eine abnehmende Grenzproduktivität haben, so dass sie nicht unbegrenzt gesteigert werden sollten. Ist nicht der Eigennutz oft produktiver als der Altruismus? Wenn das Verbrechen die positive Funktion hat, das Kollektivbewusstsein in den Menschen wachzurufen, kann Altruismus nicht auch negative Folgen haben – etwa die Mobilisierung von Ressentiments bei den Egoisten? Solange derartige Fragen ohne Antwort sind, gilt: So wenig wie bei den negativen Erscheinungen eine Minimierung ist bei den positiven eine Maximierung ein sinnvolles Ideal (siehe die Diskussion der Wohltätigkeit in Abschnitt 6.1.2.2).

So wie bei den negativen Erscheinungen ein Gleichgewicht zwischen der Minimierung negativer Erscheinungen und ihren positiven Funktionen, so scheint bei den positiven Erscheinungen ein Gleichgewicht zwischen Eigennutz und Altruismus die Lösung zu sein. Statt eines Maximums wäre ein Optimum positiver Erscheinungen das Ziel, das unerwünschte Nebenfolgen wie die Dämpfung der Produktivität des Eigennutzes oder die Weckung von Ressentiments in Grenzen halten würde. Wiederum aber war die Soziologie bis jetzt nicht in der Lage, ein solches Gleichgewicht zu bestimmen – wiederum vermutlich weniger aus Unreife des Fachs als aus prinzipiellen Gründen. Wiederum bleibt das Ideal der sozialen Integration ungreifbar.[21]

Wie man es auch dreht und wendet – soziale Integration ist als Ideal für die Gesellschaft weder an negativen noch an positiven und weder an extremen noch an optimalen Werten greifbar. Aber dadurch wird die analytische Perspektive auf die soziale Integration von Gesellschaften nicht entwertet. Soziale Integration wurde als eine Beziehungsform zwischen den Mitgliedern einer Vergesellschaftung definiert, die den Bestand dieser Vergesellschaftung ermöglicht. Da eine Vergesellschaftung mehrere Menschen in mehreren Beziehungsformen miteinander verbindet, bleibt es auch dann eine sinnvolle Aufgabe für die Soziologie, den Grad der sozialen Integration auf einem Kontinuum der genannten negativen und positiven Indikatoren zu messen, wenn sich auf ihm ein Ideal, ein Gleichgewicht oder ein Optimum nicht bestimmen lässt. Soziale Integration ist also immer unvollständig, die Frage und die Suche nach Vollständigkeit sinnlos.[22]

Als erstes Resümee des vorausgegangenen Kapitels kann also festgehalten werden: Gesellschaften haben trotz mancher Tendenzen der sozialen Desintegration Bestand. Dann aber muss man fragen, wie und warum Gesellschaften mit Desintegration leben und sogar mit wachsender Desintegration[23] fertig werden können. Wie können Gesellschaften Bestand haben, wenn die Sozialisation und die soziale Kontrolle zwar soziale Integration bewirken, aber soziale Desintegration nicht verhindern?

Jenseits der Institutionen der sozialen Integration

Die *Sozialisation* ist gewiss eine notwendige Bedingung der sozialen Integration; aber weil nicht jedes Handeln von verinnerlichten Normen angetrieben wird und weil Menschen oft der Versuchung erliegen, sich über verinnerlichte Normen hinwegzusetzen, ist sie kein Garant der sozialen Integration. Die Sozialisation lässt gleichsam weiße Flecken auf der Landkarte der sozialen Integration: Nicht nur dringt sie nicht in alle Regionen, auch die ihr zugänglichen durchdringt sie nicht vollständig. Die Integration der Gesellschaft wird also nicht *allein* durch die Internalisierung von Normen und Werten gewährleistet. Ein Teil der sozialen Integration

---

21 Innerhalb der Soziologie haben vor allem die „Kommunitarier" (Etzioni 1997) versucht, aus dem Ideal der sozialen Integration praktische Konsequenzen zu ziehen. Sie diagnostizieren in modernen Industriegesellschaften bei den Menschen ein Überwiegen des Egoismus über den Altruismus und bei den Institutionen ein Ungleichgewicht zwischen desintegrativen und integrativen Tendenzen. Sie schlagen eine Vielzahl von Maßnahmen – von der nachbarschaftlich organisierten Polizei bis zur Ausbildung der Bevölkerung ganzer Städte in Erster Hilfe – vor, die in den Kommunen, Nachbarschaften und Familien, also unterhalb der sozialstaatlichen Einrichtungen und insofern „in der Gesellschaft", desintegrative Entwicklungen auffangen und soziale Integration steigern sollen. Aber sie haben m.E. keine empirische Diagnose des Gleichgewichts von Eigennutz und Altruismus geliefert; sie haben nicht begründet, warum bestimmte positive Indikatoren der sozialen Integration weder durch den an den Eigennutz appellierenden Markt noch den die Mängel des Marktes ausgleichenden Staat hervorgebracht werden können.

22 Man könnte hinzufügen, dass die Suche nach vollständiger sozialer Integration gefährlich sei, weil sie eher individuelle Güter zerstört als kollektive produziert, eher Freiheiten einschränkt als Reichtum steigert. Aber das steht auf einem anderen Blatt.

23 In Westdeutschland z.B. hat sich nach der Polizeilichen Kriminalstatistik (Frevel 1999: 46-51) die Zahl der bekannt gewordenen Straftaten zwischen 1965 und 1997 verdreifacht (Peuckert 2000: 105), während nach dem Sozioökonomischen Panel zwischen 1985 und 1997 selten oder regelmäßig ausgeübte ehrenamtliche Tätigkeiten von 25% auf 30% der Bevölkerung nur geringfügig angestiegen sind (Heinze / Olk 1999: 90). Ein Indikator der Desintegration ist angestiegen, ein Indikator der Integration kaum gewachsen.

beruht auf der Chance, dass alle Beteiligten ihre Interessen durch Arbeitsteilung und Tausch besser befriedigen können als ohne sie. Ein Teil der sozialen Integration kann also schon durch die soziale Differenzierung hergestellt werden. Der komparative Vorteil durch Arbeitsteilung und Tausch wird nicht in allen Fällen, wie Spencer es annahm, aber doch in den Fällen die Menschen aneinander binden, wo er gut sichtbar ist und nicht als Kollektivgut produziert werden muss (siehe Abschnitt 5.1.2 und 5.3.1) – also zumindest auf einigen Märkten. Nicht allein die Institutionen der Sozialisation, Familie und Schule, sondern auch ein Lebensbereich, der nicht auf soziale Integration, sondern Chancen der Interessenverwirklichung zielt, die Wirtschaft, trägt zur sozialen Integration bei.

Auch die Wirkung der *sozialen Kontrolle* ist eingeschränkt: Sie kann nicht jedes abweichende Verhalten erfassen. Manche Gesetze werden ohne Sanktion gebrochen, manche Verbrechen werden nicht entdeckt, manche entdeckte Verbrechen bleiben ungesühnt. Wie in Abschnitt 6.5.4 gezeigt, leben die Deutschen mit 1% Verurteilten, 3% Tatverdächtigen und vielleicht bis zu 8% Delinquenten zusammen, wenn man die unentdeckten mitrechnet. Aber wenn man den Blick von den Nichtkonformen auf die Konformen schwenkt, werden aus diesen negativen Indikatoren der sozialen Integration positive. Auch wenn Polizei und Gerichte nicht alle Abweichungen sanktionieren können, so hat die Ahndung der Übertretungen den Gesetzen Geltung verschafft. Sie haben indirekt Konformität gefördert und zur sozialen Integration beigetragen.

Kurzum: Obwohl die Sozialisation nicht immer konformes Handeln bewirkt und obwohl die soziale Kontrolle nicht alle Abweichungen erfasst, können Gesellschaften bestehen, weil die Wirtschaft die Menschen über ihre Interessen zusammenbindet und das Recht ihre egoistischen Interessen einschränkt. Nicht nur Familie und Schule, sondern auch der Tausch und die Wirtschaft – Märkte ohne und mit Preisen in Geld – tragen zur sozialen Integration bei; und das Recht trägt nicht nur deshalb zur sozialen Integration bei, weil Polizei und Gerichte die Nichtkonformität verfolgen, sondern auch deshalb, weil die Ahndung der Gesetze die Konformität lohnend macht.

Als zweites Resümee des vorausgegangenen Kapitels kann also festgehalten werden: Soziale Integration wird auch unabhängig von den Institutionen bewerkstelligt, die auf sie zielen, oder auf eine andere Weise als die, in der sie zunächst auf Integration zielen. Aber auch dort, wo die Institutionen der sozialen Integration erfolgreich wirken, ruhen sie auf sozialen Strukturen. Die sozialen Strukturen – die Summe der sozialen Beziehungen zwischen den Mitgliedern – müssen dicht genug sein, um die Sozialisation von Konformität und die Sanktion von Nichtkonformität zu ermöglichen.

Desintegration und soziale Strukturen

Die *Sozialisation* findet – wie in Abschnitt 6.5.2 gezeigt – überwiegend in der Kernfamilie statt, und die Elternkoalition ist hier das für die Sozialisation folgenreiche sozialstrukturelle Arrangement: Zwei miteinander aufgrund gegengeschlechtlicher Sexualität langfristig solidarische Partner – so kompliziert muss man heute ausdrücken, was Ehe heißt – vermitteln dem Kind *unterschiedliche* Normen; „vermitteln" nicht nur in dem Sinne von „lehren", sondern auch in dem Sinne, dass Bezüge, Hierarchien und Werte sichtbar werden. Natürlich geht es auch anders, aber es wird schwieriger: In der Dyade von Bezugsperson und Kind muss expliziert und diskutiert werden, was durch das Zusammenleben der Eltern-Kind-Triade anschaulich greifbar ist. Auf jeden Fall garantiert hier die Sozialstruktur den Erfolg der Sozialisation und damit auch der sozialen Integration; und die Familie ist eine auf diesen Erfolg zugeschnittene Sozialstruktur, an der sich ablesen lässt, was alternative sozialstrukturelle Formen der Sozialisation leisten müssen.

Auch die *soziale Kontrolle* beruht- wie in Abschnitt 6.4.4 gezeigt – auf Sozialbeziehungen. Für einen Sanktionator allein ist die Sanktion meist zu teuer, und mehrere Sanktionatoren müssen das Kollektivgutproblem lösen, dass ein einzelner Sanktionator durch den Sanktionsverzicht der übrigen Betroffenen ausgebeutet werden kann. Eine effektive soziale Kontrolle setzt also eine soziale Beziehung zwischen wenigstens zwei potentiellen Sanktionatoren voraus. Eine solche Beziehung muss nicht so stark sein wie die Elternkoalition, die in der Sexualität eine natürliche Basis hat und viele spezifische Beziehungen – in Beruf, Freizeit, Religion, Politik – funktional diffus (siehe Abschnitt 3.1.2) umgreift. Sie kann funktional spezifisch sein – wie die Beziehungen unter Arbeitskollegen, Clubmitgliedern, Glaubensgenossen, Parteifreunden. Aber je mehr funktional spezifische Beziehungen zwischen den gleichen Personen aufgespannt sind und je mehr Personen durch sie verkettet sind, desto leichter wird es, unter ihnen die Sanktion abweichenden Verhaltens aufzuteilen. Desto mehr kann die Vorleistung einer heroischen Sanktion eines Einzelnen später durch Gegenleistungen der Normnutznießer in anderen Währungen vergolten oder die Sanktion inkrementell unter den Normnutznießern aufgeteilt werden. Desto eher kann schließlich die Nichtsanktion eines abweichenden Verhaltens ihrerseits sanktioniert werden.

Als drittes Resümee dieses Kapitels kann also festgehalten werden: Die Sozialstruktur ist der „Unterbau" der sozialen Integration. Die Wirksamkeit der Institutionen der sozialen Integration ruht auf den Beziehungen zwischen den Mitgliedern der Gesellschaft, deren soziale Integration zur Debatte steht. Wer wegen der sozialen Integration besorgt ist, sollte sich um die soziale Struktur kümmern.

7 Sozialstruktur

Die Sozialstruktur ist *der* Begriff der Soziologie – nämlich der Begriff, mit dem sie den Zielpunkt ihrer Untersuchungen, die Gesellschaft, in den Griff bekommen will. Wenn die Beziehungen zwischen Menschen sich von ihnen als eine eigenständige Vergesellschaftungsform ablösen, wenn die Vergesellschaftungsform weiterhin durch eine soziale Ordnung oder eine Verfassung eigenständige Realität als Gesellschaft gewinnt, dann lässt sich diese Gesellschaft durch ihre Sozialstruktur beschreiben, in ihrer Entwicklung verfolgen und mit anderen Gesellschaften vergleichen. Wenn die Vergesellschaftung zudem eine Nationalgesellschaft ist, wird die Sozialstruktur oft als die Verteilung von Ressourcen wie Bildung oder Einkommen verstanden, so dass das Problem der sozialen Ungleichheit, der Bewertung der Verteilung und ihrer politischen Veränderung, auftaucht.

Mit dem Begriff der Sozialstruktur kommt die Soziologie also zu ihrem Ziel – der Beschreibung und der Erklärung der Besonderheiten und der Entwicklungen von Gesellschaften. Deshalb steht der Begriff im Zentrum, aber nicht am Anfang der Soziologie. Deshalb ist er, nachdem Theorien des sozialen Handelns, der sozialen Differenzierung und der sozialen Integration behandelt wurden, Gegenstand der verbleibenden Kapitel dieser Einführung. In diesem Kapitel geht es darum, den Begriff und seine Anwendungsmöglichkeiten zu klären.

Mit dem Begriff der Sozialstruktur stößt die Soziologie aber zugleich an ihre Grenze – an die *Bewertung* der Sozialstruktur als soziale Ungleichheit und die Frage, wie und in welche Richtung die Sozialstruktur politisch verändert werden kann und soll. In Kapitel 8 und 9 sollen daher von der Warte der Nationalgesellschaft soziale Gruppierungen betrachtet und diskutiert werden, inwiefern sie soziale Ungleichheit mit sich bringen. Kapitel 8 betrachtet soziale Gruppierungen zu einem Zeitpunkt, Kapitel 9 die Bewegung von Personen zwischen sozialen Gruppierungen, also die soziale Mobilität. Im Kapitel 10 geht es schließlich darum, wie die Sozialstruktur sich wandelt.

7.1 Distributiver Strukturbegriff

Alltagsverständnis und enumerative Definition

Im Alltag spricht man ganz selbstverständlich von der Einkommens*struktur* einer Gemeinde, der Alters*struktur* einer Belegschaft oder der Erwerbs*struktur* einer Bevölkerung. „Struktur" meint hier die Verteilung individueller Merkmale – Einkommen, Alter, Erwerbstätigkeit – in einem sozialen Aggregat – Gemeinde, Belegschaft, Nationalgesellschaft. Die Soziologie gebraucht den Begriff „Sozialstruktur" zunächst im gleichen Sinne wie die Alltagssprache, nämlich im Sinne einer Verteilung oder Distribution.

Für den *distributiven Strukturbegriff* muss das Aggregat und das Merkmal der Elemente festliegen. Da die Verteilung des Merkmals in großen Aggregaten schwer zu überblicken ist, wird sie durch zusammenfassende Kennziffern beschrieben, in der Regel durch Prozent- oder Mittelwerte. Mit der „Struktur" ist die Relativierung des Merkmals in der Gesamtheit gemeint.

Die „Einkommensstruktur" einer Gemeinde z.B. ist der Anteil von Personen einer bestimmten Einkommensklasse an der Gesamtbevölkerung oder der Mittelwert des Einkommens in der Gemeinde.

Der distributive Strukturbegriff setzt einen Konsens über das Aggregat und die zu betrachtenden Merkmale voraus. Der Konsens über das Aggregat ist in der Regel selbstverständlich: Struktur wird auf die Nationalgesellschaft bezogen. Lehrbücher zur Sozialstruktur sind Lehrbücher zur Sozialstruktur Deutschlands (Schäfers 2004, Geißler 2006). Aber während das Aggregat Nationalgesellschaft eindeutig festliegt, bilden die Merkmale einen offenen Katalog. Sie sind nicht durch den Begriff des sozialen Handelns bestimmt, sondern werden in einem breiten Sinne verstanden: Was Sozialstruktur ist, wird nicht analytisch definiert, sondern aufgezählt. Der distributive Strukturbegriff geht also zusammen mit einer *enumerativen*, aufzählenden Definition der Sozialstruktur: „Unter Sozialstruktur verstehen wir (1) die demographische Grundgliederung der Bevölkerung, (2) die Verteilung zentraler Ressourcen wie Bildung, Einkommen und Beruf, die Gliederung nach (3) Klassen und Schichten, (4) Sozialmilieus und Lebensstilen, aber auch (5) die sozialen Prägungen des Lebenslaufs in der Abfolge der Generationen" (Zapf 1989b: 101; Zählung hinzugefügt). Ob (2) die Verteilung zentraler Ressourcen nicht dasselbe ist wie (3) die Gliederung nach Klassen und Schichten, ob man neben (3) Klassen und Schichten auch (4) Sozialmilieus und Lebensstile zur Sozialstruktur zählen soll, ob (5) die soziale Prägung des Lebenslaufs ein Element der oder eine Sichtweise auf die Sozialstruktur ist – darüber kann man streiten. Aber dann muss man Gemeinsamkeiten der aufgezählten Elemente suchen. Immerhin sind die Elemente (2)-(5) ihrerseits Aspekte des Elements (1); denn Ressourcen, Klassen und Schichten, Sozialmilieus und Lebensstile sowie Lebensläufe verteilen sich in der Bevölkerung.

Wenn man in dieser Aufzählung Gemeinsamkeiten sucht, so kann man zumindest ein analytisches Kriterium finden: Die Sozialstruktur ist die Gliederung der *Bevölkerung* – wenn auch nach einem offenen Katalog von Merkmalen: Alter, Geschlecht und Familienstand, Geld und Zeit, Schuljahre und Arbeitsstunden. Davon ausgehend kann man die Gliederungsmerkmale für die Sozialstruktur in drei grobe Klassen einteilen: Die Gliederung der Bevölkerung nach den Naturkategorien des Alters und des Geschlechts kann man erstens als *natürliche Demographie* bezeichnen. Darüber hinaus aber sind viele Gliederungsmerkmale der Bevölkerung Institutionen, also verbindlich geregelte Zugehörigkeiten und Verhaltensweisen (siehe Abschnitt 6.5.1). Die Gliederung der Bevölkerung nach Familienstand oder Bildung z.B. setzt die Institution der Ehe und Familie und die Institutionen des Bildungswesens voraus. Jenseits der natürlichen kann man also zweitens die *institutionelle Demographie* zur Sozialstruktur rechnen; die Institutionen, die es in einer Gesellschaft nun einmal gerade gibt, bestimmen, was zur Sozialstruktur gehört. Schließlich werden Institutionen auch unmittelbar, ohne Bezug auf die Bevölkerung, als Gegenstand der Sozialstruktur betrachtet. Die sozialkundlichen Handbücher bieten Zählungen auch von Ausbildungsstätten und Betrieben, Krankenhäusern und Gerichten, also von juristischen Personen und nicht nur von natürlichen; oder von Wohnungen und Verkehrsmitteln, also von technischen Mitteln, die Menschen nutzen. Jenseits der Demographie gehört also drittens die *Institutionenkunde* zur Darstellung der Sozialstruktur. Für jeden der drei Bereiche soll ein Beispiel gegeben und in Stichpunkten beschrieben werden.

Abbildung 7.1 Altersaufbau

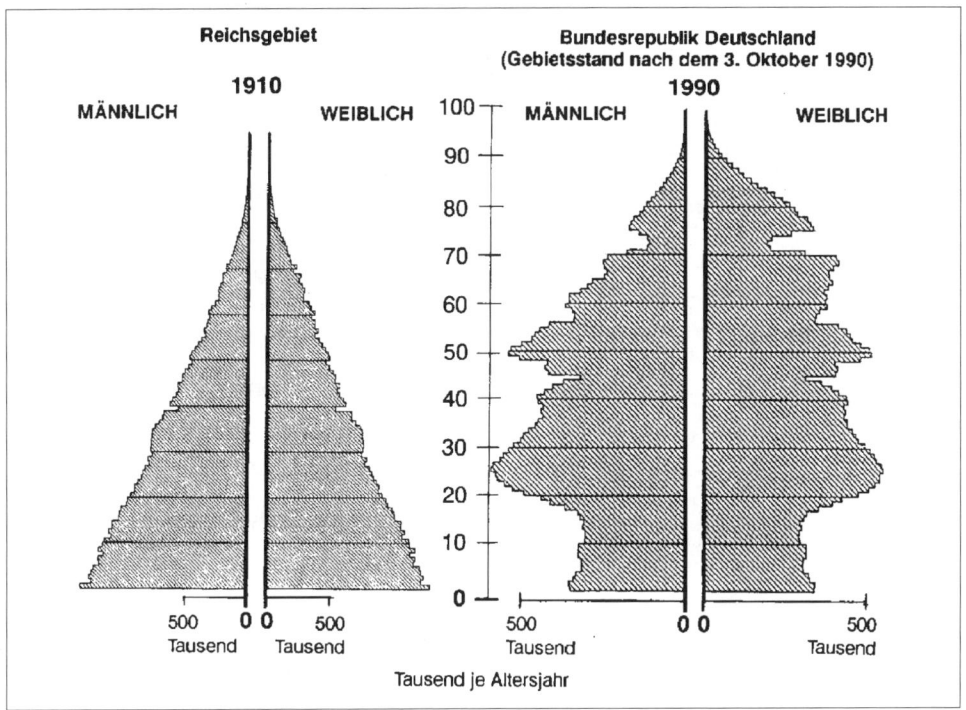

Quelle: Datenreport (1992: 45).

Beispiele: Altersaufbau, Erwerbsbeteiligung, Gerichtsverfahren

Für die *natürliche Demographie* ist Altersaufbau wohl das beste Beispiel: Die Altersstruktur ergibt sich aus der grafischen Darstellung der Häufigkeiten des Alters bei Männern und Frauen
zu zwei Zeitpunkten. Die Grafik verdeutlicht die Proportionen jenseits der Häufigkeiten und
ersetzt die Prozentrechnung. Sie tritt als „analoge" Darstellungsform an die Stelle einer „digitalen". Drei Dimensionen erlauben drei Strukturvergleiche: Alter, Zeit und Geschlecht.

Wichtigste Dimension für den Strukturvergleich ist hier die Zeit. Im Jahr 1910 deutet die
Form der *Pyramide* darauf, dass das Sterberisiko in jeder Altersgruppe gleich ist. Im Jahre
1990 deutet die Form der *Zwiebel* darauf, dass sich das Sterberisiko in den mittleren Jahrgän-
gen verringert und die Geburtenzahl in jüngster Zeit vermindert hat. 1990 sind – als Effekt
des Baby-Booms 1965 – die 20-30 Jährigen die stärkste Altersgruppe; weiterhin sieht man die
Einschnitte bei Kriegsgeburts- und Kriegsteilnehmerjahrgängen. Zwischen 1910 bis 1990 verminderten sich die Sterbeziffern und die Geburtenzahlen, die Lebenserwartung stieg und der
Bevölkerungsumschlag wurde geringer. In Zukunft kann man bei einer weiteren Eindäm-
mung von Krankheiten erwarten, dass nahezu alle bis zur biologischen Sterblichkeitsgrenze leben; der Bevölkerungsaufbau wird tendenziell viereckig. Im Vergleich der Alters- und Ge-
schlechtsgruppen sieht man zudem, dass Männer weniger alt werden und stärker durch den
zweiten Weltkrieg dezimiert sind, so dass ein Frauenüberschuss im Alter entsteht (Datenreport 1999: 33).

Abbildung 7.2 Bevölkerung nach Alter und Beteiligung am Erwerbsleben im April 1998 im
früheren Bundesgebiet in Millionen (Ergebnisse des Mikrozensus)

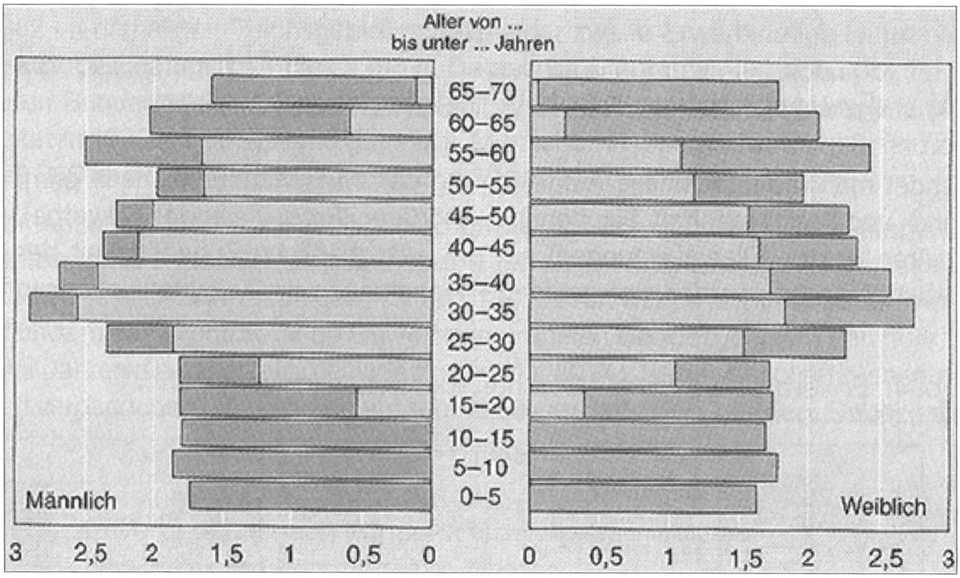

Quelle: Datenreport (1999: 89).

Für die *institutionelle Demographie* ist die Erwerbsbeteiligung ein Beispiel. Die helleren Flä-
chen zeigen, dass im früheren Bundesgebiet die Bevölkerung erst mit 20 Jahren überwiegend
in das Erwerbsleben eintritt, dass Männer häufiger im Erwerbsleben stehen als Frauen, vor allem in den mittleren und späten Altersstufen, und dass Frauen früher aus dem Erwerbsleben
austreten als Männer.

Ein Beispiel für die *Institutionenkunde* ist die Zahl der Gerichte und die an ihnen anhängi-
gen Verfahren: Zivilgerichte sind zahlreicher als Strafgerichte – ebenso die entsprechenden
Verfahren; die Verfahren an Zivilgerichten steigen zwischen 1995 und 1997 kontinuierlich
an.

Stärke und Schwäche des distributiven Strukturbegriffs

Die drei Beispiele zeigen, dass der distributive Begriff der Sozialstruktur für die Beschreibung
von Gesellschaften unerlässlich ist. Fast immer wenn man Gesellschaften, also eine Bevölkerung und ihre Institutionen betrachtet, interessiert man sich für die Verteilung von Per-
son-Merkmalen in ihnen, und fast immer bezieht man bestimmte Ausprägungen auf die Gesamtzahl. Das wird sofort deutlich, wenn man zwei Gesellschaften vergleicht oder die Entwicklung einer Gesellschaft im Zeitverlauf untersucht. Der distributive Strukturbegriff ist für
die Selbststeuerung und Selbsterkenntnis einer Gesellschaft (siehe Abschnitt 5.2.4) unerlässlich.

Diese praktische Stärke ist jedoch erkauft mit einer begrifflichen Schwäche. Der distributive
Strukturbegriff setzt die Gesellschaft voraus, die er beschreibt; genau deshalb kann er auf alle
Merkmale von Personen oder Verbänden dieser Gesellschaft angewandt werden. Wirtschaft,
Kultur und Politik werden unter dem allgemeineren Begriff des „Sozialen" subsumiert, aber

Abbildung 7.3 Ausgewählte Verfahren nach Art der Gerichte 1995-1997[1]

Gericht/Verfahren	1995	1996	1997
Zivilgerichte (ohne Familiengerichte)[2]			
Erledigte Zivilverfahren (1. Instanz)	2 073 416	2 151 781	2 139 672
Erledigte Zivilverfahren (Rechtsmittelinstanz)	159 829	161 484	170 496
Familiengerichte[2]			
Erledigte Familienverfahren (1. Instanz)	453 748	463 653	473 105
Erledigte Familienverfahren (Rechtsmittelinstanz)	22 481	23 334	23 704
Strafgerichte[2]			
Erledigte Strafverfahren (1. Instanz)	789 663	814 570	833 739
Erledigte Strafverfahren (Rechtsmittelinstanz)	54 427	56 219	59 694
Verwaltungsgerichte[2]			
Erledigte verwaltungsrechtliche Hauptverfahren (1. Instanz)	215 520	224 033	216 010
Erledigte verwaltungsrechtliche Hauptverfahren (Rechtsmittelinstanz)	35 167	37 584	38 502
Finanzgerichte[2]			
Erledigte finanzrechtliche Klagen	57 362	57 071	59 316
Arbeitsgerichte[2]			
Erledigte arbeitsrechtliche Klagen	621 460	656 207	672 804
Sozialgerichte[2]			
Erledigte sozialrechtliche Klagen	197 184	217 081	226 433
Bundesverfassungsgericht (1. Und 2. Senat)			
Erledigte Verfahren	5 064	5 194	5 006
Eingereichte Verfassungsbeschwerden	5 766	5 117	4 962
Eingereichte Normkontrollen	56	45	49

1 Die Gesamtzahl der an deutschen Gerichten erledigten Gerichtsverfahren liegt höher als die Summe der hier (für ausgewählte Verfahren) angegebenen Werte.
2 Ohne Bundesgerichte.
Quelle: Datenreport (1999: 222).

eine analytische Definition des „Sozialen" wird nicht gegeben. Das „Soziale" wird vielmehr durch die Aufzählung von Institutionen oder Lebensbereichen festgelegt: Die Bevölkerung wird nach Mitgliedschaft in der Familie, in Wirtschaft, Kultur und Politik aufgegliedert; wo innerhalb der Lebensbereiche Verbände von Personen existieren, werden diese Verbände nach ihren eigenen Merkmalen aufgegliedert. So verstanden, besteht die *Sozialstruktur aus der Bevölkerung und den Institutionen einer staatlich verfassten Nationalgesellschaft und ihrer Untereinheiten.*

Die Schwäche des distributiven Begriffs der Sozialstruktur lässt sich durch den Rückgriff auf die Definition des *sozialen Handelns* heilen. Wenn soziales Handeln die Orientierung Egos an den Handlungsmöglichkeiten Alters ist, dann besteht die Sozialstruktur aus den *Relationen* zwischen Personen, die sich prinzipiell unendlich ausdehnen können und erst durch eine soziale Ordnung oder eine Verfassung eingegrenzt werden. Nur ein *relationaler Strukturbegriff* eröffnet weiterhin einen Weg zum Verständnis des Problems der *sozialen Integration:* Wenn sich die Struktur aus den Relationen zwischen Menschen aufbaut, dann können in der Struktur Handlungsorientierungen sichtbar werden, die die Beteiligten übernehmen: Die Struktur kann Normen und Werte sozialisieren und von ihnen abweichende Impulse kontrollieren –

wie im letzten Kapitel ausgeführt. Anders als Relationen zwischen Personen üben Verteilungen von Merkmalen keine sozialisierende oder kontrollierende Wirkung aus.

Auch der distributive Strukturbegriff enthält allerdings *implizit* Hinweise auf Relationen, und damit auf soziales Handeln und das Problem der sozialen Integration – wie sich am Beispiel des Altersaufbaus zeigen lässt. Die Verteilung der Bevölkerung nach Alter gibt Aufschluss über die Relation „Arbeit-Lernen-Pensionsbezug". Wie viele Erwerbstätige müssen für wie viele Nichterwerbstätige aufkommen? Ist der Bestand der Gesellschaft gefährdet, wenn zu wenig Erwerbsfähige für zu viel Nichterwerbstätige aufkommen müssen? Aber diese Information bleibt ungenau. Denn es ist nicht erfragt worden, wer arbeitet, um anderen Lernen oder Pensionsbezug zu ermöglichen; vielmehr nimmt man bei der Interpretation der Statistik global bestimmte Altersgrenzen an: etwa bei 30 und bei 65 Jahren. Man weiß also nicht, wie viele Personen einer genauer bestimmten Altersgruppe durch Arbeit wievielen einer bestimmten anderen Altersgruppe ein Studium oder den Ruhestand ermöglichen. Denn man kennt nur die Altersverteilung der Bevölkerung, nicht aber die Beziehungen zwischen den Altersgruppen. Erst mit zusätzlichen Annahmen lassen sich also die Verteilungen als *Indikatoren* für Relationen nutzen, aus denen sich auf Probleme der sozialen Integration schließen lässt. Kurzum: der distributive Strukturbegriff kann mit Blick auf soziales Handeln interpretiert werden; aber er erfasst nicht soziales Handeln, also Orientierungen und Beziehungen unter Menschen.

Lektüre: Eines der Lehrbücher zur Sozialstruktur (Schäfers 2004, Geißler 2006, Hradil 2005, Klein 2005)) sowie das „Handwörterbuch zur Gesellschaft Deutschlands" (hg. v. Schäfers / Zapf, 2. Auflage 2001); mit dem Datenreport (1983, 1985, 1987, 1990, dann alle 2 Jahre) sollte man umgehen können.

Weiterführende Literatur: Hradil (2004) stellt die Sozialstruktur Deutschlands im internationalen Vergleich dar.

7.2 Relationaler Strukturbegriff

Eigenschaften und Relationen: einstellige und zweistellige Aussagen

Der distributive Strukturbegriff behandelt Eigenschaften von Personen, nicht Beziehungen unter Personen. Eine Struktur aber ist durch die Beziehungen zwischen den Elementen gekennzeichnet. In der Sprache der Logik sind Eigenschaften *einstellige* Aussagen: Person A „hat" ein Geschlecht, ein Alter, ein Einkommen: A(y); Relationen sind hingegen *zweistellige* Aussagen: zwischen Person A und B besteht die Beziehung Freundschaft oder Herrschaft etc.: A(y)B. Wenn eine bestimmte Gruppe von Personen A ein Alter zwischen 30 und 65 „hat", weiß man noch nicht, ob sie für eine andere Gruppe B, die jünger oder älter ist, „sorgt", selbst wenn dies einleuchtend klingt. Beziehungen sind definitionsgemäß (wenigstens) zweistellig. Wenn die Soziologie ihren Gegenstandsbereich des sozialen Handelns, also die Wechselwirkungsformen zwischen Menschen ernst nimmt, kann sie sich nicht mit dem distributiven Begriff der Sozialstruktur begnügen; sie muss versuchen, zu einem relationalen Begriff der Sozialstruktur zu kommen.

Als Struktur bezeichnet man die Summe der Relationen zwischen den Elementen einer Menge. Elemente *und Relationen* sind also die definierenden Merkmale des *relationalen Strukturbegriffs* (Kappelhoff 1987: 105-107). Die Elemente können nur benannt und die Summe der Relationen kann nur bestimmt werden, wenn die Menge bestimmt ist. Wie der distributive setzt also auch relationale Strukturbegriff die Bestimmung eines Aggregats voraus, auf das er sich bezieht. Aber die Struktur wird jetzt nicht durch Verteilungsmaße für Eigenschaften der Elemente, sondern durch Relationen bestimmt. Der relationale Strukturbegriff ist formal und kann auf verschiedene Gegenstandsbereiche angewendet werden, wenn man die Elemente und die Relationen zwischen ihnen bestimmt; er bietet also ein Kriterium zur Klärung dessen, was gemeint ist, wenn man in verschiedenen Kontexten von „Struktur" spricht. Was dieser formale Begriff der Struktur inhaltlich impliziert, lässt sich am Beispiel der Wirtschaft zeigen.

Relationen in der Wirtschaft

Die *Wirtschaft* besteht – wie jedes volkswirtschaftliche Lehrbuch im Abschnitt über die volkswirtschaftliche Gesamtrechnung darstellt (z.B. Bontrup 2004: 60-75) und wie in der Abbildung 7.8 des volkswirtschaftlichen Kreislaufs weiter unten gezeigt wird – aus Haushalten und Unternehmen, also aus zwei Elementen. Zwischen diesen Elementen bestehen Relationen des Tauschs von Gütern (also von Sachen und Leistungen), die in einer Geldwirtschaft über einen bestimmten Zeitraum exakt gemessen werden können. Sofern man den Staat außer acht lässt und keine Einheiten für den Import und Export vorsieht, sofern also eine rein private und geschlossene Wirtschaft betrachtet wird, fließt in einem gegebenen Zeitraum von den Haushalten zu den Unternehmen der gleiche Geldwert wie von den Unternehmen zu den Haushalten. Haushalte wie Unternehmen lassen sich weiter nach Einkommensquellen oder Wirtschaftssektoren untergliedern; der Staat lässt sich als ein drittes Element einführen, der von den Haushalten und Unternehmen Steuern kassiert und ihnen Subventionen anweist sowie öffentliche Güter bereitstellt.

Wie immer auf diese Weise die Elemente, also die Akteure, in der Wirtschaft beschrieben werden – zwischen allen Elementen besteht eine und nur eine Relation, der Tausch von Gütern und Leistungen. Die *logische* Relation, also die Inbeziehungsetzung der Elemente, steht für eine *soziale* Verknüpfung der Elemente, für einen Kanal, durch den Güter, Leistungen, Werte, kurzum: Ressourcen ausgetauscht werden. Die Tauschhandlungen zwischen den Akteuren in der Wirtschaft sind das spezifisch Wirtschaftliche der Wirtschaftsstruktur. Sie lassen sich über einem bestimmten Zeitraum für jede Relation, also jedes Paar von Akteuren, zusammenzählen. In einer Geldwirtschaft lassen sie sich zudem durch eine einheitliche „Währung", also ein allgemein gültiges „Medium" bewerten, so dass die Wirtschaftsstruktur als *Kreislauf* von Geldwerten dargestellt werden kann. Die Wirtschaftsstruktur ist buchstäblich die Summe der nach ihrem Geldwert bewerteten Tauschhandlungen zwischen den Elementen Haushalt und Unternehmen in einem Zeitraum. Lässt sich der relationale Strukturbegriff auch mit Blick auf die Person oder die Gesellschaft mit Inhalten füllen?

Relationen in der Persönlichkeit?

Die Person besteht – folgt man der psychologischen Diagnostik, die zwischen Persönlichkeitsdaten und Leistungsdaten unterscheidet (Jäger / Petermann 1995: 347, 367, 380) – aus zwei Elementklassen: Charakterzügen und Fähigkeiten. Zwischen ihnen kann man sich Relationen denken und tut es im Alltag oft und gerne; eine Ehefrau, die ihrem Mann vorwirft, sie „vor lauter Ehrgeiz nicht mehr zu lieben", konstruiert z.B. eine Relation „größer-kleiner" und eine Persönlichkeitsstruktur, in der der Charakterzug Ehrgeiz den Charakterzug Liebe dominiert. Aber „dominieren" beschreibt nur den Vergleich zweier Merkmale: Der Ehrgeiz ist „größer als" die Liebe. Aber was ist das gemeinsame Maß? Und wenn es ein Maß gäbe, was „tut" der Ehrgeiz, wenn er größer „ist" als die Liebe? Schließlich: Wenn der Relation „größer-kleiner" eine Aktivität entspräche, wie lässt sie sich abgrenzen, bewerten, zählen? Was ist die „Währung" der Person? Die Struktur der Person wird also nicht durch Vorgänge zwischen Elementen, sondern nur durch den Vergleich ihrer Eigenschaften gebildet; die Relation ist nur ein vager Größenvergleich. Deshalb sollte man besser von einem *Profil* als von einer Struktur sprechen

Relationen in der Gesellschaft?

Die Wirtschaftsstruktur ist die Struktur der Wirtschaft – ist die Sozialstruktur die Struktur der Gesellschaft? Nach den Überlegungen der Kapitel 3 und 4 ist diese Antwort verwehrt. „Die Gesellschaft" gibt es nicht; wer von „der Gesellschaft" spricht, meint die Vergesellschaftungsform des Nationalstaats oder die Vergesellschaftungsformen in ihm, also in einer bestimmten legitimen Ordnung. Die Sozialstruktur ist dann die Struktur des Nationalstaats. Die Elemente der Sozialstruktur sind dann die Menschen mit gleicher Staatsangehörigkeit. Die Sozialstruktur besteht dann aus der demographischen Grundgliederung und aus den Institutionen; wir sind wieder bei der enumerativen Definition der Sozialstruktur angekommen: Elemente der Sozialstruktur sind dann natürliche und juristische Personen, individuelle und kollektive Akteure in den territorialen und verfassungsmäßigen Grenzen des gegebenen Nationalstaats.

Was sind die Relationen? Bleiben wir beim Bevölkerungsaufbau. Angenommen, der Anteil der unter 20- und der über 65-Jährigen sei „zu groß", als dass die 20-65jährigen für Ausbildung und Rente aufkommen könnten. Selbst wenn „zu groß" genau begründet werden könnte, würden Relationen wiederum nur als Vergleich zwischen statistischen Größen verstanden, nicht aber als Relation „sorgt (bezahlt) für" zwischen Jungen, Mittelalten und Alten. Die Sozialstruktur wäre ein Sozial*profil* der Gesellschaft. Innerhalb des distributiven Strukturbegriffs kann man also extrapolieren, welche Konsequenzen aus Profilen für Relationen erwachsen; aber die Relationen sind deshalb noch keineswegs erfasst: Wir wissen nichts über die Kanäle, die Personen verbinden und die Ressourcen, die zwischen ihnen fließen. Um eine Parallele in der Wirtschaftsstruktur zu konstruieren: Vom Anteil armer Haushalte kann man wohl mit mehr oder minder großer Sicherheit auf die Größe staatlicher Transferzahlungen schließen; aber die Größe der Zahlungen hat man damit noch keineswegs erhoben.

Kann man unter den Voraussetzungen des relationalen Strukturbegriffs ein allgemeines Kriterium finden, das „das Soziale" von Elementen und Relationen bestimmt, so wie man „Tausch von Gütern und Leistungen" als „das Wirtschaftliche" an wirtschaftlichen Relationen ansehen kann? Gibt es eine analytische Definition der Sozialstruktur, die dem relationalen Strukturbegriff entspricht – so wie die enumerative Definition der Sozialstruktur dem distributiven Strukturbegriff entspricht? Ist die Sozialstruktur die Struktur, wenn schon nicht „der Gesellschaft", so doch „des Sozialen"? Was ist „sozial" an der Sozialstruktur? Wenn man vom relationalen Strukturbegriff ausgeht, kann man die soziale Qualität der Struktur in den Elementen und in den Relationen suchen. Beide Möglichkeiten sollen kurz diskutiert werden.

7.3 Die vergebliche Suche nach einer nicht enumerativen Definition der Sozialstruktur jenseits des relationalen Strukturbegriffs

Elemente unterhalb der Personebene: Kommunikationen, Handlungen?

Die Elemente der Sozialstruktur sind Personen, Menschen aus Fleisch und Blut; auch die juristischen Personen oder kollektiven Akteure sind ja Konstruktionen der Zuweisung von

Handlungsverantwortung *an Personen.* Aber Personen sind nicht etwas „Soziales". Personen wachsen zwar in Gesellschaft auf, und die sozialisierte Persönlichkeit kann die Sozialstruktur reflektieren, in der sie groß geworden ist; aber was immer auf diese Weise „sozial" an der Person ist, ist internalisiert, auf die Hinterbühne der Interaktion verlagert. Die Geschichte der Person kann das Handeln ebenso gut beeinflussen wie ihre Tagesform oder ihre angeborenen Anlagen, aber das Handeln besteht erst in der Orientierung auf andere, in der Relation zu anderen. Man kann daher das Soziale der Sozialstruktur nicht am Element der Person bestimmen; aber man könnte versuchen, unterhalb der analytischen Ebene der Person „soziale" Elemente der Sozialstruktur zu bestimmen. Elemente der Sozialstruktur sind dann nicht Personen, die handeln, sondern Handlungen, die unabhängig von Personen bestimmbar sind und die ihrerseits eine soziale Qualität haben.[1]

Luhmann schlägt vor, als Elemente der Sozialstruktur Handlungen, Interaktionen oder Kommunikationen, also *wiederum Relationen* zwischen Menschen anzusehen.[2] Aber dieser Vorschlag führt in Schwierigkeiten. Wenn die Elemente der Struktur Relationen sind, dann müssen die Relationen zwischen ihnen Relationen einer höheren Ordnung sein. Aber wie werden Relationen anders gebündelt als durch Individuen, die handelnd bestimmte Ziele verfolgen? Daraus, dass die Soziologie sich mit einer bestimmten Sichtweise auf soziales Handeln, nämlich mit den Wechselwirkungen zwischen Menschen befasst, folgt nicht, dass die Wechselwirkungen selber die Elemente einer Struktur zwischen den Menschen sind. Ohne natürliche Menschen, die miteinander mal in dieser, mal in jener Form handeln, hängt der Begriff der Wechselwirkung in der Luft. Die Elemente müssen konkrete Menschen mit einer breiten Palette von Handlungen sein; sie können nicht diese Handlungen selber sein. Wenn wir nicht bestimmte Menschen in der zeitlichen Betrachtung festhalten, dann wird es unmöglich, von Wechselwirkungen zu sprechen: Es müssen dieselben Menschen sein, die aufeinander einwirken. Ohne konkrete Personen wird selbst der Begriff der Handlung gegenstandslos; wie kann sich eine Handlung auf eine andere orientieren ohne einen handelnden Menschen? Eine Handlung kann nicht handeln.

Es ist also nicht sinnvoll, „Handlung" oder „Kommunikation" als analytische Ebene unterhalb der konkreten Person zur Einheit der Sozialstruktur zu erheben. Denn nicht Handlungen, sondern Menschen wirken aufeinander ein; und die Handlung, mit der Menschen aufeinander einwirken, bestimmt sich erst, wenn man Menschen mit persönlichen Zielen in ihrem Aufeinandereinwirken über eine bestimmte Zeit betrachtet hat. Ein Geflecht von Handlungen ist eine Abstraktion, die – methodisch in der wissenschaftlichen Betrachtung und real im Alltagsleben – erstellt wird, nachdem mehrere Personen miteinander gehandelt haben. So kann man Verbände als eine soziale Konstruktion verstehen, die von den Handlungen bestimmter Personen unabhängig sind, aber nicht ohne handelnde Personen überhaupt bestehen können. Verbände bestehen aus Rollen (Coleman 1990: Kap. 20), aber Rollen sind nicht ohne handelnde Personen denkbar. Die Elemente der Sozialstruktur sind also nichts „Sozia-

---

1 Das ist auch beim distributiven Strukturbegriff mit „Bewegungsmengen" (im Gegensatz zu „Bestandsmengen") möglich. Z.B. kann man die Fahrten von Personen in bestimmten Verkehrsmitteln oder die Kaufakte bestimmter Güter unabhängig von den Personen, die sie tätigen, betrachten. Aber auch dann wird z.B. der Kauf nicht als Relation zwischen Käufer und Verkäufer, sondern als Handlung des Käufers, als Personenmerkmal betrachtet. Bewegungs- unterscheiden sich von Bestandsmengen dadurch, dass die gleichen Personen über einen bestimmten Zeitraum mehrmals gezählt werden können, wenn sie die gleiche Handlung ausführen.

2 „Gesellschaft ist das umfassende Sozialsystem aller kommunikativ füreinander erreichbaren Handlungen" (Luhmann 1975a: 11).

les", sondern konkrete Personen. Sie haben ihre Eigenheiten und ihre eigene Geschichte, und sie handeln danach – aber das steht im Hintergrund, sobald sie miteinander handeln.

Soziale Qualitäten von Relationen: relative Dauerhaftigkeit?

Lässt sich für die Relationen eine allgemeine analytische Bestimmung ihrer sozialen Qualität geben? Lässt sich der formale Begriff der Beziehung durch inhaltliche Bestimmungen der „sozialen" Qualität der Beziehung auffüllen? Können wir sinnvoll soziale von nichtsozialen Beziehungen zwischen Menschen, oder sozialstrukturell bedeutsame von sozialstrukturell unbedeutsamen Beziehungen zwischen Menschen abgrenzen?

In Lehrbüchern zur Sozialstruktur (Schäfers 2004: 3; Geißler 2006: 17-19) wie in Abhandlungen zum Begriff der Sozialstruktur (Fürstenberg 1966) wird das „Soziale" an der Sozialstruktur durch das Merkmal der *relativen Dauerhaftigkeit* von Beziehungen definiert. Die Beziehungen bestehen aus Wechselwirkungen zwischen Menschen, die entweder als natürliche oder juristische Person, im eigenen Namen oder im Namen eines Kollektivs handeln. Die Definition der Sozialstruktur setzt also – wie bei Simmel und Weber – ein Verständnis des „Sozialen" als Form der Wechselwirkung zwischen Menschen voraus. Aber sie fügt ein zweites, einschränkendes Element hinzu: die relative Dauerhaftigkeit. Nicht jede flüchtige Beziehung, sondern nur relativ dauerhafte Beziehungen bilden die Sozialstruktur. Die Beziehungen zwischen den Menschen, die zufällig an einem Abend am Kneipentisch, in der Theaterpause, im Eisenbahnabteil etc. zusammenkommen und gleich wieder auseinandergehen, sind für die Sozialstruktur unerheblich. Die Beziehungen zwischen Ehemännern und Ehefrauen, Arbeitgebern und Arbeitnehmern, Parteipräsidenten und Parteimitgliedern etc. bestehen für eine bestimmte, oft sogar vertraglich geregelte Dauer; sie sind für die Sozialstruktur erheblich. So einleuchtend und elegant das Kriterium der relativen Dauerhaftigkeit auf den ersten Blick erscheint – es bringt zwei Probleme mit sich.

Das *erste* Problem ist mit der unbestimmten Einschränkung „relativ" verbunden, die – wie jede Generalklausel – konkretisiert werden muss. Aber selbst wenn die Bestimmung der „relativen" Dauer für einen konkreten Fall von Beziehungen gelungen ist, bleibt ein Problem. Die Sozialstruktur wird durch Zeitunabhängigkeit definiert, obwohl sie sich dauernd in der Zeit verändert. Aus dieser Klemme hilft das Wort „relativ" für die *Praxis* der Beschreibung, aber nicht für die *Theorie* der Sozialstruktur hinaus. Man kann gewiss sagen, dass die Ehe eine relative konstante Beziehung begründet und den Anteil von Ledigen und Verheiraten als eine Dimension, die Veränderung dieses Anteils als einen Wandel der Sozialstruktur betrachten. Aber man bleibt damit in dem Problem befangen, dass, was in seinen Wandlungen untersucht werden soll, durch Konstanz definiert ist. Wo hört die Bestimmung des Gegenstands auf, wo beginnt die Beschreibung seiner Entwicklungen? Wenn die Konstanz eine soziale Beziehung auf die Ebene der Sozialstruktur gehoben hat, dann kann nicht im nächsten Augenblick die Nichtkonstanz des gleichen Merkmals den Wandel der Sozialstruktur darstellen. Tatsächlich beziehen sich im Beispiel der Ehe Konstanz und Wandel nicht auf das gleiche: Mit Konstanz ist hier der rechtlich bindende Charakter der Beziehung gemeint, mit Wandel der Anteil der Personen, die zu unterschiedlichen Zeitpunkten diese Beziehung eingegangen sind. Ganz ähnlich sind, wenn man vom Rückgang der Arbeiterschaft und der Zunahme der Angestellten spricht, die sozialversicherungsrechtlichen Merkmale konstant gehalten worden, und die Anteile der Erwerbstätigen in ihnen haben sich verschoben. Die Struktur verhält sich zum Wandel wie das Sieb zum Sand, der durch es rinnt. Konstant sind die Kategorien, variabel die Verteilungen; konstant sind die Institutionen, variabel die ihnen zugeordneten Personen.

Kurzum: „Relativ dauerhaft" ist ein Tarnname für „institutionalisiert", also „verpflichtend" oder „wichtig" für die Menschen. Wir sind also wieder am Ausgangspunkt des distributiven Strukturbegriffs und der enumerativen Definition des „Sozialen" angekommen, die sich auf Institutionen und die Bevölkerung bezog: Wir verlassen uns auf unsere Alltagskenntnis wichtiger sozialer Institutionen und betrachten die Verteilung der Bevölkerung auf sie als Sozialstruktur und Verschiebungen darin als sozialen Wandel. Nicht umsonst verknüpfen Lehrbücher zur Sozialstruktur (Schäfers 2004) schon im Titel Struktur mit Wandel.

Das *zweite* Problem ist schon in der Diskussion des ersten angeklungen: Das Kriterium der relativen Konstanz grenzt soziale Beziehungen unter dem Tarn-Kriterium der Zeit nach nicht explizierten sachlichen Gesichtspunkten ein. Bei genauerem Hinsehen lassen sich die meisten dieser Gesichtspunkte unter dem Oberbegriff „wichtig für die Nationalgesellschaft" zusammenfassen. Die Beziehungen, die unter dem Namen der Sozialstruktur behandelt werden, sind *für die Sozialstruktur* wichtig, also für die Nationalgesellschaft; in der Tat nutzt eine Einführung in die Sozialstrukturanalyse genau das Kriterium der „Relevanz" für die Gesellschaft als Maßstab für die enumerative Definition der Sozialstruktur (Klein 2005: 15,36). Das ist wiederum unter *praktischen* Gesichtspunkten sofort einleuchtend. Jedermann wird die Anteile der Verheirateten an der Bevölkerung oder der Arbeiter an den Erwerbstätigen für wichtige Informationen über eine Nationalgesellschaft halten. Aber es ist wiederum für eine *theoretische* Präzisierung des „Sozialen" untauglich, weil zirkulär: Etwas „Soziales" kann nicht dadurch definiert werden, dass es für „Soziales" wichtig ist. Abgesehen von ihrer Zirkularität würde eine derartige Definition auch unnötig einschränken. Wenn die Sozialstruktur aus den Wechselbeziehungen zwischen konkreten Personen besteht, warum sollten die Zechkumpane am Kneipentisch nicht ebenso eine Sozialstruktur bilden wie die Erwerbstätigen einer Nationalgesellschaft?

Fazit: Die Sozialstruktur ist nur Struktur, aber es gibt viele Sozialstrukturen

Auf beide Fragen nach möglichen inhaltlichen Konsequenzen des relationalen Strukturbegriffs für eine Bestimmung der Sozialstruktur muss also eine negative Antwort gegeben werden. *Auf der einen Seite* ist es sinnlos, Relationen an Elementen unterhalb der Ebene von Personen festzumachen. Es gibt keinen Bezugspunkt für das „Soziale" unterhalb des Individuums, das mit bestimmten Zielen handelt. *Auf der anderen Seite* ist es aussichtslos, nach besonderen Merkmalen zu suchen, die das „Soziale" an den Beziehungen zwischen Menschen vom „Nichtsozialen" abgrenzen. Alle Beziehungen zwischen Menschen sind sozial, weil sie Beziehungen zwischen Menschen sind. Die inhaltliche Bestimmung des „Sozialen" geschieht nur durch die formale; der Inhalt liegt in der Form. Weder auf der Ebene der Elemente noch auf der Ebene der Relationen gibt es inhaltliche Kriterien, die eine materiale Bestimmung des Sozialen erlauben. Diese radikale Konsequenz muss man mit Georg Simmel (1908) ziehen, wenn man Soziologie als Betrachtung der Beziehungsformen zwischen Menschen versteht. Die Sozialstruktur ergibt sich aus Beziehungen gleich welchen Inhalts zwischen Personen. Sie kann nur formal durch Relationen und nicht inhaltlich durch „Soziales" definiert werden. Die Sozialstruktur ist Struktur – und nichts mehr; alles Weitere *kann* sich nicht allgemein ergeben. So wenig wie „die Gesellschaft" gibt es „die Sozialstruktur".

Dass die Sozialstruktur nur formal bestimmt werden kann, hat aber nicht nur negative Konsequenzen. Positive Konsequenzen lassen sich ziehen, wenn man die formale Bestimmung der Struktur ernst nimmt. Für die gleichen Elemente lassen sich nach verschiedenen inhaltlichen Gesichtspunkten mehrere formale Strukturen betrachten. Aus der Überschneidung verschiedener Beziehungsmerkmale lassen sich Strukturen zwischen Personen und Strukturen zwischen den Beziehungsmerkmalen, also zwischen sozialen Gruppen bilden; denn diese Überschneidung beschreibt die Dichte von Beziehungen – zwischen Personen, wenn man die verbindenden Beziehungen betrachtet, und zwischen Gruppen, wenn man die verbindenden Personen betrachtet. Theoretisch kann man also nicht von „der" Sozialstruktur reden, obwohl unter praktischen Gesichtspunkten die Betrachtung „der" Sozialstruktur, nämlich des sozialstatistischen Aufbaus einer Nationalgesellschaft, sinnvoll ist und für politische Entscheidungen eine Grundlage bietet. Theoretisch sinnvoll ist es vielmehr, mit Bezug auf eine konkrete Gruppe von Personen sich eine Vielzahl von Sozialstrukturen zu denken – je nachdem, welche soziale Beziehung, welche Orientierung der Personen aufeinander man betrachtet. Die Analyse der Sozialstruktur setzt also voraus, dass man verschiedene „Inhalte" des sozialen Handelns trennt und für jeden eine eigene Struktur bestimmt. Die Frage, was „sozial" an der Sozialstruktur ist, hat uns also dazu gezwungen, den selbstverständlichen Konsens über den Rahmen der Nationalgesellschaft und die Merkmale zu ihrer Beschreibung zu verlassen und die Fruchtbarkeit des relationalen Strukturbegriffs für die Analyse vielfältiger „Sozialstrukturen" zu prüfen.

Lektüre: Simmel (1908: Kapitel VI „Die Kreuzung sozialer Kreise")

7.4 Relationale Strukturen im Querschnitt: Soziale Netzwerke

7.4.1 Beziehungsformen

Matrizen und Graphen

Strukturen sind die Summe der Beziehungen zwischen Elementen. Aber die Beziehung kann nicht nur als logische Relation verstanden werden. Sie muss durch spezifische Wechselwirkungsformen zwischen den Elementen definiert werden, durch Verbindungen oder Kanäle und möglicherweise auch durch Ressourcen, die in den Kanälen fließen. Solche Strukturen kann man als „soziale Netzwerke" bezeichnen. „Ein soziales Netzwerk besteht aus einer endlichen Menge oder Mengen von Akteuren und der Beziehung oder den Beziehungen zwischen ihnen" (Wasserman / Faust 1994: 20). Wie das Wörtchen „endlich" verrät, ist ein soziales Netzwerk der Ausschnitt aus den prinzipiell unendlichen Beziehungsformen zwischen Menschen, das durch ihre Zugehörigkeit zu einer Gruppe oder einer Gesellschaft bestimmt ist (siehe Abschnitt 4.1). Vorausgesetzt, dass eine Gruppe und die Art der Beziehung in ihr inhaltlich – sagen wir: Freundschaften in einer Schulklasse – bestimmt worden sind, kann ein soziales Netzwerk formal durch die realisierten unter allen möglichen Beziehungen dargestellt werden. Dazu gibt es zwei Formen: Matrizen und Graphen (Wasserman / Faust 1994: 69-83 und ausführlich 92-166).

Eine *Matrix* ist das Produkt der Multiplikation von Elementen einer Menge mit sich selber; aus n Elementen ergibt sich also eine Matrix mit n^2 Zellen. Das Netzwerk wird dann durch die Einträge von Ziffern in den Zellen dargestellt; die Ziffern können Qualitäten – wie 1 für Ja und 0 für Nein, oder -1 für kleiner, 0 für gleich, 1 für größer – oder Maße darstellen, also Zahlen sein, mit denen Rechenoperationen möglich sind. Ein Beispiel für eine Matrix ist die Entfernungstabelle zwischen deutschen Städten, die in jedem Taschenkalender abgedruckt ist: Jede deutsche Stadt wird mit jeder anderen deutschen Stadt „multipliziert", in eine mögliche

Beziehung gesetzt, so dass dann die realisierten Beziehungen – die Entfernungen in Straßen-Kilometern – eingetragen werden können.

Durch eine Matrix wird ein Netzwerk mit Ziffern, also *digital* dargestellt. Aber es lässt sich auch *analog* in einer maßstäblichen Abbildung mit Zeichen darstellen. Die Struktur der Entfernungen zwischen deutschen Städten lässt sich graphisch so darstellen, dass die Städte Deutschlands als Punkte mit Strichen entsprechend der Entfernungen zwischen ihnen verbunden werden – also in einer Landkarte. Aber Landkarten lassen sich nicht nur für Entfernungskilometer, sondern auch für die Verkehrsdichte, den wirtschaftlichen Austausch u.a.m. zwischen den Städten zeichnen – oder für die Beziehungen zwischen Personen. Die analoge Darstellung eines Netzwerks wird Graph genannt. Ein *Graph* besteht aus der Verbindung von Knoten durch Linien (Wasserman / Faust 1994: 71-73). Er lässt alle Elemente einer Menge entweder unverbunden oder verbindet sie mit gerichteten Pfeilen.

Eine *Matrix* lässt zwischen jedem Paar von Elementen A, B zwei Verbindungen zu, nämlich von A nach B und von B nach A. Die erste Verbindung steht über, die zweite unter der Diagonale. Auf der Diagonale steht die Verbindung eines Elements mit sich selber. Die Struktur wird durch den Eintrag der Werte 1 (für eine vorhandene Beziehung) und 0 (für eine nicht vorhandene Beziehung) in diese drei Gruppen von Zellen dargestellt. In einem *Graphen* sind die beiden Verbindungen zwischen dem gleichen Paar von Elementen durch die beiden Pfeilrichtungen zwischen zwei Punkten symbolisiert; der Diagonalen der Matrix entsprechen hier die Verbindungslinien der Elemente mit sich selber, für die nicht zwischen Richtungen unterschieden werden kann und die durch eine zum Knoten zurückkehrende Kreislinie dargestellt werden.

Diese drei Teile der Matrix – obere Hälfte, Diagonale, untere Hälfte – bzw. die drei Richtungen von Pfeilen in einem Graphen – von A nach B, von A nach A, von B nach A – können nun inhaltlich interpretiert werden. Soziale Beziehungen richten sich per definitionem nicht auf die eigene Person, sondern auf andere; sie sind nicht reflexiv. Deshalb wird die Diagonale bzw. der Kreis nicht gebraucht; die Soziologie befasst sich mit Herrschaft, Liebe, Gesprächen usw.; Selbstbeherrschung, Selbstliebe, Selbstgespräche usw. sind eher Gegenstand der Psychologie.[3] Aber die Einordnung in die obere oder untere Hälfte bzw. die Richtung der Pfeile erlaubt die Unterscheidung zwischen drei Formen sozialer Relationen.

Symmetrische, reziproke und komplementäre Beziehungen

Symmetrische Beziehungen sind notwendig in beiden Richtungen gleich. Für ihre Matrix-Darstellung genügt die obere oder untere Hälfte, und es ist beliebig, welche Hälfte man wählt. Für die Graphen-Darstellung genügen Verbindungslinien, und Pfeile sind sinnlos. Die Richtung der Beziehung ist unerheblich, nur ihre Existenz – wie im Beispiel der Entfernungstabelle zwischen Städten. Soziologische Beispiele sind die gemeinsame Mitgliedschaft in Vereinen

---

3 Man kann über diese Arbeitsteilung streiten; aber sie folgt aus der Definition des sozialen Handelns. Die reflexive Beziehung einer Person zu sich selber, ihre Identität (Haußer 1995: 3, Abels 2006: 241-255, Fischer / Wiswede 2002: 352-355), die Wahrnehmung eines „Mich" durch ein „Ich" ist nur insofern Gegenstand der Soziologie, als sie die Internalisierung einer Beziehung des Ich zu einem anderen darstellt – wie es G. H. Mead (1934) ausführt. – Auch die Diagonalzellen werden allerdings dann interessant, wenn die Einheiten nicht Individuen, sondern Gruppen sind. Sie stellen dann die Häufigkeit der Beziehungen in der Gruppe, die interne Homogenität dar. Eine Analyse der Beziehungen zwischen Aggregaten in der Bundesrepublik zeigt z.B., dass innerhalb der Angestellten, nicht aber innerhalb der Selbständigen viele soziale Beziehungen bestehen; die Angestellten, nicht aber die Selbständigen bilden eine soziale Einheit (Pappi 2001: 607).

oder Verwandtschaft und Tausch, sofern mit Verwandtschaft und Tausch nur die Existenz einer entsprechenden Beziehung gemeint ist. Wie die Beispiele von Verwandtschaft und Tausch zeigen, ist der Aspekt von Beziehungen, der symmetrisch ist, soziologisch insofern meist wenig interessant, als die spezifische Orientierung des einen auf den anderen Handelnden in der Symmetrie ja ausgeblendet ist. Die Soziologie interessiert sich dafür, wer der Vater von wem ist oder wer von einem Tausch mehr profitiert. In der Soziologie geht es weniger um die Existenz einer Beziehung als um die Unterschiede der Perspektiven in ihr (Wellman 1988: 40). Aber es kann auch für die Soziologie interessant werden, Beziehungen ohne die Akteursperspektive zu betrachten und zu „objektivieren" – dann nämlich, wenn aus den Wahlen zwischen Personen eine Sozialstruktur gleichsam destilliert werden soll oder wenn die gemeinsame Zugehörigkeit von Personen zu Verbänden als Sozialstruktur beschrieben werden soll (siehe dazu unten).

Wenn Beziehungen nicht mehr symmetrisch sind, muss auch die zweite Matrixhälfte zur Darstellung herangezogen bzw. die Richtung der Verbindungslinie bestimmt werden. Hier kann man zwei weitere Formen danach unterscheiden, ob für zwei gegebene Elemente in der oberen und unteren Hälfte der Matrix der gleiche Eintrag möglich ist bzw. beide Pfeile gezogen werden können oder nicht.

Reziproke Beziehungen können, aber müssen nicht aus beiden Perspektiven gleich sein. Jede reziproke Beziehung muss von einer Seite eingefädelt werden und kann von der anderen aufgenommen werden oder nicht. Die soziologisch interessante Frage ist gerade, ob die Einseitigkeit bestehen bleibt oder die potenzielle Beidseitigkeit realisiert wird. Sprachlich kommt die Reziprozität darin zum Ausdruck, dass es einen beide Perspektiven übergreifenden Namen für die Beziehung gibt. Beispiel Liebe: Wenn Peter Petra liebt, dann muss Petra keineswegs Peter lieben; aber vielleicht erwidert Petra Peters Liebe. Wenn A von B in einem Tauschgeschäft profitiert, dann muss nicht B von A im gleichen Ausmaß profitieren. Andere Beispiele: Freundschaft, Unterstützung, Kooperation. In der Matrix-Darstellung ist der Eintrag in der einen Hälfte unabhängig vom Eintrag in der anderen Hälfte. Aus der Übereinstimmung beider Hälften kann man ablesen, ob die mögliche Reziprozität realisiert worden ist. In der Graphen-Darstellung können, aber müssen nicht in beiden Richtungen Pfeile sein (Pappi 1987: 15-16).

Komplementäre Beziehungen sind notwendig in der einen Richtung anders als in der anderen: Mit der Perspektive aus der einen Seite ist die Perspektive aus der anderen Seite festgelegt. Aber die beiden Perspektiven können zwischen den beiden Personen wechseln. Sprachlich kommt die Komplementarität darin zum Ausdruck, dass es – neben dem beide Perspektiven übergreifenden Namen – für jede Seite ein besonderes Wort gibt. Beispiel Herrschaft, Herrscher und Untertan: Wenn A über B herrscht, kann nicht gleichzeitig B über A herrschen; aber es ist entscheidend, ob A oder B Herrscher und entsprechend B oder A Untertan ist. Weitere Beispiele: Elternschaft, Vater-Sohn; Schule, Lehrer-Schüler; Lehre, Meister-Lehrling. In der Matrix-Darstellung ist der Eintrag in der einen Hälfte nicht unabhängig vom Eintrag in der anderen; wenn für zwei gegebene Elemente z.B. in der einen Hälfte eine 1 steht, dann muss in der anderen Hälfte eine 0 stehen. In der Graphen-Darstellung kann zwischen zwei Elementen ein Pfeil nur in eine Richtung gehen.

Reziproke und komplementäre Beziehungen[4] sind in Abbildung 7.4 als Matrix und als Netzwerk dargestellt.

---

4 Watzlawick u.a. (1969: 68-70) glauben, dass jede zwischenmenschliche Beziehung entweder reziprok (dort: „sym-

Transitive und intransitive Beziehungen, strukturelle Spannung

Wenn es auch nicht möglich ist, dass direkt A über B und gleichzeitig B über A herrscht, so ist es durchaus möglich, dass A direkt über B, gleichzeitig B aber indirekt (nämlich über C) über A herrscht, wie Fall 2 in Abbildung 7.4 zeigt. Das erläutert den Unterschied zwischen zwei Formen komplementärer Beziehungen: transitiven und intransitiven. Transitive Beziehungen folgen dem Gesetz der Transitivität: Wenn A über B herrscht und B über C, dann muss auch A über C herrschen. Genau das ist in der Abbildung nicht der Fall. Ein Beispiel einer nicht-transitiven Beziehung in einer Triade ist: Vater beherrscht Mutter, Mutter beherrscht Tochter, Tochter beherrscht Vater.[5] In der Abbildung herrscht jedoch Transitivität zwischen D, E und F. Transitivität kann nur sinnvoll beurteilt werden, wenn man mindestens drei Elemente, also eine Triade, betrachtet. In der Matrix sind transitive Triaden daran erkennbar, dass die Zeilen und Spalten der Matrix so angeordnet werden können, dass alle Relationen oberhalb der Diagonalen liegen (wie bei D, E, F), und intransitive daran, dass dies nicht möglich ist (wie bei A, B, C). Im Netzwerk sind transitive Triaden daran erkennbar, dass zwischen jedem Paar der Triade direkte wie indirekte Wege nur in eine Richtung laufen, und intransitive daran, dass zwischen jedem Paar direkte oder indirekte Wege in beiden Richtungen verlaufen.

Wie schon das Beispiel Vater, Mutter und Tochter zeigte, „stimmen" transitive Beziehungen, intransitive hingegen bringen Spannung mit sich. Das gilt für *komplementäre* Beziehungen wie Herrschaft: In staatlichen Bürokratien z.B. können Unterschiede zwischen der formalen Hierarchie und der informellen Machtstellung (sei es aufgrund persönlicher Qualifikation, sei es aufgrund externer, wie etwa parteipolitischer Macht) dazu führen, dass C zwar A übergeordnet ist, aber A informell über B auf C Druck ausüben kann, so dass die formale Anordnungslinie gefährdet ist. Das gilt aber auch für *reziproke* Beziehungen wie Freundschaft: Der Freund meines Freundes sollte eigentlich auch mein Freund sein; wenn er mein Feind ist, dann versuche ich, ihn umzustimmen oder gebe die Beziehung zum Freund auf. Ebenso sollte der Feind meines Feindes mein Freund sein; nach dieser Regel werden häufig politische Koalitionen geschmiedet. Transitivität in der Triade herrscht also unter zwei Bedingungen: wenn alle drei Beziehungen positiv oder wenn eine positiv und die beiden anderen negativ sind (Jansen 2003: 39-42, 62-64).

Allgemein: Transitive Beziehungen in Triaden sind im „strukturellen Gleichgewicht", intransitive unterliegen „strukturellen Spannungen" – „strukturell" deshalb, weil sie aus der Anordnung der Beziehungen „emergieren" und nicht von den Personen verursacht sind (Wasserman / Faust 1994: 14, 221-233). Die „Struktur" wirft ihre eigenen, von den Personen unabhängigen und in der formalen Darstellung fassbaren Probleme auf, sobald mehr als zwei Personen zusammenhandeln; mit der dritten Person bildet sich eine von jeder Person unabhängige Wirklichkeit des Sozialen heraus – wie es schon Simmel analysiert hat (siehe Abschnitt 2.3).

Diese Beispiele zeigen, wie die Darstellung von Netzwerken durch Matrizen und Graphen in einer soziologisch interessanten Weise weitergeführt werden kann. Man kann betrachten,

---

metrisch") oder komplementär ist, dass diese Unterscheidung also eine grundlegende Dimension menschlichen Handelns erfasst – wie die Orientierungsalternativen Parsons' (siehe Abschnitt 3.1.2).

5 Man kann fragen, ob die Basis der Herrschaft – finanzieller Unterhalt, emotionale Abhängigkeit usw. – in den drei Relationen gleich ist. – Weitere Beispiele für Intransivität sind Wettkämpfe: Im Fußball schlägt Hamburg Bremen, Bremen Frankfurt, Frankfurt Hamburg; hier wird durch die Spielergebnisse zwar die gleiche Art von „Herrschaft" zum Ausdruck gebracht, aber der Vergleich ist nicht zeitgleich.

Abbildung 7.4 Reziproke und komplementäre Relationen

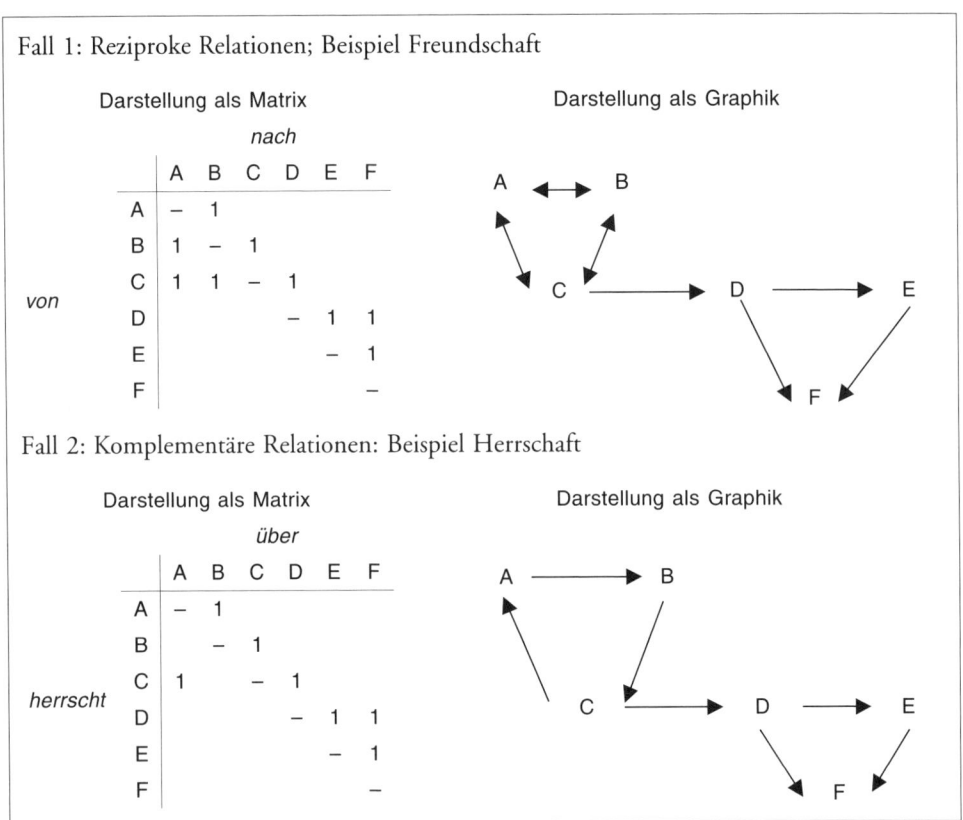

Fall 1: Reziproke Relationen; Beispiel Freundschaft

Darstellung als Matrix   Darstellung als Graphik

Fall 2: Komplementäre Relationen: Beispiel Herrschaft

Darstellung als Matrix   Darstellung als Graphik

ob es unter der Menge von Akteuren verbundene oder unverbundene (wenn man im Beispiel die Wahl von D durch C weglässt) Gruppen gibt; man kann untersuchen, welche Personen die (von allen gewählten) Stars und die (von keinem gewählten) Einzelgänger sind; man kann aus der Häufigkeit des Gewähltwerdens Maße der Zentralität und des Prestiges (Jansen 2003: Kapitel 6; Trappmann / Hummell / Sodeur 2005: Kapitel 2) entwickeln; man kann aus Intransitivitäten in Triaden und Beziehungen höherer Ordnung auf Ungleichgewichte und ihre mögliche Lösung schließen usw. Die Grundideen der Netzwerk-Analyse schließen also an alltägliche Vorstellungen an und führen durch einfache Formalisierungen zu einem Verständnis der eigenen, von den Personen unabhängigen oder „emergenten" Probleme sozialer Strukturen. Sie gehören daher zum Repertoire der Soziologie, während die weitergehende formale Ausarbeitung in der Fachliteratur abgehandelt wird (Wasserman / Faust 1994, Trezzini 1998).

7.4.2 Erhebungsweisen und Analyseschritte

Egozentrierte und Gesamtnetzwerke

So wenig wie Eigenschaften einer Person sind Beziehungen zwischen Personen dem Sozialwissenschaftler gegeben. Sie müssen beobachtet oder erfragt werden. Die übliche Erhebungsmethode ist die Befragung. In sog. *„Namensgeneratoren"* wird die Person nach einer anderen Person gefragt, mit denen sie in einer besonderen Beziehung steht: z.B. mit der sie häufig diskutiert, häufig privat verkehrt, der sie Hilfe gibt und von der sie Hilfe erwartet usw.; zu diesen Beziehungspersonen werden dann kategoriale Merkmale erfragt, z.B. Geschlecht, Alter, Verwandtschaft. Auf diese Weise entsteht für jeden Befragten ein „egozentriertes Netzwerk" (Wasserman / Faust 1994: 41-43, 53; Jansen 2003: 79-85). In nationalen Bevölkerungsumfragen mit zufällig gezogenen Stichproben ist die Wahrscheinlichkeit äußerst gering, dass ein Befragter als Beziehungsperson einen weiteren Befragten nennt. In kleineren vor der Befragung positional klar abgegrenzten Untersuchungsgruppen wie etwa den Elitepersonen einer Gemeinde ist es dagegen sehr wahrscheinlich, dass die egozentrierten Netzwerke einer bestimmten Beziehungsform, etwa der privaten Kontakte oder politischen Ratsuche, sich zu einem „Gesamtnetzwerk" zusammenfügen lassen, in dem wechselseitige Nennungen möglich sind (Pappi 1987: 20-25; Schenk 1995: 28-40; Jansen 2003: 71-79, sowie Kapitel 5).

Ego-zentrierte Netzwerke werden vor allem erhoben, um die soziale Einbettung oder die „interpersonale Umgebung" individueller Entscheidungen, etwa der Mediennutzung (Schenk 1995: 146-148) oder der politischen Wahl, zu prüfen: Man will z.B. wissen, ob nicht nur Berufszugehörigkeit und Konfession, also zwei Eigenschaften der Person, die Wahlentscheidung beeinflussen, sondern auch die Häufigkeit der Kontakte zu Beziehungspersonen, die kategoriale Ähnlichkeit und die Kontakte dieser Beziehungspersonen untereinander und mit Ego. Bestimmt nicht nur der Katholizismus einer Person die Wahlentscheidung, sondern auch die Tatsache, dass sie in einem katholischen Milieu lebt? Die Hintergründe der Wahlentscheidung werden also von Eigenschaften auf Beziehungen der Person erweitert. Aber die Beziehungen bleiben *logisch* Eigenschaften der Person; sie werden nicht als Eigenschaft einer sozialen Struktur gesehen. Die Beziehungen lassen sich nicht zu einem Strukturbild zusammenfügen. Genau das wird möglich, wenn die Personen aus einem vorweg eng definierten Kreis stammen und ihre Angaben zu einem Gesamtnetzwerk zusammengefügt werden können. Erst Gesamtnetzwerke sind daher Beschreibungen sozialer Strukturen.

Weiterführende Literatur: Wolf (2006) gibt einen Überblick über die Erhebung egozentrierter Netzwerke.

Grade, Dichte, indirekte Pfade, Pfaddistanzen

Wie soziale Strukturen sich mit Gesamtnetzwerken darstellen lassen, wird im Folgenden am Beispiel der Gemeindestudie von Pappi (1987) gezeigt. In einer Kleinstadt wurden die wichtigsten politischen Positionen – Bürgermeister, Gemeinderat, Parteien usw. – ermittelt. Die Inhaber dieser Positionen wurden gefragt, mit wem sie am häufigsten privaten Kontakt haben; erfragt wurde also eine reziproke Beziehung. Aus den Angaben von sieben der insgesamt 72 befragten Personen konnte das folgende Gesamtnetzwerk der privaten Kontakte konstruiert werden, das als „SPD-Clique in Altneustadt" bezeichnet wurde. Es ist in Abbildung 7.5 als Graph und als Matrix dargestellt. An diesem Beispiel sollen vier Konzepte für die Analyse von Gesamtnetzwerken illustriert werden: Grade, Dichte, indirekte Pfade und Pfaddistanzen.

Abbildung 7.5 SPD-Clique in Altneustadt: Soziogramm und Berührungsmatrix der privaten
Kontakte

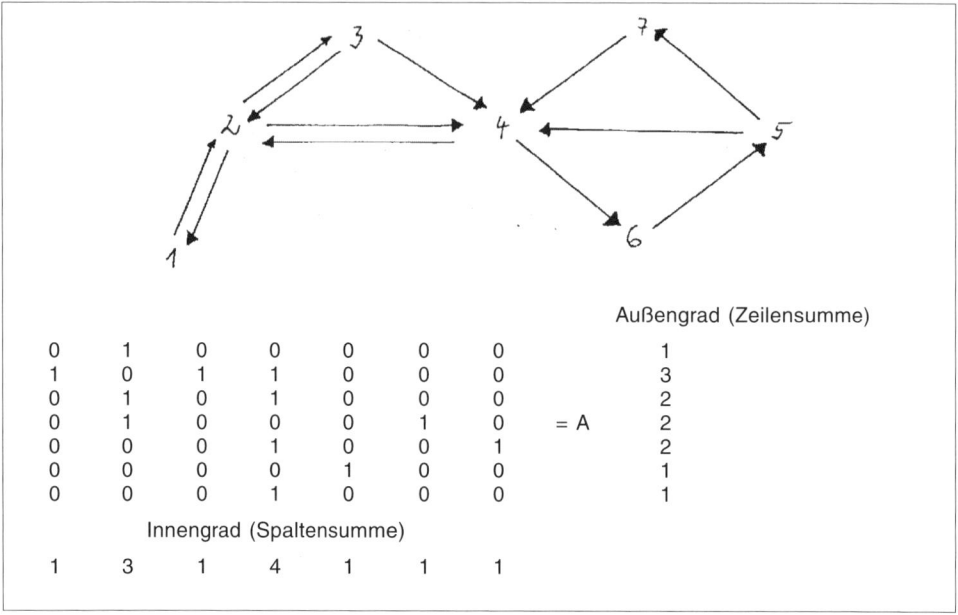

Außengrad (Zeilensumme)

0	1	0	0	0	0	0		1
1	0	1	1	0	0	0		3
0	1	0	1	0	0	0		2
0	1	0	0	0	1	0	= A	2
0	0	0	1	0	0	1		2
0	0	0	0	1	0	0		1
0	0	0	1	0	0	0		1

Innengrad (Spaltensumme)

| 1 | 3 | 1 | 4 | 1 | 1 | 1 |

Quelle: Pappi (1987: 27, 29).

Jede Person wählt eine bestimmte Zahl von anderen und wird von einer bestimmten Zahl von
anderen gewählt. Die aktiven Wahlen sind die Zeilensummen oder Außengrade, die passiven
die Spaltensummen oder Innengrade. Da die Wahlen in einer endlichen Menge von Akteuren
verbleiben, ist die Summe von Außen- und Innengraden gleich. Die *Grade* messen die soziale
„Einbettung" (Granovetter 1985) der Personen in die Sozialstruktur. Wie man auch am Graphen sehen kann, sind 2 und 4 am stärksten, 1, 6 und 7 am schwächsten eingebettet. Die Einbettung kann als *Sozialkapital* (Putnam 2000) der Personen verstanden werden, als Besitz von
„Beziehungen". Im Beispiel würden Außen- und Innengrade nur die unterschiedliche Sichtweise der Personen darstellen: Die tatsächliche „Häufigkeit privater Kontakte" zwischen zwei
Personen sollte unabhängig davon sein, wer über sie berichtet.

In einem Netzwerk von n Personen sind n(n-1) gerichtete Beziehungen möglich. Im Beispiel sind also 42 gerichtete Beziehungen möglich, von denen 12 auftreten, so dass die *Dichte*
des Netzwerks, also das Verhältnis von gegebenen zu möglichen Beziehungen, 12/42 = .29 ist.
Die Dichte des Netzwerkes erlaubt also eine Beschreibung sozialer Strukturen im Sinne der
Klassiker Durkheim und Simmel nach Größe und Interaktionsdichte (siehe Abschnitt 4.1).

Darüber hinaus beschreibt das Netzwerk auch indirekte Pfade zwischen den Personen. Sie
lassen sich am Graphen unmittelbar verfolgen, indem man Verbindungen über mehrere Knoten verfolgt. Aber bei größeren Netzwerken wird das unübersichtlich, so dass indirekte Beziehungen besser an der Matrix dargestellt werden. Angenommen, man will wissen, wie viel indirekte Beziehungen es zwischen 1 und 3 gibt. Dazu muss man offensichtlich die Ausgänge von
1 und die Eingänge in 3 ansehen und prüfen, ob diese Ausgänge und Eingänge bei irgendeiner
der verbleibenden Personen übereinstimmen. Anders gesagt: Man muss prüfen, ob die erste

Zeile und die dritte Spalte der Matrix an irgendeiner Stelle gleichzeitig eine 1 aufweisen. Wie man an der Matrix sehen kann, ist das bei der Person 2 der Fall. Es gibt also genau einen indirekten Pfad, der 1 und 3 miteinander verbindet; er läuft über 2.

Abbildung 7.6 SPD-Clique in Altneustadt: Pfaddistanzen

Pfade der Länge 2								Pfaddistanz 1 und 2						
1	0	1	1	0	0	0		–	1	2	2	0	0	0
0	3	0	1	0	1	0		1	–	1	1	0	2	0
1	1	1	1	0	1	0		2	1	–	1	0	2	0
1	0	1	1	1	0	0	$= A^2$	2	1	2	–	2	1	0
0	1	0	1	0	1	0		0	2	0	1	–	2	1
0	0	0	1	0	0	1		0	0	0	2	1	–	2
0	1	0	0	0	1	0		0	2	0	1	0	2	–

Pfade der Länge 3								Pfaddistanz 1, 2, 3						
0	3	0	1	0	1	0		–	1	2	2	0	3	0
3	1	3	3	1	1	0		1	–	1	1	3	2	0
1	3	1	2	1	1	0		2	1	–	1	3	2	0
0	3	0	2	0	1	1	$= A^3$	2	1	2	–	2	1	3
1	1	1	1	1	1	0		3	2	3	1	–	2	1
0	1	0	1	0	1	0		0	3	0	2	1	–	2
1	0	1	1	1	0	0		3	2	3	1	3	2	–

Quelle: Pappi (1987: 29).

Wenn man alle Zeilen mit allen Spalten in dieser Weise vergleicht, multipliziert man die Matrix A mit sich selber. Eine Matrix A mit k Zeilen und m Spalten kann nur mit einer Matrix B mit m Zeilen und n Spalten multipliziert werden. Man multipliziert dann A mit B, indem man die Elemente a_{ij} der Matrix A mit den Elementen b_{ij} der Matrix B nach der folgenden Regel multipliziert:

$$\sum_{s=1}^{s=m}\left(a_{is} \times b_{sj}\right) = c_{ij},$$

so dass sich also das Element c_{ij} in Zeile i und Spalte j der Produkt-Matrix C ergibt, die k Zeilen und n Spalten hat.[6] In unserem Beispiel wird die Matrix A mit sich selber multipliziert: A * A = A^2; da A quadratisch ist, also gleich viel Zeilen und Spalten hat, ist die Bedingung für die Multiplikation erfüllt.

In Abbildung 7.6 ist links oben die Matrix A^2 dargestellt, die für jedes Paar von Personen angibt, ob eine indirekte Beziehung besteht oder nicht. Das Ergebnis kann man mit einem Blick auf den Graphen überprüfen: Nicht nur 1 und 3, sondern auch 1 und 4 haben eine indirekte Beziehung über 2 usw. Zudem stellt A^2 auch indirekte Beziehungen einer Person mit sich selber dar: Es gibt z.B. 3 Pfade der Länge 2 von 2 zu 2: über 1, über 3 und über 4. Die indirekten Pfade von der gleichen zur gleichen Person haben nun – anders als die direkte, reflexive Beziehung einer Person mit sich selber – einen soziologischen Sinn. Sie stellen dar, ob, wie häufig und über welche Entfernung Impulse, die von einer Person ausgehen, zu ihr wieder

---

6 Eine Einführung in die Matrizenrechnung findet sich in sozialwissenschaftlichen Methoden-Lehrbüchern (z.B. Bortz 1985: 811-823) und in Jansen 2003: 122-126.

zurückkommen. Ein Beispiel dafür ist die mögliche Blindheit von Herrschaft: Kann eine herrschende Person erfahren, wie ihre Handlungen bei den Beherrschten aufgenommen werden? Hat sie einen Überblick, eine Kontrolle über ihr soziales Umfeld oder agiert sie gleichsam blind darin? Selbst Diktaturen wollen – wie Spitzelsysteme zeigen – wissen, was das Volk über sie denkt, und scheitern oft an einer „Rückkopplung“, die sie in Illusionen wiegt. Ein weiteres Beispiel ist die Selbstbindung (Becker 1960) einer Person: Ein Mann, der es ernst mit der Liebe zu einer Frau meint, sagt das anderen, die ihn fragen und verspotten können, wenn aus der Liebe nichts geworden ist – also nicht irgend jemandem, den er nie wieder sieht, sondern Freunden oder Verwandten, mit denen er länger in Beziehung steht.

Indirekte Pfade lassen sich über *eine* Zwischenperson mit der Länge 2 konstruieren – oder über zwei und mehr Zwischenpersonen der Länge von 3 und mehr. Wenn man A^2 noch einmal mit A multipliziert, erhält man die Matrix A^3, die die Pfade der Länge 3 darstellt und in Abbildung 7.6 links unten wiedergegeben ist. Wenn man die Multiplikation der Matrix A mit sich selber fortsetzt, kann man zwischen zwei Personen, zwischen denen überhaupt eine Verbindung besteht, Pfade beliebiger Länge aufdecken. Aus diesen Pfaden kann man dann den kürzesten Pfad heraussuchen.

Der kürzeste Pfad zwischen zwei Personen, die *Pfaddistanz,* ist in den beiden Matrizen auf der rechten Seite der Abbildung 7.6 wiedergeben. Die Matrix „Pfaddistanz 1 und 2“ enthält eine 0 dort, wo weder in der Matrix A noch in der Matrix A^2 eine 1 enthalten ist; sie enthält eine 1 dort, wo schon in der Matrix A eine 1 enthalten ist, und eine 2 dort, wo nicht in der Matrix A, sondern erst in der Matrix A^2 eine 1 enthalten ist. Die Matrix „Pfaddistanz 1,2,3“ enthält eine 3 dort, wo weder in der Matrix A noch in der Matrix A^2, sondern erst in der Matrix A^3 eine 1 enthalten ist. Person 1 z.B. hat einen Pfad der Länge 1 mit der Person 2 in A, hinzukommen in der Matrix „Pfaddistanz 1 und 2“ Pfade der Länge 2 mit den Personen 3 und 4 in A^2, sowie in der Matrix „Pfaddistanzen 1,2,3“ ein Pfad der Länge 3 mit Person 6. Nach weiteren Matrix-Multiplikationen lässt sich die Suche nach den kürzesten Verbindungen fortsetzen. Im Ergebnis kann man so zwischen jedem Personenpaar die kürzeste Distanz sozialer Vermittlungsschritte („Pfade“) angeben – genau so wie zwischen den Städten Deutschlands die kürzeste Entfernung in Kilometern.

7.4.3 Von Relationen zwischen Personen zu Positionen in Strukturen: Strukturelle Ähnlichkeit und Blockmodelle

Grade, Dichte, direkte und indirekte Pfade und Pfaddistanzen beschreiben Beziehungen zwischen Personen. Aber es kann sein, dass zwei Personen zu den übrigen die genau gleichen Beziehungen haben, also in genau gleicher Weise wählen und gewählt werden. Sie sind, was die Beziehungen zu den anderen betrifft, austauschbar; sie haben die *gleiche* Position im Netzwerk. Selbst wenn zwei Personen nicht genau, sondern nur weitgehend gleich wählen und gewählt werden, sind sie weitgehend austauschbar und haben eine *ähnliche* Position. Positionen jenseits von Personen aber will man erfassen, sobald man die Sozialstruktur größerer Gruppen analysiert. Wie man von Relationen zwischen Personen zur Struktur von Positionen kommt, soll im Folgenden angedeutet werden.

Je mehr zwei Personen in ihren Beziehungen zu den übrigen Personen des Netzwerks übereinstimmen, desto mehr sind sie einander „strukturell ähnlich“; wenn sie die genau gleichen Beziehungen haben, sind sie „strukturell äquivalent“. Die *strukturelle Ähnlichkeit* – mit dem im Folgenden nicht mehr gesondert erwähnten Grenzfall der strukturellen Äquivalenz (Pappi 1987: 30-31, Ziegler 1987: 66-67) – ergibt sich also aus dem Vergleich aller Ausgänge und Eingänge für zwei Personen; wenn Person i mit Person j verglichen wird, werden also Zeile i mit Zeile j sowie Spalte i und Spalte j verglichen. Die strukturelle Ähnlichkeit wird berechnet, indem man in der Berührungsmatrix A die quadrierten Abstände für die Zeilen und die Spalten der beiden Personen (im Beispiel also insgesamt 14) bildet, summiert und aus der Summe die entsprechende (im Beispiel also 14.) Wurzel zieht – man bildet die „euklidische Distanz", die für den Fall zweier Summanden als Satz des Pythagoras bekannt ist. Sind alle Ausgänge von und alle Eingänge in eine Person mit denen einer anderen Person gleich, so ist die Distanz zwischen ihnen Null und sie sind strukturell äquivalent; mit jeder Ungleichheit der Aus- und Eingänge wächst die Distanz, die Personen sind einander nur noch mehr oder minder ähnlich. Im Netzwerk der SPD-Clique in Abbildung 7.5 ist die Distanz zwischen keinem Personenpaar gleich Null; es gibt keine Personen, die genau die gleiche Position haben, also strukturell äquivalent sind. Am ähnlichsten sind sich 1 und 3, wie man am Graphen sehen kann: Beide wählen 2 und werden von 2 gewählt, aber 3 wählt zusätzlich noch 4. Würde man die Wahl von 4 durch 3 wegnehmen, hätten 1 und 3 tatsächlich eine Distanz von Null und strukturell äquivalente Positionen.

Die Personen können nun nach ihrer strukturellen Ähnlichkeit zu sog. „Blöcken" zusammengefasst werden, zwischen denen wiederum Beziehungen bestehen oder nicht bestehen, die also eine Struktur zweiter Ordnung bilden. Wie Abbildung 7.5 zeigt, zerfällt die SPD-Clique in zwei Unter-Cliquen: 1,2,3,4 und 4,5,6,7. In der ersten Unterclique ist 1 isoliert, weil 1 nur über 2 zu 3 und 4 kommt. Auf der anderen Seite ist 4 zentral, weil 4 beide Untercliquen verbindet. Insgesamt gibt es also 4 Blöcke strukturell ähnlicher Personen: 1; 2,3; 4; 5,6,7.

Um diese Blöcke darzustellen, wird die Ausgangsmatrix in Abbildung 7.5 „symmetrisiert"; d.h. es wird oberhalb *und* unterhalb der Diagonale eine 1 eingetragen, wenn oberhalb *oder* unterhalb eine 1 auftritt. Da die Matrix „Kontakte" darstellt, ist es gerechtfertigt, in dieser Weise von der Sicht der Akteure abzusehen und die Beziehung zwischen ihnen zu „objektivieren". Das Ergebnis, die Matrix der symmetrisierten Kontakte, ist in Abbildung 7.7a dargestellt, in der die vier Blöcke durch gestrichelte Linien getrennt sind. Die Bildung von Blöcken führt also von Personen zu der sozialstrukturell eigentlich interessanten Ebene der Positionen, ohne die Ebene der Positionen als eigene Realitätsebene vorweg zu postulieren. Die Beziehungen zwischen den Blöcken, also die zweite Strukturebene, lässt sich in einer 4*4 Matrix darstellen, indem man jedem der in der 7*7 durch die gestrichelten Linen gebildeten Felder eine Null zuweist, wenn es nur Nullen, und eine Eins, wenn es Einsen oder Nullen enthält.

Bei nur 7 Personen ist es einfach, die Personen in einer 7*7-Matrix so anzuordnen, dass die Matrix Blöcke mit Einsen oder Nullen und Blöcke mit ausschließlich Nullen enthält und aus der 7*7-Personen-Matrix eine 4*4 Blockmatrix zu konstruieren. Bei einer größeren Zahl von Personen ist jedoch die Matrix nicht mehr zu überblicken. Aber Computerverfahren der „Blockmodellanalyse" (Kappelhoff 1987: 101-128; Ziegler 1987: 64-73; Jansen 2003: 212-236) können auch in großen Matrizen Blöcke strukturell ähnlicher Personen finden. Auch in großen Gruppen lässt sich also aus der Struktur der Beziehungen zwischen Personen eine Struktur der Beziehungen zwischen Gruppen entdecken.

Weiterführende Literatur: Trappmann / Hummell / Sodeur (2005: 97-141) stellen die verschiedenen Möglichkeiten dar, Äquivalenz und Ähnlichkeit zu bestimmen.

Abbildung 7.7a Matrix der symmetrisierten Kontakte

	1	2	3	4	5	6	7
1	–	1	0	0	0	0	0
2	1	–	1	1	0	0	0
3	0	1	–	1	0	0	0
4	0	1	1	–	1	1	1
5	0	0	0	1	–	1	1
6	0	0	0	1	1	–	0
7	0	0	0	1	1	0	–

Abbildung 7.7b Matrix der Organisationsverflechtungen

	1	2	3	4	5	6	7
1	0	0	0	0	0	0	0
2	0	1	1	1	0	0	0
3	0	1	1	1	0	0	0
4	0	1	1	2	1	1	1
5	0	0	0	1	1	1	1
6	0	0	0	1	1	1	1
7	0	0	0	1	1	1	1

Quelle: Pappi (1987: 33).

7.4.4 Eine und mehrere Beziehungsformen

Bis jetzt wurde nur eine Dimension sozialer Beziehungen betrachtet; die formale Betrachtung von Wechselwirkungsformen im Sinne von Simmel legt es aber nahe, zwei und mehrere Dimensionen der Beziehung zwischen den gleichen Elementen zu betrachten und auf die gleiche Weise wie zuvor strukturell ähnliche Personen zu finden und als Position zusammenzufassen. Im Beispiel der SPD-Clique wurde bis jetzt die Dimension der privaten Kontakte untersucht; die gemeinsame Mitgliedschaft in Organisationen soll im Folgenden als zweite Beziehungsform dargestellt werden (Pappi 1987: 31-36).

Anders als bei der „Objektivierung" einseitiger Wahlen durch „Symmetrisierung" wird in der Beziehungsform „gemeinsame Mitgliedschaft" die Richtungslosigkeit nicht nachträglich hergestellt, sondern ist der Natur der Beziehung nach, also „objektiv" gegeben; gemeinsame Mitgliedschaft ist von vornherein eine symmetrische Beziehung. Aus der Befragung ist bekannt, dass in der SPD-Clique 2,3 und 4 Mitglied der Evangelischen Kirche, 4,5,6 und 7 Mitglied der SPD sind. Aus diesen Informationen lässt sich die in Abbildung 7.7.b dargestellte 7*7-Matrix der Anzahl der gemeinsamen Mitgliedschaften in Organisationen konstruieren; sie enthält auf der Diagonale die Gesamtzahl der Organisationsmitgliedschaften.

Wie über die Zeilen und Spalten *einer* Matrix, so kann man auch über die Zeilen und Spalten *mehrerer* Matrizen zwischen jedem Personenpaar euklidische Distanzen berechnen – hier also über die beiden Matrizen der symmetrisierten Kontakte und der Organisationsverflechtungen in Abbildung 7.7a und b. Um von Personen zu Positionen zu gelangen, bildet man dann nicht mehr Blöcke in einer der beiden Matrizen. Vielmehr berechnet man über mehrere Beziehungsformen Distanzen und schreibt sie in eine symmetrisierte Ausgangsmatrix. Eine solche Distanzmatrix lässt sich mit statistischen Verfahren wiederum so analysieren, dass ähnliche Personen zu Gruppen zusammengefasst werden, die man wiederum als Position in der Sozialstruktur verstehen kann (Ziegler 1987: 73-76).

Die Zusammenfassung mehrerer Beziehungsformen in einem Distanzmaß macht die Bestimmung der Distanz verlässlicher. Aber sie verwischt die sachlichen Unterschiede zwischen ihnen. Wenn man die Beziehungsformen nicht zusammenfasst, sondern hintereinanderschaltet, kann man ihre Verkettung analysieren – was sich wiederum an der Kontakt- und der Organisationsmatrix der SPD-Clique in Abbildung 7.7.a und b illustrieren lässt (Pappi 1987: 33-35). Wie man sieht, ist 1 im Kontaktnetz nur mit 2 verbunden und im Organisationsnetz vollständig isoliert. Aber 1 kann über den privaten Kontakt zu 2 auch in das Organisationsnetz gelangen. In zweistufigen Pfaden können private (P) und organisationelle Kontakte (O) beliebig miteinander kombiniert werden: PP, PO, OP, OO; aber die Personen unterscheiden sich in den Chancen, mit denen sie beides verbinden können. 2,3 und 4 haben alle vier Möglichkeiten, zueinander zu kommen; aber 1 kann nur über PP oder PO zu 3 gelangen. Wenn man von einem abgegrenzten Personenaggregat ausgeht, muss die Analyse natürlich nicht auf die beiden Beziehungsformen des privaten Netzes und der Organisationsmitgliedschaft beschränkt bleiben: Man kann sich Beziehungsnetze denken, die durch den Beruf oder durch die Freizeit, durch Kirchen oder Sportvereine usw. gebildet werden.

Die Verkettung mehrerer Beziehungsformen bietet also eine Möglichkeit, mit der Länge auch die Qualität von Pfaden über mehrere Ebenen der Sozialstruktur nachzuzeichnen. Sie führt zurück zu der Idee „einer" Sozialstruktur – aber doch in einer ganzen anderen Gestalt. Die Sozialstruktur ist nicht mehr gleichsam aus einem Stoff flächendeckend gewebt, sondern sie ergibt sich aus ungleichmäßig überlagerten Beziehungsformen: Die Personen sind mal durch diese Beziehung, mal durch jene miteinander verbunden; und manche Personen sind enger, andere überhaupt nicht miteinander verbunden. Die verschiedenen Beziehungsformen lösen sich nach ihrer inneren Strukturiertheit, ihrer verbindenden Kraft gleichsam ab. Die Mehrdimensionalität rückt die Sozialstruktur zugleich in eine zeitliche Perspektive; die Sozialstruktur ist für die Person nicht mehr ein kompaktes und unverrückbares Datum, sondern ein mehrdimensionaler Raum mit offenen Horizonten, in dem sie sich bewegen kann – und muss.

Die Gruppen der Sozialstruktur, die mit der „Blockmodellanalyse" aus den Relationen zwischen Personen oder Positionen in einer oder mehreren Beziehungsformen herausdestilliert werden, stellen „soziale Klassen" dar: Insofern alle Mitglieder einer Klasse mit allen anderen Klassen gleiche oder ähnliche Beziehungen oder Nichtbeziehungen haben, ist ihnen – wie Max Weber (1980: 513) es ausdrückt – eine „ursächliche Komponente ihrer Lebenschancen" gemeinsam.

7.4.5 Zusammenfassung: Relationale Sozialstruktur

„Die“ Sozialstruktur gibt es nicht – es leben die Sozialstrukturen! Gerade wenn man keine allgemeine inhaltliche Bestimmung des Sozialen sucht und bei einer formalen Betrachtung verbleibt, führt die Analyse von Netzwerken zu allgemeinen Erkenntnissen über soziale Strukturen, die abschließend zusammengefasst werden sollen.

Erstens: Man kann in der Dyade symmetrische, reziproke oder komplementäre und in der Triade transitive und intransitive Beziehungen unterscheiden. Mit der Intransivität taucht das Problem „struktureller Spannungen oder Ungleichgewichte“ und ihrer Lösung auf; mit der Triade werden „emergente“ von den Personen unabhängige Probleme der Struktur erkennbar.

Zweitens: Man kann Personen mit ähnlichen Beziehungen zu den anderen Personen unter einer Position zusammenfassen und die Beziehungen zwischen Positionen als eine höhere Strukturebene in der gleichen Weise analysieren wie die Beziehungen zwischen Personen. Die strukturelle Ähnlichkeit, auf deren Grundlage Positionen gefunden werden, kann dabei nicht nur in einer, sondern in beliebig vielen Dimensionen definiert werden. Positionen werden also nicht vorweg festgelegt, sondern aus den Wahlen unter Personen durch eine objektivierende „Symmetrisierung“ destilliert; oder es werden objektiv gegebene gemeinsame Zugehörigkeiten zu Verbänden als Sozialstruktur dargestellt.

Drittens: Verbindungen zwischen Personen können durch die Hintereinanderschaltung der Beziehungen zwischen mehreren Personen hergestellt werden; dabei müssen die Beziehungen nicht der gleichen Dimension entstammen; sie können auch aus unterschiedlichen Dimensionen hergestellt werden. Auf diese Weise kommt man der Idee „einer“ Sozialstruktur in einer gegebenen Gemeinschaft näher, ohne einen Stoff des Sozialen unterstellen zu müssen. Auf diese Weise kann man schließlich – in einer oder mehreren Dimensionen – soziale Klassen identifizieren, aus denen die Sozialstruktur gebaut ist.

Der relationale Strukturbegriff nimmt also Bezug auf soziales Handeln – in einer wie in mehreren Beziehungsformen. Die Struktur der sozialen Beziehungen in einer Vergesellschaftung ist ihrerseits wieder der „Unterbau“ für das soziale Handeln; sie ist insbesondere der „Unterbau“ für die Verteilung der Sanktionsarbeit unter den Anderen, die vom abweichenden Verhalten Egos betroffen sind (siehe Abschnitt 6.4.4). Sie erlaubt den Fortbestand oder die soziale Integration einer Vergesellschaftung.

Die Hintereinanderschaltung oder Verkettung von Beziehungen stellt Bewegungen in der Struktur dar; sie bildet einen Übergang von einer statischen zu einer dynamischen Betrachtung – eine komparative Statik. Die Beziehungen zwischen zwei Personen werden aber auch in der Netzwerkanalyse als eine in der Zeit konstante Größe aufgefasst. 1 hat privaten Kontakt mit 2 oder nicht; 1 teilt mit 2 keine, eine oder zwei Mitgliedschaften in Organisationen. Die Tatsache des privaten Kontakts und die Zahl der gemeinsamen Mitgliedschaften bleiben für eine gewisse Zeit konstant.

Soweit liegt also auch der Netzwerkanalyse die Annahme der „relativen Dauerhaftigkeit“ zugrunde, die sich als ein vergeblicher Versuch erwiesen hat, die Besonderheit des Sozialen von Sozialstrukturen zu bestimmen. Die Sozialstruktur wird aus einem Muster von Beziehungen entwickelt, das „relativ dauerhaft“ ist und daher zu einem gegebenen Zeitpunkt erhoben werden kann. Sie wird nicht durch Handlungen in einer Beziehung definiert, die sich in der Zeit kumulieren. Sie ist insofern immer noch künstlich in Statik versetzt. Sie wird als Querschnitt und nicht im Längsschnitt betrachtet. Aber diese Beschränkung darf nicht dazu verleiten, den Fortschritt gegenüber der Definition „der“ Sozialstruktur durch „relative Dauerhaftigkeit“ zu übersehen. Denn die Netzwerkanalyse postuliert „relative Dauerhaftigkeit" nicht mehr als *das* analytische Merkmal der Sozialstruktur, sondern muss sie nur für die Zwecke der Erhebung einzelner Beziehungsformen – wie private Kontakte, Vereinsmitgliedschaft etc. – annehmen. Dass die Querschnittsbetrachtung relationaler Strukturen keine grundsätzliche, sondern eine erhebungstechnische Beschränkung ist, lässt sich am Beispiel einer Längsschnittbetrachtung einer relationalen Struktur, dem wirtschaftlichen Kreislauf, zeigen.

Lektüre: Eine Übersicht über inhaltliche Anwendungen der Netzwerkanalyse, u.a. zur Messung der Sozialprestiges von Gruppen, zur Lockerung sozialer Beziehungen und zur Auflösung sozialer Milieus gibt Pappi (2001).

Weiterführende Literatur: Jansen (2003) und Trappmann / Hummell / Sodeur (2006) geben eine Einführung in die Netzwerkanalyse; Jansen (2003: 228-230) stellt verschiedener Modelle dar, Sozialstrukturen mit Matrizen erfassen.

7.5 Relationale Strukturen im Längsschnitt: Sozialer Kreislauf

Der Wirtschaftskreislauf

Im Modell des Wirtschaftskreislaufs (Datenreport 1992: 264) bzw. der „Wirtschaftsstruktur" als einer Struktur von fünf Instanzen („Konten"), die den Fluss von Gütern und Leistungen durch den Fluss der entsprechenden Geldwerte darstellen, ist die Zeit wesentlich; denn die Größen fließen in einer fest umgrenzten Zeitspanne. An die Stelle einer unbestimmten Zeit, in der Beziehungen mit mehr oder minder überzeugenden Gründen als „relativ dauerhaft" gelten, tritt ein fester Zeitraum, in dem zwischen Personen und Institutionen bestimmte Geldwerte zirkulieren.

Der Wirtschaftskreislauf ist in Abbildung 7.8 *analog* als Netzwerk mit Pfeilen in beide Richtungen dargestellt. Die Breite der Pfade symbolisiert die Stärke der Ströme, also z.B. den Geldwert der „Löhne, Gehälter, Gewinne, Zinsen", die für die Bereitstellung von Leistungen und Kapitel gezahlt werden. Der Wirtschaftskreislauf lässt sich auch *digital* in Form einer Matrix darstellen, in deren Zellen die Stärke der Geldströme von jedem in jedes andere Konto dargestellt sind – genau so, wie in der Matrix eines Netzwerks die Wahl oder Nichtwahl dargestellt werden.

Zwischen den Konten des Wirtschaftskreislaufs fließt das Geld permanent; im Prinzip könnte man die Ziffern zu jedem beliebigen Zeitpunkt für jede beliebige Zeitspanne abrufen, aus erhebungspraktischen Gründen aber erstellt das Statistische Bundesamt in Wiesbaden die *volkswirtschaftliche Gesamtrechnung* – die Füllung der Konten im Kreislauf – nur für bestimmte Zeiträume. Der Kreislauf ist geschlossen, wenn die Summe der Zeilensummen gleich der Summe der Spaltensummen ist: Alles was von den Konten ausgeht, kommt auf ihnen auch wieder an. Für den untersuchten Zeitraum ist die zirkulierende Geldmenge konstant. Das Geld fließt also wie das Blut im Körper. Wie für physiologische ist der Kreislauf auch für wirtschaftliche Prozesse ein Modell.

Abbildung 7.8 Der Wirtschaftskreislauf

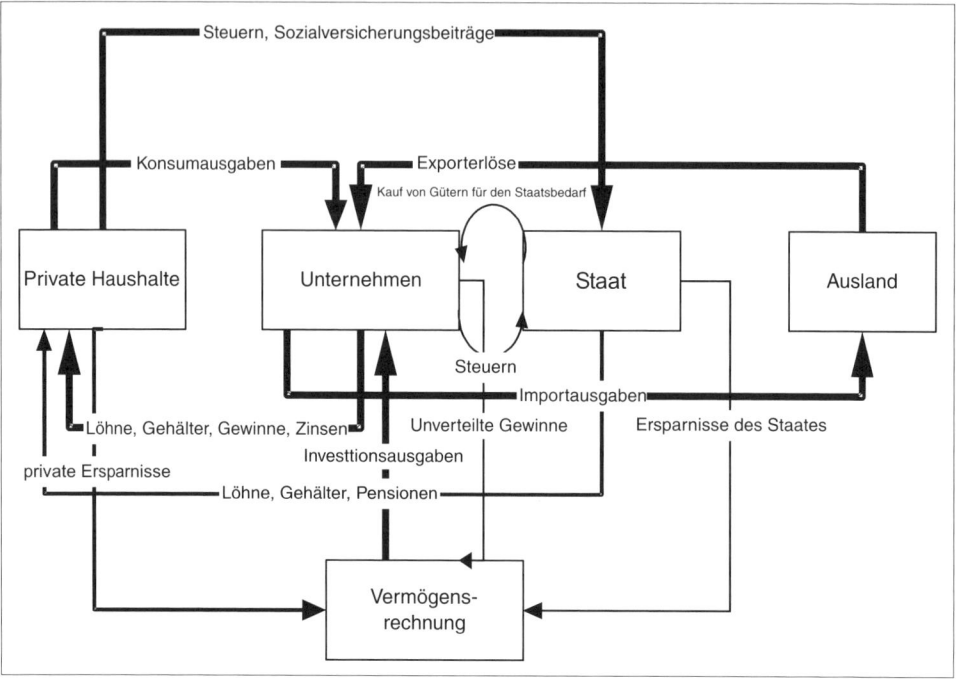

Quelle: Datenreport (1992: 264).

Die Idee eines sozialen Kreislaufs

Die digitale oder analoge Darstellung der Wirtschaftsstruktur als Kreislauf unterscheidet sich nicht *formal* von der digitalen oder analogen Darstellung der Sozialstruktur als Netzwerk, sondern nur inhaltlich durch die erhobenen Einheiten. Weil *in der Regel* die Einheit der Sozialstruktur eine soziale Beziehungsform ist, die als konstant angenommen wird, enthält die Matrix der Sozialstruktur über einen Zeitraum konstante Zahlen, nicht aber in einem Zeitraum sich kumulierende Zählungen. Sie enthält eine 1, wenn zwischen zwei Personen eine Beziehung besteht, und eine 0, wenn sie nicht besteht; oder sie enthält die Zahl der gemeinsamen Mitgliedschaften zweier Personen.

Für die Einträge im Modell der Sozialstruktur wird zwar „relative Dauerhaftigkeit" über einen bestimmten Zeitraum angenommen. Aber man könnte diese Annahme fallen lassen und bestimmte Handlungen zwischen Personen über einen Zeitraum beobachten und zusammenzählen. In Laborbeobachtungen kleiner Gruppen wurde die Häufigkeit bestimmter Handlungen zwischen Personen – A fragt B, A bitte B um Hilfe usw. – über einen Zeitraum ausgezählt (Bales 1956). Analoges lässt sich im Prinzip auch in größeren sozialen Aggregaten denken. Statt die Mitglieder der Elite zu befragen, mit wem sie Kontakte haben, könnte man beobachten, wie häufig zwischen Familien bestimmter Berufsgruppen Besuche oder Heiraten über einen bestimmten Zeitraum stattfinden – wie es bereits Max Weber (1980: 179-180, 535-538) vorgeschlagen hat. Die Berufsgruppen entsprechen dann den Konten des Wirtschaftskreislaufs und die Häufigkeit der Besuche in der einen oder anderen Richtung dem zirkulierenden Geld; bei Heiraten ließen sich die beiden Richtungen natürlich nicht unterscheiden. In der Tat wurde die Schichtstruktur der alten Bundesrepublik durch die Häufigkeit der Heiraten zwischen den Schichten dargestellt, so dass man unterschiedliche Distanzen zwischen Schichten messen und die Schichthierarchie mit dem statistischen Analyseverfahren der multidimensionalen Skalierung gleichsam auf einer sozialen Landkarte darstellen konnte (Mayer 1977). Wenn man diese Interaktion zwischen Schichten kontinuierlich beobachtet, könnte man den Wandel der Sozialstruktur mit beliebiger zeitlicher Abgrenzung beschreiben.

Die kontinuierliche Beobachtung der Interaktion zwischen vielen Menschen stellt natürlich enorme erhebungstechnische Probleme – von rechtlichen ganz zu schweigen. Viel wichtiger aber ist ein konzeptuelles Problem: Die Übertragung des Kreislaufmodells von der Biologie und der Ökonomie auf die Soziologie wirft die Frage auf, was im sozialen Kreislauf zirkuliert. Was – wenn nicht Blut oder Geld – ist das Medium des Kreislaufs?

Ein erstes Medium des sozialen Kreislaufs: Handlungskontrollrechte

Eine erste Antwort ist: das Recht zur Kontrolle eigener Handlungen, das ein Naturrecht ist. Wenn zwischen mehreren Personen das Recht eine bestimmte Handlung auszuführen – z.B. in öffentlichen Räumen zu rauchen – verbindlich – z.B. als eine schriftliche Verpflichtung der Beteiligten, nicht zu rauchen – geregelt wird, dann können Handlungskontrollrechte getauscht werden (Coleman 1990: Kapitel 3). Ein bestimmtes Handlungskontrollrecht kann dann zwischen den Mitgliedern einer Gruppe – ohne alle Anführungsstriche – zirkulieren. Die Zirkulation könnte dann – wie die Zirkulation von Geld – von einer zentralen Verwaltungsstelle gesteuert werden (Coleman 1999: 119-131). Das Problem, in einer Gruppe Normen zu vereinbaren, das spieltheoretisch ein Gefangenendilemma ist, lässt sich – wie in Abschnitt 3.2.6 gezeigt wurde – unter zwei Personen durch den Tausch von Handlungskontrollrechten lösen; unter mehreren Personen wird die Lösung schwierig, weil die letzte Person, die mitmachen soll, versucht ist, die anderen, die schon mitmachen, auszubeuten. Aber unter mehreren Personen könnte eine „Zentralbank" das Angebot jeder Person, auf eine bestimmte Handlung zu verzichten, und die Nachfrage aller anderen Personen nach diesem Verzicht, also den Tausch von Handlungskontrollrechten so steuern, dass niemand ausgebeutet wird – wie Coleman (1990: 267-269) im Detail ausführt.

Für die Zirkulation von Handlungskontrollrechten ist also nicht nur die Institutionalisierung eines bestimmten Rechts, sondern auch die Konstruktion einer Institution erforderlich, die die Zirkulation des Rechts zwischen den Mitgliedern einer Gesellschaft steuert. Selbst wenn beides für eine Reihe von Handlungen institutionalisiert wäre, so läge aber nur eine Reihe von „sozialen Rechnungen" vor – aber keine „soziale Gesamtrechung", die alle sozialen Einzelrechnungen zusammenfasst und neben die volkswirtschaftliche Gesamtrechnung treten könnte.

Lektüre: Coleman (1990: Kapitel 3) stellt dar, wie Handlungskontrollrechte soziale Beziehungen begründen und das Material für die Konstruktion von Gesellschaften werden.

Ein zweites Medium des sozialen Kreislaufs: Kommunikationsmedien

Eine zweite Antwort fasst das Medium des sozialen Kreislaufs deshalb noch abstrakter auf: Statt Kontrollrechten über spezifische Handlungen zirkulieren allgemeine Formen der sozialen Orientierung oder sozialen Beziehung. Macht und Liebe, Wahrheit und Wertbeziehungen werden als „symbolisch generalisierte Kommunikationsmedien" (Luhmann 1974) angesehen, die das Handeln in ausdifferenzierten sozialen Funktionsbereichen wie Politik, Familie, Wissenschaft oder engen Gemeinschaften regeln. Eben weil sie „symbolisch generalisiert" sind, sollten diese Medien alle sozialen Handlungen oder mindestens alle sozialen Handlungen eines bestimmten Funktionsbereichs „steuern" können.

Aber dazu müsste es möglich sein, das Medium – wie Geld – in kleinere Einheiten aufzuteilen und zwischen den Elementen der Struktur weiterzugeben. Aber „zirkulieren" „Macht" und „Liebe"? Wenn A der Vorgesetzte von B und B der Vorgesetzte von C ist, ist es gewiss möglich, dass A Macht an B weitergibt; aber wie kommt die Macht wieder bei A an? Und wenn A B und B C liebt, ist es schon fraglich, ob B die von A empfangene Liebe an C weitergibt. Eine soziale Realität der „Zirkulation" ist für die generalisierten Medien, die in der soziologischen Theorie eingeführt werden, schwer erkennbar. Man kann sich das verdeutlichen, indem man für einige Besonderheiten des Mediums Geld Analogien bei den vorgeschlagenen Medien der soziologischen Theorie sucht.

Erstens: Es gibt zu jedem Zeitpunkt eine feste Geldmenge, auch wenn sie – wie jedes volkswirtschaftliche Lehrbuch (z.B. Bontrup 2004: 458-471, Samuelson / Nordhaus 2005: 502-531) ausführt – auf unterschiedliche Weisen definiert ist. Die feste Menge ist aber eine Voraussetzung für die Zirkulation. Aber: Gibt es eine feste Machtmenge, eine „Summe von Macht"? Ist Macht ein Nullsummenspiel (Luhmann 1975b)? Wo zirkuliert Macht, in der Gesellschaft überhaupt, in der Politik, in Behörden und Familien? Offenbar können in einer bestimmten Gruppe beliebig viele Machtäußerungen in einer bestimmten Zeitspanne auftreten. Es gibt also keinen Kreislauf so, dass – wie im geschlossenen Wirtschaftskreislauf – die Summe der Zeilensummen und die Summe der Spaltensummen gleich sein müsste. *Zweitens:* Geld lässt sich durch Geldschöpfung der Banken nach den Zinssätzen der Zentralbank vermehren, die Gesamtsumme der volkswirtschaftlichen Gesamtrechnung kann also nach funktionalen Zusammenhängen, die wiederum in jedem volkswirtschaftlichen Lehrbuch dargestellt sind, gesteuert werden. Eine Zentralbank für bestimmte Handlungskontrollrechte gibt es zwar nicht, aber sie lässt sich gedanklich konstruieren. Aber eine Zentralbank der Macht oder Liebe ist selbst als gedankliche Konstruktion schwer denkbar. *Drittens:* Geld zirkuliert in der gesamten Volkswirtschaft und zwischen Volkswirtschaften; entsprechend ist es sinnvoll, Geld als das Steuerungsmedium der Wirtschaft anzusehen. Aber kann man entsprechend Liebe als das Steuerungsmedium der Familie auffassen (Tyrell 1979)? Geld zirkuliert zwischen den – im Kreislaufmodell spezifizierten – wirtschaftenden Einheiten (und ist auch eine Recheneinheit in ihnen). Aber Liebe zirkuliert, wenn überhaupt, nicht zwischen Familien, sondern nur innerhalb einer Familie. Offenbar sind Macht und Liebe als Medien Metaphern; denn es gibt keine soziale wirksame Messeinheit und keine Institution, die das Medium steuert.

Lektüre: Luhmann (1974) erläutert die Idee symbolisch generalisierter Kommunikationsmedien.

Möglichkeit und Notwendigkeit von Medien des sozialen Kreislaufs

Kurzum: Selbst wenn es das Problem der *Erhebung* sozialer Beziehungsformen im dynamischen Kreislauf nicht gäbe, ist doch das Problem der *gedanklichen Konstruktion* eines solchen Kreislaufs schwer lösbar, wenn mehr als spezifische Handlungskontrollrechte, nämlich „symbolisch generalisierte" Medien zirkulieren sollten. Macht und Liebe lassen sich nicht auf den Nenner einer festen Einheit bringen. Aber man könnte einwenden, dass Medien und entsprechende Messeinheiten noch erfunden werden können. Auch Geld ist ja eine sozial erfundene Größe – wie der Vergleich mit Gesellschaften zeigt, die auf Naturaltausch beruhen, und wie bei der Darstellung evolutionärer Universalien und sozialer Innovationen in Abschnitt 5.3.2 gezeigt wurde.[7] Geld ist eine Institution, die den „Wert" von „Gütern" erfasst, also von allem, was für Menschen „gut" sein kann. Man könnte sich also eine zukünftige Gesellschaft vorstellen, in der es nicht nur Macht und Liebe gibt, sondern die Medien *für* Macht und Liebe erfunden hat. Aber eine solche soziologische *Science Fiction* malt m.E. eine nicht nur unwahrscheinliche, sondern auch ungemütliche Gesellschaft aus. Wer möchte schon in einer Gesellschaft leben, wo die Zentrale Machtbank die Machtmenge für das nächste Jahr festlegt?

Schließlich stellt sich die Frage, ob es überhaupt notwendig ist, die Idee des Mediums von Geld auf soziale Beziehungsformen zu verallgemeinern. Das Geld als Tauschmittel ist eine der großen Erfindungen der sozialen Evolution. Die Gesellschaft – nicht die Wirtschaft – hat das Geld erfunden. Eine bestimmte *soziale* Beziehungsform, der Tausch, hat sich als Geldwirtschaft ausdifferenziert. Die Orientierung am Nutzen, an der effizienten Allokation knapper Ressourcen war offenbar der Antrieb, für den Tausch ein Medium zu institutionalisieren. Die Zirkulation des Geldes ist nicht nur die Grundlage der Wirtschaft, sondern hält auch die Gesellschaft zusammen. Sie schafft handfeste soziale Strukturen und trägt massiv zur sozialen Integration bei. Warum soll sich die Soziologie dann noch um die Erfindung weiterer, *spezifisch sozialer* Medien Sorge machen?

---

7 Im Übrigen ist auch die Zeit eine sozial erfundene Größe – wie der Vergleich mit Gesellschaften ohne Zeit, also ohne institutionalisierte Zeitmessungen zeigt. Keine Zeit ohne Uhren, keine Uhren ohne Instanzen, die Stunden definieren (Landes 1983).

8 Soziale Ungleichheit

Thema des letzten Kapitels war die Bildung sozialer Strukturen aus den Beziehungen zwischen Personen. Die Pointe des Kapitels war: Soziale Strukturen sind per definitionem *nur* Strukturen; sie haben keine spezifisch soziale Qualität außer der, dass sie aus den Beziehungen zwischen Personen gebaut werden. Aber wenn eine Verfassung eine nationalstaatlich verfasste „Gesellschaft" abgegrenzt hat (siehe Abschnitt 4.4), lassen sich in ihr die Verteilungen von Merkmalen der Mitglieder betrachten. Von der Warte der Gesellschaft betrachtet, gewinnt der distributive Strukturbegriff wieder an Bedeutung und das Problem der fehlenden analytischen Abgrenzung seiner bloß enumerativen Definition taucht wieder auf (siehe Abschnitt 7.1). Von der Warte der Gesellschaft betrachtet, ergibt sich zugleich ein Gesichtspunkt, nach dem Merkmale ausgewählt werden können: Ihre Ausprägungen können als ungleichwertig, *als Indikator sozialer Ungleichheit bewertet* werden. Aber nicht alle Merkmale von Personen bilden soziale Ungleichheit. Der Unterschied der Geschlechter z.B. ist eine Ungleich*artigkeit*, die allerdings Folgen haben kann, die als soziale Ungleichheit bewertet werden, etwa in der Berufslaufbahn. Unterschiede des Einkommens hingegen sind ungleich*wertig*; sie bilden an und für sich, ohne dass Folgen der Verteilung bewertet werden müssten, eine Ungleichheit.

Welche Ungleichartigkeiten führen zu Ungleichwertigkeit, welche Merkmale von Personen bilden soziale Ungleichheit? Das folgende Kapitel soll Merkmale von Personen danach *prüfen*, ob und inwieweit sie zu sozialen Ungleichheiten führen; die soziale Ungleichheit ist der Fluchtpunkt, unter dem Verteilungen in der Nationalgesellschaft betrachtet werden. Auf jeder Verteilung von Personmerkmalen kann man *soziale Gruppierungen* bilden; und einige, aber nicht alle dieser Verteilungen ergeben schließlich die *soziale Topographie der Ungleichheit*. Aber um dorthin zu gelangen, muss man Kriterien finden, nach denen man Merkmale möglicher sozialer Ungleichheit auswählen kann. Drei solche Kriterien werden dazu im Folgenden hintereinander geschaltet. Erstens kann soziale Ungleichheit auf *natürlichen* Tatsachen oder *sozialen* Konstruktionen basieren. Zweitens kann man soziale Konstruktionen ihrerseits danach unterscheiden, ob sie sich auf *Qualitäten* – wie etwa Religion oder Region – oder auf *Quantitäten* beziehen. Drittens kann man die sozialen Konstruktionen von Quantitäten danach unterscheiden, ob sie auf Wertschätzungen beruhen, die *Gleichheit ausschließen* und nicht sinnvoll unter Wertgesichtspunkten als Ungleichheit beurteilt werden können, oder sich auf Ressourcen beziehen, deren *Verteilung* als Ungleichheit *bewertet* werden kann. Auf der einen Seite wird niemand bestreiten, dass „mehr" Prestige „besser" ist; aber niemand wird von der „Ungleichheit der Prestigeverteilung" sprechen, weil Ärzte mehr Prestige haben als Hilfsarbeiter. Auf der anderen Seite wären viele über die „Ungleichheit der Einkommensverteilung" empört, wenn ein Hundertstel der Bevölkerung die Hälfte aller Einkommen bezöge.

Mit diesen drei hintereinander geschalteten Kriterien kann man vier Arten von Merkmalen für soziale Gruppierungen unterscheiden, für die überprüft werden muss, ob sie nur Ungleichartigkeit sind oder auch zu sozialer Ungleichheit führen. Gruppierungen bilden sich (1) nach *natürlichen Qualitäten*, die zu Ungleichheit führen können, z.B. Geschlecht und Alter; (2) nach *sozialen Qualitäten*, die zu Ungleichheit führen können, z.B. Region oder Konfession; (3) nach *sozialen Rangfolgen*, die auf sozialer Wertschätzung beruhen und *Gleichheit ausschlie-*

ßen, z.B. Berufsprestige; und (4) nach *sozialen Rangfolgen*, deren *ungleiche Verteilung bewertet* werden kann, z.B. Einkommen oder Bildung.

Gruppierungen nach natürlichen oder sozialen Qualitäten werden im Folgenden als *soziale Ungleichartigkeit* zusammengefasst und in Abschnitt 8.1 betrachtet. Gruppierungen nach sozialen Rangfolgen, die Gleichheit als Maß einer Bewertung ausschließen, sind *soziale Wertschätzungen* und werden in Abschnitt 8.2 betrachtet. Gruppierungen nach sozialen Rangfolgen, deren Verteilungen unter Wertmaßstäben bewertet werden können, werden als *soziale Ungleichheit* bezeichnet und in Abschnitt 8.3 betrachtet. Wertschätzung und Ungleichheit lassen sich als Rangfolge zusammenfassen, für die sich das Bild der *Schichtung* anbietet. Tabelle 8.1 fasst diesen Sprachgebrauch zusammen.

Tabelle 8.1 Merkmale für soziale Gruppierungen und ihre zusammenfassende Bezeichnung

Merkmale	Beispiele	Bezeichnung	Abs.
Natürliche Qualität	Alter, Geschlecht	Ungleichartigkeit	8.1
Soziale Qualität	Region, Konfession	Ungleichartigkeit	8.1
Soziale Rangfolge, Gleichheit ausgeschlossen	Prestige	Wertschätzung: Schichtung	8.2
Soziale Rangfolge, nach Wert als Ungleichheit beurteilt	Einkommen, Bildung	Ungleichheit: Schichtung	8.3

8.1 Ungleichartigkeit: Zugehörigkeit, Stand, Milieu

8.1.1 Zugehörigkeit

Zugehörigkeit als statistische Gruppe

Soziale Ungleichartigkeit beruht auf natürlichen, aber sozial kategorisierten Eigenschaften oder auf der nicht bewerteten Zugehörigkeit zu Verbänden innerhalb einer Gesellschaft. Von den natürlichen Eigenschaften sind vor allem Geschlecht, Alter und Rasse mit sozialen Bewertungen verknüpft worden; die Zugehörigkeiten zu Region, Wohngemeinde oder Konfession bleiben aber in der Regel ohne eine Bewertung. Weil die natürlichen Eigenschaften ebenfalls innerhalb einer Gesellschaft oder ihrer Verbände kategorisiert werden, kann man sie mit den nicht bewerteten Zugehörigkeiten zu Verbänden als *Zugehörigkeiten* zusammenfassen.

Zugehörigkeiten bilden also *statistische Gruppen* innerhalb einer Gesellschaft: Sie werden von registrierenden Agenturen – der Amtlichen Statistik und der Umfrageforschung – erfragt. Aber die Mitglieder nehmen meist nicht aufeinander Bezug: Zugehörigkeiten bilden nicht unbedingt auch soziale Gruppen.

Zugehörigkeiten erfassen *Qualitäten* und implizieren keine Rangfolge. Zwar kann sich eine Rangfolge aus ihnen entwickeln – wie die der Hutu vor den Tutsi in Ruanda 1994, der Protestanten vor den Katholiken in Nordirland seit 1920 oder der Hauptstadt Paris vor der Provinz im „Alten Regime". Aber eine solche Rangfolge wird meist nicht akzeptiert und führt oft zu einem Konflikt über die Legitimität der Verfassung der Gesellschaft – wie die Beispiele zeigen, in denen sie zu Bürgerkrieg und Revolution geführt hat.

Konsequenzen von Zugehörigkeiten für Ungleichheit und für andere Ungleichartigkeiten

Auch wenn Zugehörigkeiten keine Rangunterschiede implizieren, können sie Konsequenzen haben, die zu sozialen Ungleichheiten führen: zu individuell nicht verantworteten Unterschieden sozial produzierter *Lebenschancen*. Ein Beispiel dafür ist die Entscheidung der Eltern für eine weiterführende Schule im 10. Lebensjahr ihrer Kinder, auf die in Abschnitt 9.3 noch eingegangen wird. Bildungsabschlüsse sind nicht nur ungleichartig, sondern ungleichwertig: Mit einem höheren Abschluss hat man mehr Chancen im Beruf und im sozialen Leben überhaupt. Sie sind zudem nicht nur individuell erworben, sondern durch die Steuerbeiträge aller finanziert. Und schließlich wird die Entscheidung im 10. Lebensjahr noch überwiegend von Eltern *für* ihre Kinder verantwortet, so dass über Lebenschancen nicht allein aus eigener Verantwortung entschieden wird. In der alten Bundesrepublik der fünfziger Jahre vereinigte nun das „katholische Arbeitermädchen vom Lande" (Peisert 1967) in sich vier Ungleichartigkeiten, die zu sozialen Ungleichheiten führten: Katholische Kinder gingen seltener auf weiterführende Schulen als protestantische, Mädchen seltener als Jungen, Landkinder seltener als Stadtkinder, Arbeiterkinder seltener als Nichtarbeiterkinder; auch „Arbeiter" ist ja zunächst nur eine Zugehörigkeit, die durch soziale Bewertungen in eine Rangfolge mit anderen Schichten gesetzt wird, worauf in den folgenden Abschnitten eingegangen wird. Alle genannten mit einer Ungleichartigkeit verbundenen Ungleichheiten haben sich bis heute weitgehend nivelliert – bis auf die Unterschiede der Schicht, was im nachhinein die Besonderheit dieser Ungleichartigkeit belegt (für eine Zusammenfassung der Literatur: Krais 1996, Meulemann 1999a, Schimpl-Neimanns 2000).

Aber nicht alle Einflüsse von Zugehörigkeiten auf Denken und Handeln lassen sich als Ungleichheit verstehen. Männer kleiden sich anders als Frauen, Bayern kochen anders als Preußen – aber die Mode bevorzugt nicht Männer oder Frauen, und Weißwürste sind nicht besser als Leber auf Berliner Art. Geschlecht und Region bringen also soziale Regelmäßigkeiten des Handelns ohne normative Verpflichtung mit sich, die Weber als Brauch und Sitte bezeichnet hat (siehe Abschnitt 6.3.1) und die nicht mit ungleichen Lebenschancen verbunden sind. Aber einige Zugehörigkeiten sind auch mit verpflichtenden und weit reichenden Konsequenzen verbunden. Katholiken gehen häufiger in die Kirche als Protestanten (Gabriel 2001: 388) – aber hat man mehr Lebenschancen, wenn man häufiger (oder seltener) in die Kirche geht? Anders als die Protestanten sind die Katholiken nach der Lehre ihrer Kirche verpflichtet, jeden Sonntag in die Kirche zu gehen. Die Konfessionszugehörigkeit bringt also im Sinne Webers eine Konvention (von der Kirche gesehen sogar eine Rechtsvorschrift) mit sich. Eine Ungleichartigkeit schlägt sich in einer anderen nieder, aber nicht in Ungleichheit. Das gilt auch für Verhaltensweisen, die über die Religion hinausreichen. Während die Katholiken ihr „Bildungsdefizit" in den sechziger Jahren aufholen konnten, wählen sie auch heute noch – wo nicht mehr im bischöflichen Hirtenwort am Sonntag vor der Wahl von der Kanzel indirekt dazu aufgerufen wird – häufiger CDU als Protestanten (Schmitt 1989). Auch für die Entwicklung der Gesellschaft insgesamt folgenreiche Handlungen sind also mit sozialer Ungleichartigkeit verbunden, ohne dass soziale Ungleichheit im Spiele wäre.

Konsequenzen einer Zugehörigkeit für Ungleichheit und für andere Ungleichartigkeiten: Geschlechtsunterschiede von Teilhabe und Wahl im Bildungswesen

Zugehörigkeiten können also sowohl Konsequenzen haben, die Ungleichheit mit sich bringen, wie Konsequenzen, die wiederum Ungleichartigkeiten – dies Mal des Denkens und Handelns – darstellen. Beides kann sogar Konsequenz ein und derselben Zugehörigkeit sein – wie das Beispiel des Einflusses des Geschlechts auf die berufliche Laufbahn zeigt.

Auf der einen Seite gab es bis in die sechziger Jahre ein Defizit der Mädchen im Übergang in weiterführende Schulen im 10. Lebensjahr, das – wie gesagt – heute ausgeglichen ist. Da der Besuch einer weiterführenden Schule die wichtigste Vorentscheidung über die berufliche Laufbahn ist und die Entscheidung darüber zu einem großen Teil nicht von den Jungen und Mädchen allein verantwortet wird, war das Geschlecht durch die Entscheidung über die weiterführende Schule mit sozialer Ungleichheit verknüpft. Wenn aber im 10. Lebensjahr Ungleichheit ausgeglichen ist, kann sie in späteren Phasen des Lebenslaufs wieder auftauchen. In der Tat verdienen auch heute noch Männer selbst bei gleicher Bildung und gleicher Beschäftigungsdauer mehr als Frauen (Szydlik 1992). Wie Unterschiede im Niveau der Bildung, die sich nicht durch unterschiedliche Leistungsfähigkeit rechtfertigen lassen, stellen aber Unterschiede im Einkommen, die sich nicht durch Unterschiede der Bildung und anderer für das Einkommen wichtiger Faktoren (wie Arbeitszeit und Berufserfahrung) rechtfertigen lassen, eine Ungleichheit der Lebenschancen dar. Sie wurden nicht von den Personen gewünscht, sondern ihnen vermutlich von den Umständen aufgezwungen; man muss annehmen, dass Beschäftiger, Betriebe oder der Arbeitsmarkt Frauen diskriminieren und sollte prüfen, wie dies geschieht.

Auf der anderen Seite ist das Geschlecht mit beruflichen Entscheidungen verknüpft, die nicht als Oktroi, sondern als Wahl verstanden werden müssen. Männer gingen bis vor einigen Jahren nicht nur häufiger als Frauen in eine weiterführende Schule, sondern begannen auch häufiger eine Berufsausbildung. Diese Unterschiede der *Teilhabe* auch an der Berufsausbildung haben sich zwischen den 1919 und 1956 Geborenen jedoch weitgehend angeglichen (Blossfeld 1989: 71-89). Unterschiede in der *Wahl* einer Berufsausbildung zwischen den 1919 und 1956 Geborenen sind jedoch nicht geringer, sondern eher größer geworden: Frauen wählen mehr denn je Ausbildungen in der Dienstleistung und Männer diejenigen in der Produktion (Blossfeld 1989: 122-125).[1] Wie die Berufswahl der 14-16jährigen ist auch die Studienfachwahl der Abiturienten vom Geschlecht abhängig. Frauen wählen häufiger den Primarlehrerberuf und Sozialwissenschaften, Männer häufiger Wirtschafts-, Naturwissenschaften, Technik und Recht; Frauen wählen eher „weibliche" Studiengänge, die stärker auf den Umgang mit Menschen als auf den Umgang mit Sachen und Daten vorbereiten (Meulemann 1995: 152).

Die Unterschiede der *Teilhabe* an weiterführender Bildung können nun als Ungleichheit bewertet werden. Denn es gibt keinen Beleg für größere Leistungen, etwa kognitive Fähigkeiten der Männer, die den Vorsprung der Männer rechtfertigen könnte (selbst wenn es einen solchen Beleg gäbe, müsste man fragen, ob er *allein* für die Unterschiede der Teilhabe ursächlich ist – was wohl unwahrscheinlich ist). Aber es ist schwer, die unterschiedliche Berufs*wahl* als Ungleichheit der Lebenschancen zu interpretieren: Männer und Frauen wählen; es trifft nicht zu, dass sie – wie beim Einkommen – ohne Berücksichtigung von Gesichtspunkten der Leistung ungleich behandelt würden. Mehr noch: Die unterschiedlichen Wahlen sind gleich-

---

1 In der Betrachtung über den Lebenslauf zeigt sich sogar, dass die berufliche Erstausbildung zwischen den Geschlechtern nicht diskriminiert, sondern die Unterschiede des Berufswunsches angleicht. Verfolgt man Planung und Realisierung der beruflichen Ausbildung zwischen Männern und Frauen in Geburtskohorten zwischen 1920 und 1960, so ist die Ungleichartigkeit des Wunschberufs zwischen Männern und Frauen auch in den jüngsten Kohorten noch höher als die Ungleichartigkeit der dann gewählten beruflichen Erstausbildung (Konietzka 1999: 221).

wertig in Bezug auf Lebenschancen, in ihnen äußern sich Interessen und Präferenzen der Person; man würde die Entscheidungsfreiheit der Person einschränken, wenn man durch eine Annäherung der Wahlen an eine Gleichverteilung der Geschlechter eine Gleichheit der Lebenschancen herstellen wollte.[2] Schließlich kann es sogar sein, dass die Annäherung der Teilhabequoten an beruflicher Bildung die Ungleichartigkeit der Berufs- und Studienfachwahl hervorgerufen hat. Je mehr Frauen in weiterführende Schulen kommen, desto größer wird nämlich die Chance, dass Unterschiede der Interessen zum Ausdruck kommen. Wenn die Präjudizien der Ungleichheit schwinden, steigen die ungleichartigen Wahlmöglichkeiten.

Nicht alle bedeutsamen Lebensentscheidungen, die mit dem Geschlecht zusammenhängen, sind also mit sozialer Ungleichheit verbunden. Männer und Frauen wählen andere Berufe und Studienfächer. Beides ist soziale Konsequenz eines biologischen Unterschiedes. In beiden Fällen kann man sich über die soziale Macht der Biologie wundern; gegen beides kann man angehen – wie etwa die Werbung für ein größeres Engagement von Frauen in technischen Berufen. Beides aber kann man nicht als soziale Ungleichheit bewerten. Denn beides ergibt sich nicht aus unterschiedlich eingeschränkten Wahlmöglichkeiten, sondern aus der Wahl der Personen – im Gegensatz etwa zur schlechteren Bezahlung von Frauen bei gleicher Ausbildung, Arbeitszeit und Berufserfahrung.

Zugehörigkeit als soziale Gruppe?

Natürlich ist das Geschlecht ein wichtiger Orientierungspunkt für Denken und Handeln. Dennoch bildet es keine soziale, sondern nur eine statistische Gruppe. Die Männer oder Frauen Deutschlands verstehen sich nicht als Einheit mit einer gemeinsamen Interessenlage. Männer und Frauen verstehen sich auch nicht als Gruppe mit einem Kodex von Verhaltensvorschriften, an den man sich aufgrund seiner Zugehörigkeit halten müsste – so wie etwa jeder Adlige sich verpflichtet fühlt, der Bitte auch eines unbekannten Adelsgenossen um Hilfe nachzukommen, oder jeder Ganove, einen Mitganoven nicht zu verpfeifen. Die handlungsprägende Kraft des Geschlechts beruht auf biologischen Unterschieden, die bis in die Motivlagen hineinwirken (Kagan / Moss 1962); sie ist Folge der Erziehung durch Eltern und Lehrer; sie spiegelt Vorbilder in Medien und Öffentlichkeit und Gelegenheitsstrukturen auf dem Arbeitsmarkt wieder usw. – mit einem Satz: sie ergibt sich faktisch aus dem sozialen Zusammenleben und seinen Randbedingungen, aber nicht normativ aus gruppenspezifischen Regeln. Dasselbe

---

2 Man könnte weiter argumentieren, dass auch die Wahl einer bestimmten Berufsausbildung nicht chancenneutral ist, weil etwa eine Berufsausbildung als – männlicher – Kfz-Mechaniker mehr zukünftige Berufschancen mit sich brächte denn eine Berufsausbildung als – weiblicher – Friseur. Das scheint mir zwar empirisch haltlos zu sein. Aber selbst wenn über die Gleichwertigkeit von Berufsausbildungsabschlüssen unter dem Gesichtspunkt der Gleichheit der Lebenschancen keine Einigkeit hergestellt werden kann, bleibt es wichtig, zwischen der Einschränkung der Wahlmöglichkeiten durch ungünstige Umstände und der Wahl nach persönlichen Präferenzen zu unterscheiden. Jede Wahl ist Resultat durch die Umstände gesetzter Präjudizien und von der Person entwickelter Präferenzen. Das Überwiegen der ersten führt dazu, dass man sagen kann: „Ich hatte keine andere Wahl"; und nur wenn die Umstände nicht von der Person selber zu verantworten sind, kann man die mangelnden Alternativen im Vergleich mit anderen Personen anderen Instanzen als möglichen Verursachern zurechnen. Nur unter diesen beiden Bedingungen ist es also sinnvoll, von sozialer Ungleichheit zu sprechen. Wer alle Unterschiede der Wahlen von Personen als Ungleichheit der Lebenschancen verstehen will, kann ebenso gut darauf verzichten, Wahlen unter dem Gesichtspunkt der Chancengleichheit zu analysieren. Chancenungleichheit besteht dort, wo Wahlen ohne Verantwortung der Person durch soziale Zugehörigkeiten präjudiziert werden. Wenn man diese analytische Unterscheidung festhält, dann kommt es praktisch darauf an, das Präjudiz der Umstände empirisch zu bestimmen – nicht aber darauf, den immer sinnvollen Verdacht, dass jede Wahl ihre sozialen Hintergründe hat, zum Dogma einer Übermacht der Umstände zu erheben.

gilt auch für die Zugehörigkeit zu Regionen und Wohngemeinden, ja selbst zu Konfessionen, sofern man nichtreligiöse Verhaltensweisen wie die Wahlentscheidung betrachtet.

Aber man kann sich vorstellen, dass Zugehörigkeiten die Eigenschaften einer sozialen Gruppe gewinnen. Die Frauenbewegung will für alle Frauen das Verständnis einer gemeinsamen Interessenlage artikulieren, die Bewegung der Grauen Panther in den USA für alle Alten; in dem Maß, wie beide Bewegungen Erfolg haben, rückt die Zugehörigkeit vom Pol der statistischen auf den Pol der sozialen Gruppe zu. Aus einem Merkmal der Zugehörigkeit – nicht aus allen Merkmalen: die Männerbewegung und die Noch-Nicht-So-Grauen Panther lassen ja auf sich warten – bildet sich dann ein Stand, den die Wahrnehmung einer Geschichte, der Durchsetzungswille für ein Interesse, ein Wir-Gefühl, ein Ehrenkodex, auf jeden Fall also eine gemeinsame Vorstellung eint. Der Stand aber ist eine Kategorie, die moderne von traditionalen Gesellschaften ererbt haben.

Weiterführende Literatur: Untersuchungen über Ungleichartigkeiten und Ungleichheiten zwischen Frauen und Männern im Lebenslauf finden sich in Mayer / Allmendiger / Huinink (1991).

8.1.2 Stand und Milieu

Von der ständischen zur industriellen Gesellschaft

Die vorindustrielle Gesellschaft war nach Ständen gegliedert, aber die Stände bildeten zugleich eine Hierarchie, die wir heute mit dem Bild der Schichtung beschreiben würden: Über den Bauern, die vier Fünftel der Bevölkerung umfassten, lag das Bürgertum, welches das letzte Fünftel fast völlig umfasste, sowie der Adel, zu dem 1-2% der Bevölkerung gehörten. Einer großen Masse stand also eine kleine Elite gegenüber.

Das Standesprinzip durchzog also die *gesamte* Gesellschaft und es erlaubte, die drei genannten großen Stände sehr grob in eine *Rangfolge* zu bringen. Zudem gab es in den großen Ständen Differenzierungen, die keine Rangfolge mehr zuließen. Zunächst teilten sich Spitze und Mitte in Land und Stadt anders auf. Die Spitze umfasste auf dem Land Adlige, Ritter, Ministeriale und Geistliche, über diese Aufgliederung hinaus teilten sich in der Stadt die Patrizier in Grundbesitzer und Freihandelskaufleute auf. Die Mitte zerfiel auf dem Lande in wenige Freibauern und viele abhängige Bauern ohne Landbesitz; in der Stadt gliederte sich das Bürgertum in Handwerker, Krämer, Ackerbürger und Beamte. Vor allem aber waren die Berufe in prinzipiell gleichwertigen Zünften organisiert, deren Zugang rechtlich geregelt war und die eine berufsständische Ehre entwickelten. Die vorindustrielle Gesellschaft war also nach Geburt und nach Recht vollständig in Stände aufgeteilt, deren grobe Gliederung eine Hierarchie bildete, die aber in der feineren Verästelung gleichwertige Gruppen nebeneinander setzte (Hradil 2005: 110-115, Thieme 2000).

Weil die ständische Gliederung der vorindustriellen Gesellschaft eine, wenn auch nur sehr grobe, Rangfolge bildete, hätte sie nach unserer Systematik in Tabelle 8.1 auch als soziale Schichtung behandelt werden können. Aber weil ihre feinere Aufgliederung keine Rangfolge bildet, ist sie im Wesentlichen eine Ungleichartigkeit. So gesehen, wird sie hier als Ausgangspunkt für die Analyse ständischer Elemente in der industriellen Gesellschaft genommen, die weder die ganze Gesellschaft umgreifen noch als Rangfolge verstanden werden können.

Die ständische Gliederung der vorindustriellen Gesellschaft wurde vor allem durch zwei Ereignisse aufgebrochen: Die *Bauernbefreiung* zwischen 1780 und 1850 beendete die Leibeigenschaft, so dass die Bauern Grundeigentum haben konnten; die *Gewerbefreiheit*, die 1807 in

Preußen und bis 1869 auch in den anderen deutschen Staaten eingeführt wurde, löste die Zünfte auf und schaffte den freien Zugang zu Berufen und Arbeitsplätzen. Damit war der Weg in die industrielle Gesellschaft des 20. Jahrhunderts geöffnet. Soziale Gruppierungen bildeten sich nicht mehr nach rechtlichen Vorgaben über die Zugehörigkeit zu Zünften oder den Zugang zu Berufen, sondern durch freie rechtliche Vereinbarungen auf einem Arbeitsmarkt. Arbeiter und Fabrikherren konnten Löhne vereinbaren. Die Beschäftigten gruppierten sich nach der Höhe ihrer beruflichen Ausbildung und ihren im Beruf erworbenen Qualifikationen, nach dem Besitz oder Nichtbesitz von Produktionsmitteln und nach Wirtschaftszweigen. Aber diese Gruppierungen eint nicht mehr ein gemeinsames Recht oder eine gemeinsame Ehre, sondern ein gemeinsames Interesse, das sich in wirtschaftlichen und politischen Organisationen – in Gewerkschaften, Verbänden und Parteien – artikuliert. An die Stelle der *Stände* traten die *sozialen Klassen* der Arbeiter und Unternehmer, der Beamten und der Angestellten; und diese Klassen bildeten nach innen Rangfolgen des Besitzes, der Ausbildung, der Berufserfahrung oder der Anweisungsbefugnis (Hradil 2005: 115-145).

Mit dem Übergang zur industriellen Gesellschaft ist zwar die rechtliche Fixierung der Stände, aber nicht das Prinzip der ständischen Gliederung verschwunden. Die Nachfolger der Ministerialen, die Beamten, fühlten sich noch lange als Repräsentanten ihrer staatlichen Herren und deshalb zu einer „standesgemäßen" Lebensführung verpflichtet. Die Nachfolger der Zünfte, die berufsständischen Organisationen, formulieren berufliche Ethiken und verteidigen sie in berufsständischen Gerichten. Aber während die unterschiedliche Interessenlage die ganze Gesellschaft in soziale Klassen aufteilt, finden sich nur noch einzelne Gruppen zu einem Stand mit einer eigenen Ethik zusammen. Die Gesellschaft gruppiert sich in erster Linie nach Interessenlagen in soziale Klassen, aber an manchen Stellen bestehen Gruppierungen nach der Lebensführung in gewandelter Form fort oder bilden sich – wie etwa der Stand der Korps-Studenten zu Beginn des 19. Jahrhunderts – sogar neu. Moderne Industriegesellschaften gliedern sich also durchgängig nach dem neuen Prinzip der sozialen Klasse, auf das Abschnitt 8.3.2 eingehen wird, und streckenweise nach dem überkommenen Prinzip des Standes, das nun genauer betrachtet werden soll.

Lektüre: Hradil (2005: 95-145) stellt die Entwicklung sozialer Gruppierungen von der vorindustriellen über die frühindustrielle bis zur industriellen Gesellschaft detailliert dar.

Stand: Ehre, soziale Schließung, soziale Wertschätzung

Stände bilden sich, weil eine Gruppe von Menschen an ein gemeinsames Merkmal eine spezifische Ehre knüpft (Weber 1980: 535). Der Adel hat von Geburt die Verpflichtung, so wenig als möglich um des reinen Gelderwerbs zu arbeiten und so viel als möglich karitativ für Andere tätig zu sein („Adel verpflichtet"). Die Akademikerschaft verbindet mit dem Erwerb eines akademischen Titels die Verpflichtung, in der beruflichen Arbeit soziale Verantwortung zu übernehmen. Der Arzt verbindet mit seiner beruflichen Tätigkeit die Verpflichtungen des Hippokratischen Eides, also dem Kranken zu nützen und so wenig als möglich Schaden zuzufügen. Der Rotarier verbindet mit dem Eintritt in den Rotary-Club die Verpflichtung der Fairness im Umgang nach innen und des Dienstes nach außen. Wie die Beispiele zeigen, muss das Merkmal des Standes kein „zugeschriebenes" Merkmal, nicht einmal ein durch Leistung „erworbenes" Merkmal sein (siehe Abschnitt 3.1.2); es kann mit dem Beginn einer Berufstätigkeit oder dem Eintritt in einen Club verbunden sein. Während in der vorindustriellen Gesellschaft die Standeszugehörigkeit durch Recht und oft auch durch Geburt festgelegt war, kann seitdem – wie es die Verallgemeinerung des Begriffs in Webers Definition spiegelt – die

Standeszugehörigkeit auch durch Leistung oder Willenserklärung erreicht werden. Nach wie vor aber verpflichtet die ständische Ehre zur Identifikation mit allgemeinen, im Einzelnen ausdeutungsbedürftigen Maximen. Die Ehre zieht die Sinn-Grenze des Standes.

Die ständische Ehre verpflichtete zu spezifischen Verhaltensweisen einer standesgemäßen „Lebensführung" (Weber 1980: 535), und zwar unabhängig von der finanziellen Lage. Auch der verarmte Adel blieb Adel. Der Korps-Student war unabhängig vom Geldbeutel an den „Comment" des Farbentragens, des „Kneipens", des Duellierens gebunden. Und Beamte jeder Gehaltsstufe waren früher, als sie vorrangig „Staatsdiener" waren, gehalten, diesen Status auch zu repräsentieren – in der Kleidung, der Wohnungseinrichtung, dem Verhalten in der Öffentlichkeit. Das Besondere einer bestimmten ständischen Lebensführung ergab sich dabei nicht aus den Verhaltensweisen an sich, sondern aus ihrer *„Stilisierung"*, d.h. ihrer bewussten und kontrollierten Darstellung als standesgemäßem Verhalten. Standesmitglieder waren weiterhin gehalten, vor allem innerhalb des eigenen Standes zu verkehren und Heiraten anzubahnen: Commensalitas und Connubium. Die Lebensführung des Standes im inneren führte also zu einer *„sozialen Schließung"* nach außen. Trotz der sozialen Schließung nach außen aber genießen Stände die *„soziale (Wert)schätzung"* von außen (Weber 1980: 179). Wer nicht dazugehört, ist dennoch bereit, die Privilegien des Standes zu akzeptieren – zumindest war es wohl so zu Webers Zeiten. Die Stilisierung der Lebensführung, die soziale Schließung *nach* außen und die soziale Wertschätzung *von* außen ziehen die soziale Grenze des Standes.

Stände sind also insofern Gemeinschaften, als sie ein Einverständnis über ihre Ehre, heute würde man sagen: über standesspezifische Normen und Werte, haben und sich nach außen erfolgreich, also mit der Wertschätzung der Ausgeschlossen, abgrenzen können. Die Standesmitglieder müssen sich – in der ständisch gegliederten vorindustriellen Gesellschaft ebenso wie nach Webers verallgemeinernder Definition – so wenig von Angesicht zu Angesicht kennen wie die Mitglieder statistischer Gruppen. Aber anders als statistische Gruppen, für die es immer wenigstens die Ergänzungsmenge gibt, ist die „ständische Gliederung" nicht unbedingt flächendeckend für die Gesellschaft. Manche Gesellschaftsmitglieder – der verarmte Adlige im Beamtenstand – können mehreren Ständen, andere – der Arbeiter – keinem Stand angehören. Folglich lassen sich zwar einzelne Stände nach ihrer sozialen Wertschätzung vergleichen, aber nicht alle Mitglieder einer Gesellschaft in die Rangfolge „des Standes" bringen. Stände bilden – wie Weber es für die Sonderform der Ethnien ausdrückt – ein „horizontal unverbundenes Nebeneinander" (1980: 536).

Noch weniger als zu Webers Zeiten aber durchdringt die ständische Gliederung heute die ganze Nationalgesellschaft. Das gilt ironischer Weise gerade, weil gewachsen ist, was früher sich als Stand behaupten konnte. Wenn die Beamtenschaft sich zwischen 1950 und 1998 von 4,1% auf 7,3% der Erwerbstätigen fast verdoppelt hat (Datenreport 1999: 93), wird sie kaum mehr eine homogene Standesehre aufrechterhalten. Ähnliches gilt für die Studenten, von denen 1870 0,5 auf 1000 der Bevölkerung kamen, 1970 aber 8,2 (Ballerstedt / Glatzer 1975: 179) – und natürlich gleichzeitig auch für die Professoren. Von einer sozialen Klasse oder gar einem Stand der Akademiker konnte man vielleicht 1960 sprechen, als kaum mehr als 7,9% der 19- 21-jährigen ein Studium begannen (Meulemann 2002: 141) – aber nicht mehr 2002, wo 36% der 18- 21-jährigen ein Studium beginnen (Datenreport 2004: 497). Wenn also die Ehre immer weniger greifbar wird, was bleibt von den Ständen?

Weber (1980: 537) selbst sieht hinter den Ständen die Wirkung eines von der Ehre unabhängigen Prinzips: „Alle Stilisierung des Lebens ist entweder ständischen Ursprungs oder wird ständisch konserviert." Wer sich stilisiert, also sein Verhalten bewusst kontrolliert Anderen darstellt, muss wissen, was er will; aber er hält sich nicht an Verpflichtungen für eine Gruppe, er braucht keine Ehre. Die Stilisierung erreicht kaum mehr eine soziale Schließung gegen Andere, und sie erhält von Anderen kaum mehr soziale Wertschätzung. Vom Kollektiv des Standes, dem die Ehre normativ eine Einheit und sozial eine Grenze gab, bleibt das Individuum, das nicht die Ehre seines Standes, sondern sich selbst darstellen will. Vom Prozess der Herausbildung des Standes, der mit der Stilisierung der Lebensführung der Mitglieder begann, sich in ihrer Abschließung nach außen fortsetzte und in der Wertschätzung und Anerkennung durch die Anderen endete, bleibt die Hoffnung, dass die Selbstilisierungen einiger Individuen sich zu einem Stil zusammenfinden. Der Lebensstil ist der verarmte Erbe des Standes.

Lektüre: Weber (1980: Erster Teil, Viertes Kapitel, § 3; Zweiter Teil, Achtes Kapitel, § 6) erläutert den Begriff des Standes im Zusammenhang mit dem Begriff der sozialen Klasse, auf den in Abschnitt 8.3.2 eingegangen wird.

Vom Lebensstil zum Milieu: Anspruch und Realisierung

Lebensstile sind also eine Dimension der „expressiven Ungleichheit" (Lüdtke 1989); weil Lebensstile nicht in einer Rangordnung stehen, sollte man – dem Sprachgebrauch der Tabelle 8.1 entsprechend – besser von „expressiver Ungleichartigkeit" sprechen. Lebensstile sind dargestellte Unterschiede. Sie werden definiert als „ästhetisch-expressive ... Muster der Lebensführung" (Band / Müller 2001: 428).

Aber die bloße Expression sucht – wie vom Geist des Standes gejagt – nach einer Einheit und nach einer sozialen Validierung. Hartmann (1999: 46) unterscheidet deshalb drei Merkmale für die Definition von Lebensstilen: Expressivität, Form und Identifizierbarkeit. Die *Form* bringt eine Einheit in den verschiedenen Ausdrucksmedien mit sich – so wie die Spitzbogen der Gotik sich nicht nur in Gebäuden, sondern auch in Schriftzeichen wiederfanden. Jedes Individuum – so muss man annehmen – hat einen Stil, der sich in den unterschiedlichsten Formen seines Denkens und Handelns ausdrückt. Und einige Individuen entwickeln den gleichen Stil, so dass man sie zu einer Lebensstilgruppe, einem sozialen Milieu zusammenfassen kann. Die Form wird so zur Nachfolgerin der Ehre. Die Form ist die Grundlage für die *Identifizierbarkeit* eines Stils; sie macht ihn für Andere erkennbar, die ihn nicht teilen. Die Identifizierbarkeit zieht zwischen innen und außen eine sinnhafte und soziale Grenze. Sie macht aus Lebensstilen soziale Milieus. Sie wird so zur Nachfolgerin der sozialen Schließung und der sozialen Wertschätzung.

Die Erwartung der gleichsinnigen Formung und der sozialen Identifizierbarkeit einer breiten Palette von Expressionen wird wohl selten empirisch erfüllt sein, so dass es sinnvoll erscheint, die Definition auf das erste und entscheidende Element, die Expressivität, einzuschränken, und die beiden weiteren Elemente als Gegenstand der empirischen Analyse anzusehen.

Wenn also der Lebensstil einer Person sich durch ein „Muster der Lebensführung" ausdrückt, das für mehrere Personen ähnlich und als gemeinsames Milieu identifizierbar ist, dann muss die Forschung zwei Fragen praktisch beantworten. Erstens: Aus welchen *Elementen* der „Lebensführung" bildet sich bei einer Person das Muster eines Lebensstils? Zweitens: Wie kommt der Lebensstil mehrerer Personen zu einem *sozialen Milieu* zusammen?

Die *Elemente* werden in zwei Schritten ausgewählt. *Zunächst* wird ein breites Spektrum von Fragen ausgewählt und in Bevölkerungsumfragen gestellt, die sich – zumindest in den beiden in Deutschland am bekanntesten gewordenen Typologien des Sinus-Instituts und der Konrad-Adenauer-Stiftung (Hartmann 1999: 70-87) – ausschließlich auf Einstellungen beziehen: Lebensziele wie Glück, Leistung oder Selbstentfaltung und die Wertschätzung von Bereichen des sozialen Lebens wie Arbeit, Familie, Freizeit, Kleidung, Konsum, Politik, Technik und Religion. Z.B. steht für die Wertschätzung der Arbeit die Ablehnung der folgenden Vorgabe: „Wenn ich genügend Geld hätte, würde ich nie mehr arbeiten." Die Antworten werden *dann* nach ihren Korrelationen in der Umfrage mit einem statistischen Verfahren der Variablenreduktion, der Faktoranalyse, auf die wichtigsten reduziert, aus denen die Muster des Lebensstils für jeden Befragten gebildet werden. Die Faktoranalyse löst also das erste Problem der Auswahl der Elemente.

Die *Milieus* werden aus den Lebensstilen ebenfalls in zwei Schritten gebildet. *Zunächst* werden die Antwortprofile der Befragten mit einem statistischen Verfahren der Sortierung, der Clusteranalyse, so zu Gruppen zusammengefasst, dass jede Gruppe möglichst ähnliche Profile enthält, aber von den anderen Gruppen sich so stark als möglich unterscheidet. Die Gruppen werden *dann* nach dem Mittelwertprofil der besonders stark abgelehnten oder unterstützen Einstellungen benannt. Die Clusteranalyse löst also das zweite Problem der Gruppierung von Personen zu Milieus.

Die auf diese Weise vom Sinus-Institut erstmals für Westdeutschland 1982 konstruierten acht Milieus waren: das *konservativ-gehobene*, das *kleinbürgerliche*, das *traditionelle* und das *entwurzelte Arbeitermilieu*, das *aufstiegsorientierte*, das *technokratisch-liberale*, das *hedonistische* und das *alternative/linke Milieu*. Zur Charakteristik ihrer Beziehungen werden die Milieus als – sich teilweise überschneidende – Wolken auf einer zweidimensionalen Landkarte eingezeichnet, deren Senkrechte eine Schichtung von Ober- bis Unterschicht und deren Waagerechte von links nach rechts einen Wertkonflikt zwischen traditionellen Werten der Akzeptanz und Pflicht (z.B. Sparsamkeit, Gehorsam) und modernen Werten der Selbstentfaltung darstellt. Z.B. stehen das konservativ-gehobene Milieu und das traditionelle Arbeitermilieu oben bzw. unten auf der Seite der traditionellen Werte, das alternative Milieu und das traditionslose Arbeitermilieu oben bzw. unten auf der Seite der modernen Werte.

Lektüre: Hartmann (1999: Kapitel 2 und Kapitel 3.4) diskutiert die Definitionsdimensionen des Lebensstils und stellt die Bildung der Milieus nach dem Sinus-Institut dar.

Milieu: Schwächen – und Stärken?

Konnte die Forschung auf diese Weise beide Probleme lösen? Ja und Nein. Ja, insofern Elemente ausgewählt und Gruppen gebildet wurden. Nein, insofern mit der Auswahl und der Gruppenbildung die angezielten Prozesse nicht erfasst wurden.

Zunächst sucht man für die *Auswahl* der Elemente vergebens nach inhaltlichen Begründungen: Deshalb kann alles Mögliche zum Lebensstil gehören. Aber dann kann man Elemente nicht vorweg auswählen, sondern muss nachträglich mit statistischen Verfahren ihre uferlose Menge reduzieren. Zudem wird der Prozess der Selbstexpression der Person nicht erfasst. Für ihn stehen offenbar die schließlich ausgewählten Antworten auf die Einstellungsvorgaben. So gesehen, kann jede Umfrage über Einstellungen beanspruchen, Lebensstile zu erfassen. Der Anspruch aber, die Selbstexpression nicht in einer Äußerung, sondern im „Muster" mehrerer Äußerungen zu erfassen, lässt sich nur einlösen, wenn die befragte Person selber zu ihnen Stellung nimmt; Selbstexpression kommentiert eine Äußerung im Kontext anderer Äußerungen, sie ist reflexiv. Davon kann in der oben dargestellten Erhebung der Lebensstile keine Rede sein. Die Aufgabe, kommentierend Muster zu bilden, wurde den Subjekten vom statistischen Verfahren der Faktoranalyse abgenommen, das die für den Stil entscheidenden Elemente auswählt, und von den Forschern, die diese Auswahl nachträglich interpretieren.

Ebenso sucht man nach einer inhaltlichen Begründung der *Milieubildung,* der Anordnung der Wolken auf der Landkarte, vergebens. Weil sie von informierten Sozialforschern gebildet wurde, leuchtet sie ein. Aber könnte es nicht auch ein bisschen anders sein? In der Tat hat Sinus 1991 die acht Milieus um ein neuntes ergänzt und die Typologie 1996 erneut „modernisiert", d.h. einige Milieus durch neue ersetzt oder alte mit neuen Namen versehen. So wenig wie die Auswahl die Selbstexpression, so wenig repräsentiert die Gruppenbildung die Identifizierung oder Anerkennung von Milieus. Auch hier ersetzt das statistische Verfahren den sozialen Prozess. Die Wolken auf den Karten bilden nur die Größenverhältnisse der Gruppen empirisch ab; ihre Position und Größe auf der Karte, die Stauchung oder Dehnung in die eine oder andere Dimension spiegelt vielleicht die Streuung der Einstellungen im Milieu, in der Hauptsache aber das Vorwissen der Forscher. Insbesondere wundert man sich, wie aus Einstellungsvorgaben allein sich die Rangfolge der Schichtung ergeben haben kann. Man wird den Verdacht nicht los, dass auch sozialdemographische Daten wie Beruf, Einkommen und Ausbildung – auch Alter und Familienstand, wenn ein Milieu als „der isolierte alte Mensch" bezeichnet wird – in die Profile für die Milieubildung eingegangen sind oder zumindest nachträglich das schwierige Geschäft der Benennung allein nach Einstellungen erleichtern sollen.

Das Ziel, „expressive" Ungleichartigkeit in sozialen Milieus zu erfassen, wurde also nicht erreicht – weder wurde eine Selbstexpression der Personen noch eine soziale Realität der Milieus erfasst. Die Milieus sind keine soziale, sondern eine soziologische Realität. Sie entstehen durch das Verfahren der Clusteranalyse, deren Resultaten die Forscher Namen geben. Die Namen sind nicht Teil der Alltagssprache – wie etwa „Arbeiterschaft" – sondern oft etwas gesucht und gespreizt wirkende Schöpfungen der Kreativen aus der Marktforschung – „der aufgeschlossene und anpassungsfähige Normalbürger", „der unauffällige, eher passive Arbeitnehmer" usw. Sie vermitteln einen vagen Sinn; über ihre Systematik kann man jedoch end- und ergebnislos grübeln. Warum schiebt sich das „hedonistische Milieu" wie eine Wurst von der unteren Mitte nach rechts oben, vom „Genießen" der Unterschicht über das „Sein" der mittleren Schichten zum „Haben, Sein und Genießen" der oberen Mittelschicht, nicht aber der Oberschicht? Warum gibt es auf der Landkarte in der unteren linken Ecke, also bei den modernen Werten der Arbeiterschicht, eine große weiße Fläche, in den übrigen drei Ecken aber nicht? Bedeuten Überschneidungen der Wolken, dass manche Leute zwei Milieus angehören? Bedeuten Leerflächen zwischen Milieus, etwa bei der „materiellen Grundorientierung" zwischen oberer und mittlerer Mittelschicht, dass es hier Leute ohne Milieu gibt? Was mag es wohl bedeuten, wenn zwischen 1982 und 1997 das „alternative Milieu" (4% der Bevölkerung) verschwindet und das „postmoderne Milieu" (6%) sich neu bildet (Hradil 1999: 428, 2005: 434)?

Alles Wolkenschieberei? Nicht ganz. Manche Ergebnisse der Lebensstilforschung können zur Erforschung wirtschaftlicher und politischer Märkte praktisch genutzt werden. Das Sinus-Institut konnte z.B. zeigen, dass die Anhängerschaft der SPD über die acht Milieus stärker streut als die Anhängerschaft der CDU/CSU, der FDP und der Grünen. Folge: Die SPD hat es im Wahlkampf schwerer als die anderen Parteien; bedient sie ein Milieu mit Wahlversprechen, so verliert sie in den anderen Milieus mehr als die anderen Parteien. Das hat den SPD-Wahlstrategen in den Wahlkämpfen der achtziger und neunziger Jahre viel Kopfzerbrechen bereitet und vielleicht zum 1998 erfolgreichen Slogan der „Neuen Mitte" geführt, die alle Milieus bedient. Ebenso können die Milieus für die Positionierung von Produkten auf dem wirtschaftlichen Markt dienen: Vielleicht gibt es ja noch keine besondere Zigarettenmarke für den „aufstiegsorientierten jüngeren Menschen". Schließlich können Lebensstile, wenn sie etwas konkreter als Verhaltensweisen erfasst werden, die Gesundheit beeinflussen. Nichtrauchen und geringer Alkoholkonsum, regelmäßiges Frühstücken, häufiger Sport, Gewichtskontrolle, häufiger Konsum von Obst und Rohkost oder von Vitaminpräparaten hängen so zusammen, dass sie einen „gesundheitsbezogenen Lebensstil" bilden, der in der Tat die berichtete Gesundheit steigert (Janßen 1999).

Aber der Lebensstil ist nicht die einzige soziale Zugehörigkeit, die Denken und Handeln bestimmt. Der Einfluss des Milieus muss mit dem konkurrierenden Einfluss der Schichtzugehörigkeit – Berufsprestige, Bildungsniveau, Einkommen – verglichen werden. Das ist mittlerweile in vielen Untersuchungen über ein breites Spektrum von Zielvariablen geprüft worden. Vier davon seien zusammengefasst. *Erstens:* Hartmann (1999: 175-233) prüft den Einfluss von Milieu und Schicht auf insgesamt 148 Zielvariablen aus den Bereichen Mobilität, Essen, Freizeit, Kleidung, Mediennutzung, Urlaubsgestaltung und Wohnungseinrichtung; die Milieus haben bestenfalls eben so viel Einfluss wie demographische und Schichtungsvariablen. *Zweitens:* Otte (2004: 255-345, 354-356) zeigt, dass das Milieu zwar unabhängig von der Schicht einen Einfluss auf die Wahl eines Urlaubsziels und die Integration in städtische Szenen hat, also Verhaltensweisen, die ihrerseits sachlich Lebensstilen eng verwandt sind – nicht aber auf die Wahl einer Wohnung oder die Parteipräferenz, also Entscheidungen, denen Interessen und Ressourcen einen Rahmen setzen. In keinem Fall aber kann das Milieu die Schicht als erklärende Variable ersetzen. *Drittens:* Der gesundheitsbezogene Lebensstil steigert die berichtete Gesundheit kaum mehr, wenn die Schichtzugehörigkeit und die Überzeugung, dass man seine Gesundheit selber in der Hand hat, kontrolliert sind (Janßen 1999). *Viertens:* Der zusätzliche Einfluss von Lebensstilen zu dem der Schicht auf die Fernsehzeit der Deutschen 1987, 1995 und 2002 ist unerheblich, der zusätzliche Einfluss der Schicht zu dem des Lebensstils aber groß (Akinci 2006).

Fazit: der zusätzliche Einfluss der Schicht zu dem des Lebensstils auf soziales Handeln ist groß, der zusätzliche Einfluss des Lebensstils zu dem der Schicht jedoch gering – auf jeden Fall nur dort sichtbar, wo das Handeln mit den Dimensionen des Lebensstils eng verwandt ist. Selbst an der Rechtfertigung des induktiven Vorgehens dadurch, dass es praktisch „funktioniert", muss man zweifeln.

Milieus – so wie sie bis jetzt vorgestellt wurden – sind nicht nur in ihrem systematischen Stellenwert für die soziale Topographie kaum greifbar, sie bringen auch empirisch kaum eigenständige, von den gängigen Schichtindikatoren unabhängige Erklärungskraft für wichtige Entscheidungen im sozialen Leben. Nicht umsonst nutzen die grafischen Darstellungen der Milieus in der Senkrechten immer die Schichtung – also ein Kriterium, das durch die Konstruktion von Milieus ja gerade „überwunden" werden soll. Man muss nicht nur die theoretische, sondern auch die praktische Bedeutung des Lebensstils mit Skepsis betrachten. Vermutlich wäre die SPD ebenso gut beraten gewesen, wenn sie die Wahlstrategie nach den gängigen Indikatoren der Schicht und der Zugehörigkeit geplant hätte; vermutlich hätte sie auch dann die „Neue Mitte" entdeckt. Man weiß es nicht, denn der Einfluss der Sinus-Lebensstile auf die Wahlentscheidung wurde nie mit dem der Schicht verglichen.

Lektüre: Burzan (2005: 97-137) stellt Ansätze der Forschungen zu Lebensstil und Milieu dar.

Weiterführende Literatur: Hartmann (1999: Kapitel 6) vergleicht den Einfluss von Schicht und Lebensstil auf einem breiten Satz unterschiedlicher Zielvariablen. Hradil (2005: 435-443) stellt weitere Ergebnisse zu Milieus und Lebensstilgruppierungen dar.

Gründe für die Schwächen

Ist die Schwäche der Forschung zu Lebensstil und Milieu nur eine Schwäche der soziologischen Forschung oder spiegelt sie die Konturlosigkeit ihres Gegenstandes? Würde eine bessere theoretische Begründung und eine sorgfältigere, die Selbststilisierung und die Gruppierung genau nachzeichnende Erhebung wirklich soziale Milieus finden? Ich glaube nicht. Die Selbststilisierung ist ein anspruchsvolles Unterfangen, das schlechterdings nicht bei allen Bürgern eines Nationalstaats erwartet werden kann. Selbststilisierung und Selbstreflexion betreiben vor allem Künstler und Intellektuelle – und verdienen ihr Geld dabei. Nicht umsonst stammt der Begriff des Stils aus der Kunstgeschichte (Wölfflin). Auch in der Alltagssprache sagt man von besonders begabten Selbstdarstellern: „Der hat Stil" – was impliziert, das nicht jedermann „Stil" hat. Gewiss, in den letzten 40 Jahren der alten Bundesrepublik hat mit der wachsenden Freizeit das Bedürfnis nach Selbstdarstellung mehr Realisierungschancen, mit der Bildungsexpansion mehr Mittel, mit der Durchsetzung der Massenmedien schließlich mehr Modelle gewonnen. Der Anstieg der kulturellen Teilhabe (Meulemann 1996: 142-175, 2002: 41-51) schafft Freiräume, Kompetenzen und Stoff für die Selbststilisierung und hat das Interesse der Soziologie an Lebensstilen provoziert – aber nicht alle haben Freiräume und Kompetenzen gewonnen. Lebensstile herrschen nicht überall, sondern in – vermutlich wachsenden – Enklaven. Deshalb ist die Gesellschaft nicht – wie es die graphischen Darstellungen und die Aufsummierung aller Lebensstile auf 100% der Bevölkerung (siehe z.B. Brock 2001: 638-640) suggerieren – flächendeckend mit Milieus belegt. Soziale Milieus sind Reservate in der Gesellschaft, aber keine Bausteine der Sozialstruktur. Wie zu Ständen, kann man auch zu keinem oder mehreren Milieus gehören.

Dass weder der Stand im Sinne Webers noch das Milieu die ganze soziale Landschaft umspannen, lässt sich an Ergebnissen der Umfrageforschung ablesen. Fragt man die Bevölkerung, ob sie sich einer Reihe von sechs vorgegebenen Schichten – von der „Unterschicht" bis zur „Oberschicht" – zurechnet, so verweigern nur 9% von fast 32 000 Befragten die Antwort, wissen keine oder wollen keiner der vorgegebenen Schichten angehören (ALLBUS 1980-96, Zentralarchiv-Codebuch Nr. 1795, Variable 72).[3] Fragt man aber im Jahre 1997 1597 ehemalige Gymnasiasten im 43. Lebensjahr, ob sie sich einer „Gruppe von Menschen, die ähnlich denken und leben, also einen gemeinsamen Lebensstil haben, zugehörig fühlen oder nicht", so antworten nur 41% mit Ja; auf die Frage nach der Schichtzugehörigkeit verweigern nur 2% die Antwort, wissen keine oder wollen keiner der vorgegebenen Schichten angehören (Auswertung der Kölner Gymnasiasten-Studie). Dass man zu einer Schicht gehört, ist selbstverständlich; die Zugehörigkeit zu einem Milieu aber ist eine Besonderheit – selbst in einer durch Bildung privilegierten und daher der Selbststilisierung zugeneigten Gruppe.

Wenn man also den Begriff des Stils auf jedes Verhalten verallgemeinert und die Stilisierung des Verhaltens für jedermann unterstellt, *muss* man die subjektive Ebene der Selbststilisierung und die soziale Dimension der Gruppenbildung verlassen und auf induktive statistische Verfahren zugreifen, die im Nachhinein einen Stil und ein Milieu konstruieren. Die Soziologie schafft soziologische Realitäten, wo soziale Realitäten spärlich gesät oder nicht existent sind. Vielleicht aber lassen sich diese Schwächen überwinden, wenn man soziale Milieus anders ver-

---

3 Der ALLBUS – Allgemeine Bevölkerungsumfrage der Sozialwissenschaften – ist eine seit 1980 wiederholte repräsentative Bevölkerungsumfrage. Das Codebuch, die Grundauszählung der Antworten, kann im Zentralarchiv für empirische Sozialforschung, dem Datenarchiv der deutschen Umfragforschung, eingesehen oder bestellt werden. Adresse: Bachemerstrasse 40, 50931 Köln, Tel. 0221 – 476940.

steht und anders konstruiert: nicht als Aggregate von Personen gleicher Expressivität, sondern als Muster sozialer Beziehungen; und nicht als induktive statistische Konstruktionen, sondern als deduktive Ableitung möglicher Beziehungsmuster.

Soziale Netzwerke statt Expressivität der Person – Deduktion statt Induktion

Wenn die Expressivität der Person nur durch die Faktoranalyse gebändigt und nur durch die Clusteranalyse zu Milieus zusammengeführt werden kann, sollte man nach einer anderen Basis für die Konstruktion von Milieus suchen. Statt Lebensstile von Personen mit statistischen Techniken zu Milieus zu aggregieren, könnte man prüfen, ob dichte und weniger dichte Beziehungen zwischen Personen Milieus abgrenzen. Statt beliebiger Einstellungen muss man dann egozentrierte Netzwerke mit spezifischen Namensgeneratoren erheben (siehe Abschnitt 7.4.2). Freundschaften und Diskussionen pflegen z.B. (fast) alle; und es ist sinnvoll, ihr völliges Fehlen als soziale Isolation zu beschreiben. Das Muster der Beziehungen kann mit der Netzwerkanalyse herausgearbeitet werden, insbesondere mit der Analyse struktureller Ähnlichkeiten in Blockmodellen, welche die möglichst große interne Homogenität und möglichst große Distanzen nach außen suchen. Milieus werden so in Operationen der Erhebung und Analyse nachvollziehbar und greifbar, statt in einer Mischung aus Datenreduktion und Suggestion hin- und hergeschoben zu werden. Dafür liegen zwei Untersuchungsansätze vor.

Erstens zeigt eine Analyse egozentrierter Netzwerke, die 1972, 1980 und 1990 in der gleichen standardisierten Form erhoben wurden, Folgendes: Die soziale Homogenität der Netzwerke von Arbeitern hat nur geringfügig und die von Nichtarbeitern hat überhaupt nicht abgenommen; aber der Einfluss der Netzwerke von Arbeitern auf die SPD-Wahl hat dramatisch abgenommen. Soziale Milieus lösen sich nicht auf, aber ihre Bedeutung für das Handeln schwindet (Pappi 2001: 615).

Zweitens sollten soziale Milieus im Lebensalltag wirksame Grenzen für den Aufbau sozialer Beziehungen bilden. Ego sollte mit Alteri, die seinen Lebensstil teilen, häufiger Beziehungen pflegen. Folglich sollten egozentrierte Netzwerke, nach Lebensstilen homogener sein als in zufälligen Personengruppen. Das ist tatsächlich in zwei Untersuchungen der Fall; aber die Netzwerke sind nach dem Lebensstil nicht stärker homogen als nach der sozialen Schicht oder dem Alter (Otte 2004: 225-254, Classienne 2006). Der Lebensstil zieht also in der Tat eine sozial wirksame Grenze, aber nicht deutlicher als die soziale Schicht.

Beide Untersuchungsansätze holen also die sozialen Milieus aus der Kunstwelt der Statistik zurück in die Wirklichkeit sozialer Beziehungen – selbst wenn sie die Skepsis nicht entkräften, ob Milieus stärker wirken als die soziale Schicht. Die Erhebung sozialer Beziehungen in ego-zentrierten Netzwerken ist auf jeden Fall ein Weg die soziale Realität sozialer Milieus zu erfassen – und damit vielleicht auch ihre Wirkungen auf soziales Handeln.

Wenn Milieus auf eine neue Basis gestellt sind, dann kann man auf die induktiven statistischen Verfahren der Reduktion von Variablen und Einheiten, also Faktor- und Clusteranalyse, verzichten. Man kann *vorweg* festlegen, auf welchen Beziehungen sich Milieus aufbauen. Nahe liegt es, Aktivitäten in Nachbarschaft, Vereinen, Parteien, Lokalgemeinde, Kirchengemeinde, die gewählt werden *können*, aber nicht *müssen*, als Basis von Milieus zu nehmen. Milieus wären dann vor allem der *Freizeit*, aber auch der *politischen* Interessenartikulation gewidmet; sie wären aber – im Gegensatz zum Berufsstatus oder zur Wertschätzung nach dem Beruf – *nicht* durch die Berufsarbeit und auch nicht durch die Verwandtschaft begründet. Eine solche Wahl von Beziehungen muss also im Zusammenhang mit anderen sozialen Gruppierungen begründet werden und kann dann die Erhebung des Milieus bestimmen.

Lektüre: Otte (2005a, b) resümiert kritisch die Lebensstilforschung und schlägt vor, wie man soziale Milieus nach zwei Dimensionen der Lebensführung – Ausstattungsniveau und Modernität – vorweg definieren und entsprechend erheben kann. Beides sind allerdings Dimensionen der Expressivität, nicht der sozialen Beziehung; und die Dimension des Ausstattungsniveaus ist deckungsgleich mit der Schichtung, so dass Milieus nach wie vor „zur Hälfte" auf der sozialen Schichtung beruhen.

8.1.3 Zusammenfassung: Ungleichartigkeit ist „horizontal"

Als soziale Ungleichartigkeit wurden im vorausgehenden Abschnitt *Zugehörigkeiten* zu natürlichen Kategorien oder sozialen Verbänden, die nicht bewertet werden, und die Mitgliedschaft in *Ständen* und *Milieus* betrachtet, die sich aus einem gemeinsamen Lebensstil ergeben können. Im Rückblick sollen zunächst die Unterschiede zwischen diesen drei sozialen Gruppierungsformen herausgestellt werden und dann die Gemeinsamkeit, die es erlaubt hat, sie zusammen zu behandeln und anderen Gruppierungsformen gegenüberzustellen.

Die drei Gruppierungsformen unterscheiden sich vor allen dadurch, ob sie in statistischen oder sozialen Gruppen resultieren. *Zugehörigkeiten* bilden nur statistische Gruppen, deren Mitglieder sich manchmal auch aneinander orientieren. *Stände* hingegen sind soziale Gruppen; die Mitglieder orientieren sich an einer besonderen Ehre ihres Standes, haben also typische Normen und Werte internalisiert. *Milieus* schließlich sollten, wären sie nach dem Modell eines Standes konstruiert, im Lebensstil, den jedes Mitglied bewusst praktiziert und nach außen zeigt und den die Außenstehenden anerkennen, ein gemeinsames Prinzip haben. Aber dies ist nur selten der Fall, so dass Lebensstile für die ganze Bevölkerung aufgrund der faktoranalytischen Auswahl von Einstellungen und Milieus aufgrund der Gruppierung von Merkmalsprofilen mit der Clusteranalyse gebildet werden müssen. Milieus, wie die Soziologie sie konstruiert, haben keine sozial anerkannte Gemeinsamkeit; sie werden als statistische Gruppen von Personen mit einem ähnlichen Lebensstil konstruiert.

Zum Unterschied des sozialen Realitätsgehalts kommt der Unterschied der Einschlussbreite. *Zugehörigkeiten* umfassen mit ihren verschiedenen Ausprägungen die ganze Bevölkerung. Weil Zugehörigkeiten nur statistische Gruppen bilden, kann man immer eine Ergänzungsmenge bilden. *Stände* aber decken in modernen Gesellschaften, die nicht mehr umfassend ständisch gegliedert sind, nicht die ganze Gesellschaft ab. Mancher gehört zwei, mancher keinem Stand an. Für *Milieus* müsste, wären sie eine soziale Realität nach dem Modell der Stände, dasselbe gelten. Da Milieus aber mit statistischen Verfahren soziologisch konstruiert werden, lassen sie sich auch über die ganze soziale Landkarte einer Gesellschaft ausdehnen.

Die Gemeinsamkeit der drei Gruppierungsformen besteht darin, dass sie sich auf Qualitäten beziehen, die hier und heute nicht sozial bewertet werden. Die *Zugehörigkeiten* teilen die Bevölkerung in gleichwertige Gruppen auf. Es gibt keine Rangfolge der Geschlechter, der Altersphasen, der Regionen oder der Konfessionen, die in der deutschen Bevölkerung der letzten Jahre anerkannt würde. Auch die *Stände* bilden (heute) keine Rangfolge (mehr); und die *Milieus* haben keine Rangfolge außer der, die sie sich in den zweidimensionalen Darstellungen von der Schichtung geborgt haben.

Gleichartigkeiten sind also nicht wie Schichten „vertikal" einander untergeordnet; sie stehen „horizontal" nebeneinander. Ihnen fehlt der Konsens der Bevölkerung über die Rangfolge ihrer Ausprägungen. Was das heißt, wird deutlicher, wenn man Gleichartigkeiten mit einer anderen Gruppierungsform vergleicht, die in der Tat Qualitäten, nämlich Berufe, in eine Rangfolge bringt, nämlich das Berufsprestige. Für eine solche Rangfolge stellt sich fast von selbst das geologische Bild der Schichtung ein. Schichten liegen höher und tiefer. Aber wie kommt die Rangfolge zustande?

8.2 Wertschätzung: Berufsprestige

Die Rangfolge sozialer Schichten ergibt sich aus der Wertschätzung der Menschen füreinander. Menschen bewerten Andere, mit denen sie zusammenleben. Ego behält seine Wertschätzung Alters nicht für sich, sondern zeigt sie Alter; und Alter ist bereit, die fremde Wertschätzung zu akzeptieren. Aber warum? Das wird in Abschnitt 8.2.1 behandelt. Aber die Wertschätzung zwischen Ego und Alter bezieht sich auf bestimmte Personen. Wie wird aus der Wertschätzung von Personen eine soziale Wertschätzung, eine Wertschätzung von Personengruppen? Das wird in Abschnitt 8.2.2 behandelt. Aber die soziale Wertschätzung ist eine ungefähre Rangfolge, keine genaue Messung. Wie wird aus der sozialen Wertschätzung eine soziologische Prestigeskala? Das wird in Abschnitt 8.2.3 behandelt.

8.2.1 Anthropologische Grundlagen der Wertschätzung

Menschen erleben nicht nur ihre Umwelt, sie handeln in ihr; sie wollen Ziele erreichen (siehe Kapitel 2). Die Zielgerichtetheit impliziert die Erfolgsorientierung des Handelns: Es muss nach Erfolg oder Misserfolg bewertet werden; mit der Bewertung, ob das Ziel erreicht wurde oder nicht, kommt jede Handlung zu ihrem Ende. Aber die Bewertung des eigenen Handlungserfolgs ist noch keine Wertschätzung durch Andere. Wenn soziales Handeln „in seinem Ablauf" (Weber) an den Handlungsmöglichkeiten Anderer orientiert ist, dann sollte der Handlungserfolg nicht nur von Ego, sondern auch von Alter bewertet werden. Alter ist Zeuge von Egos Handlungserfolgen, und er wird sein eigenes Handeln an Egos Erfolg orientieren. Alter kann also gar nicht anders als Egos Handlungserfolg, und d.h. auf Dauer Ego, zu bewerten.

Wenn zudem soziales Handeln nicht nur an den Handlungsmöglichkeiten, sondern an Werten orientiert ist, die Ego und Alter teilen, wenn man also vom weiten zum engen Begriff des sozialen Handelns übergeht, dann ist die Bewertung des Handelns jeder Seite durch die andere unausweichlich und die Maßstäbe der Bewertung sind mit den geteilten Werten gegeben. So wie jedes Handeln über die kognitiv-affektive hinaus eine evaluative Orientierung impliziert (siehe Abschnitt 3.1.1), so folgt auch die Wertschätzung *Anderer,* die *soziale* Wertschätzung, aus der Gemeinsamkeit von Werten im sozialen Handeln (Parsons 1953). Die soziale Wertschätzung ist also sozialem Handeln inhärent.

Die Wertschätzungen Anderer mögen Ego missfallen, aber er kann sie nicht ignorieren. Denn sie geben ihm sein Selbstbewusstsein. „Selbstwertgefühl und Selbstanerkennung – ein zwingend mit menschlichem Selbstbewusstsein verknüpftes Problem – braucht soziale Validierung, braucht einen Außenhalt, braucht Bestätigung durch Andere.... Unser Selbstgefühl ist gefesselt an ihre Anerkennung und Anerkennungsentzüge" (Popitz 1987: 633). Die Anerkennung nicht dieser oder jener Wertschätzung, sondern fremder Wertschätzungen überhaupt ist ein anthropologisches Bedürfnis. Um seiner Selbstschätzung willen ist der Mensch auf die Wertschätzung Anderer angewiesen. Und seine Angewiesenheit auf Andere kontrastiert scharf mit seiner Einflusslosigkeit über Andere, wenn es darum geht, Wertschätzung zu erlangen.

Die Wertschätzung ist also Element des sozialen Handelns, und ohne fremde Wertschätzungen ist Selbstbewusstsein nicht möglich. Deshalb werden Wertschätzungen geäußert und anerkannt. Deshalb sind Wertschätzungen universell und man kann argumentieren, dass auch ihr Resultat, die soziale Schichtung, ein universeller Tatbestand im Zusammenleben von Menschen ist (Parsons 1964; siehe Abschnitt 5.3.2).

Lektüre: Parsons (1953), Popitz (1987)

8.2.2 Die soziale Konstruktion des Prestiges

Aber das Resultat der sozialen Schichtung ergibt sich nicht unmittelbar aus Wertschätzungen von Menschen über Menschen. Ziel wie Ausgangspunkt der *sozialen* Wertschätzung sind nicht Personen, sondern Kollektive. Sie ist eine soziale Konstruktion, die von der Bewertung unter Individuen zu einer Bewertung unter Kollektiven aufsteigt und zu einem Konsens der Kollektive über das Prestige der Kollektive führt.

Von der bewerteten Person zu bewerteten Kollektiven

Mit dem Übergang von bewerteten Personen zu bewerteten Kollektiven wächst die soziale Distanz, die durch die Bewertung überbrückt wird. Das lässt sich in drei Schritten veranschaulichen.

Erstens werden Personen in *intimen* Beziehungen bewertet, d.h. in partikularistischen, durch die Person bestimmten Beziehungen (siehe Abschnitt 3.1.2). Der Vater bewertet seinen Sohn, die Frau ihren Mann, der Freund seinen Freund aufgrund der Erfahrungen des alltäglichen Zusammenlebens. Die Wertschätzung richtet sich auf die Person, nicht auf die Zugehörigkeit zu Kollektiven; sie richtet sich auf private, nicht auf öffentlich sichtbare Qualitäten und Aktivitäten der Person. Sie verbleibt im intimen Kreis, also in der Familie oder unter Freunden. Jenseits dessen ist sie buchstäblich wertlos – es sei denn als Klatsch. Deshalb ist diese Wertschätzung zwar folgenreich, aber kontrollierbar. Wer keine Anerkennung findet, kann drohen, seinerseits Anerkennung zu verweigern; im schlimmsten Fall völliger Anerkennungsverweigerung kann die Beziehung aufgelöst werden.[4]

Zweitens können Personen als Mitglieder eines *Verbands* bewertet werden, d.h. in Beziehungen, die Erfahrungen über Personen zwar nicht erzwingen, aber auch nicht ausschließen. In der Orts- oder Kirchengemeinde, in einem Verein etc. wird der direkte Kontakt zu einer Person durch den Auftritt im Verband erweitert. Deshalb ist es nicht notwendig, aber noch möglich, dass jeder mit jedem zusammenkommt. Deshalb ist es auch möglich, dass jeder jeden bewertet – sei es aus persönlicher Erfahrung, sei es nach den Auftritten im Verband. Deshalb können der Pfarrer, der Bürgermeister, der Arzt, der Richter usw. von „ihrer" Gemeinde bewertet werden. Deshalb sind unterschiedliche Wertschätzungen der gleichen Person je nach den Erfahrungen des Bewerters sehr wahrscheinlich. Deshalb ist es auch sehr wahrscheinlich,

---

4 Die wichtige Ausnahme hiervon ist die Beziehung zwischen Eltern und Kindern: Kinder können von ihren Eltern verweigerte Anerkennung nur in begrenztem Maße mit der Drohung erzwingen, die Verweigerung zu erwidern. Kinder sind, solange sie „Kinder" sind, schwächer als Eltern; und die Beziehung zwischen Eltern und Kindern lässt sich nicht wie die Beziehung zwischen Ehegatten oder Freunden auflösen. Der Grund für die Sonderstellung der Eltern-Kind-Beziehung ist die natürliche Abhängigkeit der Kinder von ihren Eltern, wie in Abschnitt 6.5.2 dargelegt.

dass über Wertschätzungen gesprochen und gestritten wird und sich mit der Zeit ein Konsens der Mitglieder über die Wertschätzung einer Person herausbildet. In jedem Fall läuft in der jeweiligen Gemeinschaft zwischen Mitgliedern mit mehr oder minder weitreichenden Erfahrungen ein sozialer Prozess des Meinungsaustausches ab. Und dieser Prozess wird nicht nur durch die Mitglieder, sondern auch durch die *verbandsinterne Öffentlichkeit* gesteuert. Die Wertschätzung richtet sich dann nicht auf die Person, sondern auf eine bestimmte öffentlich sichtbare Qualität oder Aktivität, die durch eine bestimmte Person ausgeübt wird und im Kontakt mit dieser Person überprüft werden kann. So kann man den Pfarrer schätzen, ohne in die Kirche zu gehen, den Bürgermeister unmöglich finden, weil er eine schlechte Lokalpresse hat, den Lehrer schlecht finden, weil er oder seine Schule einen schlechten Ruf hat usw.

Drittens können Personen nach *kategorialen* Zugehörigkeiten bewertet werden, d.h. in Beziehungen, in denen die Erfahrung mit spezifischen Personen nicht nur nicht mehr zählt, sondern „weggedacht" ist; die Person ist nur noch Platzhalter für eine Kategorie. So wird etwa nicht der Pfarrer von St. Cäcilia von seiner Gemeinde, sondern „der Pfarrer" von allen Deutschen bewertet, nicht der Arzt X in Y, sondern „der Arzt" in Deutschland usw. Die Basis der Bewertung ist dann nicht mehr wie in intimen Beziehungen und zum Teil auch noch in einen Verband die konkrete Person, sondern die Wahrnehmung einer Kategorie von Personen nach der Funktion, der Wichtigkeit oder der Leistung. Die Wertschätzung beruht nicht mehr auf Erfahrungen über Personen, sondern auf einer impliziten „soziologischen Theorie", die einschätzt, was Kategorien von Personen für das Gemeinwohl beitragen.

Das Konzept dieser Theorie, der Beitrag zum Gemeinwohl, ist zwar sehr diffus, aber es lässt sich durch zwei Bedeutungselemente bestimmen: Es impliziert eine Rangfolge und schließt Gleichheit aus. In jeder Gesellschaft tragen verschiedene Gruppen *unterschiedlich* zum Gemeinwohl bei; deshalb *muss* die Wertschätzung zwischen den Gruppen differenzieren, sie belohnt die Unterschiede des Beitrags und hält die Gruppen an, ihren Beitrag weiter zu leisten. Prestigeverteilungen sind zu Recht so, wie sie sind – ein Einzelner kann sich täuschen, aber nicht alle. Ungleichheit ist nicht anstößig, sondern der Sinn der Sache. Die Gleichheit oder auch nur die Angleichung von Prestigeverteilungen widerspricht dem Konzept des Beitrags zum Gemeinwohl, nach dem die Wertschätzung sich bemisst.

Lektüre: Die Idee, dass der Rang sozialer Positionen auf ihrem Beitrag zum Gemeinwohl beruhe, wird in der funktionalistischen Schichtungstheorie ausgeführt (Davis / Moore 1967).

Von der bewertenden Person zur bewertenden Gesellschaft

In kategorialen Beziehungen verbleibt von der bewerteten Person also nur die Kategorie, nach der sie zu einem Kollektiv gehört. Aber die bewertende Person ist nach wie vor ein Individuum. Individuelle Bewertungen lassen sich aber nur dann sinnvoll zu einer einheitlichen Bewertung „der Gesellschaft" zusammenfassen, wenn man annimmt, dass weitgehend Konsens herrscht. Aber es kann ja sein, dass Menschen aus dem Blickwinkel ihrer eigenen Position verzerrt sehen, dass also hoch geschätzte Personen zwischen den Wertschätzungen hoch bewerteter Kategorien schärfer unterscheiden als „unten" – und dass Spiegelbildliches für „unten" gilt. Auch könnte es sein, dass sich die Bewertungen zwischen Männern und Frauen, Erwerbstätigen und Nichterwerbstätigen, Jungen und Alten oder zwischen besser und schlechter ausgebildeten Personen unterscheiden. Die Motive für Dissens sind so zahlreich, dass die Annahme des Konsenses fast verwegen anmutet. Dennoch korrelieren die Rangordnungen der Berufe, die Mitglieder unterschiedlicher Berufe aufstellen, recht hoch; zwischen den Berufen ist also ein Konsens über die Rangfolge der Berufe gegeben (Treiman 1977, Wegener 1992: 262, 266-268). Woher kommt der Konsens?

Eine Antwort ist, dass die *Öffentlichkeit* der Nationalgesellschaft das Forum für die kategorialen Bewertungen ist. Moderne Nationalgesellschaften haben Institutionen erfunden, die über die *Darstellung* konkreter Personen Bewertungen von Personenkategorien vermitteln: die Massenmedien. Sie überlagern die direkten, auf Kenntnis der Person ruhenden Bewertungen und gleichen sie an. Wer niemals in die Kirche geht, kennt dennoch den Pfarrer der Fernseh-Serie „Aber Herr Pastor". Und der Pastor der Fernseh-Serie teilt nicht nur das Abendmahl aus und predigt, sondern sorgt sich auch um gestrauchelte Jugendliche; denn in einer säkularen Gesellschaft trägt der Pfarrberuf nicht nur durch die Unterstützung des einzelnen Menschen bei der Heilssuche, sondern auch durch soziale Arbeit zum Wohl der Gesellschaft bei. Die Medien belehren also uns alle tagtäglich über den Beitrag von Kollektiven für das Gemeinwohl. Und wenn primäre Erfahrungen divergieren, liefern die Medien die gleichen, „sekundären" Erfahrungen. Auf beide Weisen fördern die Medien den Konsens.

Aus der Mixtur von persönlichen Alltagserfahrungen und übernommenen Bildern resultiert also eine weitgehend gleiche Wertschätzung von Berufen. Die Macht des übernommenen Konsenses wird dann besonders deutlich, wenn er der persönlichen Erfahrung widerspricht. In Deutschland wird das Prestige eines Arztes höher eingeschätzt als das Prestige eines Kfz-Mechanikers (Wegener 1988: 227). Aber wer heute eine schlechte Erfahrung mit einem Arzt und eine gute mit einem Kfz-Mechaniker gemacht hat, wird nicht morgen das Prestige des Arztes niedriger und das Prestige des Kfz-Mechanikers höher schätzen. Weil er weiß, dass alle Anderen seine implizite „soziologische" Theorie vom Wert der Berufe teilen, wird er sie nicht wegen konträrer Erfahrungen aufgeben. Kurzum: Die Bewertung bezieht sich auf Kategorien, nicht auf Menschen aus Fleisch und Blut – obwohl in die Bewertungen von Kategorien Erfahrungen mit Menschen einfließen und die Kategorien wieder auf Menschen angewendet werden. Und die Bewertung ist gegen alltägliche Erfahrungen lange resistent, weil sie durch eine „Theorie" gestützt wird, die sich auf die Autorität der Medien und aller anderen Gesellschaftsmitglieder stützt.

Prestige als Konsens über den Beruf und die Berufe

Wertschätzungen werden also auf der Seite des bewerteten Objekts von Personen auf Kategorien ausgedehnt und führen auf der Seite der bewertenden Personen zum Konsens über den Wert der Kategorien. Auf beiden Wegen wird die Wertschätzung sozial. Das Ergebnis, die Schichtung der Bevölkerung nach Prestige, ist eine soziale Konstruktion, ein sozialer Tatbestand. Prestige beruht auf einem Konsens *in der breiten Bevölkerung* und *über große soziale Distanzen hinweg*. In beiden Bedeutungen kann man sagen: Prestige ist ein *Konsens über Distanzen*.

Wenn man den Prozess der Konstruktion auf der Seite des Bewerters und des Bewerteten wieder aufrollt, wird deutlich, dass Prestige gedanklich auf einem Netzwerk beruht (siehe Abschnitt 7.4.2): Die Wertschätzung ist weder eine Eigenschaft der bewertenden noch der bewerteten Person, sondern einer Beziehungsform zwischen beiden. Die Wertschätzung für Berufe ist nicht etwas, das die Person „hat", sondern etwas, das sie mit den Berufen „tut", nicht eine einstellige, sondern eine zweistellige Aussage. Die Wertschätzung ist zudem – wie die Freundschaft – eine reziproke Beziehungsform; sie kann, aber muss nicht erwidert werden. In der Netzwerkanalyse wird „Prestige" durch den „Innengrad", durch die passive Wahl in einer Gruppe aufgefasst (Wasserman / Faust 1994: 169-177, Jansen 2003: 142-144, Trappmann /

Hummell / Sodeur 2005: 25-70) – ob die Gewählten nun konkrete Personen oder Berufe in einer Gesellschaft sind, ist für das Konzept des Prestiges unerheblich. Die soziale Konstruktion des Prestiges sieht lediglich von der Richtung der Wahl ab; sie „symmetrisiert" die Matrix der Wahlen, so dass das Prestige eine Realität jenseits der Bewerter gewinnt.

Dass Prestige aus einem Netzwerk hervorgeht wird noch deutlicher, wenn es nicht aus den Mittelwerten der Einschätzungen des Berufprestiges, sondern aus den egozentrierten Freundschaftsnetzwerken der Mitglieder von Berufsgruppen konstruiert wird. Das Ergebnis ist dann eine Berührungsmatrix der Interaktionshäufigkeit zwischen Berufsschichten; da die Einheiten nicht mehr Personen, sondern Berufsschichten sind, enthält jetzt auch die Diagonale sinnvolle Angaben, nämlich die Interaktionshäufigkeit innerhalb der Berufsschicht. Die Berufe werden dann nach der strukturellen Ähnlichkeit mit den Methoden der Blockmodellanalyse zu Berufsgruppen zusammengefasst, die zu den übrigen Gruppen ähnliche Beziehungsmuster haben. Weiterhin wird eine Hierarchie gebildet: Je mehr die passiven Wahlen für (oder Eingänge in) eine Gruppe die aktiven Wahlen (oder Ausgänge aus) einer Gruppe übertreffen, desto höher ist ihr Prestige (Jansen 2003: 212-232). Mit der Prestigedistanz nimmt dann die durch Interaktionshäufigkeit gemessene soziale Distanz kontinuierlich zu. Die Interaktionshäufigkeit fällt entlang der Diagonale gleichmäßig ab. Es gibt also keine scharfen Grenzen zwischen den Schichten, sondern ein Kontinuum der Schichtung (Pappi 2001).

So selbstverständlich wie der Tatbestand erscheint der Bezugspunkt des Prestiges, der Beruf. Aber auch das ist Ergebnis eines Prozesses. Man kann sich vorstellen, dass in Stammesgesellschaften das Alter Bezugspunkt des Prestiges gewesen ist. Aber in modernen Industriegesellschaften tritt das Alter als Kriterium der Wertschätzung hinter den Beruf zurück.[5] Moderne Nationalgesellschaften sind arbeitsteilig differenzierte Gesellschaften; das Überleben aller hängt von der beruflichen Arbeit (fast) eines jeden ab (siehe Abschnitt 5.1). Daher ist der Beruf das wichtigste Merkmal für den „Wert" einer Person, für ihren Beitrag zum Wohl der modernen Nationalgesellschaft. Prestige ist in arbeitsteiligen Gesellschaften Berufsprestige.

Kurzum: Mitglieder moderner Nationalgesellschaften haben einen *doppelten Konsens* über die Bedeutung *des Berufs* und über die Bedeutung *der Berufe*: Der Beruf ist das zentrale Merkmal ihrer impliziten Theorie der Gesellschaft, und über die Rangordnung der Berufe untereinander sind sie weitgehend einig. Der Beruf offenbart in einem Wort die soziale Wertschätzung. Deshalb fragt man Fremde zuerst nach ihrem Beruf.

8.2.3 Die soziologische Messung des Berufsprestiges

Aber der Konsens über den Beruf und die Rangordnung der Berufe ist nicht ganz ausgefeilt. Es gibt Grauzonen der Überlappung zwischen Berufen und der Uneinigkeit über den Wert einzelner Berufe. Wo die soziale Konstruktion diffus bleibt, kann die soziologische Konstruktion von Skalen das Berufsprestige spezifizieren.

Skalen des Berufsprestiges beruhen auf Befragungen, in denen repräsentative Stichproben der Bevölkerung eine repräsentative Auswahl von Berufen bewerten. Die Bewertung in der Befragung ahmt alltägliche kategoriale Bewertungsprozesse nach. Resultat sind die Durchschnittswerte für die ausgewählten Berufe, deren Rangordnung die Skala des Berufsprestiges

---

5 Das Konzept der „Altersschichtung" (Kohli 1978: 103-133) ist auch für moderne Gesellschaften entwickelt worden.

ergibt. Die Skala macht also den doppelten Konsens einer Gesellschaft über den Wert der Kategorie und ihrer Ausprägungen dingfest; aber sie fügt etwas hinzu: die quantitative Präzisierung. Sie führt den Prozess der Bildung sozialer Institutionen und der Verfestigung sozialer Wahrnehmungen zu Ende. Die Soziologie *kann* Prestigewerte für Berufe produzieren, weil im Alltag tagtäglich eine Person den Beruf einer anderen bewertet. Die Soziologie *muss* Prestigewerte für Berufe in der deutschen Bevölkerung produzieren, weil die alltägliche Prestigebewertung von Personen quantitativ nur vage festgelegt ist. Die Gesellschaft und nicht die Soziologie produziert die Prestigeordnung; aber die Soziologie identifiziert sie als eine Skala und ist deshalb buchstäblich für die Stelle hinter dem Komma zuständig.

Den Stellenwert des sozialen Konsenses und die Rolle der Soziologie bei seiner Identifizierung lässt sich am Verhältnis von Mittelwerten und Standardabweichungen auf der Prestigeskala veranschaulichen. Im Jahre 1979/80 wurden 50 Berufe von 2000 repräsentativ ausgewählten Westdeutschen auf einer Skala von 1 bis 9 nach ihrem Prestige bewertet. Arzt und Richter standen mit einem Mittelwert um 8 ganz oben, Hilfsarbeiter und Autowäscher mit einem Mittelwert unter 3 ganz unten. Jedem wird diese Rangfolge noch heute einleuchten, aber keiner würde sich wohl trauen, zwischen den beiden Spitzen und den beiden Schlusslichtern die Ordnung weiterer Berufe vorauszusagen. Die Berufsprestigeskala, die in der folgenden Abbildung dargestellt ist, bestimmt jedoch auch diese Folge. Sie erlaubt es darüber hinaus, den Konsens der Bewertung in der Bevölkerung mit einer statistischen Kennziffer darzustellen: Die Standardabweichung gibt an, wie breit um den Mittelwert die Bewertungen schwanken; in der Regel liegen etwa zwei Drittel der Bewertungen im Bereich einer Standardabweichung unter- und oberhalb des Mittels.

Abbildung 8.2 Mittelwerte und Standardabweichungen des Prestiges ausgewählter Berufe

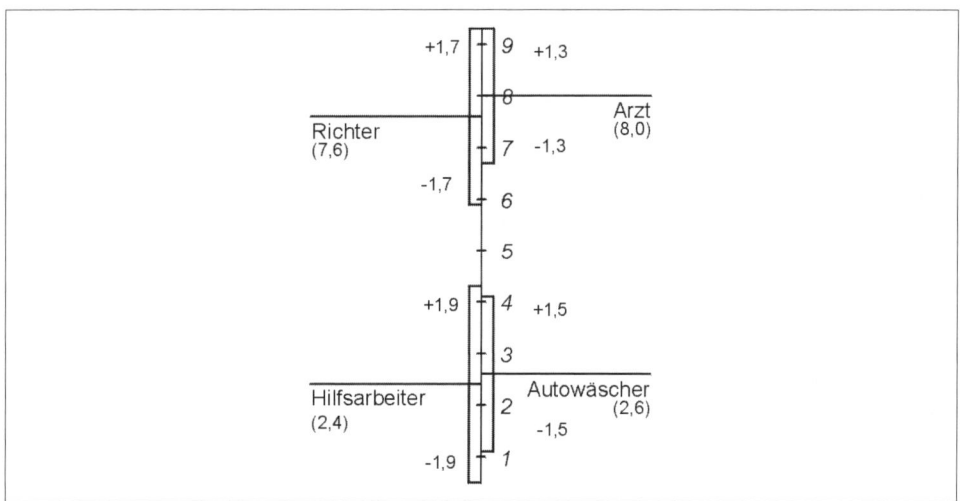

Quelle: Wegener (1988: 227).

Die Standardabweichungen der Berufsprestigewerte, die in den Strecken ober- und unterhalb der Mittelwerte dargestellt sind, überlappen sich nun innerhalb des oberen und unteren Bereichs weitgehend, aber zwischen den beiden Bereichen überhaupt nicht. Natürlich ergibt sich das daraus, dass die Spitzen und die Schlusslichter ausgewählt wurden. Nimmt man etwa einen Beruf mit einem Skalenwert von 5 und einer Standardabweichung von 1.5 hinzu, so überlappen sich die Obergrenze von 6.5 mit der Untergrenze des Richters und die Untergrenze von 3.5 mit der Obergrenze des Hilfsarbeiters. Je mehr Berufe man betrachtet, desto mehr Bereiche der Überlappung ergeben sich. Aber dadurch wird das Bild nur verfeinert. Das Verhältnis von Mittelwerten und Standardabweichungen erlaubt eine Trennung zwischen oben und unten, auch wenn die Übergänge gleitend sind. In der Gesellschaft besteht ein Konsens über die Rangordnung der Berufe, auch wenn nahe Berufe nicht deutlich voneinander abgesetzt werden. Das muss nicht so sein. In einer Gesellschaft ohne breiten Konsens über die Prestigewerte würden die Standardabweichungen größer sein: Man würde daher auch an der Existenz eines Konsenses und damit an der Gültigkeit der gesamten Prestigeskala zweifeln.

Die Rangfolge des Berufsprestiges erlaubt einen Schluss auf die Rangfolge der Werte in einer Gesellschaft, so dass das diffuse Kriterium des Beitrags für das Gemeinwohl etwas greifbarer wird. In der alten Bundesrepublik hatte zwischen 1966 und 1995 kontinuierlich der Arzt das höchste Prestige. Da die Prestigebewertungen implizite Gesellschaftstheorien sind, wird offenbar dem Beruf des Arztes der höchste Beitrag für das Gemeinwohl zugerechnet. Der Arzt entscheidet über Leben und Tod, er verwaltet den höchsten Wert in einer säkularisierten Gesellschaft: Deshalb rangiert er deutlich über dem Pfarrer; der Pfarrer ist für das jenseitige Leben zuständig, dem in einer säkularisierten Gesellschaft weniger Wert als dem diesseitigen Leben zugemessen wird. In der mittelalterlichen Gesellschaft wäre dem Pfarrer vermutlich ein höheres Prestige als dem Arzt zugewiesen worden. Der relative Wert eines Berufs für das Gemeinwohl einer Gesellschaft erklärt auch die Tatsache, dass 1991 und 1995 der Pfarrer in Ostdeutschland weniger Prestige genießt als in Westdeutschland, wenn Befragte aus einer vorgegebenen Liste „vier oder fünf Berufe" wählen müssen, „die Sie am meisten schätzen, vor denen Sie am meisten Achtung haben". Der Pfarrer liegt dann in Westdeutschland gleichauf mit dem Hochschulprofessor, in Ostdeutschland aber unter ihm (Noelle-Neumann / Köcher 1997: 964 sowie ferner 237). In der DDR wurde die Kirche bekämpft und der Marxismus als säkulare Religion gefördert, so dass die Bevölkerung in starkem Maße an ein diesseitiges Heil glaubte und dem jenseitigen Leben weniger Wert beimaß (Meulemann 1996: 228-238; 2002: 119-121).

Derartige Umschichtungen aber werfen nicht die gesamte Rangfolge um. In West- wie in Ostdeutschland werden untern den „vier oder fünf Berufen" der Arzt am häufigsten, der Rechtsanwalt am zweithäufigsten und Studienrat, Politiker und Offizier am seltensten genannt. Politische Maßnahmen wie der Kirchenkampf verlagern die Akzente, aber sie verwischen nicht die Erfahrung unterschiedlicher Beiträge in der sozialen Arbeitsteilung, auf der das Berufsprestige ruht.

Weiterführende Literatur: Wegener (1988) stellt ausführlich dar, wie Prestigeskalen begründet und konstruiert werden können. Treiman (1977) legt eine internationale Berufsprestigeskala vor, die einen Konsens nicht nur innerhalb einer Gesellschaft, sondern zwischen vielen – insgesamt 55 – Gesellschaften voraussetzt und für 1988 aktualisiert wurde (Ganzeboom / Treiman 1996). Leiulfsrud / Bison / Jensberg (2005) stellen vergleichende Prestigeskalen für die Länder Europas vor.

8.2.4 Zusammenfassung: Soziale Wertschätzung schließt Gleichheit aus

Die Betrachtung des Prestiges hat über einen langen Weg geführt – von der Anthropologie bis zu Mittelwert und Standardabweichung von Skalen. Blicken wir zurück. Weil soziales Handeln nicht ohne die Bewertung von Handlungserfolgen möglich ist, unterliegen Personen der

Wertschätzung durch Andere; und weil menschliches Selbstbewusstsein sich auf den Wertschätzungen Anderer aufbaut, werden Wertschätzungen anerkannt.

Um aber vom anthropologischen Bedürfnis der Anerkennung zum sozialen Tatbestand des Prestiges zu gelangen, muss die Wertschätzung eines Menschen durch einen Anderen zur Wertschätzung von Kollektiven durch Kollektive aufgebaut werden. *Auf der Seite des bewerteten Objekts* muss eine große Distanz überwunden werden. Es muss von den Eigenschaften der Person zu ihren kategorialen Zugehörigkeiten abstrahiert und der Beitrag der Zugehörigkeit für das Gemeinwohl erkannt und bewertet werden. Die Wertschätzung nach dem Beitrag zum Gemeinwohl impliziert eine Rangfolge und schließt eine Zielvorstellung der Gleichheit aus. *Auf der Seite der bewertenden Subjekte* muss ein breiter Konsens gefunden werden. Die vielen Menschen mit ihren individuellen Erfahrungen müssen sich auf ein Urteil „der Gesellschaft" über den Beitrag zum Gemeinwohl einigen, dabei helfen ihnen die Medien, die für alle die gleichen „sekundären" Erfahrungen vermitteln. Das Prestige ist die soziale Konstruktion eines breiten Konsenses über große Distanzen hinweg. Konsens herrscht über die für die Rangfolge maßgebliche Kategorie, den Beruf, und über die Rangfolge ihrer Ausprägungen, das Berufsprestige; Konsens herrscht also über die Schichtung nach dem Berufsprestige.

Dennoch aber verbleiben Grauzonen der Überlappung zwischen Berufen und Differenzen in der Bewertung einzelner Berufe. Die soziale Konstruktion des Berufsprestiges muss deshalb durch die soziologische Konstruktion von Berufsprestigeskalen weitergeführt werden, die die Rangfolge der Berufe nach Mittelwerten bis auf die Stelle nach dem Komma bestimmen und den Grad des Konsenses oder Dissenses an der Standardabweichung sichtbar machen. Die Wertschätzung, die vom anthropologischen Bedürfnis nach Anerkennung ausgeht und sich in einem sozialen Konsens verdichtet, wird auf den Punkt gebracht, wenn sie von der Soziologie auf Skalen gemessen wird.

8.3 Ungleichheit: Soziale Klassen und Macht

Die soziale Wertschätzung schließt Gleichheit aus; sie bildet eine Rangfolge, aber keine Ungleichheit. Die Umgangssprache spricht nicht von der „Ungleichheit des Prestiges", nicht einmal von einer „Prestigeverteilung". Gewiss, das Prestige ist eine Variable mit einer *statistischen* Verteilung, die sich – so wie in Abbildung 8.2 auszugsweise dargestellt – mit statistischen Kennziffern beschreiben lässt. Aber wenn man umgangssprachlich von Verteilung redet, bezieht man sich nicht auf Variablen, sondern auf Güter, nicht auf statistische Operationen, sondern auf soziale Prozesse. Einkommen und Besitz, Bildung und Macht sind solche Güter, die auf die Mitglieder einer Gesellschaft verteilt und deren Verteilung als mehr oder minder große soziale Ungleichheit bewertet wird. Der Begriff der sozialen Ungleichheit führt also die Betrachtung sozialer Gruppierungsformen in zwei Hinsichten weiter: Von der Frage, ob sich Merkmalsausprägungen als Rangordnung verstehen lassen oder nicht, zu der Frage, wie die *Verteilung* über die Rangordnung zustandegekommen ist; und von dort zur weiteren Frage, wie die Verteilung *bewertet* werden kann. Im folgenden Abschnitt 8.3.1 werden zunächst diese beiden neuen Aspekte der sozialen Ungleichheit – also die Verteilung und Bewertung von *Ressourcen* – erläutert und rückblickend mit dem Prestige verglichen, bevor *soziale Klassen* in Abschnitt 8.3.2 und *Macht* in Abschnitt 8.3.3 als Dimensionen der sozialen Ungleichheit dargestellt werden.

8.3.1 Ressourcen

Verteilung: Soziale Differenzierung und die Entwicklung von Ressourcen

Verteilt werden im sozialen Leben Güter oder – wie im Folgenden etwas allgemeiner gesagt werden soll – Ressourcen. Ressourcen sind zwar Besitz von Personen. Aber sie wurden entwickelt, um Funktionsbereiche des sozialen Lebens zu steuern: die Güterproduktion in der Wirtschaft, die Entscheidungsfindung in der Politik, die Erziehung im Bildungswesen. Ohne Geld ist es schwer, auf Vorrat zu produzieren und nach Belieben zu konsumieren; die Arbeitsteilung wäre auf den Naturaltausch angewiesen. Ohne Anweisungsbefugnis und Hierarchien könnte keine Bürokratie Entscheidungen treffen und durchsetzen. Ohne Bildungsabschlüsse ist es schwierig, Menschen in Berufe zu rekrutieren. Ressourcen sind also „soziale Erfindungen", wenn nicht gar „evolutionäre Universalien" (siehe Abschnitt 5.3.2). Mit der Ausdifferenzierung sozialer Funktionsbereiche haben sich auch spezifische Dimensionen sozialer Ungleichheit entwickelt.

Ressourcen sind soziale Konstruktionen, die die Soziologie vorfindet. Sie haben von sozialen Institutionen eine eigene Realität erhalten, einen objektiven, von Personen unabhängigen Wert. Die Zentralbank druckt Geld, Ministerien bestimmen die Zugangsbedingungen zum öffentlichen Dienst nach Bildungsabschlüssen, Behörden definieren ihre Hierarchie der Anweisungsbefugnis. Man kann sich daher auch eine Gesamtmenge einer Ressource vorstellen, die in einer Gesellschaft oder einer Gruppe von Institutionen nach Regeln verteilt wird. Die Geldmenge, die von der Zentralbank gesteuert wird, fließt dem einen als mehr, dem anderen als weniger Einkommen zu. Die Zentrale Vergabestelle für Studienplätze in Dortmund weist Studienbewerbern nach Abitursnoten und Wartezeiten Studienplätze in Fächern und Studienorten zu. Selbst die Vorstellung, dass der Abteilungsleiter an den Referatsleiter, der Meister an den Vorarbeiter, der Landesvorsitzende an den Bezirksvorsitzenden seiner Partei ein Stück seiner Macht weitergibt, ist sinnvoll, obwohl es keine Währung für dieses „Stück" gibt.

Das gilt nicht, wenn man auf das Prestige zurückblickt. Weil es nicht wie Einkommen und Bildung eine Ressource ist, die in einem sozialen Prozess verteilt wird, lässt es sich nur *statistisch* als Verteilung betrachten. Zwar ist das Berufsprestige Resultat des sozialen Prozesses der Wertschätzung der Berufe und seiner soziologischen Verfeinerung. Aber es bleibt Merkmal jedes einzelnen Berufs und zirkuliert nicht zwischen ihnen. Deshalb gibt es keine Gesamtmenge des Prestiges und keine Institution, die Prestige verteilt. Prestige lässt sich nicht tauschen, es hat keinen Markt. Zudem gibt es keinen sozialen Funktionsbereich, zu dessen Steuerung das Prestige diente. Prestige ist zwar das Resultat der Wertschätzung, aber Wertschätzung ist kein sozialer Lebensbereich mit einem eigenen funktionalen Imperativ wie Politik oder Wirtschaft. Prestige ruht zwar auf einem anthropologischen Bedürfnis, aber es hat kein Fundament in der Ausdifferenzierung sozialer Funktionsbereiche.

Bewertung: Lebenschancen und das Problem der Ungleichheit

Ressourcen bedeuten *Lebenschancen* für die Personen, auf die sie verteilt werden (Weber 1980: 531). Sie sind instrumentell und als Instrument unspezifisch; sie sind – in der Sprache der Systemtheorie (siehe Abschnitt 7.5) – „generalisierte Medien der Kommunikation". Sie können vielseitig eingesetzt werden; und sie lassen sich mit einer begrenzten Berechtigung und einer gewissen Wahrscheinlichkeit einsetzen. Mit Geld kann man meist anfangen, was man will; und dieses Recht ist so selbstverständlich, dass man meist nicht darauf bestehen muss, das Gewünschte zu bekommen. Ein Bildungsabschluss ermöglicht den Eintritt in einen „angemessenen" Beruf, aber garantiert ihn nicht. Ressourcen können auf einem *Markt* getauscht werden – Geld auf dem Gütermarkt, Bildung auf dem Arbeitsmarkt. Die Umsetzbarkeit und Eintauschbarkeit von Ressourcen wird also durch die Institution des Marktes garantiert. Ressourcen sind Marktchancen (Weber 1980: 532).

Gerade weil Ressourcen Lebenschancen gewähren, wird ihre Verteilung nicht als Tatsache hingenommen, sondern als mehr oder minder große soziale Ungleichheit bewertet. Auf welche Werte beruft sich die Bewertung? Ungleichheit widerspricht dem Wert der Gleichheit. Aber Gleichheit ist ein vieldeutiger Wert. Wenn Gleichheit als *Ergebnisgleichheit* verstanden wird, ist jede Ungleichheit ein Ärgernis. Aber die Ergebnisgleichheit von Geld, Bildung, Anweisungsbefugnis oder Macht kann in keiner Gesellschaft ein Ziel sein: Weil das Ergebnis des sozialen Zusammenlebens in jedem Moment gemessen und über alle Beteiligten gleich aufgeteilt werden müsste, würde das soziale Leben erstickt. Als Maßstab zur Beurteilung der Verteilung von Ressourcen kann Gleichheit daher nicht auf Ergebnisse, sondern muss auf Chancen bezogen werden. Aber auch *Chancengleichheit* ist ein schwieriges Konzept. Im Vergleich von Chancen ist implizit der Vergleich eines Ausgangs- mit einem Zielzustand gedacht; nur so kann man z.B. sagen, dass Hauptschüler (Ausgangsbedingung) weniger Berufschancen (Zielzustand) haben als Gymnasiasten. Chancengleichheit bezieht sich auf eine frühere und eine spätere Verteilung. Sie ist ein Maßstab zur Bewertung der Vermittlung sozialer Ungleichheit im Lebenslauf (siehe Abschnitt 9.3), nicht aber zur Bewertung *einer* Verteilung.

Gleichheit kann daher zur Beurteilung der Verteilung einer Ressource nur in einem dritten Sinne herangezogen werden: eines *Minimalstandards* für alle, den die Solidarität aller miteinander gebietet. Gleichheit in diesem Sinne schließt „zu viel" Ungleichheit aus. Niemand sollte weniger als ein bestimmtes Einkommen oder ein bestimmtes Bildungsniveau haben. Eine Verteilung ist dann zunächst in dem Maße „ungleich", als ein bestimmter Prozentsatz der Bevölkerung unter eine bestimmte Grenze auf der Verteilung fällt.

So ist z.B. „Armut" als der Prozentsatz der Bevölkerung definiert, der weniger als die Hälfte des Durchschnittseinkommens erhält. In Westdeutschland ist dieser Prozentsatz zwischen 1985 und 1997 von 11,2% auf 9,1% zurückgegangen (Datenreport 1999: 588-591; sowie Hradil 2005: 242-254, Andreß 1999). Derartige Grenzen sind konventionell. Sie werden von staatlichen Behörden (Sozialhilfestandard) oder Sozialforschern festgelegt, die mit der Grenze auch das „Zuviel" an Ungleichheit festlegen. Wenn man als Armutsgrenze statt weniger als die Hälfte des Durchschnittseinkommens weniger als 40% festlegt, sinkt 1997 die westdeutsche Armutsquote auf 3,7%; wenn man als Grenze 75% festlegt, steigt die Armutsquote auf 35,5%.

Die Beurteilung des „Zuviel" kann sich aber auch von Verteilungskennziffern lösen und allgemein politische Ziele ins Spiel bringen. Man kann argumentieren, dass eine „zu hohe" Ungleichheit der Einkommen die politische Loyalität der Bevölkerung untergräbt oder „zu wenige" Ausbildungsplätze die Jugend der Gesellschaft entfremden. In der Tat sind die meisten Diskussionen über die Ungleichheit einer Verteilung von dieser Art. Verschiedene Parteien bemängeln die Verteilung aus unterschiedlichen Wert-Perspektiven, die sie in der Auseinandersetzung mit den anderen Parteien rechtfertigen müssen. Früher oder später betritt man mit der Wertung die politische Arena.

So oder so ist für Ressourcen also nicht die Gleichheit, sondern die *Minderung der Ungleichheit* der Verteilung ein Ziel. Auch das gilt nicht für das Prestige – es kann gar nicht gelten. Denn Prestige ist ja die Belohnung für ungleiche Beiträge zum Gemeinwohl, schon die Angleichung würde dem Sinn des Prestiges zuwiderlaufen. „Prestigeungleichheit" ist ein „weißer Schimmel" – es gibt kein Prestige ohne Ungleichheit.

Lektüre: Weber (1980: Erster Teil, Viertes Kapitel, §§ 1 und 2; Zweiter Teil, Achtes Kapitel, § 6)

8.3.2 Soziale Klassen

Dimensionen: Einkommen, Bildung, Anweisungsbefugnis im Beruf

Welche Ressourcen sind nun Dimensionen der sozialen Ungleichheit? Auf allen Märkten ist Geld, das jeder als *Einkommen* erhält, die entscheidende Ressource. Einkommen kann aus *Vermögen* oder aus Arbeit (oder staatlichen Transfers) erzielt werden. Für die meisten Menschen ist die Arbeit im *Beruf* die wichtigste Quelle. Und für den Zugang zum Beruf und den Wechsel von Stellen ist wichtig, welchen *Ausbildungsabschluss* man auf dem Arbeitsmarkt anbieten kann. Dimensionen der sozialen Ungleichheit sind also Einkommen, Vermögen, Beruf und Bildung. Sie sind Ressourcen und stellen – wie Weber (1980: 531) es paradox zusammenfasst – „ursächliche Komponenten von Lebenschancen" dar.

Soziale Klassen sind Gruppen der gleichen Ausstattung mit diesen Ressourcen – oder wie Weber (1980: 177) sagt: der gleichen „Klassenlage". Sie verfolgen unterschiedliche Interessen und können deshalb – wie Arbeitgeber und Arbeitnehmer – in einen Konflikt geraten. Aber sie zeigen – anders als Stände – keine typische Lebensführung und teilen keine besondere Ehre (siehe Abschnitt 8.1.2).

Soziale Klassen bestimmen zwar mit jeder Ressource Lebenschancen. Aber die gleiche Ausstattung ist nur für einige Ressourcen in der sozialen Realität scharf abgegrenzt, so dass für die übrigen Ressourcen die Soziologie die Grenzen ziehen muss. So wie die Soziologie die soziale Wertschätzung durch soziologische Prestigeskalen präzisiert (siehe Abschnitt 8.2.3), so gibt sie auch der sozialen Realität mancher sozialer Klassen einen soziologischen Schliff. Wie das bei den einzelnen Ressourcen geschieht, wird im Folgenden kurz erläutert.

Für die *Ausbildung* ist die Gleichheit der Ressourcen in der sozialen Realität durch Abschlüsse klar festgelegt. Im Jahr 1998 haben z.B. 3% der Bevölkerung weniger als den Hauptschulabschluss, 44% einen Hauptschulabschluss, 32% die Mittlere Reife, 5% die Fachhochschulreife und 15% das Abitur (ALLBUS, Zentralarchiv Codebuch 3000, V195); 20% der Bevölkerung haben also die Chance des Hochschulbesuchs, 80% nicht. Ebenso kann man *Selbständige* von Nichtselbständigen und *Kapitalbesitzer* von Nichtbesitzern eindeutig nach dem Besitz einer Ressource unterscheiden, die Chancen auf den Märkten von Arbeit und Gütern eröffnet. Ausbildung, Selbständigkeit und Kapitalbesitz bilden also soziale Klassen aufgrund des spezifischen Werts einer Ressource. Die Abgrenzung der Klassen hat eine soziale Basis. Sie ist von der Soziologie nicht geschaffen, sondern registriert worden. Aber nicht alle Ressourcen sind so klar nach Lebenschancen in soziale Klassen abgestuft.

Auf der einen Seite ist das *Einkommen* zwar abgestuft, aber nicht in klar abgegrenzte Klassen. Einkommen ist eine metrische Größe und kontinuierlich, also ohne Einschnitte, verteilt (siehe z.B Hradil 2005: 216-232). Klassengrenzen müssen daher willkürlich gezogen werden. Die Differenzen der Lebenschancen nach dem Einkommen sind insgesamt drastisch; aber es gibt keine sozial vordefinierten Abstufungen. Als Ressource ist das Einkommen sozial äußerst wirksam und wichtig; aber die Abgrenzung von Klassenlagen muss die Soziologie leisten.

Auf der anderen Seite sind *Berufe* zwar klar abgegrenzt, aber nicht nach Lebenschancen geordnet. Wenn man sie in eine Rangfolge nach Lebenschancen bringen will, also nicht auf Berufsprestigeskalen zurückgreifen kann, muss man sie nach der Ressource *Anweisungsbefugnis* in eine Rangfolge des Berufs*status* bringen (Müller 1977, Herz 1983: 63-75). Die Anweisungsbefugnis in einem Beruf wird in der Regel aus Kategorien der Sozialversicherung, der Ausbildung oder des Betriebs erschlossen. Man unterscheidet zwischen Arbeitern, Angestellten, Beamten und Selbständigen und innerhalb jeder Gruppe in unterschiedlicher Weise nach Vorbildung, Laufbahn, Betriebsgröße oder Beschäftigtenzahl. Die Zusammenfassung der Ränge über die Gruppen ist dann nicht immer leicht: Stellt man „Beamte der gehobenen Laufbahn" mit „mittleren" oder mit „leitenden Angestellten" auf eine Stufe; sind „Selbständige mit maximal 2 Beschäftigten" (Ärzte und Rechtsanwalte sind gesondert als „freie Berufe" klassifiziert) mit „angelernten" oder „Facharbeitern" gleichzusetzen usw.? Hier gibt es viele bessere Entscheidungen, aber kaum eine beste Entscheidung. In jedem Fall aber trifft die Soziologie die Entscheidung. Auch der Berufsstatus ist also eine sozial wichtige Ressource, auch hier aber muss die Abgrenzung von Klassenlagen durch die Soziologie geleistet werden.

Schließlich ist das *Vermögen* – also die Quantität des Kapitalbesitzes – wie das Einkommen eine kontinuierliche Größe. Hinzu kommen weitere Probleme. Es gibt viele Vermögensarten: Haus, Grund, Betriebseigentum, Aktien, Renten etc., die in unterschiedlicher Weise – z.B. durch unterschiedliche Besteuerung – Lebenschancen eröffnen. Schließlich ist das Vermögen ungleich verteilt: Viele besitzen wenig, wenige viel (Hradil 1999: 233). Deshalb kann man den größeren Teil der Bevölkerung nicht nach der Vermögens*größe* in soziale Klassen unterteilen. Auch das Vermögen ist zwar eine sozial wichtige Ressource, aber Klassenlagen müssen hier durch die Soziologie abgegrenzt werden und umspannen nur wenige Regionen der Gesellschaft.

Wo also die soziale Realität keine klaren Abstufungen der Ressourcen geschaffen hat, muss die Soziologie soziale Klassenlagen abgrenzen. Darüber hinaus fügt sie die einzelnen Dimensionen sozialer Klassen zu einem Index zusammen. Rangplätze des Berufsstatus, der Bildungsabschlüsse und der Einkommensgruppen werden zu einer Skala kombiniert, deren Verteilung in Schichten aufgegliedert wird. Solche *Schichtindizes* sind soziologische Konstruktionen in mehrfacher Hinsicht: durch die Abgrenzung innerhalb der Dimensionen, die Kombination der Dimensionen und die Abgrenzung innerhalb der kombinierten Skala. Häufig werden sie als Indizes des Prestiges aufgefasst. Aber sie beruhen *nicht* auf einer Erhebung der *Wertschätzung* von Bildung, Beruf und Einkommen durch die *Bevölkerung*, sondern auf einer Schätzung des Werts von Bildung, Beruf und Einkommen als *Lebenschancen* durch die *Soziologie*. Sie erfassen nicht die soziale Wertschätzung, sondern die soziale Ungleichheit. Sie stellen – wie ihre Teildimensionen, aber mit größerem soziologischem Aufwand – soziale Klassen dar.

Lektüre: Den ersten Schichtindex für Deutschland hat Scheuch (1961) entwickelt. Klein (2005: 227-387) stellt die Verteilungen der drei Schichtungsdimensionen Bildung, Beruf und Einkommen dar.

Weiterführende Literatur: Einen Überblick über die theoretischen Ansätze zur sozialen Ungleichheit gibt Burzan (2005). Verfahren, Beruf zu Prestige oder zu Statusindikatoren zusammenzufassen, vergleicht Wolf (1995), verschiedene Schichtungsindizes referiert Hradil (2005: 353-376). Verfahren der Bildung sozialer Klassen und der Konstruktion von Prestigeskalen stellen Hoffmeyer-Zlotnik / Wolf (2003) sowie Leiulfsrud / Bison / Jensberg (2005) dar und vergleichen sie zwischen den Ländern Europas.

Soziale Ungleichheit kompakt: Lorenzkurve und Gini-Koeffizient

Mit den einzelnen Dimensionen der sozialen Klassen und mit dem Schichtindex lassen sich Rangfolgen beschreiben, aber kein zusammenfassendes Maß der Ungleichheit bilden. Das ist jedoch möglich, wenn eine Dimension der Ungleichheit nicht nur eine Rangfolge, sondern eine metrische Größe ist. Metrisch ist eine Größe, wenn das Nichtvorhandensein der Größe auf der Skala ihrer Messung den Nullpunkt bildet und wenn ein um x Mehrfaches der Größe auf der Skala durch genau x-mal soviel Einheiten dargestellt ist (siehe z.B. Kühnel / Krebs 2001: 28-35). Geld erfüllt diese Bedingungen, so dass für Einkommen und Vermögen ein zusammenfassendes Maß der Ungleichheit konstruiert werden kann. Das ist die sog. *Lorenzkurve*, die in Abbildung 8.3 dargestellt ist.

Abbildung 8.3 Die Lorenzkurve zur Darstellung sozialer Ungleichheit

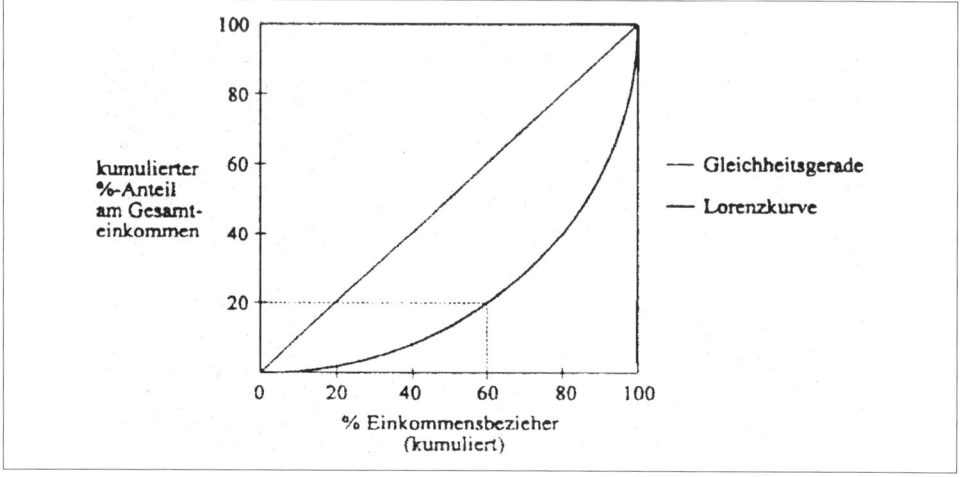

Quelle: Diekmann (2006a: 566).

Um mit der Lorenzkurve z.B. die Ungleichheit der Einkommen zwischen Haushalten darzustellen, werden alle Haushalte zunächst in eine Rangfolge gebracht. Sie werden dann in einem zweidimensionalen Koordinatensystem dargestellt, dessen Waagerechte die Anteile der so angeordneten an der Gesamtheit der Haushalte von 0% bis 100% und dessen Senkrechte das nach dieser Rangfolge aufsummierte Einkommen als Prozentsatz des Gesamteinkommens von 0% bis 100% bildet. Wenn die Einkommen völlig gleich verteilt wären, wenn also Ergebnisgleichheit herrschte, müsste mit jedem weiteren Haushalt die aufsummierten Prozentanteile am Gesamteinkommen gleichmäßig anwachsen, so dass sich mit der Aufsummierung von Haushalten und ihren Einkommen eine Diagonale von links unten nach rechts oben ergibt. Je weniger aber die einkommensschwachen Haushalte am gesamten Einkommen Anteil haben, desto mehr verwandelt sich die Diagonale der Ergebnisgleichheit in eine Kurve, die zwischen dem Punkt von 0% der Haushalte und 0% des Einkommens und dem Punkt von 100% der Haushalte und 100% des Einkommens „durchhängt". Die Größe der Fläche von der Diagonale bis zu dieser Kurve erfasst also die Ungleichheit als Abweichung von der Ergebnisgleichheit – was der sog. *Gini-Koeffizient* misst, der als der Anteil der „durchhängenden" Fläche an dem gesamten, durch die Diagonale und die beiden Achsen gebildeten Dreieck definiert ist und der bei völliger Gleichheit 0 und bei völliger Ungleichheit 1 beträgt.

Mit der Lorenzkurve lässt sich die Ungleichheit in vieler Hinsicht vergleichen. *Erstens zwischen Dimensionen:* In Westdeutschland ist 1992 die Ungleichheit des Einkommens deutlich geringer als die Ungleichheit des Vermögens (Hradil 2005: 220, 236). *Zweitens in der Zeit:* In

Westdeutschland ist die Einkommensungleichheit nach dem Gini-Koeffizienten zwischen 1984 und 2003 bei 0,28 konstant geblieben (DISI 2004); die Vermögensungleichheit hat hingegen zwischen 1973 und 1993 abgenommen und ist bis 1998 wieder leicht angestiegen; sie hat sich also gegenläufig zur Einkommensungleichheit entwickelt (Stein 2001). *Drittens zwischen Gesellschaften*: Die Einkommensungleichheit ist 1993 in Westdeutschland größer als in Ostdeutschland (Hauser / Becker 2000: 69). *Viertens* kann man den Beitrag des Staates zur Verringerungen der Ungleichheit abschätzen und mit wissenschaftlichen Kennziffern die politische Diskussion klären: In West- wie Ostdeutschland z.B. ist die Einkommensungleichheit durch Steuern und Transfers reduziert worden (Hauser / Becker 2000: 73).

Die Lorenzkurve ist aber nicht nur eine Meßmethode der sozialen Ungleichheit, sondern ein Modell für den sozialen Prozess der Verteilung. Auf der einen Seite (der Waagerechten) steht die Bevölkerung (Haushalte) Schlange für eine Ressource, auf der anderen Seite (der Senkrechten) liegt das gesamte Einkommen zur Verteilung bereit. Die Kurve zeichnet dann den Prozess der Verteilung nach. Das Modell stellt die Vorstellung einer kollektiv produzierten und auf Individuen zu verteilenden Gesamtmenge einer Ressource dar.

Alte und neue Dimensionen der Ungleichheit: Staat statt Markt

Ungleichheiten von Ressourcen werden auf dem Markt von Gütern oder von Arbeit realisiert. Aber die Wirksamkeit des Marktes selber wird staatlich reguliert: Der Staat besteuert Einkommen und Besitz. Er verwaltet und finanziert in Teilen die Sozialversicherungen gegen Krankheit, Arbeitslosigkeit und Pflegebedürftigkeit und für das Alter. Weiterhin bestimmt er unmittelbar Lebenschancen, indem er Infrastrukturen – Autobahn, Krankenhaus usw. – bereitstellt und Personen in Notlagen – Wohngeld, Sozialhilfe usw. – unterstützt. Die staatlichen Aktivitäten haben dabei eine Umverteilung der Marktchancen zum Ziel: Einkommen sollen umverteilt werden und Bildungschancen gerecht verteilt sein.

Die staatlichen Eingriffe in das Marktgeschehen sind seit dem Ende des zweiten Weltkriegs stark gewachsen: Die Staatsquote, der Anteil der Staatsausgaben am Bruttosozialprodukt, stieg von 28,7% 1961 auf 33,5% 1995 (Datenreport 1987: 213; 1997: 239). Deshalb sprechen manche Soziologen (Bergmann / Offe u.a. 1969) von „neuen" Ungleichheiten, welche die „alten" überlagern. „Alt" heißt dabei wirtschaftlich, durch den Markt vermittelt, „neu" politisch, durch den Staat vermittelt. Indem der Staat die alten Ungleichheiten reguliert, schafft er zugleich in drei Formen neue: *Erstens* werden Einkommen nicht mehr allein durch Leistungen, sondern auch durch die Ansprüche auf staatliche Versorgung bestimmt. *Zweitens* sind bestimmte Lebenschancen zwar von wirtschaftlichen und staatlichen Aktivitäten abhängig, aber nicht auf dem Markt käuflich (Umwelt, Luft). *Drittens* reagiert der Staat auf die Macht von Verbänden (wie Arbeitgeberverbänden oder Gewerkschaften) so, dass die Mitgliedschaft in organisierten Interessengruppen Vorteile gegenüber der Nichtmitgliedschaft bringt. Damit werden die alten durch den Markt vermittelten Ungleichheiten außer Kraft und neue durch den Staat geschaffene an ihre Stelle gesetzt.

Diese Tendenzen sind unbestritten. Aber die Folgerung, dass die staatlich hervorgerufenen Ungleichheiten die am Markt wirksamen ersetzen, ist übertrieben. Auch die staatlich hervorgerufenen Ungleichheiten werden ja in Einheiten des Marktes – Geld, Bildung und Anweisungsbefugnis – ausgedrückt. Sie treten neben und nicht an die Stelle marktvermittelter Ungleichheit. Die staatliche Politik hat also weniger Ursachen für neue Ungleichheiten geschaffen, als die Mechanismen gestärkt, mit denen sich über die Generationen hinweg alte Ungleichheiten reproduzieren. Gerade eine staatliche Politik, die mehr Gleichheit herstellen sollte, hat oft die Wirkung gehabt, die Mechanismen zu stärken, mit denen sich Ungleichheit in der Zeit reproduziert. Das kann an zwei Entwicklungen der letzten Jahrzehnte gezeigt werden (Haller 1986).

Weiterführende Literatur: Alte und neue Ungleichheiten am Beispiel des Alters werden in Rehberg (2006: 451-488) diskutiert.

Grenzen des staatlichen Eingriffs in den Markt

Erstens hat das Bildungswesen stark expandiert. Ziel dabei war, die Ungleichheit im Besuch weiterführender Schulen zu vermindern, d.h. die Anteile verschiedener Herkunftsschichten an der Sekundar- und Tertiärbildung einander anzugleichen. Faktisch aber ist nur die Teilhabe aller Schichten angestiegen und die Differenz der Anteile hat sich zwischen den Schichten nicht verringert. Da aber die Positionen zwischen den Generationen zu einem großen Teil durch Bildungsabschlüsse weitergegeben werden, hat der Anstieg des Bildungsniveaus die Konkurrenz um die entsprechenden sozialen Positionen verschärft. Wer einen höheren Bildungsabschluss hat, hat heute nicht mehr mit der gleichen Selbstverständlichkeit die beruflichen Chancen, die ihm früher offengestanden wären. Wer aber keinen höheren Bildungsabschluss hat, hat mit Sicherheit schlechtere Chancen als früher. Bildung hält nicht mehr unbedingt, was sie verspricht; aber ohne Bildung geht nichts. Die Bedeutung von Bildungspatenten hat also in jedem Fall zugenommen. Die Bildungsexpansion ist mit einer Meritokratisierung (Young 1966) verbunden. Da weiterhin aber die Bildungsabschlüsse nach wie vor schichtabhängig vergeben werden, ist die Vermittlung beruflicher Ungleichheit durch Bildungsabschlüsse konstant geblieben (Krais 1996; Meulemann 1992; Müller / Haun 1994).

Zweitens hat sich durch die Expansion der staatlichen Politik der öffentliche Dienst ausgeweitet, und zwar vor allem in den höheren, durch die Universität vorgebildeten Besoldungsgruppen (Lehrer, Hochschullehrer, aber auch juristische und volkswirtschaftliche Stabsabteilungen der öffentlichen Verwaltung). So wird die Vermittlung der alten Ungleichheiten nicht mehr im Zugang zur Bildung, sondern im Zugang zum Beruf verstärkt. Wie empirische Untersuchungen des Lebensverlaufs zeigen, ist der Berufseintritt für die ganze Berufskarriere entscheidend (Blossfeld 1989: 90-122). Wer also mit einem hohen Bildungsabschluss auf einen guten Arbeitsmarkt trifft, profitiert von diesem Glücksfall sein Leben lang. Zum ersten Schritt in der persönlichen Karriere kommt der zweite: Wer ein Diplom hat, kann in A13, d.h. in eine gehobene Beamten- oder Angestelltenlaufbahn, gelangen und bleibt dort bis zur Pensionierung. Auch hier hat sich also die Reproduktion der alten Ungleichheiten perpetuiert oder sogar verstärkt. Hinzu kommt, dass gleichzeitig in der privaten Wirtschaft Unternehmen konzentriert wurden und die Laufbahnen der Laufbahnform des öffentlichen Dienstes angenähert wurden. Es wurde also das Laufbahnprinzip verstärkt; Seniorität wurde wichtiger und der Seiteneinstieg schwieriger; Wissenszertifikate wurden wichtiger als Erfahrung. Große private Unternehmen bilden einen „internen Arbeitsmarkt", der die Zugehörigen gegenüber den Außenstehenden (auch in der Generationsfolge) begünstigt. So wie bis in die achtziger Jahre der Öffentliche Dienst Hochschulabsolventen aufgenommen hat, so nehmen heute verstärkt Großunternehmen der privaten Wirtschaft Hochschulabsolventen auf. Das große Los ist es nicht mehr, in den öffentlichen Dienst, sondern in ein Großunternehmen zu gelangen.

Schließlich darf man nicht vergessen, das dem Eingriff des Staates in den Markt Grenzen gesetzt sind: Wenn nichts mehr für den Markt produziert wird, kann der Staat nichts mehr umverteilen. Zudem setzt die nach dem Zusammenbruch des Staatssozialismus wachsende internationale Konkurrenz – die „Globalisierung" – einer Ausweitung der Staatätigkeit Grenzen (Berger / Vester 1998). Tatsächlich ist die Staatsquote in den neunziger Jahren auch wegen der Wiedervereinigung angestiegen und seit 1995 wieder gefallen (Datenreport 1999: 231, in anderer Definition). Auch in der öffentlichen Meinung trifft die Ausweitung der Staatstätigkeit in den letzten Jahren auf wachsende Vorbehalte, wie die Privatisierung der Staatsbetriebe und die Diskussion um Studiengebühren zeigen.

Fazit: Wenn es Entwicklungstendenzen der Dimensionen der Ungleichheit gibt, dann liegen sie in einer Verlagerung von der Wirtschaft auf die Politik, vom Markt auf den Staat. Der Staat will durch Sozial-, Wirtschafts-, Steuer- und Bildungspolitik Ungleichheiten verringern. Ob er damit – im Zeitablauf, d.h. in der Reproduktion der Gesellschaft zwischen den Generationen – Erfolg hatte, ist eine schwierige Frage, die hier offen gelassen werden kann. In jedem Fall schafft die *Absicht* des Staates, Ungleichheiten zu vermindern, keine „neue" Ungleichheit, sondern verändert die „alte" Ungleichheit zum Besseren oder Schlechteren.

8.3.3 Macht

Macht zwischen Einflussnahme und Herrschaft

Macht ist eine besondere Form der sozialen Beeinflussung (siehe Abschnitt 6.4.2). Jemand beeinflusst eine andere Person, wenn er ihr Verhalten in eine von ihm gewünschte Richtung lenkt; jemand übt Macht über eine Person aus, wenn er ihr Verhalten *gegen ihren Willen* in eine von ihm gewünschte Richtung lenkt. Einfluss kann unter Gleichen genommen werden; Macht aber impliziert die Ungleichheit von Ressourcen, mit der eine Seite den Willen der anderen überwindet (Fischer / Wiswede 2002: 497-489). Macht ist zudem eine Ressource, weil sie für viele Zwecke eingesetzt werden kann. Wer den Willen des Anderen brechen kann, kann ihn in viele erwünschte Richtungen lenken.

Macht definiert Weber als „jede Chance, innerhalb einer sozialen Beziehung den eigenen Willen auch gegen Widerstreben durchzusetzen, gleichviel worauf diese Chance beruht" (1980: 28) („in einer sozialen Beziehung" meint hier keine langfristige oder normativ geregelte Beziehung, sondern nur das Zusammensein zweier Personen). Macht kann auf persönlichen Qualitäten – auf der Stärke, Intelligenz oder Willenskraft der beeinflussenden wie auf der Abhängigkeit oder Passivität der beeinflussten Person – oder auf sozialen „Konstellationen" beruhen, die eine Seite begünstigen; so kann ein Einheimischer, der den Weg weiß, Macht haben über einen Fremden, der nach dem Weg fragt. Macht ist „soziologisch amorph"; sie ist zwar ein Aspekt sozialer Beziehungen, aber sie nimmt keine festen sozialen Formen an. Die „soziale Formlosigkeit" der Macht wirft die Frage auf, wie Macht sich von Personen und Konstellationen zwischen Personen löst und soziale Formen findet, also die Fragen nach der Institutionalisierung der Macht. Deshalb grenzt Weber den Begriff der Macht durch den der Herrschaft ein.

Herrschaft definiert Weber als „die Chance, für einen Befehl bestimmten Inhalts bei angebbaren Personen Gehorsam zu finden" – also ausdrücklich *nur* durch den Befehl auf der einen und den Gehorsam auf der anderen Seite (d.h. den „Erfolg" des Befehls).[6] Ein Befehl „be-

---

6 Weber sagt ausdrücklich, dass ein Verwaltungsstab oder ein Verband nicht notwendig für Herrschaft seien. Aber seine Beispiele erzwingen m.E. nicht die Trennung des Herrschaftsbegriffs von der Existenz eines Verbandes. „Der Hausvater herrscht ohne Verwaltungsstab" – aber im Verband des Hauses. Und dass Beduinenhäuptlinge (oder Burgherren) von Vorbeiziehenden Kontributionen verlangen, ist m.E. ein Beispiel für Macht, nicht für Herr-

stimmten Inhalts" wird bei „angebbaren Personen" aber vor allem in sozialen Beziehungen innerhalb von Verbänden – von der Familie bis zum Nationalstaat – durchgesetzt, so dass es nahe liegt, „Herrschaft" mit „Herrschaft in Verbänden" gleichzusetzen. Herrschaft tritt dann nur dort auf, wo Positionen von Personen abgelöst worden sind. Sie ist mit der Position („angebbaren Person") und nicht mit der Person an sich verbunden. Der Lehrherr kann dem Lehrling befehlen, seine Arbeit zu machen, vielleicht auch noch Bier und Zeitungen einzuholen, aber nicht viel mehr. Mögliche und unmögliche Befehle sind nach dem Kriterium des Verbandshandelns unterschieden, auch wenn es Grauzonen und in den Grauzonen Chancen der Ausbeutung von oben und der Erpressung von unten gibt. Herrschaft ist Befehlsgewalt, Anweisungsbefugnis in Positionen.

Macht ist also ein Phänomen zwischen Einflussnahme und Herrschaft. Auf der einen Seite wird mit der Begrenzung der Einflussnahme auf Prozesse gegen den Willen des Beeinflussten die Ungleichheit der Ressourcen vorausgesetzt, so dass sich die Frage nach ihren Quellen stellt. Auf der anderen Seite werden die Quellen der Ungleichheit in den Ergebnissen sozialer Institutionalisierung gesucht, in der an Positionen in Verbänden geknüpften Herrschaft. Im alltäglichen Sprachgebrauch aber wird auf der einen Seite schon die Ausübung von Macht mit dem Verbum „herrschen" beschrieben. Auf der anderen Seite werden manche Phänomene als Macht bezeichnet, die nach Weber eine Form der Herrschaft wären. Die Unterschiede zwischen dem alltäglichen und dem Weberschen Sprachgebrauch sollen an einigen Beispielen erläutert werden.

Lektüre: Weber (1980: Erster Teil, Erstes Kapitel, §§ 16 und 17)

Beispiele für Macht und Herrschaft: Alltagssprache und Definitionen

Wenn ein Mann seine Frau mehr liebt als sie ihn, dann hat nach Webers Definition die Frau Macht über ihn. Mit der Drohung die Beziehung zu verlassen, kann sie von ihm etwas verlangen, das er nicht will. Der Mann ist auf seine Frau stärker angewiesen; er hat weniger Alternativen, außerhalb der Ehebeziehung sein Bedürfnis nach Liebe und Anerkennung zu befriedigen. Die Macht beruht auf der „Konstellation" der Persönlichkeiten der Partner. Allgemein gilt das Prinzip des geringsten Interesses: Wer außerhalb einer Beziehung mehr Alternativen hat, hat mehr Macht in der Beziehung (Fischer / Wiswede 2002: 506-509). Im *alltäglichen Sprachgebrauch* würde man jedoch sagen, die Frau beherrscht den Mann. Denn die Alltagssprache kennt kein Verb „machten", am besten sollte man hierfür aus dem Englischen das Verb „kontrollieren" entlehnen.

Die *Anweisungsbefugnis*, die den Rangordnungen der Berufs*status* zugrunde liegt, würde man im alltäglichen Sprachgebrauch wohl als Macht bezeichnen, aber im Sinne Webers stellt sie eine Form der Herrschaft dar. Sie ist gewiss eine Chance, den eigenen Willen gegen Widerstreben durchzusetzen. Aber wer im Beruf Anweisungen gibt, will nicht seinen persönlichen Willen, sondern den Zweck eines wirtschaftenden Verbandes durchsetzten. Er kann nicht alles verlangen – es sei denn aufgrund von Macht, also seiner persönliche Stärke oder der Schwäche seines Partners. Aber er hat eine Chance, für einen bestimmten Befehl bei angebbaren Personen Gehorsam zu finden.

---

schaft. Hier handelt es sich doch um eine der typischen „Konstellationen" oder „Situationen", die Macht begründen; der Häuptling kontrolliert die Umwelt und damit auch Fremde, die sich in ihr bewegen. Deshalb sollte man Herrschaft nicht nur wie Weber aus empirischen Gründen mit der Existenz von Verbänden verknüpfen, sondern schon begrifflich.

Der Alltagsbegriff der *politischen Macht* bezieht sich auf Herrschaft nach der Definition Webers; politische Herrschaft wird in den Positionen politischer Verbände ausgeübt. Aber Positionen gleicher Herrschaftsgewalt in Verbänden können sich durch Macht im Sinne Webers unterscheiden, die nach den Regeln des Verbandes gemessen werden kann – wie etwa die offizielle Rangfolge oder das inoffizielle Gewicht eines Amtes oder die Stimmenzahl bei Wahlen. In der offiziellen Rangfolge des Protokolls z.B. rangiert der Bundeskanzler hinter dem Bundespräsidenten und dem Bundestagspräsidenten, obwohl er nach der Anweisungsbefugnis „mächtiger" ist; zwischen den beiden Positionen besteht also eine strukturelle Spannung (siehe Abschnitt 7.4.1). Positionsunabhängige Variationen von Macht in Herrschaftspositionen ergeben sich aus der Relation der Positionsinhaber zu ihrer Klientel; die nominell gleichen Mitglieder eines Parteipräsidiums z.B. werden auf dem Parteitag mit unterschiedlicher Stimmenzahl gewählt und haben entsprechend unterschiedliche Macht. Wie die politische ist auch die *wirtschaftliche Macht* an Positionen in Verbänden, also in Betrieben gebunden. Auch hier also erfasst der Alltagsbegriff Macht Herrschaft im Sinne Webers.

Herrschaft in Elitepositionen

Wenn Macht in Verbänden, also Herrschaft im Sinne Webers, an Positionen gebunden ist, dann kann sie erhoben werden, wenn man die herrschenden Positionen kennt. Der Positionsansatz der Eliteforschung (Machatzke 1997) erfasst Herrschaft in verschiedenen Bereichen des sozialen Lebens und ihren Verbänden. Nach der in Politik, Verwaltung, Wirtschaft, Wissenschaft, Massenmedien, Kirchen, Militär u.a.m. gültigen Hierarchie werden Spitzenpositionen ausgewählt, die Chance haben, von allen Untergebenen für einen bestimmten Befehl Gehorsam zu finden. Im Sektor Politik werden z.B. aus der Exekutive in Bund und Ländern alle Minister und Parlamentarischen Staatssekretäre aufgenommen, aus der Legislative die Mitglieder des Bundestagspräsidiums, die Vorsitzenden der Bundestagsausschüsse und die Fraktionsvorsitzenden, aus den Parteien die Bundespräsidien und Landesvorstände.

Die Positionsinhaber jedes Sektors werden dann über ihre Rekrutierung, über ihre Beziehungen zu Verbänden und Organisationen ihrer Basis und über die Beziehungen zu Positionsinhabern in anderen Elitesektoren befragt, so dass sich prüfen lässt, welche Sektoren über ihre Eliten besonders stark verbunden sind und ob sich zwischen den Eliten eine Schichtung herausbildet. In Deutschland gibt es 1995 eine weitgehende „horizontale Integration" der Elitesektoren und keine deutlichen Diskriminierungen zwischen ihnen (Rebenstorf 1997a). Zudem entwickeln die Eliten quer über die Sektoren eine gemeinsame Sprache; sie sind also mehr als eine statistische Gruppe und nähern sich einer sozialen Gruppe (Rebenstorf 1997b).

Da die Eliteuntersuchungen Macht an Positionen in Verbänden knüpfen, können sie die Rekrutierung von Eliten aus der Bevölkerung und die Machtverteilung zwischen Eliten, nicht aber die Machtverteilung in der Bevölkerung insgesamt darstellen. Die Macht der Eliten über die Bevölkerung, die Relation zwischen Herrschenden und Beherrschten also, ist nicht mehr ihr Gegenstand. Vielmehr sehen sie Macht als den Besitz von Positionsinhabern in Verbänden. Sie erfassen Herrschaft im Sinne Webers nur in einzelnen sozialen Sektoren.

Lektüre: Geißler (2006: 121-138) stellt Ergebnisse der deutschen Eliteforschung dar.

Macht in Vergesellschaftungen

Schwieriger als Herrschaft in Elitepositionen ist es, Macht in Gesellschaften überhaupt zu erfassen. Über Weber hinausgehend, wird Macht dabei nicht mehr mit Blick auf die Beziehung zweier Personen, sondern auf *soziale Systeme,* also Vergesellschaftungen mehrerer Personen definiert. Die Macht der Personen entsteht durch den Austausch der *Handlungskontrollrechte* nach den *Interessen* der Akteure (siehe Abschnitt 3.2.6). So wie auf dem wirtschaftlichen Markt jemand um so mehr Macht hat, um so stärker begehrt die Güter sind, über die er verfügt, um so mehr Geld er also für seine Güter im Tausch mit Anderen erstehen kann, so kann man in sozialen Systemen Macht aus sozialen Tauschprozessen ableiten, die nicht in Geldeinheiten stattfinden. Auf dem wirtschaftlichen wie auf dem sozialen Markt haben die Akteure Interessen, also Präferenzen, Wünsche, Bedürfnisse. Anders als auf dem wirtschaftlichen tauschen die Akteure aber auf dem sozialen Markt nicht die Ressource Geld, sondern das Kontrollrecht über eigene Handlungen aus, über die ein jeder Mensch naturrechtlich verfügt; aber die Kontrolle über eigene Handlungen kann in bestimmten Sozialsystemen durchaus zu einer Ressource in dem in Abschnitt 8.3.1 erläuterten Sinn werden. Die Macht des Akteurs ist dann die Tauschrate, mit der er ihn interessierende Handlungen Anderer gegen die Handlungen austauschen kann, die er kontrolliert.

In der Politik z.B. tauscht ein Volksvertreter, der ein starkes Interesse an der Entscheidung A und ein schwaches Interesse an der Entscheidung B hat, seine Abstimmungsentscheidung mit einem zweiten Volksvertreter, der ein schwaches Interesse an A und ein starkes Interesse an B hat, so dass jeder die Stimme des Anderen für die ihn interessierende Entscheidung hinzugewinnt. Aber dieser Prozess findet nicht nur zwischen zwei Volksvertretern über zwei Entscheidungen, sondern zwischen vielen über viele Entscheidungen statt, so dass sich nach einiger Zeit auf dem Markt, auf dem die Kontrolle über die Ressource „Abstimmen" nach der Interessenlage getauscht wird, ein Gleichgewicht entwickelt, in dem jede Entscheidung einen bestimmten Wert für alle Akteure und jeder Akteur eine bestimmte Macht hat, also die Kontrolle über Entscheidungen, die für die Anderen in unterschiedlichem Maße interessant sind.

Mit den formalen Mitteln der Matrizenrechnung lässt sich dieser Prozess allein schon aufgrund der Anfangsinformation über die Kontrolle und das Interesse der Akteure und die Verfassung oder die Spielregeln des sozialen Systems rekonstruieren. So leitet Coleman (1990: 132-144) die Macht der Schüler und des Lehrers im sozialen System einer Schulklasse aus Tauschprozessen zwischen den Schülern und dem Lehrer ab. Die Zeit, die jeder Schüler für Schulbesuch und Hausarbeiten aufwendet, zeigt sein Interesse für Noten des Lehrers. Die Machtverteilung zwischen Schülern und Lehrer wird nicht direkt gemessen, sondern aus einer Ausgangsverteilung der Kontrolle über eigene Handlungen (Zeit für Hausaufgaben und Schulbesuch) und des Interesses an Schulnoten über mathematische Ableitungen unter bestimmten Annahmen gewonnen. Jeder Schüler tauscht eine bestimmte Zeit für Schulbesuch und für Hausarbeiten bei seinem Lehrer mit seiner persönlichen Tauschrate für eine Note aus. Je mächtiger ein Schüler, desto bessere Noten bekommt er für seinen Aufwand. Im sozialen System ergibt sich ein Gleichgewicht, in dem die Macht jedes Akteurs sich aus seiner Handlungskontrolle über wertvolle Ereignisse und der Wert von Ereignissen sich aus dem Interesse ergibt, das mächtige Akteure an ihm haben. Weiterhin lässt sich Macht aus der Erhebung von Netzwerken der Einflussnahme oder des Austauschs ablesen (Jansen 2003: 163-167).

Die Messung von Macht erfordert also Annahmen über oder die Erhebung von Beziehungen in sozialen Systemen; Macht wird mit formalen Ableitungen konstruiert oder mit Methoden der Netzwerkanalyse gemessen. Das Ergebnis ist eine Verteilung von Macht über alle Mitglieder des sozialen Systems; eine Dimension der sozialen Ungleichheit wird als Resultat von Tauschprozessen im sozialen System rekonstruiert. Mit diesem Vorgehen wird ein „symbolisch generalisiertes Medium der Kommunikation" (siehe Abschnitt 7.5) als sozialer Prozess greifbar.

Weiterführende Literatur: „Macht in sozialen Tauschsystemen" untersucht Kappelhoff (1991, 1995); Kappelhoff (1993: 102-153) stellt das Tauschmodell Colemans ausführlich dar; Netzwerkuntersuchungen politischer Macht haben Jansen / Schubert (1995) zusammengestellt.

8.3.4 Zusammenfassung: Soziale Ungleichheit als Besitz von Ressourcen und Relation

Soziale Ungleichheit bezieht sich auf die unter Wertgesichtspunkten beurteilte Verteilung von Ressourcen. Als Ressourcen werden zunächst Einkommen, Bildung und Anweisungsbefugnis im Beruf angesehen. Die Ausprägungen jeder Dimension lassen sich als soziale Klassen mit gleichen Lebenschancen zusammenfassen – bei der Bildung allerdings mit größerer sozialer Gültigkeit als bei Einkommen und Anweisungsbefugnis. Die drei Dimensionen können weiterhin zu Schichtindizes kombiniert werden, die ein Kontinuum von Lebenschancen, also die soziale Ungleichheit sozialer Klassen erfasst.

Als Ressourcen werden weiterhin Macht und Herrschaft angesehen. Macht kann in jeder sozialen Beziehung, Herrschaft aber nur in Verbänden ausgeübt werden. Da Herrschaft an Positionen geknüpft ist, ist sie über die Positionen identifizierbar. Der positionale Ansatz der Eliteforschung untersucht die Inhaber dieser Positionen und kann feststellen, wie sie sich aus der Bevölkerung rekrutieren, welche Beziehungen sie zu ihrer Basis und zu den Inhabern der Positionen anderer Elitesegmente haben. Er kann so prüfen, ob die Eliten in sich geschichtet sind oder nicht. Aber die Beziehung zwischen herrschenden Eliten und beherrschter Bevölkerung bleibt außer Betracht. Herrschaft ist Besitz und keine Relation.

Macht als Relation in sozialen Systemen lässt sich dagegen untersuchen, wenn man das Modell des Markttausches von der Ressource Geld auf die Ressource Handlungskontrollrecht in Institutionen – wie Abstimmungen im Parlament – verallgemeinert. Auch hier ergibt sich dann eine Verteilung über die Bevölkerung einer Vergesellschaftung, die als mehr oder minder große Ungleichheit beurteilt wird. Auch hier ist, obwohl die methodischen Ansprüche an Erhebung und Analyse größer sind als bei sozialen Klassen, im Prinzip eine Darstellung der Machtverteilung über Gruppen der ganzen Nationalgesellschaft denkbar.

Weiterführende Literatur: Das Konzept der sozialen Ungleichheit als Ressourcenbesitz und als Macht wird diskutiert in Berger / Schmidt (2004).

8.4 Rückblick: Auf der Suche nach der sozialen Topographie der Ungleichheit

Ungleichartigkeit und Ungleichheit

Im vorausgehenden Kapitel wurden von der Warte der Nationalgesellschaft soziale Gruppierungsformen unter dem Gesichtpunkt der sozialen Ungleichheit betrachtet. Welche Ungleichartigkeit setzt sich in soziale Ungleichheit um? Ausgangspunkt war die Liste von Qualitäten und Rangfolgen in Tabelle 8.1, deren Verteilungen soziale Ungleichheit zur Folge haben können oder soziale Ungleichheit darstellen. Zielpunkt war die Bewertung dieser Verteilungen als Ungleichheit in der Gesellschaft.

Für natürliche und soziale Qualitäten – also *soziale Ungleichartigkeiten* – wurde dargestellt, dass sie zu sozialer Ungleichheit führen können, wenn mit ihnen ungleiche Lebenschancen auf anderen Gebieten, etwa der Bildung, verbunden sind, die weder gewollt noch durch Leistung begründet sind. Für die *soziale Wertschätzung* – also hier und heute das Berufsprestige – wurde dargestellt, dass sie Gleichheit ausschließt und nicht als soziale Ungleichheit bewertet werden kann. Für Ressourcen und die aus ihrer Verteilung sich entwickelnden sozialen Klassen und für Macht wurde dargestellt, dass sie als *soziale Ungleichheit* bewertet werden, aber die Gesichtspunkte der Bewertung vielfältig und vieldeutig sind.

Unter den drei Sammelbegriffen Ungleichartigkeit, Wertschätzung und Ungleichheit wurde eine Vielzahl sozialer Gruppierungsformen – die Zugehörigkeit zu natürlichen Kategorien oder sozialen Verbänden, Stände und Milieus, Berufsprestige, Einkommen, Bildung, berufliche Anweisungsbefugnis samt der daraus gebildeten Schichtindizes, Macht in Beziehungen und Herrschaft von Positionen – nebeneinandergestellt, aber nicht bewertet. In ironischem Bezug auf die Ausgangsfrage des Kapitels kann man sagen: Nur die Ungleichartigkeit, aber nicht die Ungleichheit der Gruppierungsformen wurde betrachtet. Aber die Gruppierungsformen wurden in vielen Hinsichten analysiert, nach denen sie nun rückblickend miteinander verglichen werden können, um wenigstens mit Vermutungen ihre unterschiedliche Bedeutung für die Gesellschaft insgesamt, also für die soziale Topographie der Ungleichheit, herauszuarbeiten.

Weiterführende Literatur: Der Unterschied zwischen Ungleichartigkeit und Ungleichheit ist das Gesamtthema des jüngsten Kongresses der Deutschen Gesellschaft für Soziologie (Rehberg 2006).

Die Ungleichheit der Gruppierungsformen

Weil soziale Ungleichheit das Handeln erleichtert oder einschränkt, sollte das *erste* Kriterium für den Vergleich von Gruppierungsformen ihr *Realitätsgehalt* für das Handeln der Menschen sein. Erfassen sie Orientierungen des Handelns oder Prozesse der Interaktion oder sind sie soziologische Konstruktionen, kurz: sind sie soziale oder statistische Gruppen? *Je größer der Realitätsgehalt einer sozialen Gruppierungsform, desto größer sollte ihre Bedeutung für die soziale Topographie der Ungleichheit sein.*

So verglichen, sind *Zugehörigkeiten* nur statistische Gruppen, aber können sich – Frauenbewegung und Graue Panther – dem Pol der sozialen Gruppen annähern. *Stände* sind soziale Gruppen; *Milieus* sind als soziale Gruppen gedacht, aber oft nur soziologische Konstruktionen. Das *Berufsprestige* ist zwar Resultat des sozialen Prozesses der Wertschätzung, aber die Skalen werden von der Soziologie konstruiert. Die Dimensionen der *sozialen Klasse* sind sozial zwar äußerst wirkmächtig, aber nicht immer sozial klar abgegrenzt. *Bildungsabschlüsse* und *Vermögensbesitz* ziehen klare Grenzen zwischen Gruppen gleicher Lebenschancen – ohne soziologische Nachhilfe. Hingegen muss das *Einkommen* von der Soziologie in Gruppen gleicher Ressourcenausstattung aufgeteilt und müssen die Berufe nach der *Anweisungsbefugnis* von der Soziologie zusammengefasst und in eine Rangfolge gebracht werden. Schließlich ist der *Schichtindex* eine soziologische Konstruktion, die allerdings auf das Fundament sozialer Ressourcen aufbaut.

Eine besondere Form, den Realitätsgehalt zu identifizieren, und insofern ein *zweites* Kriterium für den Vergleich ist der *Abgrenzungsmodus* innerhalb der Gruppierungsformen. Werden Gruppen durch die Zugehörigkeit einer Person oder durch Relationen zwischen Personen abgegrenzt? Bezieht sich Zugehörigkeit auf einen Stand, der mit der Verpflichtung auf eine spezifische Ehre das Handeln orientiert, oder auf den Besitz von Ressourcen, die dem Handeln

Chancen eröffnen und Grenzen setzen? Sind die Relationen diffus und bindungsstark oder spezifisch und bindungsschwach? *Je stärker Relationen statt Kategorien die Abgrenzung bestimmen, und je mehr die Relationen mit Verpflichtungen sowie die Kategorien mit Lebenschancen verbunden sind, desto größer sollte die Bedeutung einer Gruppierungsform für die soziale Topographie der Ungleichheit sein.*

So verglichen kann ein *Stand* durch die Verpflichtung aller Mitglieder auf eine Ehre, aber auch durch dichte Verkehrskreise im inneren und weniger dichte Verkehrskreise nach außen abgegrenzt sein. Auch *Milieus, Berufe* oder *Eliten* lassen sich durch Verkehrskreise abgrenzen. Eine *soziale Klasse* aber ist als Gruppe – mehr oder minder – gleicher Ausstattung mit Ressourcen abgegrenzt.

Ein *drittes* Kriterium für den Vergleich der Gruppierungsformen richtet sich nicht auf das Handeln der Beteiligten, die der sozialen Ungleichheit unterliegen, sondern der Politiker, die die soziale Ungleichheit in der Gesellschaft steuern wollen: die Konstruierbarkeit eines kompakten *Ungleichheitsmaßes* – wie der Lorenzkurve oder des Gini-Koeffizienten. Mit solchen Maßen kann die Wirkung politischer Maßnahmen zur Reduzierung der Ungleichheit abgeschätzt werden. Aber sie setzen voraus, dass das Merkmal der Gruppierung eine metrische Skala hat. *Je leichter sich eine Gruppierungsform als Ungleichheit kompakt messen lässt, desto größer sollte ihre Bedeutung für die soziale Topographie der Ungleichheit sein.*

So verglichen sind *Einkommen* und *Vermögen* metrisch durch die soziale Institution des Geldes; metrisieren lassen sich *Bildungsabschlüsse*, indem man sie in Bildungsjahre umrechnet, und die *Macht* von Personen, wenn man ihre Interessen und Ressourcen kennt und formale Modelle anwendet. Auch das *Berufsprestige* lässt sich – durch die Schätzung von Befragten oder die Distanzen in Beziehungsnetzen – metrisieren. Nicht oder nur schwer metrisieren lassen sich soziale Klassen nach *Berufsstatus,* also aufgrund der *Anweisungsbefugnis,* oder nach *Schichtindizes.*

Von der höheren Warte der Gesellschaft gesehen, ist weiterhin die *Einschlussbreite* der Gruppierungsformen ein *viertes* Kriterium für den Vergleich. Deckt sie die gesamte soziale Gesellschaft ab oder nur Teile von ihr? *Je weiter eine Gruppierungsform ausgedehnt werden kann, desto größer sollte ihre Bedeutung für die soziale Topographie der Ungleichheit sein.*

So verglichen umfassen *Zugehörigkeiten*, die *historischen Ständegliederungen* und *soziale Klassen* die gesamte Bevölkerung. Aber in *Ständen* als Gruppen mit einer gemeinsamen Ehre sind manche Personen mehrfach, andere überhaupt nicht Mitglied, so dass die Gruppierungsform nicht die ganze Gesellschaft abdeckt. Dasselbe gilt für *Milieus*, auch wenn die soziologischen Konstruktionen von Milieus die gesamte Bevölkerung umfassen.

Soziale Topographie der Ungleichheit und Individualisierung

Der Rückblick nach diesen vier Kriterien legt einen Schluss nahe: Offensichtlich führen alle Gruppierungsformen mit hohem Realitätsgehalt und hoher Einschlussbreite *nicht* zu sozialen, sondern zu statistischen Gruppen. Was einen hohen Realitätsgehalt hat und die ganze Gesellschaft umfasst, bleibt gleichsam an der Person hängen; es fügt keine Gruppen mit gemeinsamen Orientierungen oder dichter gewebten Relationen zusammen. Umgekehrt decken die Prinzipien, nach denen sich solche Gruppen bilden, *nicht* die ganze Gesellschaft ab. So gesehen ist die soziale Topographie der Ungleichheit individualisiert (Beck 1986: 121, zusammenfassend Burzan 2005: 164-174).

Auf der einen Seite ergeben sich Gruppierungsformen mit einem hohen Realitätsgehalt aus dem Berufsprestige, in dem der Prozess der sozialen Wertschätzung soziologisch perfektioniert ist, und aus den Ressourcen Einkommen, Vermögen, Berufsstatus und Bildung. Aber das Berufsprestige ruht gedanklich auf einer immanent quantitativen Größe, dem Beitrag zum Gemeinwohl, die nur in statistische Gruppen abgestuft werden kann; selbst wenn das Berufsprestige aufgrund der Distanz in Relationen konstruiert wird, ergeben sich keine Gräben zwischen den Gruppen, sondern kontinuierlich zunehmende Distanzen. Gruppierungen nach dem Berufsprestige sind also statistische Gruppen. Das gleiche gilt für Einkommen und Vermögen sowie den Berufsstatus: Geld ist eine sozial erfundene Quantität und kontinuierlich, ohne Einbrüche verteilt; auf seiner Verteilung muss die Soziologie statistische Gruppen markieren. Die Berufe muss die Soziologie nach der Anweisungsbefugnis in eine Rangfolge bringen.

Wenn auf der anderen Seite aber Gruppierungsformen zu sozialen Gruppen geführt haben, dann umfassen sie nicht die gesamte Bevölkerung. Vielleicht gibt es 1997 in Westdeutschland wirklich ein „kleinbürgerliches Milieu", das 14% der Bevölkerung umfasst (Hradil 2005: 428). Zumindest kann jeder mit dem Wort Kleinbürger Vorstellungen verbinden. Aber man frage einen beliebigen Zeitgenossen, was er mit dem „postmodernen Milieu" verbindet. Anders gesagt: manche Milieus mögen soziale Gruppen mit ähnlichen Orientierungen, vielleicht sogar mit klaren Grenzen des Verkehrs sein. Aber wenn man über die ganze Bevölkerung eine Landkarte von Milieus legt, so behält man nur statistische Gruppen in der Hand.

Kurzum: In der Bevölkerung moderner Nationalstaaten gibt es große Differenzierungen der Wertschätzungen und der Lebenschancen. Aber die Gruppierungsformen produzieren nur selten reale soziale Gruppen; und wenn, erfassen sie nicht die ganze Gesellschaft. In moderne Nationalstaaten gibt es große Distanzen, aber keine Gräben. Sie sind „nivelliert" – nicht weil es keine Unterschiede, sondern weil es keine Unterschiede zwischen den Unterschieden gibt. Es gibt viele Kriterien der sozialen Ungleichheit, aber sie bilden auf der sozialen Landkarte weder Steilhänge noch Abgründe. Es gibt viel Schichtung, aber wenig Schichten.

9 Soziale Mobilität

So wie Schichtung ein Bild für soziale Rangfolgen, so ist Mobilität ein Bild für Bewegungen zwischen Rangfolgen. Mobilität wird im Folgenden bildlich als Schichtmobilität verstanden; die nicht bildlich gemeinte, also räumliche Mobilität (siehe dazu Zimmermann 2001) bleibt außer Betracht. Mobilität führt von einer Herkunft zu einem Ziel, von einem früheren zu einem späteren Status, so dass sich – anders als bei der Betrachtung nur einzelner Verteilungen im letzten Kapitel – soziale Ungleichheit unter dem Gesichtspunkt der *Chancen*gleichheit bewerten lässt. Deshalb muss zuerst die allgemeine Darstellung der Mobilität in einer Tabelle zweier Status vorgestellt und erläutert werden, wie sich mit ihr die neue Perspektive auf Chancen eröffnet.

9.1 Chancen- und Rekrutierungsperspektive

Für eine Gruppe von Personen lässt sich die Mobilität durch eine Kreuztabelle darstellen, in welcher der frühere mit dem späteren Status, oder der Herkunfts- mit dem Zielstatus verglichen wird; Konvention ist, den Herkunftsstatus zeilenweise, den Zielstatus spaltenweise anzuordnen. Im Regelfall haben Herkunfts- und Zielstatus die gleiche Zahl von Ausprägungen und die Tabelle ist quadratisch. Die Mobilität von 100 Personen über drei Schichten – Unterschicht, Mittelschicht und Oberschicht – ist in der fiktiven Tabelle 9.1 dargestellt.

Tabelle 9.1 Mobilität, Gesamtprozentuierung

Herkunft:	Ziel:			
	US	MS	OS	Alle
US	15	10	5	30
MS	10	20	10	40
OS	5	10	15	30
Alle	30	40	30	100

In der Tabelle wurde angenommen, dass die Randverteilungen von Herkunft und Ziel gleich sind, die soziale Schichtung in der Gesellschaft sich also nicht verändert hat. Aber das ist wenig realistisch. Die Expansion weiterführender Bildung in den letzten Jahrzehnten der alten Bundesrepublik bedeutet, eine Verschiebung des Schwerpunkts der Bildungsverteilung nach oben; das gleiche gilt für die Expansion akademischer Positionen im öffentlichen Dienst, die der Bildungsexpansion in den ersten Jahren gefolgt ist. Haben sich also z.B. die höheren beruflichen Positionen um eine bestimmte Anzahl vermehrt, so muss die gleiche Zahl von Personen aufsteigen. Der Wandel der sozialen Schichtung erzwingt Aufstiegsprozesse, die nicht von den Personen verursacht wurden. Man spricht von erzwungener oder struktureller Mobilität und rechnet mit statistischen Verfahren den Effekt der Randverteilungen auf die Zellenbesetzungen, also die erzwungene Mobilität, aus der Tabelle heraus (Hout 1983: Kapitel 2), so dass die persönliche Mobilität bleibt. Die Tabelle enthält also nur persönliche Mobilität, die allein im Folgenden das Thema ist.

Da die Gesamtzahl 100 ist, sind die Besetzungszahlen der Tabelle mit den Prozentwerten identisch, die auf die Gesamtzahl bezogen sind. Auf der Diagonalen gibt es 50% Immobilität, oberhalb der Diagonalen 25% Aufstiegs- und unterhalb der Diagonalen 25% Abstiegsmobilität. Wenn man nicht nur die Hauptdiagonale, sondern auch die zu ihr parallelen weiteren Diagonalen betrachtet, kann man die Aufstiegs- und Abstiegsmobilität nach großer und kleiner Distanz aufteilen: 20% sind „schwach" und 5% „stark" auf- bzw. abgestiegen.

Sind nun für jede der drei Herkunftsschichten die *Chancen* gleich, in eine der drei Zielschichten zu gelangen? Die Mobilitätschance von einem gegebenen Herkunfts- in einen Zielstatus erhält man durch die zeilenweise Prozentuierung oder durch die sog. Abstromquoten – wie in Tabelle 9.2 dargestellt. Die Ungleichheit der Chancen ermittelt man, indem man die Abstromquoten spaltenweise vergleicht: Z.B. hat die US mit 50% eine doppelt so hohe Chance, in die US zu gelangen, wie die MS mit 25%. Statt aus der *Chancenperspektive* kann man die Tabelle auch aus der *Rekrutierungsperspektive* betrachten, indem man in spaltenweiser Prozentuierung die sog. Zustromquoten berechnet – wie in Tabelle 9.3 dargestellt. Man sieht so z.B., dass jede Zielschicht sich zur Hälfte aus sich selber rekrutiert.

Tabelle 9.2 Chancenperspektive, Abstromquoten, Zeilenprozentuierung

Herkunft:	Ziel:			
	US	MS	OS	Alle
US	50	33	17	100
MS	25	50	25	100
OS	17	33	50	100

Tabelle 9.3 Rekrutierungsperspektive, Zustromquoten, Spaltenprozentuierung

Herkunft:	Ziel:		
	US	MS	OS
US	50	25	17
MS	33	50	33
OS	17	25	50
Alle	100	100	100

Die Informationen für Mobilitätstabellen lassen sich aus jedem repräsentativen Bevölkerungsquerschnitt entnehmen, in dem der Vaterberuf, die Ausbildung und der Beruf des Befragten erhoben worden sind. In den letzten zwei Jahrzehnten hat weiterhin die Lebensverlaufsforschung retrospektive Befragungen von Geburtsjahrgängen oder „Kohorten" durchgeführt, in denen die berufliche Laufbahn im Detail – Dauer der Episoden in der gleichen Stelle, Wechsel, Gründe für den Wechsel u.a.m. – erhoben wurden (Mayer 2000).

Mobilität wird nun im Lebenslauf einer Person unter anderen Auspizien gesehen als im Wechsel zwischen den Generationen. Im Lebenslauf einer Person gilt zunächst die Normalitäts*erwartung* der Kontinuität: Frühere und spätere Status sollten faktisch miteinander korrelieren; weil dieselben Personen im Zeitverlauf betrachtet werden, stellt sich das Problem der sozialen Ungleichheit nicht, unter dem die soziale Mobilität hier vor allem betrachtet wird. In Abschnitt 9.2 wird deshalb unter dem Titel der *Karrieremobilität* nur kurz dargestellt, wie Enttäuschungen der Normalitätserwartung sich auf Denken und Handeln auswirken. Im Wechsel zwischen den Generationen aber wird *gefordert*, dass der Status der Eltern den Status der Kinder nicht oder zumindest nicht unabhängig von der Leistung der Kinder bestimmen sollte: Frühere und spätere Status sollten normativ *nicht* miteinander korrelieren, das Problem der sozialen Ungleichheit taucht auf. In Abschnitt 9.3 wird deshalb unter dem Titel der *Generationsmobilität* etwas ausführlicher dargestellt, wie soziale Ungleichheit zwischen den Generationen vermittelt wird.

Lektüre: Hout (1983: Kapitel 1) gibt eine Einführung in die Analyse von Mobilitätstabellen.

9.2 Karrieremobilität: Konsequenzen für Einstellung und Verhalten

Die Karriere ist die Folge zweier Status. Im Lebenslauf folgen Bildung und Beruf sowie erster und späterer Beruf aufeinander. In beiden Fällen gibt es eine Normalitätsannahme (Meulemann 1985b) der Immobilität zwischen Herkunfts- und Zielstatus – die Annahme der Status*konsistenz*, also Stimmigkeit von Bildung und Beruf, und die Annahme der Status*kontinuität*, also der Gleichheit oder kontinuierlichen Entwicklung des Berufsstatus. In beiden Fällen sollte daher die Mobilität, also die Verletzung der Normalitätsannahme, Einstellung und Verhalten verändern. In beiden Fällen ergeben sich also die gleichen Fragen: (1) Wie groß ist die Immobilität? (2) Welche Folgen hat die Mobilität?

Statuskonsistenz: Bildungs- und Berufsstatus

(1) *Ausmaß* der Statuskonsistenz. Die Korrelationen zwischen Bildung und Beruf waren in der alten Bundesrepublik bis in die sechziger Jahre weitgehend konstant. Das spiegelt sich in konsistenten Karrieren wider. Mit einem bestimmten Bildungsabschluss hatte man einen „entsprechenden" Berufsstatus in der Tasche. Zwischen 1965 und 1980 ist in der alten Bundesrepublik jedoch die Beteiligung an Sekundarschulen und an Hochschulen stark angestiegen – was mit dem Begriff der Bildungsexpansion bezeichnet wird (Klein 2005: 233-282, Geißler 2006: 273-300). Gleichzeitig sind höhere berufliche Positionen nicht im gleichen Maße angestiegen. Wenn aber die Entwicklung beider Statusdimensionen nicht synchron verläuft, muss die Abwärtsmobilität, also die Inkonsistenz zunehmen: Die Zahl der Personen, die mit einem hohen Bildungsabschluss keinen hohen Berufstatus erreichen – also ein bestimmter Typus der Statusinkonsistenz – wächst.

(2) *Folgen* der Status*ink*onsistenz. Im öffentlichen Dienst kann man mit steigenden Bildungsabschlüssen in höhere Laufbahnstufen eintreten, aber auch in der privaten Wirtschaft hängt der Berufseintrittsstatus vom Bildungsabschluss ab. Weil diese Angemessenheitsnorm Bildung und Berufstatus fest verbindet, muss eine Statusinkonsistenz als Folge persönlicher Anstrengung oder persönlichen Versagens verstanden werden. Da Bildung nicht im Berufsstatus verschwindet, sondern als Statusanspruch erhalten bleibt, wird eine Statusinkonsistenz den Betroffenen bewusst. Sie erfahren die Unangemessenheit der beiden Statusdimensionen im eigenen Leben. Sie können diese persönliche Erfahrung nicht schlucken, sondern äußern sie in Einstellung und Verhalten – sei es in psychischen Störungen, sei es in politischem Protest. Statusinkonsistenz bedeutet also eine Enttäuschung der Angemessenheitsnorm, die entweder zu Zweifeln an der eigenen Person oder zu Unmut gegenüber dem „ungerechten" Sozialsystem führen sollte. So ist der Zusammenhang zwischen Statusinkonsistenz und Anomie oder der Wahl radikaler linker wie rechter Parteien häufig untersucht worden (z.B. Becker / Zimmermann 1995).

Wenn nun die Statuskonsistenz zurückgeht, sollten die Folgen der Inkonsistenz steigen. Denn die Personen halten an der Angemessenheitsnorm fest, mit der sie ihren Bildungsweg begonnen haben. Sie werden von der Inkonsistenz gleichsam überrascht: Sie haben eine bestimmte Bildung erworben, weil sie sicher waren, den „entsprechenden" Berufsstatus zu erreichen. Kurzfristig, d.h. im Lebenslauf einer Generation, bleibt also die Angemessenheitsnorm von Bildungsabschluss und Berufsstatus gleich. Sie kann sich nur langfristig, d.h. wenn die nächsten Jahrgänge ihren Bildungsweg beginnen, nach unten anpassen. Wenn man z.B. als der sprichwörtliche „Taxifahrer, Dr. phil." arbeiten muss und die alte Angemessenheitsnorm der Status für sich aufrechterhält, so erfährt man die Unangemessenheit beider Statusdimensionen am eigenen Leibe. Die Angemessenheitsnorm wird zwar zunehmend verletzt, aber sie passt sich nicht sofort nach unten an. Die Effekte wachsender Inkonsistenzen von hoher Bildung und niedrigem Berufsstatus kann man am Aufkommen und Wachsen der Partei der Grünen ablesen, die seit 1983 im Bundestag sitzen und ihre Wähler überproportional aus gut ausgebildeten Personen mit relativ niedrigem Berufsstatus rekrutieren (Bürklin 1984).

Weiterführende Literatur: Simonson (2004; Kapitel 4) zeigt, dass zwischen 1980 und 2000 die Statuskonsistenz in Deutschland nicht zurückgegangen ist.

Statuskontinuität: Frühere und spätere Berufsstatus

(1) *Ausmaß* der Statuskontinuität. Die Lebensverlaufsforschung zeigt, dass der Status beim Berufseintritt in hohem Maße den Status des ganzen Berufslebens bestimmt und dass diese Fixierungskraft des Berufseintritts sich in den letzten drei Jahrzehnten keineswegs vermindert hat (Blossfeld 1989: 90-122). Wer das Glück hat, nach der Ausbildung auf einen guten Arbeitsmarkt zu stoßen, ist also sein Lebtag lang besser dran als jemand, der einige Jahre später mit dem gleichen Abschluss auf einen schlechten Arbeitsmarkt trifft. Im Vergleich der Geburtskohorten 1930, 1940 und 1950 hat sich das Ausmaß der Kontinuität zwischen dem ersten Berufsstatus und dem Berufsstatus im Alter von 30 Jahren sogar noch erhöht (Mayer / Blossfeld 1990: 308-311). Auf diese Weise ist zwar die berufliche Statusmobilität insgesamt geringer geworden; aber die Chancen von Aufstieg, Abstieg und Berufswechsel ohne Statusveränderungen variieren nach wie vor mit den durch die Berufsausbildung und die Betriebsgröße definierten Arbeitsmärkten (Blossfeld / Mayer 1988; Mach / Mayer / Pochoski 1994).

(2) *Folgen* der Status*dis*kontinuität. Da es im öffentlichen Dienst Laufbahnmuster und auch in der privaten Wirtschaft typische Karrieren gibt, planen die Berufstätigen ihre Laufbahn nach diesem Modell. Ein gewisser *Aufstieg* gehört offenbar zur Normalitätsvorstellung der Berufskarrieren: Ehemalige Gymnasiasten, die zwischen dem 30. und 43. Lebensjahr, gemessen am Berufsprestige, aufgestiegen sind, sind im 43. Lebensjahr nur geringfügig mit ihrer beruflichen Laufbahn zufriedener als Nichtaufsteiger, wenn der Ausbildungsabschluss und der aktuelle Berufsstatus kontrolliert sind (Meulemann 2000). Einen *Abstieg* versuchen die Berufstätigen jedoch durch Weiterbildung oder Stellenwechsel zu korrigieren (Heinz 1995: 173-177).

Lektüre: Mayer (1990) gibt eine Einführung in die Lebenslaufforschung.

Weiterführende Literatur: findet sich in den weiteren Artikeln des von Mayer (1990) herausgegebenen Sammelbandes.

9.3 Generationsmobilität: Vermittlung sozialer Ungleichheit

Wie die Karrieremobilität kann auch die Generationsmobilität Einstellungen und Verhalten bestimmen. Aber hier werden nicht Status der gleichen Person, sondern Status über die Generationen verglichen – genauer: der durch die Eltern vermittelte und ins Leben mitgenommene Status wird mit dem selbst erworbenen Status verglichen. Konsequenzen für Einstellung und Verhalten sollten daher im Laufe des Lebens doch verblasst sein. In der Tat zeigt die einzige deutsche Untersuchung hierzu, dass die Generationsmobilität weder für die subjektive Schichtidentifikation noch für die Kinderzahl, also weder für Einstellungen noch für Verhalten Konsequenzen hat (Herz 1976). Die Generationsmobilität interessiert daher nicht, weil sie Einstellung oder Verhalten prägt, sondern weil sie soziale Ungleichheit vermittelt. Wie schon in Abschnitt 8.3.1 führt die wissenschaftliche Analyse in die Arena politischer Diskussionen: Es geht um die Offenheit einer Gesellschaft, um die Gleichheit der Lebenschancen, aus unterschiedlichen Herkunftsstatus den gleichen Zielstatus zu erreichen.

9.3.1 Politische Argumentationen: Chancengleichheit und Chancengerechtigkeit

Das Kind erbt den Status der Eltern. Aber es kann nichts für den Status seiner Eltern. Das Postulat der *Chancengleichheit* fordert daher, dass die Kinder unterschiedlicher Herkunft die gleichen Chancen für einen Zielstatus haben sollten; Herkunfts- und Zielstatus sollten nicht korrelieren.

Aber ein solches Ideal missachtet den Unterschied der persönlichen Leistung der Kinder, der Unterschiede des Zielstatus *rechtfertigt*. Wenn Kinder aus höheren Schichten mehr geleistet haben, darf ihnen die soziale Herkunft, die sich zuvor positiv für sie ausgewirkt hat, nun nicht negativ zu Buche schlagen. Das ist das Postulat der *Chancengerechtigkeit*. Kinder unterschiedlicher Herkunft sollten bei gleicher Leistung die gleichen Chancen haben, in einen Zielstatus zu kommen; Herkunfts- und Zielstatus sollten bei Kontrolle der Leistung nicht korrelieren. Ein Teil der Verteilungsunterschiede auf dem Zielstatus ist also gerecht (d.h. durch Unterschiede der Leistung gerechtfertigt), ein anderer ungerecht (durch den unverdienten Vorteil der Herkunft unabhängig von Leistung bedingt). Es wird unterschieden zwischen legitimen (durch Leistung begründeten) und illegitimen (allein durch Herkunft begründeten) Einflüssen auf den Zielstatus.

Die Trennung zwischen Chancengleichheit und Chancengerechtigkeit nach dem Kriterium der Leistung hat Durkheim (1893: 367-382; 1950: 232-244) in die Soziologie eingeführt. Er spricht von „äußerer" Gleichheit und meint damit, was heute als Chancengerechtigkeit bezeichnet wird: Niemand soll aufgrund persönlich nicht verantworteter, also „äußerer" Umstände anders behandelt werden; aber nach Leistung Gleiche sollen gleich behandelt werden. Nur wenn von den äußeren Bedingungen her Gleichheit herrscht, kann man von jedem erwarten, dass er seine spezifische Arbeit tut, zur Gesellschaft beiträgt und sich mit ihr identifiziert. Gleichheit und Leistung sind ein Paar von Werten: Ungleichheit ist nur durch Leistung gerechtfertigt; aber jeder muss die gleiche Chance haben, etwas zu leisten (Meulemann 1996: 71-73). Für Durkheim trug die Glaubwürdigkeit des Werts der Chancengerechtigkeit, der die beiden Werte Gleichheit und Leistung verbindet, zur sozialen Integration bei. Wenn die Menschen in der Sozialisation das Wertpaar Gleichheit und Leistung internalisiert haben *und* wenn sie im Laufe ihres Lebens Erfahrungen machen, die mit ihm vereinbar sind, dann ist eine Bedingung für den Bestand der Gesellschaft gegeben. Aus diesem Grunde propagiert Durkheim eine säkulare Werterziehung und soziale Reformen, die die Glaubwürdigkeit des Werts der Chancengerechtigkeit fördern – bis hin zu dem Vorschlag, das Erbrecht abzuschaffen (siehe Abschnitt 5.3.1).

Chancengleichheit wie Chancengerechtigkeit sind Werte – „Vorstellungen des Wünschbaren" (Kluckhohn 1951: 395), in diesem Fall konkret: Entwürfe einer *postulierten* Gesellschaft. Chancengleichheit fordert, dass die Kinder jedes Herkunftsstatus die gleichen Chancen haben, in einen bestimmten Zielstatus zu kommen. Chancengerechtigkeit fordert, dass die Kinder jedes Herkunftsstatus bei gleicher Leistung die gleichen Chancen haben, in einem bestimmten Zielstatus zu kommen. Beide Forderungen lassen sich in soziologische Modelle der Mobilität umsetzen und miteinander sowie mit Gesellschaften vergleichen, in denen zwischen den Generationen empirisch ein bestimmter Grad der Mobilität gegeben ist.

Lektüre: Durkheim (1950: 232-244, 18. Vorlesung; 1893: 3. Buch, 2. Kapitel)

Weiterführende Literatur: Neuere Diskussionen des Werts der Chancengleichheit finden sich bei Coleman (1968) und Heckhausen (1975).

9.3.2 Soziologische Modelle

Perfekte Mobilität und Chancengleichheit

Das Postulat der Chancengleichheit fordert, übersetzt in soziologische Modelle der Mobilität, die „perfekte Mobilität". Es fordert die „statistische Unabhängigkeit" des Zielstatus vom Herkunftsstatus: Für jeden gegebenen Herkunftsstatus soll die Verteilung über die Zielstatus prozentual gleich sein (Hout 1983: 13-15). Nimmt man der Einfachheit halber an, dass die *Ziel*schichten gleich groß sind, dann sieht das Modell der Chancengleichheit oder perfekten Mobilität wie Tabelle 9.4 aus.

Tabelle 9.4 **Modell** der Chancengleichheit oder perfekten Mobilität

Herkunft:	Ziel:			
	US	MS	OS	
US	.33	.34	.33	1.00
MS	.33	.34	.33	1.00
OS	.33	.34	.33	1.00

Tabelle 9.5 **Empirische** Reproduktion von Status: **Gesellschaft 1**

Herkunft:	Ziel:			
	US	MS	OS	
US	.58	.20	.22	1.00
MS	.40	.20	.40	1.00
OS	.22	.20	.58	1.00

Das Modell der Chancengleichheit entwirft also eine Nichtbeziehung zwischen Herkunft und Ziel auf der Aggregatebene der Nationalgesellschaft. Blicken wir zurück auf die in Abschnitt 3.2.4 vorgestellten Analyseebenen, so stellt es eine direkte Beziehung zwischen den beiden sozialen Tatbeständen des soziologischen Erklärungsschemas dar. Aber der soziale Ausgangstatbestand, die soziale Herkunft, stellt für die Eltern und ihre Kinder ein Entscheidungsfeld dar, in dem sie die Kosten und den Nutzen des Zielstatus, also zunächst einmal der Schulbildung, die das Kind dorthin führt, kalkulieren (Meulemann 1979). Für die Eltern unterer Schichten (und ihre Kinder) ist die weiterführende Schulbildung zunächst einmal teuer: Sie müssen sich informieren über etwas, das sie nicht kennen; dem Kind helfen, wo sie selber kaum Hilfe bereit haben oder in ihrer sozialen Umgebung finden können; und auf Beiträge des Kindes zum Haushaltseinkommen verzichten. Deshalb erscheint ihnen es sehr unsicher, dass das Kind den erwarteten Nutzen eines Aufstiegs über den langen Weg einer weiterführenden Bildung erreichen wird. Selbst wenn sie also dem Aufstieg einen hohen *Wert* beimessen, ist ihre *Erwartung* niedrig, diesen Wert zu erreichen. Auf der anderen Seite ist für die Eltern oberer Schichten (und ihre Kinder) der Verzicht auf die weiterführende Schulbildung teuer, weil er einen sozialen Abstieg bedeuten würde. Kurzum: Alle Eltern tun, was sie können; aber nicht alle können dasselbe tun. Die unterschiedlichen Entscheidungsfelder der Eltern verschiedener Schichten (und ihrer Kinder) lassen sich also mit der Wert-Erwartungs-Theorie im Einzelnen ausbuchstabieren (Breen / Goldthorpe 1997, Esser 1999: 265-275).

Wenn man also von der Ebene der Aggregatkorrelation heruntersteigt auf die Entscheidungen der Personen, sieht man, dass das Modell einer chancengleichen Gesellschaft sehr unwahrscheinlich ist. Es geht buchstäblich über die Ebene des Handelns hinweg; d.h. über die Tatsache, dass Eltern (und Kinder) verschiedener Schichten nach ihrem schichtspezifischen Kalkül ihre Entscheidungen treffen. Auf der einen Seite können nicht alle Eltern unterer Schichten sich darum bemühen, ihre Kinder nach oben zu bringen. Auf der anderen Seite werden die meisten Eltern höherer Schichten dafür sorgen, dass ihre Kinder oben bleiben. Deshalb werden Kinder aus der Unterschicht seltener als Kinder aus der Oberschicht das Risiko eingehen, den Weg in die Oberschicht einzuschlagen, und seltener dieses Risiko bewältigen. Die Frage ist dann, wie stark die schichtspezifischen Verteilungen vom Modell der Chancengleichheit abweichen und ob die Abweichung unter dem Gesichtspunkt der Chancengerechtigkeit gerechtfertigt werden kann. Angenommen, in der Gesellschaft 1 ergebe sich die in Tabelle 9.5 dargestellte Verteilung. Sind die Unterschiede zwischen den schichtspezifischen Verteilungen chancengerecht, also durch Unterschiede der Leistung gerechtfertigt?

Leistung und Chancengerechtigkeit

Um die Frage zu beantworten, muss man zuerst wissen, was unter „Leistung" zu verstehen ist, und zweitens wie diese Leistung, die ja einen Teil der Unterschiede des Ziels aus Unterschieden der Herkunft rechtfertigt, mit der Herkunft und mit dem Ziel empirisch zusammenhängt. Man muss also *Hypothesen* darüber haben, welche Variablen zwischen Herkunft und Ziel vermitteln, und *Ergebnisse* darüber, wie stark ihr Zusammenhang mit der Herkunft und mit dem Ziel ist. Angenommen „Leistung" sei durch zwei Bildungsabschlüsse – nur Hauptschule (-HS), mehr als Hauptschule (HS+) – definiert und die Chancen, in einer bestimmten Schicht einen bestimmten Bildungsabschluss zu erlangen, seien wie in Tabelle 9.6, die Chancen, mit einem bestimmten Bildungsabschluss in eine bestimmte Schicht zu kommen, wie in Tabelle 9.7 verteilt.

Tabelle 9.6 Chancen von Herkunftsstatus in Bildung, Matrix A

Herkunfts-status:	Bildung:		
	-HS	HS+	
US	.80	.20	1.00
MS	.50	.50	1.00
OS	.20	.80	1.00

Tabelle 9.7 Chancen von Bildung in Zielstatus, Matrix B

Bildung:	Zielstatus:			
	US	MS	OS	
-HS	.70	.20	.10	1.00
HS+	.10	.20	.70	1.00

An den Tabellen wird deutlich, dass es z.B. von der Unter- in die Unterschicht zwei Wege gibt, nämlich über die Hauptschule und über die höhere Bildung. Jeder Weg hat eine Wahrscheinlichkeit, die sich aus dem Produkt der Wahrscheinlichkeit der beiden Schritte ergibt – in der Unterschicht einen bestimmten Abschluss zu machen und mit einem bestimmten Abschluss in die Unterschicht zu kommen. Die gesamte Wahrscheinlichkeit, von der Unterschicht in die Unterschicht zu kommen, ist dann die Summe dieser beiden Wahrscheinlichkeitsprodukte. Grafisch ist das in Abbildung 9.8 dargestellt.

Abbildung 9.8 Wege von der Herkunft zum Ziel über Bildungsabschlüsse an einem Beispiel

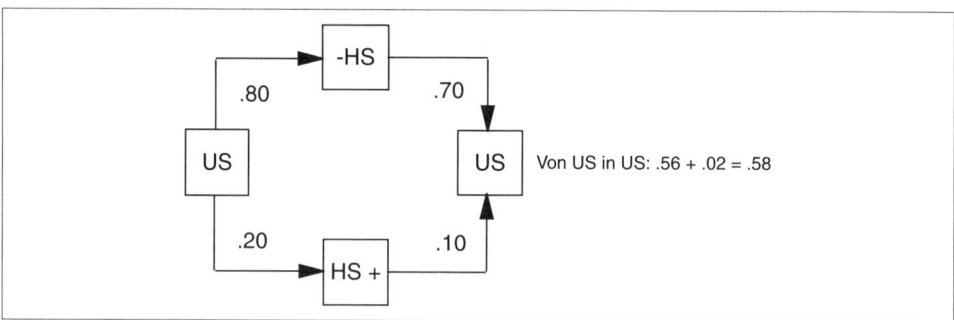

Entsprechende Überlegungen gelten für den Übergang von der Unterschicht in die Mittel- und Oberschicht und für den Übergang aus der Mittel- bzw. Oberschicht in jede der drei Schichten. Die Berechnungen sind in Tabelle 9.9 dargestellt:

Tabelle 9.9 Modell der Chancengerechtigkeit: Erwartete Reproduktion von Status bei gegebenen Beziehungen „Herkunftsstatus-Bildung" und „Bildungs-Zielstatus", Matrix A*B

Herkunft:	Ziel:			
	US	MS	OS	
US	.56+.02=.58	.16+.04=.20	.08+.14=.22	1.00
MS	.35+.05=.40	.10+.10=.20	.05+.35=.40	1.00
OS	.14+.08=.22	.04+.16=.20	.02+.56=.58	1.00

Vergleicht man dieses Modell der Chancengerechtigkeit mit dem Modell der Chancengleich-heit, so lässt sich für jeden der neun Mobilitätswege ermessen, wie viele Chancen durch „Lei-stung" (also durch Bildungsunterschiede) bedingt sind. Für den Weg von der Unterschicht in die Unterschicht z.B. sind es 58%-33%=25%. Vergleicht man weiterhin das Modell der Chancengerechtigkeit mit der Verteilung für die Gesellschaft 1, so stimmen alle Prozentwerte überein. Wenn also Gesellschaft 1 vom Modell der Chancengleichheit abweicht, so ist diese Abweichung dadurch bedingt, dass Kinder unterschiedlicher Schichten Unterschiedliches „leisten" (hier also: Bildungsabschlüsse erwerben) und für diese unterschiedliche „Leistung" in einen anderen Status kommen. Gesellschaft 1 ist in der Tat chancengerecht. Natürlich hätte bei gleichen Beziehungen zwischen Herkunftsstatus und Bildung und zwischen Bildung und Zielstatus die Gesellschaft anders aussehen können – etwa wie Gesellschaft 2 in Tabelle 9.10.

Tabelle 9.10 Empirische Reproduktion von Status: **Gesellschaft 2**

Herkunft:	Ziel:			
	US	MS	OS	
US	.83	.06	.11	1.00
MS	.30	.40	.30	1.00
OS	.11	.06	.83	1.00

Vergleicht man Gesellschaft 2 mit dem Modell der Chancengerechtigkeit, so lässt sich für je-den der neun Mobilitätswege ermessen, wie viel der Chancen unabhängig von „Leistung" von Herkunfts- auf den Zielstatus vererbt werden. Für den Weg von der Unterschicht zur Unter-schicht sind das 83%-58%=25%. Ebenso lässt sich Gesellschaft 2 mit dem Modell der Chan-cengleichheit vergleichen. Für den Weg von der Unterschicht zur Unterschicht ergibt sich eine Abweichung von 83%-33%=50%. Wieviel von dieser Abweichung ist durch Leistung vermittelt, wie viel geht an Leistung vorbei? Fügt man für den Weg von der Unterschicht in die Unterschicht die bisherigen Differenzberechnungen zusammen, so ist genau die Hälfte der Abweichung vom Modell der Chancengleichheit durch „Leistung" bedingt, die andere Hälfte durch Statusvererbung. Die Hälfte der Abweichung ist also legitim, die andere Hälfte illegi-tim. Die gleichen Berechnungen sind für alle übrigen Mobilitätswege in der Tabelle 9.11 dar-gestellt. Der erste Prozentsatz stellt die legitime, durch Leistung bewirkte Differenz dar, der zweite Prozentsatz die illegitime, durch Vererbung bewirkte Differenz. Beide Prozentsätze zu-sammen ergeben die Differenz zwischen dem Modell der Chancengleichheit und der Gesell-schaft 2.

Tabelle 9.11 Differenzen zwischen den Modellen der Chancengleichheit und der Chancenge-rechtigkeit (erster Prozentsatz) und zwischen den Modellen der Chancengerech-tigkeit und Gesellschaft 2 (zweiter Prozentsatz)

Herkunft:	Ziel:		
	US	MS	OS
US	.25+.25	-.14-.14	-.11-.11
MS	.07-.10	-.14+.20	.07-.10
OS	-.11-.11	-.14-.14	.25+.25

Für alle Mobilitätswege aus der Unter- und aus der Oberschicht ergibt sich, dass die Hälfte der Abweichung vom Modell der Chancengleichheit legitim, die andere Hälfte illegitim ist. Für die Wege aus der Mittelschicht aber ergeben sich gegensätzliche Tendenzen. Allgemein gilt: Für jeden Mobilitätsweg kann die Gesamtdifferenz zwischen der empirischen Gesellschaft und dem Modell der Chancengleichheit aufgeteilt werden in eine Differenz zwischen dem Modell der Chancengleichheit und dem Modell der Chancengerechtigkeit – die *legitime Differenz* – und eine Differenz zwischen dem Modell der Chancengerechtigkeit und der empirischen Gesellschaft – die *illegitime Differenz*. Die Frage, ob und in welchem Ausmaß eine Gesellschaft mit zwischen den Herkunftsstatus unterschiedlichen Verteilungen der Zielstatus chancengerecht ist oder nicht, kann also beantwortet werden.

Lektüre: Klein (2005: 294-306), Geißler (2006: 255-272) und Mayer (2006: 1338-1350) fassen Ergebnisse zur Mobilität in Deutschland zusammen.

9.3.3 Viele Aspekte von Leistung und komplizierte Modelle

Die Diskussion über Chancengerechtigkeit ist damit aber noch keineswegs abgeschlossen. Man kann fordern, dass das Leistungsmerkmal „Bildungsabschluss", das Abweichungen von der Chancengleichheit in Richtung Chancengerechtigkeit rechtfertigte, seinerseits chancengleich verteilt sein sollte. Dagegen lässt sich wiederum einwenden, dass auch hier unterschiedliche Leistungen unterschiedliche Abschlüsse rechtfertigen, dass also nur Kinder mit gleichen Schulnoten gleiche Schulabschlüsse erreichen sollten. Wenn man dann den Zusammenhang zwischen Herkunft und Schulnote sowie zwischen Schulnote und Schulabschluss kennt, lässt sich die gleiche Analyse wie in den Tabellen 9.4 bis 9.11 auch mit den drei Variablen Herkunft, Schulnote und Schulabschluss durchführen. Wenn zwischen Herkunft und Schulnote noch ein Zusammenhang besteht, kann man eine dritte Runde der Argumentation eröffnen und fordern, dass hier Chancengleichheit herrschen sollte. Dagegen lässt sich wiederum einwenden, dass unterschiedliche Anstrengungen – die durch Tests des Fleißes, der Beharrlichkeit oder der Intelligenz gemessen werden – unterschiedliche Schulnoten rechtfertigen. Die gleiche Analyse wie mit den Tabellen 9.4 bis 9.11 lässt sich jetzt mit den drei Variablen Herkunft, Anstrengung und Schulnote durchführen. Man kann Ketten von drei und mehr Variablen – Herkunft, Anstrengung, Schulnote, Schulabschluss, Zielberuf – bilden oder an manchen Stellen zwei Glieder – z.B. Intelligenz und Fleiß – nebeneinander stellen. Aber man muss für jeden Schritt Argumente mobilisieren, warum Chancengleichheit herrschen sollte und warum Leistung eine Abweichung rechtfertigt; man muss für jeden Schritt neue Hypothesen über den Zusammenhang der vermittelnden Variablen mit dem Herkunfts- und Zielstatus und mit den bereits eingeführten vermittelnden Variablen entwickeln. Die Struktur der politischen Argumentation und die Notwendigkeit ihrer Umsetzung in prüfbare Hypothesen ändern sich dadurch aber nicht. Immer geht es darum, Ungleichheit zwischen den Generationen in eine legitime, durch Leistung gerechtfertigte und eine illegitime, an Leistung vorbeigehende Komponente zu zerlegen. Je mehr Aspekte der Leistung eingeführt werden, desto länger wird allerdings die Kette.

Für den einfachen Fall einer dreigliedrigen Kette vom Herkunftsstatus über die Ausbildung zum Zielstatus wurde die politische Argumentation hier in formale Modelle übersetzt. Modelle sind Konstruktionen, wie die Wirklichkeit aussehen müsste, wenn bestimmte Bedingungen gelten; wenn man sie mit der Wirklichkeit vergleicht, kann man ermessen, wieweit die angenommenen Bedingungen gelten. Hier wurde unter zwei empirischen Voraussetzungen – dem

Zusammenhang zwischen Herkunft und Bildung in Tabelle 9.6 und dem Zusammenhang zwischen Bildung und Zielstatus in Tabelle 9.7 – ein Modell einer „chancengerechten" Gesellschaft in Tabelle 9.9 konstruiert, das mit zwei empirischen Gesellschaften in Tabelle 9.5 und 9.10 verglichen wurde, so dass sie sich als mehr oder minder chancengerecht erwiesen.

Das Mittel dazu war die schon aus Abschnitt 7.4.2 bekannte Matrizenrechnung. Die Tabelle 9.6 soll Matrix A, die Tabelle 9.7 Matrix B genannt werden. Da die Ausgänge aus der Herkunft dieselben sind wie die Startpunkte der Bildung, da also A so viele Spalten wie B Zeilen hat, können A und B miteinander multipliziert werden; die Matrixmultiplikation stellt alle möglichen Wege von der Herkunft zum Ziel dar, wie in Abbildung 9.8 für eine der insgesamt neun möglichen Herkunfts-Ziel-Kombinationen erläutert wurde. Die Multiplikation der beiden Matrizen A und B ergibt das Produkt A*B in Tabelle 9.9. Die Matrixmultiplikation hat hier die gleiche Interpretation wie schon bei der Bestimmung indirekter Pfade in sozialen Netzwerken: Sie stellt alle Wege von der Herkunft zum Ziel dar, die über einen Zwischenschritt vermittelt sind. Bei den indirekten Pfaden in Netzwerken ging es darum, alle Wege von einer zu einer anderen Person zu finden, die über Mittelsmänner laufen; bei der Messung der Chancengerechtigkeit ging es darum, alle Wege von einer Herkunftsposition über Bildungsabschlüsse zu einer Zielposition zu finden.

Mit der Verfeinerung der politischen Argumentation über die unterschiedlichen Aspekte von Leistung, müssen natürlich auch die Modelle verfeinert werden. Es müssen zusätzliche Matrizen konstruiert werden, die die Annahmen über die weitern Zwischenschritte darstellen. Man kann z.B. Ausgang und Ziel über vier Stationen mit drei Matrizen – A: Herkunft mit Schulnote, B: Schulnote mit Schulabschluss, C: Schulabschluss mit Beruf – verfolgen und wiederum das Matrixprodukt mit einer empirischen Tabelle für die erste und letzte Station vergleichen. Wie die Struktur der Argumentation bleibt auch die Vorgehensweise der Modellüberprüfung gleich – obwohl natürlich in beiden Fällen die Detailarbeit komplizierter wird.

Die Beziehung zwischen mehreren Herkunftsstatus, vielen vermittelnden Leistungsvariablen und mehreren beruflichen Zielstatus im Lebenslauf kann schließlich durch die „Pfadanalyse" (Li 1975) kompakter dargestellt werden. Statt der Matrix der Ein- und Ausgänge betrachtet die Pfadanalyse nur eine Messziffer für jedes Variablenpaar, den Korrelationskoeffizienten. Im einfachen Modell Herkunftsstatus-Bildungs-Zielstatus liegen drei Korrelationen vor, die sich aus den Tabellen 9.6 und 9.7 und 9.5 (für Gesellschaft 1) bzw. 9.10 (für Gesellschaft 2) berechnen lassen. Die Pfadanalyse zerlegt die Korrelationen zwischen einem Variablenpaar mit statistischen Messziffern in Pfade, die die beiden Variablen direkt oder über Zwischenschritte verbinden. Für die Verbindung zwischen Herkunfts- und Zielstatus sind z.B. zwei Pfade denkbar: ein direkter und ein indirekter, der vom Herkunftsstatus zum Bildungsabschluss und vom Bildungsabschluss zum Zielstatus führt – wie Abbildung 9.12 darstellt. Der indirekte Pfad stellt den legitimen, durch Bildung vermittelten Effekt des Herkunftsstatus auf den Zielstatus dar, der direkte Pfad den illegitimen, nicht durch Bildung gerechtfertigen Effekt.

Der indirekte Pfad wird nun als das Produkt der statistischen Kennziffern für die beiden direkten Pfade dargestellt, aus denen er sich zusammensetzt – gerade so, wie der legitime Einfluss des Herkunftsstatus auf den Zielstatus durch Matrixmultiplikation A*B dargestellt wurde. Die Korrelation zwischen Herkunfts- und Zielstatus setzt sich aus dem indirekten und dem direkten Pfad zusammen, so dass sich der Anteil des legitimen und illegitimen Effekts am gesamten Effekt des Herkunfts- auf den Zielstatus errechnen lässt – gerade so, wie in Tabelle 9.11 legitime und illegitime Differenzen zwischen dem Modell der Chancengleichheit und Gesellschaft 2 dargestellt wurden. Wenn Chancengerechtigkeit herrscht, dann müsste der An-

Abbildung 9.12 Pfadanalyse für Herkunftsstatus – Bildung – Zielstatus

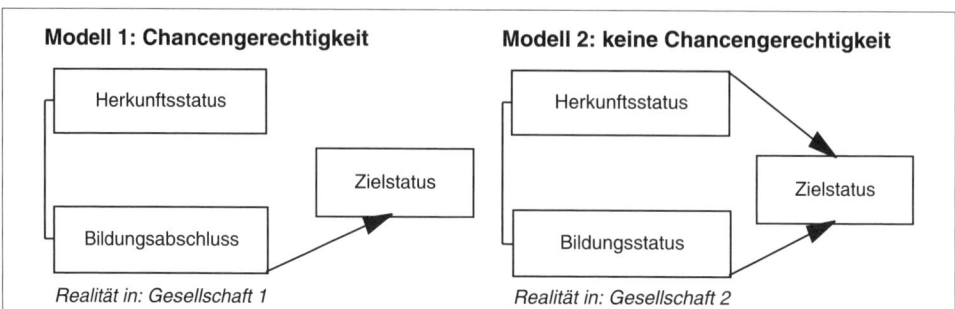

teil des indirekten Pfades an der Korrelation zwischen Herkunfts- und Zielstatus 100% sein und für den direkten Pfad nichts übrig bleiben. Der denkbare Pfad zwischen Herkunfts- und Zielstatus sollte empirisch nicht existieren – wie in Modell 1. Aber wenn die Korrelation zwischen Herkunfts- und Zielstatus stärker wird und ihre Vermittlung über Bildung (also die beiden übrigen Pfaden) gleich bleibt, dann muss ein direkter Einfluss der Herkunfts- auf den Zielstatus auftauchen – wie in Modell 2. Auch die Pfadanalyse kann also prüfen, ob das Modell der Chancengerechtigkeit unterschiedlichen Gesellschaften angepasst ist.

Ein Rückblick auf die Gesellschaften 1 und 2 soll das verdeutlichen. In Gesellschaft 1 bleiben 58% der Unterschichtkinder in der Unterschicht, in Gesellschaft 2 83%. Der Einfluss des Herkunfts- auf den Zielstatus ist in Gesellschaft 1 also schwächer als in Gesellschaft 2. Aber in Gesellschaft 1 und 2 gilt der gleiche Zusammenhang zwischen Herkunftsstatus und Bildung sowie zwischen Bildung und Zielstatus, also der gleiche indirekte Pfad. In Gesellschaft 1 kann daher der (gleich starke) indirekte Pfad einen größeren Anteil am (schwächeren) Gesamtzusammenhang zwischen Herkunftsstatus und Zielstatus einnehmen; Gesellschaft 1 war ja so konstruiert worden, dass für den direkten Pfad nichts übrig blieb. In Gesellschaft 2 hingegen bleibt ein direkter Einfluss übrig, der an der Bildung vorbeigeht.

Das Beispiel der Prüfung des realisierten Grades der Chancengerechtigkeit zeigt also allgemein die Brauchbarkeit formaler Modelle für die Prüfung soziologischer Hypothesen und politischer Postulate. Matrizen können zur Darstellung bestimmter Hypothesen und die Matrizenrechnung zur Verbindung der Hypothesen in der Konstruktion von Modellen genutzt werden; die Modelle lassen sich dann mit empirischen Gesellschaften vergleichen. Ebenso lässt sich die Pfadanalyse zur Konstruktion und Prüfung von Modellen einsetzen. Wie die Diskussion von Chancengleichheit und Chancengerechtigkeit zeigt, können unterschiedliche Modelle unterschiedliche politische Argumentationen erfassen und die Beziehungen zwischen ihnen verdeutlichen.

Weiterführende Literatur: Boudon (1974) führt die Modelle zur Frage der Chancengleichheit in Mobilitätsprozessen weiter und kommt zur Schlussfolgerung, dass die Bildungsexpansion Chancengleichheit zwischen den Generationen nicht fördert; Müller-Benedict (1999) arbeitet Boudons Modelle weiter aus. Blossfeld und Shavit (1992) vergleichen empirische Mobilitätsuntersuchungen in verschiedenen westlichen Industrienationen und kommen zum Ergebnis, dass die Bildungsexpansion in den meisten Ländern keine größere Gleichheit zwischen den Generationen hergestellt hat. Hopf (1992) gibt einen Überblick über die Statuserwerbsforschung. Müller / Haun (1994) belegen, dass die Gleichheit der Bildungschancen in der alten Bundesrepublik seit den 50er Jahren sich etwas vergrößert hat. Mayer / Blossfeld (1990) zeigen am Vergleich von Pfadanalysen für die Geburtsjahrgänge 1930, 1940 und 1950, dass der Zusammenhang zwischen Herkunfts- und Zielstatus zwar nicht schwächer geworden, aber der Anteil des legitimen, über Bildung vermittelten Pfades am gesamten Einfluss auf den ersten Berufsstatus gewachsen ist.

9.4 Rückblick: Sozialstruktur und soziale Ungleichheit

Thema der letzten drei Kapitel war die Sozialstruktur in dem weiten Sinn eines Oberbegriffs für Wege zum Zielpunkt soziologischer Untersuchungen, also Gesellschaften.

In Kapitel 7 wurde zunächst der *distributive Strukturbegriff* dargestellt, der sich auf die Verteilung beliebiger Merkmale in beliebigen Gruppen bezieht. Mit diesem Begriff sammelt die Soziologie zwar wichtige Informationen für die Selbsterkenntnis und die Selbststeuerung einer Gesellschaft, aber gelangt nicht zu ihrem grundlegenden Begriff des sozialen Handelns. Wenn soziales Handeln in der Orientierung Egos auf die Handlungsmöglichkeiten Alters besteht, dann muss die Sozialstruktur durch den *relationalen Strukturbegriff* erfasst werden. Soziale Strukturen bestehen aus den Relationen zwischen Menschen, darüber hinaus haben sie nichts spezifisch „Soziales". Sie können sich aus jeder Form des Handelns zwischen Menschen aufbauen, sie sind daher aus wechselnden Stoffen gewebt, vielschichtig und insgesamt unendlich. Erst im Rahmen einer durch eine Verfassung abgesteckten Gesellschaft werden den Strukturen Grenzen gleichsam eingekerbt.

In Kapitel 8 wurde deshalb der Blick von den Beziehungen zwischen Personen auf die staatlich verfasste Nationalgesellschaft, in der sie leben, angehoben und Verteilungen unter dem Gesichtspunkt der sozialen Ungleichheit bewertet. Auf der einen Seite wurde auf den distributiven Strukturbegriff zurückgegriffen, auf der anderen Seite konnte die Offenheit des nur enumerativ definierten Begriffs durch den Gesichtspunkt der Ungleichheit eingeschränkt werden. Untersucht wurde die Frage, welche Folgen Ungleichartigkeiten für die soziale Ungleichheit haben und welche Merkmale an sich soziale Ungleichheit bilden. Dabei wurden Verteilungen nur zu einem Zeitpunkt betrachtet, so dass Ungleichheit weder unter dem Gesichtspunkt der Chancengleichheit noch der Chancengerechtigkeit bewertet werden konnte und – abgesehen vom soziologisch unrealistischen Ziel der Ergebnisgleichheit – nur die Festlegung eines Mindeststandards für alle als ein Wertmaßstab für die Beurteilung sozialer Ungleichheit übrigbleibt. Erst in Kapitel 9, das die Weitergabe der Ungleichheit zwischen den Generationen behandelte, konnte daher der Wertgesichtspunkt der Chancengerechtigkeit genauer behandelt werden. Für die Analyse der sozialen Ungleichheit ist die soziale Mobilität also keine zusätzliche, sondern die eigentliche Arena: Erst hier lässt sich soziale Ungleichheit genauer bestimmen; statt am Ziel willkürlich Grenzen des „zu viel" zu ziehen, kann man Start und Ziel vergleichen und fragen, welche Mechanismen der sozialen Ungleichheit sich dazwischenschieben.

Die Diskussion der Sozialstruktur in Kapitel 7 wurde also in den Kapiteln 8 und 9 durch die Diskussion des Problems der sozialen Ungleichheit überlagert. Weder mit dem distributiven noch mit dem relationalen Strukturbegriff ist schon das Problem der sozialen Ungleichheit angesprochen: Für den distributiven Strukturbegriff wird die soziale Ungleichheit erst dann bedeutsam, wenn man Lebenschancen betrachtet; für den relationalen Strukturbegriff erst dann, wenn man das Ergebnis von Prozessen in Beziehungen betrachtet, nämlich Macht. In beiden Fällen taucht das Problem der sozialen Ungleichheit auf, wenn in einer Nationalgesellschaft Ressourcen verteilt werden, insbesondere wenn Ressourcen zwischen Generationen weitergegeben werden. Das Problem der sozialen Ungleichheit ist also nicht grundsätzlich mit der Betrachtung der Sozialstruktur verknüpft, sondern taucht erst auf, wenn die Sozialstruktur als Verteilung von Ressourcen betrachtet wird. Warum?

Der Grund ist, dass Ressourcen als kollektiv erstelltes Produkt gedacht werden (siehe Abschnitt 8.3.1). Deshalb wird die Verteilung über Personen in den Verantwortungsbereich der Gesellschaft, also der Politik gestellt. Deshalb geht die wissenschaftliche Analyse in Urteile nach Wertmaßstäben über, in die politische Diskussion über Mindeststandards und über das Verhältnis von Gleichheit, Leistung und Gerechtigkeit. Die Verteilung von Ressourcen ist nicht selbstverständlich; sie bedarf einer Rechtfertigung und wird Gegenstand politischer Konflikte, je weniger die Rechtfertigungen geglaubt werden.

Aber nicht jede Gruppierungsform beruht auf Ressourcen oder ist mit der Verteilung von Ressourcen verknüpft. „Sozialstruktur" und „soziale Ungleichheit" sind nicht dasselbe, und die Differenz ergibt sich aus „sozialen Ungleichartigkeiten". Soziale Ungleichartigkeiten bedürfen keiner Rechtfertigung. Entweder sind ihre Grundlagen durch die Natur gegeben – oder sie beziehen sich auf Qualitäten, die sozial definiert, deren Verteilungen aber nicht sozial präjudiziert sind, sondern sich aus individuellen Wahlen ergeben. Der erste Bereich liegt aus praktischen, der zweite aus moralischen Gründen jenseits des Zurechenbarkeitsbereichs der Gesellschaft.[1] Die natürlichen Zugehörigkeiten kann die Gesellschaft, die Wahlentscheidungen der Individuen darf sie nicht ändern. Allerdings können Ungleichartigkeiten Konsequenzen haben, die Ungleichheiten sind; aber nicht alle Konsequenzen von Ungleichartigkeiten sind Ungleichheiten, denn auch viele Konsequenzen von Ungleichartigkeiten lassen sich wiederum als Ergebnis einer Wahl, statt als Einschränkung durch unglückliche Umstände auffassen – wie in Abschnitt 8.1 am Beispiel der Zusammenhänge des Geschlechts mit dem Einkommen und mit der Wahl einer Berufsausbildung erläutert.

Dass Ungleichartigkeiten nicht immer mit ungleichen Konsequenzen verbunden sind, heißt nicht, dass sie soziologisch bedeutungslos wären. Im Gegenteil: Ungleichartigkeit ist als Gruppierungsform allgemeiner als Ungleichheit. Eine Gesellschaft, in der nicht wenigstens Alter und Geschlecht zu sozialen Ungleichartigkeiten führen, die manchmal auch mit sozialen Ungleichheiten verbunden werden, ist kaum denkbar. In Stammesgesellschaften sind diese Naturkategorien die wichtigsten Achsen sozialer Differenzierung. Aus ihnen ergeben sich Familie und Verwandtschaft, auf ihnen ruhen politische und religiöse Differenzierungen (siehe Abschnitt 5.2). Aber je weiter Gesellschaften sich entwickeln, desto mehr „erfinden" sie Dimensionen der Ungleichheit jenseits von Naturkategorien, desto wichtiger wird die soziale Ungleichheit, desto mehr treten außersoziale Dimensionen als *Merkmal der sozialen Ungleichartigkeit* in den Hintergrund, während sie als *Merkmal sozialer Ungleichheit* an Bedeutung gewinnen.

---

1 Ob die Gegebenheiten der Natur und der Willen der Person in den Zurechenbarkeitsbereich der Gesellschaft fallen, ist strittig. Zum ersten kann man argumentieren, dass natürliche Ungleichheiten zwischen Personen von der Gesellschaft ausgeglichen werden müssten. Niemand kann etwas dafür, dass er stärker, schneller, intelligenter usw. ist als andere. Deshalb soll ihm daraus kein Vorteil entstehen. Die Solidarität verlangt, dass die von der Natur Bevorzugten ihr Talent mit den Schwachen teilen. Dieses Argument ist moralisch nicht bestreitbar; aber es stößt auf praktische Grenzen. Es wird schwer sein, den mehr Talentierten ihr Talent abzuverlangen, wenn man ihnen nicht mehr dafür gibt. Aber die Gesellschaft will von den natürlichen Talenten aller Mitglieder profitieren, deshalb haben auch die weniger Talentierten ein Interesse daran, dass die mehr Talentierten sich besser stehen. Zum zweiten kann man argumentieren, dass auch von der Person gewollte Unterschiede sozial produziert sein können. Aber selbst wenn das zutrifft, kann man nicht davon absehen, dass man erwachsenen Menschen ihre Entscheidungen als gewollt zurechnen muss. Die zweite Argumentation lässt nur unter Preisgabe der Autonomie der Person aufrechterhalten und tendiert zu einem soziologischen Absolutismus, gerade weil sie manifest sich der Gleichheit verpflichtet. Sie überdehnt die soziologische Perspektive zu einem moralischen Imperativ. Kurzum: Die erste Argumentation ist praktisch, die zweite moralisch nicht haltbar.

10 Sozialer Wandel

Gesellschaften bestehen aus Sozialstrukturen. Und Gesellschaften bestehen fort, weil sie sozial integriert sind. Der Fortbestand von Gesellschaften aber bildet das Thema des sozialen Wandels. Im Thema sozialer Wandel fließen die beiden bisher betrachteten Stränge für die Betrachtung von Gesellschaften zusammen: die Differenzierung und Integration sozialer Beziehungen zwischen Menschen, die zum Bestand einer identifizierbaren Gesellschaft führen und die in Kapitel 5 und 6 behandelt wurden, auf der einen Seite – die Sozialstruktur, nach der sich identifizierte Gesellschaften beschreiben und vergleichen lassen und die in Kapitel 7 bis 9 behandelt wurden, auf der anderen Seite.

10.1 Soziale Integration, Sozialstruktur und der Gegenstand des sozialen Wandels

Sozialer Wandel setzt voraus, dass eine Gesellschaft wenigstens so weit integriert ist, dass sie als die gleiche Einheit fortbesteht (siehe Abschnitt 6.1). Aber der Bestand der Gesellschaft schließt Bewegungen der Mitglieder nicht aus. Menschen werden geboren und sterben, Staatsangehörige wandern ein und aus, Mitglieder treten ein und aus; wer bleibt, heiratet oder tritt in den Beruf ein. Der Bestand der Gesellschaft lässt zudem nicht nur Bewegungen der Mitglieder, sondern auch Veränderungen der sozialen Ordnung, der Gesamtheit der Institutionen zu: Neue Formen der Familie und der Wirtschaft, des Haushaltens und des Produzierens werden erfunden, alte verlieren an Gewicht; neue Gesetze werden erlassen, alte aufgehoben. Allen Wandlungen der Details zum Trotz aber besteht die soziale Ordnung fort, solange sie als Ganzes von den wechselnden Mitgliedern (auch in der Übertretung) respektiert wird. Der Bestand einer Gesellschaft ist also Voraussetzung für jeden sozialen Wandel; aber der soziale Wandel resultiert aus den Veränderungen der Mitglieder und der sozialen Ordnung der Gesellschaft.

So wie die soziale Integration Voraussetzung für den sozialen Wandel, so ist die Sozialstruktur sein wichtigster Gegenstand. Die Sozialstruktur bildet sich aus den Beziehungen zwischen Menschen, die prinzipiell unendlich, aber durch die soziale Ordnung abgegrenzt sind. Aber die soziale Ordnung wandelt sich unmerklich, und die Beziehungen der Menschen sind dauernd im Fluss. Um den sozialen Wandel zu erfassen, wird daher sein Gegenstand Sozialstruktur begrifflich meist auf zwei Weisen eingegrenzt.

Erstens wird die soziale Ordnung einer Gesellschaft für einen bestimmten Zeitraum als gegeben vorausgesetzt, so dass der Wandel der Beziehungen zwischen den Menschen als Gegenstand der Betrachtung verbleibt. Wie die soziale Integration so wird auch die bestimmte Form, die sie für einen bestimmten Zeitraum annimmt, als Rahmen für den sozialen Wandel und nicht als Gegenstand des sozialen Wandels gesehen. Es wird Wandel *in* der Gesellschaft, aber kein Wandel *der* Gesellschaft betrachtet.

Zweitens werden die Beziehungen nicht als *relationale Struktur* gedacht, sondern mit dem *distributiven Strukturbegriff* dargestellt (siehe Abschnitt 7.1): Es geht nicht um die Wandlun-

gen der Beziehungen zwischen Menschen; sondern um die Veränderungen von Verteilungskennziffern. Der distributive Strukturbegriff wird in die zeitliche Perspektive gerückt. Da die
distributive Sozialstruktur durch die „relative Dauerhaftigkeit" definiert ist, geht es um die
beiden Seiten der gleichen Medaille „Sozialstruktur und sozialer Wandel".

Zu den begrifflichen Einschränkungen des Gegenstands kommt *drittens* eine Einschränkung
des Anwendungsbereichs. Wandel findet zwar in allen Vergesellschaftungsformen statt. Aber
das Thema „Sozialstruktur und sozialer Wandel" wird vor allem in „unserer" Nationalgesellschaft untersucht – und nur zusätzlich auf höherer oder tieferer Ebene: in mehreren Nationalstaaten, z.B. Europas (Gabriel / Brettschneider 1994, Hradil / Immerfall 1997, Hradil 2004)
einerseits, oder in Ortsgemeinden (Pappi 1973) und bestimmten sozialen Gruppen wie der
Jugend (Allerbeck / Hoag 1985, Deutsche Shell 2000) andererseits. Denn der Nationalstaat ist
bis heute die dominante Form der Vergesellschaftung geblieben (siehe Abschnitt 4.2.4).

Die drei Einschränkungen werden im folgenden Kapitel übernommen: Als sozialer Wandel
wird die *Veränderung von Aggregatkennziffern einer Vergesellschaftung in einem bestimmten Zeitraum* verstanden und an der deutschen Gesellschaft illustriert. Da die Veränderung von Aggregatkennziffern den sozialen Wandel nur *beschreibt*, soll aber zugleich nach Wegen gesucht
werden, ihre Veränderung durch die Veränderung von entsprechenden Kennziffern für kleinere Gruppen oder Personen zu *erklären*. Und wo der Wandel von Aggregatkennziffern ohne
den Rückgriff auf Personen und ihre Relationen schwer zu erklären ist, wo also der distributive Strukturbegriff bei der Erklärung des sozialen Wandels auf Grenzen stößt, soll zugleich auf
den relationalen Strukturbegriff zurückgegriffen werden. Die Stoßrichtung geht daher von der
Beschreibung zur Erklärung und vom distributiven zum relationalen Strukturbegriff.

Lektüre: Dass der soziale Wandel soziale Integration und eine soziale Ordnung voraussetzt und dass er meist auf den
Gegenstand der Sozialstruktur eingeschränkt wird, erläutert Zapf (2001).

10.2 Trends und Deutungen

10.2.1 Sozialstruktureller Wandel

Sozialstruktureller Wandel ist – aus der Perspektive des distributiven Strukturbegriffs – die
Veränderung von Verteilungskennziffern für *natürlich* gegebene und *institutionell* definierte
Merkmale von Personen. Er lässt sich in *Trends* erfassen.

Trends

Natürliche Merkmale sind Alter und Geschlecht; die Verwandlung des Altersaufbaus der
männlichen und weiblichen Bevölkerung von einer Pyramide in eine Zwiebel zwischen 1910
und 1992, die schon in Abschnitt 7.1 dargestellt wurde, beruht auf der gestiegenen Lebenserwartung und dem Geburtenrückgang. Alter und Geschlecht hängen nicht von persönlichen
Entscheidungen ab, so dass sich die Bevölkerungsentwicklung heute recht gut aus dem heutigen Bevölkerungsaufbau voraussagen lässt. Schwieriger und interessanter wird es den Wandel
von Lebensentscheidungen in der Bevölkerung zu betrachten – also *institutionell* definierte
Merkmale im Bereich der Familie und des Berufs.

Trends im Bereich der *Familie* wurden bereits in Abschnitt 6.5.2.1 dargestellt: Nichteheliche Lebensgemeinschaften nehmen zu; Ein-Eltern-Familien und Familien von Wiederverhei-
raten mit Kindern aus unterschiedlichen Ehen nehmen zu, vor allem als Folge ansteigender

Scheidungsziffern. Die Ehe mit Kindern der beiden Gatten ist zwar nach wie vor häufigste Familienform, aber andere Formen treten immer mehr in Konkurrenz zu ihr. Wer mit einem Partner zusammenleben möchte, kann heute zwischen der nichtehelichen Lebensgemeinschaft und der Ehe wählen; und selbst der Anteil nichtehelicher Lebensgemeinschaften mit Kindern steigt. Die Kernfamilie verliert ein Stück ihrer faktischen und vielleicht auch ihrer normativen Vorherrschaft. Dieser Trend ist als *Pluralisierung* der privaten Lebensformen beschrieben worden (Peuckert 2005: 29-36; Wagner / Franzmann 2000).

Im Bereich des *Berufs* hat sich die Erwerbstätigkeit vom primären und sekundären (agrarischen und industriellen) Sektor zwischen 1950 und 1998 auf den tertiären (Dienstleistungssektor) verschoben: Der primäre Sektor geht um 23 Prozentpunkte auf 2,9% der Erwerbstätigen zurück, der tertiäre Sektor steigt um rund 30 Prozentpunkte auf rund 60% an, während der sekundäre Sektor bis in die Mitte der siebziger Jahre wächst und dann mit rund 35% auf ein Niveau fällt, das 9 Prozentpunkte unter dem Ausgangsniveau von 1950 liegt. Die Expansion des tertiären Sektors wird als *Tertiarisierung* bezeichnet. Sie ist bei weiblichen Erwerbstätigen stärker als bei männlichen; sie betrifft kaum die primären Dienstleistungen in Handel und Büro und fast ausschließlich die sekundären Dienstleistungen des Planens, Leitens, Ausbildens und Informierens (Voß / Dombrowski 2001). Jenseits der alle Sektoren durchziehenden Statusunterschiede verlangen berufliche Tätigkeiten im tertiären Sektor – und hier besonders die sekundären Dienstleistungen – von den Berufstätigen mehr individuelle Disposition, also Planung und Flexibilität als Tätigkeiten im primären und sekundären Sektor. Mit der Tertiarisierung verknüpft sind deshalb die *Bildungsexpansion* und die *Ausweitung des Sozialstaates,* die die Qualifikationen und die Stellen für den tertiären Sektor schaffen (Blossfeld 1989). Zugleich ist die durchschnittliche Arbeitszeit zurückgegangen und die *Freizeit* hat zugenommen, so dass Freiräume für die soziale, politische und kulturelle Teilhabe, für Sport und Aktivität in Vereinen, für Mitarbeit in Parteien und Bewegungen und für Fernsehkonsum, Theater- und Museumsbesuche entstanden sind (Meulemann 1996: 150-153).

Deutung: Ordnung von Trends, aber keine Erklärung

Pluralisierung, Tertiarisierung, Bildungsexpansion, Ausweitung des Sozialstaats, wachsende Freizeit, steigende Teilhabe – alle diese Trends hängen „irgendwie" miteinander zusammen und verlangen nach einer *Deutung.* Der gemeinsame Nenner ist wohl der Rückgang von Bindungen an Gemeinschaften wie Familie, Verwandtschaft, Nachbarschaft, Kirche und Ortsgemeinde und der Anstieg persönlicher Wahlmöglichkeiten oder Optionen. Für dieses Quid-Pro-Quo sind Formeln wie „Individualisierung" (Beck 1986) oder „subjektive Modernisierung" (Hradil 1992) gefunden worden. Sie sind „plausibel", sie leuchten ein, weil nicht nur der Wissenschaftler, sondern vor allem der Zeitgenosse die Erfahrungen gemacht hat, die sie auf den Begriff bringen. Sie sind ein erlösendes Wort, weil sie zusammenbringen, was man „immer schon, nur nicht so" gesehen hat: Sie verschaffen Durchblick, indem sie einen *abstrakten* Ausgangs- und Zielpunkt identifizieren, der allen Trends in den unterschiedlichen Lebensbereichen *gemeinsam* ist. Deshalb können sie uns anhalten, einen Trend in den Kontext zu rücken und nach links und rechts zu schauen – den Soziologen weg von seiner Spezialität und den Zeitgenossen weg von seiner Betroffenheit. Hängt z.B. die Zunahme der nichtehelichen Lebensgemeinschaften mit der Bildungsexpansion zusammen, löst sie den Konflikt zwischen dem Wunsch nach Intimität und aufgeschobener beruflicher Selbständigkeit? In der Synopse und der Weitung des Blicks liegt also die Nützlichkeit der Formeln. Aber erklären sie etwas?

„Im Zuge der Individualisierung sind die Chancen gestiegen, ohne Trauschein zusammenzuleben". Das hört sich an, als ob die Individualisierung die Zunahme nichtehelicher Lebensgemeinschaften erkläre. Aber es ist keine Erklärung. Eine Erklärung setzt voraus, dass zwei Begriffe unabhängig voneinander gemessen werden, so dass ihre Korrelation überprüft werden kann. Aber die Individualisierung ist *nur* ein Begriff; denn ich kenne keine Untersuchung, in der ihr eine eigenständige Messreihe zugeordnet wäre. Man kann also keine Korrelation zwischen dem Anteil der nichtehelichen Lebensgemeinschaften und dem Grad der Individualisierung in der deutschen Bevölkerung für die Jahre zwischen – sagen wir – 1950 und 2000 berechnen. Die Individualisierung beschreibt keine eigenständige Entwicklung, die spezifische Trends „in Bewegung gesetzt" hätte. Sie ist kein „Motor" (Beck 1986: 157). Sie ist ein Begriff auf einer höheren Ebene, auf der Begriffe der unteren Ebene sich ordnen. Solange dem Begriff keine eigene Messreihe zugeordnet ist, kann er keine Erklärung bieten.

Die Ordnung von Trends mit Begriffen höherer Ebenen hat zudem ihre eigenen Risiken; die Formeln orientieren nicht nur, sie können auch irreführen. Wenn z.B. mit der Individualisierung impliziert ist, dass nicht nur der Wohlstand angestiegen und die Bindekraft von Zugehörigkeiten zu Gemeinschaften zurückgegangen ist, sondern dass sich Ungleichheiten der Lebenschancen überhaupt nivelliert hätten, dann ist diese Aussage falsch (siehe dazu Geißler 1998, 2001). Unterschiede der Lebenschancen zwischen Individuen bestehen heute unvermindert fort; abgeschwächt hat sich die „Klumpung" gleicher Lebenschancen in Gruppen und die Orientierungskraft der Gruppenzugehörigkeit für die Lebensführung (siehe auch Abschnitt 8.4).

Wandel von Entscheidungen – Wandel von Einstellungen

Die Sozialstruktur baut sich – sieht man von den natürlichen Merkmalen Alter und Geschlecht ab – aus *Entscheidungen* der Menschen über ihr berufliches und privates Leben auf und wandelt sich mit den Gesichtspunkten, die die Menschen zu diesen Entscheidungen führen. Aber nach welchen Gesichtspunkten richten sich die Menschen? Zuerst begrenzen in der aktuellen Situation die Lebenschancen eines jeden seine Wahlmöglichkeiten: die Ressourcen der Eltern die Ausbildung der Kinder, der Arbeitsmarkt die Berufswahl, der Heiratsmarkt die Partnerwahl (siehe Abschnitt 8.3 und 9.3), und innerhalb seiner Möglichkeiten wird jeder so wählen, dass er für sich den größten Nutzen erwarten kann (siehe Abschnitt 3.2.3). Aber zudem bringt jeder aus Erziehung und Erfahrung *Einstellungen* zum beruflichen und privaten Leben mit, die seine Entscheidungen mitbestimmen. Kirchlich gebundene Heranwachsende sind z.B. zurückhaltender in der Wahl einer nichtehelichen Lebensgemeinschaft als kirchlich ungebundene, Katholiken zurückhaltender als Protestanten – selbst wenn sie von der Herkunft und der Ausbildung die gleichen Chancen haben (Meulemann 1995: 383-388).

Zu den Bedingungen der Situation kommen also in der Sozialisation erworbene Einstellungen als Orientierungspunkt für die Entscheidungen im beruflichen und privaten Leben. Der Wandel der Einstellungen ist ein Auslöser für den Wandel der Entscheidungen, der Wertwandel ein Hintergrund für den sozialstrukturellen Wandel.

Lektüre: Einen Überblick über die wichtigsten Entwicklungen der deutschen Sozialstruktur geben Geißler (2001) und Hradil (2001), eine Analyse der zusammenfassenden Deutungen dieser Entwicklungen geben Geißler (1998) sowie Korte / Weidenfeld (2001).

Weiterführende Literatur: Flora (1983 und 1986) stellt die Entwicklungen der westeuropäischen Staaten seit der Mitte des 19. Jahrhunderts anhand sozialstatistischer Indikatoren dar. Ein Vergleich der sozialstrukturellen Entwicklungen zwischen den heutigen europäischen Staaten findet sich in Gabriel / Brettschneider (1994) und Hradil / Immerfall (1997).

10.2.2 Wertwandel

Die *Einstellungen* der Menschen zu Beruf und Privatleben, aber auch zu anderen Lebensbereichen wie Politik und Religion, verraten ihre *Werte*: Wie wichtig sind ihnen Gleichheit und Leistung, Freiheit und Teilhabe in Beruf und Familie, Öffentlichkeit und Politik? Die Unterstützung von Werten in der Bevölkerung ist ein wichtiger, wenn auch nicht der einzige Garant der sozialen Integration einer Gesellschaft (siehe Abschnitt 6.2). Mit dem Wertwandel ist daher die Frage des Fortbestands einer Gesellschaft aufgeworfen, so dass es nicht wundert, dass die Analyse häufig mit positiven und negativen Bewertungen verbunden wurde. Beklagt wurde ein Rückgang der unbedingten Leistungsethik als *Proletarisierung* (Noelle-Neumann 1978). Begrüßt wurde auf der anderen Seite der Anstieg des politischen Interesses und politischer Teilhabewünsche als *Mobilisierung* (Inglehart 1977). Der Wertwandel wurde also bewertet und entsprechend düstere oder freundliche Diagnosen über die Gesellschaft und Prognosen über ihren Fortbestand gestellt – so als hinge die soziale Integration *allein* von den Werten der Bevölkerung ab.

Aber man kann von diesen Wertungen absehen und den Wertwandel analytisch betrachten. Welche Werte tragen zum Bestand moderner Gesellschaften bei? Wenn moderne Gesellschaften durch eine zunehmende soziale Differenzierung gekennzeichnet sind (siehe Abschnitt 5.2), dann sollten Werte, die die soziale Differenzierung rechtfertigen, zur sozialen Integration beitragen. Die wichtigsten Werte sind dann *Gleichheit* und *Leistung*: Denn die Gleichheit der Chancen erlaubt es, dass Unterschiede der Leistung Differenzierungen nach Lebenschancen rechtfertigen (siehe Abschnitt 9.3.1). Weil die soziale Differenzierung zudem dazu führt, dass funktional spezifische Lebensbereiche wie Wirtschaft und Politik sich mit ihren eigenen Gesetzen jenseits vom privaten Lebensalltag der Menschen etablieren, ist *Mitbestimmung*, also die Teilhabechance an den Entscheidungen in den ausdifferenzierten Bereichen, ein weiterer Wert für moderne Gesellschaften. In einer Synopse vieler Zeitreihen aus Umfragen in der alten Bundesrepublik zwischen 1950 und 1990 zeigt sich nun: Gleichheit bleibt konstant, Leistung geht zurück und Mitbestimmung steigt an. Beispielhaft soll eine Zeitreihe für einen Indikator eines Werts dargestellt werden: Das politische Interesse, das ein Indikator für Mitbestimmung ist und als der Prozentsatz der Antwort „Ja" auf die Frage „Interessieren Sie sich für Politik?" erhoben wurde, liegt zwischen 1952 und 1960 bei rund 27%, steigt zwischen 1960 und 1969 auf 41% an, um bis 1989 bei rund 45% zu verbleiben (Meulemann 1996: 71-78, 95).

Mit der Betrachtung von Werten verlässt die Analyse des sozialen Wandels den Gegenstandsbereich der Sozialstruktur: Der Wertwandel ist Hintergrund und vielleicht sogar Auslöser des sozialstrukturellen Wandels. Die Parallele beider Betrachtungen soll aber nicht über ihr Ungleichgewicht hinwegtäuschen: Der Schwerpunkt der Analyse des sozialen Wandels liegt – wie das Inhaltsverzeichnis entsprechender Kompendien (Zapf 1977, Glatzer u.a. 1992, Noll 1997) zeigt – auf der Sozialstruktur, denn die Kenntnis der Sozialstruktur ist Grundlage für die Selbststeuerung moderner Industriegesellschaften. Unbeschadet des Unterschieds der Gewichte aber laufen beide Betrachtungen parallel: Auch beim Wertwandel geht es darum, die Veränderung von Aggregatkennziffern einer Vergesellschaftung in einem bestimmten Zeitraum zu betrachten. Auch beim Wertwandel verlangt die Vielzahl von Entwicklungen, die „irgendwie" zusammenhängen, eine Deutung, die die Zusammenhänge explizit macht.

Der Rückgang von Leistung und der Anstieg von Mitbestimmung lässt sich als ein Wertwandel von der Selbstverständlichkeit der Traditionen und Institutionen zur Selbstbestimmung der Person, oder kurz: von *Akzeptanz zu Selbstbestimmung* zusammenfassend deuten (Meulemann 1996: 130-135). Diese Formel passt zu den Formeln der Individualisierung oder der subjektiven Modernisierung wie die Faust aufs Auge. Denn sie übersetzt gleichsam das Quid-Pro-Quo des sozialstrukturellen Wandels in ein Quid-Pro-Quo des Wertewandels: So wie Bindungen durch Optionen, so wird Akzeptanz durch Selbstbestimmung ersetzt. Und vermutlich ist diese Übersetzung nicht allein eine Leistung der Wissenschaft, sondern der Menschen, die die Wissenschaft beobachtet: Wenn Bindungen immer weniger Orientierung liefern und die Person immer mehr selber wählen muss, dann liegt es nahe, diese faktische Situation in einen Wert zu übersetzen. Selbstbestimmung heißt, dass man tun soll, was man tun muss: sich selbst entscheiden.

Die Formel von Akzeptanz zu Mitbestimmung hat schließlich dieselben Vor- und Nachteile wie die Formeln der Individualisierung und subjektiven Modernisierung: Sie ordnet viel, aber sie erklärt nichts. Bei der Analyse des Wertwandels ist allerdings versucht worden, die deutende Formel selber empirisch zu erfassen und mit den übrigen Trends zu vergleichen; dieses Verfahren, das sich eben so gut auf den sozialstrukturellen Wandel anwenden lässt (Glatzer 1997), soll im Folgenden für den Wertwandel illustriert werden.

10.2.3 Vergleich der Verlaufsformen von Trends

Anders als die Formeln der Individualisierung oder der subjektiven Modernisierung kann die Formel von Akzeptanz zu Mitbestimmung empirisch identifiziert werden. Da die Religion Rechtfertigungen für Traditionen und Institutionen liefert, kann der Wertwandel von Akzeptanz zu Selbstbestimmung als *Säkularisierung* betrachtet und an der rückläufigen Häufigkeit des Kirchenbesuchs gemessen werden. Wenn man die *Verlaufsform* dieses Trends mit der anderer Trends vergleicht, kann man Parallelen der Trends entdecken, die der zusammenfassenden Deutung nicht nur Plausibilität, sondern auch empirische Evidenz verleihen.

Tatsächlich bleiben in der alten Bundesrepublik bis etwa 1965 die Kirchgangshäufigkeit und die berufliche Leistungsethik konstant hoch und die politischen Teilhabewünsche konstant niedrig. Zwischen 1965 und 1975 gehen die beiden ersten Werte zurück und der letzte steigt an. Ab 1975 bleiben die beiden ersten auf niedrigem und der letzte auf hohem Niveau konstant. Für alle Trends ergibt sich also eine Folge Konstanz-Wandel-Konstanz, und das Quid-Pro-Quo des Wandels ergibt das Bild einer Schere. Die *Wertewandlungen* stehen nicht nur sachlich, sondern auch zeitlich in dem engen Zusammenhang eines *Wertwandels* (Meulemann 1996: 130-134).

Für den Vergleich der Verlaufsformen von Trends hat die Sozialindikatorenbewegung für Deutschland Zeitreihen der Entwicklung sozialstruktureller Indikatoren in fast allen Lebensbereichen zusammengestellt (Zapf 1977, Glatzer u.a. 1992, Noll 1997); und das Zentrum für Umfragen, Methoden und Analysen (ZUMA) in Mannheim bietet mit DISI eine Zusammenstellung der auf den neuesten Stand gebrachten Zeitreihen.

Der Trendvergleich kann von der Argumentation über Deutungen zur empirischen Prüfung der Zusammenhänge zwischen den Trends führen. Weil nicht nur eine Reihe von Trends durch einen gemeinsamen abstrakten Ausgangs- und Zielpunkt zusammengefasst werden, sondern die Trends – einschließlich der mutmaßlich erklärenden – selber in ihrer zeitlichen Entwicklung betrachtet werden, erfüllt er eine *notwendige* Bedingung für eine Erklärung: Die Korrelation zweier oder mehrerer Messreihen wird betrachtet. Aber eine Korrelation ist noch keine *hinreichende* Bedingung für eine Erklärung. Für eine Erklärung muss eine kausale Richtung begründet werden: Was ist Ursache und was Wirkung? Und der kausale Zusammenhang muss so geprüft werden, dass die Ursache tatsächlich bei den untersuchten Einheiten der Wirkung vorangeht. Das aber wird im Vergleich von Trends im Aggregat nicht erreicht – wie man an zwei Stellen sieht.

Erstens ist die bloße Parallele der Entwicklungen nur ein Hinweis auf eine mögliche Kausalität. Zur Prüfung der Kausalität muss die ursächliche Entwicklung der verursachten vorangehen – wie weit, ist Frage der statistischen Verfahren der *Zeitreihenanalyse* (Bomsdorf 1999, Heiland 1999) und der *Trendanalyse* (Firebaugh 1997: Kap. 3). *Zweitens* verbleibt der Trendvergleich auf der Aggregatebene. Er setzt also voraus, dass auf der Ebene des Aggregats nicht nur Regelmäßigkeiten existieren, sondern kausale Gesetze wirken – wogegen aus handlungstheoretischer Sicht Skepsis am Platz ist. Tatsächlich gibt es zwar eine Reihe von Korrelationen zwischen Merkmalen des Entwicklungsstands verschiedener Gesellschaften, wie etwa dem Grad der Industrialisierung und der Familienform; aber bis heute sind keine Gesetze gefunden worden, in denen die Entwicklung eines Merkmals einer Gesellschaft aus der Entwicklung eines anderen erklärt wird (Müller / Schmid 1995: 22-31). Wenn man den sozialen Wandel einer Gesellschaft erklären will, muss man wissen, wie ihre Mitglieder in der gleichen Zeit handeln. Man muss Trends nicht nur im Aggregat, sondern in kleinen Gruppen verfolgen, also „desaggregieren".

Lektüre: Die Verlaufsformen einer Vielzahl sozialstruktureller Trends zwischen 1870 und 1990 vergleicht Glatzer (1997).

Weiterführende Literatur: Glatzer u.a. (1992), Noll (1997).

10.3 Desaggregation von Trends nach Alter: Kohortenanalyse

10.3.1 Rückgang und Anstieg von Werten durch Sukzession von Kohorten

Der Vergleich von Aggregattrends führt zu der Frage, warum sich bestimmte Trends gleich- oder gegenläufig zu anderen entwickeln. Warum geht die berufliche Leistungsethik gleichzeitig mit der kirchlichen Bindung zurück und steigt nicht wie die politische Teilhabe als eine Domäne der Selbstbestimmung an? Und warum steigt die politische Teilhabe an? Sofort fällt einem – und nicht nur dem alten Mann – „die Jugend" ein: Jüngere Leute könnten Leistung anders sehen und politische Teilhabe wichtiger nehmen als ältere. Während die ganze Gesellschaft sich wandelt, werden Menschen geboren, altern und sterben. Die Alltagstheorie von „der Jugend" hat die Soziologie in die Untersuchungsform der *Kohortenanalyse* übersetzt und als *die* Methode erkoren, sozialen Wandel zu erklären. Die Kohortenanalyse desaggregiert den allgemeinen Trend in Trends für Gruppen gleicher Geburtszeitpunkte, den „Kohorten", so dass geprüft werden kann, wie er sich aus Kohortenzugehörigkeit auf der einen, der Alterung auf der anderen Seite ergibt. Das soll im Folgenden für den Rückgang der Leistungsethik und den Anstieg des politischen Teilhabewunsches gezeigt werden.

Der Rückgang der Leistungsethik

Der Rückgang der Leistungsethik könnte sich daraus ergeben haben, dass die berufliche Leistung mit der Zeit anders verstanden wird. In den fünfziger Jahren wurde Leistung als eine Aufopferung der Person für die Arbeit gesehen, während seit der Mitte der siebziger Jahre in der Arbeit mehr und mehr ein Gleichgewicht zwischen Selbstaufopferung und Selbstverwirklichung gesucht wird. Die Person unterwirft sich nicht mehr bedingungslos der Aufgabe; sie misst nicht nur sich an der Aufgabe, sondern auch die Aufgabe an den gebotenen Chancen. Da aber die Einstellungsfragen, mit denen die Leistungsethik erhoben wird, das alte bedingungslose Leistungsverständnis ansprechen, müssen sie Zustimmung verlieren, wenn weniger Personen dieses Verständnis teilen – vor allem, wenn nur die alten Generationen sich dem bedingungslosen Leistungsverständnis unterwerfen und die jüngeren Generationen ihm immer mehr Bedeutungselemente der Selbstverwirklichung beimischen.

Die Kohortenanalyse kann derartige Erklärungen prüfen. Wenn Befragungen zu mehreren Zeitpunkten wiederholt wurden, kann man Kohorten bilden, also Gruppen des gleichen und konstanten Geburtszeitraums, die im Untersuchungszeitraum altern. Auf diese Weise lassen sich zwei Wirkungen des „Alters" trennen, die in einer einmaligen Befragung miteinander verquickt bleiben. Erstens: Die Jungen sind alt geworden. Zweitens: Die junge Kohorte ist anders eingestellt als die alte. Durch die Wiederholung der Befragung kann der gesamte Wandel zwischen den Zeitpunkten in zwei Teile zerlegt werden: Aus dem *Altern* der Menschen in der gleichen Zeit ergibt sich der *Lebenszykluseffekt*; und aus dem *Nachrücken* jüngerer wie dem Aussterben älterer Kohorten mit jedem späteren Zeitpunkt ergibt sich der *Kohorteneffekt*. Wenn der Rückgang der Leistungsethik auf dem Nachrücken von Kohorten mit einem Leistungsbegriff beruht, der immer mehr Bedeutungselemente der Selbstverwirklichung enthält, dann muss der gesamte Wandel sich aus dem Kohorteneffekt ergeben und es darf kein Lebenszykluseffekt vorliegen. Diesen Fall illustriert das folgende Modell.

Angenommen, die Bevölkerung werde im Abstand von 20 Jahren – 1950, 1970 und 1990 – befragt und zu jedem Zeitpunkt in drei Altersgruppen von 20 Jahren – 21-40 Jahre, 41-60 Jahre und 61-80 Jahre – aufgeteilt. Dann lassen sich – wie in der linken Hälfte der Abbildung 10.1 dargestellt – insgesamt 5 Kohorten bilden. Die erste Kohorte ist zwischen 1870 und 1889 geboren, 1950 61-80 Jahre alt und danach ausgestorben. Die zweite Kohorte ist zwischen 1890 und 1909 geboren, 1950 41-60 Jahre, und 1970 61-80 Jahre alt und 1990 ausgestorben. Die dritte Kohorte ist zwischen 1910 und 1929 geboren 1950 21-40, 1970 41-60 und 1990 61-80 Jahre alt. Die vierte Kohorte tritt erst 1970 und die fünfte erst 1990 auf.

Wenn nun *erstens* jede Kohorte konstant bei ihrer Einstellung bleibt und wenn *zweitens* das unbedingte Leistungsmotiv in den jüngeren Kohorten schwächer vertreten ist als in den älteren, wenn also kein Lebenszykluseffekt und nur ein Kohorteneffekt vorliegt, dann schichten sich die Einstellungen der Kohorten, wie in der linken Hälfte der Abbildung 10.1 dargestellt. Weil die alten Kohorten aber aussterben und junge Kohorten nachrücken, ergibt sich der Mittelwert der gesamten Bevölkerung aus den drei Kohorten eines jeden Zeitpunkts und rutscht mit der Zeit nach unten, wie in der rechten Hälfte von Abbildung 10.1 dargestellt – wobei der Einfachheit halber angenommen wird, dass jede Kohorte gleich groß ist. In der Gesamtbevölkerung resultiert aus dem natürlichen Austausch der Kohorten ein Rückgang. Keine Kohorte hat ihre Meinung geändert. Aber in der gesamten Gesellschaft hat die Leistungsethik Terrain verloren. Die Kohortenfolge erklärt den Rückgang in der Gesamtbevölkerung.

Das Institut für Demoskopie Allensbach hat zwischen 1956 und 1996 über 20mal westdeutschen Bevölkerungsquerschnitten folgende Frage gestellt: „Zwei Männer/Frauen unter-

Abbildung 10.1 Konstante Einstellungen in Kohorten und Wandel (Rückgang) in der Gesamtbevölkerung: % Zustimmung zur unbedingten Leistungsethik

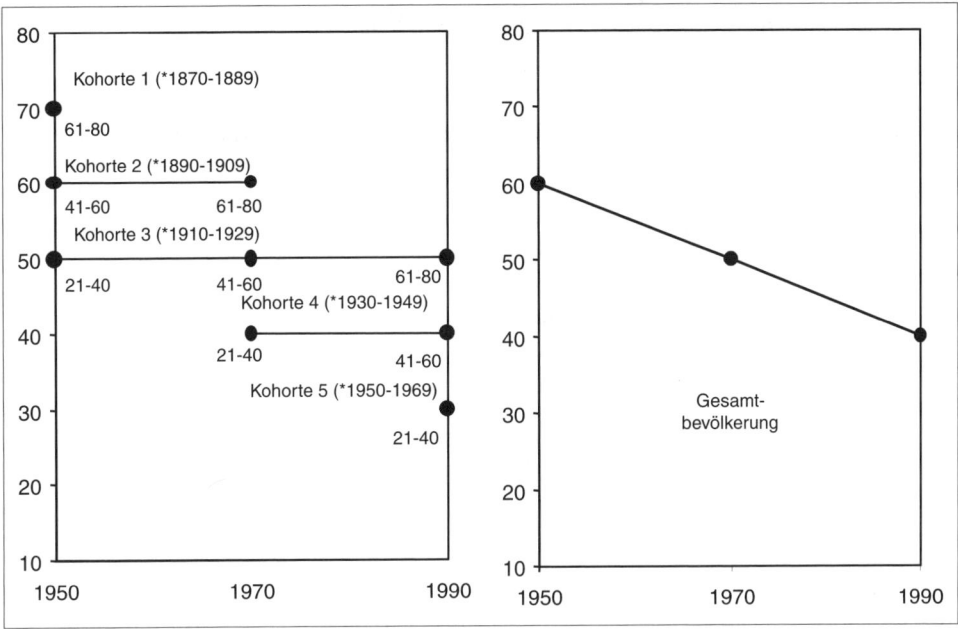

halten sich über das Leben. Der/die eine sagt: Ich betrachte mein Leben als Aufgabe, für die
ich da bin und für die ich alle Kräfte einsetze. Ich möchte in meinem Leben etwas leisten,
auch wenn das oft schwer und mühsam ist. Der/die andere sagt: Ich möchte mein Leben genießen und mich nicht mehr abmühen als nötig. Man lebt schließlich nur einmal, und die
Hauptsache ist doch, dass man etwas von seinem Leben hat. Was meinen Sie: Welche(r) von
beiden macht es richtig, der/die erste oder der/die zweite?" Offensichtlich zielt die Vorgabe
„Leben als Aufgabe" auf ein unbedingtes Leistungsverständnis, das erstens in den jüngeren
Kohorten immer weniger Anhänger haben sollte und dessen Unterstützung zweitens in allen
Kohorten über die Zeit konstant bleiben sollte. Eine Aufgliederung der über 20 Umfragen in
9 Kohorten bestätigt diese beiden Annahmen; sie ergibt – durch die größere Zahl von Zeitpunkten und Kohorten kompliziert – das Bild der Schichtung in der linken Hälfte von Abbildung 10.1 (Meulemann 1996: 90-93, 1999).

Das Bedeutungsverständnis von Leistung hat sich also tatsächlich mit den jüngeren Kohorten gewandelt. Die Ursache dafür muss nicht weitab gesucht werden: Die Bedingungen, unter
denen die Kohorten aufgewachsen sind, ihre *Sozialisation* (siehe Abschnitt 6.2), haben sich
verändert. Die Erziehung in Familie und Schule ist freier geworden; und die materiellen Lebensbedingungen haben sich verbessert, das Sozialprodukt ist gewachsen, die Systeme der sozialen Sicherung haben expandiert. Warum sollten die jüngeren Kohorten unter diesen Bedingungen das gleiche unbedingte Verständnis von Leistung beibehalten wie die älteren? Sie
mussten geradezu ein neues Verständnis entwickeln. Leistung beherrscht nicht mehr das Leben
der Person, sondern ist nach ihren Bedürfnissen und Möglichkeiten in das Leben eingefügt.
Das Prinzip regiert nicht mehr die Person, sondern die Person das Prinzip. Auf diese Weise

hat das Prinzip viel von seiner Bedrohlichkeit, aber nichts von seiner Fruchtbarkeit verloren. Man wird kaum behaupten, dass die jüngeren Kohorten immer weniger tun und ihr Lebtag lang dabei bleiben. Vielleicht leisten sie sogar mehr als die alten, wenn sie Leistungen wirklich mit einer Chance der Selbstverwirklichung verbinden können.

Der Anstieg des Postmaterialismus

So wie in der Gesamtbevölkerung die unbedingte Leistungsethik zurückgeht, so steigen die politischen Mitbestimmungswünsche an. Wie der Rückgang kann aber auch der Anstieg durch die Kohortenfolge erklärt werden. Dazu möge der Leser die linke Hälfte der Abbildung 10.1 seitlich spiegeln und die Angaben für Jahr, Geburtszeitraum und Alter so anpassen, dass 1950 die erste Kohorte der 61- bis 80-Jährigen (also 1870-1889 geboren) mit dem niedrigsten Wert von 30 Prozent beginnt.

Wenn nun wiederum *erstens* jede Kohorte konstant bei ihrer Einstellung bleibt und wenn *zweitens* der Mitbestimmungswunsch in den jüngeren Kohorten *stärker* vertreten ist als in den älteren, wenn also wiederum kein Lebenszykluseffekt und nur ein – diesmal positiver – Kohorteneffekt vorliegt, dann ergibt sich aus der Schichtung der Kohorten ein Anstieg der Einstellung in der Gesamtgruppe. Inglehart (1977) bezeichnet die beiden Bedingungen, die erfüllt sein müssen, wenn der *Anstieg* einer Einstellung aus der Kohortensukzession erklärt werden soll, als Sozialisationshypothese und Mangelhypothese. Die *Sozialisationshypothese* besagt: Jede Kohorte wird in ihren „prägenden Jahren" zwischen dem 15. und 20. Lebensjahr, also „in der Jugend" auf eine typische Einstellung festgelegt, die sich in den folgenden Lebensjahren nicht mehr ändert. Die *Mangelhypothese* besagt: Die Prägung hängt vom gleichzeitigen Wohlstand der Gesellschaft so ab, dass mit dem Reichtum der Gesellschaft die Mitbestimmungsansprüche der Mitglieder an sie wachsen.

Die Mitbestimmungsansprüche erfasst Inglehart durch eine Frage, in der man zwischen „materialistischen" und „postmaterialistischen" politischen Zielen, zwischen Sicherheit und Teilhabe wählen muss: „Auch in der Politik kann man nicht alles auf einmal haben. Auf dieser Seite finden Sie einige Ziele, die man in der Politik verfolgen kann. Wenn Sie zwischen diesen verschiedenen Zielen wählen müssten, welches Ziel erschiene Ihnen persönlich am wichtigsten? – Und welches käme an zweiter Stelle? A Aufrechterhaltung von Ruhe und Ordnung. B Mehr Einfluss der Bürger auf die Entscheidungen der Regierung. C Kampf gegen steigende Preise. D Schutz des Rechtes auf freie Meinungsäußerung". Wer A und C als erstes und zweites Ziel wählt, gilt als „Materialist"; wer B und D als erstes und zweites Ziel wählt, als „Postmaterialist"; alle übrigen gelten als „Mischtypen". Mit dem wachsenden Wohlstand der westlichen Industriegesellschaften nach dem zweiten Weltkrieg sollten sich in den jüngeren Kohorten immer mehr Postmaterialisten finden, so dass der Postmaterialismus in der ganzen Gesellschaft ansteigt. Inglehart (1990, 1997) überprüft diese 1977 aufgestellte Prognose zu insgesamt 22 Befragungszeitpunkten zwischen 1970 und 1994 in „Europa", d.h. in den zusammengelegten Bevölkerungsstichproben für Belgien, Frankreich, Großbritannien, Italien, die Niederlande und Westdeutschland.

Kohortenanalysen zeigen nun tatsächlich über den Zeitraum von 24 Jahren das erwartete Bild der Schichtung, so dass die Zunahme des Postmaterialismus durch die Folge der Kohorten erklärt wird. Aber die Schichten liegen nicht flach, sondern in Wellen übereinander: Die Werte aller Kohorten bleiben nicht – wie die Sozialisationshypothese es fordert – konstant, sondern heben oder senken sich zu bestimmten Zeitpunkten. Die Effekte der Zeitpunkte folgen weiterhin dem Auf und Ab der (europäischen) Inflationsrate (siehe auch: Meulemann

1996: 110, Klein / Pötschke 2000: 209) – was, da der „Materialismus" durch die Zustimmung zum Ziel „Kampf gegen steigende Preise" erfragt wurde, nicht verwundert. Das Bild der gewellten Schichtung lässt aber die Erklärung des Wandels durch die Folge der Kohorten immer noch zu. Da die Ausschläge bei allen Kohorten gleich sind, kann man sie aus dem Gesamttrend herausrechnen. Da sie weiterhin mit der Inflationsrate korrelieren, lassen sie sich gut erklären. Sieht man von dem für den Wert der Mitbestimmung äußerlichen Einfluss der Inflationsrate ab, so wird die Sozialisationshypothese bestätigt.

Die Korrektur der Zeiteffekte bringt eine versteckte dritte Annahme ans Licht, die für die Erklärung sozialen Wandels durch die Sukzession von Kohorten erforderlich ist: Die Zeitpunkte oder – wie sich in der Kohortenanalyse eingebürgert hat – die „Perioden" wirken auf alle Kohorten gleich. Dass z.B. die Inflationsrate ältere Kohorten stärker zum Postmaterialismus hin bewegt als jüngere, ist ausgeschlossen. Die Periode hat keine unterschiedliche Bedeutung für die Kohorten, sie wirkt als für alle gleicher „Zufallsschock" – wie es die Inflationsrate für den Wert der Mitbestimmung ist.

Lektüre: Inglehart (1977: 21-34) legt seine Theorie des Wertwandels dar und verteidigt sie gegen theoretische und empirische Kritiken (1990: Kap. 2, 1997: Kap. 5).

Weiterführende Literatur: Die Literatur zu Inglehart ist mittlerweile unübersehbar geworden. Die jüngste kritische Analyse deutscher Daten bieten Klein / Pötschke (2000).

10.3.2 Modelle der Kohortenanalyse

Kohortensukzession und natürliche Reproduktion

Wie die beiden Beispiele zeigen, beruht die Erklärung des sozialen Wandels durch die Folge der Kohorten oder – kurz – das *Modell der Kohortensukzession* auf zwei expliziten Annahmen, aus denen sich die Prognose des Wandels ergibt – und aus einer hintergründigen Annahme, welche die Prüfung des Wandels erleichtert.

Die *erste* Annahme ist, dass die Kohorten bei der Einstellung der prägenden Jahre bleiben. Sie ist insofern die erste, als sie für die Erklärung jedes Aggregattrends, gleich in welche Richtung, gebraucht wird. Sie kann daher auch jenseits der Inglehartschen Untersuchungen als *Sozialisationshypothese* bezeichnet werden. Die *zweite* Annahme entscheidet dann über die Richtung des Aggregattrends. Wird – wie bei der Bedeutungsverlagerung des Leistungsbegriffs von Selbstaufopferung zu Selbstverwirklichung – die Abnahme einer Einstellung in der Kohortenfolge angenommen, so ergibt sich ein Rückgang in der gesamten Bevölkerung – wie bei der unbedingten Leistungsethik. Wird – wie in der Mangelhypothese – die Zunahme einer Einstellung in der Kohortenfolge angenommen, so ergibt sich ein Anstieg in der gesamten Bevölkerung – wie beim Postmaterialismus. Die zweite Annahme muss daher einem Namen bekommen, der von der Richtung des Wandels abstrahiert und sich allein auf die Staffelung des Startpunkts der Kohorten bezieht. Sie soll als *Sukzessionshypothese* bezeichnet werden. Die Sozialisationshypothese ist das Standbein, die Sukzessionshypothese das Spielbein des Modells der Kohortensukzession. Wenn diese beiden Annahmen den Wandel bestimmt haben, so schließt die *dritte* Annahme Einflüsse der Perioden auf den Wandel entweder ganz aus oder schränkt sie zumindest auf eine für alle Kohorten gleiche Stärke eines „Zufallsschocks" ein. Sie schließt Wellen in der Schichtung aus oder glättet sie, so dass die Aggregattrends sich auf die Summe der Kohortentrends zurückführen lassen. Sie soll als *Zufallshypothese* bezeichnet werden.

Das Modell der Kohortensukzession ist suggestiv, weil der soziale Wandel aus der *natürlichen Reproduktion* abgeleitet wird: Alles verschiebt sich stetig in eine Richtung, weil immer wieder die Jungen nachrücken. Wie Comte (1839, zitiert nach Firebaugh 1997: 30) es ausdrückte: „Die soziale Entwicklung entspringt dem Tod". Oder wie Mannheim (1928: 527-541) es sah: Die Biologie ist die Basis des Kulturwandels. Neugeborene müssen für das Leben in ihrer Gesellschaft möglichst dauerhaft geprägt werden – sprich: Sozialisationshypothese. Und weil Geburten Todesfälle kontinuierlich ersetzen, sollte sich auch die Prägung der Neugeborenen kontinuierlich verschieben – sprich: Sukzessionshypothese. Wer aber garantiert das? Wer garantiert, dass Menschen *nicht* z.B. in der Mitte des Lebens neu anfangen (müssen), oder dass eine neue Kohorte *nicht* radikal abweicht und statt fortzuschreiten auf ganz alte Vorbilder zurückgreift? Die Antwort ist die Zufallshypothese: Die Zeit an sich ändert nichts oder wirkt nur zufällig auf die Sozialisation und Sukzession ein. Was immer von außen ins Leben der Menschen hereinbricht, es zerstört ihre frühen Prägungen nicht und bringt die Folge der Prägungen nicht durcheinander. Wenn die Zeit keine oder nur zufällige Effekte hat, kann der soziale Wandel *vollständig* aus der Kohortensukzession erklärt werden – wie in Abbildung 10.1 dargestellt.

Lebenszyklus und stationäre Gesellschaft

Wie das Modell der Kohortensukzession so verspricht auch das *Modell des Lebenszyklus* eine Erklärung der Konstanz aus der Natur des Menschen. Die Natur wird nur etwas anders interpretiert: Wie die Menschen biologisch altern, so folgen auch ihre Einstellungen einem immer gleichen, mit dem Lebensalter verbundenem Muster. Sie steigen oder fallen kontinuierlich oder tun – wie das Wort Zyklus sagt – zuerst das eine und dann das andere. An die Stelle der konstanten Prägung durch die Sozialisation tritt also eine zu bestimmende Folge im Lebenszyklus; an die Stelle einer zu bestimmenden Folge der Startpunkte tritt die Konstanz des Startpunkts. An die Stelle der Sozialisations- tritt die *Lebenszyklushypothese*, an die Stelle der Sukzessions- die *Repetitionshypothese*. Das Modell der Kohortensukzession verwandelt sich in das Modell des Lebenszyklus, wenn Konstanz und Wandel zwischen der ersten und zweiten Hypothese rochieren: Die Repetitionshypothese ist das Standbein, die Lebenszyklushypothese das Spielbein des Modells des Lebenszyklus. Und die Zufallshypothese sorgt wiederum dafür, dass das Muster sich nicht verändert und eine *vollständige* Erklärung – dieses Mal durch den Lebenszyklus – möglich ist.

Der Leser möge sich eine Abbildung wie die Abbildung 10.1 für den Fall zeichnen, dass jede Kohorte sehr hoch – bei 70 % – beginnt und alle 20 Jahre sehr viel – 10 Prozentpunkte – verliert, und sich davon überzeugen, dass dann kein Wandel im Aggregat stattfindet. Wer diesen Fall gezeichnet hat, muss sich nicht mehr davon überzeugen, dass auch, wenn jede Kohorte gleich niedrig anfängt und über den Lebenszyklus gleich gewinnt, kein Wandel im Aggregat stattfindet. Wenn also *erstens und zweitens* jede Kohorte mit einer gleich starken Einstellung beginnt und sich über den Lebenszyklus in der gleichen Weise verändert, wenn *drittens* die Periode keinen Effekt hat, dann findet kein Wandel statt – obwohl die Kohorten kontinuierlich ausgetauscht werden.

Was hat ein Modell, welches Konstanz voraussagt, mit sozialem Wandel zu tun? Der Lebenszyklus schluckt Ansätze des sozialen Wandels: „Wer mit 20 nicht Sozialist ist, hat kein Herz; wer mit 50 noch Sozialist ist, hat keinen Verstand". Wären die 20-Jährigen sich treu geblieben (und immer stärker sozialistisch eingestellte junge Leute nachgerückt), so hätte sich ein Wertwandel ergeben. Aber der Lebenszyklus hat den möglichen sozialen Wandel gleichsam in die Lebensgeschichte zurückgebogen – und weil sich das vom gleichen Ausgangspunkt dauernd wiederholt, ändert sich nichts. Das Modell des Lebenszyklus ist das Modell einer *stationären Gesellschaft*: Trotz des dauernden Austausches der Individuen bleibt das Aggregat gleich. Die stationäre Gesellschaft zeigt keinen Wandel, aber sie enthält das Potential des Wandels. Die stationäre Gesellschaft absorbiert dauernd die Anstöße der natürlichen Reproduktion zu einem *anderen* Neubeginn und zu einer *anderen* Entwicklung, und sie kennt keine Anstöße der Geschichte. Sie *kann* sich jederzeit wandeln, wenn eine der drei Annahmen nicht mehr zutrifft.

Lektüre: Klein (2005: 25-35) stellt die Logik der Kohortenanalyse anschaulich dar.

10.3.3 Die Prüfung von Modellen der Kohortenanalyse

Die natürliche Reproduktion ist selten die einzige Basis des sozialen Wandels, und Gesellschaften sind selten in der Lage, ihre Anstöße dauernd zu absorbieren. Zudem schlägt die Geschichte oft zu: nicht erst mit Kriegen und Naturkatastrophen, sondern schon mit Konjunkturzyklen und Skandalen – BSE, Parteispenden etc. Die beiden Modelle der Kohortenanalyse werden also selten die Entwicklung der Kohorten nachzeichnen können. Nur selten wird sich Wandel *allein* aus der Kohortensukzession oder Konstanz *allein* aus dem Lebenszyklus ergeben, und fast immer wird die Zeit beiden in die Quere kommen. Wie kann man die Modelle prüfen? Wie kann man die Mischung von Kohorten- und Lebenszykluseffekt und die Interferenz des Periodeneffektes erkennen, wie die Stärke aller drei Effekte messen? Zunächst durch Inspektion von Abbildungen der Kohortenentwicklungen.

Abbildungen der Kohortenentwicklungen

Die Mischung beider Effekte ohne Störungen durch die Periode kann man mit einer Modifikation von Abbildung 10.1 leicht veranschaulichen. Wenn der sukzessive Rückgang der Kohorten-Startpunkte unverändert bleibt, aber jede Kohorte alle 20 Jahre 5 Prozentpunkte verliert, dann sollte der Aggregatrückgang pro 20 Jahre 15 Prozentpunkte betragen – 10 auf Konto der Kohortensukzession und 5 auf Konto des Lebenszyklus.[1] Umgekehrt könnte jede Kohorte alle 20 Jahre 10 Prozentpunkte gewinnen. Wenn dann die Kohorten 1-3 wie auf Abbildung 10.1 und die Kohorten 4 und 5 bei 50% starten, findet im Aggregat wiederum kein Wandel stattfindet – diesmal aber, weil alle Kohorten vom gleichen Startpunkt den gleichen Lebenszyklus durchlaufen; von den Kohorten 1 und 2 konnten ja nur die letzten Abschnitte des Lebenszyklus beobachtet werden. Ein Beispiel dafür, dass ein Wertwandel sich aus der Kohortensukzession *und* dem Lebenszyklus ergibt, ist der Rückgang der Opposition gegen Heiraten zwischen den Rassen in den USA 1984-1994. Er wird zu einem Teil durch das Nachrücken jüngerer, weniger vorurteilsvoller Kohorten, zu einem anderen Teil aber durch die „Konversion" aller Kohorten zur Offenheit zwischen den Rassen bedingt (Firebaugh 1997: 22).

Auch den gleichmäßigen Effekt der Periode auf alle Kohorten kann man mit einer Modifikation von Abbildung 10.1 veranschaulichen. Wenn z.B. eine besonders hohe Arbeitslosigkeit 1970 die Zustimmung aller Kohorten zum „Leben als Aufgabe" um 5 Prozentpunkte gestei-

---

1 Da der Rückgang in allen Kohorten gleichmäßig ist, könnte man ihn auch als Effekt der Periode verstehen. Das ist ein Beispiel für die lineare Abhängigkeit der drei Einflüsse Kohorte, Lebenszyklus und Periode, die weiter unten besprochen wird.

gert haben sollte, dann wäre die Sukzession und die Schichtung der Kohorten gleich geblieben – und ebenso der Rückgang in der Gesamtbevölkerung, der sich lediglich zwischen 1950 und 1970 langsamer (5 Prozentpunkte) und zwischen 1970 und 1990 schneller (15 Prozentpunkte) darstellen würde. Aber man könnte sich diesen Effekt aus den Linien der Kohorten wie der Gesamtbevölkerung herausdenken, so dass man wieder bei Abbildung 10.1 ankäme. Der einzelne Zeitpunkt sollte also auf den sozialen Wandel nur einen zufälligen, ad hoc zu erklärenden Einfluss ausüben; er sollte als „Zufallsschock" den Trend unschärfer machen. Ein Beispiel dafür, dass der Wertwandel sich aus für alle Kohorten gleichen Periodeneffekten, also *nur* aus Periodeneffekten ergibt, ist die Zustimmung zur Legalisierung des Schwangerschaftsabbruchs in Westdeutschland zwischen 1982 und 1992: Sie ist in allen Kohorten geringfügig angestiegen (Koch 1994: 227, 231).

Sobald aber der Effekt der Periode nicht mehr alle Kohorten gleich trifft, wenn also ein oder mehrere Interaktionseffekte vorliegen, wird die Prüfung schwierig. Angenommen, die besonders hohe Inflationsrate in Deutschland 1973 bewegt die alten besonders stark zum „Materialismus" hin: Ein einzelner Interaktionseffekt dieser Art ließe sich in Abbildungen wie 10.1 noch erkennen, viele aber kaum noch.

Regressionsanalyse, lineare Abhängigkeit und die Wirkung der Zufallshypothese

Wenn also die Annahmen des Modells der Kohortensukzession oder des Lebenszyklus sich nicht mehr in Abbildungen durch den bloßen Augenschein prüfen lassen, muss man die Modelle mit einem statistischen Verfahren prüfen. In der Regel wird eine *Regression* der Zieleinstellung auf das Geburtsjahr (Kohortenzugehörigkeit), das Alter (Lebenszyklus) und das Erhebungsjahr (Periode) berechnet. Dann aber wird deutlich, warum bisher – und bei der Inspektion von Abbildungen von Kohortenentwicklungen überhaupt – angenommen wurde, dass die Periode keine oder nur zufällige Effekte auf die Zieleinstellung ausübt. Kohorte, Lebenszyklus und Periode sind nämlich voneinander *linear abhängig*. Die Zufallshypothese erlaubt es aus der bloßen Inspektion der Abbildungen Schlüsse zu ziehen: Nur wenn man annimmt, dass die Periode keinen oder einen für alle Kohorten gleichen Einfluss hat, kann man schon in den Abbildungen die Effekte von Kohorten und Lebenszyklus vergleichen. Wenn diese Annahme nicht mehr gilt, muss man mit statistischen Prüfverfahren arbeiten.

Die lineare Abhängigkeit einer Variablen von zwei anderen heißt, dass sich ihre Werte aus der Addition oder Subtraktion der beiden anderen ergeben. Das gilt für Kohortenzugehörigkeit, Lebenszyklus und Periode (Firebaugh 1997: Kap. 2): Das Geburtsjahr zusammen mit dem Alter ergibt das Erhebungsjahr. In Abbildung 10.1 z.B. kann man, wenn man 1950 zur Kohorte 3 (der 1910-1929 geborenen) gehört, nur im ersten Stadium des Lebenszyklus (der 21- bis 40-Jährigen) sein. Einer der drei Prädiktoren sagt nichts aus, ist redundant. Weil die Regressionsanalyse linear abhängige Prädiktoren nicht zulässt, kann man sie auf eine Kohortenanalyse nur anwenden, wenn man annimmt, dass einer der drei Prädiktoren keinen Effekt hat. Welchen Effekt man wählt, ist beliebig. In Abbildung 10.1 ist die Annahme, dass das Alter keinen Effekt hat, offensichtlich gerechtfertigt. Wenn man aber mit einer Regressionsanalyse *prüfen* will, ob die Kohortensukzession wirklich den gesamten Wandel erklärt und der Lebenszyklus unerheblich ist, dann würde man den Effekt der Zeit auf Null setzen und die Einstellung auf den Geburtszeitraum und das Alter regredieren – und mit Sicherheit statistisch *bestätigt* bekommen, dass der Alterseffekt gleich Null ist. Wenn die Datenlage weniger klar ist als in Abbildung 10.1, kann man aber über das Ergebnis der Prüfung nicht mehr sicher sein. Die Kunst der Kohortenanalyse mit Hilfe der Regression ist es, sachlich gerechtfertigte und zu den Daten passende Annahmen zu finden, so dass man die Modelle über den Wandel prüfen kann, mit denen man an die Daten herangegangen ist (Firebaugh: Kap. 4).

Wenn man also die Modelle der Kohortensukzession oder des Lebenszyklus mit Kohortenentwicklungen vergleicht, kann ihre schöne Welt zusammenbrechen. Die Zeit kann die Startpunkte der Kohorten so durcheinanderwirbeln, dass sich keine Sukzession mehr erkennen lässt; und sie kann den Marsch der Kohorten so stark aus dem Rhythmus bringen, dass sich weder Konstanz noch ein Lebenszyklus erkennen lassen. Wie schon beim Modell der Vermittlung sozialer Ungleichheit zwischen den Generationen (siehe Abschnitt 9.3.3) werden auch hier im Laufe der Modellprüfung die sachliche Argumentation *und* die statische Vorgehensweise komplizierter. Der Leser möge sich ein Argument einfallen lassen, warum die Startpunkte der Kohorten nicht geordnet oder die Wirkung des Lebenszyklus nicht konstant sein sollten. Er möge sich weiterhin eine Erklärung dafür einfallen lassen, warum ein Zeitpunkt nur auf eine Kohorte und nicht auf eine andere wirkt, so dass es einen Interaktionseffekt zwischen Periode und Kohorte gibt.

Bei aller Vielfalt der Modelle variiert die Kohortenanalyse *ein* Thema: Die *Desaggregation* von Trends nach dem Alter endet immer mit der *Aggregation* der Effekte von früher Prägung, Alterung und Zeitgeschichte, die zusammen die Erfahrungen der Kohorten repräsentieren und den sozialen Wandel erklären. Die Kohorten bestehen aus Menschen mit der Gnade oder Last ihrer Geburt, mit dem Schicksal des Alterns und in den Flauten oder Stürmen der Zeitgeschichte. Die Desaggregation führt daher von der Makroebene der Gesellschaft auf die Mikroebene der handelnden Personen, und die Aggregation führt von den Erfahrungen der Personen zurück zu den Trends in der Gesellschaft. Die Kohortenanalyse hat also implizit das soziologische Erklärungsschema (siehe Abschnitt 3.2.4) in die Analyse des sozialen Wandels eingeführt. Aber die Desaggregation ist mit sehr groben Annahmen über die Kohorten, also der Sozialisations- oder der Repetitionshypothese, verbunden, die das *Orientierungsproblem* auf die lebenslange Prägung durch die Jugend oder die ewige Wiederkehr des Lebenszyklus reduzieren. Und die regressionsanalytischen Effekte von Kohorte, Lebenszyklus und Periode addieren sich zum Ergebnis des Aggregatwandels, ohne dass der *Prozess der Aggregation* nachgezeichnet würde. Im folgenden Abschnitt soll daher das soziologische Erklärungsschema so expliziert werden, dass der Prozess der Aggregation individueller Entscheidungen zu einem neuen sozialen Tatbestand erkennbar wird. Dazu wird zuerst herausgearbeitet, dass im soziologischen Erklärungsschema das Aggregationsproblem Ausgangspunkt des sozialen Wandels ist, und dann dargestellt, wie die Aggregation sich als ein Prozess auffassen lässt.

Weiterführende Literatur: Inglehart prüft die Kohortenentwicklungen des Postmaterialismus nur per Augenschein. Böltken / Jagodzinski (1985) haben das Verfahren der Regression auf den Wandel des Postmaterialismus angewandt und kommen zu dem Ergebnis, dass bis 1982 die Entwicklung eher einen Lebenszyklus als einen Kohorteneffekt darstellt, was sich auch aus den Grafiken Ingleharts ersehen lässt. – Firebaugh (1997) und Glenn (2005) geben eine Einführung in die verschiedenen Modelle der Kohortenanalyse und die Möglichkeiten ihrer statistischen Prüfung

10.4 Aggregation individueller Entscheidungen als sozialer Wandel

10.4.1 Aggregation und soziale Strukturen

Sozialer Wandel im soziologischen Erklärungsschema

Dass die Desaggregation von Trends in Kohorten wieder auf das soziologische Erklärungsschema zurückgeführt hat, war nicht zufällig. Der soziale Wandel wie das Erklärungsschema bewegen sich ja auf der Makroebene zwischen einem früheren und einem späteren sozialen Tatbestand; und auf der Mikroebene fügt die Kohortenanalyse die Kohorten und das Erklärungsschema die Orientierung und Entscheidung des Individuums dazwischen. Aber es sind *mehrere* Kohorten, die den Wandel bewirken und daher auch individuell dargestellt werden müssen. Die Mikroebene muss also in der dritten Dimension ausgebreitet werden, die im Schema perspektivisch wie in Abbildung 10.2 gezeichnet wird. Mehrere Individuen – im gerade gegebenen Fall also: Kohorten – vermitteln nun zwischen dem gleichen sozialen Ausgangs- und Endzustand.

Abbildung 10.2 Das soziologische Erklärungsschema, zur Erklärung des sozialen Wandels um die dritte Dimension erweitert

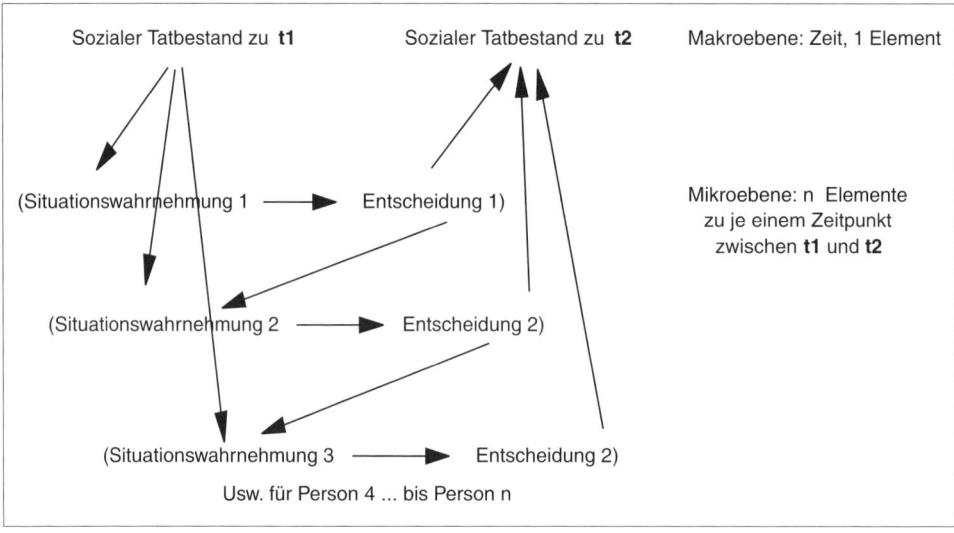

Wie in der ursprünglichen Form des Schemas, beschreibt die direkte Verbindung zwischen den beiden sozialen Tatbeständen den sozialen Wandel auf der *Makro-Ebene*. Sie erklärt nichts, sondern ist der Erklärungsgegenstand. Sie *beschreibt* den sozialen Wandel, der – wie in Abschnitt 10.1 definiert – in der Veränderung von Aggregatkennziffern einer Vergesellschaftung besteht; der gleiche Sachverhalt wird zu zwei Zeitpunkten t1 und t2 gemessen.

Die *Erklärung* des sozialen Wandels auf der *Mikro-Ebene* muss dann in der Folge der drei Schritte des Erklärungsschemas gesucht werden.

Kann der *erste* Schritt – vom Ausgangstatbestand zu den Orientierungen der Personen – zur Erklärung beitragen? Von den Prämissen der Handlungstheorie muss die Antwort „nein" sein. Weil soziale Tatbestände sich nur durch Entscheidungen der Akteure verändern können, muss die Nachzeichnung des sozialen Wandels mit einem *gegebenen* sozialen Ausgangstatbestand beginnen, an dem die Akteure ihre Entscheidungen orientieren.

Natürlich kann der Ausgangstatbestand auch von außen beeinflusst werden: Die Nachbargesellschaften können die eingespielten Beziehungen *mit* der Vergesellschaftung aufkündigen, also Handel und Hilfen einstellen, Kriege anzetteln und Neuerungen exportieren; die Natur kann die eingespielten Beziehungen *in* der Vergesellschaftung durcheinanderwirbeln, durch Katastrophen und Krankheiten oder durch Geburt und Tod. Um das zu berücksichtigen, kann man das Erklärungsschema auf der Makroebene um die *exogenen* Einflüsse der Nachbargesellschaften und der Natur auf den sozialen Ausgangstatbestand erweitern. Aber eine solche Erweiterung ändert nicht daran, dass der Ausgangstatbestand an sich nicht zum Wandel beiträgt. Die exogenen Einflüsse auf den sozialen Wandel sollen daher erst später (in Abschnitt 10.5) betrachtet werden.

Natürlich ist es ist weiterhin möglich, dass ein Individuum sich am Ausgangstatbestand spontan anders orientiert, als die bisherige Erfahrung mit der Situation es gelehrt hat. Um das zu berücksichtigen, muss die Richtung des Pfeils umgekehrt werden: Das Individuum folgt nicht dem Tatbestand, sondern es „definiert die Situation" (siehe Abschnitt 2.5). Die Umkehrung der Pfeilrichtung ist aber keine Erweiterung, sondern eine Veränderung des Schemas, die nicht zulässig ist, weil sie ja den unterstellten Fluss der Erklärung unterbricht. Selbst wenn man einen gegenläufigen Pfeil aufnähme, würde die Ausgangssituation wiederum nicht an sich, sondern nur in der spontan veränderten Wahrnehmung durch das Individuum Wandel bewirken. Die Spontanität des Individuums wäre eine exogene Variable, die von der Mikroebene her den Ausgangstatbestand beeinflusst. Das aber ist eine paradoxe Konstruktion, weil das Individuum keine exogene Variable sein kann, sondern im Prozess steht. Wie die Wirkung der Spontanität des Individuums auf den sozialen Wandel betrachtet werden kann, soll daher später (in Abschnitt 10.6) diskutiert werden. Solange der Pfeil vom Ausgangstatbestand auf die Orientierung gezogen ist, bleibt es dabei: Der Ausgangstatbestand trägt nicht zum Wandel bei.

Der *zweite* Schritt – von den Orientierungen zu den Entscheidungen der Personen – wird durch die Regel der Selektion bestimmt, wie in der Wert-Erwartungs-Theorie ausgeführt. Sie gilt für alle Personen in gleicher Weise. Sie kann daher zu einem gegebenen Zeitpunkt nur zu einem bestimmten Ergebnis, nicht aber zu einer Veränderung führen. Der zweite Schritt trägt also ebenfalls nicht zum Wandel bei.

Unter diesen Bedingungen muss eine Erklärung des sozialen Wandels im *dritten* Schritt gesucht werden – von den Entscheidungen der Personen zu der neuen Situation. Die Erklärung des sozialen Wandels ist gleichbedeutend mit der Erklärung des sozialen Tatbestands zu t2, genauer: die Erklärung der *Aggregation* individueller Entscheidungen zu einem neuen sozialen Tatbestand. Jedes Individuum kann zu einem anderen Zeitpunkt zwischen t1 und t2 handeln: Zwar wird die Handlung in Situationswahrnehmung und Entscheidung zerlegt; aber für jedes Individuum wird nur eine Handlung betrachtet, so dass man der Einfachheit halber annehmen kann, dass die beiden Elemente der Handlung, Situationswahrnehmung und Entscheidung, zusammenfallen – was für jedes Individuum durch eine Klammer dargestellt ist. Jedes Individuum handelt zwischen t1 und t2 nur einmal.

Die Mikroebene als relationale Sozialstruktur

Wenn nun jedes Individuum *nicht* auf die anderen schaut, kann man auf die Erweiterung des Erklärungsschemas in der dritten Dimension verzichten. Vom Einfluss persönlicher Merkmale abgesehen, sind Situationswahrnehmung und Entscheidung für alle gleich; unterschiedliche Lösungen des Orientierungsproblems ergeben sich nur aus Unterschieden individueller Merkmale. Wenn man die für die Entscheidung wichtigen individuellen Merkmale kennt, kann man sie aggregieren und das Ergebnis aus den unterschiedlichen individuellen Merkmalen erklären. Weil die Individuen nicht aufeinander schauen, ist die Reihenfolge unerheblich, in der sie ihre Entscheidungen treffen. Keine Person hat einen höheren Rang als die anderen, keine ist Vorbild, alle können gleich gewichtet werden. Die Aggregation ist die einfache Summierung. Dass fast alle Deutschen um 20h den Fernseher zur ARD-Tagesschau (vor allem, als es nur die öffentlich-rechtlichen Programme gab) einschalteten (siehe Abschnitt 2.4), ist ein Beispiel; die Einschaltquote ist die Summe der individuellen Entscheidungen, ihre Variation hängt von individuellen Merkmalen – Geschlecht und Alter, Arbeitszeit und Interessen usw. – ab, ihre Veränderung von der Veränderung der individuellen Merkmale.

Aber oft werden die Individuen aufeinander schauen und interdependent handeln. Dann wird die Zeit für die Situationswahrnehmung und Entscheidung wesentlich, und die Perspektive, die zur Darstellung der dritten Dimension notwendig ist, muss als zeitliche Folge verstanden werden. Zuerst handelt die Person 1 mit ihrer Wahrnehmung des sozialen Tatbestands zu t1. Dann handelt die Person 2 mit ihrer Wahrnehmung des sozialen Tatbestandes zu t1 – aber auch in Kenntnis der Entscheidung von Person 1, also mit einer leicht modifizierten Wahrnehmung des Tatbestands zu t1. Schließlich handelt die Person 3 mit ihrer Wahrnehmung des sozialen Tatbestandes zu t1 – aber auch in Kenntnis der Entscheidung von Person 2, also wiederum mit einer leicht modifizierten Situationswahrnehmung. Die zusätzlichen Orientierungen der Personen 2 und 3 sind durch Pfeile von der Entscheidung 1 bzw. 2 auf die Situationswahrnehmung 2 bzw. 3, kenntlich gemacht. Natürlich muss die wechselseitige Orientierung nicht nach diesem Muster einer Kettenreaktion ablaufen. Spätere Personen können sich an allen Vorgängern oder an keinem Vorgänger orientieren. Manche Personen können isoliert bleiben, andere die Stars der Gruppe sein; manche haben ein hohes, andere ein niedriges Prestige.

Die *Sozialstruktur der Relationen*, die für die untersuchte Entscheidung relevant sind (siehe Abschnitt 7.2 und 7.4), spielt also in den Entscheidungsablauf in der Gruppe hinein. Die Mikro-Ebene der Abbildung 10.2 ist ein Graph, in dem die Entscheidungen der Personen einander zeitlich folgen; es ließe sich auch in einer der beiden Diagonalhälften einer Matrix darstellen. Die Struktur wird quantitativ an Größen wie der Dichte und qualitativ mit Verfahren der Blockmodellanalyse nach der Überlappung oder Sequenz einzelner Dimensionen beschrieben. Da die Merkmale der Sozialstruktur zugleich Merkmale der „Einbettung" (Granovetter 1985) der Person in die Sozialstruktur sind, legen sie ihr Gewicht in der Aggregation fest. Sie bestimmen, wer früher oder später handelt; und sie bestimmen Unterschiede des Prestiges zwischen denen, die gleichzeitig handeln. Die Relationen zwischen den Personen bestimmen also die *Interdependenz* der Entscheidungen. Sie bewirken, dass das *Orientierungsproblem* nur noch in seinem Kern für alle gleich ist und sich während des Entscheidungsprozesses in der Gruppe Stück für Stück verschiebt. Sie führen dazu, dass die *Aggregation* sich nicht mehr als die Summe gleich gewichteter Entscheidungen ergibt, sondern die Entscheidung jeder Person ein *unterschiedliches Gewicht* bekommt – je nach der Frühzeitigkeit der Entscheidung und dem Status der Person in der relationalen Sozialstruktur.

Nehmen wir als Beispiel die Entscheidung, ob man an einer Demonstration teilnehmen soll. Das Orientierungsproblem ist im *Kern* für alle gleich: Lohnt es sich für mich, mit dem *Wert*, den ich dem Demonstrationsziel beilege, und den *Erwartungen*, die ich über den Erfolg der Demonstration hege, teilzunehmen oder nicht. Aber meine Nutzenkalkulation verschiebt sich *geringfügig*, wenn ich wieder einen weiteren Teilnehmer beobachte, so dass für mich der Wert der Teilnahme und die Wahrscheinlichkeitsschätzung des Erfolgs ansteigen. Zugleich bin ich viel stärker geneigt mitzumachen, wenn der neu beobachtete Teilnehmer ein alter Freund ist, als wenn er nur ein Unbekannter wäre: Mit dem *Gewicht* der Relationen und der anderen Personen in ihnen steigt meine Neigung.

Die Struktur der Relationen bestimmt also den Prozess der Aggregation und damit den sozialen Wandel. Der soziale Tatbestand zu t2 resultiert aus den Pfeilen von Entscheidung i auf Situationswahrnehmung j, d.h. aus den sozialen Relationen, die für den Wandel des untersuchten Tatbestands relevant sind. Die Sozialstruktur verändert die *Orientierung* der Handelnden mehr oder minder *geringfügig* nach ihrer sozialen Position, und sie bestimmt die *Aggregation vollständig*. Erst wenn die Aggregation zu einem neuen sozialen Tatbestand geführt hat, kann er in einer zweiten Runde des Wandels die Orientierung der Menschen und damit ihr Handeln beeinflussen. Im Vergleich zur ursprünglichen Form des soziologischen Erklärungsschemas kehrt sich also bei der Analyse des sozialen Wandels die Reihenfolge der beiden Probleme um, die Mikro- und Makro-Ebene verbinden: Als entscheidender Auslöser des Wandels muss die *Aggregation* betrachtet werden; erst dann kann gefragt werden, wie eine neue Situation ihrerseits wieder die Lösung des *Orientierungsproblems* beeinflusst.

In dieser Konzeption ist die Sozialstruktur der Relationen also vom sozialen Wandel unterschieden, den sie bewirkt. Struktur und Wandel sind getrennte Sachverhalte – nicht wie beim distributiven Strukturbegriff zwei Seiten derselben Medaille, die nur durch die „relative Dauerhaftigkeit" voneinander unterschieden sind. Um das Gewicht jeder Person im Prozess der Aggregation zu finden, muss man zunächst die relevanten Beziehungen von jedem Beteiligten erfragen und für ihn Kennziffern seines Netzwerks bilden (siehe Abschnitt 7.4.2). *Danach* kann man dann die Wirkung der Sozialstruktur auf die Aggregation, also auf den sozialen Wandel prüfen.

Lektüre: Granovetter (1985: 481-493, 504-508)

Distributive Strukturmerkmale als Indikatoren für Relationen

Aber manchmal kann man die relevanten Beziehungen nicht vorweg theoretisch bestimmen, manchmal sind sie empirisch nicht erhoben worden. Oft wird deshalb die soziale Einbettung der Individuen bei der Erklärung eines sozialen Zieltatbestandes nicht berücksichtigt. Und in manchen Fällen gibt es auch Argumente dafür, dass die soziale Einbettung weniger Einfluss auf die Entscheidung hat als die Interessen und Präferenzen der Person. So wie die Wahl eines Fernsehprogramms sollte z.B. auch der Kauf eines nicht der Mode unterworfenen Konsumguts vor allem vom Bedarf und den Interessen der Person abhängen.

Wenn man nicht annehmen kann, dass die soziale Einbettung unbedeutend ist, und keine Maße der relationalen Sozialstruktur zur Verfügung hat, so kann man sich ihr mit Kennziffern der distributiven Sozialstruktur annähern. Dann greift man auf eine andere empirische Basis zu: Die Befragten berichten nicht über Beziehungen, aus denen Maße ihrer sozialstrukturellen

Einbettung gewonnen werden; sie schätzen ihre sozialstrukturelle Position selber ein oder geben Informationen für eine solche Einschätzung. Zugehörigkeit, Wertschätzung und Ressourcenbesitz (siehe Kapitel 8) sowie die Selbsteinschätzung der Bindungen der Person an soziale Gruppen sind dann *Indikatoren* für die Einbettung der Person in relationale Sozialstrukturen. Wenn man z.B. untersuchen will, wie stark die Entscheidungen für oder gegen nichteheliche Lebensgemeinschaften unter alleinstehenden jungen Leuten voneinander abhängen, kann man als Indikator für die Stelle der Person im Prozess der Verbreitung der neuen Familienform erfragen, wieviele ihrer Freunde oder Bekannten in einer Lebensgemeinschaft oder Ehe leben. Als Indikator für die Einbettung in kirchliche Kontaktkreise, die eher zu einer Ablehnung der nichtehelichen Lebensgemeinschaft führt, kann man die Häufigkeit des sonntäglichen Kirchenbesuchs oder die selbstzugeschriebene Religiosität der Person erfragen.

Diese Indikatoren der Einbettung der Person in Relationen können dann zusammen mit weiteren Merkmalen der Person – wie Alter, Geschlecht oder persönliche Interessen, Präferenzen und Fähigkeiten – die Entscheidung insgesamt, also im Aggregat erklären. Während in der Kohortenanalyse Entwicklungen nur nach einem Merkmal, dem Alter, aggregiert wurden, werden sie jetzt nach mehreren Merkmalen aggregiert, die vor allem Indikatoren der sozialen Einbettung umfassen. Aber die Aggregation bleibt eine *Summierung*. Wann jemand seine Entscheidung getroffen hat, wird ebensowenig betrachtet, wie die Beziehung zu den Personen, an denen er sich orientiert hat. Die Aggregation wird nicht als *Prozess* gesehen.

10.4.2 Aggregation als Prozess der Diffusion

Dass die Mitglieder einer Gruppe sich aneinander orientieren, heißt: Es wird bedeutsam, wer zuerst und wer später handelt: Die Aggregation wird zu einem Prozess der Verbreitung oder der *Diffusion*. Der Prozess folgt eigenen Regeln, so dass der bisherige Ablauf den weiteren Fortgang festlegt. Wenn die Handlung eine Entscheidung zwischen zwei Möglichkeiten ist, dann kann man diese Regeln – wie bereits die Vermittlung sozialer Ungleichheit zwischen den Generationen (siehe Abschnitt 9.3) und die Kohortensukzession (siehe Abschnitt 10.1) – in einem *Modell* darstellen.

Die Diffusionskurve als Modell für Diffusionsprozesse

Für die Diffusion sind die Ansteckung einer Krankheit oder die Imitation einer Mode Beispiele. Man steckt sich um so leichter an, je mehr man mit Kranken verkehrt; man imitiert eine Mode um so eher, je mehr Zeitgenossen man antrifft, die sie bereits tragen. Deshalb verbreitet sich eine Epidemie und eine Mode am Anfang langsam und dann immer schneller. Aber je mehr von der Krankheit oder der Mode angesteckt wurden, desto weniger können weiter angesteckt werden. Irgendwann verlangsamt sich der Prozess wieder und stagniert, wenn nur noch die Resistenten oder die Modemuffel übrig geblieben sind.

Tag	Prozentsatz der Neuerer am Morgen	Prozentsatz potentieller Imitatoren	Neigung	ergibt zusätzlich	Prozentsatz der Neuerer
Montag	.10	.90	.5	.045	.145
Dienstag	.145	.855	.5	.062	.207
Mittwoch	.207	.793	.5	.082	.289
Usw.					

Wenn z.B., wie oben dargestellt, eine Gruppe am Montag 10% *Neuerer* und 90% *potentielle Imitatoren* umfasst, jeder Neuerer die gleichen Chancen hat, potentielle Imitatoren zu treffen, und bei jedem Zusammentreffen die Neigung der potentiellen Imitatoren zur Imitation 50% ist, dann müssten am Abend die Neuerer sich um 4,5% erhöht haben, so dass am Dienstag 14,5% Neuerer auf 85,5% potentielle Imitatoren stoßen, sich also12,4% Paare von Neuerern und Imitatoren bilden, aus denen mit einer Neigung von 0,5 Neuerer hervorgehen, also 6,2%. Wie man sieht, ist der Neuereranteil am Mittwoch größer als am Dienstag. Aber er kann nicht immer weiter wachsen; denn mit dem Anteil der Neuerer schmilzt der Anteil der potentiellen Imitatoren. Das Wachstum ist am größten, wenn beide Anteile 50% sind und geht dann wieder zurück. Wie man weiterhin sieht, beschleunigt sich das Wachstum in den ersten Tagen. Aber auch hier wirkt die Schrumpfung des Anteils der potentiellen Imitatoren: Sie bremst, nachdem die Hälfte die Neuerung übernommen hat, das Wachstum. Zum Schluss hat fast die ganze Gruppe die Neuerung übernommen – bis auf die, die gegen die Neuerung völlig resistent sind.

Wie in diesem Beispiel gezeigt, muss man zwei Annahmen machen, um den Diffussionsprozess mit einer Diffusionskurve darstellen zu können. Erstens: Alle denkbaren Paare von Neuerern und potentiellen Imitatoren treffen sich mit der gleichen Wahrscheinlichkeit; das Zusammentreffen hängt nicht von persönlichen Merkmalen ab. Zweitens: Die Neigung der potentiellen Imitatoren zur Imitation[2] ist für alle Personen und zu allen Zeitpunkten gleich; sie unterscheidet sich z.B. nicht zwischen Untergruppen. Unter diesen Annahmen lässt sich der Diffusionsprozess mit der Differentialgleichung

$$dP(t)/dt = a\ P(t)\ (1-P(t))$$

darstellen. Auf der linken Seite steht der Zuwachs des Anteils der Neuerer, auf der rechten Seite steht die Konstante a und das Produkt des Anteils der Neuerer P(t) und der potentiellen Imitatoren (1-P(t)). Das Produkt beschreibt die Wahrscheinlichkeit des Kontakts beider Gruppen zum Zeitpunkt t. Es hängt – der ersten Annahme entsprechend – nur von der Zeit und keinen Merkmalen der Personenpaare ab. Die Konstante a beschreibt die Neigung der potenziellen Imitatoren, die Neuerer zu imitieren, auf die sie treffen. Sie ist – der zweiten Annahme entsprechend – weder von der Zeit noch von Merkmalen der Personen abhängig.

Wenn man die Differentialgleichung integriert, ergibt sich die S-förmige Diffusionskurve, die in Abbildung 10.3 dargestellt ist (Diekmann 2006a: 122-128, Mahajan / Peterson 1985: 7-21). Sie steigt von einer Basis weniger Personen P(0), die zu Beginn die Neuerung praktizieren, zu einer Obergrenze an, bei der alle außer den Resistenten mitmachen.[3] Sie hat bei P=0.5, also bei Gleichheit der Anteile von Neuerern und potentiellen Imitatoren, einen Wendepunkt.

Wenn man den Verlauf der Prozentwerte der Neuerer für jeden Zeitpunkt kennt, kann man den Parameter a so schätzen, dass die empirischen und die Funktionswerte möglichst nahe beieinander liegen. Die Diffusionskurve ist also ein *Modell* für den Prozess. Sie beschreibt zwar die Logik des Prozesses – also den Einfluss des bisherigen Ablaufs auf den Fortgang. Aber wer sich wann und aus welchen Gründen „einreiht", bleibt nicht nur offen, sondern wird

---

2 Die „Neigung" muss nicht als psychische Disposition verstanden werden. Sie kann sich schon aus den Gelegenheitsstrukturen der Kommunikationskanäle zwischen den beteiligten Neuerern und potentiellen Imitatoren ergeben (Mahajan / Peterson 1985: 18).

3 Die Basis für den Prozentsatz von 100% sind nicht alle Personen, sondern alle nicht völlig resistenten Personen.

Abbildung 10.3 Diffusionskurve der Imitation einer Neuerung

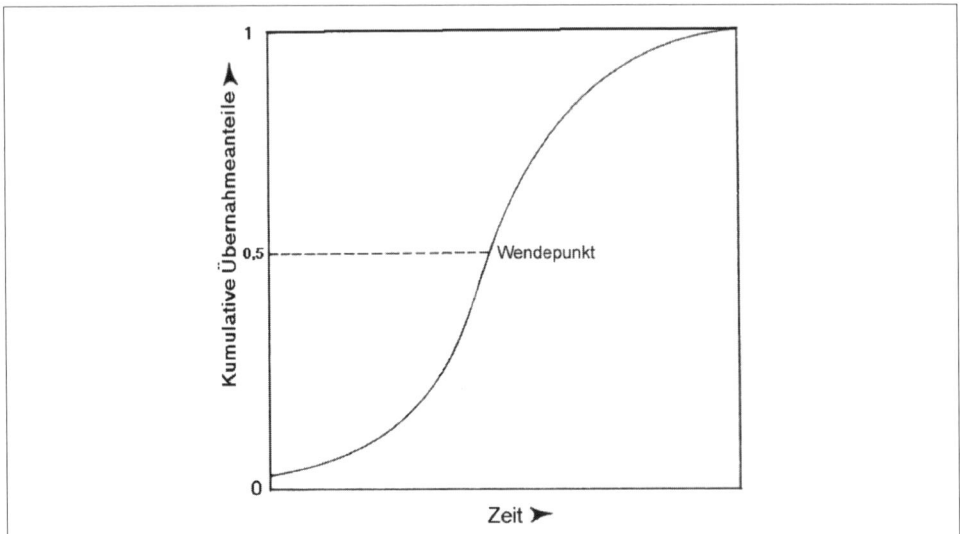

durch die beiden Annahmen geradezu aus der Betrachtung *ausgeschlossen*. Die erste Annahme sagt, positiv formuliert: Es kann jeder sein; und die zweite: Jeder verhält sich gleich. Die Unterschiede zwischen den Individuen wirken nicht auf den Prozess ein – also auch nicht die Sozialstruktur, in welche die Individuen „eingebettet" sind. Wenn man also den Einfluss der Sozialstruktur auf den Diffusionsprozess analysieren will, muss man zunächst die beiden Annahmen prüfen, die der Konstruktion der Diffusionskurve zugrunde liegen.

Die Annahmen der Diffusionskurve und ihr Bezug zur Sozialstruktur

Die erste Annahme, dass alle Paare von Neuerern und potentiellen Imitatoren sich mit der gleichen Wahrscheinlichkeit treffen, ist nur dann realistisch, wenn keine räumlichen oder sozialen Barrieren herrschen. Aber wie der Raum so bildet auch die Sozialstruktur der Relationen Barrieren. In einer Schulklasse kann man noch vermuten, dass alle Schüler mit der gleichen Wahrscheinlichkeit aufeinander treffen – aber schon in einer Schule nicht mehr. Um der Annahme also Realismus zu verleihen, müsste man den Diffusionsprozess in Regionen oder in sozialen Teilgruppen desaggregieren und aus diesen Teilprozessen wieder zusammensetzen (Mahajan / Peterson 1985: 41-42).

Ähnliches gilt für die zweite Annahme. Wenn man die Vermutung hat, dass die Diffusion sich in verschiedenen Gruppen unterschiedlich schnell verbreitet, kann man die Gruppen desaggregieren, die Diffusion in den Gruppen betrachten und die Prozesse wieder zusammensetzen. Wenn eine Mode sich unter Großstädtern schneller als unter Kleinstädtern verbreitet, müsste der Parameter a größer sein.

Die Annahmen der Diffusionskurve lassen sich also prüfen, indem der Diffusionsprozess nach Merkmalen der distributiven Sozialstruktur desaggregiert wird. Das Vorgehen entspricht dem der Kohortenanalyse: Wie Gesamttrends in Kohortentrends werden Gesamt-Diffusionsprozesse in Teil-Diffusionsprozesse desaggregiert. Aber so wenig wie bei der Kohortenanalyse spielen hier die Individuen und ihre Relationen eine Rolle. Der Diffusionsprozess wird lediglich in verschiedenen Untergruppen beschrieben, aber nicht aus Merkmalen der Individuen und den Beziehungen zwischen den Individuen erklärt. Die Logik des Prozesses lässt sich erst dann mit den Personen verbinden, wenn man sagen kann, welche individuellen Merkmale die Personen bewegen, sich „einzureihen". Ein solches Merkmal ist ein Schwellenwert, also der wahrgenommene Anteil „Mitmachender", von dem an die Person selber „mitmacht".

Lektüre: Diekmann (2006a: 122-128) stellt die Diffusionskurve dar und erläutert, inwiefern sie ein Modell für empirische Prozesse ist.

Weiterführende Literatur: Boudon / Bourricaud (1992: 85-91) stellen neben dem hier dargestellten zwei weitere Modelle der Diffusion vor. Hernes (1995: 85-115) entwickelt, ausgehend von zwei Modellen des Diffusionsprozesses, die in Mahajan / Peterson (1985: 15-21) als das „äußere Einflussmodell" (Diffusion aus einer konstanten Quelle ohne Interaktion der Personen) und das „innere Einflussmodell" (Diffusion durch Interaktion der Beteiligten, wie hier dargestellt) bezeichnet werden, eine allgemeine Ablaufform des sozialen Wandels.

Schwellenwerte als Erklärung für Diffusionsprozesse

Schwellenwerte ergeben sich aus der Kosten-Nutzen-Kalkulation des Individuums. Sobald der Nutzen die Kosten übersteigt, übernehme ich die Neuerung. Mit der Idee der Schwellenwerte wird also das Aggregationsproblem an das Selektionsproblem „angeschlossen" (Granovetter 1978: 1439). Jedes Individuum setzt zunächst nach persönlichen Überlegungen seine Situationswahrnehmung in eine Entscheidung um – in Abbildung 10.2 folgt es dem Pfeil in der Klammer. Aber jedes Individuum entscheidet sich nicht nur nach seinen persönlichen Bedingungen, es orientiert sich auch am *wahrgenommenen Neuereranteil der Gruppe* – in Abbildung 10.2 wirken Pfeile von positiven Entscheidungen i auf die Situationswahrnehmung j ein. Wenn die Gruppe nur drei Personen umfasst, die Pfeile wie gezeichnet verlaufen und die Entscheidungen von Person 1 und 2 positiv sind, dann nimmt Person 1 einen Neuereranteil von 0% wahr; Person 2, die nur Person 1 sieht, und Person 3, die nur Person 2 sieht, nehmen einen Neuereranteil von 33% wahr (jeder zählt sich selbst in der Basis mit). Der wahrgenommene Neuereranteil spiegelt also die *Struktur der Relationen*, in denen jeder die übrigen Gruppenmitglieder wahrnimmt.

Jedes Individuum hat also eine persönliche Neigung zur Neuerung, einen Schwellenwert, der sich wie der wahrgenommene Neuereranteil zwischen 0% und 100% bewegt. Wer montags sieht, dass der Neuereranteil seinem Schwellenwert entspricht, macht dienstags ebenfalls mit. Dadurch aber erhöht er den Neuereranteil am Dienstag geringfügig. Wenn in der Gruppe jemand ist, dessen Schwellenwert gerade so hoch wie der angewachsene Neuereranteil liegt, wird er am Mittwoch mitmachen; der Prozess kann sich fortsetzen. Und er wird sich fortsetzen, wenn wieder der Schwellenwert eines weiteren Individuums dem erneut angewachsenen Neuereranteil entspricht. Wenn aber unter den Personen, die am Dienstag den Neuereranteil wahrnehmen, keine Person mit dem entsprechenden Schwellenwert ist, wird am Mittwoch nichts passieren – und auch am Donnerstag nichts. Die Schwellenwerte der übrigen Personen liegen höher, sonst hätten sie ja bereits mitgemacht; und wie sie sich im höheren Bereich verteilen, ist unerheblich, weil der Prozess unterbrochen ist.

Jedes Gruppenmitglied übernimmt also die Neuerung, wenn der gestrige Neuereranteil der Gruppe seinem heutigen Schwellenwert entspricht. Der gestrige Neuereranteil ist aber die Summe der Personen, die mit einem niedrigeren Schwellenwert bereits Neuerer geworden sind. Wenn man den Schwellenwert mit r(t) bezeichnet und den Neuereranteil oder die kumulative Verteilung der Schwellenwerte bis zum Zeitpunkt t mit F(r(t)) bezeichnet, dann lässt sich das Schwellenwertmodell mit der Differenzgleichung

$$r(t+1) = F(r(t))$$

beschreiben. Der Prozess kommt zum Stillstand oder in ein Gleichgewicht, wenn die Schwellenwertverteilung zwischen zwei Zeitpunkten nicht mehr anwächst, wenn also keine Person den nächst höheren Schwellenwert hat. Dann ist $F(r(t+1))=F(r(t))$. Das ist in der oberen Hälfte der Abbildung 10.4 für eine Gruppe von 5 Personen veranschaulicht, in der die Schwellenwerte gleich verteilt sind. Jede Person hat einen der fünf Schwellenwerte, die Ego in einer Gruppe von fünf Personen wahrnehmen kann: Von „Keiner der übrigen macht mit" bis „alle übrigen machen mit", also von r=.0 bis r=.8. Auf der Waagerechten ist die kumulative Gleichverteilung der 5 Personen dargestellt, nach der sich der zeitliche Ablauf des Prozesses bestimmt. Auf der Senkrechten ist der kumulative Neuereranteil dargestellt, der von den Mitgliedern der Gruppe zu jedem Zeitpunkt wahrgenommen wird. Die Diagonale umfasst alle Punkte, an denen der gestrige Neuereranteil von Personen mit genau demselben heutigen Schwellenwert wahrgenommen wird, an denen also die Differenzgleichung oben erfüllt ist.

Abbildung 10.4 Die Verbreitung einer Neuerung bei einer uniformen Verteilung von Schwellenwerten (oben) und bei einer unterbrochenen Gleichverteilung von Schwellenwerten (unten)

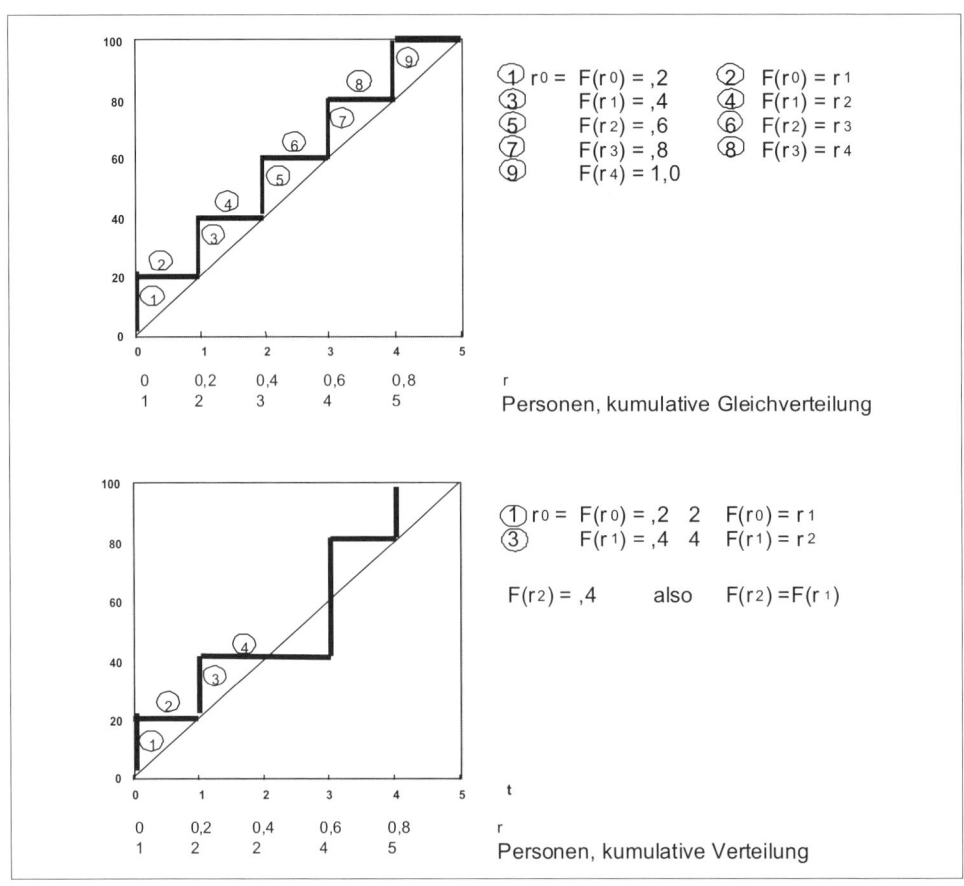

Die Person mit dem Schwellenwert r=.0 macht sofort (t=0) mit. Dadurch steigt der Neuereranteil auf 20%. Deshalb macht auch die Person mit r=.2 mit. Usw., bis auch die Peron mit r=.8 mitmacht und der Neuereranteil auf 100% angestiegen ist. Die schwarz gezeichnete Treppe der Schritte ist die kumulative Gleichverteilung. Sie bleibt immer über der Diagonale, die die Bedingung für den Fortgang des Prozesses darstellt. Die entsprechenden Schritte sind neben der Grafik dargestellt. Die Gleichungen links mit ungerader Nummerierung beschreiben die Wirkung der empirischen Verteilung der Schwellenwerte, die Gleichungen rechts mit gerader Nummerierung die Logik des Prozesses, also die Differenzgleichung für den jeweiligen Schritt. Das Gleichgewicht bei 100% ergibt sich aus der Differenzgleichung, aber es ist empirisch instabil. Schon eine geringe Veränderung der Verteilung kann es über den ganzen Bereich möglicher Gleichgewichtspunkte verschieben. Das ist in der unteren Hälfte der Abbildung 10.4 veranschaulicht.

Die Gleichverteilung der Schwellenwerte ist hier an einer Stelle unterbrochen: Es gibt keine Person mehr mit r=.4, aber 2 Personen mit r=.6. Wenn nun zwei Personen Neuerer geworden sind, fehlt die Person mit r=.4, die den Neuereranteil der Gruppe auf 60% erhöhen könnte. Der Prozess kommt also schon bei 40% ins Gleichgewicht: $F(r2)=F(r1)$. Die schwarz gezeichnete Treppe der kumulativen Verteilung bleibt nicht mehr dauernd über der Diagonale, sondern geht genau an dem Punkt unter sie, wo der Prozess ins Gleichgewicht kommt.

In entsprechender Weise gilt, wenn die Person mit dem bisherigen Schwellenwert r=.0 irgendeinen der höheren Werte bekommt: $F(r1)=F(r0)$, so dass das Gleichgewicht 0 Neuerer ist und die Treppe der kumulativen Verteilung bereits bei 0 unter der Diagonalen liegt. Dieselben Überlegungen gelten auch für größere Gruppen: Für 100 Personen müsste man in der Waagerechten Zeitpunkte von 0 bis 100, und unter die Zeitpunkte 0 bis 99 die Schwellenwerte von 0.0 bis .99 und die kumulative Verteilung von 1 bis 100 zeichnen. Auch hier könnte man durch eine Unterbrechung der Gleichverteilung an einer beliebigen Stelle zwischen der ersten und letzten Person den Prozess anhalten, also das Gleichgewicht zwischen 0 und 100 verschieben. Weiterhin kann man annehmen, dass die Schwellenwerte sich nicht gleich, sondern z.B. normal (glockenförmig) verteilen. Dann würde an die Stelle der kumulativen Gleichverteilung, die die Treppenform hat, die kumulative Normalverteilung treten, welche wie die Diffusionskurve eine S-Form hat. Sie müsste genau wie die Treppe mit einem Prozentsatz von mehr als 0% Neuerern beginnen, damit der Prozess überhaupt in den Gang kommt.

Wie die Diskussion möglicher Schwellenwertverteilungen zeigt, führt das Schwellenwertmodell vom Prozess zu individuellen Motivlagen. Die Verteilung der Schwellenwerte kann erklären, wie der Diffusionsprozess zustande kommt, warum also einige Individuen mit einem früheren oder späteren t in dem Produkt aus Neuerern und potentiellen Innovatoren $P(t)*(1-P(t))$ auftauchen. Vom Diffusionsprozess zu den Individuen vorangeschritten, kann man dann von den Individuen zu ihrer Position in der Sozialstruktur vorstoßen. Weil die Entscheidung sich aus dem Vergleich der individuellen Schwellenwerte mit dem wahrgenommenen Neuereranteil ergibt, der seinerseits die Struktur der Relationen in der Gruppe wiederspiegelt, stellt das Schwellenwertmodell eine Beziehung des Aggregationsprozesses zur relationalen Sozialstruktur her.

Lektüre: Granovetter (1978).

Weiterführende Literatur: Braun (1994) stellt eine Anwendung des Schwellenwertmodells auf die Leipziger Montagsdemonstrationen 1989 dar – sowie weitere Literatur. Lüdemann (1999) stellt dar, wie sich Schwellenwerte empirisch erheben und ihr Einfluss auf Umweltverhalten prüfen lässt. Esser (2000: 290-299) stellt weitere Möglichkeiten dar, wie sich aus unterschiedlichen Verteilungen von Schwellenwerten unterschiedliche Prozesse ergeben.

Schwellenwerte und Sozialstruktur

Die Sozialstruktur wirkt auf das Schwellenwertmodell über den wahrgenommenen Neuereranteil ein, der sich – wie Abbildung 10.2 dargestellt – aus den Relationen jeder Person mit den anderen Personen ergibt; sie wiederum lassen sich als soziale Netzwerke erheben und analysieren (siehe Abschnitt 7.4.2).

Als erstes bestimmt die Existenz von Beziehungen überhaupt, der „Außengrad" jeder Person im Netzwerk, die Übernahme von Neuerungen. Viele Gruppenmitglieder „sehen" bestimmte Andere nicht, so dass die Anderen nicht zur Entscheidung beitragen. Sie „sehen" nur ihr persönliches Netzwerk, nicht aber die ganze Gruppe. Daher bestimmt der Anteil der Neuerer im „egozentrierten Netzwerk" eher die Entscheidung als der Anteil der Neuerer im „Gesamtnetzwerk"; z.B. sollte der Anteil der einem Arzt persönlich bekannten Ärzte, die ein neues Medikament verschreiben, die Übernahme stärker beeinflussen als die Zahl der Ärzte überhaupt, die bereits das neue Medikament verschreiben (Valente 1996: 71-73).

Wichtiger als die Existenz ist die Art der Beziehung, die als „Namensinterpretation" eines „egozentrierten Netzwerkes" erfragt werden kann: Die Entscheidung eines engen Freundes zählt mehr als die Entscheidung eines Bekannten. Angenommen, ein Individuum mit einem Schwellenwert von 0.5 aus einer Gruppe von 100 steht vor der Entscheidung, an einer Protestaktion teilzunehmen, an der schon 48 Personen partizipiert haben. Wenn die Gruppe keine klare Sozialstruktur hat, wird es nicht mitmachen. Aber wenn es mit 20 Personen enger befreundet ist, von denen 15 schon mitmachen und wenn die Freunde doppelt zählen, dann wird es mitmachen. Denn es „sieht" 15*2 + 33*1 Partizipierenden und 5*2 + 47*1 Nichtpartizipierenden, so dass es nicht einen Neuereranteil von 48/100, sondern von 63/120=.525 wahrnimmt (Granovetter 1978: 1429).

Die Freundschaft ist – neben der Verwandtschaft – das wichtigste Beispiel für eine soziale Beziehung, die „starke Verbindungen" herstellt (Granovetter 1973). Starke Verbindungen sind dadurch gekennzeichnet, dass die beiden Partner viel Zeit miteinander verbringen, emotional aneinander gebunden sind, einander stark vertrauen und wichtige Leistungen füreinander erbringen. Starke Verbindungen haben die Tendenz zur Transitivität: Der Freund meines Freundes ist mein Freund. Wenn A mit B und mit C befreundet oder „stark verbunden" ist, ist der Tendenz nach ausgeschlossen, dass B und C *nicht* miteinander befreundet sind. Weil starke Verbindungen „strukturelle Spannungen" „ (siehe Abschnitt 7.4.1) schlecht vertragen, neigen sie dazu, sich nach außen abzuschließen: Mehrere Freundschaftsnetzwerke bestehen oft nebeneinander; sie bilden kleine Gemeinschaften, aber *keine* Gesellschaft.

„Schwache Verbindungen" hingegen verlangen keine Transitivität: Der Bekannte meines Bekannten – und auch meines Freundes – muss nicht mein Bekannter sein. Wenn A eine starke oder schwache Verbindung mit B und eine schwache Verbindung mit C hat, dann hat B in der Regel *keine* Beziehung zu C. Schwache Verbindungen haben also die „Stärke", dass sie „Brücken"- *alleinige* Verbindungen – zwischen Netzwerken aus schwachen oder starken Verbindungen schlagen. Wenn A und B noch mit weiteren Personen in einem Netzwerk stehen, von denen keine zu C eine Verbindung hat, wenn weiterhin C mit Personen eines zweiten Netzwerks in Verbindung steht, von denen keine eine Verbindung zum ersten Netzwerk hat, dann ist A für B und alle weiteren Personen des ersten Netzwerks gerade deshalb wichtig, weil er allein die Verbindung zu C und dem zweiten Netzwerk herstellt; entsprechendes gilt für C und die weiteren Personen des zweiten Netzwerks. Selbst wenn die beiden Netzwerke über noch weitere Personen in Verbindung stehen, so dass die Brücke nicht die *alleinige* Verbindung ist, bleibt die Brücke zwischen A und C für die übrigen Mitglieder der beiden Netzwerke wichtig: Sie stellt dann eine „lokale Brücke" dar und ist in dem Maße wertvoll, als sie eine *kürzere* als die weitläufige Verbindung über weitere Personen der beiden Netzwerke herstellt. Starke Verbindungen sind hingegen ihrer Natur nach keine Brücken: Wenn A nicht nur mit B, sondern auch mit C eine starke Verbindung hat, dann muss B auch mit C in eine – zunächst wenigstens schwache – Verbindung treten. Erstes und zweites Netzwerk sind also nicht mehr allein bei A und C verbunden; die Verbindung zwischen A und C ist keine Brücke mehr.

Schwache Verbindungen sind also deshalb nützlich, weil sie einen „indirekten Pfad" in die „Gesellschaft" eröffnen. So finden z.B. Stellenwechsler eine neue Stelle häufiger über schwache als über starke Verbindungen; denn die schwache Verbindung kennt die offenen Stellen, die dem Bewerber nicht schon sowieso bekannt sind. Oder die gemeinsame Mitgliedschaft in Kirchen oder Vereinen ist eine „Brücke", über die lokale Bewegungen kommunizieren, zusammenarbeiten und sich „organisieren" können (Granovetter 1973: 1371-1377) – wer denkt da nicht an das Ende der DDR? Das Muster von starken und schwachen Verbindungen steuert also die Diffusion von Neuerungen.

Kurzum: Die Zahl, die Art und die Stärke der Beziehungen in der Berührungsmatrix der Gruppe und die Maße der Netzwerkanalyse erlauben es, *Gewichte* zu konstruieren, mit denen sich die Aggregation genauer als durch eine bloße Summierung beschreiben lässt. Mit diesen Gewichten wird der Einfluss der Sozialstruktur auf den Prozess der Aggregation greifbar.

Aber dabei darf die Wirkung des Prozesses selber nicht außer Acht gelassen werden – wie folgendes Gedankenexperiment zeigt. Angenommen, unter 100 Männern seien die Schwellenwerte gleichverteilt und unter 100 Frauen ebenfalls weitgehend, aber mit der Ausnahme, dass statt des einen Schwellenwerts von r=.0 zwei von r=.01 gemessen worden. Wenn man die Aggregation bloß als Summierung auffasst, so liegt der Mittelwert der Männer bei r=.495 und der der Frauen bei r=.4951. Man würde den Unterschieden der Schwellenwerte keinerlei Bedeutung beimessen. Wenn man aber die Aggregation als Prozess betrachtet, ergibt sich ein ganz anderes Bild. Sofern Männer und Frauen unabhängig über die Teilnahme entscheiden, ist das Gleichgewicht der Männer bei 100% und der Frauen bei 0%. Es ergäbe sich also ein großer Geschlechtseffekt, der aus einer minimalen Verteilungsdifferenz resultiert. Es kann also in die Irre führen, wenn man allein aus der Verteilung individueller Werte auf das Ergebnis im Aggregat schließt – ohne auf ihre Bedeutung im Prozess zu achten. Der Prozess der Aggregation kann durchaus anders verlaufen, als die Summierung der Schwellenwerte nahe legt. Weil das Schwellenwertmodell das veranschaulicht, ist es wichtig für den sozialen Wandel und für das soziologische Erklärungsschema überhaupt.

Lektüre: Granovetter (1973)

Weiterführende Literatur: Granovetter (1982) fasst weitere Untersuchungen zu „schwachen und starken Verbindungen" zusammen.

10.4.3 Zusammenfassung: Soziale Strukturen als Basis, Prozesse der Diffusion als Form des sozialen Wandels

Im letzten Abschnitt wurde versucht, den sozialen Wandel im Rahmen des soziologischen Erklärungsschemas zu betrachten und den Prozess der Aggregation zu analysieren, der dem sozialen Wandel zugrunde liegt.

Der soziale Wandel besteht in der Veränderung eines sozialen Tatbestands zwischen zwei Zeitpunkten; er ergibt sich aus der Aggregation der Entscheidungen aller Individuen zu einem neuen sozialen Tatbestand. Wenn die Individuen sich nicht aneinander orientieren, dann ist unwesentlich, wer zuerst und wer später handelt, und man kann die Entscheidungen summieren. Wenn die Individuen sich aneinander orientieren und interdependent handeln, dann wird der Zeitpunkt durch soziale Beziehungen unter den Individuen bestimmt. Der soziale Wandel hängt von der Sozialstruktur in den für die Entscheidung relevanten Dimensionen ab.

Die Beziehungen einer Person zu Anderen müssen als Netzwerk erhoben und analysiert werden. Aber auch wenn die relationale Sozialstruktur nicht erhoben wurde, kann man Merkmale der distributiven Sozialstruktur – Zugehörigkeiten, Wertschätzungen und Ressourcen – oder Selbsteinschätzungen als Indikatoren der sozialen Einbettung verwenden und in die Erklärung des Zieltatbestands mit aufnehmen. Aber dann bleibt die Aggregation eine Summierung. Sie wird nicht als Prozess betrachtet, dessen Fortgang vom bisherigen Verlauf abhängt und in den die Personen nach ihrer sozialstrukturellen Position eintreten.

Die Sozialstruktur ist die Basis für den Prozess der Aggregation, der als Diffusion verstanden und mit der Diffusionskurve beschrieben werden kann. Wenn Neuerer und potentielle Imitatoren zufällig zusammentreffen und alle potenziellen Imitatoren die gleiche und konstante Neigung zur Imitation haben, dann verbreitet sich die Neuerung zunächst schneller und dann wieder langsamer – einfach aufgrund der Tatsache, dass bis zur Hälfte der Gruppengröße der Anteil der potentiellen Imitatoren zunimmt und dann wieder abnimmt. Weil aber die Annahmen der Diffusionskurve ausschließen, dass die Individuen mit individuellen Merkmalen in den Prozess eingehen, kann sie nur die Diffusion im Aggregat beschreiben, ohne sie durch individuelle Entscheidungen zu erklären.

Der Eintritt jeder Person in den Diffusionsprozess kann mit der Annahme einer Verteilung individueller Schwellenwerte erklärt werden. Jedes Individuum vergleicht den wahrgenommenen Neuereranteil mit seinem persönlichen Schwellenwert und übernimmt die Neuerung, wenn der Neuereranteil so groß ist wie sein Schwellenwert. Dadurch erhöht es den Neuereranteil, den die anderen Individuen wahrnehmen, so dass sie im nächsten Schritt ebenfalls mitmachen, bis kein Individuum mehr da ist, dessen Schwellenwert durch den erhöhten Neuereranteil erreicht wird. Das Schwellenwertmodell unterbaut also den Diffusionsprozess mit individuellen Entscheidungen. Und weil die individuellen Entscheidungen vom wahrgenommenen Neuereranteil abhängen, führt es den Diffusionsprozess mit der Struktur sozialer Relationen zusammen.

10.5 Das Aggregationsproblem in Theorien des sozialen Wandels

Die Einordnung des sozialen Wandels in das soziologische Erklärungsschema ist vorläufig und ergänzungsbedürftig. Aber sie sollte verdeutlicht haben, dass die Aggregation der entscheidende Prozess des sozialen Wandels ist. Zudem sind die Diffusionskurve und das Schwellenwertmodell nur zwei von vielen Modellen der Aggregation.[4] Aber an ihnen sollte deutlich gewor-

---

4 Neben der Diffusionskurve kann auch eine fallende exponentielle Kurve Diffusionsprozesse beschreiben, welche dann aber aus einer konstanten Quelle und nicht aus Interaktionen resultieren; und zur Erklärung der S-Form gibt es viele Theorien (Mahajan / Peterson 1985: 9, 15-19).

den sein, dass die Aggregation sich als Prozess formal darstellen und durch individuelle Merkmale erklären lässt. Auf jeden Fall aber hat die Diskussion des soziologischen Erklärungsschemas gezeigt, welche Anforderungen mit dem Ziel der Erklärung des sozialen Wandels gestellt sind. Im folgenden Abschnitt werden daher die Theorien des sozialen Wandels, die m.E. in der Soziologie am meisten Gewicht erlangt haben, mit diesen Anforderungen konfrontiert. Als erstes wird das Modell der Kohortensukzession unter die Lupe des soziologischen Erklärungsschemas genommen. Dann wird überprüft, wieweit die Erklärung des sozialen Wandels durch soziale Konflikte sich im soziologischen Erklärungsschema darstellen lässt. Schließlich wird am Beispiel von Webers Untersuchung zur protestantischen Ethik gezeigt, dass sich auch längerfristiger sozialer Wandel grundsätzlich im soziologischen Erklärungsschema verstehen lässt.

10.5.1 Das Modell der Kohortensukzession

Die Kohortensukzession ist – wie in Abschnitt 10.3.2 dargelegt – *das* Modell der Kohortenanalyse zur Erklärung des sozialen Wandels. Die Startpunkte der Kohorten werden gestaffelt, und jede Kohorte ist durch die Sozialisation in der Jugend für das ganze Leben geprägt, so dass der soziale Wandel aus der Staffelung resultiert. Die Aggregation ist die Summe der Kohortenerfahrungen – wobei die Kohorten zwar mit ihrer Größe gewichtet werden, nicht aber mit einem Gewicht, dass sich aus ihren Relationen zueinander ergibt. Die Aggregation bleibt also eine Summierung ohne sozialstrukturelle Gewichtung – was die Annahme impliziert, dass sie *nicht* durch die Relationen zwischen den Kohorten beeinflusst wird. Ob und inwiefern diese Annahme berechtigt ist, ist in der Soziologie unter dem Stichwort Generation diskutiert worden: Lassen sich Generationen als sozial wirksame Einheiten gegen die statistischen Gruppierungen der Kohorten abgrenzen, und inwiefern bestehen zwischen Generationen soziale Beziehungen?

Zeitgeschichtliche Lagerung, Generationen und das Aggregationsproblem

Eine Kohorte ist durch die Situation ihrer „Lagerung" in der Zeitgeschichte charakterisiert, die alle Mitglieder teilen. So wie Mitglieder sozialer Klassen die gleichen Ressourcen innerhalb der sozialen Ungleichheit teilen (siehe Abschnitt 8.3), so teilen Mitglieder einer Kohorte die „Lagerung" in der Zeitgeschichte (Mannheim 1928: 524-528).[5] Ob sie wollen oder nicht, sie stehen vor den gleichen Problemen, die sich in ihren „prägenden Jahren" stellen: Sie müssen z.B. unter den Bedingungen eines günstigen oder ungünstigen Arbeitsmarkts sich Arbeit suchen und in einem liberalen oder strengen Meinungsklima ihr Weltbild finden. Wenn die Mitglieder der Kohorte sich aber die gemeinsamen Probleme ihrer Lagerung bewusst machen, dann bilden sie eine *Generation*. Jugendliche in der gleichen zeitgeschichtlichen Lagerung werden nicht nur – wie in der Sozialisationshypothese angenommen – in gleicher Weise aufgezogen. Sie reden auch miteinander, finden einen Namen für das gemeinsame Schicksal und eine Lösung für die gemeinsamen Probleme: Die statistische Gruppierung nach Geburtsjahren kann sie zu einer Generation zusammenschmieden, die mit *einer* Stimme spricht; die kollektive Selbstfindung geht also zunächst nach innen, auf ein einheitliches Verständnis der gemeinsamen Probleme.

---

5 Mannheim, der den Begriff der Kohorte nicht benutzt, spricht von „Generationslagerung", meint aber die Probleme, die sich einer Kohorte stellen, bevor sie sich als Generation sieht.

Oft ist die kollektive Selbstfindung jedoch mit der Abgrenzung gegen andere Generationen verbunden. Auf eine „linke" folgt eine „rechte", auf eine „sentimentale" eine „rationalistische", auf eine „sorglose" eine „karrieristische" Generation. Die historische Jugendforschung hat beschrieben, wie im 18. Jahrhundert die „jeunesse brulee" sich von der „jeunesse doree" (Muchow 1962) und der „hoffnungsvolle Jüngling" vom „jungen Herrn" distanziert haben (Hornstein 1965). Es gibt also in der Tat Muster der Interdependenz, der Intimfeindschaft und Seelenverwandtschaft, nach denen jüngere Kohorten sich von der älteren absetzen und vielleicht mit der nächst älteren koalieren: Manche Kohorten werden erst in der Abgrenzung zu anderen, die sich bereits als Generation artikuliert haben, zur Generation. Ihnen geht es nicht nur – wie in der Sukzessionshypothese angenommen – besser oder schlechter als anderen; sie verstehen sich auch als Einheit, der es besser oder schlechter geht als anderen.

Aber nicht jede Kohorte wird zu einer Generation; nicht jede entwickelt ein eigenes Selbstbewusstsein, gibt sich einen Namen und findet ihr eigenes Thema, mit dem sie sich von älteren Kohorten absetzt oder mit ihnen identifiziert; in Deutschland waren „die 68er" die letzte Generation mit dem eigenen Namen und dem eigenen Thema der „antiautoritären Bewegung". So wenig wie Lebensstile die ganze Fläche einer Gesellschaft abdecken (siehe Abschnitt 8.1.2), so wenig begleiten Generationen fortwährend die Geschichte. So wie die blinden Flecken der sozialen Landkarte mit Lebensstilen, so deckt die Marktforschung unaufgeregte Zeitspannen mit erfundenen Generationen ab: Zum „aufgeschlossenen und anpassungsfähigen Normalbürger" gesellt sich dann die „skeptische", „verunsicherte", „egoistische", „narzisstische", „nutzlose" oder was-weiß-ich Generation. Wie Lebensstile sind auch Generationen „ästhetisch-expressive Muster ... der Lebensführung" (Band / Müller 2001: 428); aber Selbststilisierungen werden nicht immer angestrebt und gelingen nicht immer. Wie bei Lebensstilen ist es wohl auch bei Generationen sinnvoll, einen Zusammenhang nicht in der gemeinsamen Expressivität der Personen, sondern in den Relationen zwischen den Personen zu suchen.

Selbst wenn aber eine Kohorte sich zu einer Generation gefunden hat, ist es schwierig, eindeutige Wirkungen ihres Diskurses mit anderen Generationen auf typische Einstellungen hin – etwa zur Arbeit und zur Politik – zu entdecken. Denn die Selbststilisierungen, die aus einer Kohorte eine Generation machen, sind das Werk von intellektuellen Eliten, die in sich uneins sind. Selbst unter den „68ern" gab es nicht nur die Mehrheit der „Anti-Autoritären", sondern auch „Konservative", die auf das gleiche Problem, die Erstarrung der erfolgreich etablierten Bundesrepublik, die entgegengesetzte Antwort gaben: nicht die Überwindung, nicht einmal die Reform des Kapitalismus, sondern die Steigerung seiner Effizienz. Im gleichen „Generationszusammenhang" gibt es entgegengesetzte „Generationseinheiten" (Mannheim 1928: 541-544). Nur die gleich denkenden „Generationseinheiten" werden daher über die Generationskluft miteinander reden, nicht aber die Generationen in der ganzen sozialen Spannbreite.[6]

Auf dem Wege von der Kohorte zur Generation finden sich also Gründe für und gegen die Annahme einer geringen Interdependenz, die die Nachbildung der Aggregation durch die

---

6 Man könnte die Elternschaft als eine Verbindung zwischen den Generationen auffassen, die alle Kohortenmitglieder, nicht nur die Eliten, miteinander verbindet; und die Jugendsoziologie hat die Beziehungen zwischen Jugendlichen und *ihren* Eltern untersucht (Zinnecker 1985). Die Generationen, die die historische Jugendforschung und die Kohortenanalyse untersucht, stehen sich gerade nicht als Eltern und Kinder gegenüber, sondern als Gruppierungen jenseits der Familie. Entsprechend gab es selbst zu einem Zeitpunkt eines starken *öffentlichen* Generationskonflikts nach 1968 eine hohe Übereinstimmung zwischen Eltern und Kindern in politischen und moralischen Fragen, also einen geringen *privaten* Generationskonflikt (Allerbeck u.a. 1979).

Summierung rechtfertigen. Die kollektive Selbstfindung der Kohorte als Generation schließt sie gegen andere ab, aber verweist sie auch auf andere Kohorten. Aber viele Kohorten treten nicht in diesen Prozess kollektiver Selbstfindung ein, sie bleiben statistische Gruppen. So gesehen, bestehen allerdings in der Tat keine Interdependenzen, so dass die Summierung *faute de mieux* gerechtfertigt erscheint. Alles in allem also kann man den Weg von der linken zur rechten Hälfte der Abbildung 10.1 als einen Weg von der Mikroebene handelnder Individuen, „Kohorten" genannt, zur Makroebene des neuen sozialen Tatbestands in Abbildung 10.2 verstehen.

Kohortenzugehörigkeit als exogene Variable

Aber die Kohorten auf der linken Hälfte der Abbildung 10.1 orientieren sich nicht an ein und demselben sozialen Ausgangstatbestand, wie es für die Individuen in Abbildung 10.2 angenommen wird. Die Kohorten sind durch die Erfahrung ihrer Jugend für ihr Leben geprägt – wie die Sozialisationshypothese annimmt. Und sie unterscheiden sich durch die Anregungen und Herausforderungen der prägenden Jahre – wie die Sukzessionshypothese im Einzelnen begründet.

Die Desaggregation, mit der jede Kohortenanalyse beginnt, zerstört also den *einheitlichen* Ausgangstatbestand, mit dem das soziologische Erklärungsschema beginnt. An seine Stelle tritt die *Variable* der Kohortenzugehörigkeit, die insgesamt den sozialen Wandel bestimmt: Die verschiedenen Prägungen der einander folgenden Kohorten fügen sich zusammen zum Trend in der Bevölkerung. Die Variable, die das Modell der Kohortensukzession in die Analyse des sozialen Wandels einführt, ist also *exogen* und *systematisch*. Der soziale Wandel hat eine äußere Quelle, die immer, nicht nur hier oder da, gegeben ist; er „entspringt dem Tod". Aber die Wirkung dieser Quelle hängt davon ab, wo man aufwächst und wie stark man geprägt wird. Die biologische Reproduktion der Gattung ist die natürliche Basis jeder Gesellschaft; aber sie wird von der Gesellschaft bearbeitet, so dass sich zwischen Gesellschaften und zwischen Zeitpunkten die Unterschiede ergeben, die zur Sukzessions- und Sozialisationshypothese führen oder nicht.

Exogene Variable lassen sich in das soziologische Erklärungsschema jedoch als Bedingungen einführen, die den sozialen Ausgangstatbestand zwischen Gruppen differenzieren. Jeder der unterschiedlichen Ausgangstatbestände ist in der gleichen Weise gegeben wie der einheitliche Ausgangstatbestand, so dass sie nicht als solche, sondern durch die Aggregation den sozialen Wandel steuern. Da das Modell der Kohortensukzession die Aggregation von Entscheidungen enthält, ist es mit dem soziologischen Erklärungsschema vereinbar.

Kurzum: Das Modell der Kohortensukzession deckt sich mit dem soziologischen Erklärungsschema – bis auf zwei Unterschiede. Auf der einen Seite schöpft es Möglichkeiten nicht aus, die mit dem Erklärungsschema eröffnet sind: Es reduziert die Aggregation auf die Summierung – aber das kann dadurch gerechtfertigt werden, dass Interaktionen zwischen Kohorten bei der Prägung von Generationen oft nicht stark ins Gewicht fallen. Auf der anderen Seite geht es über das soziologische Erklärungsschema hinaus, das sozialen Wandel zunächst endogen aus der Aggregation erklärt, und führt mit der Kohortensukzession die natürliche Reproduktion als exogene Variable ein. Da Geburt und Tod der Puls jeder Gesellschaft sind, der je nach den Umständen schneller oder langsamer schlägt, führt das Modell der Kohortensukzession systematisch eine exogene Variable in die Analyse des sozialen Wandels ein. Selbst wenn also das Modell der Kohortensukzession die endogene Genese des Wandels durch die Aggregation nicht scharf ausleuchtet, expliziert es die Wirkung der biologischen Basis auf den

Wandel der Gesellschaft. Was die implizite Theorie des Wandels vieler Zeitgenossen ist und was seit Comte und Mannheim Gemeingut der Soziologie ist, wird im Modell der Kohortensukzession greifbar und überprüfbar.

Lektüre: Mannheim (1928: 524-565) stellt die Bedeutung der biologischen Basis für den Wandel jeder Gesellschaft dar und führt aus, wie die Menschen in der gleichen historischen „Lagerung", also eine Kohorte, sich die aus der „Lagerung" resultierenden Probleme, also ihren „Generationszusammenhang", bewusst machen, so dass entgegengesetzte Lösungen, also „Generationseinheiten", innerhalb des gleichen „Generationszusammenhanges" hervorgebracht werden.

10.5.2 Konflikte zwischen sozialen Klassen und korporativen Akteuren

Das soziologische Erklärungsschema sucht zuerst endogene Ursachen des sozialen Wandels im Prozess der Aggregation. Da die Aggregation durch die für den sozialen Tatbestand relevanten sozialen Beziehungen gesteuert wird, muss man fragen, welche Beziehungsformen für den sozialen Wandel relevant sind. Die naheliegende Antwort, es hinge vom betrachteten sozialen Tatbestand ab, ist richtig, aber wohlfeil. Die Theorie des sozialen Wandels sucht allgemeine Antworten; sie will Beziehungsformen und entsprechende relationale Sozialstrukturen identifizieren, die der Aggregation zugrunde liegen. Eine derartige Antwort wurde schon bei der Analyse der sozialen Integration betrachtet (siehe Abschnitt 6.1.1): Die Integration einer Gesellschaft durch Normen schränkt immer die Interessen einiger mehr und anderer weniger ein und führt deshalb zu sozialen Konflikten, deren Lösung den alten Integrationszustand in Richtung der bisher unterdrückten Interessen verschiebt, also einen sozialen Wandel bewirkt. Das ist der Kern der Konflikttheorie.

Die Konflikttheorie kann als eine Ausarbeitung des soziologischen Erklärungsschemas gesehen werden. Im soziologischen Erklärungsschema geht es um einen Ausgangs- und Zieltatbestand der gleichen Art – die Konflikttheorie zielt auf die Verschiebung der sozialen Integration zugunsten des einen oder anderen Konfliktpartners. Das soziologische Erklärungsschema vermittelt zwischen Ausgangs- und Zieltatbestand durch die Aggregation individueller Handlungen – die Konflikttheorie durch die Lösung der Interessenkonflikte zwischen sozialen Gruppen. Wie für die Kohortenanalyse muss also auch für die Konflikttheorie die Basis des Erklärungsschemas in der dritten Dimension erweitert werden, in der sich Relationen zwischen den sozialen Gruppen darstellen lassen – nämlich jetzt die spezifische Relation des „Konflikts". Wie bei der Kohortenanalyse kann man auch bei der Konflikttheorie fragen, wie die Aggregation der Entscheidungen der Gruppen zum Wandel führt. Anders als die Kohortenanalyse aber führt die Konflikttheorie keine exogenen Variablen ein, sondern konzentriert sich auf die *endogene* Genese des Wandels durch den *sozialen* Konflikt (Dahrendorf 1969: 109). Was macht einen Konflikt zum sozialen Konflikt?

Interessen und soziale Gruppen, latente und manifeste Konflikte

Konflikte entstehen zwischen Personen und aus persönlichen Gründen. Zwei Spielkameraden streiten sich, weil der eine lieber Schach und der andere lieber Go spielt; Ehepartner streiten sich um das Urlaubsziel, weil er sich ausruhen und sie etwas erleben will usw. Die Quelle des Konflikts sind unterschiedliche Präferenzen der Personen – die Vorlieben, die jede Seite gerade hegt und sich selber kaum begründen kann und will. Das Ziel des Konflikts ist der Ausgleich zwischen den Präferenzen. Natürlich sind Konflikte um Präferenzen eine Form sozialen Handelns, weil sich die eine wie die andere Person an den Handlungsmöglichkeiten der anderen orientiert; und natürlich müssen Konflikte über Präferenzen nicht auf zwei Personen beschränkt sein: Nicht nur die Ehepartner, sondern die ganze Familie können sich über das Urlaubsziel streiten. Trotzdem gibt es einen Grund, den Begriff des sozialen Konflikts enger zu definieren.

Soziale Konflikte entstehen nicht zwischen Personen mit unterschiedlichen Präferenzen, sondern zwischen Gruppen mit unterschiedlichen Interessen. Jede Gruppe ist durch ein gemeinsames Interesse definiert (Olson 1965: 8); und das gemeinsame Interesse ergibt sich nicht aus der Übereinstimmung einer Präferenz, sondern dem Besitz einer ähnlichen Menge einer Ressource (siehe Abschnitt 8.3.1). Die Quelle sozialer Konflikte liegt also im unterschiedlichen Besitz einer Ressource. Das Ziel dieser Konflikte ist daher die Umverteilung dieser Ressource zwischen den Gruppen. Sowohl Quelle wie Ziel des sozialen Konflikts ist also die *soziale Ungleichheit* in einer Gesellschaft, also die unter Wertgesichtspunkten beurteilte Verteilung einer Ressource – Besitz, Einkommen, Bildung, Anweisungsbefugnis oder Macht.

In jeder Vergesellschaftungsform sind Ressourcen unterschiedlich verteilt. In jeder Vergesellschaftung gibt es daher Anlass für soziale Konflikte. Das ist die Prämisse der Theorie des „sozialen Wandels durch sozialen Konflikt", die Dahrendorf (1957, 1969) entwickelt hat. Wenn eine Gruppe von Menschen aber weniger Ressourcen besitzt als eine andere, so wird sie deshalb noch nicht als Gruppe handeln. Die Unterschiede der Ressourcen sind vielmehr der soziale Ausgangstatbestand des soziologischen Erklärungsschemas, auf den die Akteure antworten. Sie bilden „Quasi-Gruppen" oder „Klassen an sich", die sich als „Interessengruppen" oder „Klassen für sich" organisieren müssen, damit aus „latenten" „manifeste" Konflikte werden. Beispiele hierfür sind mit mutmaßlich abnehmendem Grad der Organisierbarkeit: Arbeitgeber und Arbeitnehmer, Produzenten und Verbraucher, Arbeitsplatzbesitzer und Arbeitslose, Familien mit Kindern und Alleinstehende, Autofahrer und Nutzer öffentlicher Verkehrsmittel, Alte und Junge, Männer und Frauen.[7]

Lösung manifester Konflikte und das Aggregationsproblem

Wenn Konflikte von sozialer Ungleichheit ausgehen und auf ihre Veränderung zielen, dann sollte ihr Resultat sozialer Wandel sein. Wenn Gruppen glauben, dass in der gegebenen Verteilung von Ressourcen ihr Interesse nicht hinlänglich befriedigt ist, dann werden sie ihr Interesse artikulieren. Aus dem latenten wird ein manifester Konflikt. Wenn sie ihr Interesse durchsetzen, dann verändern sie zugleich die Verteilung der Ressourcen. Die Lösung des manifesten Konflikts endet mit einem sozialen Wandel. Gewerkschaften und Unternehmer einigen sich z.B. jedes Jahr – in Deutschland meist ohne Streiks – über neue Tarifverträge, so dass sich die Einkommensverteilung zwischen Arbeitern und Kapitaleignern in die eine oder andere Richtung verändert. Sie wird durch die Lohnquote gemessen, die sich mit der Gewinnquote zu 100% ergänzt. Zwischen 1960 und 1980 ist die Lohnquote von 60,1% auf 75,5% gestiegen, um dann bis 1989 wieder auf 70,3% zu fallen (Hauser 2001: 161; sowie Berger 2001: 745).

---

7 Dahrendorf (1957, 1966) führt alle Konflikte auf einen fundamentalen Konflikt zurück, den Konflikt zwischen Herrschenden und Beherrschten. Da jede Gesellschaft durch gemeinsame Normen definiert sei, gäbe es immer soziale Ungleichheit zwischen denen, die Normen setzen und denen, die Normen befolgen müssen, also zwischen Herrschenden und Beherrschten. Wer aber die Prämisse einer normativen Integration der Gesellschaft nicht teilt, muss auch die Rückführung sozialer Konflikte auf den Fundamentalkonflikt der Herrschaft nicht teilen.

In der Konflikttheorie werden also drei Variablen, die mit Bezug aufeinander definiert sind, verknüpft. Am Beginn und am Ende des Prozesses stehen auf der Makroebene zwei Zustände einer sozialen Ungleichheit, durch deren Unterschied sich der soziale Wandel definiert; dazwischen tritt auf der Mikroebene der soziale Konflikt, der als „manifeste Artikulation latenter Interessen an Ressourcen" definiert ist. Zwischen „Ausgangszustand der sozialen Ungleichheit", „sozialen Konflikt" und „Endzustand der sozialen Ungleichheit" oder – kurz und nach der umständlichen Umschreibung nicht mehr missverständlich – zwischen „sozialer Ungleichheit", „sozialem Konflikt" und „sozialem Wandel" treten dann zwei Übergänge: von Ungleichheit zu Konflikt und von Konflikt zu Wandel.

Der *erste* Übergang, die Organisation latenter als manifeste Interessen, ist ein Problem des kollektiven Handelns: Das Kollektivgut der Interessenorganisation wird nicht ohne weiteres erstellt, weil jeder dafür Zeit und Geld investieren muss und darauf vertraut, dass die anderen diese Kosten übernehmen (siehe Abschnitt 3.2.7). Die interessierten Personen müssen ihren kurzfristigen Egoismus überwinden und eine „minimale sich selbst beschränkende Koalition" bilden. Sie müssen den Sprung von der individuellen auf die kollektive Sichtweise schaffen, der in Schellings grafischer Darstellung des Gefangenendilemmas durch den Wechsel von der senkrechten auf die waagerechte Perspektive erfasst wird. Die Frage ist, ob der Übergang überhaupt zustande kommt. Schaffen genug Individuen den Sprung von der individuellen auf die kollektive Sichtweise? Oder: schafft die Gruppe es, sich zu organisieren?

Wenn allein das gemeinsame Interesse über diese Hürde helfen soll, scheint das Problem fast unlösbar: Wie sind rund drei Millionen Arbeiter dazu gekommen, sich in der IG Metall zu organisieren (Wiesenthal 2001: 345)? Aber die drei Millionen sind in sozialen Netzwerken mit „Brücken" aus „starken" und „schwachen Verbindungen" verbunden, von Freundschaft und Nachbarschaften und von Kirchen-, Partei- und Vereinsmitgliedschaften. Die Netzwerke erleichtern es, eine so große Organisation aufzubauen.

Der Übergang wird weiterhin dadurch erleichtert, dass das gemeinsame latente Interesse durch den Gegensatz zu einem anderen definiert ist, so dass die manifesten Gruppen einander mit gegensätzlichen Interessen gegenüberstehen (Dahrendorf 1969: 116-117) und um Ressourcen der sozialen Ungleichheit kämpfen: um Lohn oder Gewinn im Tarifkonflikt, um Anweisungsbefugnis im Industriebetrieb, um Macht im Staat (Dahrendorf 1969: 118-121). Die parallele Organisation widerstreitender Interessen kann also im soziologischen Erklärungsschema als Schritt von einem sozialen Ausgangstatbestand der sozialen Ungleichheit zur Wahrnehmung kollektiver Interessen verstanden werden. Sie ist ein Schritt von der Makroebene zur Mikroebene *kollektiver* Akteure, also zu Verbänden, die manifeste Interessen vertreten.

Der *zweite* Übergang, die Durchsetzung manifester Interessen mit dem Resultat einer neuen Verteilung von Ressourcen, resultiert erstens aus dem Kräfteverhältnis der miteinander streitenden kollektiven Akteure – etwa aus den Eckdaten von Produktivität und Wachstum und aus der öffentlichen Stimmung, die hohe oder niedrige Lohnerhöhungen zulassen. Zweitens schränken Regeln der Konfliktlösung die Handlungsmöglichkeiten ein. In Deutschland z.B. regelt die Tarifautonomie, dass Arbeitgeberverbände Verhandlungen über Löhne und Gehälter, Arbeits- und Urlaubszeiten und Arbeitsbedingungen ohne staatliche Eingriffe führen können; das Streikrecht regelt die Auseinandersetzungen, falls die Tarifverhandlungen scheitern.

Drittens werden manche Entscheidungen, die den Interessenkonflikt lösen, in Verhandlungen zwischen Regierung und den beiden Tarifpartnern außerhalb des Parlaments wie des Systems der Tarifautonomie – „Bündnis für Arbeit" – vorgeklärt. Dabei geht es nicht nur um Tarife, sondern um Regelungen der Arbeitsbeziehungen, über die das Parlament Gesetze beschließen muss: Betriebsverfassung, betriebliche und überbetriebliche Mitbestimmung, Arbeitsschutz, Lohnfortzahlung im Krankheitsfall durch die gesetzliche Krankenversicherung, Vermögensbildung in Arbeitnehmerhand, Investivlohn u.a.m. Gewerkschaft und Unternehmer kämpfen also nicht nur um die Verteilung von Einkommen, sondern auch um die Rahmenbedingungen der sozialen Ordnung. Z.B. wurde 1951 die Montan-Mitbestimmung, also die paritätische Beteiligung von Gewerkschaftsvertretern im Aufsichtsrat von großen Kohle- und Stahlunternehmen eingeführt; und im Jahre 2001 geht der Streit darum, ob in Betrieben ab 200 oder ab 300 Mitarbeitern Betriebsratsmitglieder mit Bezahlung von der Arbeit freigestellt werden sollen. Die Tarifautonomie wird also ergänzt durch ein Beziehungsgeflecht zwischen den Verbänden auf der einen Seite und dem Staat, den Parteien und der Regierung auf der anderen Seite, das als „Korporatismus" bezeichnet wird (Streeck 1999) und für das Durkheims Vorschlag der Wiederbelebung der Stände ein Vorgänger ist (siehe Abschnitt 5.3.1).

In diesen drei Dimensionen – dem Kräfteverhältnis zwischen den kollektiven Akteuren, den Regeln der Konfliktlösung und dem Beziehungsgeflecht zwischen Verbänden und Staat – lässt sich auf der Mikroebene des erweiterten soziologischen Erklärungsschemas in Abbildung 10.2 die Struktur sozialer Beziehungen erfassen, die die Interessen aggregiert und einen neuen sozialen Tatbestand veränderter sozialer Ungleichheit schafft. Die Interessenvermittlung zwischen den Konfliktparteien ist eine Lösung des Aggregationsproblems; sie ist ein sozialer Prozess, der von der Mikro- zurück auf die Makroebene führt.

Kurzum: Die Theorie des „Wandels durch Konflikt" ist eine Konkretisierung des soziologischen Erklärungsschemas. Mit dem Übergang von latenten Interessen zu manifesten Konflikten geht man von der Makro- auf die Mikroebene hinunter, mit dem Übergang vom Konflikt zur seiner Lösung steigt man von der Mikro- wieder zur Makroebene auf. Die Theorie spezifiziert mit dem Konflikt eine besondere Beziehungsform auf der Mikroebene, und sie spezifiziert mit den Verbänden kollektive Akteure, die – anders als die aus den Kohorten erwachsenden Generationen – ein sozial markantes Profil haben. Die Beziehungen zwischen diesen Akteuren lassen sich grundsätzlich mit dem relationalen Strukturbegriff erfassen. Sie lassen sich weiterhin nach hinten und nach vorne auf den Ausgangs- und Endzustand der sozialen Ungleichheit projizieren. Sowohl die Übersetzung der Ungleichheit in die Formierung kollektiver Akteure wie die Aggregation der Auseinandersetzung zwischen ihnen zu einer neuen Ungleichheit sind im Prinzip als soziale Prozesse fassbar.

Lektüre: Dahrendorf (1969).

Weiterführende Literatur: Streeck (1999: vor allem Kapitel 1,7 und 8)

10.5.3 Längerfristiger Wandel ganzer Gesellschaften

Das Modell der Kohortensukzession diente zur Erklärung von Einstellungsveränderungen, die Konflikttheorie zur Erklärung von Veränderungen der sozialen Ungleichheit – beides über wenige Jahrzehnte in einer Nationalgesellschaft. Wie in Abschnitt 10.1 angekündigt, wurde bisher nur Wandel *in* der Gesellschaft, aber kein Wandel *der* Gesellschaft betrachtet. Aber die soziale Ordnung wandelt sich, mit der bestimmte Lebensbereiche geregelt und die Gesellschaft insgesamt abgegrenzt wird. Revolutionen führen neue Verfassungen ein, Staaten brechen zusammen. Und in der Soziologie haben Theorien des sozialen Wandels eine lange Tradition, die eine Entwicklungsfolge von Gesellschaftstypen konstruieren und Faktoren des

Übergangs zwischen ihnen bestimmen. Sie können im Folgenden nicht im Detail dargestellt werden. Aber es kann an einem Beispiel des Wandels *der* Gesellschaft dargestellt werden, dass auch Theorien über die Entwicklung ganzer Gesellschaften nach dem soziologischen Erklärungsschema verstanden werden können.

Theorien gesellschaftlicher Entwicklung

Die Entwicklung ganzer Gesellschaften ergibt sich aus einem allgemeinen Beweggrund der Entwicklung, der eine Folge immer weiter entwickelter Typen produziert. Zwei derartige Entwicklungstypologien sind in Abschnitt 5.3.1 unter dem weiteren Begriff der „sozialen Differenzierung" behandelt worden: Die zunehmende Arbeitsteilung – Volumen, Dichte und Konkurrenz – bewegt nach *Spencer* Gesellschaften vom militärischen zum industriellen Typ und nach *Durkheim* von der mechanischen zur organischen Solidarität. Aber mindestens zwei weitere solche Typologien sind in der Soziologie wichtig geworden. Mit dem Fortschritt der Methoden, die Welt zu erkennen und zu gestalten, bewegen sich nach *Comtes* „Drei-Stadien-Gesetz" Gesellschaften vom theologischen über das metaphysische zum positiven Stadium (siehe dazu: Fuchs-Heinritz 1998: 98-146). Mit dem tendenziellen Fall der Profitrate verlieren nach *Marx* (1965: 614-630) kapitalistische Gesellschaften ihre Dynamik, so dass durch die Expropriation der Expropriateure der historisch notwendige Übergang in die sozialistische Gesellschaft auch praktisch vollzogen werden wird. Marx hat zudem eine allgemeine Theorie des sozialen Wandels entwickelt, die unabhängig von den postulierten Entwicklungsstadien betrachtet werden kann. Sozialer Wandel resultiert nach Marx aus der Spannung zwischen Unterbau und Überbau, zwischen den durch Wissenschaft und Technik wachsenden Produktivkräften und den Produktionsverhältnissen, also der gesetzlichen, normativen oder routinemäßigen Regelung der Beziehungen zwischen Menschen oder, mit Weber gesprochen, der legitimen Ordnung. Die Feudalordnung von Herr und Knecht und von Ständen mag für die agrarische Produktion angemessen sein, aber sie wird eine Fessel für die industrielle Produktion – weshalb ja in der Tat die ständische Ordnung durch die Bauernbefreiung und die Gewerbefreiheit aufgehoben wurde (siehe Abschnitt 8.1.2).

Die genannten Theorien postulieren Gesetze auf der Makroebene, ohne ihren Wirkungsmechanismus auf der Mikroebene hinlänglich zu explizieren (siehe z. B. Boudon 1986: Kapitel 1). Gemäß dem soziologischen Erklärungsschema sollten sie sich als das Ergebnis von Problemen und Entscheidungen auf der Mikroebene darstellen lassen. Um zu illustrieren, dass das soziologische Erklärungsschema grundsätzlich auch auf längerfristige und breitere soziale Entwicklungen angewendet werden kann, soll es auf ein Problem angewendet werden, das bereits Marx mit seiner Theorie des Überbaus angesprochen hat: auf die Frage, welche Rollen Ideen im sozialen Wandel spielen.

In der dogmatischen Kodifizierung der Marxschen Theorie, im Marxismus, ist diese Frage so beantwortet worden, dass der Unterbau den Überbau, die Produktivkräfte die Produktionsverhältnisse, die technisch-wissenschaftliche Entwicklung die religiösen, ästhetischen und philosophischen Vorstellungen bestimmt (Marx' Schriften dazu in: Fetscher 1983: 117-123). Webers (1920; 1965) Untersuchung über „Die protestantische Ethik und den Geist des Kapitalismus" ist zum Teil eine Diskussion der Frage, ob materielle Antriebskräfte den sozialen Wandel stärker bestimmen als Ideen. Aber die entscheidende Leistung Webers besteht darin, dass er die Sterilität dieses Streites über allgemeine Ursachenbündel des sozialen Wandels gezeigt hat, indem er implizit das soziologische Erklärungsschema angewendet hat. Vorrangig geht es nicht um die Einflussstärke von materiellen oder ideellen Faktoren, Interessen *oder*

Ideen auf den sozialen Wandel, sondern darum, wie Interessen *und* Ideen als soziale Tatbestände die Handlungsspielräume der Menschen bestimmen, so dass aus ihren Handlungen insgesamt neue Tatbestände entstehen. Weil Weber eine langfristige Entwicklung *der* Gesellschaft erklären will, betrachtet er nicht wie das Modell der Kohortensukzession oder die Konflikttheorie zwei unterschiedliche Zustände des gleichen Tatbestands, sei es einer Werteinstellung oder der sozialen Ungleichheit, sondern zwei unterschiedliche Tatbestände: die protestantische Ethik und den Geist des Kapitalismus.

Weiterführende Literatur: Strasser / Randall (1979: Kap 2-4) und Scheuch (2003: 19-145) stellen die klassischen soziologischen Theorien des sozialen Wandels, Weymann (1998: Kap. 4) stellt neuere Ansätze dar.

Die protestantische Ethik und der Geist des Kapitalismus

Weber (1965: 29-31) beginnt mit einer Korrelation zwischen zwei Merkmalen der Sozialstruktur zu Beginn des Jahrhunderts in Deutschland: Protestanten besitzen in höherem Maße Kapital, als es ihrem Bevölkerungsanteil entspricht. Er deutet diese Korrelation kausal so, dass die Zugehörigkeit zum protestantischen Glauben den Menschen ein Motiv einpflanzt, Kapital zu akkumulieren, das selber wieder eine für alle verpflichtende Norm, ein sozialer Tatbestand wird: der „*Geist*" des Kapitalismus oder das *sozial verbindliche Motiv*, Kapital zu akkumulieren.

Auf der Makroebene bedeutet diese Kausalität, dass ein *sozialer Ausgangstatbestand*, die protestantische Glaubenslehre, einen *sozialen Zieltatbestand*, den Geist des Kapitalismus, verursacht hat. Die Glaubenslehre muss in eine Überzeugung der Menschen und die Überzeugung in ein Handeln übersetzt werden. Allgemein: Der *soziale Ausgangstatbestand* muss in eine *Orientierung* und diese in eine *Entscheidung* übersetzt werden, so dass die Entscheidungen vieler sich schließlich zum *sozialen Zieltatbestand* aggregieren.

Der Calvinismus – also die besondere Ausprägung des Protestantismus, die Weber betrachtet – lehrt, dass Gott das jenseitige Leben jedes Menschen, sein Heil oder Unheil, vorbestimmt hat und keiner durch Werke diese Entscheidung umstoßen kann. Wer das glaubt, wer also den *sozialen Ausgangstatbestand* (Weber 1965: 118-122) zu seiner persönlichen Überzeugung gemacht hat und mit dieser Überzeugung leben will, muss sich in einer widersprüchlichen Situation *orientieren* (Weber 1965: 127-139, 164-165). Wie jeder Mensch ist er um sein Heil bemüht, aber er kann es nach seinem Glauben nicht durch Werke erringen. Deshalb muss er wenigstens nach Zeichen suchen, die ihm und seinen Glaubensgenossen Heilsgewissheit verschaffen. Diese Zeichen findet er im Erfolg oder in der „Bewährung" in „rastloser Berufsarbeit" und „methodisch-rationaler", also dauernd geplanter und am Erfolg kontrollierter Lebensführung. Da der Erfolg nicht seiner Qualität nach – als Geld oder Genuss, Ansehen oder Macht – wichtig ist, sondern als Auflösung (oder Betäubung) der unerträglichen Heilsungewissheit, kann er nicht im Konsum genossen, sondern muss immer wieder neu angestrebt werden: Die rastlose Berufsarbeit verbindet sich mit „innerweltlicher" – im Gegensatz zu mönchischer, die Welt in der Betrachtung Gottes fliehender – Askese, so dass dem gläubigen Calvinisten aus religiösen und nicht aus wirtschaftlich-utilitaristischen Motiven wie Gewinnerwartung, Genuss, Glück oder Ansehen nur die *Entscheidung* bleibt, Kapital zu akkumulieren (Weber 1965: 177-186). Da der Calvinismus zudem eine Sekte ist, in die man nicht wie in eine Kirche hineingeboren wird, sondern der man aufgrund einer Glaubenüberzeugung bewusst beitritt, und da die Sekte die religiöse und außerreligiöse Lebensführung ihrer Mitglieder stärker kontrolliert als eine Kirche (Weber 1965: 289-298), werden die Mitglieder ihre Entscheidungen wechselseitig aneinander orientieren. Die Aggregation der Entscheidung zum *sozialen Zieltatbestand* des kapitalistischen Geists ist also keine Summierung, sondern ein Prozess, der den Spuren folgt, die die Relationen unter den Sekten gelegt haben.

Weil der gläubige Calvinist den Geist des unbedingten, nicht durch das Konsumziel motivierten Investierens mit sich bringt, ist er im Durchschnitt wirtschaftlich erfolgreicher als andere. Aber die religiöse Motivation des wirtschaftlichen Erfolgs muss weder dem Calvinisten noch seinen andersgläubigen Zeitgenossen bewusst sein. Eben deshalb kann der kapitalistische Geist sich jenseits seines religiösen Ursprungs verbreiten. Weil der Calvinist in der größeren Vergesellschaftung des in Handel und Gewerbe tätigen Bürgertums Europas und der USA Erfolg hat, wird der Geist des Kapitalismus mit der Zeit mehr und mehr auch für alle anderen, selbst für die Arbeiter verpflichtend (Weber 1965: 187-190); er diffundiert in anderen Schichten, in anderen Sekten und in Kirchen und in anderen Gesellschaften. Weil der Geist des Kapitalismus weiterhin als methodisch-rationale Lebensführung Erfolg verspricht, kann er sich auch jenseits der Wirtschaft, in Kunst, Wissenschaft und Sport verbreiten (Weber 1965: 9-17, 175-179). Was zuerst nur für einige besonders religiöse Personen und dann einige Sekten als Motivlage unterschwellig gewirkt hat, wird für ganze Gesellschaften und schließlich ganze Gesellschaftstypen verbindlich.

Der Geist des Kapitalismus hat sich seit der Reformation entwickelt und über Nationalgesellschaften, soziale Schichten und soziale Lebensbereiche verbreitet. Seine Genese ist daher eine langfristige und breite Entwicklung. Wie Webers Studie zeigt, lassen sich auch derartige Entwicklungen im soziologischen Erklärungsschema betrachten – und sie müssen so betrachtet werden, wenn man die Zusammenhänge zwischen sozialen Tatbeständen nicht nur in Korrelationen erfassen, sondern auch verstehen und *dadurch* – wie Weber in den Grundbegriffen (1980: 1) sagt – kausal erklären will.

Lektüre: Weber (1920; Taschenbuch-Neudruck 1965: 29-31, 118-122, 127-139, 164-165, 179-190; gekürzte Fassung in: Weber 2002: 150-226). Inwiefern Webers Untersuchung zur Protestantischen Ethik ein Erklärungsschema enthält, das von makrosozialen Korrelationen zu individuellen Entscheidungen führt, die verstehend nachvollzogen werden können, ist in Coleman (1990: Kap. 1) dargestellt.

Weiterführende Literatur: Diskussionen zur Erklärung des sozialen Wandels durch religiöse Ideen finden sich in Seyfarth / Sprondel (1973). Die Bedeutung der „Protestantischen Ethik" für die vergleichende Analyse der Modernisierung diskutiert Eisenstadt (2006).

10.6 Das Orientierungsproblem und die Spontanität der Individuen

Die Diskussion des soziologischen Erklärungsschemas in Abschnitt 10.4.1 hatte ergeben, dass weder das Orientierungs- noch das Selektionsproblem, sondern nur die Aggregation sozialen Wandel auslösen kann. Aber dabei wurde unterstellt, dass das Orientierungsproblem allein durch einen Pfeil vom Ausgangstatbestand zum Individuum, nicht aber vom Individuum zum Ausgangstatbestand dargestellt ist. Im folgenden Abschnitt soll auf den gegenläufigen Pfeil eingegangen werden: Die Menschen orientieren sich zwar routinemäßig an den Chancen, die eine Situation bietet, und den Normen, die in ihr gelten; aber sie können sich über diese Routine hinwegsetzen. Die Spontanität der Individuen muss also im Rahmen des *Orientierungsproblems* behandelt werden: Die Frage ist, wo und wie Individuen von der Routine der bisherigen Orientierung *abweichen*. Sie lässt sich genauer betrachten, wenn man die Orientierungen klassifiziert, von denen sie abweichen. Dazu ist Webers Unterscheidung zwischen Regelmäßigkeiten des Handelns wie Brauch und Sitte einerseits, Konventionen und Recht andererseits hilfreich (siehe Abschnitt 6.3.1): Regelmäßigkeiten werden *freiwillig* befolgt, Konventionen und Recht aber sind *Zumutungen* Anderer, die im Falle des Rechts durch einen *Erzwingungsstab* durchgesetzt werden. Wie Individuen spontan alte durch neue Regelmäßigkeiten ersetzen, ist Thema des Abschnitts 10.6.1; wie Individuen spontan von Konvention und Recht, also von Normen abweichen, ist Thema des Abschnitt 10.6.2.

10.6.1 Alte und neue Regelmäßigkeiten

Routinen: Übereinstimmung spontaner Interessensveränderungen – Mediennutzung als Beispiel

Regelmäßigkeiten werden freiwillig befolgt. Sie entlasten von Entscheidungen, wo man selber entscheiden kann. Sie finden sich vor allem in *Routinen der privaten Lebensführung,* die den Konsum und die kulturelle wie soziale Teilhabe festlegen. Was man aber freiwillig tut, kann man leicht lassen. „Bräuche und Sitten" wandeln sich daher in vielen Lebensbereichen.

Ein intensiv erforschtes Beispiel für die Beharrlichkeit und den Wandel von Routinen der privaten Lebensführung ist die Nutzung der drei „tagesaktuellen" Medien Rundfunk, Tageszeitung und Fernsehen. In der alten Bundesrepublik hat sich die Nutzungsabfolge „morgens zuerst Radio, dann Zeitung und abends ab 20 Uhr Fernsehen", die 1964 für Besitzer eines Fernsehgeräts und ab 1974 für die Gesamtbevölkerung galt, bis 1990 nicht geändert. Aber die Nutzungsspitze des Fernsehens hat sich abgeflacht: 1964 springt die Nutzung Punkt 20 Uhr von knapp 10% auf 65% der Haushalte mit Fernsehgeräten, 1974 auf fast 65% der Bevölkerung, 1985 auf 55%, 1990 und 1995 auf rund 50% (Berg / Kiefer 1992: 56-64; 1996: 59, van Eimeren / Ridder 2005: 497). Die Einführung der privaten Sender hat die Fernsehnutzung 1985 zweigeteilt: Während die Nutzung der öffentlich-rechtlichen Sender unverändert am Abend stark ansteigt, ist die Nutzung der privaten Sender breiter über den Tag verteilt (Berg / Kiefer 1992: 62).

Der Wandel von Routinen der privaten Lebensführung beginnt mit einer neuen Orientierung und Entscheidung eines Einzelnen und endet, wenn viele sich gleich entscheiden, mit einem neuen sozialen Tatbestand. Warum jemand sich anders orientiert und dann anders handelt, warum er das Fernsehen statt um 20 Uhr für die „ARD-Tagesschau" schon früher für ein Programm der privaten Sender einschaltet, kann man herausfinden, wenn man Bevölkerungsquerschnitte in regelmäßigen Abständen über den sozialen Tatbestand des Images der Sender und über den Wert von und die Erwartung an den Fernsehkonsum befragt – so wie in der „Langzeitstudie Massenkommunikation" (van Eimeren / Ridder 2005) zwischen 1964 und 2005. Und schließlich sollte sich die Aggregation der Entscheidungen vieler zu einem neuen sozialen Tatbestand im Wesentlichen aus der Summierung ergeben.

Denn über ihre persönlichen Lebensroutinen entscheiden Personen nach ihren Präferenzen und Interessen, ohne sich notwendig an Anderen zu orientieren. Die Bindung an die tagesaktuellen Medien ist sehr hoch: 1990 würden in den alten Bundesländern 51% der Bevölkerung das Fernsehen sehr vermissen, wenn sie nicht mehr fernsehen könnten; die entsprechenden Zahlen für den Hörfunk und die Tageszeitung sind 57% und 63% (Berg / Kiefer 1992: 230; 1996: 231, van Eimeren / Ridder 2005: 494). Die hohe Bindung deutet darauf, dass Medien nahezu unbedingt – gleich was Andere sagen – genutzt werden. Die Entscheidung für bestimmte Programme hängt dann vom persönlichen Geschmack ab, die Nutzung politischer Programme z.B. sehr stark vom politischen Interesse (Berg / Kiefer 1992: 290, sowie Meulemann 1996: 162). Und was für Routinen gilt, gilt auch für die Veränderung von Routinen: Die Entscheidung für das öffentlich-rechtliche und gegen das private Fernsehen hängt positiv mit dem Bildungsgrad, dem „Postmaterialismus" (siehe Abschnitt 10.3.1) und dem politischen Interesse zusammen (Berg / Kiefer 1992: 96-97; 1996: 97).

Kurzum: Wer den Fernseher einschaltet, folgt seiner Lust und Laune – *vielleicht* wurde ihm die Sendung *auch* empfohlen oder will er *auch* morgen mit den Kollegen über die Sendung sprechen. Der neue Tatbestand ergibt sich aus der Summe von Entscheidungen, die viele aus gleichen oder ähnlichen Interessenlagen treffen – so wie bei einem Regenschauer alle Betroffenen den Schirm aufspannen, um sich vor dem Regen zu schützen (siehe Abschnitt 2.4). Das Individuum ersetzt eine alte durch eine neue Routine; und wenn es nicht alleine bleibt, ergibt sich ein sozialer Wandel. Die *Übereinstimmung spontaner Interessensveränderungen* bestimmt also die Richtung des sozialen Wandels.

Weiterführende Literatur: Routinen der privaten Lebensführung – vom Konsum über Sport, kulturelle Teilhabe, Mediennutzung bis zum Tourismus – sind Gegenstand der Freizeitsoziologie (Opaschowski 2006). Berg / Kiefer (zuletzt 1996) und die Zeitschrift „Media-Perspektiven" bringen regelmäßig – zuletzt z. B. van Eimeren / Ridder (2005) – Auswertungen über Trends der Nutzung und Motive der Nutzer.

Innovationen: technisch und sozial

Routinen der privaten Lebensführung entlasten von Entscheidungen, die man sonst immer wieder neu treffen müsste. Wenn ich die Frage der abendlichen Freizeitgestaltung routinemäßig mit dem Einschalten des Fernsehgeräts beantworte, löse ich kein Handlungsproblem, sondern entlaste mich von einer Entscheidung. Eben so gut könnte ich routinemäßig zum Sport gehen oder ein Buch lesen. Wenn ich eine Routine auswechsle, schaffe ich nichts Neues; „neu" ist eine Routine nur, weil sie die letzte ist. Deshalb interessieren meine Routinen Andere so wenig wie meine Urlaubsphotos. Aber eine Innovation ist eine neue Lösung eines Handlungsproblems. Wer zum ersten Mal versucht hat, sich an ein wichtiges Vorhaben des Tages damit zu erinnern, dass er sich morgens einen Knoten in sein Taschentuch macht, hat eine neue Lösung für das alte Handlungsproblem der Vergesslichkeit gefunden: Andere vergessliche Zeitgenossen werden den „Trick" gerne übernehmen. „Tricks" sind triviale Beispiele für Innovationen.

Innovation hatte Merton als eine Anpassungsreaktion an kulturell legitime Ziele und kulturell legitime Mittel definiert (siehe Abschnitt 6.3.2). Wer die legitimen Ziele, nicht aber die legitimen Mittel akzeptiert, reagiert innovativ. Aber es gibt nicht nur illegitime und legitime Mittel, sondern auch alte und neue. Wer beruflichen Erfolg durch Diebstahl oder Steuerhinterziehung erreichen will, handelt kriminell. Wer aber eine neue Form für das alte Problem des Unterrichts – Gruppenarbeit statt Stillarbeit der einzelnen Schüler, „Teamteaching" statt Frontalunterricht eines einzelnen Lehrers – erfindet, handelt innovativ: Er erfindet *ein neues Mittel für ein altes Ziel.* Wie auch Merton (1957: Kap. 5) betont, umfassen Innovationen nicht nur abweichende Mittel, die legitim werden können, sondern auch neue Mittel, die vielleicht besser sind als alte. Die Frage ist dann nicht mehr Legitimität, sondern Effizienz.

Das Ziel jeder Innovation ist die *Problemlösung,* so dass man Innovationen als einen Fortschritt von Lösungen zum gleichen Problem darstellen kann. Dabei kann man zwischen technischen Problemen, die sich im Umgang des Menschen mit der Objektwelt ergeben, und sozialen Problemen unterscheiden, die durch die Beziehungen unter den Menschen einer Vergesellschaftung aufgeworfen werden – und entsprechend zwischen technischen und sozialen Innovationen. Wichtige *technische Innovationen* richten sich z.B. auf die Energiegewinnung (Feuer, Dampfmaschine, Atomkraftwerke. Solartechnik) oder auf die Fortbewegung (Rad, Schiff, Bahn, Auto, Flugzeug). Wichtige *soziale Innovationen* richten sich z.B. auf die Kommunikation (Schrift, Alphabet, Buchdruck, Telefon, Computer)[8], die Zeitmessung (Kalender, Uhren; Landes 1983), den Tausch (Geld in immer abstrakteren Formen von Naturalien bis zur Kreditkarte), die Rechtsform für die Verfassung einer „Gesellschaft" (eingetragener Verein, Gesellschaft bürgerlichen Rechts, offene Handelsgesellschaft, Kommanditgesellschaft, Aktiengesellschaft) und die Organisation betrieblicher Abläufe (doppelte Buchführung, flache Hierarchien, Stabs- statt Linienabteilungen, Ausgliederungen etc.).

Technische Innovationen lösen zunächst technische Probleme. Man kann eine Baugrube mit der Schaufel oder mit dem Bagger ausheben; aber allein wird man weder das eine noch das andere tun, und die Bauunternehmung, die die Aufgabe übernimmt, braucht weniger und besser ausgebildete Leute, wenn sie statt Schaufeln Bagger einsetzt. Technische Innovationen verändern also soziale Organisationen dort, wo sie ihre Aufgabe mit technischen Mitteln lösen. Der Unterricht in der Schule z.B. verlangt immer eine Technik der Informationsübertragung, die man verbessern kann. Der Lehrer kann mit Tafel und Kreide, Tageslichtprojektor und Filzstift oder mit Präsentationsprogrammen für den Computer arbeiten.

Aber technische Innovationen verbessern nicht nur den technischen Aspekt sozialer Problemlösungen, sie verändern auch die soziale Organisation – zum Besseren oder nicht. Mit der Einführung des Internets in die universitäre Lehre sind die Professoren gezwungen, Vorlesungen verbatim auszuarbeiten – wodurch die Klarheit der Darstellung gefördert, aber die Chance, Neues zu extemporieren, verringert wird. Die Studenten sind von Mitschreibarbeiten entlastet – wodurch sie sich besser konzentrieren können, aber den Vorteil einer sofortigen Informationsverdichtung verlieren, der durch das Mitschreiben erzwungen wurde usw. Die neue Form der Informationsübertragung verändert aber nicht nur die Anforderungen an Lehrende und Lernende, sondern auch die Organisation der Universität: Seminare, Prüfungsämter, Bibliotheken verlieren alte und bekommen neue Arbeit und müssen umorganisiert werden. Weitere Beispiele für die sozialen Folgen technischer Innovation sind nicht schwer zu finden. Wie die Lehre wird das Internet auch den Handel – Stichwort „e-commerce" – verändern. Und wie das Internet hat bereits der Personalcomputer die Universität verändert: Was früher zentral von einem „Rechenzentrum" verwaltet wurde, wird heute dezentral in den Seminaren erledigt – mit der Folge, dass Hilfs- und Beratungsangebote im „Rechenzentrum" trotz schwindender Nachfrage überleben, in den Seminaren mangels Geld aber nicht angeboten werden können.

Technische Innovationen verändern also oft soziale Problemlösungen. Aber ebenso oft werden soziale Probleme allein durch soziale Innovationen gelöst. Die Pflege alter Menschen war und ist zuerst eine Aufgabe der Familie. Wenn aber immer mehr Menschen älter und immer mehr verheiratete Frauen berufstätig werden, steigen die Anforderungen an die Familie und ihre Leistungskraft schrumpft (Zapf 1994: 26-28). Das soziale Problem der Überlastung der Familie kann durch eine Pflegeversicherung gelöst werden, die in Deutschland 1995 als staatliche Zwangsversicherung eingeführt wurde. Wie alle Sozialversicherungen, die in Deutschland zwischen 1883 und 1889 eingeführt wurden und ebenfalls auf das soziale Problem gestiegener Leistungsansprüche an soziale Institutionen wie Familie, Kirche oder Gemeinde reagiert haben, ist die Pflegeversicherung eine soziale Innovation. Man kann sie danach beurteilen, wie gut, also wie *effizient* sie das Problem der Pflege Bedürftiger löst. Als Alternative zur staatli-

---

8 Im Falle der Kommunikation ist die Zuordnung zur technischen oder sozialen Seite nicht eindeutig. Es handelt sich immer um Verfahren in der Sachwelt, die Symbole, also Mittel für die Verständigung zwischen Menschen, besser vermitteln können.

chen Zwangsversicherung gegen das Pflegerisiko und dem damit verbundenen Umlageverfahren wurde z.B. ein Zwang zur privaten Versicherung durch das Kapitaldeckungsverfahren vorgeschlagen; und dieselbe Problematik wird heute bei Vorschlägen zur Reform der Rentenversicherung diskutiert.

Durchsetzung von Innovationen: Unternehmer und Organisation

Innovationen sind eine Teilmenge von Prozessen des sozialen Wandels, in denen neue Lösungen für alte Probleme gefunden werden (Zapf 1994: 32). Sie beginnen mit einer Erfindung, also einer spontanen Leistung eines Individuums. Aber erst wenn eine Erfindung von Anderen übernommen wurde, ist ein sozialer Wandel eingetreten. Manche Erfindungen haben sich nur langsam verbreitet; manche Patente wurden sogar von ihren Besitzern zurückgehalten, bis sie wirtschaftlichen Erfolg versprachen. In jedem Fall ist die soziale *Durchsetzung* der Erfindung die eigentliche Innovation.

Eine Innovation kann sich von selbst durchsetzen, weil Andere sich von ihr den Vorteil einer besseren Lösung eines alten Problems versprechen – ob die Lösung wirklich besser ist, steht auf einem anderen Blatt. Anders als zum Wechsel zwischen Routinen gehört zur Verbreitung von Innovationen also *notwendig* die Orientierung von Menschen aneinander, genauer die Imitation des innovativen Vorbildes durch die Anderen. Innovationen sollten sich daher nach dem Modell der Diffusionskurve durchsetzen. In der Tat haben sich neue Techniken nach der S-Kurve verbreitet: die Verfügbarkeit von Fernsehgeräten in Haushalten stieg zwischen 1952 und 1960 langsam, dann rapide und nach 1968 nur noch langsam an, bis 1976 eine Sättigung mit über 95% erreicht wurde (Meulemann 1996: 153). Ähnliches gilt für andere Techniken, wie z.B. das Telefon. Aber nicht alle Innovationen kommen *und bleiben*. Der Kühlschrank wird durch die Kombi-Gefriertruhe stark zurückgedrängt (Glatzer u.a. 1991: 22), Tonband und Plattenspieler durch die Stereo-Kompakt-Anlage; der Schwarz-Weiß-Fernseher wird durch den Farbfernseher ersetzt (Stockmann / Weymann 1994: 31-32). Bei der Verdrängung folgt der S-Kurve des Anstiegs also eine S-Kurve des Rückgangs. Ob Sättigung oder Verdrängung vorliegt, hängt offenbar von der Technik ab. Zudem spricht viel dafür, dass Techniken sich in Kohorten unterschiedlich schnell verbreiten: Die Mikrowelle und noch mehr der Personal-Computer haben sich zwischen 1986 und 1992 in den später geborenen Kohorten viel schneller verbreitet als in den früher geborenen (Stockmann /Weymann 1994: 37). Hier offenbart die Kohortenanalyse also Interaktionseffekte zwischen der Kohortenzugehörigkeit und der Periode (siehe Abschnitt 10.3.3).

Häufig aber setzen sich Innovation nicht von selber durch, sondern werden von *Unternehmern* mit Hilfe von *Organisationen* durchgesetzt. Nicht zufällig wurden einige große Unternehmen – Daimler-Benz, Rolls-Royce – von einem Duo Erfinder-Unternehmer gegründet. *Wirtschaftliche* Unternehmer müssen für das Problem der Produktion Ressourcen – Arbeit, Kapitel, Wissen – so effizient wie möglich zusammenführen. Aber das Effizienzgebot schließt in einer sich verändernden Umwelt die Suche nach neuen Lösungen ein: nach neuen Produkten und Produktionsverfahren, neuen Absatzmärkten, neuen Formen der Vermarktung. Innovationen können nicht mehr der Spontanität Einzelner überlassen, sondern müssen durch wissenschaftliche Forschung gezielt produziert werden; und mentale Barrieren gegen Innovationen in Betrieben müssen abgebaut werden (Heidenreich 1997). Der Unternehmer muss nach Innovationen suchen, den sozialen Wandel planen und durchsetzen. Er darf bei Strafe des Untergangs den sozialen Wandel nicht abwarten, sondern muss versuchen, ihn zu beeinflussen.

Aber nicht nur in der Wirtschaft, sondern auch in anderen funktional ausdifferenzierten Lebensbereichen (siehe Abschnitt 5.2.4) tauchen Unternehmer auf. Der *politische* Unternehmer sucht Lösungen für das Problem der Entscheidungsfindung. Er muss für unterschiedliche Entscheidungen u.U. wechselnde parlamentarische Mehrheiten gewinnen und sich – im Fernsehen und in den Wahlen – öffentliche Zustimmung zur eingeschlagenen Politik beschaffen. Dabei bedient er sich politischer Organisationen, also der Verbände, Parteien und Bewegungen. Schließlich versuchen *moralische* Unternehmer (Becker 1973: Kap. 8) durch Kampagnen in der Öffentlichkeit Normen und Einstellungen zu verändern: Die „Aktion Mensch" (früher „Aktion Gemeinsinn") kämpft für ein größeres soziales Engagement, die „Humanistische Union" für eine Entkriminalisierung der Sterbehilfe, „Greenpeace" für einen besseren Naturschutz, „Amnesty International" für die Abschaffung der Todesstrafe, „Transparency International" gegen die politische Korruption usw. Auch diese Bewegungen bedienen sich eigener, „nicht-governmentaler" Organisationen oder NGOs (Boli / Thomas 1997).

Lektüre: Zapf (1989a, wiederabgedruckt 1994: 23-40) stellt dar, dass sich Innovationen als neue Mittel für alte Ziele auf soziale Probleme beziehen und gibt hierfür zahlreiche Beispiele.

Weiterführende Literatur: Der Sammelband von Blättel-Mink und Renn (1997) enthält Studien, wie in Unternehmen Innovationen eingeführt werden. Glatzer u.a. (1991) und Stockmann / Weymann (1994) untersuchen die Folgen technischer Innovationen für das Alltagsleben.

Moden: Spontanität und Imitation des erfolgreichen Modells

Routinen der privaten Lebensführung entwickelt und wechselt man in erster Linie nach persönlichen Interessen. Innovationen aber übernimmt man, weil sie eine bessere Lösung eines Handlungsproblems versprechen. Die Durchsetzung einer Innovation hängt davon ab, dass sich die Mitglieder einer Gruppe aneinander orientieren, und die Orientierung an den Anderen wird durch das Versprechen einer besseren Lösung angereizt. Aber der erwartete Nutzen ist nicht das einzige Motiv, sich an Anderen zu orientieren. Oft will man Anderen nur zeigen, wer man ist. Regelmäßigkeiten dienen dann der Selbstexpression, mit der die Wahrnehmung Anderer in einer gewünschten Form beeinflusst werden soll. Sie unterliegen dann zudem leicht der Mode, die als soziale Projektionsfläche für den Wunsch der Selbstdarstellung dient. Eine *Mode* kann man als ein expressives Verhalten definieren, das die Zugehörigkeit zu einer Gruppe thematisiert: Man will nicht nur sich selber darzustellen, vielmehr folgt man einer Mode um zu zeigen, dass man dazugehört – oder man distanziert sich von einer Mode um zu zeigen, dass man doch ein bisschen anders ist.

„Die Mode" ist die Kleidung. Aber Moden können alle Verhaltensweisen unterliegen, mit denen man zeigen kann, dass man dazugehört: Musikhören und Museumsbesuche, Restaurantbesuche und Ferienziele, Redeweisen und Schreibmarotten. Auch jeder „demonstrative Konsum" (Veblen 1971) kann Zugehörigkeiten demonstrieren: Z.B. finden sich „einfach-leichte" Wohnzimmereinrichtungen häufiger in der Arbeiterschicht, „modern-skandinavische" Einrichtungen sowie ein aus Antiquitäten und neuem Design „gemischter Stil" eher in der oberen Mittelschicht (Pappi / Pappi 1978: 103). Die Grenzen zwischen einem *Lebensstil*, der als ein „ästhetisch-expressives ... Muster der Lebensführung" (Band / Müller 2001: 428) definiert wurde, und der Mode, die Zugehörigkeiten „ausdrücken" soll, ist fließend. Sie verschwimmt, wenn der Lebensstil zur Mode wird und mit der Mode geht. Wohl auch deshalb ist es im Übrigen so schwierig, Lebensstile als dauerhafte soziale Gruppierungen zu identifizieren (siehe Abschnitt 8.1.2); was hier Sozialstruktur sein soll, ist offenbar nur sozialer Wandel.

Wer einer Mode folgt oder nicht folgt, orientiert sich an Anderen – genauer an der Gruppe, in der „etwas" Mode ist; noch genauer also am Verhalten dieser Gruppe. Wer einer Mode folgt, imitiert Andere; er hat Spaß daran, mitzumachen und dazuzugehören, fühlt sich befriedigt, bereichert, erfüllt; ist eitel, snobistisch, anlehnungsbedürftig etc. Kurzum: Er hat alle möglichen Motive, sich an Anderen zu orientieren; aber er folgt keinen Erwartungen Anderer. Wenn in der Mode überhaupt etwas erwartet wird, dann nicht die Konformität mit einer Norm, sondern ein bestimmtes Verhalten, das nicht an sich, sondern nur als Darstellungsmittel der Gruppenzugehörigkeit bedeutsam ist. Die Mode verlangt nicht die Konformität mit einer *bestimmten* Norm, sondern die Bereitschaft, einem *beliebigen* Verhalten zu folgen, einschließlich der Nonchalance, sich davon zu distanzieren. Wer einer Norm treu ist, handelt moralisch; aber: „Wer mit der Mode verheiratet ist, wird bald Witwer." Dass die Mode *keine* Norm und *nicht* zwingend ist, ist für sie wesentlich. Denn nur wenn immer wieder einige der Mode nicht folgen, bleibt erhalten, was das Kennzeichen des *sozialen* Tatbestands der Mode ist: der kontinuierliche und permanente Wandel. Weil die Mode als Verhaltensweise nicht verpflichtend ist, unterliegt sie als sozialer Tatbestand dem Wandel. Die Mode „gilt" nicht, sie „herrscht".

Die Mode wandelt sich kontinuierlich und permanent, weil immer Einzelne es sich anders überlegen. Während die meisten immer noch Freude an der Mode haben, werden einige ihrer bald überdrüssig. Ohne die *Spontanität* des Individuums gäbe es also keinen Anstoß für den permanenten sozialen Wandel, welcher der Kern des sozialen Tatbestands Mode ist. Ohne die *Imitation* Anderer bliebe der Wandel nicht im Gange. Den Vorreitern folgt die Nachhut, bis sich die neue Mode durchgesetzt hat und wiederum die spontane Abweichung der Avantgardisten die Arrierregarde nach sich zieht. Weil es nicht um das spezifische Verhalten, sondern um seine Qualität als Ausdrucksmittel der Zugehörigkeit geht, hört der Wandel nicht auf. Der einzige Grund sich für dieses und gegen jenes Verhalten zu entscheiden, ist der, dass dieses modern und jenes altmodisch ist, dass also dieses die Zugehörigkeit, jenes aber die Nichtzugehörigkeit oder die wohlkalkulierte Distanzierung zeigt. Wer nicht mitmacht, ist altmodisch oder extravagant, von gestern oder von nirgendwo; wer aber zuerst die richtige neue Mode trägt, also die Mode, die später von allen übernommen wird, ist Avantgarde.

Während Innovationen kommen und bleiben oder kommen und verdrängt werden, ist die Verlaufsform des Wandels bei der Mode das Kommen und Gehen. Die Mode wechselt permanent zwischen zwei gleichwertigen Gleichgewichten – im Gegensatz zu Konventionen, die jedem *zumuten*, sich an eines von zwei gleichwertigen Gleichgewichten zu *halten* (siehe Abschnitt 6.1.2.1); auch an der Verlaufsform des Wandels wird also deutlich, dass die Mode keine Norm ist. Wenn man eine Kurve für die Verlaufsform zeichnen will, so muss man die Folge einer steigenden und fallenden S-Kurve, mit der sich die Verdrängung einer Innovation zeichnen lässt, dauernd wiederholen. Ebenso könnte man eine Sinus-Kurve zeichnen: Die Mode verläuft in Wellen. Allerdings ist das nur sinnvoll, wenn die Mode langfristig zwischen den Extremen des gleichen Verhaltens – lange und kurze Röcke, Hosen mit und ohne Aufschlag – schwankt. Man kann die Mode als permanente Innovation ohne neue Lösungen auffassen – als Innovation, die keine Innovation ist.

Den permanenten Wechsel in der Mode kann man mit der Spieltheorie als ein Spiel verstehen, in dem sich nie ein Gleichgewicht einstellt. In einer vereinfachten Darstellung des Spiels treten zwei Spieler auf, ein Avantgardist und eine Gefolgschaft, die zwischen der Mode 1 und der Mode 2 die Wahl haben. Der Avantgardist hält die Mode in Bewegung; deshalb wird er für Abweichung mit 2 Einheiten belohnt und für Konformität mit 1 Einheit. Die Gefolgschaft zieht immer nach; deshalb wird sie für Konformität mit 1 Einheit belohnt und für Abweichung mit 0 Einheiten. Für beide zusammen ergibt sich die Auszahlungsmatrix in Tabelle 10.5, in der zuerst der Wert für den Avantgardisten und dann der Wert für die Gefolgschaft dargestellt sind.

Tabelle 10.5 Auszahlungsmatrix für Avantgardist und Gefolgschaft in Moden

	Gefolgschaft	
Avantgardist	*Mode 1*	*Mode 2*
Mode 1	1 , 1	2 , 0
Mode 2	2 , 0	1 , 1

Wenn die Mode 1 herrscht, erreichen Avantgardist und Gefolgschaft den Wert 1; aber der Avantgardist hat einen Anreiz, in Mode 2 zu wechseln. die ihn mit dem Wert 2 belohnt und die Gefolgschaft mit dem Wert 0 „alt aussehen" lässt. Hat der Avantgardist gewechselt, so hat die Gefolgschaft einen Anreiz, Mode 2 nachzumachen, so dass sie wenigstens den Wert 1 erhält und den Vorteil des Avantgardisten vom Wert 2 auf den Wert 1 zurückschraubt. Dann aber hat wieder der Avantgardist einen Anreiz zu wechseln – diesmal zurück in Mode 1, und das Spiel beginnt von neuem. Immer besteht entweder für den Avantgardisten oder die Gefolgschaft ein Anreiz zu wechseln; ein Gleichgewicht – in dem ja definitionsgemäß niemand einen Anreiz zum Wechsel hat (siehe Abschnitt 3.2.6) – stellt sich nie ein. In der Wirklichkeit gibt es natürlich mehrere Avantgardisten und eine sehr große Gefolgschaft, so dass der Kreislauf nicht aus vier Schritten, sondern aus sehr vielen Schritten besteht, in denen sich das Stärkeverhältnis der beiden Moden kontinuierlich verschiebt.

In der Mode kommen also Konformität und Nichtkonformität permanent zusammen – in kontinuierlich sich verschiebender Mischung. Weil aber mehrere Avantgardisten konkurrieren und weil die Gefolgschaft immer die Wahl zwischen verschiedenen Modellen hat, ist schwer vorausfehrbar, was sich als neue Mode durchsetzt. Deshalb ist die Mode schwer zu steuern. Natürlich versuchen große Anbieter, die Entwicklung zugunsten ihrer Produkte zu lenken; aber sie sind keine Monopolisten und können den Markt nicht beherrschen. Nicht selten liegen auch umsatzstarke Modeschöpfer daneben. Die Mode ist eine „launische Herrscherin". Die Tatsache des Wandels ist sicher, seine Richtung aber ungewiss. Der Prozess, in dem eine Avantgarde in der Konkurrenz um die Nachhut *erfolgreich* ist, bestimmt kurzfristig die Richtung im permanenten Wandel der Mode.

Lektüre: König (1967: vor allem Kapitel 2-4 und 11-13) stellt mit historischen Beispielen dar, dass die Mode ein gegenüber spezifischen Verhaltensweisen neutrales Mittel ist, dass Konformität und Nichtkonformität gleichzeitig zur Mode gehören und dass der permanente und kontinuierliche Wandel und die Imitation ihr soziales Kennzeichen sind.

Weiterführende Literatur: Hinweise auf die Ideen der soziologischen Klassiker, die sich mit der Mode befasst haben – Tarde, Simmel, Veblen – finden sich ebenfalls in König (1967). Mayntz / Nedelmann (1987:667) diskutieren, wie „Regelmäßigkeiten nicht-normativen Ursprungs" in der Form von Innovation und Imitation, also von Moden und in anderen Formen eine „Eigendynamik" entwickeln. Coleman (1990: 230-327) stellt Moden spieltheoretisch dar.

Routinen, Innovationen und Moden: Interessen und Orientierung an Anderen,
aber keine Normen

Routinen der privaten Lebensführung wandeln sich, wenn die Interessen vieler sich in der gleichen Weise verlagern; Innovationen setzen sich durch, weil sie bessere Lösungen alter Probleme versprechen; Moden unterliegen als sozialer Tatbestand der Imitation und dem Wandel. Über Routinen wie über Innovationen und Moden entscheidet man nach Interesse, Geschmack und Laune; aber nur die Entscheidung über Innovationen und Moden impliziert eine Orientierung an Anderen. Aus der Orientierung an Anderen folgt aber keine normative Qualität. Niemand muss einer Innovation folgen. Und die Mode kann nicht aus normativen Erwartungen resultieren; denn die Konformität und Nichtkonformität, Begeisterung und Überdruss gehören zur Mode als sozialem Tatbestand. Jeder hat die Chance, sich von der gerade herrschenden Mode zu distanzieren; und alle werden ihrer bald überdrüssig, die einen früher und die anderen später. Was also unter der Perspektive einer Norm als „Abweichung" erscheint, garantiert den Wandel. Ohne die Nichtkonformität des Individuums müsste man sich die Mode als permanente Inszenierung neuer Normen vorstellen, für die weder der Spielplanleiter noch der Regisseur identifiziert werden können.

Routinen wie Innovationen und Moden sind also Regelmäßigkeiten des Handelns, die nicht durch eine Norm vorgeprägt wurden. Auch das Grundschema des Wandels ist dasselbe: Routinen wie Innovationen und Moden wandeln sich, wenn die Interessen der meisten sich ändern. Bei der Innovation und der Mode kommt zwar ein Prozess wechselseitiger Orientierung hinzu: Man will die Vorteile übernehmen, die Andere einem schon vorleben; oder man will dazugehören, wo die Anderen schon dabei sind. Aber auch hier besteht der soziale Wandel darin, dass die alte durch eine neue Regelmäßigkeit ersetzt wird.

Sobald eine Regelmäßigkeit veraltet ist, ist sie für die Orientierung der Person nicht mehr relevant und daher bei der Entscheidung nicht mehr präsent. Natürlich erinnern sich einige noch an alte, nicht mehr „gebräuchliche" Bräuche und Sitten, beklagen ihren Verlust und beschimpfen die, die den neuen Bräuchen und Sitten folgen. Aber diese Auseinandersetzung zeigt wiederum, dass man Bräuchen und Sitten nicht folgen muss, sondern nach Geschmack folgen kann. Wer will, kann bei den alten Sitten und Bräuchen bleiben. Er folgt dann seiner alten, so wie die Anderen ihrer neuen Regelmäßigkeit. Aber er „verstößt" nicht gegen die Regelmäßigkeit der Anderen – so wenig wie die Anderen gegen seine. Beide Seiten verfolgen andere Regelmäßigkeiten; keine verstößt gegen eine Zumutung der anderen, keine bestraft die andere, weil sie anders handelt.[9]

Dass die alte hinter einer neuen Regelmäßigkeit verschwindet, unterscheidet sie von einer verletzten Norm. Eine Regelmäßigkeit meines Verhaltens kann anderen Anlass für die Erwartung sein, dass ich etwas wieder tun werde, nicht aber für die Erwartung, dass ich etwas tun soll. Eine Norm aber ist eine Sollenserwartung; sie gilt, auch wenn sie verletzt wurde. Regelmäßigkeiten „tauchen" im faktischen Verhalten „auf"; Normen gelten „kontrafaktisch" (Luhmann 1972: 40-52). Wer statt „Hi" oder „Hallo" weiterhin „Guten Tag" sagt, verletzt keine Norm, sondern einen neuen Komment; er wird als altmodisch angesehen oder einem Men-

---

9 Natürlich gibt es Klatsch und gehässige Reden über die, die einen anderen Geschmack haben, und eventuell auch Ressentiments und tätliche Übergriffe gegen sie. Aber diese Reaktionen sollen nicht die Übertretung der anderen sanktionieren, sondern eigene Bedürfnisse befriedigen. Man fühlt sich herabgesetzt oder provoziert und redet schlecht über die, die ganz ungewollt der Anlass dafür sind. Aber man will nicht das eigene Verhalten als Norm durchsetzen.

schenschlage zugerechnet, zu dem er nicht – oder gerade – gehören will. Wer überhaupt nicht grüßt, verletzt eine Norm und wird früher oder später „geschnitten".

Die Wahl neuer Handlungsregelmäßigkeiten ist also weder durch Normen bestimmt, noch verändert sie alte oder schafft neue Normen. Die Menschen folgen nicht Zumutungen, sondern wählen freiwillig mit dem Ziel ihres größtmöglichen, aber „spontan" anders verstandenen Nutzens andere Entscheidungen. Wenn die eigenen Interessen oder die Anderen, an denen man sich orientiert, sich ändern, dann werden alten Regelmäßigkeiten durch neue ersetzt: die Menschen haben auf einmal *anders*, aber nicht *abweichend* gehandelt.

10.6.2 Abweichung von Normen

Wer abweichend handelt, orientiert sich an einer Norm *und* folgt ihr nicht. Eine Regelmäßigkeit Egos kann Alter Anlass zu einer Verhaltenserwartung geben; eine Norm aber ist eine Sollenserwartung Alters. Oft kommt Ego der Sollenserwartung schon aus eigenem Interesse nach; wenn aber nicht, ist Alter gezwungen, Ego zu sanktionieren. Je nach dem, ob einer Abweichung notwendig eine Sanktion folgt, lassen sich zwei Arten von Normen unterscheiden: Wenn das Eigeninteresse zur Konformität motiviert und die Übertretung sich von selbst bestraft, liegt eine *Koordinationsnorm* vor; wenn das Eigeninteresse zur Abweichung motiviert und die Übertretung zum Schutze der Anderen bestraft werden muss, liegt eine *Kooperationsnorm* vor (siehe Abschnitt 6.1.2.1).

10.6.2.1 Koordinationsnormen: Spontaner Wandel und staatliche Regulierung

Koordinationsnormen legen eine von mehreren gleichwertigen Möglichkeiten eines sozialen Handelns fest. Das Individuum steht den Möglichkeiten meist indifferent gegenüber und sieht keinen Anlass, von der Norm abzuweichen. Die Spontanität des *Individuums* wird hier also kaum sozialen Wandel auslösen. Vielmehr werden Normen sich auf die gleiche Weise wandeln, wie sie zustande gekommen sind.

Solange Koordinationsnormen nicht durch staatliche Dekrete fixiert und mit Sanktionen verbunden sind, können sie sich spontan aus der *Interaktion* der Menschen ergeben und wieder verändern. Koordinationsnormen verlangen keine Dekretierung und Sanktionierung, wenn die Übertretung keine sozial gravierenden Folgen hat. In solchen Fällen, wie etwa dem Ausweichen von Passanten auf der Straße, spielt sich spontan ein, dass man einander entweder links oder rechts ausweicht – und ebenso spontan kann sich ein Wandel einstellen (Helbing / Weidlich 1995: 118-120).

Sobald Koordinationsnormen wegen der gravierenden Folgen von Übertretungen aber staatlich dekretiert sind und eventuell sanktioniert werden, müssen sie von den staatlichen Instanzen, die sie erlassen haben, auch wieder verändert werden. Weil es im Straßenverkehr um Leben und Tod geht, mussten sich alle Schweden auf staatliche Anordnung am 3.9.1967 um 5 Uhr morgens vom Links- auf den Rechtsverkehr umstellen; weil die Rechtschreibung statt Kollisionen nur Konfusionen erzeugen kann, konnten die deutschsprachigen Länder 1997 eine Reform mit einer zweijährigen Übergangsfrist erlassen. Allerdings sind die Möglichkeiten, den Wandel zu verordnen, beschränkt. Denn gegen eine neue Norm sprechen von vornherein die Kosten der Umstellung; der Nutzen der neuen Norm muss also nicht nur größer, sondern erheblich größer sein als der Nutzen der alten Norm. Die Anordnung der Typen auf der Schreibmaschinentastatur ist ergonomisch nicht optimal; aber weil sie in den meisten Staaten mit geringen Modifikationen eingeführt ist, wird sie beibehalten. MacIntosh Computer waren leichter zu bedienen als DOS gesteuerte Computer, aber weniger verbreitet; deshalb hat das Nachfolgesystem von DOS, Windows, die Vorteile der Bedienungsweisen des MacIntosh Computers übernehmen und sich durchsetzen können. Kurzum: Die Entwicklung von Koordinationsnormen ist „pfadabhängig"; die Vorgeschichte und nicht allein der aktuelle Vergleich von Vor- und Nachteilen bestimmt den Wandel.

Weiterführende Literatur: Beyer (2005) erläutert verschiedene Bedeutungen von und Beispiele für Pfadabhängigkeit.

10.6.2.2 Kooperationsnormen: Spontane Abweichung und soziale Kontrolle

Anders als für den Wandel von den Koordinationsnormen ist die Spontanität des Individuums für den Wandel von Kooperationsnormen bedeutsam. Kooperationsnormen schließen aus, was Andere schädigt, und fordern, was zur Verwirklichung eines gemeinsamen Interesses beiträgt. Sie umfassen moralische Gebote und Sollenserwartungen der Kooperation – die Zehn Gebote wie die Sollenserwartung des Gewerkschaftsbeitritts oder umweltfreundlichen Handelns. Sie schränken die Verfolgung eigener Interessen ein, wenn sie die Interessen Anderer zu schädigen droht. Aber die Spontanität des Individuums findet immer einen Weg, dem Anderen etwas gefahrlos wegzunehmen oder seine Vorleistungen auszubeuten – in der Sprache der Moral wie des Gefangenendilemmas: der „Versuchung" nachzugeben. Die Durchsetzung von Koordinationsnormen verlangt daher *auf jeden Fall* – nicht nur bei gravierenden Folgen – soziale Kontrolle, welche die Gefahr des Erwischtwerdens oder die Kosten des Schwarzfahrens erhöht.

Die Allgemeinheit von Kooperationsnormen

Der Tatbestand aber, durch den das Eigeninteresse die Interessen Anderer verletzt, lässt sich nur mit allgemeinen Begriffen definieren. Eine Koordinationsnorm kann daher nicht als Soll eines spezifischen Verhaltens formuliert werden. „Du sollst nicht töten" *scheint* eindeutig: Ob Abtreibung, Selbstmord, Euthanasie unter das Gebot fallen und ob es Ausnahmesituationen – Tötung auf Verlangen, Tyrannenmord, Notwehr, Todesstrafe – gibt, ist strittig. Ob eine Tötung ein Mord war, lässt sich nur in Kenntnis der Motive des Täters und der Tatumstände beurteilen. Aber rechts zu fahren, *ist* ein klar umrissenes Verhalten, das geboten und überprüft werden kann. Wer links fährt, hat das Gebot übertreten – einerlei, ob aus Fahrlässigkeit, Laune oder Selbstmordgelüsten.

Weil Kooperationsnormen immer allgemein formuliert sein müssen, können die Gründe für Abweichungen in der Norm oder in der Person liegen. Auf der einen Seite kann die allgemeine Formulierung der Norm dazu führen, dass die Zuordnung zu Tatbeständen unklar ist oder die Norm in einer gegebenen Situation mit anderen Normen in Konflikt gerät, so dass die Person unsicher wird oder irrt. Sie übertritt nur aus der Sicht eines Beobachters oder Richters eine Norm; sie selber hat die Norm nicht gekannt, „nicht so" verstanden oder nicht für angemessen gehalten; sie war – wie es juristisch heißt – im „Verbotsirrtum". Sie ist über die Norm fehlorientiert, *so dass* sie ihr nicht folgt. Auf der anderen Seite kann es sein, dass die Person über Sinn und Angemessenheit der Norm nicht im Zweifel ist und sich mit Absicht und Willen über sie hinwegsetzt. Sie orientiert sich an der Norm, *um* sie zu umgehen. Beide Fälle können, wenn sie häufig auftreten, zu sozialem Wandel führen – aber aus unterschiedlichen Gründen und auf unterschiedliche Weise. Der erste Fall kann als Bedeutungswandel, der zweite als Geltungswandel bezeichnet werden.

Bedeutungswandel: Vieldeutigkeit der Normen und Interpretationen der Person

Die Allgemeinheit von Kooperationsnormen gibt der Spontanität des Handelnden nicht nur Raum, sondern erfordert sie geradezu. Er muss die Norm interpretieren. Nicht die Norm an sich, sondern das Bedeutungsverständnis der Norm seine Richtschnur. Die Allgemeinheit der Norm erhöht also die Anforderungen an die Orientierung. Man kann drei Fälle unterscheiden, in denen die Norm einer Interpretation bedarf (Boudon 1980: 57-72).

Erstens kann es sein, dass Kooperationsnormen an sich, *unabhängig von spezifischen Handlungssituationen*, mehrdeutig sind oder sogar widersprüchliche Anweisungen enthalten. Aus der Norm der Elternliebe z.B. folgt die weitgehende Verpflichtung der Eltern, ihr Kind emotional zu stützen und für es Partei zu nehmen – aber nicht so weit, dass sie auf Strafen verzichten oder das Kind verteidigen, selbst wenn es sich gegen Dritte ins Unrecht gesetzt hat. In diesem Fall verlangt die Elternliebe eine Bestrafung, wenn die Eltern es dem Kind ersparen wollen, sich zum Egozentriker zu entwickeln und in der Folge Schlimmeres zu erfahren. „Right or wrong – mein Kind" ist keine Erziehungsmaxime. Schon im alten Testament heißt es: „Wer die Rute spart, schädigt sein Kind" – was natürlich nicht als Aufforderung zur Prügelstrafe, sondern als Ächtung des bequemen Sanktionsverzichts zu verstehen ist. In den Orientierungsalternativen von Parsons gesprochen (siehe Abschnitt 3.1.2): Die Elternliebe verlangt zugleich eine partikularistische Identifikation mit dem Kind und eine universalistische Distanzierung von ihm – nicht aus Rücksicht auf die Gesellschaft, sondern aus Rücksicht auf das Kind, das lernen muss, in Gesellschaft zu leben. Wo aber liegt die Grenze zwischen Partikularismus und Universalismus, zwischen solidarischer Parteinahme und notwendiger Zurechtweisung? Keine Formulierung der Norm der Elternliebe kann das festlegen; aber tatsächlich entscheiden die Eltern täglich in ihrer Erziehung über diese Grenze.

Zweitens kann es sein, dass die *Situation*, in der sich zwei oder mehr Personen gegenüberstehen, *nicht klar definiert ist,* so dass auch die Angemessenheit von Kooperationsnormen unklar ist. Ein wohlsituierter Bürger wird die Norm, einem Bedürftigen zu helfen, häufig befolgen, wenn er allein einem einzelnen Bedürftigen gegenübersteht; wenn aber viele einem Bedürftigen gegenüberstehen, schwindet die Hilfsbereitschaft: Jeder Andere könnte ja ebenfalls helfen, die Situation ist nicht als *unbedingt notwendige* Hilfeleistung definiert (siehe Abschnitt 6.4.4).

Drittens kann es sein, dass *in einer eindeutigen Handlungssituation mehrere Kooperationsnormen* gültig sind, zwischen denen die Person vermitteln muss. Die Normen können einander widersprechen; es kann aber auch sein, dass sie nur in eine Rangfolge gebracht werden müssen. Durch den *Widerspruch* zwischen Normen, die in einer gegebenen Situation in gleicher Weise angemessen sind, ist ein moralisches Dilemma definiert: Man kann nicht handeln, ohne die eine oder die andere Norm zu verletzen und muss allgemeinere Gesichtspunkte oder Werte finden, mit der sich die Suspension der einen durch die andere Norm begründen lässt. Ein Beispiel dafür wurde in Abschnitt 6.2.2 diskutiert: Heinz, der seiner kranken Frau eine Arznei verschaffen will und von dem Apotheker erpresst wird, muss entweder gegen das Diebstahlsverbot oder die Gattenliebe verstoßen. Eine *Rangfolge* hingegen suspendiert nicht die eine oder andere Norm, sondern gibt Normen unterschiedliche Wichtigkeit, so dass ihnen unterschiedlich viel Zeit und Energie gewidmet wird. Jeder in der Universität tätige Wissenschaftler ist z.B. verpflichtet, zu forschen und zu lehren; aber über die Prioritäten zwischen Forschung und Lehre kann er in weiten Grenzen selbst entscheiden.

Obwohl Kooperationsnormen also das Eigeninteresse begrenzen, ergeben sich aus der Tatsache ihrer allgemeinen Formulierung Spielräume für die Spontanität des Individuums, so dass es Normen unter Berücksichtigung seiner eigenen Interessen folgt. Nicht nur Konformität überhaupt ist durch Eigeninteresse motiviert – insofern man Strafen vermeiden will. Auch die spezifische Form, mit der man einer bestimmten Norm folgt, wird nach persönlichen Interessen gewählt – weil Kooperationsnormen interpretiert werden müssen und das persönliche Interesse die Interpretation mitbestimmt. Nicht nur Abweichung, auch Konformität kann spontan sein.

Wenn die Individuen die Norm nun in gleicher Weise anders interpretieren, produzieren sie einen Bedeutungswandel der Norm und mit ihm einen Wandel der Praxis, die von der Norm regiert wird. Nehmen wir das *Beispiel der Norm der Elternliebe*: Je mehr Eltern den Partikularismus zuungunsten des Universalismus ausdehnen, desto eher treffen in der nächsten Generation Menschen aufeinander, die vor allem sich selber kennen, desto schwieriger wird der soziale Umgang untereinander; desto wahrscheinlicher werden Klagen über einen „Wertwandel" zur „Selbstbezogenheit" – wie man sie oft hören kann. Die Gründe der Eltern für das veränderte Verständnis können vielschichtig sein: Die zunehmende Berufstätigkeit der Mütter und die Intensivierung beruflicher Belastungen von Müttern wie Vätern nimmt Zeit und Energie aus der Familie, so dass die Eltern schwächer und die Sanktionen der Kinder „teurer" werden; die Kinder machen den Eltern die Strafe mit dem Hinweis schwer, dass „die Anderen es ja auch tun" u.a.m. In jedem Fall aber identifizieren sich die Eltern nach wie vor mit der Norm, aber kommen nach ihren Handlungsmöglichkeiten zu einem anderen Verständnis. Nehmen wir das *Beispiel des Wissenschaftlers*: Wenn die Wissenschaftler mehr lehren als forschen, wird die Universität sich wandeln: von einer Forschungs- zu einer Lehranstalt. Auch hier identifizieren sich die Wissenschaftler nach wie vor mit den Normen der Forschung und der Lehre; auch hier aber kann sich die Schwerpunktverlagerung aus veränderten Handlungsmöglichkeiten ergeben haben. Es könnte etwa sein, dass die Universitätsverwaltung Anreize zugunsten der Lehre verschoben hat und Beförderungen stärker vom Lehrerfolg als von Publikationen abhängig macht.

In beiden Beispielen wird eine in sich vieldeutige Norm erst von einigen, dann von vielen Gruppenmitgliedern anders verstanden, die sich aneinander orientieren. Auch starke Eltern geben nach, wenn sie die Schwäche anderer Eltern sehen; und Kinder fordern von ihren Eltern, was andere Eltern ihren Kindern gewähren: Weil „es" – sagen wir: Fernsehen am Nachmittag und Schulaufgaben am späten Abend – „die Anderen ja auch tun", kann man das Gegenteil „nicht mehr verlangen". Und in der Wissenschaft, wo „Reputation" der Erfolg ist, müssen die Beteiligten sich aneinander orientieren. Das neue Bedeutungsverständnis sollte sich daher nach der Diffusionskurve verbreiten. Das Beispiel des Wertwandels von Leistung, der ein Bedeutungswandel des Leistungsbegriffs ist (siehe Abschnitt 10.3.1), zeigt zudem, dass die Kohortensukzession auch beim Wandel des Bedeutungsverständnisses von Normen mitspielen kann.

Der Bedeutungswandel kann im nächsten Schritt einen Wandel der Praxis auslösen, die der Norm unterliegt, aber er muss es nicht – wie wiederum die Bedeutungsverlagerung des Leistungsbegriffs von Selbstaufgabe zu Selbstverwirklichung zeigt, die nicht notwendig mit weniger Leistungen und möglicherweise sogar mit mehr verbunden ist. In welche Richtung sich das Verhalten in Folge eines Bedeutungswandels verändern sollte, ist keineswegs ausgemacht. Der Bedeutungswandel ist an sich und als *möglicher* Auslöser eines Verhaltenswandels bedeutsam: Die Norm gilt zwar nach wie vor, aber das Sollen wird anders verstanden – und vielleicht wird auch anders gehandelt.

Geltungswandel: Nichtkonformität kontra soziale Kontrolle

Trotz ihrer Allgemeinheit schließen Kooperationsnormen jedoch in den meisten Situationen bestimmte Verhaltensweisen eindeutig aus: Wer einbricht, um sich zu bereichern, ist ein Dieb; er ist in keinem moralischen Dilemma, sondern in einer klar definierten Situation; er folgt nicht – wie Heinz, der das Diebstahlsverbot dem Gebot der Gattenliebe unterordnet – einem für ihn höheren Gebot. Wer in Kenntnis der Norm und ohne bessere Gründe eine Norm übertritt, handelt abweichend – und das ist der überwiegende und „normale", der eigentliche Fall des abweichenden Verhaltens : Über die verletzte Norm gibt es so wenig Zweifel wie über den Eigennutz des Täters.

Normen gelten zwar „kontrafaktisch" (Luhmann 1972: 43) – aber nicht unendlich lang. Nach einer Übertretung muss die kontrafaktische Geltung durch Instanzen der sozialen Kontrolle wieder hergestellt werden. Wenn von der Norm immer häufiger abgewichen wird und soziale Kontrollen die Abweichung nicht sanktionieren, verliert sie Gültigkeit. Die Gültigkeit der Norm ist eine Quantität; sie hängt von zwei Bedingungen ab: der Häufigkeit des geforderten Verhaltens und der Stärke der sozialen Kontrolle (siehe Abschnitt 4.3.2). Die Stärke der sozialen Kontrolle lässt sich weiterhin an zwei Indikatoren messen: an der Unterstützung der Bevölkerung für die Norm und an der Stärke von Kampagnen und Bewegungen, die sich für die Norm einsetzen. Die Wirkung dieser Faktoren soll am Beispiel des Gültigkeitsverlusts zweier strafrechtlicher Normen und des Gültigkeitsgewinns einer dritten strafrechtlichen Norm erläutert werden, die alle das Leben in der Familie regeln.

Erstens: Bis 1955 erfüllten Eltern, die in ihrer gemieteten Wohnung volljährigen Kindern den Beischlaf mit Verlobten erlaubten, den Straftatbestand der *Kuppelei*, d.h. der Begünstigung des außerehelichen Beischlafs; der Vermieter konnte den Mieter deswegen anzeigen. Heute ist für jeden Vermieter die Tatsache, dass ein Paar möglicher Mieter verheiratet ist oder nicht, von untergeordneter Bedeutung für den Abschluss eines Mietvertrags. Hier ist ein gesetzliches Verbot aufgehoben worden, weil es häufig und ohne Folgen verletzt wurde *und* weil die entsprechende Norm im Bewusstsein der Menschen ihre Gültigkeit verloren hat; ob der Anstieg der Abweichungen oder die Schwächung der sozialen Kontrollen früher oder wichtiger waren, ist heute kaum mehr zu sagen.

Zweitens: Der *Schwangerschaftsabbruch*, der nach dem seit 1976 gültigen Gesetz nur bei medizinischer, eugenischer und kriminologischer Indikation und in einer schweren Notlage der Frau möglich war (Indikationsregelung), sollte nach dem 1992 im Bundestag beschlossen Schwangeren- und Familienhilfegesetz (Beratungsregelung) in den ersten zwölf Wochen nicht mehr rechtswidrig sein, wenn sich die Schwangere zuvor hatte beraten lassen; das Gesetz wurde in der Folge durch das Bundesverfassungsgericht aufgehoben und 1995 ein neues Gesetz beschlossen, das den Schwangerschaftsabbruch unter den gleichen Bedingungen zwar für rechtswidrig erklärt, aber faktisch straffrei lässt (Kim 2000: 63-71). Vor der ersten Änderung des Gesetzes 1992 war in Westdeutschland die relative Häufigkeit des bekannt gewordenen Straftatbestands (auf 100 000 Einwohner) zwischen 1979 und 1986 konstant geblieben und die relative Häufigkeit der Schwangerschaftsabbrüche (auf 1000 Lebendgeborene) zwischen 1980 und 1992 von 141 auf 104 zurückgegangen (Kim 2000: 267-268).

Die Ersetzung der Indikationsregelung von 1976 durch die Beratungsregelung von 1992 kann also nicht durch die Zunahme des zuvor verbotenen Verhaltens verursacht sein, das ja als Straftatbestand konstant geblieben und als Form der Geburtenregelung zurückgegangen ist. Die Schwächung der sozialen Kontrolle muss entscheidend gewesen sein. Aber die Unterstützung der gesetzlichen Regelung von 1976, gemessen als Ablehnung der verschiedenen Indikationen des Schwangerschaftsabbruchs, ist zwischen 1982 und 1992 (und bis 1996) nur geringfügig zurückgegangen (ALLBUS, Zentralarchiv Codebuch 1795, Variablen V202-V208; sowie Koch 1994: 227, 231). Die soziale Kontrolle muss also entscheidend durch öffentliche Kampagnen gegen die alte Indikationsregelung geschwächt worden sein – durch die Frauenbewegung und durch Medien, die wie der „Stern" 1971 Bekenntnisse von Frauen zu einer Abtreibung veröffentlicht haben (Friedrichs 1999: 281).

Die Häufigkeit eines Verhaltens und die soziale Kontrolle können aber nicht nur zum Gültigkeitsverlust, sondern auch zum Gültigkeitsgewinn von Normen beitragen, wie die Einführung des Straftatbestands der *Vergewaltigung in der Ehe* 1995 zeigt. Zwar lässt sich die Häufigkeit der früheren Praxis nicht mehr messen und über die Häufigkeit des späteren Straftatbestands gibt es weit divergierende Schätzungen (Kaiser 1997: 390). Aber es gibt Indizien, dass die Unterstützung der Norm zugenommen hat: Unter einer Reihe von Verstößen wird 1990 allein die Vergewaltigung in der Ehe von jüngeren Leuten häufiger als schlimm bewertet (Friedrichs 1999: 273, 287). Und auch hier hat vermutlich die Frauenbewegung eine erfolgreiche Kampagne geführt. Wie bei Innovationen überhaupt wirken auch bei der Innovation von Gesetzesänderungen „moralische Unternehmer" (Becker 1973: Kap. 8) mit.

Weil das tatsächliche Verhalten aufgrund der „Dunkelziffern" oft nicht erfassbar ist (siehe Abschnitt 6.5.4) und weil die meisten Menschen selbst die gemessenen Deliktziffern nicht kennen (Friedrichs 1999: 281), ist die Unterstützung von Normen in der Bevölkerung vielleicht der stärkere Einflussfaktor auf Gültigkeitsverlust und Gültigkeitsgewinn gesetzlicher Regelungen. Umfragen zeigen nun, dass die Unterstützung der meisten erfragten moralischen und strafrechtlichen Normen in Westdeutschland zwischen 1981 und 1994 zurückgeht. Das ist oft als Indiz einer „Normerosion" beklagt worden. Aber es gibt auch gegenläufige Entwicklungen. Die moralische Unterstützung schwindet zwar für Normen im Bereich der Familie. Aber sie wächst für Normen, die gegenseitige Rücksichtnahme im öffentlichen Leben erfordern: Fahrerflucht, Sozialleistungsmissbrauch, alkoholisiertes Autofahren, selbst Widerstand gegen die Staatsgewalt werden zwischen 1980 und 1994 zunehmend schärfer verurteilt. Statt einer Normerosion liegt also ein Wandel der moralischen Perspektive vor: Private verlieren zugunsten öffentlicher Konsequenzen an Gewicht. Was nur für eine oder mehrere einvernehmlich handelnde Personen folgenreich ist, wird mit abnehmender Strenge verurteilt; was für eine in der Handlung selbst nicht präsente oder unübersehbare Menge von Personen folgenreich ist, wird mit zunehmender Strenge verurteilt. Die Blickrichtung der Moralität verlagert sich vom persönlichen in das soziale Leben (Meulemann 1998: 421-427).

Der Geltungswandel von Normen ist also zugleich ein Wandel von Überzeugungen und von Verhaltensweisen in der Bevölkerung. Beide Wandlungen beginnen mit abweichenden Überzeugungen oder Handlungen Einzelner. Beide verstärken sich, weil sich die Betroffenen aneinander orientieren. Die Diffusionskurve sollte also beide Wandlungen beschreiben. Aber die Tatsache, dass die Bevölkerung die Häufigkeit von Delikten oft nicht kennt, legt die Vermutung nahe, dass der Wandel der Überzeugungen wichtiger ist als der Wandel der Verhaltensweisen. Wie beide Wandlungsprozesse zusammenwirken, ist schließlich kaum untersucht.

Lektüre: Friedrichs (1999) und Kerschke-Risch (2002) stellen den Prozess des Gültigkeitsverlusts und Gültigkeitsgewinns oder der „Delegitimierung" und „Legitimierung" oder sogar „Relegitimierung" von Normen in einem Modell der Diffusion dar.

Weiterführende Literatur: Lüdemann (1998) untersucht, inwieweit die Häufigkeit von „Bagatelldelikten" (Schwarz-fahren, alkoholisiert Autofahren, Ladendiebstahl, falsche Angaben bei der Einkommenssteuererklärung) von dem Wert des Handlungserfolgs und der Wahrscheinlichkeit der Entdeckung abhängen und referiert ähnliche Untersu-chungen der Kriminalität gemäß der Wert-Erwartungs-Theorie.

10.6.3 Zusammenfassung: Interessen und Orientierungen des Individuums als Auslöser sozialen Wandels

Im vorausgehenden Abschnitt wurde eine Reihe von Fällen diskutiert, in denen Individuen sich anders orientieren und einen Wandel auslösen. Bei Routinen der privaten Lebensführung ergibt sich der Wandel aus der gleichartigen spontanen Interessenveränderung vieler, ohne dass notwendig eine wechselseitige Orientierung der Beteiligten den Prozess verstärkt – wofür die Routine des abendlichen Fernsehkonsums und ihre Veränderung als Beispiel zitiert wur-den. Bei Innovationen und Moden ergibt sich der Wandel nicht nur aus gleichartigen Interes-senveränderungen, sondern vor allem aus einem Prozess der wechselseitigen Orientierung, die bei der Innovation durch das Versprechen einer besseren Lösung eines Problems, bei der Mode durch den Wunsch dazuzugehören motiviert ist. Gemeinsam ist Routinen, Innovatio-nen und Moden, dass sich die Beteiligten nur am Verhalten, nicht aber an Sollenserwartungen der Anderen orientieren; Routinen, Innovationen und Moden sind keine Normen.

Aber natürlich orientieren sich die Individuen auch an Normen, von denen zwei Arten un-terschieden wurden. Bei Koordinationsnormen mit dem typischen Fall der Verkehrsregeln zwingt schon der Eigennutz dazu, den Sollenserwartungen zu folgen, so dass das Individuum wenig Anlass hat, von der Norm spontan abzuweichen. Zudem fordern sie ein spezifisches Verhalten, so dass das Individuum auch keine Chance hat, durch ein spontan anderes Ver-ständnis von der Norm abzuweichen und einen sozialen Wandel einzuleiten. Bei Kooperati-onsnormen hingegen verführt der Eigennutz dazu, den Sollenserwartungen nicht zu folgen. Sie sollen den Eigennutz einschränken und müssen allgemein formuliert werden, so dass sich ihnen bestimmte Verhaltensweisen nur in Kenntnis des Täters und der Tatumstände subsu-mieren lassen. Sie bieten also Interpretationsspielräume und können einem Bedeutungswandel unterliegen. Aber oft sind die Tatumstände eindeutig und der Eigennutz des Täters offen-sichtlich. Dann kann die wachsende Nichtkonformität und nachlassende öffentliche Unter-stützung zu einem Gültigkeitsverlust bis zur gesetzlichen Aufhebung führen – oder es kann spiegelbildlich eine wachsende öffentliche Empfindlichkeit für bestimmte Verhaltensweisen einer neuen Norm Gültigkeit verschaffen. Die Häufigkeit der Abweichungen und die Stärke der sozialen Kontrolle bestimmen also den Geltungswandel von Kooperationsnormen.

Die Fälle wurden in der Darstellung getrennt, um unterschiedliche Wege zu entdecken, auf denen Individuen zum sozialen Wandel beitragen. Aber die Grenzen sind fließend. Eine Rou-tine, die entscheidend durch die wechselseitige Orientierung bestimmt wird, kann zur Mode werden. Eine Innovation ist eine Routine geworden, wenn niemand mehr an das Problem denkt, das sie löst. Neue gesetzliche Normen sind natürlich auch soziale Innovationen usw. Aber es ging hier nicht um feste Grenzen, sondern um die Prinzipien der Abgrenzung, aus de-nen sich unterschiedliche Formen des sozialen Wandels ergeben.

Die wichtigste Abgrenzung ist, ob und in welcher Form die Individuen sich aneinander orientieren, wenn sie ihr bisheriges Handeln aufgeben und eine neue Handlungsregelmäßig-keit übernehmen. Die wechselseitige Orientierung führt zu Diffusionsprozessen. Aber wie sich soziale Prozesse in Modelle der Diffusion übersetzen, ist wenig erforscht. Deshalb konnte im

Vorausgehenden nur darüber spekuliert werden, welchen Entwicklungskurven Innovationen, Moden und der Bedeutungs- und Geltungswandel von Kooperationsnormen folgen. Immerhin ließen sich Argumente dafür bringen, dass neue Routinen und Innovationen kommen und bleiben oder kommen und gehen, also einer S-Kurve oder einer S-Kurve mit einer zweiten spiegelbildlichen S-Kurve folgen, und dass Moden permanent kommen und gehen, also einer Wellenkurve folgen. Schon die Betrachtung der Kurvenverläufe zeigt also, dass die formale Darstellung für die sachliche Differenzierung hilfreich ist.

10.7 Rückblick: Erklärung durch relationale Strukturen bleibt ein Ziel für die Analyse des sozialen Wandels

Die Stoßrichtung des vorausgehenden Kapitels ging von der Beschreibung zur Erklärung des Wandels und vom distributiven zum relationalen Strukturbegriff. Zunächst wurden Tendenzen des sozialstrukturellen und des Wertwandels dargestellt und gefragt, ob die zusammenhängende Deutung einer Reihe von Trends eine Erklärung ist. Die Antwort war negativ: Da die Deutung und der Vergleich von Trends auf der Aggregatebene verbleiben, können sie keine Erklärungen liefern (Abschnitt 10.2). Deshalb wurde im nächsten Schritt die Kohortenanalyse als die vorherrschende Methode vorgestellt, Trends aus dem Zusammenwirken von Kohortenzugehörigkeit, Lebenszyklus und Periode zu erklären (Abschnitt 10.3). Weil die Kohortenanalyse mit der Desaggregation und Aggregation der Bevölkerung in Kohorten implizit das Ab und Auf zwischen Makro- und Mikroebene ansprach, wurde im nächsten Schritt gefragt, wo im soziologischen Erklärungsschema sozialer Wandel ausgelöst wird; und weil die Antwort war „in der Aggregation", wurde untersucht, wie die Aggregation Wandel produziert: als Diffusion von Neuerungen (Abschnitt 10.4).

Die beiden letzten Abschnitte des Kapitels haben dann versucht, diese Antwort für die Betrachtung von Theorien und Erscheinungsformen des sozialen Wandels zu nutzen. Zunächst wurde analysiert, wie Theorien des sozialen Wandels mit dem Aggregationsproblem im soziologischen Erklärungsschema zusammenpassen. Das Modell der Kohortensukzession führt die natürliche Basis der Gesellschaft als systematischen exogenen Einfluss auf den sozialen Wandel ein. Die Konflikttheorie führt die soziale Ungleichheit als endogenen Verstärker des sozialen Wandels ein. Und die Diskussion von Webers Schrift über den „Geist des Kapitalismus" zeigt, dass auch längerfristige Wandlungen – also nicht nur Wandlungen *in der*, sondern auch Wandlungen *der* Gesellschaft – sich im soziologischen Erklärungsschema verstehen lassen (Abschnitt 10.5). Schließlich wurde gefragt, welche Rolle die Spontanität des Individuums im sozialen Wandel spielt. Die Spontanität des Individuums ist im Rahmen des soziologischen Erklärungsschemas schwer zu lokalisieren: Sie kann nicht unter das Aggregationsproblem subsumiert werden und kehrt die Richtung des Pfeils von der Situation zum Akteur um. Aber ihre Ausdrucksformen, die Veränderung von Regelmäßigkeiten und die Abweichung von Normen, können sozialen Wandel auslösen (Abschnitt 10.6).

Dieser Rückblick zeigt: Die Trends des distributiven Strukturbegriffs waren der sichere Boden dieses Kapitels; die Erklärung des Wandels durch relationale Strukturen auf der Mikroebene des soziologischen Erklärungsschemas hingegen ist mehr Programm als Realität. Das hat einen guten Grund und ist trotzdem unbefriedigend. Wenn die Gesellschaft sich selber erkennen und selber steuern will, muss sie zuerst etwas über die distributiv verstandene Sozialstruktur und ihre Trends wissen, also über die beiden Seiten der Medaille „Sozialstruktur und sozialer Wandel". Die Soziologie, die vor allem den Wandel der distributiven Sozialstruktur untersucht, befriedigt also den Bedarf „ihrer" Gesellschaft. Dennoch sollte die Soziologie, die sich ja mit sozialem Handeln beschäftigt, auch die Rolle relationaler Strukturen im sozialen Wandel analysieren. Die Erklärung des sozialen Wandels durch die Wandlungen relationaler Strukturen bleibt ein Ziel für die soziologische Forschung.

11 Ausblick: Von der Einführung in das Studium

Der Ausgangspunkt dieser Einführung in die Soziologie war die Sozialnatur des Menschen, der Zielpunkt das Zusammenleben der Menschen. Zuerst wurde der Begriff des sozialen Handelns in einer legitimen Ordnung diskutiert (Kapitel 1-4), dann die Differenzierung und Integration der sozialen Ordnung dargestellt (Kapitel 5-6) und schließlich die Sozialstruktur beschrieben, die sich in einer sozialen Ordnung entwickelt und wandelt (Kapitel 7-10). Die Einführung ist damit an ihrem Ziel angekommen. Aber das Ende der Einführung ist der Anfang des Studiums. Wie muss es, wie kann es weitergehen?

11.1 Soziologische Theorie

Es muss weitergehen in einer Richtung, in der hier nur die ersten Schritte getan wurden: im vertieften Studium *der* soziologischen Theorie. Die soziologische Theorie formuliert allgemeine Sätze darüber, wie soziale Tatbestände soziales Handeln orientieren, wie Menschen sich entscheiden und wie sich aus den Entscheidungen der Menschen ein sozialer Tatbestand bildet. Der Gegenstandsbereich der soziologischen Theorie wird also mit dem *soziologischen Erklärungsschema* umschrieben, das Coleman (1990: Kapitel 1) daher auch als „Metatheorie" bezeichnet: als eine Theorie über den Gegenstandsbereich spezifischer Theorien.

Das soziologische Erklärungsschema als Metatheorie

Die Metatheorie fordert eine Erklärung sozialer Zusammenhänge auf der Makroebene durch Entscheidungen von Personen auf der Mikroebene. Sie ist ein Erklärungsschema nicht allein für die Soziologie, sondern für die *Sozialwissenschaften*. Die Soziologie teilt mit anderen Sozialwissenschaften, wie der Volkswirtschaftslehre und der Sozialpsychologie, der Ethnologie und der Geschichte, das Ziel, soziale Tatbestände durch das Zusammenwirken individueller Handlungen zu erklären. Aber sie ist nicht so klar wie andere Sozialwissenschaften auf einen Gegenstandsbereich festgelegt. Das wird vor allem durch einen Vergleich mit der Volkswirtschaftslehre deutlich, die soziales Handeln auf Märkten untersucht. Ihre Ausgangsfrage ist, wie Angebot und Nachfrage auf einem Markt zu einem Gleichgewicht bei einem bestimmten Preis tendieren; dazu entwickelt sie Modelle, die das Erklärungsschema der Sozialwissenschaften in einer besonderen Weise ausführen: Angebot und Nachfrage sind Formen des sozialen Handelns auf der Mikroebene, die sich auf der Makroebene des Markts zu einem Gleichgewicht hin entwickeln.

Ein solcher inhaltlicher Brennpunkt fehlt der Soziologie: Sie untersucht soziales Handeln auf Märkten so gut wie soziales Handeln in Institutionen der Politik, der Bildung, der Wissenschaft, der Religion usw. oder im privaten Leben. Menschen verhandeln ja nicht nur auf Märkten über Preise, sie leben auch in Institutionen und in „privaten Lebensformen" zusammen, in denen sie sich nicht an Preisen, sondern an Macht oder Wahrheit, Vertrauen oder Liebe orientieren. Deshalb entsteht oft der Eindruck, als müsse dem diffusen Gegenstandsbereich ein Pluralismus von Theorien entsprechen, die nicht nach ihrer Allgemeinheit und inneren Stimmigkeit, sondern nach ihrer Angemessenheit an den Gegenstandsbereich beurteilt werden müssten. „Die" soziologische Theorie gibt es nicht, es gibt nur soziologische Theorien oder „Ansätze" (Sahner 1989): Handlungs- und Systemtheorie, Symbolinteraktionismus und Theorie der rationalen Wahl, Konflikttheorie und Integrationstheorie, kritische und affirmative Theorie, strukturell-funktionale und funktional-strukturelle Theorie (Luhmann (1970: 9-30) gegen Parsons).

Aber das ist ein Fehlschluss: Die Buntheit der Lebensbereiche, mit denen sich die Soziologie befasst, erfordert nicht eine Vielfalt der Theorien. Im Gegenteil: Sie macht das Ziel einer einheitlichen Theorie umso dringlicher. Wie kann man ohne eine einheitliche Theorie Ergebnisse zwischen den vielen Lebensbereichen vergleichen? Warum sollte man sich überhaupt mit einem spezifischen sozialen Lebensbereich befassen, wenn man keine Perspektive hat, die auch für andere Lebensbereiche gültig ist?

Beispiele für die Notwendigkeit einer Perspektive: Bildungsentscheidungen und Freiwilligenarbeit

Warum sollte man z.B. die Schullaufbahnentscheidungen von Eltern und Kindern untersuchen? Für den, der im Bildungswesen arbeitet, ist das Thema vielleicht zu dringlich, um die Frage nach dem Warum zu stellen. Und für den Soziologen ist das Thema auf jeden Fall so lange lohnend, als die Politik dem Problem von Chancengleichheit und Chancengerechtigkeit Aufmerksamkeit schenkt. Aber was spricht für das Thema, wenn man nicht „betroffen" ist oder wenn die Politik andere Probleme hat? Allein die Tatsache, dass Schullaufentscheidungen ein Beispiel für ein Handeln sind, in denen sich jedes Individuum nach seinen Restriktionen und Chancen richten muss und alle sich aneinander orientieren und zusammen einen neuen sozialen Tatbestand produzieren. In der Tat hat die Aufmerksamkeit der Politik von 1965 bis etwa 1980 eine Hochkonjunktur der Bildungsforschung produziert. Ohne politischen Flankenschutz aber hat die Bildungsforschung danach auch in der Wissenschaft an Prominenz verloren; und Versuche der Soziologie, das Problem der sozialen Ungleichheit der Politik wieder nahezubringen und *allein dadurch* dem Thema Schullaufbahnentscheidung auch wieder wissenschaftliche Aufmerksamkeit zu verschaffen (siehe z.B. Bolder u.a. 1996), sind mehr oder minder im Sande verlaufen.

Die Soziologie braucht also eine einheitliche Perspektive auf das soziale Handeln, wenn sie soziale Tatbestände unabhängig von den Konjunkturen des öffentlichen Interesses analysieren will. Dafür gibt es nicht nur das mittlerweile schon historische Beispiel der Bildungsforschung, sondern auch ein aktuelles Thema, über dessen Konjunktur man Prognosen wagen darf.

2001 ist das „Internationale Jahr der Freiwilligen". Das Ministerium für Familie, Senioren, Frauen und Jugend hat deshalb eine repräsentative Befragung von über 15 000 Personen in Auftrag gegeben, in der die freiwillige und unbezahlte Mitarbeit in Kirchen und Parteien, Vereinen und sozialen Bewegung nach Form, Dauer und Motiven – „Spaß" oder „Pflicht" – erfragt wird (von Rosenbladt 2000). Aber die sozialen Bedingungen, unter denen sich jemand „engagieren" kann, sind nur wenig untersucht worden. Ein „Engagement" kommt ja nicht von ungefähr, sondern muss die handfesten Barrieren überwinden, die das berufliche und familiäre Leben jedem aufbauen und die unterschiedlich hoch liegen – je nach sozialstrukturellen Zugehörigkeiten und persönlichen Interessen. Welche Belastungen sind mit der Arbeit in Beruf und Familie verbunden, die zuerst erledigt werden müssen; wie sieht das „Zeitbudget" aus, das der Rahmen der freiwilligen Arbeit ist? Wie wichtig sind einem die Alternativen Beruf und Familie, die man einschränken muss, wenn man freiwillige Arbeit leistet? Wie stark ist man generell zu „Leistungen" bereit, einerlei ob sie in Arbeit und Familie oder in die Freiwilligenarbeit gehen? Auf welche Netzwerke durch Familie, Nachbarschaft und Freundschaft kann man sich verlassen, wenn man sich entschließt, ohne Bezahlung freiwillig zu arbeiten? Und da unbezahlte Arbeit ja ein Vorschuss einer Leistung ist, die mit einiger Wahrscheinlichkeit nicht erwidert wird: Wie groß ist das Vertrauen einer Person in andere Menschen, das einen solchen Vorschuss ja leichter macht?

Solche Fragen muss jeder implizit beantworten, der sich für oder gegen ein Ehrenamt entscheidet. Aber im Fragebogen sind sie nicht gestellt worden. Wenn man das aktuelle Problem in den Rahmen einer Handlungstheorie gestellt hätte, hätten sich solche Fragen aufgedrängt. Ohne sie kann man zwar die Freiwilligenarbeit in allen institutionellen und nichtinstitutionellen Verästelungen beschreiben, aber nur in geringen Maße erklären – etwa mit Bezugnahme auf die vorgegebenen Motive „Spaß" und „Pflicht", die das Kleingeld sind, mit dem man einen zudringlichen Interviewer bezahlt. Gewiss, es ist für die Politik wie die Wissenschaft wichtig, die Erscheinungsformen der Freiwilligenarbeit genau zu kennen. Aber ist die Prognose riskant, dass das Interesse der Wissenschaft nach dem „Internationalen Jahr der Freiwilligen" nachlassen wird, wenn sie *nicht* ihre *eigenen* Motive für dieses Thema hat, die sich aus einer allgemeinen Theorie über menschliches Handeln im sozialen Kontext ergeben müssen?

Weiterführende Literatur: Wie Hypothesen über Freiwilligenarbeit aus wenigen Annahmen abgeleitet werden können, zeigt Kitts (2006).

Die Theorie der rationalen Wahl im soziologischen Erklärungsschema

Die Freiwilligenarbeit ist ein Paradebeispiel für Altruismus. Und sie wäre ein ideales Prüffeld für die *Theorie der rationalen Wahl*, die Entscheidungen aus der Maximierung des erwarteten Nutzens erklärt. Wenn man das Erklärungsschema übernimmt, das eine einheitliche Theorie fordert, ist die Wahl einer solchen Theorie eine *zweite* Frage. Man kann sich darüber streiten, ob die „Theorie der rationalen Wahl eine rationale Wahl ist" (Abell 1992). Aber man kann diesen Streit m.E. *nicht* dem Hinweis auf die Buntheit der soziologischen Gegenstände zuungunsten der Theorie der rationalen Wahl entscheiden. Entscheidungen auf Märkten sind gewiss am leichtesten als rationale Wahlen zu verstehen, weil Preise hier wenigstens *ein* greifbares Maß für die Rationalität sind. Aber auch hier kennen die Akteure nicht immer alle Chancen, die sich ihnen bieten, sind manchmal über ihre Präferenzen im Dunkeln und haben oft nur beschränkte Informationen über die Alternativen, vor denen sie stehen. Auch hier ist also die Theorie der rationalen Wahl eine Heuristik, die, wenn sie nicht unmittelbar Erklärungen produziert, zumindest Fragen provoziert. Warum sollte man die Theorie der rationalen Wahl nicht auch auf Gebiete anwenden, wo der Anhaltspunkt der Preise fehlt? Hier wie dort führt die Annahme der rationalen Wahl dazu, Bedingungen der Entscheidung zu entdecken, die nicht offensichtlich sind und unter denen man die Entscheidung verstehen kann.

Ebenso wie wirtschaftliches Handeln, bei dem offensichtlich Interessen verfolgt werden, kann man also auch altruistisches Handeln unter der Annahme untersuchen, dass Menschen unter Restriktionen ihre eigenen Interessen verfolgen; und gerade hier wird diese Annahme Anlass zu weiteren Fragen geben. Warum – um ein oft bestätigtes Ergebnis zu zitieren (Braun / Klages 2000: 41) – sind gerade Menschen in der Mitte des Lebens, in der die Belastungen durch Beruf und Familie am höchsten sind, am ehesten bereit, auch freiwillige Arbeit zu leisten? Die Reichweite der Theorie der rationalen Wahl ist nicht durch den Anwendungsbereich beschränkt, sondern durch den Erfindungsreichtum des Forschers, Erklärung für Ergebnisse zu finden, die auf den ersten Blick nicht „rational" erklärbar sind. Selbst der religiöse Glaube kann als Ergebnis einer rationalen Wahl verstanden werden: Wer glaubt, sucht „allgemeine Kompensatoren" für schwer beurteilbare und kaum erreichbare Handlungsziele, also jenseitige für fehlende diesseitige Belohnungen (Stark / Bainbridge 1987: 35-39). Steckt nicht auch ein Stück Eigeninteresse im Glauben an ein Leben nach dem Tode, also eine Fortsetzung der persönlichen Existenz über die Schwelle des Todes? Nicht umsonst steigt in Deutschland der Glaube an das Leben nach dem Tode leicht an, während der Glaube an Gott zurückgeht (Birkelbach 2001)? Und ist die Konformität mit moralischen Geboten nicht auch durch die Erwartung einer Strafe im „Jüngsten Gericht" zweckrational motiviert?

Die *Metatheorie* bringt also die Vielfalt der sozialen Lebensbereiche, mit denen sich die Soziologie befasst, unter eine Perspektive: der Erklärung sozialer Tatbestände durch individuelles Handeln; und die *Theorie der rationalen Wahl* ist eine spezifische Theorie zur Erklärung des individuellen Handelns. Wenn man über die Wahl einer Handlungstheorie streitet, sollte man das Ziel einer einheitlichen Theorie nicht vergessen. Weil Pluralismus herrscht, ist er noch kein Ideal. Das Ideal ist vielmehr die Erklärung sozialer Tatbestände in einer einheitlichen Theorie. Es rückt nicht nur die bunte Vielfalt der soziologisch untersuchten sozialen Lebensbereiche in eine Perspektive, sondern auch die Soziologie und ihre Nachbar-Sozialwissenschaften. Es bewahrt die Soziologie vor Fragmentierung und vor intellektuellem Provinzialismus.

Weiterführende Literatur: Einen Überblick über verschiedene theoretische Ansätze bieten die Artikel zum Stichwort „Theorie" in Endruweit /Trommsdorff (2002: 609-639) und in Schäfers (2001: 340-361). Den Versuch, mit der Metatheorie des Erklärungsschemas und mit der Theorie der rationalen Wahl eine einheitliche Grundlage für die Sozialwissenschaften einschließlich der Soziologie zu schaffen, unternehmen Coleman (1990) und Esser (1993, 1999).

11.2 Soziologische Methoden

Das Studium muss aber nicht nur in der soziologischen Theorie, sondern auch in den soziologischen Methoden weitergehen. Hier hat der Plural seine Berechtigung, wenn auch nicht der Pluralismus. Es gibt viele soziologische Methoden, aber nicht alle kommen gleich nah an den Gegenstand der Soziologie heran, das soziale Handeln. Jeder wissenschaftliche Forschungsprozess besteht zunächst in der Erhebung von „Daten", d.h. von intersubjektiv verfügbaren Informationen über einen Realitätsausschnitt. Jede besondere Wissenschaft lässt sich *auch* durch die besonderen Methoden kennzeichnen, mit denen sie ihre Daten *erhebt*. Das gilt auch für die Soziologie.

Erhebungsmethoden der Soziologie

Wenn die Soziologie soziale Tatbestände aus dem subjektiv gemeinten Sinn der beteiligten Akteure erklären will (siehe Abschnitt 3.2.1), dann muss sie den Sinn von den Akteuren *erfragen*. Sie kann ihn nicht beobachten – oder besser: Sie kann ihn nur dort beobachten, wo der Sinn einer Handlung in einer homogenen Gruppe eindeutig ist. Das Herausstrecken der Zunge ist in Tibet eine Begrüßung; man offenbart ja sein Innerstes (Hinweis von Michael J. Casimir, Ethnologisches Institut, Universität zu Köln). Aber „bei uns" ist es so eindeutig eine Beleidigung, dass man nach dem Sinn nicht mehr fragen muss. Ein Lächeln kann jedoch „bei uns" aggressiv oder freundlich sein; und wenn ich weiter keine eindeutigen Zeichen habe, muss ich den Anderen, der mich anlächelt, *fragen*, wie er es meint – oder aufgrund eines angenommenen Verständnisses ohne Frage auf den Anderen reagieren und an seiner Reaktion meine Hypothese über den Sinn des Lächelns testen. Ebenso muss in Tibet ein Fremder fragen, was der Sinn der herausgestreckten Zunge ist.

Die Erhebungsmethode der Soziologie ist also die *Befragung* – aber sie ist nicht die einzige Methode. Wo über den Sinn von Handlungen kein Zweifel besteht, etwa beim gemeinsamen Ausheben einer Baugrube oder beim Besuch eines Arztes, kann ich ihn *beobachten* – weil man sich über den Sinn bereits verständigt hat. Selbst dann aber wird das Handeln oft vom Sprechen begleitet, das nicht nur den gemeinsamen Vollzug besser steuern, sondern auch dem Anderen erklären soll, was man nun gerade „subjektiv meint". Selbst dann also offenbart sich der Sinn in der Antwort auf eine – nicht gestellte, aber antizipierte – Frage. Wo der Sinn weiterhin schon in Dokumente eingeflossen ist, kann man ihn mit der Methode der *Inhaltsanalyse* aufschlüsseln: Briefe, Zeitungsartikel, Romane usw. sind Antworten auf Fragen, die erst viel später gestellt werden. Die Kunst der Inhaltsanalyse – wie übrigens auch der Analyse historischer „Quellen" – ist es, die Dokumente „zum Sprechen zu bringen", also ihnen die Fragen zu stellen, auf die sie noch antworten können, oder besser: auf die sie implizit bereits geantwortet haben.

Wo Befragungen nicht nötig sind, können sie also durch Beobachtungen, wo sie nicht mehr möglich sind, durch Inhaltsanalysen von Dokumenten ersetzt werden. Aber wenn die Beobachtung nicht eindeutig ist, *muss* man fragen; und wenn die Dokumente keine Antwort geben, *würde man gerne* fragen. In letzter Instanz ist die Befragung die soziologische Methode. Wie im Alltag so kann man jedoch auch in der Wissenschaft nicht alles, zumindest nicht alles mit der gleichen Selbstverständlichkeit fragen.

Fragen kann man alles, worüber sich ein einheitliches Sinnverständnis eingespielt hat. Nach dem Alter kann man *heute* leicht fragen, weil Fragesteller wie Antwortender seit der Schulzeit die Begriffe Monat und Jahr, die Vorstellung des Alters und die Fähigkeit des Rechnens erlernt haben. Aber die Patriarchen des Alten Testaments gaben ihren Geschichtsschreibern ein „biblisches" Alter an, eben weil sie keine entsprechenden Begriffe oder nicht die gleichen wie die fragenden Geschichtsschreiber erworben hatten. Das einheitliche Sinnverständnis ist also ein Produkt der sozialen Entwicklung, der Institutionalisierung von Techniken und Messeinheiten, von Staaten und Schulen usw. Deshalb besteht die Kunst des soziologischen Fragestellens darin, die Institutionalisierung von Bedeutungen mit einer Standardisierung der Formulierungen von Fragen und von vorgegebenen Antworten so *nachzuzeichnen*, dass Frage wie Antwort von möglichst vielen Befragten in der gleichen Weise verstanden werden.

Wenn man nun vielen Personen standardisierte Fragen stellt und Antworten vorgibt, dann gewinnt man Daten in einer spezifischen Form: Texte werden in Ziffern übersetzt, die eine quantitative Analyse zulassen. Auf die Frage „Sind Sie berufstätig" werden die vorgegebenen Antworttexte „Ja" und „Nein" in die Ziffer „1" für den Befragten „Müller" und die Ziffer „2" für die Befragte „Maier" übersetzt, die entsprechend geantwortet haben. Aus diesen Antworten ergibt sich eine Matrix (siehe Abschnitt 7.4.1) von Daten mit zwei Zeilen und zwei Spalten: „Müller", „1"; „Maier", „2"; als dritte Spalte kann man die „Beobachtung" des Geschlechts mit der Ziffer „1" für „männlich" und „2" für „weiblich" hinzufügen. Und wenn man Müller und Maier noch die Fragen aus Abschnitt 10.3.1 zur Leistungsethik und zum Postmaterialismus gestellt hat, kann man eine vierte und fünfte Spalte hinzufügen, in der „der/die erste" in „1" und „der/die zweite„ in „2" sowie „Materialist", „Mischtyp" und „Postmaterialist" in „1", „2" und „3" übersetzt worden sind. Eine Datenmatrix bildet sich also aus der Multiplikation von Personen mit Variablen. Sie erlaubt die quantitative Analyse standardisiert erfragter Antworten einer Personengruppe. Weil die standardisierte Befragung eine Datenmatrix produziert, kann sie mit der quantitativen Analyse fortgesetzt werden.

Die *quantitative Analyse standardisiert erhobener Fragen* ist daher der „Königsweg" der Soziologie. Sie wird oft mit anderen Erhebungsmethoden, die eine Datenmatrix produzieren, unter dem Etikett der „quantitative Methoden" zusammengefasst. Aber das ist eine unglückliche Bezeichnung. Denn sie zäumt das Pferd vom Schwanze auf: Die quantitative Analyse ist ja nur unter Voraussetzung der standardisierten Erhebung möglich. Die „quantitativen" werden zudem oft in Gegensatz zu „qualitativen Methoden" gesetzt, die keine standardisierten Fragen stellen und keine Antworten vorgeben. Das aber ist nicht nur unglücklich, sondern schief. Die „qualitativen Methoden" verzichten auf die Standardisierung – manchmal mit dem guten Grund, dass der „subjektiv gemeinte Sinn" sich einer standardisierten Frage entziehe; in jedem Fall aber mit einer schlechten Folge: Eine quantitative Analyse ist nicht möglich, es sei denn, man übersetzt das erhobene Sprachmaterial wie ein historisches oder zeitgeschichtliches Dokument nachträglich in Ziffern. Die „quantitativen Methoden" standardisieren zwar die Erhebung; aber auch standardisierte Fragen und Antworten richten sich auf „qualitativen" Sinn. Auch „quantitative" Methoden sind also „qualitativ", aber die Standardisierung bahnt den Weg zur quantitativen Analyse. Die Gegenüberstellung stilisiert zu einer grundsätzlichen Alternative, was eine Entscheidung im Forschungsprozess ist: Wer „Qualitäten" standardisiert erfragt, kann sie quantitativ analysieren; und wer auf das erste verzichtet, muss auch auf das zweite verzichten.

Diese Entscheidung lässt sich natürlich weder allgemeinverbindlich noch am grünen Tisch treffen. Jeder muss sie nach seinem persönlichen Interesse und nach den Fragen treffen, die ihn interessieren. Allerdings sind die meisten soziologischen Untersuchungen – fast 60 Prozent – standardisierte Befragungen (Deutsche Forschungsgemeinschaft 1999: 145). Und das hat seinen Grund: So gut wie alle Informationen über die Sozialstruktur einer Gesellschaft, von denen in den Kapiteln 7 bis 10 eine Kostprobe serviert wurde, stammen aus standardisierten Befragungen – einschließlich der Volkszählung und der Mikrozensen des Statistischen Amtes, welche ja auch standardisierte Befragungen sind. Für die Selbststeuerung einer modernen Nationalgesellschaft (siehe Abschnitt 5.3) sind quantitative Informationen unerlässlich – und ebenso für die Selbstaufklärung einer kritischen Öffentlichkeit. Ein Fach, das sich von den politischen Entscheidungen und den intellektuellen Diskussionen seiner Gesellschaft nicht abkoppeln will, muss insgesamt zur Information der Gesellschaft über quantitative Entwicklungen beitragen.

Der Grund, warum „qualitative Methoden" wenig Informationen über gesellschaftliche Entwicklungen beitragen, liegt in ihnen selber: Sie produzieren wenig vergleichbare Ergebnisse, aus denen sich Entwicklungen herauslesen ließen. Mein Eindruck ist: Wenn „qualitative" Methoden verglichen werden, dann geht es um die Kodifizierung von Ansätzen (zuletzt Flick 1998), aber nicht um die Verfeinerung von Techniken und die Kumulation von Ergebnissen. Das steht im scharfen Gegensatz zur „quantitativen" Umfrageforschung, die die Standardisierung ihrer Instrumente nach den Ergebnissen zahlreicher empirischer Untersuchungen ständig verfeinert (siehe z.B. Schnell u.a. 2005: 319-357), Entwicklungen seit den 50er Jahren zusammenstellt (siehe z.B. Meulemann 1996, 2002) und seit den achtziger Jahren mit dem ALLBUS, dem Sozioökonomischen Panel und dem Wohlfahrtssurvey (siehe z.B. Porst 2000) Instrumente der „sozialen Dauerbeobachtung" entwickelt hat.

Der Grund, warum die Kapazität der „qualitativen Methoden" zur Produktion kumulativer Ergebnisse so gering ist, liegt wiederum in ihnen selber: Es gibt keine Verfahren, „qualitativ" erhobene Texte auf eine genuin „qualitative" Weise zu analysieren – also *anders* als durch die nachträgliche Produktion einer Datenmatrix aus unstandardisiert erhobenen Texten. Zumindest haben die hierzu vorgeschlagenen Verfahren (Diekmann 2006a: 451-455) große Schwierigkeiten, die „qualitative" Analyse für fremde Forscher in der gleichen Weise nachvollziehbar – also: intersubjektiv überprüfbar – zu machen, wie sie mit der „Sekundäranalyse" (Diekmann 2006a: 172, Kromrey 2006: 228-236, 537-538) einer Datenmatrix selbstverständlich gegeben ist.

Methoden der quantitativen Analyse

Der Verzicht auf die Produktion einer Datenmatrix koppelt also die „qualitativen Methoden" der Soziologie von der quantitativen Analyse ab – so wie die Produktion einer Datenmatrix die „quantitativen Methoden" der Soziologie mit anderen Wissenschaften zusammenbringt. Denn anders als die Erhebungsmethode der standardisierten Befragung sind die Methoden der quantitativen Analyse kein Spezifikum der Soziologie. Alle Wissenschaften, die Datenmatrizen produzieren, beschreiben die Verteilung von Variablen mit zusammenfassenden Kennziffern (Mittelwerte, Standardabweichung) und versuchen eine Zielvariable durch einen Satz von Prädiktorvariablen statistisch zu erklären. Die Kenntnis der Tabellenanalyse und der Korrelations- und Regressionsrechnung ist daher ein „Muss".

Die Verfahren der Statistik sind allerdings nicht nur Instrument. Sie zwingen auch dazu, explizit anzugeben, welche Variablen man als Zielvariable und als Einflussvariable betrachten will und wie man die Einflussvariable erster von Einflussvariablen zweiter Ordnung abhängig machen will. Ein Beispiel dazu wurde in Abbildung 9.12 mit der Pfadanalyse einer chancengerechten und nicht chancengerechten Gesellschaft gegeben. In der Publikation von Ergebnissen werden die Pfade mit Kennziffern aus statistischen Analysen versehen. Vor der statistischen Analyse aber sollte man sich die kausale Staffelung der Variablen – von den ersten Ursachen über vermittelnde Variablen bis zur Zielvariablen – und die erwarteten wie nicht erwarteten Verbindungen zwischen den kausalen Ebenen explizit in einem Diagramm klarmachen, das genau so aussieht wie die vermuteten Ergebnisse der Pfadanalyse: In einer chancengerechten Gesellschaft *erwartet* man das Modell 1, in einer nicht chancengerechten das Modell 2. Das statistische Verfahren prüft dann, welches Modell tatsächlich zutrifft. Genauer: Es prüft, ob eine Korrelation zwischen zwei Variablen durch eine „Drittvariable" *erklärt* werden kann oder ob sie eine Scheinkorrelation ist, die auf den Einfluss der dritten Variablen auf die beiden Ausgangsvariablen zurückgeführt werden muss (Diekmann 2006a: 57-61). Im Modell 1 (der chancengerechten Gesellschaft) ist die faktisch ja bestehende *Korrelation* zwischen Herkunftsstatus und Zielstatus *bedingt* durch die Korrelation des Herkunftsstatus mit dem Bildungsabschluss und dem Einfluss des Bildungsabschlusses auf den Zielstatus.

Die statistische Technik der Pfadanalyse also setzt eine alltägliche Technik der „Pfadanalyse" voraus, die einen zwingt, ein Problemfeld genau aufzuschlüsseln. Man kann sich ohne Statistik über eine „Pfadanalyse" verständigen und mit Hilfe der Alltagstechnik die Anwendung der Statistik steuern. Weil sie eine Brücke zur Theorie schlägt, ist die Pfadanalyse ein „Muss" des weiteren Studiums.

Weiterführende Literatur: Einführungen in die empirische Sozialforschung geben Diekmann (2006a), Kromrey (2006), Schnell u.a. (2005). Die Analyse von Scheinkorrelationen und ihr Bezug zur Theorie wird ausführlich von Davis (1971) sowie Kühnel / Krebs (2001: 463-502) behandelt. Neue Entwicklungen der Sozialforschung werden in Diekmann (2006b) dargestellt.

11.3 Soziologische Untersuchungsgebiete und Praxisfelder

Das Studium sollte aber nicht nur in der soziologischen Theorie fortgesetzt werden und in die soziologischen Methoden einsteigen. Es sollte sich auch auf eines der vielen soziologischen Untersuchungsgebiete oder Praxisfelder spezialisieren. Hier ist nun nicht nur der Plural, sondern auch der Pluralismus angebracht. Eine Bindestrich-Soziologie ist so gut wie die andere. „Anything goes": Wähle, was Dich interessiert.

Die Spezialisierung ist notwendig. Soziologische Probleme sind selten Probleme „der Gesellschaft", sondern Probleme des politischen Systems oder des Bildungswesens, der Jugend oder des Alters, der Arbeitsorganisation oder der Freizeitangebote usw. Große Fragen wie „Wohin treibt die Gesellschaft?" oder „Was hält die Gesellschaft zusammen?" zu stellen, ist unerlässlich. Aber sie können nicht ohne die Untersuchung spezifischer Fragen beantwortet werden: Warum wächst der Nichtwähleranteil? Sind die Ostdeutschen dem Rechtsradikalismus stärker zugeneigt als die Westdeutschen? Warum hat sich die Ungleichheit der Bildungschancen in den letzten 20 Jahren nur wenig vermindert? Wie lassen sich Menschen zur Freiwilligenarbeit bewegen? Usw. Um solche spezifischen Fragen zu beantworten, sind Spezialisten gefordert; und erst die Antworten vieler Spezialisten erlauben die Antwort auf eine große Frage.

Allerdings ist eine Bindestrich-Soziologie nur dann so gut wie die andere, wenn beide die soziologische Theorie und soziologische Methoden anwenden: „Die Probe des Puddings ist das Essen". Spezielle Untersuchungsfragen sollten sich nicht allein aus den Erfordernissen des Untersuchungsgebiets und den günstigen politischen Randbedingungen rechtfertigen; sie sollten auch mit Bezug auf das soziologische Erklärungsschema formuliert werden – wie oben für die Bildungssoziologie und die aktuellen Forschungen zur Freiwilligenarbeit erläutert. Diese Forderung bleibt ein Wermutstropfen der „Disziplin". Allerdings sollte er nicht den Spaß verderben, sich irgendwo in der Gesellschaft ein soziologisches Problem zu suchen und mit der Soziologie anzufangen. Vielleicht wird es ja ein wichtiger Beitrag zu einer großen Frage.

Weiterführende Literatur: Einen Überblick über soziologische Praxisfelder bieten von Alemann (1995) sowie Korte / Schäfers (1997).

Tabellen- und Abbildungsverzeichnis

Tabellen und Abbildungen wurden in einer Folge durchgezählt.

Literatur

Abell, Peter, 1992. „Is Rational Choice a rational Choice?" 183-200 in: Coleman (Hg.), a.a.O.

Abels, Heinz, 2006. Identität. Wiesbaden: VS Verlag für Sozialwissenschaften

Albert, Hans / Topitsch, Ernst (Hg.), 1971. Werturteilsstreit. Darmstadt: Wissenschaftliche Buchgesellschaft

Ajzen, Icek, 1988. Attitudes, Personality, and Behavior. Milton Keynes. Open University Press

Ajzen, Icek / Fishbein, Martin, 1980. Understanding Attitudes and Predicting Social Behavior. Englewood Cliffs, NJ: Prentice Hall

Akinci, Haluk, 2006. Lebensstile, Sozialstatus und Mediennutzung. 230-246 in: Hagenah, Jörg / Meulemann, Heiner (Hg.). Sozialer Wandel und Mediennutzung in der Bundesrepublik Deutschland. Berlin: LIT Verlag

Albrecht, Günter / Howe, Carl-Werner, 1992. Soziale Schicht und Delinquenz. *Kölner Zeitschrift für Soziologie und Sozialpsychologie* 44: 697-730

Alemann, Heine von, 1995. Berufschancen und Berufsfelder von Soziologen. 273-294 in: Schäfers, Bernhard (Hg.). Soziologie in Deutschland. Opladen: Leske + Budrich

Allerbeck, Klaus R., 1982. Zur formalen Struktur einiger Kategorien der verstehenden Soziologie. *Kölner Zeitschrift für Soziologie und Sozialpsychologie* 34: 665-676

Allerbeck, Klaus R. / Hoag, Wendy, 1985. Jugend ohne Zukunft? München: Piper

Allerbeck, Klaus R. / M. Kent Jennings / Rosenmayer, 1979. Generations and Families: Political Action. 487- 521 in: Barnes, Samuel H. / Kaase, Max (Hg.). Political Action: Mass Participation in Five Western Democracies. Beverly Hills: Sage

Almond, Gabriel A. / Verba, Sidney, 1963. The Civic Culture. Political Attitudes and Democracy in Five Nations. Princeton NJ: Princeton University Press

Andreß, Hans-Jürgen, 1999. Leben in Armut. Opladen: Westdeutscher Verlag

Aries, Philippe, 1978. Geschichte der Kindheit. München: dtv (Franz. Original 1960)

Arzberger, Klaus, 1982. Ausdifferenzierung des Staates und Differenzierungsprozesse im politischen System heute. 72-128 in: Hondrich (Hg.), a.a.O.

Asch, Salomon, 1956. Studies of independence and conformity. *Psychological Monographs* 70: 1-70

Ashby, Ross W., 1956. An Introduction to Cybernetics. London: University Paperbacks

Axelrod, Robert, 1987. Die Evolution der Kooperation. München: Oldenbourg (engl. 1984: The Evolution of Cooperation, New York: Basic Books)

Axelrod, Robert, 1997. The Complexity of Cooperation. Agent-Based Models of Competition and Collaboration. Princeton: Princeton University Press

Bales, Robert F., 1956. Die Interaktionsanalyse: Ein Beobachtungsverfahren zur Untersuchung kleiner Gruppen. 148- 169 in: König, Rene (Hg.). Beobachtung und Experiment in der Sozialforschung. Köln: Kiepenheuer & Witsch

Ballerstedt, Eike / Glatzer, Wolfgang, 1975. Soziologischer Almanach. Frankfurt/Main: Campus

Band, Henri / Müller, Hans-Peter, 2001. Lebensbedingungen, Lebensformen und Lebensstile. 427-436 in: Schäfers / Zapf (Hg.), a.a.O.

Bandura, Albert, 1971. Social learning theory. Morristown, New Jersey

Bayertz, Kurt (Hg.), 1998. Solidarität: Begriff und Problem. Frankfurt/Main: Suhrkamp

Beck, Ulrich, 1986. Risikogesellschaft. Frankfurt/Main: Suhrkamp

Becker, Gary S., 1976. The Economic Approach to Human Behavior. 3-13 in: ders., The Economic Approach to Human Behavior. Chicago: Chicago University Press (dt. Der Ökonomische Ansatz zur Erklärung menschlichen Verhaltens. Tübingen: Mohr 1982)

Becker, Gary S., 1996. Eine ökonomische Analyse der Familie. 101-116 in: ders. Familie, Gesellschaft und Politik – die ökonomische Perspektive. Tübingen: Mohr

Becker, Howard S., 1960. Notes on the Concept of Commitment. *American Journal of Sociology* 66: 32-40

Becker, Howard S., 1973. Außenseiter. Zur Soziologie abweichenden Verhaltens. Frankfurt/Main: Fischer (englisch: Outsiders. New York: Free Press 1963)

Becker, Rolf / Zimmermann, Ekkart, 1995. Statusinkonsistenz im Lebensverlauf. *Zeitschrift für Soziologie* 24: 358-373

Bellah, Robert N. u.a., 1985. Habits of the Heart. Berkeley u.a.: University of California Press

Bendix, Reinhard / Lipset, Seymour M. (Hg.), 1967. Class, Status, and Power. A Reader in Social Stratification. London

Berg, Klaus / Kiefer, Marie-Luise, 1992. Massenkommunikation IV. Baden-Baden: Nomos

Berg, Klaus / Kiefer, Marie-Luise, 1996. Massenkommunikation V. Baden-Baden: Nomos

Berger, Johannes, 2001. Wirtschaftssystem. 738-750 in: Schäfers / Zapf (Hg.), a.a.0.

Berger, Peter / Luckmann, Thomas, 1964. Social Mobility and Personal Identity. *European Journal of Sociology* 5: 331-344 (dt. in :Luckmann, Thomas, 1970. Lebenswelt und Gesellschaft: UTB Taschenbuch, 142-160)

Berger, Peter / Luckmann, Thomas, 1970. Die gesellschaftliche Konstruktion der Wirklichkeit. Eine Theorie der Wissenssoziologie. Frankfurt/Main: Fischer (englisch: The Social Construction of Reality. New York: Doubleday 1966)

Berger, Peter A. / Schmidt, Volker H. (Hg.), 2004. Welche Gleichheit, welche Ungleichheit. Grundlagen der Ungleichheitsforschung. Wiesbaden: Verlag für Sozialwissenschaften

Berger, Peter A. / Vester, Michael (Hg.), 1998. Alte Ungleichheiten – Neue Spaltungen. Opladen: Leske + Budrich

Bergmann, Joachim / Offe, Claus u.a., 1969: Herrschaft, Klassenverhältnisse und Schichtung. 67-87 in: Verhandlungen des Deutschen Soziologentages. Stuttgart: Enke

Bertram, Hans u.a., 2006. Familie zwischen Flexibilität und Verlässlichkeit. Siebter Familienbericht. Berlin: Bundesministerium für Familie, Senioren, Frauen und Jugend.

Beyer, Jürgen, 2005. Pfadabhängigkeit ist nicht gleich Pfadabhängigkeit. *Zeitschrift für Soziologie* 34: 5-21

Birkelbach, Klaus, 2001. Religiöse Einstellungen zwischen Jugend und Lebensmitte. *Soziale Welt* 52: 93-118

Black, Donald, 1998. The social structure of right and wrong. Revised edition. San Diego etc.: Academic Press

Blättel-Mink, Birgit / Renn, Ortwin (Hg.), 1997. Zwischen Akteur und System. Die Organisierung von Innovation. Opladen: Westdeutscher Verlag

Blossfeld, Peter, 1989. Kohortendifferenzierung und Karriereprozeß. Eine Längsschnittstudie über die Veränderung der Bildungs- und Berufschancen im Lebenslauf. Frankfurt/Main: Campus

Blossfeld, Peter / Mayer, Karl-Ulrich, 1988. Arbeitsmarktsegmentation in der Bundesrepublik Deutschland. *Kölner Zeitschrift für Soziologie und Sozialpsychologie* 40: 262-283

Blossfeld, Peter / Prein, Gerald (Hg.), 1998. Rational Choice Theory and Large Scale Data analysis. Boulder, Colorado: Westview Press

Blossfeld, Peter / Shavit, Yossi, 1992. Persisting Barriers. In: dies. (Hg.). Persisting Inequality: Changing Educational Stratification in Thirteen Countries. Colorado: Westview Press

Bolder, Axel / Heinz, Walter R. / Rodax, Klaus (Hg.), 1996. Die Wiederentdeckung der Ungleichheit. Opladen: Leske + Budrich

Boldt, Hans, 1990. Deutsche Verfassungsgeschichte. Band 2: Von 1806 bis zur Gegenwart. München: dtv wissenschaft

Boli, John / Thomas, George M., 1997. World Culture and World Polity: A Century of International Non-Governmental Organization. *American Sociological Review* 62: 171-190

Bolte, Karl Martin, 1959. Sozialer Aufstieg und Abstieg. Stuttgart: Enke

Böltken, Ferdinand / Jagodzinski, Wolfgang, 1985. In an environment of insecurity. *Comparative Political Studies* 17: 453-484

Bomsdorf, Ekart, 1999. Deskriptive Statistik, 10. Auflage. Bergisch Gladbach: Eul

Bontrup, Heinz-J., 2004. Volkswirtschaftslehre. Grundlagen der Mikro- und Makroökonomie. 2., unwesentlich veränderte Auflage. München: Oldenbourg

Borg, Ingwer / Staufenbiel, Thomas, 1997. Theorien und Methoden der Skalierung. Dritte überarbeitete Auflage. Bern: Huber

Bortz, Jürgen, 1985. Lehrbuch der Statistik für Sozialwissenschaftler. 2. Auflage. Berlin: Springer

Bott, Elizabeth, 1971. Family and Social Network (2nd ed.). London: Tavistock

Boudon, Raymond, 1974. Education, Opportunity, and Social Inequality. Changing Prospects in Western Society. New York: Wiley

Boudon, Raymond, 1977. Effets pervers et ordre social. Paris: Quadrige – Presses Universitaires des France

Boudon, Raymond, 1980. Die Logik des gesellschaftlichen Handelns. Eine Einführung in die soziologische Denk- und Arbeitsweise. Neuwied: Luchterhand (frz.: La logique du Social. Paris: Hachette 1978)

Boudon, Raymond, 1986. Theories of Social Change. A Critical appraisal. Cambridge: Polity Press (frz. Paris. Presses Universitaires de France 1984)

Boudon, Raymond / Bourricaud, François, 1992. Soziologische Stichworte. Ein Handbuch. Köln: Westdeutscher Verlag 1992 (frz. Paris 1982)

Bourdieu, Pierre, 1983. Die feinen Unterschiede. Frankfurt/Main: Suhrkamp

Bourdieu, Pierre / Passeron, Jean-Claude, 1973. Grundlagen eine Theorie der symbolischen Gewalt. Frankfurt/Main: Suhrkamp

Braun, Dietmar, 1999. Theorien rationalen Handelns in der Politikwissenschaft. Opladen: Leske + Budrich

Braun, Joachim / Klages, Helmut, 2000. Freiwilliges Engagement in Deutschland. Band 2: Zugangswege. Band 194.2 der Schriftenreihe des Bundesministeriums für Familie, Senioren, Frauen und Jugend. Stuttgart: Kohlhammer

Braun, Norman, 1994. Das Schwellenmodell und die Leipziger Montagsdemonstrationen. *Kölner Zeitschrift für Soziologie und Sozialpsychologie* 46: 492-500

Breen, Richard / Goldthorpe, John H., 1997. Explaining Educational Differentials. *Rationality and Society* 9: 275-305

Breiger, Roland L., 1988. The duality of persons and groups. 83-98 in: Wellman / Berkowitz (Hg.), a.a.O.

Breuer, Stefan, 1998. Der Staat. Entstehung, Typen, Organisationsformen. Reinbek bei Hamburg: rowohlts enzyklopädie

Brinkmann, Gerhard, 1997. Analytische Wissenschaftstheorie. Einführung sowie Anwendung auf einige Stücke der Volkswirtschaftstheorie. 3. Auflage. München: Oldenbourg

Brock, Dietmar, 2001. Soziale Ungleichheit, Klassen und Schichten. 628-641 in: Schäfers / Zapf (Hg.), a.a.O.

Brunner, Otto, 1968. Neue Wege der Verfassungs- und Sozialgeschichte. Zweite Auflage. Göttingen: Vandenhoek & Ruprecht

Bürklin, Wilhelm, 1984. Grüne Politik. Opladen: Westdeutscher Verlag

Bürklin, Wilhelm / Rebenstorf, Hilke u.a. (Hg.), 1997. Eliten in Deutschland. Opladen: Leske + Budrich

Burzan, Nicole, 2005. Soziale Ungleichheit. Eine Einführung in die zentralen Theorien. 2. Auflage. Wiesbaden: Verlag für Sozialwissenschaften

Büschges, Günther, 2002. Individualismus, methodologischer. 289-290 in: Endruweit /Trommsdorff (Hg.), a.a.O.

Büschges, Günther / Abraham, Martin / Funk, Walter 1998. Grundzüge der Soziologie. 3., völlig überarbeitete Auflage. München: Oldenbourg

Chomsky, Noam, 1969. Aspekte der Syntax-Theorie. Frankfurt/Main: Suhrkamp

Classienne, Anja, 2006. Gibt es Erlebnismilieus? Eine empirische Überprüfung. Diplomarbeit an der Wirtschafts- und Sozialwissenschaftlichen Fakultät der Universität Köln.

Coleman, James S., 1968. The concept of equality of educational opportunity. *Harvard Educational Review* 38: 7-22

Coleman, James S., 1986. Die asymmetrische Gesellschaft. Beltz: Weinheim (englisch: The asymmetrical society. Syracuse: Syracuse University Press 1982)

Coleman, James S., 1990. Foundations of Social Theory. Cambridge, Massachusetts: The Belknap Press of Harvard University Press (deutsch: Grundlagen der Sozialtheorie. München: Oldenbourg 1991)

Coleman, James S. (Hg.), 1992. Rational Choice Theory. Advocacy and critique. Newbury Park u.a.: Sage

Collins, Randall, 1988. Theoretical Sociology. San Diego usw.: Harcourt Brace Jovanovitch

Cooney, Mark, 1997. From Warre to Tyranny: Lethal Conflict and the State. *American Sociological Review* 62: 316-338

Cortina, Kai S./ Baumert, Jürgen / Leschinskiy, Achim / Mayer, Karl-Ulrich / Trommer, Luitgard (Hg.), 2005. Das Bildungswesen in der Bundesrepublik Deutschland. Reinbek bei Hamburg. Rowohlt Taschenbuch

Dahrendorf, Ralf, 1957. Soziale Klassen und Klassenkonflikte in der industriellen Gesellschaft. Tübingen: Siebeck-Mohr

Dahrendorf, Ralf, 1958. Homo Sociologicus. Opladen: Westdeutscher Verlag

Dahrendorf, Ralf, 1966. Über den Ursprung der Ungleichheit zwischen den Menschen. Tübingen. Siebeck, 2. überarbeitete und erweiterte Auflage.

Dahrendorf, Ralf, 1967. Gesellschaft und Demokratie in Deutschland. München: Piper (Neuauflagen als dtv-Taschenbuch)

Dahrendorf, Ralf, 1969. Zu einer Theorie des sozialen Konflikts. 108-123 in: Zapf (Hg.), a.a.O.

Datenreport 1999 (erschienen 2000). Zahlen und Fakten über die Bundesrepublik Deutschland. Hg. vom Statistischen Bundesamt. Bonn: Bundeszentrale für politische Bildung (frühere Ausgaben: 1983, 1985, 1987, 1990, dann alle 2 Jahre)

Davies, James C., 1969. Eine Theorie der Revolution. 399-417 in: Zapf (Hg.), a.a.O.

Davis, James A., 1971. Elementary Survey Analysis. Englewood Cliffs, New Jersey: Prentice Hall

Davis, Kingsley / Moore, Wilbert E., 1967. Some principles of stratification. 47-53 in: Reinhard Bendix / Seymour M. Lipset (Hg.), a.a.O. (zuerst 1945). Deutsche Übersetzung 396-410 in: Heinz Hartmann (Hg.), 1973. Moderne amerikanische Soziologie. Stuttgart: Enke

Davis, Morton D., 1993. Spieltheorie für Nichtmathematiker. 2., überarbeitete Auflage. München: Oldenbourg

Dawkins, Richard, 1989. The selfish Gene. 2nd edition. Oxford: Oxford University Press

Dawkins, Richard, 2004. Gaps in the mind. 23-30 in: ders. A Devil's Chaplain. Selected Essays. London: Phoenix Paperbacks

Deutsche Forschungsgemeinschaft, 1999. Qualitätskriterien der Umfrageforschung. Berlin: Akademie Verlag

Deutsche Shell (Hg.), 2000. Jugend 2000. Opladen: Leske + Budrich

Diekmann, Andreas, 1996. Homo ÖKOnomicus. Anwendungen und Problem der Theorie rationalen Handeln in Umweltbereich. 89-118 in: Diekmann / Jaeger (Hg.), a.a.O.

Diekmann, Andreas, 2004. The Power of Reciprocity. *Journal of Conflict Resolution* 48: 487-505

Diekmann, Andreas, 2006a. Empirische Sozialforschung. 14. Auflage. Reinbek bei Hamburg: Rowohlt Taschenbuch

Diekmann, Andreas (Hg.), 2006b. Methoden der Sozialforschung. Wiesbaden: Verlag für Sozialwissenschaften. (Sonderheft 44 der *Kölner Zeitschrift für Soziologie und Sozialpsychologie*)

Diekmann, Andreas / Jaeger, Carlo C. (Hg.), 1996. Umweltsoziologie, *Kölner Zeitschrift für Soziologie und Sozialpsychologie*. Sonderheft 36. Opladen: Westdeutscher Verlag

DISI, 2004. Digitales Informationssystem Sozialer Indikatoren 2.1. Beim Zentrum für Umfragen, Methoden und Analysen (ZUMA) in Mannheim im Internet kostenlos als „Download" abrufbar unter http://www.gesis.org/ Dauerbeobachtung/Sozialindikatoren/Daten/Informationssystem_DISI/disi.htm

Druwe, Ulrich / Kunz, Volker (Hg.), 1994. Rational Choice in der Politikwissenschaft. Grundlagen und Anwendungen. Opladen: Leske + Budrich

Druwe, Ulrich / Kunz, Volker (Hg.), 1996. Handlungs- und Entscheidungstheorie in der Politikwissenschaft. Eine Einführung in Forschungsstand und Konzepte. Opladen: Leske + Budrich

Druwe, Ulrich / Kunz, Volker (Hg.), 1998. Anomalien in der Handlungs- und Entscheidungstheorie. Opladen: Leske + Budrich

Durkheim, Emile, 1893. De la division du travail social. Paris: Presses Universitaires de France (1960). (deutsch: Über soziale Arbeitsteilung. Frankfurt/Main: Suhrkamp 1988, 2. Auflage)

Durkheim, Emile, 1895. Les règles de la méthode sociologique. Paris: Presses Universitaires de France (1960) (deutsch: Die Regeln der soziologischen Methode, Neuwied /Berlin: Luchterhand 1961)

Durkheim, Emile, 1897. Le suicide. Paris: Presses Universitaires de France (1973). (deutsch 1973. Der Selbstmord. Neuwied / Berlin: Luchterhand)

Durkheim, Emile, 1950. Leçons de sociologie – Physique des mœurs et du droit. Paris: Presses Universitaires de France (deutsch: Physik der Sitten und des Rechts. Frankfurt/Main: Suhrkamp 1991)

Durkheim, Emile, 1973. Erziehung, Moral und Gesellschaft. Vorlesungen an der Sorbonne 1902/1903. Neuwied / Berlin: Luchterhand

Eickelpasch, Rolf, 1974. Ist die Kernfamilie universal? *Zeitschrift für Soziologie* 3: 323-338

Eimeren, Birgit van / Ridder, Christa-Maria, 2005. Trends in der Nutzung und Bewertung von Medien. *Media-Perspektiven* 10/2005

Eisenstadt, Shmuel N., 2006. The Protestant Ethic and Modernity. 161-184 in: Rehberg (Hg.), a.a.0.

Elias, Norbert, 1977. Über den Prozeß der Zivilisation. Frankfurt/Main: Suhrkamp

Elias, Norbert, 1989. Studien über die Deutschen. Frankfurt/Main: Suhrkamp

Emmert, Thomas / Jung, Matthias / Roth, Dieter, 1998. Zwischen Konstanz und Wandel. 45-85 in: Kaase, Max / Klingemann, Hans-Dieter (Hg.). Wahlen und Wähler. Opladen: Westdeutscher Verlag

Endruweit, Günter / Trommsdorff, Gisela (Hg.), 2002. Wörterbuch der Soziologie. 2. völlig neubearbeitete und erweiterte Auflage. Stuttgart: Lucius & Lucius

Esser, Hartmut, 1993. Soziologie. Allgemeine Grundlagen. Frankfurt/Main: Campus

Esser, Hartmut, 1996. Die Definition der Situation. *Kölner Zeitschrift für Soziologie und Sozialpsychologie* 48: 1-35

Esser, Hartmut, 1999. Soziologie. Spezielle Grundlagen. Band 1: Situationslogik und Handeln. Frankfurt/Main: Campus

Esser, Hartmut, 2000. Soziologie. Spezielle Grundlagen. Band 4: Opportunitäten und Restriktionen. Frankfurt/Main: Campus

Esser, Hartmut / Troitzsch, Klaus G (Hg.), 1991. Modellierung sozialer Prozesse. Bonn: Informationszentrum Sozialwissenschaften

Etzioni, Amitai, 1997. Ein komunitaristischer Ansatz gegenüber dem Sozialstaat. 25-31 in: *Theorie und Praxis der sozialen Arbeit* 2/97

Fetscher, Iring, 1983. Der Marxismus – Seine Geschichte in Dokumenten. München: Piper

Firebaugh, Glenn, 1997. Analyzing Repeated Surveys. Thousand Oaks: Sage

Fischer, Lorenz / Wiswede, Günter, 2002. Grundlagen der Sozialpsychologie. 2. Auflage. München: Oldenbourg

Flick, Uwe, 1998. Qualitative Forschung. 3. Auflage. Reinbek bei Hamburg: Rowohlt Taschenbuch

Flora, Peter, 1973. Die Bildungsentwicklung im Prozeß der Staaten- und Nationenbildung. 294-319 in: Ludz, Peter Christian (Hg.). Soziologie und Sozialgeschichte. *Kölner Zeitschrift für Soziologie und Sozialgeschichte, Sonderheft 16*. Opladen: Westdeutscher Verlag

Flora, Peter, 1981. Stein Rokkans Makro-Modell der politischen Entwicklung Europas: Ein Rekonstruktionsversuch. *Kölner Zeitschrift für Soziologie und Sozialpsychologie* 33: 397-436

Flora, Peter, 1983 und 1986. State, Economy and Society in Western Europe. Frankfurt/Main: Campus

Freud, Sigmund, 1923. Das Ich und das Es. 235-290 in: ders. Gesammelte Werke XIII. Frankfurt/Main: Fischer (auch als Fischer Taschenbuch)

Frevel, Bernhard, 1999. Kriminalität. Opladen: Leske + Budrich

Friedrichs, Jürgen 1999. Die Delegitimierung sozialer Normen. 269-292 in: ders. / Jagodzinski (Hg.), Soziale Integration, a.a.O.

Friedrichs, Jürgen / Jagodzinski, Wolfgang, 1999. Theorien sozialer Integration. 9-45 in: dies. (Hg.), Soziale Integration, a.a.O.

Friedrichs, Jürgen / Jagodzinski, Wolfgang, 1999. Soziale Integration. *Kölner Zeitschrift für Soziologie und Sozialpsychologie Sonderheft 39.* Opladen: Westdeutscher Verlag

Friedrichs, Jürgen / Lepsius, M. Rainer / Mayer, Karl-Ulrich (Hg.), 1998. Die Diagnosefähigkeit der Soziologie. Sonderheft 38 der *Kölner Zeitschrift für Soziologie und Sozialpsychologie.* Opladen: Westdeutscher Verlag

Friedrichs, Jürgen / Stolle, Martin / Engelbrecht, Gudrun, 1993. Rational Choice-Theorie: Probleme der Operationalisierung. *Zeitschrift für Soziologie* 22: 2-15

Fuchs-Heinritz, Werner, 1998. Auguste Comte. Einführung in Leben und Werk. Opladen: Westdeutscher Verlag

Fürstenberg, Friedrich, 1966. Sozialstruktur als Schlüsselbegriff der Gesellschaftsanalyse. *Kölner Zeitschrift für Soziologie und Sozialpsychologie* 18: 439-453

Gabriel, Karl, 2001. Kirchen/Religionsgemeinschaften. 380-391 in: Schäfers / Zapf (Hg.), a.a.O.

Gabriel, Oscar W. / Brettschneider, Frank (Hg.), 1994. Die EU-Staaten im Vergleich. 2. Auflage. Opladen: Westdeutscher Verlag

Gadenne, Volker, 2006. Empirische Forschung und normative Wissenschaftstheorie. Was bleibt von der Methodologie des kritischen Rationalismus? 33- 50 in: Diekmann (Hg.) a.a.O.

Ganzeboom, Harry B. G. / Treiman, Donald J., 1996. Internationally Comparable Measures of Occupational Status for the 1988 International Standard Classification of Occupations. *Social Science Research* 25: 201-239

Gehlen, Arnold, 1961. Anthropologische Forschung. Zur Selbstentdeckung und Selbstbegegnung des Menschen. Reinbek bei Hamburg: Rowohlt Taschenbuch

Gehlen, Arnold, 1962a. Der Mensch. Seine Natur und seine Stellung in der Welt. 7. Auflage, Bonn: Athenäum

Gehlen, Arnold, 1962b. Studien zur Anthropologie und Soziologie. Neuwied: Luchterhand Soziologische Texte

Geißler, Rainer, 1992. Die ostdeutsche Sozialstruktur unter Modernisierungsdruck. *Aus Politik und Zeitgeschichte* B29-30/92: 15-28

Geißler, Rainer, 1998. Das mehrfache Ende der Klassengesellschaft. Diagnosen sozialstrukturellen Wandels. 207-235 in: Friedrichs / Lepsius / Mayer (Hg.), a.a.O.

Geißler, Rainer, 2001. Sozialstruktur. 672-682 in: Schäfers / Zapf (Hg.), a.a.O.

Geißler, Rainer, 2006. Die Sozialstruktur Deutschlands. Zur gesellschaftlichen Entwicklung mit einer Zwischenbilanz zur Vereinigung. 4., überarbeitete und aktualisierte Auflage. Wiesbaden: Verlag für Sozialwissenschaften

Gephart, Werner, 1990. Strafe und Verbrechen. Die Theorie Emile Durkheims. Opladen: Leske + Budrich

Glatzer, Wolfgang, 1997. Langfristige gesellschaftliche Entwicklungstendenzen. 245-266 in: Noll (Hg.), a.a.O.

Glatzer, Wolfgang / Ostner, Ilona (Hg.), 1999. Deutschland im Wandel. Opladen: Leske + Budrich

Glatzer, Wolfgang, u.a. 1991. Haushaltstechnisierung und gesellschaftliche Arbeitsteilung. Frankfurt/Main: Campus

Glatzer, Wolfgang, u.a. 1992. Recent Trends in West Germany 1960-1990. Frankfurt/Main: Campus

Glenn, Norval D., 2005. Cohort Analysis. Second Edition. Thousand Oaks usw.: Sage

Gouldner, Alvin W., 1984. Reziprozität und Autonomie. Ausgewählte Aufsätze. Frankfurt/Main: Suhrkamp

Granovetter, Mark, 1973. The Strength of Weak Ties. *American Journal of Sociology* 78: 1360-1380

Granovetter, Mark, 1978. The Strength of Weak Ties: A Network Theory Revisited. 105-130 in: Marsden / Lin (Hg.), a.a.O.

Granovetter, Mark, 1982. Threshold Models of Collective Behavior. *American Journal of Sociology* 83: 1420-1443

Granovetter, Mark, 1985. Economic Action and Social Structure: The Problem of Embeddedness. *American Journal of Sociology* 91: 481-510

Green, Donald P. / Shapiro, Ian, 1994. Pathologies of Rational Choice Theory. A Critique of Applications in Political Science. New Haven / London: Yale University Press

Grundmann, Matthias, 1999. Dimensionen einer konstruktivistischen Sozialisationsforschung. 20-25 in: ders. (Hg.), a.a. O.

Grundmann, Matthias (Hg.), 1999. Konstruktivistische Sozialisationsforschung. Frankfurt/Main: Suhrkamp

Gukenbiehl, Hermann, 2000. Formelle und informelle Gruppen als Grundformen sozialer Strukturbildung. 80-96 in: Schäfers (Hg.), a.a.O.

Hahn, Kornelia, 1995. Soziale Kontrolle und Individualisierung. Opladen: Leske + Budrich

Halfmann, Jost, 1996. Makrosoziologie der modernen Gesellschaft. Weinheim: Juventa

Haller, Max, 1986. Sozialstruktur und Schichtungshierarchie im Wohlfahrtsstaat. *Zeitschrift für Soziologie* 15: 167-187

Hardin, Russell, 1982. Collective Action. Baltimore: Johns Hopkins University Press

Harris, Marvin, 1989. Kulturanthropologie. Ein Lehrbuch. Frankfurt/Main: Campus

Hartenstein, Wolfgang u.a., 1988. Geschlechtsrollen im Wandel. Partnerschaft und Arbeitsteilung in der Familie. Stuttgart: Kohlhammer

Hartmann, Peter H., 1999. Lebensstilforschung. Opladen: Leske + Budrich

Haug, Sonja, 1998. Anomalien in der Entscheidungstheorie: Empirische Evidenz und Konsequenzen. 126-160 in: Druwe / Kunz, (Hg.), a.a.O.

Hauser, Richard, 2001. Einkommen und Vermögen. 157-170 in: Schäfers / Zapf (Hg.), a.a.O.

Hauser, Richard / Becker, Irene, 2000. Der Einfluss des Steuer- und Transfersystems auf die Einkommensverteilung in den neuen und alten Bundesländern. 63-82 in: Noll, Heinz-Herbert / Habich, Roland (Hg.). Vom Zusammenwachsen einer Gesellschaft. Frankfurt/Main: Campus

Haußer, Karl, 1995. Identitätspsychologie. Berlin etc.: Springer

Hechter, Michael / Opp, Karl-Dieter / Wippler, Reinhard (Hg.), 1990. Social Institutions. Their Emergence, Maintenance and Effects. Berlin: de Gruyter

Heckhausen, Heinz, 1975. Leistungsprinzip und Chancengleichheit. 99-152 in: Roth, Heinrich / Friedrich, Dagmar (Hg.). Bildungsforschung. Probleme – Perspektiven – Prioritäten. Stuttgart: Klett

Heidenreich, Martin, 1997. Zwischen Innovation und Institutionalisierung. 177- 207 in: Blättel-Mink / Renn (Hg.), a.a.O.

Heiland, Hans-Günther, 1999. Die Analyse von Zeitreihen. 883-906 in: Albrecht, Günter, Groenemeyer, Axel / Stallberg, Friedrich W. (Hg.), Handbuch soziale Probleme. Opladen: Westdeutscher Verlag

Heinz, Walter R., 1995. Arbeit, Beruf und Lebenslauf. Weinheim: Juventa

Heinze, Rolf G. / Olk, Thomas, 1999. Vor Ehrenamt zum bürgerschaftlichen Engagement. 77-100 in: Kistler u.a. (Hg.), a.a.O.

Helbing, Dirk / Weidlich, Wolfgang, 1995., Quantitative Soziodynamik. Gegenstand, Methodik, Ergebnisse und Perspektiven. *Kölner Zeitschrift für Soziologie und Sozialpsychologie* 47: 114-140

Hennen, Manfred / Springer, Elisabeth, 1996. Handlungstheorie – Überblick. 12-41 in: Druwe / Kunz (Hg.), a.a.O.

Hermann, Dieter / Weninger, Wolfgang, 1999. Das Dunkelfeld in Dunkelfelduntersuchungen. *Kölner Zeitschrift für Soziologie und Sozialpsychologie* 51: 759-766

Hernes, Gudmund, 1995. Prozeß und struktureller Wandel. 85-137 in: Müller / Schmid (Hg.), a.a.O.

Herrlitz, Hans-Georg / Hopf, Wulf / Titze, Hartmut, 1998. Deutsche Schulgeschichte von 1800 bis zur Gegenwart. 2. Auflage. Weinheim: Juventa

Herz, Thomas A., 1976. Effekte beruflicher Mobilität. *Zeitschrift für Soziologie* 5: 17-37

Herz, Thomas A., 1983. Klassen, Schichten, Mobilität. Stuttgart: Teubner

Hill, Paul B. / Kopp, Johannes, 2004. Familiensoziologie. Grundlagen und theoretische Perspektiven. 3., überarbeitete Auflage. Wiesbaden: Verlag für Sozialwissenschaften

Hoffmann-Nowotny, Hans-Joachim, 1990. Gesamtgesellschaftliche Determinanten des Individualisierungsprozesses und seine Konsequenzen für Ehe und Familie. 27-43 in: Donati, Pierpaolo / Helle, Jorst J. (Hg.). Annali di Sociologia – Soziologisches Jahrbuch 6. 1990-I-II. Trento: Universita degli Studi di Trento

Hoffmann-Riem, Christa, 1989. Elternschaft ohne Verwandtschaft: Adoption, Stiefbeziehung und heterologe Insemination. 289-411 in: Nave-Herz / Markefka (Hg.), a.a.O.

Hoffmeyer-Zlotnik, Jürgen H.P. / Wolf, Christof (Hg.), 2003. Advances in Cross-National Comparison. A Working Book for Demographic and Socio-Economic Variables. New York etc.: Kluwer

Holler, Manfred J. / Illing, Gerhard, 1993. Einführung in die Spieltheorie. 2. Auflage. Berlin usw.: Springer

Holmes, Stephen, 1985. Differenzierung und Arbeitsteilung im Denken des Liberalismus. 9-42 in: Luhmann (Hg.), a.a.O.

Hondrich, Karl-Otto, 1982. Sozialer Wandel als Differenzierung. 11-71 in: ders. (Hg.), a.a.O.

Hondrich, Karl-Otto (Hg.), 1982. Soziale Differenzierung. Langzeitanalysen zum Wandel von Politik, Arbeit und Familie. Frankfurt/Main: Campus

Hopf, Wulf, 1992. Ausbildung und Statuserwerb. Theoretische Erklärungen und Ergebnisse der Sozialforschung. Frankfurt/Main. Campus

Horan, Richard D, / Bulte, Erwin / Shogren, Jason F., 2005. How trade saved humanity from biologiacl exclusion: an economic theory of Neanderthal extinction. *Journal of Economic Behavior & Organization* 58: 1-29

Hornstein, Walter, 1965. Vom „jungen Herrn" zum „hoffnungsvollen Jüngling". Heidelberg: Quelle & Meyer

Hout, Michael, 1983. Mobility tables. London usw.: Sage

Hradil, Stefan, 1992. Die „objektive" und die „subjektive" Modernisierung. Der Wandel der westdeutschen Gesellschaft und die Wiedervereinigung. *Aus Politik und Zeitgeschichte* B29-30/92: 1-14

Hradil, Stefan, 1999. Soziale Ungleichheit in Deutschland, 7. Auflage. Opladen: Leske + Budrich

Hradil, Stefan, 2001. Sozialer Wandel. 642-653 in: Schäfers / Zapf (Hg.), a.a.O.

Hradil, Stefan, 2004. Die Sozialstruktur Deutschlands im internationalen Vergleich. Wiesbaden: Verlag für Sozialwissenschaften

Hradil, Stefan, 2005. Soziale Ungleichheit in Deutschland. 8. Auflage. Wiesbaden: Verlag für Sozialwissenschaften
Hradil, Stefan / Immerfall, Stefan (Hg.), 1997. Die westeuropäischen Gesellschaften im Vergleich. Opladen: Leske + Budrich
Hurrelmann, Klaus, 2002. Einführung in die Sozialisationstheorie. Weinheim: Beltz Studium
Hurrelmann, Klaus / Ulich, Dieter (Hg.), 1998. Neues Handbuch der Sozialisationsforschung. 5. Auflage. Weinheim: Beltz

Inglehart, Ronald, 1977. The Silent Revolution. Princeton, New Jersey: Princeton University Press
Inglehart, Ronald, 1990. Cultural Change. Princeton, New Jersey: Princeton University Press (deutsch 1990: Kultureller Umbruch. Frankfurt/Main: Campus)
Inglehart, Ronald, 1997. Modernization and Postmodernization. Princeton; New Jersey: Princeton University Press

Jäger, Reinhold S. / Petermann, Franz (Hg.), 1995. Psychologische Diagnostik. Ein Lehrbuch. 3., korrigierte Auflage. Weinheim: Beltz
Jagodzinski, Wolfgang / Quandt, Markus, 1997. Wahlverhalten und Religion im Lichte der Individualisierungsthese. *Kölner Zeitschrift für Soziologie und Sozialpsychologie* 49: 761-782
Jansen, Dorothea, 2003. Einführung in die Netzwerkanalyse. 2. Auflage. Opladen: Leske + Budrich
Jansen, Dorothea / Schubert, Klaus (Hg.), 1995. Netzwerke und Politikproduktion. Marburg: Schüren
Janßen, Christian, 1999. Lebensstil oder Schicht. Berlin: Logos
Jensen, Stefan, 1980. Talcott Parsons. Eine Einführung. Stuttgart: Teubner
Joas, Hans, 1998. Rollen- und Interaktionstheorien in der Sozialisationsforschung. 153-187 in: Hurrelmann / Ulich (Hg.), a.a.O.

Kagan, Jerome / Moss, Howard A.., 1962. Birth to Maturity. New York: Wiley
Kahneman, Daniel / Tversky, Amos, 1984. Choices, Values and Frames. *American Psychologist* 39: 341-350
Kaiser, Günther, 1997. Kriminologie, 10.Auflage. Heidelberg: C.F. Müller (UTB-Taschenbuch)
Kappelhoff, Peter, 1987. Positionen, Rollen und Rollenstrukturen. 101-128 in: Pappi (Hg.), a.a.O.
Kappelhoff, Peter, 1991. Macht in sozialen Tauschsystemen. 663-694 in: Esser, Hartmut / Troitzsch, Klaus G. (Hg.). Modellierung sozialer Prozesse. Bonn: Informationszentrum Sozialwissenschaften
Kappelhoff, Peter, 1993. Soziale Tauschsysteme. München: Oldenbourg
Kappelhoff, Peter, 1995. Macht in Politiknetzwerken. 24-51 in: Jansen / Schubert (Hg.), a.a.O.
Kelle, Udo / Lüdemann, Christian, 1995. „Grau, teurer Freund, ist alle Theorie..." – Rational Choice und das Problem der Brückenannahmen. *Kölner Zeitschrift für Soziologie und Sozialpsychologie* 47: 249-267
Keller, Suzanne / Zavalloni, Marisa, 1964. Ambition and Social Class: A Reconsideration. *Social Forces* 43: 58-70
Kerschke-Risch, Pamela, 2004. Relegitimierung sozialer Normen. Ein Vergleich von 1990 und 200 in Westdeutschland. 177-197 in. Kecskes, Robert / Wagner, Michael / Wolf, Christof (Hg.). Angewandte Soziologie. Wiesbaden: Verlag für Sozialwissenschaften
Kim, Iksun, 2000. Rechtslage und Einstellung zum Schwangerschaftsabbruch. Kollektive und individuelle Entscheidungsfindung 1990-1996. Hamburg: Kovac
Kistler, Ernst / Noll, Heinz-Herbert / Priller, Eckhard (Hg.), 1999. Perspektiven gesellschaftlichen Zusammenhalts. Empirische Befunde, Praxiserfahrungen, Messkonzepte. Berlin: Edition sigma
Kitts, James A., 2006. Rival Incentives and Antisocial Norms. *American Sociological Review* 71: 235-259
Klein, Markus / Pötschke, Manuela, 2000. Gibt es einen Wertwandel hin zum „reinen" Postmaterialismus? *Zeitschrift für Soziologie* 29: 202-216
Klein, Thomas, 1999. Pluralisierung versus Umstrukturierung am Beispiel partnerschaftlicher Lebensformen. *Kölner Zeitschrift für Soziologie und Sozialpsychologie* 51: 469-490
Klein, Thomas, 2005. Sozialstrukturanalyse. Eine Einführung. Reinbek bei Hamburg: rowohlt Taschenbuch
Klein, Thomas / Lauterbach, Wolfgang (Hg.), 1999. Nichteheliche Lebensgemeinschaften. Opladen: Leske + Budrich
Kliemt, Hartmut, 1990. The Costs of Organizing Social Cooperation. 61-80 in: Hechter u.a., a.a.O.
Kliemt, Hartmut, 1993. Ökonomische Analyse der Moral.281-310 in: Ramb / Tietzel (Hg.), a.a.O.
Kluckhohn, Clyde, 1951. Values and Value-Orientations in the Theory of Action. 388-433 in: Parsons / Shils (Hg.), a.a.O.
Kob, Janpeter, 1963. Erziehung in Elternhaus und Schule. Stuttgart: Enke
Koch, Achim, 1994. Einstellungen zur Legalisierung des Schwangerschaftsabbruchs. 209-236 in: Braun, Michael / Mohler, Peter Ph. (Hg.). Blickpunkt Gesellschaft 3. Opladen: Westdeutscher Verlag
Kohlberg, Lawrence, 1969. Stage and Sequence: The Cognitive-Developmental Approach to Socialization. 347-480 in: David A. Goslin (Hg.), Handbook of Socialization Theory and Research. Chicago: Rand McNally
Kohli, Martin (Hg.), 1978. Soziologie des Lebenslaufs. Neuwied: Luchterhand
Kohn, Melvin L., 1969. Class and conformity. Homewood, Illinois: Dorsey

Konietzka, Dirk, 1999. Ausbildung und Beruf. Opladen: Westdeutscher Verlag

König, Rene, 1967. Kleider und Leute. Zur Soziologie der Mode. Frankfurt / Main: Fischer Taschenbuch

Korte, Hermann / Schäfers, Bernhard (Hg.), 1997. Einführung in die Praxisfelder der Soziologie. 2. Auflage. Opladen: Leske + Budrich

Korte, Hermann / Schäfers, Bernhard (Hg.), 2000. Einführung in die Hauptbegriffe der Soziologie. 5., erweitert und aktualisierte Auflage. Opladen: Leske + Budrich

Korte, Karl-Rudolf / Weidenfeld, Werner (Hg.), 2001. Deutschland TrendBuch. Fakten und Orientierungen. Bonn: Bundeszentrale für politische Bildung

Krais, Beate, 1996. Bildungsexpansion und soziale Ungleichheit in Deutschland. 118-146 in: Bolder u.a. (Hg.), a.a.O.

Kreppner, Kurt, 1999. Beziehung und Entwicklung in der Familie. 180-201 in: Grundmann (Hg.), a.a.O.

Kromrey, Helmut, 2006. Empirische Sozialforschung, 11. Auflage. Stuttgart: UTB

Kron, Thomas, 2006. Integrale Akteurstheorie – zur Modellierung eines Bezugsrahmens für komplexe Akteure. *Zeitschrift für Soziologie* 35. 170-192

Kühnel, Steffen-M. / Bamberg, Sebastian, 1998. Überzeugungssysteme in einem zweistufigen Modell rationaler Handlungen. *Zeitschrift für Soziologie* 27: 256-270

Kühnel, Steffen-M. / Krebs, Dagmar 2001. Statistik für die Sozialwissenschaften. Reinbek bei Hamburg: Rowohlt Taschenbuch

Kunz, Volker, 1994. Die empirische Prüfung von Nutzentheorien. 112-131 in: Druwe / Kunz (Hg.), a.a.O.

Kunz, Volker, 2004. Rational Choice. Frankfurt / New York: Campus

Lamnek, Siegfried, 1999. Theorien abweichenden Verhaltens, 7. Auflage. München: Fink

Landes, David S., 1983. Revolution in Time. Clocks and the Making of the Modern World. Cambridge, Massachusetts: Harvard University Press

Lange, Elmar, 2005. Soziologie des Erziehungswesens. 2., überarbeitete Auflage. Wiesbaden: Verlag für Sozialwissenschaften

Leiulfsrud, Hakon / Bison, Ivano / Jensberg, Heide, 2005. Social Class in Europe. www.europeansocialsurvey.org

Lenneberg, Eric H., 1967. Biological Foundations of Language. New York: Wiley

Lenz, Karl / Böhnisch, Lothar, 1997. Zugänge zu Familien – ein Grundlagentext. 9-32 in: Böhnisch, Lothar / Lenz, Karl (Hg.). Familien. Eine interdisziplinäre Einführung. Weinheim: Juventa

Li, Ching Chun, 1975. Path Analysis: A Primer. Pacific Grove, Cal.: Boxwood

Lidz, Theodor, 1971. Familie und psychosoziale Entwicklung. Frankfurt/Main: Fischer (Amerikanisch: The Family and Human Adaptation, New York: International Universities Press 1963)

Limbach, Jutta, 1989. Die rechtlichen Rahmenbedingungen von Ehe und Elternschaft. 225-240 in: Nave-Herz / Markefka (Hg.), a.a.O.

Lindemann, Gesa, 2006. Die Emergenzfunktion und die konstitutive Funktion des Dritten. *Zeitschrift für Soziologie* 35: 82-101

Lindenberg, Siegwart, 1995. Rational Choice and Sociological Theory. *Zeitschrift für die gesamte Staatswissenschaft* 141: 244-255

Lindner, Clausjohann, 1986. Max Weber als Handlungstheoretiker. *Zeitschrift für Soziologie* 15: 151-168

Lipp, Wolfgang 2002. Institution. 246-247 in: Endruweit / Trommsdorff (Hg.), a.a.O.

Lipset, Seymour M. 1963. The first new nation, New York: Basic Books

Lipset, Seymour M. / Trow, M. / Coleman, James S., 1976. Gewerkschaftliche Demokratie. 194-210 in: Conrad, Wolfgang / Streeck, Wolfgang. Elementare Soziologie. Reinbek bei Hamburg: Rowohlt Taschenbuch

Lockwood, David, 1969. Soziale Integration und Systemintegration. 124-137 in: Zapf (Hg.), a.a.O.

Luckmann, Thomas, 1991. Die unsichtbare Religion. Frankfurt/Main: Suhrkamp

Lüdemann, Christian, 1998. Die Befolgung von Gesetzen. *Zeitschrift für Rechtssoziologie* 20: 166-135

Lüdemann, Christian, 1999. Verhalten, Schwellenwerte und deren Determinanten. *Kölner Zeitschrift für Soziologie und Sozialpsychologie* 51: 532-549

Lüdtke, Hartmut, 1989. Expressive Ungleichheit. Opladen: Leske + Budrich

Luhmann, Niklas, 1969. Normen in soziologischer Perspektive. *Soziale Welt* 20: 28-48

Luhmann, Niklas, 1970. Soziologische Aufklärung 1. Opladen: Westdeutscher Verlag

Luhmann, Niklas, 1972. Rechtssoziologie. Band 1. Reinbek: Rowohlt Taschenbuch 1972

Luhmann, Niklas, 1974. Einführende Bemerkungen zu einer Theorie symbolisch generalisierter Kommunikationsmedien. *Zeitschrift für Soziologie* 3: 236-255 (abgedruckt in: ders. 1975)

Luhmann, Niklas, 1975a. Soziologische Aufklärung 2. Opladen: Westdeutscher Verlag

Luhmann, Niklas, 1975b. Macht. Stuttgart: Enke

Luhmann, Niklas (Hg.), 1985. Soziale Differenzierung. Zur Geschichte einer Idee. Opladen: Westdeutscher Verlag

Luhmann, Niklas, 1991. Erleben und Handeln. 67-80 in: ders. Soziologische Aufklärung 3. Opladen: Westdeutscher Verlag

Mach, Bogdan W. / Mayer, Karl Ulrich / Pohoski, Michal, 1994. Job Changes in the Federal Republic of Germany and Poland. *European Sociological Review* 10: 1-28

Machatzke, Jörg, 1997. Die Potsdamer Elitestudie – Positionsauswahl und Ausschöpfung. 35-68 in: Bürklin / Rebenstorf u.a. (Hg.), a.a.O.

Mackie, Gerry, 1996. Ending Footbinding and Infibulation: A Convention Account. *American Sociological Review* 61: 999-1017

Mahajan, Vijay / Peterson, Robert A., 1985. Models for Innovation Diffusion. Beverly Hills: Sage

Mannheim, Karl, 1928. Das Problem der Generationen. 509-565 in: ders. Wissenssoziologie. Neuwied: Luchterhand 1964

Marsden, Peter V. / Lin, Nan (Hg.), 1978. Social Structure and Network Analysis. Beverly Hills u.a.: Sage

Marx, Karl, 1965. Das Kapital, hg. von Benedict Kautsky. Stuttgart: Kröner

Marx, Karl, 1967. Lohnarbeit und Kapital. Berlin-Ost: Dietz

Mayer, Karl-Ulrich, 1977. Statushierarchie und Heiratsmarkt. 155-265 in: Handl, Johann / Mayer, Karl-Ulrich / Müller, Walter. Klassenlagen und Sozialstruktur. Frankfurt/Main: Campus

Mayer, Karl Ulrich, (Hg.), 1990. Lebensverläufe und sozialer Wandel. *Kölner Zeitschrift für Soziologie und Sozialpsychologie Sonderheft 31.* Opladen: Westdeutscher Verlag

Mayer, Karl Ulrich, 2000. Promises fulfilled? A review of 20 years of life course research. *Archives Européennes de Sociologie* XLI: 259-282

Mayer, Karl Ulrich, 2006. Sinn und Wirklichkeit – Beobachtungen zur Entwicklung sozialer Ungleichheit in (West-)Deutschland nach dem Zweiten Weltkrieg. 1329-1356 in: Rehberg (Hg.), a.a.O.

Mayer, Karl Ulrich / Blossfeld, Hans-Peter, 1990. Die gesellschaftliche Konstruktion von Ungleichheit im Lebensverlauf. In: Berger, Peter A. / Hradil, Stefan (Hg,). Lebenslagen, Lebensläufe, Lebensstile. *Soziale Welt Sonderband 7.* Göttingen: Schwartz

Mayer, Karl Ulrich / Allmendinger, Jutta / Huinink, Johannes (Hg,), 1991. Vom Regen in die Traufe: Frauen zwischen Beruf und Familie. Frankfurt/Main: Campus

Mayntz, Renate / Nedelmann, Birgitta, 1987. Eigendynamische soziale Prozesse. *Kölner Zeitschrift für Soziologie und Sozialpsychologie* 39: 648-668

McCrae, Robert R. / Costa Jr., Paul T., 1990. Personality in Adulthood. New York – London: Guilford Press

Mead, George Herbert, 1934. Mind, Self, and Society. Chicago: Chicago University Press (dt.: Geist, Identität und Gesellschaft. Frankfurt/Main: Suhrkamp 1973)

Mensch, Kirsten, 2000. Niedrigkostensituationen, Hochkostensituationen und andere Situationstypen. *Kölner Zeitschrift für Soziologie und Sozialpsychologie* 52: 246-263

Mergen, Armand, 1995. Die Kriminologie. Eine Systematische Darstellung, 3.Auflage. München: Vahlen

Merton, Robert K., 1957. Social Theory and Social Structure. New York: Free Press (deutsche Übersetzung 1994)

Merö; Laszlo, 2004. Die Logik der Unvernunft. Spieltheorie und die Psychologie des Handelns. 4. Auflage. Reinbek bei Hamburg. Rowohlt Taschenbuch

Messner, Steven F., 2004. An Institutional-Anomie Theory of Crime: Continuities and Elaborations in the Study of Social Structure and Anomie. 93-109 in: Oberwittler / Karstedt (Hg.), a.a.O.

Meulemann, Heiner, 1979. Klassenlage, Entscheidungsfeld und Bildungsaspirationen. *Zeitschrift für Soziologie* 8: 391-414

Meulemann, Heiner, 1985a. Bildung und Lebensplanung. Frankfurt/Main: Campus

Meulemann, Heiner, 1985b. Statuskonsistenz und Sozialbiographie. *Kölner Zeitschrift für Soziologie und Sozialpsychologie* 37: 461-477

Meulemann, Heiner, 1992. Expansion ohne Folgen? Bildungschancen und sozialer Wandel in der Bundesrepublik. 123-157 in: Glatzer, Wolfgang (Hg.). Entwicklungstendenzen der Sozialstruktur. Soziale Indikatoren XV. Frankfurt/Main: Campus

Meulemann, Heiner, 1995. Die Geschichte einer Jugend. Opladen: Westdeutscher Verlag

Meulemann, Heiner, 1996. Werte und Wertewandel. Zur Identität einer geteilten und wieder vereinten Nation. Weinheim – München: Juventa

Meulemann, Heiner, 1998. Die Implosion einer staatlich verordneten Moral. *Kölner Zeitschrift für Soziologie und Sozialpsychologie* 50: 411-441

Meulemann, Heiner, 1999a. Stichwort: Lebenslauf, Biographie und Bildung. *Zeitschrift für Erziehungswissenschaft* 2: 325-344

Meulemann, Heiner, 1999b. Der Wert Leistung in Deutschland 1956 bis 1996. 115- 131 in: Glatzer / Ostner (Hg.), a.a.O.

Meulemann, Heiner, 2000. Lebenszufriedenheit vom Ende der Jugend bis zum mittleren Erwachsenenalter. *Zeitschrift für Entwicklungs- und Erziehungspsychologie* 32: 207-217

Meulemann, Heiner, 2001. Das Leben ist das Privatleben. Kapitel 7 in: Meulemann, Heiner / Birkelbach, Klaus / Hellwig, Otto (Hg.). Ankunft im Erwachsenenleben. Lebenserfolg und Erfolgsdeutung in einer Kohorte ehemaliger Gymnasiasten zwischen 16 und 43. Opladen: Leske + Budrich

Meulemann, Heiner, 2002. Wertwandel in Deutschland von 1949-2000. Fernuniversität Hagen: Fachbereich Kultur- und Sozialwissenschaften

Meyer, Thomas, 1992. Modernisierung der Privatheit. Differenzierungs- und Individualisierungspotentiale des familialen Zusammenlebens. Opladen: Westdeutscher Verlag

Mitterauer, Michael, 1977. Der Mythos von der vorindustriellen Großfamilie. 38-63 in: Mitterauer, Michael / Sieder, Reinhard (Hg.), Vom Patriarchat zur Partnerschaft. München: Beck

Muchow, Hans Heinrich, 1962. Jugend und Zeitgeist. Reinbek bei Hamburg: Rowohlt Taschenbuch

Müller, Walter / Haun, Dietmar, 1994. Bildungsungleichheit im Wandel. *Kölner Zeitschrift für Soziologie und Sozialpsychologie* 46: 1-42

Müller, Hans-Peter / Schmid, Michael, 1995. Paradigm Lost? Von der Theorie des sozialen Wandels zur Theorie dynamischer Systeme. 9-55 in: dies. (Hg.), Sozialer Wandel, a.a.O.

Müller, Hans-Peter / Schmid, Michael (Hg.), 1995. Sozialer Wandel. Frankfurt/Main. Suhrkamp

Müller-Benedict, Volker, 1999. Strukturelle Grenzen sozialer Mobilität. *Kölner Zeitschrift für Soziologie und Sozialpsychologie* 51: 313-338

Münch, Richard, 1988. Theorie des Handelns. Zur Rekonstruktion der Beiträge von Talcott Parsons, Emilie Durkheim und Max Weber. Frankfurt/Main: Suhrkamp

Münch, Richard, 1994a. Sociological Theory. Volume One: From the 1850s to the 1920s. Chicago: Nelson-Hall

Münch, Richard, 1994b. Sociological Theory. Volume Two: From the 1920s to the 1960s. Chicago: Nelson-Hall

Nave-Herz, Rosemarie, 1994. Familien heute – Wandel der Familienstrukturen und Folgen für die Erziehung. Darmstadt: Wissenschaftliche Buchgesellschaft

Nave-Herz, Rosemarie, 2004. Ehe- und Familiensoziologie. Eine Einführung in Geschichte, theoretische Ansätze und empirische Befunde. Weinheim: Juventa

Nave-Herz, Rosemarie / Markefka, Manfred (Hg.), 1989. Handbuch der Familien- und Jugendforschung. Band 1: Familienforschung. Neuwied – Frankfurt/Main: Luchterhand

Nedelmann, Birgitta, 1997. Gewaltsoziologie am Scheideweg. 59-86 in: Trotha (Hg.), a.a.O.

Noelle-Neumann, Elisabeth, 1978. Werden wir alle Proletarier? Zürich: Edition Interfrom

Noelle-Neumann, Elisabeth / Köcher, Renate (Hg.), 1993. Allensbacher Jahrbuch der Demoskopie 1984-1992. Band 9. München – Allensbach: Verlag für Demoskopie

Noelle-Neumann, Elisabeth / Köcher, Renate (Hg.), 1997 Allensbacher Jahrbuch der Demoskopie 1993-1997. Band 10. München – Allensbach: Verlag für Demoskopie

Noll, Heinz-Herbert (Hg.), 1997. Sozialberichterstattung in Deutschland. Weinheim: Juventa

Oberwittler, Dietrich / Karstedt, Susanne (Hg.), 2004. Soziologie der Kriminalität. Sonderheft 43 der Kölner Zeitschrift für Soziologie und Soziapsychologie. Wiesbaden: Verlag für Sozialwissenschaften.

Olson, Mancur, 1965. The Logic of Collective Action. Cambridge: Harvard University Press (dt. Übersetzung Tübingen: Mohr 1968)

Opaschowski, Horst W., 2006. Einführung in die Freizeitwissenschaft, 4., überarbeitet und aktualisierte Auflage. Wiesbaden: Verlag für Sozialwissenschaften

Opp, Karl-Dieter, 1974. Abweichendes Verhalten und Gesellschaftsstruktur. Neuwied: Luchterhand

Opp, Karl-Dieter, 1983. Die Entstehung sozialer Normen. Tübingen: Mohr

Opp, Karl-Dieter, 1994. DDR '89. Zu den Ursachen einer spontanen Revolution. *Kölner Zeitschrift für Soziologie und Sozialpsychologie* 43: 302-321

Otte, Gunnar, 2004. Sozialstrukturanalysen mit Lebensstilen. Eine Studie zur theoretischen und methodischen Neuorientierung der Lebensstilforschung. Wiesbaden: Verlag für Sozialwissenschaften

Otte, Gunnar, 2005a. Hat die Lebensstilforschung eine Zukunft? Eine Auseinandersetzung mit aktuellen Bilanzierungsversuchen. *Kölner Zeitschrift für Soziologie und Sozialpsychologie* 57: 1-32

Otte, Gunnar, 2005b. Entwicklung und Test einer integrativen Typologie der Lebensführung für die Bundesrepublik Deutschland. *Zeitschrift für Soziologie* 34: 443-467

Pappi, Franz Urban, 1973. Sozialstruktur und soziale Schichtung in einer Kleinstadt mit heterogener Bevölkerung. *Kölner Zeitschrift für Soziologie und Sozialpsychologie* 25: 23-74

Pappi, Franz Urban, 1987. Die Netzwerkanalyse aus soziologischer Perspektive. 11-39 in: ders., (Hg.), a.a.O.

Pappi, Franz Urban (Hg.), 1987. Methoden der Netzwerkanalyse. Techniken der empirischen Sozialforschung 1.Band. München: Oldenbourg.

Pappi, Franz Urban, 2001. Soziale Netzwerke. 605-616 in: Schäfers / Zapf (Hg.), a.a.O.

Pappi, Franz Urban / Pappi, Ingeborg, 1978. Sozialer Status und Konsumstil. *Kölner Zeitschrift für Soziologie und Sozialpsychologie* 30: 87-115

Pareto, Vilfredo, 1962. Vilfredo Paretos System der Allgemeinen Soziologie (herausgegeben von Gottfried Eisermann). Stuttgart: Enke

Parsons, Talcott, 1937. The Structure of Social Action. New York: Free Press

Parsons, Talcott u.a., 1951. Some Fundamental Categories of the Theory of Action. A General Statement. 1-30 in: Parsons, Talcott / Shils, Edward A. (Hg.). a.a.O.

Parsons, Talcott, 1954. A Revised Analytical Approach to the Theory of Social Stratification. Some Fundamental Categories of the Theory of Action. In: ders. Essays in Sociological Theory. Revised Edition. New York: The Free Press 1954. Deutsch in: ders. 1964d

Parsons, Talcott, 1955. Family Structure and the Socialization of the Child. 35-132 in: Parsons, Talcott / Bales, Robert F., 1955. Family, Socialization and Interaction Process. New York: Free Press

Parsons, Talcott, 1964a. Evolutionary Universals in Society. *American Sociological Review* 29: 339-357 (dt. in: Zapf (Hg.) a.a.O. 1969: 55-74)

Parsons, Talcott, 1964b. The Superego and the Theory of Social Systems. 17-33 in: ders. Social Structure and Personality. New York: Free Press (deutsche Übersetzung: Sozialstruktur und Persönlichkeit, 6.Auflage 1999. Eschborn: Klotz)

Parsons, Talcott, 1964c. The Incest Taboo in Relation to social Structure and the Socialization of the Child. 57-77 in: ders. Social Structure and Personality. New York: Free Press (deutsche Übersetzung: Sozialstruktur und Persönlichkeit, 6.Auflage 1999. Eschborn: Klotz)

Parsons, Talcott, 1964d. Beiträge zur soziologischen Theorie. Hg. von Dietrich Rueschemeyer. Neuwied: Luchterhand

Parsons, Talcott, 1971. The System of Modern Societies. Englewood Cliffs: Prentice Hall (dt. München 1972)

Parsons, Talcott / Bales, Robert F., 1955. Family, Socialization, and Interaction Process. New York: Free Press

Parsons, Talcott / Shils, Edward A. (Hg.), 1951. Toward A general Theory of Action. Theoretical Foundations for the Social Sciences. New York: Harper

Parsons, Talcott / Shils, Edward, 1951. Values, motives, and Systems of Action. 47-278 in: Parsons, Talcott / Shils, Edward A. (Hg.), a.a.O.

Peisert, Hansgert, 1967. Soziale Lage und Bildungschancen in Deutschland. München: Piper

Peuckert, Rüdiger, 2000. Abweichendes Verhalten und soziale Kontrolle. 103-123 in: Korte / Schäfers (Hg.), a.a.O.

Peuckert, Rüdiger, 2005. Familienformen im sozialen Wandel, 6. Auflage. Wiesbaden: Verlag für Sozialwissenschaften

Piaget, Jean, 1947. Psychologie der Intelligenz. Zürich: Rascher

Piaget, Jean, 1973. Das moralische Urteil beim Kinde. Frankfurt/Main: Suhrkamp

Plümper, Thomas, 1998. Die Bedeutung von Anomalien für die Theorieentwicklung. Eine Diskussion am Beispiel der Kooperation im finiten Gefangenendilemma. 161-179 in: Druwe / Kunz (Hg.), a.a.O.

Popitz, Heinrich, 1987. Autoritätsbedürfnisse. Der Wandel der sozialen Subjektivität. *Kölner Zeitschrift für Soziologie und Sozialpsychologie* 39: 633-647

Porst, Rolf, 2000. Praxis der Umfrageforschung. 2., überarbeitete Auflage. Stuttgart: Teubner

Portmann, Adolf, 1956. Zoologie und das neue Bild des Menschen. Reinbek bei Hamburg: Rowohlt Taschenbuch (Erstausgabe 1951)

Prosch, Bernhard / Abraham, Martin, 1991. Die Revolution in der DDR. Eine strukturell-individualistische Erklärungsskizze. *Kölner Zeitschrift für Soziologie und Sozialpsychologie* 43: 291-301

Putnam, Robert D., 2000. Bowling Alone. New York etc.: Simon & Schuster

Ramb, Bernd-Thomas, 1993. Die allgemeine Logik des menschlichen Handelns. 1-31 in: Ramb / Tietzel (Hg.), a.a.O.

Ramb, Bernd-Thomas / Tietzel, Manfred (Hg.), 1993. Ökonomische Verhaltenstheorie. München: Vahlen

Raub, Werner / Voss, Thomas, 1986. Die Sozialstruktur der Kooperation rationaler Egoisten. Zur „utilitaristischen" Erklärung sozialer Ordnung. *Zeitschrift für Soziologie* 15: 309-323

Rebenstorf, Hilke, 1997a. Integration und Segmentation der Führungsschicht. 123-156 in: Bürklin / Rebenstorf u.a. (Hg.), a.a.O.

Rebenstorf, Hilke, 1997b. Karrieren und Integration – Werdegänge und Common language. 157- 200 in: Bürklin / Rebenstorf u.a. (Hg.), a.a.O.

Reformkommission Soziale Marktwirtschaft, 1999. Effiziente Krankenversorgung als Voraussetzung für ein hohes Leistungsniveau im Gesundheitswesen. Bertelsmann Stiftung, Heinz Nixdorf Stiftung, Ludwig-Erhard-Stiftung

Rehberg, Karl-Siegbert (Hg.), 2006. Soziale Ungleichheit, Kulturelle Unterschiede. Verhandlungen des 32. Kongresses der Deutschen Gesellschaft für Soziologie in München 2004. Frankfurt: Campus

Rolff, Hans-Günter u.a. (Hg.), 2000. Jahrbuch der Schulentwicklung, Band 11. Weinheim: Juventa

Rose, Michael R., 1998. Darwin's Spectre. Evolutionary Biology in the Modern World. Princeton: Princeton University Press

Rosenbladt, Bernhard von, 2000. Freiwilliges Engagement in Deutschland. Band 1: Gesamtbericht. Band 194.1 der Schriftenreihe des Bundesministeriums für Familie, Senioren, Frauen und Jugend. Stuttgart: Kohlhammer

Ross, Lee / Bierbrauer, Günter / Hoffman, Susan, 1976. The Role of Attribution Processes in Conformity and Dissent. Revisiting the Asch Situation. *American Psychologist* 31: 148-157

Rüschemeyer, Dietrich, 1985. Spencer und Durkheim über Arbeitsteilung und Differenzierung. Kontinuität oder Bruch? 163-180 in: Luhmann (Hg.), a.a.O.

Sahner, Heinz, 2002. Theorie. 609-610 in: Endruweit / Trommsdorff (Hg.), a.a.O.

Samuelson, Paul A. / Nordhaus, William B., 2005. Economics. Eighteenth Edition. Boston u.a.: Irwin – Mac-Graw-Hill

Sander, Uwe / Heitmeyer, Wilhelm, 1996. Was leisten Integrationsmodi? 447- 482 in: Heitmeyer, Wilhelm (Hg.). Was hält die Gesellschaft zusammen? Frankfurt/Main: Suhrkamp

Schäfers, Bernhard, 2000. Primärgruppen. 97-112 in: ders. (Hg), a.a.O.

Schäfers, Bernhard (Hg.), 2000. Einführung in die Gruppensoziologie, 3. Auflage. Heidelberg / Wiesbaden: Quelle & Meyer

Schäfers, Bernhard (Hg.), 2001. Grundbegriffe der Soziologie, 7. Auflage. Opladen: Leske + Budrich (UTB-Taschenbuch)

Schäfers, Bernhard (Hg.), 2003. Grundbegriffe der Soziologie, 8. überarbeitete Auflage. Opladen: Leske + Budrich (UTB-Taschenbuch)

Schäfers, Bernhard, 2004. Sozialstruktur und sozialer Wandel in Deutschland. 8., völlig neu bearbeitete Auflage. Stuttgart: Lucius & Lucius

Schäfers, Bernhard / Zapf, Wolfgang (Hg.), 2001. Handwörterbuch zur Gesellschaft Deutschlands, 2. Auflage. Opladen: Leske + Budrich

Schelling, Thomas C., 1978. Micromotives and Macrobehavior. New York – London: Norton

Schenk, Michael, 1995. Soziale Netzwerke und Massenmedien. Untersuchungen zum Einfluß der persönlichen Kommunikation. Tübingen: Mohr

Scheuch, Erwin K., unter Mitarbeit von Hansjürgen Daheim, 1961. Sozialprestige und Soziale Schichtung. 65-103 in: Glass, David V. / König, Rene (Hg.). Sozialschichtung und Mobilität. Sonderheft 5 der *Kölner Zeitschrift für Soziologie und Sozialpsychologie*. Köln und Opladen: Westdeutscher Verlag

Scheuch, Erwin, unter Mitarbeit von Ute Scheuch, 2003. Sozialer Wandel. Band 1: Theorien des sozialen Wandels. Wiesbaden: Westdeutscher Verlag

Schimank, Uwe, 1985. Der mangelnde Akteurbezug systemtheoretischer Erklärungen gesellschaftlicher Differenzierung. *Zeitschrift für Soziologie* 14: 421-434

Schimank, Uwe, 1996. Theorien gesellschaftlicher Differenzierung. Opladen: Leske + Budrich (UTB-Taschenbuch)

Schimpl-Neimanns, Bernhard, 2000. Soziale Herkunft und Bildungsbeteiligung. *Kölner Zeitschrift für Soziologie und Sozialpsychologie* 52: 636-669.

Schmidt, Thomas, 1996. Klassische Erwartungsnutzentheorie: Status, Anwendbarkeit, Perspektiven. 42-55 in: Druwe / Kunz (Hg.), a.a.O.

Schmitt, Karl, 1989. Konfession und Wahlverhalten in der Bundesrepublik Deutschland. Berlin: Duncker & Humblot

Schnell, Rainer / Hill, Paul B. / Esser, Elke, 2005. Methoden der empirischen Sozialforschung. 7. völlig überarbeitete und erweiterte Auflage. München: Oldenbourg

Schoemaker, Paul J.H., 1982. The Expected Utility Model. *Journal of Economic Literature* 20: 529-563

Schulz, Florian / Blossfeld, Hans-Peter, 2006. Wie verändert sich die häusliche Arbeitsteilung im Eheverlauf. Eine Längsschnittstudie der ersten 14 Ehejahre in Westdeutschland. *Kölner Zeitschrift für Soziologie und Soziapsychologie* 58: 23-49

Schumacher, Jürgen / Vollmer, Randolph, 1982. Differenzierungs- und Entdifferenzierungsprozesse im Familiensystem. 210-352 in: Hondrich (Hg.), a.a.O.

Schütze, Yvonne / Wagner, Michael, 1998. Verwandtschaft – Begriff und Tendenzen der Forschung. 7-16 in: Wagner / Schütze (Hg.), a.a.O.

Schwinn, Thomas, 1993. Jenseits von Subjektivismus und Objektivismus. Max Weber, Alfred Schütz und Talcott Parsons. Berlin: Duncker & Humblot

Seyfarth, Constans / Sprondel, Walter M. (Hg.), 1973. Seminar: Religion und gesellschaftliche Entwicklung. Frankfurt/Main: Suhrkamp

Sieder, Reinhard, 1987. Sozialgeschichte der Familie. Frankfurt/Main: Suhrkamp

Simmel, Georg, 1908. Soziologie. Untersuchungen über die Formen der Vergesellschaftung. Berlin: Duncker & Humblot (5. Auflage 1968)

Simonson, Julia, 2004. Individualisierung und soziale Integration. Wiesbaden: Deutscher Universitätsverlag

Smith, Adam, 1974: Der Reichtum der Nationen. München: Beck (englisch 1776)

Spencer, Herber, 1972. On Social Evolution. Selected Writings. Edited and with an Introduction by J.D.Y. Peel. Chicago – London: Chicago University Press

Srubar, Ilja, 1991. War der reale Sozialismus modern? Versuch einer strukturellen Bestimmung. *Kölner Zeitschrift für Soziologie und Sozialpsychologie* 43: 415-432

Stark, Rodney / Bainbridge, William Sims, 1987. A Theory of Religion. New York u.a.: Lang

Stein, Holger, 2001. Trend zu abnehmender Konzentration der Vermögen scheint gestoppt. *ISI-Informationsdienst Soziale Indikatoren* 25: Januar 2001: 1-4

Stinchcombe, Arthur L, 1968. Constructing Social Theories. New York: Harcourt

Stockmann, Reinhold / Weymann, Ansgar, 1994. Die Technisierung des Alltags. Frankfurt/Main: Campus

Strasser, Hermann / Randall, Susan, 1979. Einführung in die Theorien des sozialen Wandels. Neuwied: Luchterhand

Streeck, Wolfgang, 1999. Korporatismus in Deutschland. Frankfurt/Main: Campus

Strodtbeck, Fred L., 1958. The hidden curriculum of the middle class home. In: McClelland, David M. et al. (eds.) Talent and society. Princeton, N.J.: van Nostrand

Strohmeyer, Klaus Peter, 1993. Polarisierung und Pluralisierung der Lebensformen in Deutschland. *Aus Politik und Zeitgeschichte* B17/93

Strümpel, Burkhard u.a., 1987. Teilzeitarbeitende Männer und Hausmänner – Motive und Konsequenzen einer eingeschränkten Erwerbstätigkeit von Männern. Berlin: Beiträge zur Sozialökonomik Band 16

Szydlik, Marc, 1992. Arbeitseinkommen in der Deutschen Demokratischen Republik und in der Bundesrepublik Deutschland. *Kölner Zeitschrift für Soziologie und Sozialpsychologie* 44: 292-314

Tenbruck, Friedrich H., 1972. Gesellschaft und Gesellschaften: Gesellschaftstypen. 54-71 in: ders. (Hg.), Wissen im Überblick: Die moderne Gesellschaft. Freiburg: Herder

Tenbruck, Friedrich H., 1981. Emile Durkheim oder die Geburt der Gesellschaft aus dem Geist der Soziologie. *Zeitschrift für Soziologie* 10: 333-350

Thieme, Frank, 2000. Kaste, Stand, Klasse. 171-192 in: Korte / Schäfers (Hg.), a.a.O.

Thomas, William I.; 1965. Person und Sozialverhalten. Hg. von Edmund H. Volkart. Luchterhand: Neuwied (amerikanisches Original 1951)

Thome, Helmut, 1998. Soziologie und Solidarität. 257-262 in: Bayertz (Hg.), a.a.O.

Tillmann, Klaus-Jürgen, 1999. Sozialisationstheorien. 9.Auflage. Reinbek bei Hamburg: Rowohlt Taschenbuch

Tönnies, Ferdinand, 1887. Gemeinschaft und Gesellschaft. Neuausgabe Darmstadt 1979

Trappmann, Mark / Hummell, Hans J. / Sodeur, Wolfgang, 2005. Strukturanalyse sozialer Netzwerke. Konzepte, Modelle, Methoden. Wiesbaden: Verlag für Sozialwissenschaften

Treiman, Donald J., 1977. Occupational Prestige in Comparative Perspective. New York: Academic Press

Trezzini, Bruno, 1998. Konzepte und Methoden der sozialwissenschaftlichen Netzwerkanalyse: Eine aktuelle Übersicht. *Zeitschrift für Soziologie* 27: 378-394.

Trommsdorff, Gisela, 1993. Kindheit im Kulturvergleich. 45-65 in: Markefka, Manfred / Nauck, Bernhard (Hg.). Handbuch der Kindheitsforschung. Neuwied: Luchterhand

Trotha, Trutz von, 1997. Zur Soziologie der Gewalt. 9-57 in: ders. (Hg.), a.a.O.

Trotha, Trutz von (Hg.), 1997. Soziologie der Gewalt. *Kölner Zeitschrift für Soziologie und Sozialpsychologie Sonderheft* 37. Opladen: Westdeutscher Verlag

Tyrell, Hartmann, 1979. Familie und gesellschaftliche Differenzierung. 13-77 in: Pross, Helge (Hg.). Familie wohin? Reinbek: Rowohlt

Tyrell, Hartmann, 1985. Emile Durkheim – Das Dilemma der organischen Solidarität. 181-250 in: Luhmann (Hg.), a.a.O.

Tyrell, Hartmann / Herlth, Alois, 1994. Partnerschaft versus Elternschaft. 1-15 in: Herlth, Alois u.a. (Hg.). Abschied von der Normalfamilie? Berlin: Springer

Ullman-Margalit, Edna, 1977. The emergence of norms. Oxford: Clarendon Press

Valente, Thomas W., 1996. Social network thresholds in the diffusion of innovations. *Social Networks* 18: 69-89

Veblen, Thorstein, 1971. Theorie der feinen Leute. München: dtv Taschenbuch

Vivelo, Frank Robert, 1981. Handbuch der Kulturanthropologie. Eine grundlegende Einführung. Stuttgart: Klett Cotta

Voland, Eckart, 1998. Die Natur der Solidarität. 297-317 in: Bayertz (Hg.), a.a.O.

Voss, Thomas, 2001. Game-theoretical perspectives on the emergence of norms. 105-136 in: Hechter, Michael / Opp, Karl-Dieter (Hg.). Social Norms. New York: Russell Sage foundation

Voß, G. Günter / Dombrowski, Jörg, 2001. Berufs- und Qualifikationsstruktur. 63-74 in: Schäfers / Zapf (Hg.), a.a.O.

Vowinckel, Gerhard, 1995. Verwandtschaft, Freundschaft und die Gesellschaft der Fremden. Darmstadt: Wissenschaftliche Buchgesellschaft

Wagner, Michael / Franzmann, Gabriele, 2000. Die Pluralisierung der Lebensformen. *Zeitschrift für Bevölkerungswissenschaft* 25: 151-173

Wagner, Michael / Schütze, Yvonne (Hg.), 1998. Verwandtschaft. Sozialwissenschaftliche Beiträge zu einem vernachlässigten Thema. Stuttgart: Enke

Wasserman, Stanley / Faust, Katherine, 1994. Social Network Analysis: Methods and Application. Cambridge: Cambridge University Press

Watzlawick, Paul / Beavin, Janet H. / Jackson, Don D., 1969. Menschliche Kommunikation. Formen, Störungen, Paradoxien. Stuttgart: Huber

Weber, Max, 1906. Objektive Möglichkeit und adäquate Verursachung in der historischen Kausalbetrachtung. 266-290 in: ders. 1982, a.a.O.

Weber, Max, 1917. Der Sinn der „Wertfreiheit" der soziologischen und ökonomischen Wissenschaften. 489-540 in: ders. 1982, a.a.O. (auch in ders. 2002: 358-394)

Weber, Max, 1965. Die protestantische Ethik und der Geist des Kapitalismus. München / Hamburg: Siebenstern Taschenbuch (zuerst 1920) (gekürzt in Weber 2002: 150-226)

Weber, Max, 1980. Wirtschaft und Gesellschaft. Grundriß der verstehenden Soziologie. Fünfte revidierte Auflage: besorg von Johannes Winckelmann Tübingen: Mohr

Weber, Max, 1982. Gesammelte Aufsätze zur Wissenschaftslehre. Fünfte Auflage, herausgegeben von Johannes Winckelmann. Tübingen: Mohr

Weber, Max, 2002. Schriften 1894-1922. Ausgewählt von Dirk Käsler. Stuttgart: Kröner

Weede, Erich, 1987. Some new evidence on correlates of political violence: income inequality, regime repressiveness, and economic development. *European Sociological Review* 3: 97-108

Wegener, Bernd, 1988. Kritik des Prestiges. Opladen: Westdeutscher Verlag

Wegener, Bernd, 1992. Concepts and Measurement of Prestige. *Annual Review of Sociology* 18: 253-280

Wellman, Barry, 1988. Structural analysis. From method and metaphor to theory and substance. 19-61 in: Wellman / Berkowitz (Hg.), a.a.O.

Wellman, Barry / Berkowitz. Stephen D. (Hg.), 1988. Social structures. A network approach. Cambridge: Cambridge University Press.

Weymann, Ansgar, 1998. Sozialer Wandel. Weinheim: Juventa

Wiesenthal, Helmut, 2001. Interessenorganisation. 335-349 in: Schäfers / Zapf (Hg.), a.a.O.

Wild, Elke, 1998. Adoption – Familienleben in doppelter Elternschaft. 263-281 in: Wagner / Schütze (Hg.), a.a.O.

Willems, Ulrich, 1996. Restriktionen und Chancen kollektiven Handelns. 127-153 in: Druwe / Kunz (Hg.), a.a.O.

Wilson, Edward O., 1980. Sociobiology. Abridged Edition. Cambridge, Massachusetts: The Belknap Press of Harvard University Press

Wolf, Christof, 1995. Sozioökonomischer Status und berufliches Prestige. *ZUMA-Nachrichten* 37: 102-136

Wolf, Christof, 2006. Egozentrierte Netzwerke. Erhebungsverfahren und Datenqualität. 244-273 in: Diekmann (Hg.) 2006b, a.a.O:

Wrong, Dennis H., 1961. The Oversocialized Conception of Man in Modern Society. *American Sociological Review* 26: 183-193

Young, Michael, 1966. The rise of mediocracy. Harmondsworth: Penguin Books

Zapf, Wolfgang (Hg.), 1969. Theorien des sozialen Wandels. Köln – Berlin: Kiepenheuer & Witsch

Zapf, Wolfgang (Hg.), 1977. Lebensbedingungen in der Bundesrepublik. Frankfurt/Main: Campus

Zapf, Wolfgang, 1989a. Über soziale Innovation. *Soziale Welt* 40: 170-183 (auch in: Zapf 1994: 23-40, a.a.O.)

Zapf, Wolfgang, 1989b. Sozialstruktur und gesellschaftlicher Wandel in der Bundesrepublik Deutschland. 99-124 in: Weidenfeld, Werner / Zimmermann, Klaus F. (Hg.). Deutschland Handbuch. Bonn: Bundeszentrale für Politische Bildung

Zapf, Wolfgang, 1994. Modernisierung und Modernisierungstheorien. 11-128 in: Zapf 1994, a.a.O.

Zapf, Wolfgang, 1994. Modernisierung, Wohlfahrtsentwicklung und Transformation. Soziologische Aufsätze 1987 – 1994. Berlin: Edition sigma

Zapf, Wolfgang, 2001. Sozialer Wandel. 427-432 in: Schäfers (Hg.), a.a.O.

Ziegler, Rolf, 1984. Norm, Sanktion, Rolle. Eine strukturale Rekonstruktion soziologischer Begriffe. *Kölner Zeitschrift für Soziologie und Sozialpsychologie* 36: 433-463

Ziegler, Rolf, 1987. Positionen in sozialen Räumen. Die multivariate Analyse multipler Netzwerke. 64-100 in: Pappi (Hg.), a.a.O.

Zimmermann, Gunter E., 2001. Räumliche Mobilität. 529-538 in: Schäfers / Zapf (Hg.), a.a.O.

Zinnecker, Jürgen, 1985. Beziehungen zwischen jüngerer und ältere Generation im Urteil von Jugendlichen und Erwachsenen. 67-104 in: Fischer, Arthur / Fuchs, Werner / Zinnecker, Jürgen (Hg.). Jugendliche und Erwachsene '85. Opladen: Leske + Budrich.

Zintl, Reinhard, 1999. Institutionen und gesellschaftliche Integration. 147-178 in: Friedrichs / Jagodzinski (Hg.), a.a.O.

Personenregister

Sachregister

Lehrbücher

Heinz Abels
Identität
2006. 497 S. Br. EUR 26,90
ISBN 3-531-15138-X

Martin Abraham / Thomas Hinz (Hrsg.)
Arbeitsmarktsoziologie
Probleme, Theorien, empirische Befunde
2005. 374 S. Br. EUR 24,90
ISBN 3-531-14086-8

Andrea Belliger / David J. Krieger (Hrsg.)
Ritualtheorien
Ein einführendes Handbuch
3. Aufl. 2006. 483 S. Br. EUR 34,90
ISBN 3-531-43238-9

Thorsten Bonacker (Hrsg.)
**Sozialwissenschaftliche
Konflikttheorien**
Eine Einführung
3., durchges. Aufl. 2005. 538 S.
Br. EUR 29,90
ISBN 3-531-14425-1

Klaus Feldmann
Soziologie kompakt
Eine Einführung
4. Aufl. 2006. 399 S. Br. ca. EUR 19,90
ISBN 3-531-34188-X

Peter Imbusch / Ralf Zoll (Hrsg.)
**Friedens- und
Konfliktforschung**
Eine Einführung
4., überarb. Aufl. 2006. 581 S.
Br. EUR 24,90
ISBN 3-531-34426-9

Karl-Dieter Opp
**Methodologie der
Sozialwissenschaften**
Einführung in Probleme ihrer Theorien-
bildung und praktischen Anwendung
6. Aufl. 2005. 271 S. Br. EUR 24,90
ISBN 3-531-52759-2

Uwe Schimank
Die Entscheidungsgesellschaft
Komplexität und Rationalität
der Moderne
2005. 492 S. Br. EUR 24,90
ISBN 3-531-14332-8

Erhältlich im Buchhandel oder beim Verlag.
Änderungen vorbehalten. Stand: Juli 2006.

www.vs-verlag.de

VS VERLAG FÜR SOZIALWISSENSCHAFTEN

Abraham-Lincoln-Straße 46
65189 Wiesbaden
Tel. 0611.7878 - 722
Fax 0611.7878 - 400

Lehrbücher

Werner Fuchs-Heinritz
Biographische Forschung
Eine Einführung in Praxis und Methoden
3., überarb. Aufl. 2005. 402 S.
Br. EUR 25,90
ISBN 3-531-43127-7

Stefan Hradil
**Soziale Ungleichheit
in Deutschland**
8. Aufl. 2001. 545 S. Br. EUR 13,90
ISBN 3-8100-3000-7

Stefan Hradil
**Die Sozialstruktur Deutschlands
im internationalen Vergleich**
2. Aufl. 2006. 304 S. Br. EUR 24,90
ISBN 3-531-14939-3

Elmar Lange
**Soziologie des
Erziehungswesens**
2., überarb. Aufl. 2005. 233 S.
Br. EUR 19,90
ISBN 3-531-14122-8

Bernhard Miebach
Soziologische Handlungstheorie
Eine Einführung
2., grundl. überarb. und akt. Aufl. 2006.
475 S. Br. EUR 27,90
ISBN 3-531-32142-0

Peter Preisendörfer
Organisationssoziologie
Grundlagen, Theorien
und Problemstellungen
2005. 196 S. Br. EUR 16,90
ISBN 3-531-14149-X

Bernhard Schäfers / Albert Scherr
Jugendsoziologie
Einführung in Grundlagen und Theorien
8., umfassend akt. und überarb.
Aufl. 2005. 204 S. Br. EUR 12,90
ISBN 3-531-14685-8

Albert Scherr (Hrsg.)
Soziologische Basics
Eine Einführung für Pädagogen
und Pädagoginnen
2006. 203 S. Br. EUR 14,90
ISBN 3-531-14621-1

Erhältlich im Buchhandel oder beim Verlag.
Änderungen vorbehalten. Stand: Juli 2006.

www.vs-verlag.de

VS VERLAG FÜR SOZIALWISSENSCHAFTEN

Abraham-Lincoln-Straße 46
65189 Wiesbaden
Tel. 0611.7878-722
Fax 0611.7878-400